◎心灵哲学是一门以心理的表现形式及其本质、心与身的关系为对象的哲学分支学科。其核心问题即心身问题，这是一个在原始思维中就已经初露端倪的、在古代极受哲人智者宠爱和重视的古老问题。

◎西方哲学在探究心灵时，受其科学精神的影响，更为关注的是心灵的"体"的方面的研究，如心灵的本质、结构、奥秘之类的问题。而东方智慧由于更为关注人伦道德之类的问题，因此在关注心灵时，始终着眼于寻觅心灵内所蕴涵的对于做人、修身、齐家、治国、平天下的无穷妙用。

◎中国历代哲人建立和发展起来的心灵哲学，是以心灵之"性"、"理"为对象，以人的生存质量和人生境界之提高为价值追求，以成圣、做完人、做大人为最高目标，融心学、圣学、道德哲学为一体的心灵哲学。

◎人的幸福、快乐与否，不在于物质财富的多少，而在于人与物的关系，在于人在享用物质财富时的心态。心态好的人不仅可以在物质条件极差的情况下生活得好，而且能担当修身、齐家、治国、平天下的大任。

生命之旅丛书

人心与人生
广义心灵哲学论纲

高新民 / 著

北京大学出版社

图书在版编目(CIP)数据

人心与人生:广义心灵哲学论纲/高新民著.—北京:北京大学出版社,2006.12
(生命之旅丛书)
ISBN 978-7-301-10154-4

Ⅰ.人… Ⅱ.高… Ⅲ.心灵学-研究-西方国家 Ⅳ.B84

中国版本图书馆 CIP 数据核字(2005)第 133966 号

书　　　名:人心与人生——广义心灵哲学论纲
著作责任者:高新民　著
丛 书 策 划:周雁翎
丛 书 主 持:周志刚
责 任 编 辑:周志刚　闫春玲
标 准 书 号:ISBN 978-7-301-10154-4/G·1795
出 版 发 行:北京大学出版社
地　　　址:北京市海淀区成府路 205 号　100871
网　　　址:http://www.pup.cn　电子邮箱:zyl@pup.pku.edu.cn
电　　　话:邮购部 62752015　发行部 62750672　编辑部 62767346　出版部 62754962
印 刷 者:北京大学印刷厂
经 销 者:新华书店
　　　　787 毫米×1092 毫米　16 开本　30.5 印张　578 千字
　　　　2006 年 12 月第 1 版　2007 年 11 月第 2 次印刷
定　　　价:49.00 元

未经许可,不得以任何方式复制或抄袭本书之部分或全部内容。
版权所有,侵权必究
举报电话:010-62752024　电子邮箱:fd@pup.pku.edu.cn

目　　录

导论　心灵自我认识的回顾与展望 …………………………………（1）

上篇　求真性心灵哲学

一　语言分析对"笛卡儿神话"的扫荡 ………………………………（35）
　　1　斯宾诺莎的心身两面论 …………………………………………（37）
　　2　石里克的"认识论的平行论" …………………………………（40）
　　3　日常语言哲学的"双重语言论" ………………………………（45）

二　福多论心灵是人脑内的计算机 …………………………………（51）
　　1　福多的本体论承诺 ………………………………………………（53）
　　2　心理状态与过程的自然化 ………………………………………（55）
　　3　意向内容及其自然化 ……………………………………………（57）
　　4　关于心灵构造的理论
　　　　——模块（modularity）理论 …………………………………（61）

三　脑科学对心灵的"入侵" …………………………………………（65）
　　1　邦格的心理神经一元论 …………………………………………（67）
　　2　埃德尔曼等人对传统心我论的破斥 …………………………（72）
　　3　克里克的"惊人的假说" ………………………………………（87）
　　4　唯物主义一元论的难题及其尝试性化解 ……………………（95）

四　民间心理学及其解构 ……………………………………………（105）
　　1　概念辨析与争论之缘起 ………………………………………（107）
　　2　理论—理论、模仿论与新的阐释倾向 ………………………（109）
　　3　民间心理学的实质、命运与研究价值 ………………………（121）
　　4　取消论与解释主义的"本体论变革" ………………………（126）
　　5　关于解构的思考：在什么意义上说人有"心"？……………（138）

五　心理现象的特征问题 ……………………………………………（145）
　　1　感受性质及其所引发的唯物论与反唯物论之争 ……………（147）

  2 思维语言假说与意向性的地位 …………………………… (161)
  3 心理内容及其自然化 ……………………………………… (172)

六 随附性与心理的因果性问题 …………………………………… (191)
  1 有关概念辨析 ……………………………………………… (194)
  2 随附性关系的分类 ………………………………………… (196)
  3 随附性与心灵的地位问题 ………………………………… (198)
  4 个案研究:金在权的随附性理论 ………………………… (203)
  5 心有因果作用吗? ………………………………………… (212)
  6 关于意识反作用机制的一种猜想 ………………………… (223)

七 心理语言的新语义学与心理结构图景之重构 ……………… (233)
  1 解构 FP 和二元论的方法论问题 ………………………… (236)
  2 "自然化"与心理图景之重构 ……………………………… (238)
  3 心灵与本体论 ……………………………………………… (241)
  4 心理语言的新语义学 ……………………………………… (245)
  5 心理语言与物理语言的关系问题 ………………………… (253)
  6 心理地理学、地貌学和动力学 …………………………… (259)

下篇　价值性心灵哲学与往圣"绝学"之发展

八 中国文化发展的性格与中国心灵哲学的特点 ……………… (275)
  1 中国文化的性格与中国心灵哲学的致思取向 ………… (277)
  2 中国心灵哲学的特质 ……………………………………… (279)
  3 中国古代的求真性心灵哲学 ……………………………… (283)

九 道家的心理哲学 ………………………………………………… (299)
  1 老子:圣人在于"被褐而怀玉" …………………………… (302)
  2 庄子:独与天地精神往来 ………………………………… (309)

十 古典儒学的心理哲学 …………………………………………… (321)
  1 孟子:性善论与成圣心理学 ……………………………… (323)
  2 荀子:性恶论与圣人可求论 ……………………………… (329)
  3 《大学》与董仲舒的心身修养论 …………………………… (338)

十一 《管子》论人、心与成圣 ……………………………………… (343)
  1 心身学说 …………………………………………………… (345)
  2 圣人之心 …………………………………………………… (348)

3　成圣的心理机制及途径 …………………………………（350）

十二　程朱理学的心理哲学 ………………………………………（355）
　　1　心身学说与心性论转向 …………………………………（357）
　　2　圣学的总问题与圣人的心理标志 ………………………（362）
　　3　心性与圣人可求论 ………………………………………（366）
　　4　心之未发与已发 …………………………………………（368）
　　5　至圣之道 …………………………………………………（371）

十三　陆王心学 ……………………………………………………（377）
　　1　圣人的内在"气象" ………………………………………（379）
　　2　人类心灵与成圣的心理根据 ……………………………（385）
　　3　成圣的心理机制与途径 …………………………………（397）

十四　智者大师论人心与人生 ……………………………………（409）
　　1　极圣内心十德具足 ………………………………………（411）
　　2　成佛的心理可能性根据 …………………………………（418）
　　3　一念三千与价值之源 ……………………………………（430）
　　4　心身学说与生死关怀 ……………………………………（441）
　　5　最佳心态与善巧安心 ……………………………………（455）

十五　生存问题的心灵哲学研究 …………………………………（465）
　　1　"天堂""地狱"不离心 ……………………………………（467）
　　2　建构价值性心灵哲学的初步构想 ………………………（470）
　　3　理想人格及其塑造 ………………………………………（473）

导论

心灵自我认识的回顾与展望

Xinling Ziwo Renshi De Huigu Yu Zhanwang

> 一个人的生活史是双重的,一种生活史的内容是发生在他体内的事件,另一种生活史的内容则是发生在他心内的事件。前一种历史是公开的,后一种历史是私下的。
>
> ——赖尔
>
> 如果无知的人将地、火、水、风四大元素的产物——身体认作我,也强于将心认作我,为什么?人们看到这个四大元素的产物——身体存在一年、两年……甚至更长,而我们所谓的心、意和识,日夜消长,此起彼伏,犹如林中跳跃的猴子,抓住这根树枝,放掉那根树枝。
>
> ——佛陀
>
> 人脑内根本就不存在传统哲学和常识心理学所说的那种作为主宰、中心、似"小人"一样的心,因为里面所有的不过是神经元及其连接模式,充其量有所谓的"动态核心"。
>
> ——埃德尔曼

艾舍尔:《手持球面镜》,1935年,石版画

认识你自己!

导论 心灵自我认识的回顾与展望

考古学、人类学、民族志学等方面的证据足以表明：灵魂或心灵观念是人类最早形成的观念之一，作为人类思考的一个对象早在原始思维中就已经产生了。不仅如此，原始人还凭借他们极为有限的认识能力和贫乏的知识资源对它的构成、功能、本质以及与身体的关系作了大胆的猜想，形成了自己的灵魂"学说"。进入阶级社会以后，灵魂在哲学和有关科学中一直享有十分独特的地位。例如在哲学中它直到今天仍是一个带有基础性的研究对象，正是由于它，才有了所谓的贯穿哲学史始终的"哲学基本问题"。当然它处于中心地位，并不等于它一定能得到受尊崇的地位。它作为观念所受到的待遇始终具有两面性，一方面是建构、遮蔽，另一方面是解构、解蔽。甚至还有这样两种倾向，即一方面是将心灵神秘化，另一方面是去神秘化、自然化。就后一种倾向来说，又有多种表现形式：一是同化，即根据哲学家们各自所寻找到和所推崇的原则如古代的唯物主义本原理论、现代的计算主义、物理主义等，对灵魂作出解释与说明，以消除它的异质性、神秘性；二是运用语言分析的手段，分析"心"、"意识"之类的心理语言的产生过程，进而揭示其所指，说明它们与物理语言所指的关系，最终达到铲除传统心灵观点的目的；三是利用计算机科学、脑科学等方面的成果说明心智的本质，尤其是试图揭示当人们报告说自己在想，在有情绪、意愿活动时大脑神经细胞或神经元集团在干什么；四是自然化的极端形式即取消主义（详见本书上篇）。

心灵问题不仅是最古老的问题，而且也是具有世界性的研究课题。当然不同国家由于文化背景、价值观念尤其是致思的价值取向彼此有别，因此在把心灵作为对象来认识时，其侧重点也各不相同。例如就东西方来说，尽管两大文化阵营都注重从体与用两方面研究心灵，但各自的侧重点是不同的。例如西方哲学在探究心灵时，受其科学精神的影响，更为关注的是心灵的体的方面的研究，如心灵的本质、结构、奥秘之类的问题。而东方智慧由于更为关注人伦道德之类的问题，因此在关注心灵时，始终着眼于寻觅心灵内所蕴涵的对于做人、修身、齐家、治国、平天下的无穷妙用。本书的目的就是在综合各方面成果的基础上，利用最新的分析哲学、脑科学、计算机科学的成果，站在新的视角，从体与用、事实与价值两方面，对心灵作全面的探讨，尝试着将心灵哲学建设成为同时以心灵的体与用、事实方面与潜在的价值资源方面为对象的广义心灵哲学。

遮蔽与解蔽的双重变奏

从一定的意义上说，心灵认识的历史是一个遮蔽与解蔽、建构与解构的历史。大量的资料充分地说明：灵魂观念是原始人为了解释自己身上所发生的做梦、幻觉、想象之类的现象而构想或虚构出来的一种观念，其认识论根源是不知道做梦等内在活动同时也是人的"身体"或"大脑的活动"。恩格斯在总结概括当时的人

类学等方面的成果的基础上,对灵魂观念的形成过程、错误本质及其深刻的认识论根源作了十分精彩的说明:

> 在远古时代,人们还完全不知道自己身体的构造,并且受梦中景象的影响,于是就产生了一种观念:他们的思维和感觉不是他们的身体的活动,而是一种独特的寓于这个身体之中而在人死亡时就离开身体的灵魂的活动。从这个时候起,人们不得不思考这种灵魂对外部世界的关系。如果灵魂在人死时离开肉体而继续活着,那就没有理由去设想它本身还会死亡,这样就产生了灵魂不死的观念①。

即使是后来在哲学中居于核心地位的哲学基本问题,也仍然是基于同样的认识论根源而产生的错误问题。而这一点一直被人们忽视了,从而造成了长期以来在灵魂之上的遮蔽和不必要的建构。恩格斯指出:

> 思维对存在、精神对自然界的关系问题,全部哲学的最高问题,像一切宗教一样,其根源在于蒙昧时代的愚昧无知的观念②。(着重号为引者所加)

由于不知道想象、思维、感觉等同时也是身体或大脑的活动这一"遮蔽",在原始人为人所虚构或强加在人身上的"心"的基础上,其他的遮蔽接踵而至,如设想心是生命的原则,是身体的中心和主宰等,进而又将其神秘化,如赋予它种种神奇的功能,它仿佛成了人中的另一个"我",并可以不随肉体消亡而消亡,直至长生不朽,轮回转世。这种遮蔽和神秘化的重要成果就是诞生了所谓的民间心理学(folk psychology)。也就是说,一方面,随着遮蔽的发展,人们关于心灵及其与身体的关系这一虚假对象的认识越来越丰富,以至于形成了一个庞大的体系;另一方面,随着认识的发展,这些所谓的知识一点一点地内化和积淀在常人的内心世界,或者说不停地内化,不停地常识化,最终成了每个正常的成人文化心理结构中不言而喻、心照不宣、理所当然的组成部分。常人从不怀疑它,以为它是天经地义的。因此民间心理学又常被称做常识心理学。随着批判反思意识的觉醒和发展,这种心理学已成了当今心灵哲学谈论最多、争论最为激烈的话题。

常识心理学的"理论升华"就是二元论。唯心主义与二元论有一致的地方,因此唯心主义关于精神本质与作用的理论也可看做是常识心理学理论化的一个表现。在现代以前甚至包括现代,二元论一直是居于主导地位的思想倾向。说来十分奇怪,在哲学中,公开打出二元论旗帜的尽管只是少数人,在现当代尤其如此,但是大多数反二元论的哲学家,或在许多问题上都坚持唯物主义因而承认自己是唯物主义哲学家的人,其实并没有真正摆脱二元论的纠缠,在看待人及其心

---

① 马克思恩格斯选集.第4卷.北京:人民出版社,1995.223~224
② 马克思恩格斯选集.第4卷.北京:人民出版社,1995.224

灵时,其实仍是二元论的。正是在这个意义上,著名哲学家赖尔、维特根斯坦和奎因(W. Quine)等人认为,二元论是自古以来的"权威的学说"。罗蒂指出:"每个人都总知道怎样把世界分为心的部分和物的部分,这一区分是常识性的和直观性的。"① 而"这类直观有助于使笛卡儿二元论这样的观点保持活力"。当今的许多哲学家,尽管接受了维特根斯坦的某些观点,但仍坚持认为,"笛卡儿的直观仍然存在着",因为"心与物的区分不可能用经验手段弥合"②。赖尔不仅真实地揭示了二元论的地位,而且对其经过许多代人遮蔽、神秘化的内容作了恰到好处的重构。他说:"有一种关于心的本质和位置的学说,它在理论家乃至普通人中非常流行,可以称其为权威的学说。"③ "其大意是:除愚人和婴儿外(究竟应否除去他们,尚有疑问),每个人都有一个躯体和灵魂。""当躯体死亡后,灵魂仍可继续存在。"当然这一点不是每个二元论者都赞同的。下面这些观点都是二元论和常识心理学共有的:"人的躯体处在空间之中,受机械律的约束";从认识论上说,"躯体的过程和状态可以由外在的观察者来考察"④;"可是心都不在空间之中,心的活动也不受机械律的约束"⑤,这一来,人心的活动是不能为他人直接认识的,只能由他自己观察。"因此一个人的生活史是双重的,一种生活史的内容是发生在他体内的事件……另一种生活史的内容则是发生在他心内的事件……前一种历史是公开的,后一种历史是私下的。前者包括的事件属于物理的世界,后者包括的事件属于心理的世界。"⑥

不仅如此,从因果关系上说,常识和传统哲学还认为世界上存在着两种因果系列或两类原因、作用:一是物理的原因、作用,一是心理的原因、作用。最典型的事例是人们对身体状况、身体健康不健康的解释。当一个人有病时,人们在分析了生理的原因之后,往往还会去寻找心理的原因,似乎心理的原因如"情绪不好"、"多疑"、"信念不坚定"、"着急"等心理语言报告的东西是物理过程、事件、状态、作用之外的过程、事件、状态和作用。在给人安慰或忠告时,除了强调要注意锻炼身体、定期服药等之外,还叮嘱要注意"调整好心态"、"积极乐观"等。谁都不会认为,这些语言涉及的是物理的过程与状态。当然,如果在隐喻的意义上,而不是把它们当做真实的科学描述或断言来理解,那么并无大碍。问题是,大多数人的世界观中确实是相信世界上存在着两种原因、两种作用。

总之,传统哲学和常识世界观把世界、人二重化了,以为人有两种生活、两个世界、两种作用、两种因果系列和两种历史。尽管心和身属于两个不同的世界,但

---

① 罗蒂著,李幼蒸译.哲学和自然之镜.北京:三联书店,1987.13
② 罗蒂著,李幼蒸译.哲学和自然之镜.北京:三联书店,1987.14
③ 赖尔著,刘建荣译.心的概念.上海:上海译文出版社,1988.5
④ 赖尔著,刘建荣译.心的概念.上海:上海译文出版社,1988.5
⑤ 赖尔著,刘建荣译.心的概念.上海:上海译文出版社,1988.5~6
⑥ 赖尔著,刘建荣译.心的概念.上海:上海译文出版社,1988.6

两者可互为因果,如心有什么愿望,身体会据此采取相应的行动;反之,身体受到外物的刺激,心灵会得到相应的观念,有时还会作出相应的反应。但两者之间究竟有哪些联系,究竟怎样联系,这还是个谜。笛卡儿正是在这里陷入了心身二元论与心身交感论的著名难题。

自心灵被原始人发明、虚构出来之后,围绕着它的建构、遮蔽、神秘化一直长盛不衰,一直居于主导地位。更为不幸的是,人们明明是在对之遮蔽,在它之上增加神秘性,从而使其上的不必要的文化尘埃越来越厚,却以为这是在向心灵本质和奥秘不断逼近,是关于心灵的科学认识在丰富和发展的表现。尽管如此,自古以来也有一些人以独具的慧眼和不畏权威的怀疑批判精神,大胆地向正统的、权威的观点发起挑战,从而在心灵自我认识的长河中演绎出了一曲曲惊心动魄、可歌可泣的解构、解蔽、去神秘化的历史剧。这一解构、去蔽的历史至少可以上溯至佛教产生之初,当时其教主释迦牟尼佛就对关于心灵和"我"的观念作了大量的破斥。

我们知道,灵魂问题与自我问题自古以来就是联系在一起的,在中国、西方是这样,在印度也不例外。佛教的心学与它关于"我"的观念密不可分。我们先来看它的"无我说"。在佛教产生之前和产生的过程中,"我"是各种哲学和宗教普遍关心的对象,包括常识在内,已形成了许多不同的看法。从语言运用的角度看,"我"在当时至少有四种不同的用法与意义:一是用作人称反身代词;二是有"呼吸"和"本质"之类的意义,例如《梨俱吠陀》中常在这个意义上使用"我";三是指包括肉体和精神在内的全体;四是指物质和精神之上的,又对它们有主宰作用的绝对实体或形而上学存在,例如在《奥义书》哲学中,"我"其实是至高无上的梵天,各种生命都是它的体现。

对于第一种意义上的"我",佛教不一概加以否定,非但如此,佛经中仍在从俗的意义上使用这个词,如用它表示现实生活中的单个个体,因此也经常可以看到"我"、"你"、"他"之类的说法。当然在这样使用时,佛教对它的理解是不同于常识、其他哲学和宗教理论的,因为佛教并不认为它代表的是一种不变的实体,而一贯坚持认为,它只是为了方便而使用的一种"假设施"。

至于第三种意义的"我",佛教是坚决否认的,不承认有这样的实体存在。因为佛教的基本原则是:一切都是因缘和合而生,如人是由地、水、风、火四大元素加上受想行识等要素组合在一起而成的。它们聚在一起,就成了个体的人,分开后,人就不复存在,因此其内并没有不变的、永恒不灭的实体。佛教还认为,合在一起的东西不是"我",组成的要素也不是"我",因为不能说眼、耳、鼻、舌、脾、肺、脏是"我",更不能说"我"在这些要素之外,因此,"我"只是一个空洞的名称。

至于把"我"等同于"精神"或"灵魂"的说法,佛教更是持否定的态度。灵魂问题在佛陀时代是一个很重要的问题,已形成了不计其数的理论。佛陀说有"六十二见",意思是说关于灵魂的看法不胜枚举。从对灵魂是否断灭这一问题的看法来说,就有三大类,即有的认为灵魂永恒不灭,有的认为人死后灵魂仍存在一定的时间,有的认为人死后灵魂断灭。对这些观点,佛陀一概予以拒斥。他的基本态度是对有我还是无我、是否断灭不作判断,不予回答。因为如果他回答说"有我",那么人们可能以为他赞成"有常说";如果回答说"无我",那么人们会以为他赞成"断灭说";如果在回答"没有我吗"时,说"没有我",那么会让人们困惑不解,以为原先有我,现在不再有我①。

总之,"我"表示的只是因缘和合而生、变化莫测的东西,并不意指人身之内不变的灵魂或实体。常人以为,现象的心、身都在变化,但内面一定有一个常住不变的东西。不然的话,每个人怎么可能把刚出身时的一团血肉与年老时老态龙钟的那个人看做同一个人呢?如果说有六道轮回,那么何以有此可能呢?佛陀的回答是:"如果无知的人将四大元素的产物——身体认作我,也强于将心认作我,为什么?人们看到这个四大元素的产物——身体存在一年、两年……甚至更长,而我们所谓的心、意和识,日夜消长,此起彼伏,犹如林中跳跃的猴子,抓住这根树枝,放掉那根树枝。"②这也就是,"我"不是身体,不是实体,不是心、意、识,不是灵魂,因为它们全都是由因缘结合在一起的、刹那生灭的、无常的东西。因此人身上没有作为主体、作为主宰、作为中心、常住不变的"我、灵魂、心、意和识"。

在大乘佛教的典籍中,上述关于"我"和灵魂的思想表述得更为明确。《楞严经》中的"七处征心"这一公案就足以说明这一点。在大乘经典中,关于心的看法大致被分为两大类,一是常识、外道和哲学关于心的看法,一是佛教对作为本体、作为世界本来面目的心的界定。佛教认为,众生之所以陷入六道轮回,流转生死,为痛苦烦恼所困而不能自拔,根本的原因之一就是受着自己所持的心灵观念的牵制,为其所转,以为自己所从事的看、听、观、想、行等活动都是自己的心所使然,以为这些作用就是心,进而认为这种心真实存在,并且认为它是自己的中心、主宰,于是想方设法为着它、护持它、拼命满足它的要求。释迦牟尼佛在与其著名弟子阿难对话时,通过提出巧妙的问题,让阿难在自身和周围世界去寻找常人从不怀疑的那个心,最终让阿难和在场的所有人认识到,这个心其实是一个幻觉或一种"假设施",根本就不存在。例如,佛陀首先指出一个对象让阿难去看,然后问阿难:什么在看,看的心在哪里?阿难毫不犹豫地回答说在自身内部。佛陀又引导阿难到自身内部去寻找。如果在身内,它一定能看到身内的心肝和"筋转脉摇",但是它不能做到这一点,因此,"言觉了能知之心在身内,无有是处"。如此类推,说它"在身外,无有是处"。"言觉了能知之心潜伏根里,如琉璃合,无有是处。"

---

① 杂尼迦耶.IV,400~401.见:郭良鋆.佛陀和原始佛教思想.北京:中国社会科学出版社,1997.189
② 杂尼迦耶.I,94~95.见:郭良鋆.佛陀和原始佛教思想.北京:中国社会科学出版社,1997.191

"言见暗名见内者,无有是处。"同理,说心随着与他物的遇合而存在,说在内外的中间,说不执著一切事物就是知觉认识心的本性,都是不能成立的。通过反复的追问、诘难,佛陀终于让阿难及在场的人认识到,常人所说的那种心不在任何地方,压根就不存在。当然佛教在特定的意义上仍承认有心存在。这种心不是众生所执著的现象的、幻觉一般的心,而是"本心",是本体,是实相,是宇宙万物的本来面目①。这里尽管用了"心"这个词,但已不是世俗的心理学和心灵哲学所能涵盖和把握的对象,因此应另当别论。

在当代,由于有关自然科学的突飞猛进的发展,加上分析哲学对有关心理语言的彻底的清理和分析,还可能是由于行为主义以及维特根斯坦等人的逻辑行为主义的影响,随着自然化运动的拓展和深入,二元论的虚假本质日益暴露出来,因而不断受到重创。许多哲学家甚至高兴地认为,大多数心理语言的所指基本上被弄清楚了,它们不过是描述大脑细胞行为的另一种方式而已②。像埃德尔曼(Gerald M. Edelman)这样的脑科学家则信心十足地宣称:人脑内根本就不存在传统哲学和常识心理学所说的那种作为主宰、中心、似"小人"一样的心,因为里面所有的不过是神经元及其连接模式,充其量有所谓的"动态核心"③。尽管自然化、解构、去蔽的浪潮有跃居主导地位之势,但二元论和常识心理学像过去一样,仍极具韧性和充满活力。它们又基于新发现的所谓"感受性质"和已有心灵哲学、认知科学、神经科学难以很好同化的"意向性",提出了所谓的主观特性假说,而这种假说的实质仍是二元论,因此罗蒂准确地将它称做"新二元论"④。

二、现当代西方心灵哲学的走向

心灵哲学(philosophy of mind)是一门以心理的表现形式及其本质、心与身的关系为对象的哲学分支学科。其核心问题即心身问题(mind-body problem)是一个在原始思维中就已经初露端倪的、在古代极受哲人智者宠爱和重视的古老问题。就此而言,心灵哲学是比哲学其他领域更古老,至少一样古老的研究领域。"心灵哲学"一词在近代西方哲学中早就出现了,如休谟、黑格尔等人不仅经常使用该词,而且还建立了比较系统的理论。现代心灵哲学就其重视对心理过程、状态与事件的描述和分析而言,其上限可以推至布伦塔诺(F. Brentano)的描述性心

---

① 楞严经. 卷第一. 见:果怀译编. 白话佛经续编. 北京:中国社会科学出版社,1993.3~11
② 赖尔著,刘建荣译. 心的概念. 上海:上海译文出版社,1988.7
③ 杰拉尔德·埃德尔曼,朱利欧·托诺尼著,顾凡及译. 意识的宇宙. 上海:上海科技出版社,2004. 第2、4部分
④ 罗蒂著,李幼蒸译. 哲学和自然之镜. 北京:三联书店,1987.61~84;本书上篇第5章第1节

理学和胡塞尔以及后来的存在主义者的现象学①。但是在20世纪40年代,由于实证主义思潮的影响以及行为主义的产生和发展,心灵哲学受到重创,一度陷入低潮②。因为根据实证主义和行为主义的观点,传统的心灵主义所说的心理、意识之类是无法被客观地予以观察的东西,因而不能成为科学的对象,以心灵的表现形式及其本质为主要对象的心灵哲学自然也属于应予拒斥的形而上学之列。20世纪40年代以后,随着实证主义的意义理论和行为主义的持续不断的衰落以及随之而来的认知心理学的蓬勃兴起,不能直接予以客观观察的内部心理过程及状态重新进入了科学和哲学研究的视野。在分析哲学的发展过程中,由于维特根斯坦后期哲学的形成和传播,特别是《哲学研究》、《片断》(Zettle)和《关于心理学哲学的评论》的写作与出版,表示心理现象的词语和概念引起了分析哲学家们的普遍而优先的关注,从而成为语言分析的主要对象之一。在这样的背景之下,以语言分析为基础、为特征的心灵哲学迅速崛起,并成为现当代西方心灵哲学发展的主流或占主导地位的倾向。

语言分析的心灵哲学的基本特点是强调语言分析是心灵哲学的基础和根本方法。它有多种不同的形式,如维特根斯坦的心灵哲学,赖尔等人的双重语言论(the double-language theory)③,罗素等人的中立一元论,石里克等人的"方法论的平行论"或"分析行为主义"④,卡尔那普和费格尔的物理主义同一论⑤以及塞尔的"朴素心理主义"和"朴素物理主义"的一致论⑥,奥斯汀、汉普夏、马尔科姆(N. Malcolm)等人的心灵哲学,等等。

语言分析的心灵哲学坚持认为:心灵哲学的任务不是提供新的认识,而是对相关概念进行语言分析。对此,赖尔说得很明白:"对各种心理能力、活动和状态的概念作这种探讨始终是哲学家的一大任务。"系统地表达他的心灵哲学思想的名著《心的概念》"并未给心的问题的研究添加新的信息"。它不是要"增加我们对心的认识,而是想修正一下那种描述我们早已具备的种种知识的逻辑地图"⑦。这也就是说,对各心理概念进行分析的目的不是为心身之类的问题找到答案,而是要通过语言分析,搞清它们的意义、细微差别和具体用法,以澄清混乱,最终消除心灵哲学的传统问题。由此所决定,心灵哲学的功能不是帮助人们理解和解

---

① R. Chisholm (ed.). *Philosophy of Mind—Proceedings of the 9th International Wittgenstein Symposium*. Vienna, 1985. pp.17—20
② R.纳尔逊著,石一日译.心的逻辑.见:哲学译丛,1990(5):63~64
③ 波普著,傅季重等译.猜想与反驳.上海:上海译文出版社,1986.432
④ J. Cornman. *Philosophical Problem and Arguments: An Introduction*. London, 1982. p.176
⑤ 高新民.人自身的宇宙之谜——西方心身学说发展概论.武汉:华中师范大学出版社,1989.第7章
⑥ J. Searle. *Minds, Brains and Science*. Harvard: Harvard University Press, 1984. pp.13—27
⑦ 赖尔著,刘建荣译.心的概念.上海:上海译文出版社,1988.1~2

释,不是像科学那样对未来作出预言,而是通过达到完全的明晰性使传统的问题完全消失。质言之,不是建设,而是批判或"治疗"。

心灵哲学的方法既不是科学的方法或从科学中移植而来的方法,也不是传统哲学的思辨方法,而是语言分析方法。语言分析又有逻辑分析和概念分析之别,前者主要是从形式结构方面分析心理学和日常有关语言中的语句的逻辑结构,后者主要是从词义方面对心理词汇或概念进行分析,以弄清其意义,从而便于正确地予以运用。

在建立心灵哲学的过程中,他们所做的具体工作就是对心理词汇作繁琐、细致的分析。当然他们的分析又各具特色,如维特根斯坦在《哲学研究》等书中强调:他的目的不是用科学方法去解决问题,而是对心理现象作语法探索。所谓语法不是语言学家所说的语法,而是日常语言的句子所表现出来的语言的种种典型用法。语法探索就是对表示心理现象的有关词汇和概念的用法进行分析和澄清。例如他通过对表示心理活动的动词的分析,认为:它们有单数第一人称和第三人称两种用法。第一人称陈述类似于本能的反作用,类似于呻吟的自然表达式,而不是对内心感觉或状态的描述。第三人称陈述不是对他人内在状态的描述,而是报告他表达内在状态的表情和行为。因此心灵主义和行为主义都是片面的。前者把单数第一人称的用法误解为对自我状态的描述,进而把表示心理活动的句子的主词当做代表精神实体的名称。其实根本就没有这种实体。而行为主义则把表示心理活动的词当做对行为的描述,只承认行为,把第三人称用法当做唯一的用法,忽视了人的心理活动和内在过程,把心理活动归结为行为①。

在分析心理概念的陈述时,赖尔强调的是类似于句法分析的逻辑分析,既不考虑陈述的经验内容,也不考虑陈述与实在的关系,而只分析句子本身的逻辑句法,其目的是要确定心理概念的逻辑地理学,亦即使用这些概念的命题的逻辑。一个概念的逻辑类型就是逻辑上合理应用它的一套方法。如果弄错了类型,把类当做自身所属的成员,或把适用于一类的范畴错误地用在另一类上,如根据"物在何处"、"物是什么"提出"心在何处"、"心是什么"的问题,这样就犯了所谓的"范畴错误"。而"范畴错误"必然导致虚假问题的产生②。

在思想内容上,语言分析的心灵哲学的各种理论也有某些共同的倾向。首先,它们都认为:传统的心身问题是一个根源于语言的误用的"假问题"。如上所述,赖尔认为它根源于所谓的"范畴错误"。石里克认为,它是错误的提法所造成的一个无法解决的假问题。所谓"错误的提法"就是指概念的含混不清和"自相矛盾"③。维特根斯坦断言心身问题有两方面的根源:一是本质主义倾向。所谓

---

① 赵敦华.维特根斯坦.香港:三联书店,1988.144~154
② 赖尔著,刘建荣译.心的概念.上海:上海译文出版社,1988.10~18
③ 洪谦主编.逻辑经验主义.下卷.北京:商务印书馆,1984.427~431

本质主义倾向就是人们习惯于在个别中寻求一般本质的倾向,以为在对个别心理现象的认识的基础上,可以得到关于心理的一般本质的认识。二是语言的错误引导。传统哲学认为,语言由单词构成,每一个单词都与语言之外的某物有联系,相关的对象给予单词以意义。基于此,人们在把握"理解"等词时,根据它们与"飞"、"看"等词的语法上的近似性,就推想它们表示的一定是某种实在的属性或活动,这样自然便会去追问心与身的本质及其关系的问题①。再如"思想"一词,由于它同"撕碎"的用法一样,并有相同的语法变化,这样语言就会引导我们相信它是某种实体的活动,进而追问该实体是什么。

　　通过对心理概念的分析,他们所得出的一致结论就是否认有独立于生理的心理过程,否认心理与生理、心与身的相互作用。赖尔形象地把传统哲学所相信的非物质精神实体比作"机器中的幽灵"。维特根斯坦的"反隐私语言论证"实质上也是反对非物质精神实体或"自我"一说的。方法论的平行论、中立一元论、物理主义的同一论等的这一倾向就更明显了。其次,语言分析的心灵哲学在反心灵主义的同时尽管都指责和批判行为主义,但事实上,其思想深处在不同程度上接受了行为主义的某些原则,打上了行为主义的印记。如赖尔认为:描述一个人的心理活动就是描述他的行为的各部分受驾驭的方式,"外在种种智力行为并不是研究心的活动的线索,而就是心的活动"②。他自认为,他的心灵哲学的基本倾向是行为主义③。方法论的平行论和物理主义的同一论则有过之而无不及。因为它们认为:心理学术语表示的并不是物理实体之外的事件、过程和状态,而就是大脑中发生的物理事件、过程和状态。心理学术语可以转译为物理学术语。维特根斯坦的思想要复杂一些,既有不可知论的方面,又有行为主义的倾向,不过不是形而上学的行为主义,而是方法论的行为主义。正如施太格缪勒所说:"维特根斯坦显然不主张形而上学的行为主义,他并不否认那些可能伴着意指、理解等出现的体验的存在。"他的看法"也许最好可以称之为意义行为主义"④。因为他试图提供心理现象的行为标准,他说:"'内在活动'需要外在标准。"⑤当然他在以行为标准确定心理概念的意义时又考虑到了"其他条件",如当时的整个情况、过去的经验等。

　　在语言分析的心灵哲学形成和发展的同时,随着物理主义的发展、科学实在论的兴起,特别是系统论、信息论、控制论、计算机科学、神经科学的突飞猛进,一种新的思潮即以有关自然科学前沿学科的理论和方法为基础,以提供心灵哲学问

---

① J. Teichman. *Philosophy and Mind*. Basil Blackwell, 1988. pp.43—45;施太格缪勒著,王炳文等译. 当代哲学主流(上). 北京:商务印书馆,1986.588
② 赖尔著,刘建荣译. 心的概念. 上海:上海译文出版社,1988.55
③ 赖尔著,刘建荣译. 心的概念. 上海:上海译文出版社,1988.342
④ 施太格缪勒. 当代哲学主流(上). 北京:商务印书馆,1986.617～618
⑤ Wittgenstein. *Philosophical Investigations*. Basil Blackwell, 1967. p.580

题的高层次哲学答案和分析各种心理现象的最佳策略与方法为目的的科学主义的(scientistic)心灵哲学勃然兴起。特别是到了20世纪60、70年代,奎因、罗蒂等人怀疑、背叛、抨击传统的分析哲学,在心灵哲学中对语言分析的心灵哲学进行了深入的清算,如揭露语言分析在心灵哲学中的局限性和片面性,强调有关科学理论在解决心灵哲学问题中的基础作用。布莱克莫(J. Blackmore)说:"哲学家不可能仅仅通过转换范畴或通过消除语言的混乱去解决心灵哲学问题",心灵哲学"不仅需要物理学、化学、生物学、生理学、医学和心理学知识,而且需要关于人类进化的历史的知识"[1]。丘奇兰德(P. S. Churchland)在描述当代心灵哲学的演进时也指出:"一些哲学家开始为传统的心灵哲学问题设计了一个科学前景,从而推进了心灵哲学观念的转变。"[2]这些无疑促进了科学主义的心灵哲学的发展,壮大了它的声势,使之成为当今可以与语言分析的心灵哲学相抗衡的一股强大的思想倾向。

科学主义的心灵哲学在方法论上坚持多元主义,并强调心灵哲学的对象在科学的基础上可以得到合理的哲学探讨,它们可以为心灵哲学的问题提供有意义的新理论或知识,可以构筑出增进人们对世界的理解的"新的模型"[3]。持这一立场的一般是自然主义哲学家、科学实在论者、对传统分析哲学持怀疑和批判态度的哲学家以及关心哲学事业的自然科学家。主要表现形式有:斯马特、阿姆斯特朗等人的心脑等同论,普特南、福多(J. Fodor)等人的功能主义,戴维森等人的异常一元论,奎因、费耶阿本德、罗蒂等人的"取消论"或消失观[4],纳尔逊的新机械论[5],塞尔的信息实在论[6],邦格的突现唯物论,斯佩里(R. Sperry)的精神一元论,坎贝尔等人的新附带现象论,艾克尔斯和贝洛夫等人的二元论的相互作用论,拉兹洛的双重透视论[7]等。这些千姿百态的理论尽管形式内容迥异,但也有一些共同的倾向。

第一,他们都自认为是科学的卫士,肩负着科学的使命,在心灵哲学中的任务像在其他领域中一样,就是要发现一般规律,形成"科学的"心灵哲学理论,以给予心理现象的表现形式的本质以及其他问题以完满的解释。他们一般从自然主义立场出发,认为自然是一切存在的总和,没有超自然的东西,如果说世界上有心灵、心理现象存在,那么它们不能作为自然现象之外的现象存在,而必定是以物理

---

[1] R. Chisholm (ed.). *Philosophy of Mind—Proceedings of the 9th International Wittgenstein Symposium*. Vienna, 1985. p.259
[2] P. S. 丘奇兰德著,景键译.神经科学对哲学的重要意义.见:哲学译丛,1989(4):31~32
[3] 张尧官译.斯佩里与Omni杂志记者的谈话.见:世界科学,1985(1):46~50
[4] 阿姆斯特朗著,晓地译.有关精神大脑关系的研究.见:哲学译丛,1987(6):39~47
[5] R. 纳尔逊著,石一日译.心的逻辑.见:哲学译丛,1990(5):63~69
[6] K. Sayre. *Cybernetics and Philosophy of Mind*. London & Henley, xiii
[7] 高新民.人自身的宇宙之谜——西方心身学说发展概论.武汉:华中师范大学出版社,1989.第9章

现象的形式存在。如心灵要么是大脑,要么是像计算机一样的东西;思维这样的心理过程,要么是大脑的神经过程,要么是计算过程。因此对心灵的认识没有超出科学的界域。阿姆斯特朗在《唯物主义的心灵理论》一书中说:"我们正在科学和经验事实的王国里而不在那适宜于概念分析的逻辑可能性王国里驰骋。"①由对象所决定,心灵哲学与科学就不是彼此隔离的,而是连续的,前者依赖于后者的进步。纳尔逊甚至认为:心灵哲学"不在心理学之外或之上",它"应该得到与任何经验科学相同的地位"②。

第二,与传统的心灵哲学以及语言分析的心灵哲学相比,他们研究的主要问题和侧重点有明显的不同。他们不一概地否认传统的心身问题,但又依据认识的进步使之在形式和内容上发生了一些变换。传统的心身问题经过他们在新的概念框架内的改铸,变成了这样一些问题:心理学是否会转变为神经科学?质言之,是否可以找到心理现象的神经机制?能否对心理过程、事件和状态进行神经生物学的说明?理解知觉、推理、相信、意识、意志等具体心理现象的最佳策略是什么?等等。最近,持自然主义立场的心灵哲学家则强调:心灵哲学的主要工作就是将心理现象"自然化",或为心理概念、心理学理论作自然主义的说明。

第三,在方法论上,强调科学方法与哲学反思的统一。阿姆斯特朗自认为,他的心灵哲学是"科学探讨与哲学反思相结合的产物"③。斯佩里也认为,他的心理神经一元论是他的裂脑研究的"一种间接的副产品",是把"原先的唯物主义、精神一元化、突现论以及实用主义教义选择出来并巧妙地结合到一起"的产物④。在运用他们所宠爱的方法阐述自己的理论时,他们并不一概地拒绝分析方法,例如阿姆斯特朗在阐述自己的唯物主义心灵理论时,对意志、认知、相信、心像、躯体感觉、反省等作了详细的分析,邦格在《心物问题——心理生物学探讨》中、塞耶尔在《控制论与心灵哲学》中对日常心理概念也作了具体的分析。不过,这种分析不是纯语言分析,而是以有关的科学理论和概念为基础的还原主义分析,即把心理概念解释为、还原为某一科学的概念,例如要么是物理主义分析,要么是神经生理学分析,要么是信息论、控制论分析,要么是认知心理学、计算机科学分析。而且分析的结果不是消除问题,而是对问题作出解答。

第四,在心灵哲学的功能问题上,他们认为:心灵哲学并不只是描述,而同时也具有解释和预言的功能。塞耶尔在《控制论与心灵哲学》一书中说:"探讨的目的就是理解。"本书的探讨就是要得到关于人特别是心身及其关系的理解⑤。丘

---

① D. Armstrong. *A Materialist Theory of Mind*. London & Henley, 1968. p.356
② R. 纳尔逊著,石一日译. 心的逻辑. 见:哲学译丛,1990(5):67
③ D. Armstrong. *A Materialist Theory of Mind*. London & Henley, 1968. p.366
④ 斯佩里著,张尧官等译. 分离大脑半球的一些结果. 见:世界科学,1982(9)
⑤ K. Sayre. *Cybernetics and Philosophy of Mind*. London & Henley, p.1

奇兰德认为,心灵哲学家就是要"奋力去寻找关于问题的某种有用的概念表达式"①,并且坚信:心理状态和认知过程中的"不可思议的、错综复杂的事物最终会被揭示出来"②。

第五,在阐述他们的理论的过程中,他们充分吸收、利用当代有关自然科学前沿学科诸如神经科学、计算机科学、认知心理学等的最新成果,因而他们的理论充斥着大量的科学材料,带有明显的"科学"和"实证"的色彩。

各种科学主义的心灵哲学由于各自所参照的科学、所用的方法、所处理问题的侧重点不同,因而所得的结论有一些差异,主要有如下几种情况:

一是以物理学、神经科学为基础统一心理学的物理主义。在物理主义看来,世界是统一的物理世界,人是遵循物理学规律的物理客体,世界上除了物理的构成和过程之外没有其他任何东西,心理及其过程和状态不过是中枢神经系统的过程和状态而已。物理主义又有几种表现形式:(1)斯马特的同等论。它认为:物理主义命题是高水平的科学假说,前提上完备的物理学概念和定律陈述足以对一切自然现象包括心理现象作出说明,因为心理现象就是大脑中的物理现象。(2)阿姆斯特朗的"偶然的等同论"(contingent theory of identity)。它认为:心理与物理是等同的,但具体心理事件、过程、状态与具体物理事件、过程、状态的等同并不是绝对必然的,而带有偶然性、巧合性。心理陈述与物理陈述的同一是不同于意义同一、指称同一的第三种同一,即偶然的同一③。(3)戴维森和 L.史蒂文森等人的异常一元论。它认为,心理与物理的对应和等同不是机械的一成不变的同一,而是随机应变的对应与等同,或者说,心理事件具有"可多样实现性",如同一物理事件可实现不同的心理事件,而同一心理事件又可由不同的物理事件所实现。

第二类形式是奠立于认知心理学和计算机科学之上的认知主义、计算主义。根据这种观点,认知心理学和神经科学所讲的事件是两个完全不同层次的事件。认知层次应通过与数字计算机的高级功能层次的类比来表征,类似于计算机程序的存在。而大脑相当于执行程序的计算机硬件。正如通过检验某人的 IBM 机的电路,来试图理解词语处理程序的特点是毫无成效的一样,试图通过观察大脑去理解认知也不会有什么结果。认知层次上的种种表象有其不能还原为脑过程的语义向度,神经生物学层次的事件则缺乏语义而只是因果地相关联。高一级层次不能还原为低一级层次。主要表现形式有:(1)福多和普特南的功能主义。它认为:与心理等同的是像计算机程序一样的非物理功能,但功能究竟是什么,是哲学

---

① P. S. 丘奇兰德著,景键译. 神经科学对哲学的重要意义. 见:哲学译丛,1989(4):32
② P. S. 丘奇兰德著,高地译. 大脑状态的还原、本质特征和直接内省. 见:哲学译丛,1987(6):39
③ D. Armstrong. *A Materialist Theory of Mind*. London & Henley, 1968. p. 356; J. Teichman. *Philosophy and Mind*. Basil Blackwell, 1988. pp. 17—20

的功能(某一对象独有的作用)还是数学的功能,抑或是目的论的功能,这在目前还是一个争论不休的问题。(2)纳尔逊的新机械论。它像传统的机械论一样认为,可分离的、幽灵般的心灵是不存在的,但又别出心裁地主张:存在着支配人的内在活动的规则即"心的逻辑",它类似于计算机的规则系统,独立于脑物质及其规律①。

第三类形式是试图在心理学与物理学、认知心理学与神经科学之上寻找一个共同基础的心灵哲学。塞耶尔的信息实在论就是典型。它认为:信息是比心理、物理更基本的一种实在,因为具有物理器官和心理功能的人是信息过程的产物,而且决定心理物理过程的根本因素是信息。因此控制论中的信息、反馈等概念"适宜于对心理事件和生理事件作出解释",是把心理学与物理学、认知心理学与神经科学统一起来从而建立科学的心灵哲学的基础②。

科学主义心灵哲学的最极端形式是一些神经科学家所提出的意识理论,其基本观点认为,传统的心灵哲学问题如果要继续受到研究,就必须以科学问题的形式存在,甚至可以说,"意识研究是一个科学问题"③。因为"泛泛的哲学争论无助于解决意识问题"④。其次,只有科学才能真正解决这些问题,哲学在这里是起不了什么作用的,与此相应,在这里真正能派上用场的只能是科学的方法,而哲学的思辨应予废止。事实上,科学目前也不乏这样的行之有效的方法,如正电子发射断层扫描术等无创伤脑成像技术已有可能进入过去无法进入的"黑箱"和禁区,使过去只凭思辨、想象间接揣测的领域在今天有可能成为科学直接认识的对象。在这样的观念的指导下,一些科学家纷纷总结概括有关的脑科学成果,建立自己关于心、意识的理论或假说。例如著名神经科学家、诺贝尔奖获得者克里克就提出了自己的"惊人的假说",认为心理语言并无独立的所指,它们不过是大脑神经元行为的另一种描述方式,换言之,过去人们一直深信不疑的心理活动、意识活动其实不过是大脑神经元群的行为。

最后,值得特别一提的是,最近的西方心灵哲学中出现了一种十分明显的倾向,那就是对心灵哲学的基础性的、习以为常的观念的解构或颠覆。其主要代表是斯蒂克、丹尼特(D. Denett)等著名心灵哲学家。他们认为,过去的心灵哲学已经形成了一座蔚为壮观的大厦,而这座大厦又是传统哲学尤其是传统人学的基础工程。但是人们做梦也没有想到的是,这座大厦的基础是极其脆弱的,因此迟早会坍塌或崩溃。因为其基础不是别的,就是民间或常识心理学。他们的解构工作就是对这种常识心理学的分析、拆解。在此基础上,产生了许多新颖别致的心灵

---

① R.纳尔逊著,石一日译.心的逻辑.见:哲学译丛,1990(5):64
② K. Sayre. *Cybernetics and Philosophy of Mind*. London & Henley. p.14
③ 弗朗西斯·克里克著,汪云九等译.惊人的假说.长沙:湖南科技出版社,1998.265
④ 弗朗西斯·克里克著,汪云九等译.惊人的假说.长沙:湖南科技出版社,1998.20

哲学理论,如解释主义、工具主义,其最激进、最极端的形式就是取消主义(详见本书第四章)。

三、马克思主义意识论面临的机遇与挑战

从马克思主义哲学的观点来看,从发展马克思主义的意识论、建立马克思主义的心灵哲学的角度看,现当代西方心灵哲学具有两面性:既有消极的方面,也有积极的合理的因素;既有破坏性的作用,又有建设性的作用。

从对象和范围上来说,现当代西方心灵哲学中有一种否认心身问题、否认意识与物质的本质与关系问题是真正的哲学问题的倾向,有些课题及其分析偏离了哲学的航道而落入了技术的或具体科学的层面,如停留于对日常心理词汇的各种用法的琐碎分析,拘泥于心理词汇的繁琐意义、心理陈述的词法、逻辑结构的分析等。但从整体上看,现当代西方心灵哲学又拓宽了传统心灵哲学的心身问题研究、意识论研究的范围,深化和扩展了原有问题的内涵,提出和引发了新的有意义的、有希望导致认识突破的问题。例如当代西方心灵哲学不仅重视对知、情、意诸心理形式的分析,而且也重视对以前注意不够的、无法归入这三类中的任何一类的相信、期望、信任、自信、预感、后悔等的分析;不仅对以前比较关注的高级心理形式如理性、思维等继续进行深入的研究,而且对躯体感觉、知觉、反省、表象等也倾注了较大的力量;不仅重视对有意识的心理形式的探索,而且对无意识心理也给予了足够的注意,不仅研究自然的心理现象,而且对超常的、带有神秘性的心灵现象如超感官知觉、心灵感应、心灵致动等也试图作出哲学的反思。更为有意义的是,以前从未涉及或很少涉及的感受性质、心理内容被当做心理现象的特征加以研究。由此看来,现当代西方心灵哲学几乎触及到了一切心理现象。不仅如此,现当代西方心灵哲学还试图从联系上处理有关的研究对象,比如心理的诸表现形式的关系,心理现象中的意识与意向性问题,心理现象与其主体(灵魂?精神实体?脑结构?)的关系,心与脑、心与身的关系,人的行为与单纯的物质运动的异同,心理与行为的关系,行为与其原因的关系(传统的自由意志与因果必然性问题的新形式)。尽管有些哲学家不承认因而不打算回答其中的某一个或某些问题,但从整体上看,当代西方心灵哲学基本上涉及到了这些问题,因而可以说有自己独有的、不同于其他相邻学科的、比较清楚而明确的研究对象、范围和界限。

在方法论上,现当代西方各种心灵哲学理论都有自身的偏颇和片面性、局限性,如语言分析的心灵哲学片面强调语言分析是根本的乃至唯一的方法,不免带有强烈的独断论色彩,正如有些批评者所说:带有狭隘、内向和沙文主义特点①。

---

① J. Teichman. *Philosophy and Mind*. Basil Blackwell, 1988. p.2

科学主义的心灵哲学家们往往过分突出自己所宠爱的某一学科的理论和方法,而忽视或贬损其他的方法。但纵观现当代西方心灵哲学,该领域内盛行的方法十分丰富,不仅有传统的哲学反思方法,还移植了一些自然科学方法,而且具有广泛应用价值的系统方法、信息方法、控制论方法也渗透进来,发挥着巨大的作用。语言分析方法也扮演着十分重要的角色,其运用已产生了一些积极的结果。这些都值得我们在唯物辩证法和唯物历史观的基础上总结和借鉴。

我们知道,语言分析方法无疑是一个有"破坏性"的方法,它运用于心灵哲学中不是为了寻求传统心灵哲学问题的答案,而是要从根本上消除这些问题。但是在唯物辩证法的指导下,合理地予以使用,并结合其他方法,是可以产生建设性的作用的,有希望成为解决心灵哲学问题、建立心灵哲学理论的必要的、行之有效的方法。只要运用得当,它至少可以产生这样一些积极的作用:(1)有助于澄清概念的混乱,使之明晰,避免无谓的争论。在我国的心理学和心灵哲学中,人们在使用"意识"、"思维"、"心理"、"精神"等概念时一般不作什么区分,而且往往不注意语词、概念、思想、所指之间的分别,因此概念的使用极不精确,甚至非常混乱,以之表达的思想当然会含混不清。如果我们正确地运用语言分析方法对这些概念作一番认真的分析,搞清它们的具体用法及细微差别,搞清它们的意义与所指,就可使思想清晰,免去许多混乱和无谓的争论。(2)对于揭示心理概念的起源从而帮助人们认识心理的实质也有一定的作用。毫无疑问,心理概念是在社会实践中、在语言的运用和交际过程中逐步产生的,与人类的语言能力及其具体运用有密切的关系。因此应该从语言的创造和使用、命名的过程甚至儿童语言的习得的角度予以分析。例如借用人类学、文化语言学等学科的成果,结合对种系和个体语言发生的分析便可以看到,表示心理现象的语词都是人们根据内部现象与外部现象的想象上的或实际操作上的类似性,借助类推、隐喻而产生的,因此是带有隐喻性质的词汇,如"灵魂"一词是古人在有了做梦等内部现象之后借助类推而形成的。人们在梦中可以飞檐走壁,可以同死人交往,在想象中可以上天入地,而自己的身体显然不能有这类作为。但它们又像是身体那样的东西作出来的,因为它们似乎也是"我"的所作所为。于是便用"灵魂"(soul, pneuma)一词表示作为身体的类似物或"复制品"的、气息一般的"另一个我"。但"灵魂"一词的所指在本质上究竟是什么,其结构、构成怎样,这些显然是语言分析所无法回答的。再如表示心理活动的动词如兴奋、明白、思维等也是这样形成的。人们在内部有活动时,一般能反省、体验到,但又不能直接观察到它们是什么东西的活动,便根据它们与身体、物体外显的运动的类似性,用一些与表示身体动作的动词如"看"、"跑"等有相似词法和词性的动词加以表示,其中英语"see"最能说明这一点,它有一个从指称外部行为"看"到指称内部看不到的但又的确发生了的活动(明白)的转化过程。据国外有的学者的考证,表示心理现象的状态、特点、性质等的名词、形容词、副词都有一个从指称外部状态和属性到指称内部状态和属性的过程。而且这类现象在古代中国、埃及、希腊等普遍存在,因而带有普遍性①。

运用于心灵哲学中的一些主要的方法都有自己的特色和优点,因此在唯物辩证法和唯物史观的基础上,对它们作一番清理,并将其结合起来,便可望建立起心灵哲学的方法论体系。首先,运用语言分析、现象学分析、发生学分析,分析表示心理的语词、概念的历史起源,分析有关命名的历史过程,分析它们原初的意义、所指以及具体用法,进而借助系统方法、信息方法、控制论方法、人工智能方法等,利用有关的科学材料,揭示心理语词所指的实质。由于心理概念的所指不仅与大脑、身体内的结构有关,而且还受制于社会历史、个体所处的特定的自然和人文环境,因此在分析说明心理概念的所指的本质时,必须同时运用社会历史分析方法。最后,在唯物辩证法的指导下,将有关的方法统一起来,系统地分析决定心理概念所指的诸因素的相互作用和矛盾运动。循着这样的方法论历程,我们便可望揭示各种心理现象的本质和关系以及与大脑、身体、外部世界的辩证关系,从而建立起较好地反映了我们时代的科学成果、方法论特点的开放的心灵哲学体系。

从思想内容上来说,现当代西方心灵哲学中尽管二元论、唯心论仍有一定的地盘,许多错误观点也十分盛行,但也不乏合理的、可资借鉴的因素,如许多哲学家发挥自己的特长,对二元论的根源、内容、实质作出了深刻的、不无创见的揭露和批判,如维特根斯坦的"反隐私语言论证"、赖尔的"范畴错误"等就颇值得我们深思。另外,许多哲学家根据新的科学材料,运用新的方法,提出了许多接近于唯物主义一元论的新颖的、颇有启发性的理论,如认为意识是综合了复杂因素的大脑动力系统的突现特性,心理是一组信息加工能力②等。再如许多哲学家对大量的心理概念作出了认知心理学、计算机科学、神经科学的说明,不仅有开阔视野的作用,而且也为我们丰富和发展马克思主义意识论提供了丰富的、可资利用的科学材料。最后,现当代心灵哲学中的二元论、唯心主义尽管从根本上来说是错误的,应予批判的,但它们为自己的观点所作的论证以及所利用的根据、材料又颇值得我们思考,正确地予以对待无疑有助于我们认识的发展。

马克思主义哲学的意识论,就其对心理的本质、心理与大脑的关系问题作出了鲜明的回答而言,可以说是一种心灵哲学理论。不可否认,与西方其他心灵哲学理论相比,它包含有更多、更丰富的真理颗粒,是人类认识心灵的历史中的重要里程碑,也为我们进一步探讨心灵哲学问题提供了理论出发点和方法论原则。因

---

① J. Jaynes. "Four Hypotheses on the Origin of Mind", in R. Chisholm (ed.). *Philosophy of Mind—Proceedings of the 9th International Wittgenstein Symposium.* Vienna, 1985. pp. 135—142

② K. Sayre. *Cybernetics and Philosophy of Mind.* London & Henley. pp. 14—17

为它把意识或精神当做整个宇宙特别是种系和个体的历史发展的产物,把意识当做是人脑的机能、属性和产物,当做客观存在的主观反映,肯定精神对人脑乃至外部客观世界的巨大的能动的反作用,因此既坚持了心同一于身、统一于物质从而贯彻了世界的物质统一性原则,又肯定了精神的相对独立性,从而坚持了辩证法,避免了机械唯物论、旧唯物主义的还原论的片面性。由于借助了唯物辩证法和唯物史观这两个锐利武器,因而既继承了以前的有关理论中的精华,又超越于旧理论之上。但我们又不得不看到,马克思主义的生命力在于它的运动和发展,而且历史和现实也提出了发展马克思主义意识论的客观的、紧迫的要求。

首先,最近几十年来,与心理、意识现象有关的具体科学如心理学、生理学得到了很大的发展,而且还诞生了像认知科学、神经科学、计算机科学这样一些新兴的部门。它们提供了大量极有价值的、极为丰富的材料,其中有些还需要进一步研究和解释,而有些对某些旧的理论带有否证性,有些为我们建立新的理论提供了基础。然而,作为马克思主义意识论赖以建立和巩固的自然科学基础,即19世纪和20世纪初的生理学、心理学尤其是巴甫洛夫的学说,在现在看来就显得陈旧和不相适应了。这些无疑要求我们站在当代有关自然科学成果的基础上去思考和回答心灵哲学的一系列问题。

其次,在有关科学诸如认知科学、计算机科学和神经科学等的推动下,西方心灵哲学研究的问题、范围大大拓展了,认识的水平大大深化和提高了,所形成的理论较之20世纪以前则更为丰富和深刻。尽管在西方心灵哲学的发展中,不时出现许多错误的,乃至荒唐至极的学说和观点,但也不乏与马克思主义的意识论相近或可资借鉴、利用的理论和观点,例如各种形式的功能主义、各种形式的同一理论就颇值得我们认真研究、深入思考。

第三,由于认识的拓展和深化,当今心灵哲学提出和探讨的问题有许多是经典作家在创立自己的理论的过程时所未曾触及的,从上一部分的论述中,我们就可看到这一点,例如他心知问题、语义学问题等。

最后,也是最重要的一点,现当代西方心灵哲学在对上述问题作深入探讨的过程中碰到了一些著名难题,有些哲学家为此独出心裁地提出了一些奇特的理论。这些不仅是现当代西方的心灵哲学家关注和争论的中心或焦点,而且对于马克思主义意识论来说也是不可回避、亟待解决的问题,因为它们对马克思主义意识论提出了尖锐的挑战,对马克思主义意识论的存在和发展构成了极大的威胁。这里我们不妨略举一二,以期引起我们的注意和重视。

(一)意识本质问题上的难题。不可否认,唯物主义或物理主义自始至终是现当代西方心灵哲学中占主导地位的思潮,但近来碰到了一些棘手的、带有挑战性的问题和理论劲敌。首先,在一些人看来,唯物主义的逻辑终点要么是二元论,要么是还原论,要么是取消论,必须在三者之中选择一个。因为根据唯物主义的观点,意识或心理是人脑的功能、属性,现在的问题是,这里所说的功能或属性本身指的究竟是什么,从语言哲学的角度来说,"功能或属性"这类语词指称的究竟是什么。如果指的是大脑的生理功能属性,哪怕是最高级的,那么实际上投入了还原论的怀抱。因为这是将心理等同于生理,用生理学术语定义、说明心理学术语。如果"功能或属性"指的不是生理的功能、物理的过程,而是指的一高于、不能等同于生理功能的功能,即使强调它依赖于生理、物理过程,也难以避免二元论。因为根据丘奇兰德(P. M. Churchland)等人的看法,二元论有两种形式,一是实体二元论,一是属性二元论。现代唯物主义一般都避免了实体二元论,但有些唯物主义者难逃属性二元论的厄运。因为只要承认有不能等同于或高于生理属性、功能的心理属性或功能,就陷入了属性二元论。为了使唯物主义既避免还原论又不致陷入二元论,有些哲学家如奎因、费耶阿本德、丘奇兰德、罗蒂等另辟蹊径,提出了"取消论"的唯物主义。它主张:民间心理学的术语如"意识"、"相信"、"期望"如同民间物理学的术语如"以太"、"燃素"等一样,是人们在科学不发达的时代对存在或事物的一种不科学的指称、描述方式,必将随着认识的发展而被取消或淘汰,代之以成熟科学如神经科学的精确严格的术语。我们知道,马克思主义意识论也强调意识是人脑的机能或属性,很显然,我们也不可避免地要进一步说明和解释功能或属性,因此也必须在三者之中作出选择;如果要避免在三者中作出选择,那就必须研究新的方案。

其次,著名生理学家艾克尔斯对唯物论的一元论的责难和对二元论的论证颇值得我们深思。他从人的经验具有统一性、人具有创造性这些事实出发,认为已有的科学成果并不能说明经验的统一性来自神经生理过程,创造性也是如此。他说:"经验的统一性不是来自神经生理的综合。"①还说:"自我意识精神同与它有相互作用的大脑必须是部分独立的,如一个决定是自由地作出的,它必须由精神开始……这种顺序在运用创造性想象中甚至更为必要。"②当然这里有一个怎样解释已有科学材料的问题,同时有些科学材料和理论本身还不完备,有待进一步的验证和发展。但无论如何,艾克尔斯的观点是值得研究的。

另外,在意识的本质问题上,当代一些著名哲学家如 T. 内格尔等人通过一些常见的事例或思想实验极力证明:在大千世界之中,除了存在物理的现象、状态、属性之外,还存在某种或某些不能归结为物理实在,不能用物理学、生理学解释的东西,如主观的观点或经验、"感受性质"(qualia)之类。感受性质是人们在经历各种心理活动时所体验到的东西,它们不同于心理活动本身,我们每个人只要注

---

① J. C. Eccles, K. R. Popper. *The Self and Its Brain*. Springer-Verlag, 1977. Part II, §50
② 艾克尔斯著,仲系泽.大脑——精神问题是科学的前沿.见:自然辩证法通讯,1979(2)

意它们，便可得到这种感受性质。这种性质是当代唯物主义、物理主义很难同化的，有些人据以得出了二元论、副现象论的结论，无疑有待我们加以注意和研究。

（二）反作用问题。唯物主义包括马克思主义意识论一般都承认：意识作为人脑的机能不是无用的副现象，它对大脑以及外部世界有巨大的、能动的反作用。这里似乎没有什么问题。然而当代许多哲学家如邦格等在这里发现了长期为人们所忽视或未曾注意到的问题：意识既然是一种机能，那么它怎么可能反作用于大脑呢？因为作用和反作用以物质、能量的消耗、转化为前提条件，而机能、属性本身并不具有物质、能量乃至信息，因此说意识主动地发挥对大脑的反作用是不可能的。他别出心裁地说：意识对大脑的反作用实际上是神经系统的子系统对子系统或者是它们对机体的其他部分的反作用。邦格的结论值得商榷，但所提的问题无疑有合理性，因为意识的确不具有物质和能量，如果它具有物质和能量就不再是意识了，因此，反作用如何可能的确是一个真正的、然而长期未引起注意的哲学难题。

（三）命题态度和意识内容问题。意识不仅作为一种机能、属性、过程和状态而存在，而且还表现为心理的内容。换言之，意识一经现实地发挥它的功能作用时，它就有其指向性，即指向存在或不存在的对象，总是"关于"（about）什么东西的。任何意识形式，如相信、期望、思考、认为、知道都可以说是一种态度（attitude），而态度都有其内容，即是说每一种态度之后都可以带一命题，如"相信：'天要下雨'"。这就是当代心灵哲学常说的"命题态度"（propositional attitude）。不管哪一种说法，要研究的都是意识、思想的内容问题。本来，马克思主义意识论已注意到了这个问题，并作出了明确的回答，即认为意识是存在的反映。从当代西方关于意向性、命题态度、"关于"的激烈争论中，我们发现这里仍有许多问题尚待进一步探讨。首先，意识怎么可能反映存在？或者说意识或命题态度怎么可能关涉到它之外的事实？怎么可能指向、表征不存在的东西？许多哲学家例如齐硕姆（R. Chishorm）等都认为，对一系统或有机体或计算机的纯物理解释是无法说明意识为什么具有这种指向、关涉外物的属性的。由于语言哲学、语义学的影响，意向性问题又有了新的形式，即：心、意识怎么可能具有语义的属性或语义内容？即使像同一论那样把心同一于脑，那么纯物理的脑如何具有语义的属性或内容呢？与此问题密切相关的是意识的内容或语义属性本身的本质问题。我们知道，我们都能意识到我们的心理内容，它们总表现于一定的语言之上，即总是通过一定的语言形式表现出来的，带有一定的语义性。但问题是，意识中的这些语义内容是以什么形式存在的、以什么形式被提取和加工的呢？显然，仅说意识是存在的反映并没有回答这里的问题，因此意识内容的本质问题是我们研究中的一片空白。

（四）思想语言或心灵语言（mentalese）。这是一新出现的、在心灵哲学和认知科学中谈论得极多的概念，表示的是一种假设的、不同于自然语言的、类似于形

式化语言的东西,它正是大脑或心灵能对之进行直接的把握、理解、加工、操作的东西。现在,有许多思想家认为,自然语言是不能进入人脑为人理解和操作的,因为自然语言有声波、物理化学结构之类的物质外壳,例如我们听到的话语与声波不可分割,我们在书本、图表上所看到的文字和图案有其特定的物质构成,它们不能直接进入人脑,因为视觉、听觉不能将它们原封不动或按比例缩小搬进大脑之中。人的感觉器官在接受语言输入时能同化的只是分散的光性刺激或声波,这些刺激是在经过人的多次换能作用后才成为能为心灵所把握的信息的。事实上,人脑中也不储存有自然语言。我们也不能设想人脑加工的是自然语言。计算机的类比也能说明这一点。计算机能模拟人脑,完成人脑所完成的许多工作如逻辑推理、计算、解决问题,但计算机在工作时不能以自然语言为自己理解、加工的媒介,所用的只能是形式化语言。基于这些,许多研究者便推想:心灵、思想必然拥有自己独特的不同于自然语言的语言。它是一种"隐喻",但正如H.普特南所说:"它是科学上有用的宝贵隐喻。"①对它的进一步认识,将导致人类对心灵的内部结构、奥秘的认识的重大突破。由于这一概念有这样的重要性,因而它便成为当今心灵哲学、认知科学中的重大研究课题。"思想的语言"的形式、结构、本质是什么?遵循什么样的规则?它的语法、结构、语义向度与自然语言有什么联系和不同?它是怎样起源的,即是天赋的,还是习得的?"思想的语言"作为一种隐喻,与"理解"这一概念密不可分。因为某物确实不能是一种语言,除非它能被理解;某物不能是一种语言类似物,除非存在有相应的理解类似物。但是如果大脑中的某些表象是句子类似物、谓词类似物,那么相应的理解类似物又是什么呢?这类问题正成为人们激烈争论的中心,有关的论著纷至沓来,并且还诞生了像心理语义学这样的专门的"尖端"的学科。毋庸讳言,"思想的语言"对于马克思主义意识论来说是一个全新的课题。我们以前只考虑到了思想与自然语言的关系,如果真的存在"思想的语言",那么我们就必须讨论西方心灵哲学研究的那些问题,并修正、发展我们有关的概念图式。可以肯定,随着研究的开展和深入,必将改变现有理论的那种简单、抽象、笼统、含糊其辞等不足或缺陷,使马克思主义的"意识是存在的主观反映"的基本原则有血有肉、生动、具体和科学。

(五)思维与自然语言的关系问题。马克思主义在这个问题上的基本观点是:两者密不可分,没有脱离思维的语言,也没有离开语言的纯粹思维。这一理论在当今遇到了严峻的挑战。在当代西方哲学中,至少有两种学说与此尖锐对立。首先,有一种观点认为:语言和思维是可以分离的,不仅存在着没有思维的语言,而且存在着没有语言外壳的思维。倡导和支持这一观点的人搜集了从日常经验

---

① H.普特南著,高新民译.计算心理学与解释理论.见:哲学译丛,1993(3)

到人类学等方面的大量资料,例如在日常生活中所见到的各种翻译,如将一种语言翻译成为另一种语言,将无声的思维转化为有声的语言或将有声语言转化为内部的思维。在两头,思维都表现于语言,但在两者转化的中间,总有一段时间哪怕是一瞬间,思维是脱离语言的。另外,如果思维没有独立性,怎么可能由一种语言过渡到另一种语言呢？通常人们体验到的"言不达意"、"言不尽意"等都可以说明这一点。再者,从有关科学提供的材料看,思维与语言不是同源的,各有其独特的发展规律。从一些黑猩猩学习人类语言的情况看,它们的思维发展存在着一个前语言阶段,这种语言表现为没有思想的纯粹语言；它们的有声语言发展中有一个前思维阶段,这种思维是没有语言外壳的纯粹思维。有些科学家还根据对动物特别是大猩猩、黑猩猩的研究推论:在人类种系发展过程中,思维和语言不是同时产生的,思维先于语言。

有的论著不仅赞成上述观点,而且还进一步提出语言决定论之类的观点。根据这种观点,语言支配思维,决定、塑造思维,语言是表达思想的一种再生产的工具,是个人心理活动、个人分析现象、个人综合思想资料的纲领和指南。我们从世界的纷繁复杂的现象中分离出来的范畴和类型并不是自然而然地存在那里的,相反,五光十色的世界是通过我们内心的语言系统而组织起来的①。杰恩斯明确地说:"意识以语言为基础。……如果意识是在语言的基础上,经过训练而习得的一种操作,那么就可以说,只有具有语言的物种才是有意识的。"②

应当指出,当代西方心灵哲学的著名难题、激进观点以及向马克思主义意识论所提出的挑战远不止这些,还有待于更进一步的了解和研究。要使马克思主义意识论得到坚持和发展,当务之急就是研究和回答当代西方心灵哲学所提出的挑战。从辩证法的观点来看,对立、挑战本身不一定是坏事,在一定的意义下,可以说是发展马克思主义意识论的良好契机。因为新的问题本身就是新的发展、新的理论诞生的前提和条件。如果我们在此基础上,认真总结概括当代有关自然科学的最新成果,吸收、改造、利用当代西方心灵哲学的合理的积极的思想因素,我们就一定能将马克思主义意识论推进到一个新的水平。

四、中国心灵哲学的当代构建

心灵是一广泛的研究领域,古往今来的哲学家已从科学主义、语言哲学、人文主义和人生解脱论的角度对之做过大量的研究,建立了专门以心灵为对象的哲学

---

① 桂诗春.心理语言学.上海:上海外语教学出版社,1995.172～174；P.卡鲁瑟斯.语言、思想和意识,1992年在"第四期中英暑期学院"(天津)的讲课提纲

② J. Jaynes. "Four Hypotheses on the Origin of Mind", in R. Chisholm (ed.). *Philosophy of Mind—Preceedings of the 9th international Wittgenstein Symposium.* Vienna, 1985. pp.135—142

分支学科。坦率地说,在这一领域,我们今日与西方相比是大大落后或掉队了,最明显的是,就连许多以哲学为职业的人居然也不知道有心灵哲学这一学科,更不用说去关心和研究它了。然而当我们把目光投向历史时,我们又会油然生起骄傲和自豪的感情。这与我们想到我们的"四大发明"何其相似!可以毫不夸张地说:曾几何时,中国曾是心灵哲学诞生最早的国家。即使我们用严格的标准说,那算不上现代意义的"心灵哲学",但仍有根据说,中国是最早有关于心灵的哲学思考的国家。当管子、老子、孔子等形成了各自比较系统的灵魂学说的时候,当古希腊的苏格拉底、柏拉图和亚里士多德这些为西方心灵哲学的起源发展作出了开创性工作的时候,大家还处在基因状态甚或基因的基因状态。更值得引以自豪的是,在现代历史开始之前,中国还曾是世界心身学说最发达的国家之一。她不仅建立了许许多多内容广泛而深刻的灵魂学说,获得了关于灵魂的构成、灵魂与身体的关系以及关于人的复杂构成(魂、魄、形、气、性等)及本质的大量事实性、求真性认识,而且还建立和发展了一种特殊形式的心灵哲学,即以心灵之"性"、"理"为对象,以人的生存质量和人生境界之提高为价值追求,以成圣、做完人、做大人为最高目标的,融心学、圣学、道德哲学为一体的心灵哲学。从认识的目的、形式、过程、手段上说,后一种心灵哲学既含有前一种心灵哲学的因素,因为它也关心对人及心的事实性、求真性认识,并以之为基础和条件,同时又有自己的独到之处,那就是,它更重视通过价值认识这一途径,在努力揭示心之体、之本来面目的基础上,始终盯住心之性、心之理、心之潜在的价值资源,以推理、想象和形而上学方法为手段,去挖掘和开发人心生来就有的、潜在的、对人后天为人处世、修齐治平的价值,并探明这种潜在的禀性、倾向的作用范围、转化的条件和实现的原理、机制及途径。

　　由上看来,在我国开展心灵哲学研究,迎头赶上世界心灵哲学发展的潮流,建构有我们自己特色的心灵哲学,其可能性、必要性、重要性应该是没有争议的,问题是面对西方硕果累累且日新月异的心灵哲学、当代有关前沿科学所提出的问题与挑战、我们祖先所留下的高度发达的心学成果怎样开展我们的研究工作。我们以为,我国心灵哲学的当代建构应重视英美科学主义、语言分析的心灵哲学,但一定不能囿于其上,而应有所突破;在关注当代有关科技新成果,以科学精神审视心灵的同时,一定不能忽略了人文精神和人生价值论的视角,切记不能无视东方古代哲人审视心灵时的强烈的解脱论动机、人文精神以及充满着人生哲学意气的心灵哲学思想。我们以为,按这种思路展开的心灵哲学可由两大研究领域有机构成:一是以心灵之构成、结构、功能、本质等为对象的心灵哲学,它主要从事实性认识出发,从实的方面研究心理语言的本质特征、所指的对象及范围、表现形式及其特殊本质,各种心理现象的共同本质、不同于物理现象的独特特征,心与身的关系等。这一领域是关心心灵的科学精神的体现。二是以心灵之潜在的禀性为研究对象的心灵哲学。它主要从体与用的统一的高度,运用价值性认识,研究人类心灵在其生存中的无穷妙用,从幸福观、苦乐观、价值观、解脱论等角度研究人的心态与人的生存状态的关系,心理结构、感受结构对生活质量高低、幸福与否、苦与乐、价值判断与体验、解脱与自由的程度的作用等。这一研究是心灵研究中的人文精神的张扬。

前一研究可以称之为事实性或求真性心灵哲学,后一研究可称做价值性心灵哲学,或像中国古人所说的"心性学"、"性理学"或心性哲学。前者又由许多研究领域构成。

第一是语义学问题与心理语言的本质。这是心灵哲学的逻辑起点。之所以如此,主要是由描述、指谓心理现象的语言即心理语言的本质特点所决定的。首先,心理语言不是心理实在的直接的表达式或符号,而是一种间接的、不明确的、极为模糊朦胧的指谓,是在比喻、比附基础上产生的一种借喻,或者说是借助比喻、类推而产生的一种物理语言的类似物。我们知道,借喻是比喻的三种形式之一。而比喻一般有三个构成因素,即被喻体(本体)、喻媒和比喻词或媒介。借喻的特点是它说明对象时被喻体、比喻词均不出现,只用喻媒述说,如不说"割麦子",而说"割尽黄云"。心理语言也是如此,至少大多数如此,所不同的是,它们不是出于审美上的追求,而是出于造字词的人举行"命名式"时的无可奈何。因为其要意指、述说的对象是内隐的,看不见、摸不着,难以直接名状;有的对象甚至是如闪电流星,稍纵即逝;有的则恍恍惚惚,似有似无;有的则如一团乱麻,无有头绪,无从把握。当人们想述说所碰到的这类现象时,尤其是在最初创立心理语词、为它们安立名字亦即举行克里普克(S. Kripke)等人所说的"命名式"[①]时,就不像用"石块"之类的词去指称实在的石块那样有清楚分明的对应,而只能用别的较明确的描述物体、身体的行为、属性、状态等的词去比喻。如"明白"本来是指谓外部世界的状况和特点的词,移用过来就成了表示一种心理状态的词。

从语言起源的历史过程可知,人类在从动物分离的过程中,开始也像其他动物一样只能发出单音节的声音,后来由于交往的复杂化,单音节词转化为多音节词,并传递着打招呼、呼叫的信息。再后来,在劳动中,由于群体捕捉大动物、制造工具的需要,加上大脑特定区域的相应发展,语言逐渐复杂起来,开始有了表示物体的名称,进一步有了表示事物运动及状况特征的词。在进化过程中,又有了一定的内部心理活动及其感受。但是它们看不见、摸不着,因而人们就造不出形象、贴切、逼真的词语去述说,加上他们把它们理解为"另一个我"的作为,于是借助

---

① S. Kripke. *Naming and Necessity*. Cambridge: Basil Blackwell Publisher, 1980. pp.91—107

内部活动与外部活动的类似性,便把物理语言转化成心理语言。这一过程从原始社会中后期开始,到奴隶社会才使心理语言有了基本的规模,当然没有完结。因为时至今日,人们仍然在用上述方法生成新的心理语言。

从心理语言的内容来说,它与物理语言存在着明显的对应。首先,描述心理活动的词来自于描述物理运动的词,如加工、选择、迟缓、快捷等。其次,心理既然有活动,那一定有位置,于是稍作类推,就有了关于心理活动空间特性、方位的词,如心胸开阔、狭隘,城府很深,内心深处,由浅入深,由表及里等。第三,描述心理状态方面的词,如心理平静、不平静等,描述性质特征方面的词如专注、分散、集中、清楚、模糊等都来自于对应的物理语言。第四,心理既然有活动,活动一定有其主体,于是便有了"心"、"灵魂"等词。据人类学、民族学等所提供的资料,"灵魂"一词开始也是一个物质性的名词,指的是肺、呼吸、气息,后来原始人在做梦等中体验到了一种特殊的现象,它可以在空中飞翔、与死去的人聚会,又鉴于它不是已知的实在而似乎与气相似,于是就把它设想为由气所构成的另一个我,并命名为"灵魂"。在希腊文中,从词源学上也可以看到这种转化的痕迹,如"thumos"原指拇指,用于心理则指感知,"psyche"原指肺、呼吸,后则指精神、灵魂。据考证,这一过程是在从线形文字乙碑到棱伦改革时完成的①。

中文的心理语言要复杂得多,不过在本质上无异,也是一种借喻。形容词、副词和部分名词自不待言,与上述情况大体相当,但有些词和单字则值得单独考证。总的来说,它们主要是通过三个途径从物理语言转化而来的。一种途径是直接从物理语言和别的语言通过借喻的方式转化而来的。如"精神"的"精"在开始是相对于"粗"而言的,据《说文解字》,它"从米从青",合在一起指粮食中的精细部分。"神","从示从申","示"即示现,"申"即引申、派生,指有创造力的超自然的东西,两字合在一起也成了一种借喻,指在内部有产生作用的东西及其产物。"心"最初是一个摹状心脏的象形字,开始尤其是在今天,人们除了继续用它指称心脏以外,还用它比喻思维之主体、意识之聚积。再如"信"、"欲"、"乐"、"迟钝"、"敏捷"等作为心理语言的借喻特点都非常明显。途径之二是,用偏旁部首"心"与另一些字或部首组成心理语言,如"意"、"志"等。"心"以外的部首有的起注音作用,有的则有表意的作用。后者实质上也是一种借喻。因为这类词语的一部分如"志忑"中的"上下"等都是从描述物理状态、属性的语词转化而来的。还有一些词中的另一部分则兼有注音和表意的作用。如"忠"、"怒"、"忽"等,因此它们在实质上也是借喻。途径之三是将"忄"与别的部首结合组成隐喻心理现象的新

---

① J. Janes. "Four Hypotheses on the Origin of mind". in R. Chisholm (ed.). *Philosophy of Mind, Philosophy of Psychology* (*Proceedings of The 9th International Wittgenstein Symposium*). Vienna: Holder-Pichler-Temtsky, 1985. pp.135—142

字。这些字中的另一半也像第二种情况一样有些起注音作用,有些则借助外物的状态特性来比喻那些不可名状的内部的东西。如"忼"、"忻"、"忾"、"愧"、"劢"、"怯"、"怡"、"惭"、"恼"等都是如此。尤其是"怡"、"恼"更为典型,因为"卤"原为"囟",上为火苗之形像,下为脑袋,而"台"则指台子、基础,它们与"忄"合在一起,就以借喻的方式曲折、隐晦地指谓某种心理状态。

更为麻烦的是,借喻式的心理语言一经产生不仅发挥着描述、传递信息的作用,而且僭越自己的权限,形成了一种有再生力、创造力的东西,无意识地帮助使用它的人们在他们的心中构筑出了一幅幅关于心理世界的结构图景。例如在人们理解动词"思考"、对观念的"加工""分解组合"等时,人们自然会联想到人体对外物的加工改造。基于两者输入输出过程的类似性,人们自然会从外物运动的状况、特性和主体类推出相应的东西。如根据外物的运动有空间特性,便想到心理有深浅、表里;外部加工有产物,人们便说思维也有其产物;外部加工有主体、材料,心理活动也是如此,主体就是自我或精神实体。民间心理学乃至哲学中的二元论就是按这样的逻辑建立起来的。根据这幅图画,借助心理语言、类推和联想所建立起来的心理世界图景,是实在物理世界的复制品。它已积淀在人类的文化心理结构中,成了常识的心理观,以致一旦看到某一心理语词,就会在心中浮现出相应的有时空特性的形象的图像。显然,这是不科学的,包含有太多的想象、虚构、拟物与拟人的成分,使心理世界的本来面目支离破碎,因而准确地说是一种隐喻式的、拟物拟人的、前科学的心理观,因为大脑对感觉信息的加工绝不像工厂内机器的来料加工。

现当代心理学、心灵哲学甚至人工智能、计算机科学由于传统的惯性作用,加上心理现象目前难以用定性定量的符号去指称,通过因果历史的链条,仍然沿用祖传下来的心理语言。既然它们大部分是借喻式的,它们究竟有什么意义、指称什么、范围界限在哪里,这些都是不明确的、晦暗不明的、模棱两可的。加之宗教、哲学、文学以及常识思维模式对心理语言、思想与实在三者不注意区分,混同对待,日常生活中语言使用的随意性、不规范性,本来不清楚的心理语言上便罩上了厚厚的文化尘埃。如果是这样,那么在心灵哲学的研究中,不清理分析心理语言,望文生义地予以理解,一如既往地把实在与表示它们的语言混同起来,笼统地去问意识、精神、思维、情绪、相信等的本质是什么就是不恰当的。这类苏格拉底式的问题在其他学科中也许是可行的,如问分子、原子、桌子是什么不会有太大的麻烦,因为语词的所指本身是清楚明白的。而在心灵哲学中则不行,因为心理语言是借喻,其意义所指不清楚,不同的人用同一个词,其意义所指可能有很大的差别,同一个人在不同时间地点用同一个词也是如此。加上心理语词的多义性、歧义性、似是而非性,如"意识"在不及物的使用中指的是清醒、有意识,而在及物的

用法中则指的是觉察到、注意到,是与某对象相关的一种心理状态,在最广泛的意义上说,它可指谓一切有意识心理中所贯穿的共同的觉知的状态。因此心灵哲学的逻辑起点应是对心理语词的语言分析。

在分析心理语词时,要做的工作不是一开始就寻找它们的科学定义——这是下一步心灵哲学本体论的任务——而是探讨心理语词的语义学问题,即它们的意义与所指问题。应具体研究的子问题有:(1)心理语词是怎样起源的,在最初的命名式上,人们造出某种符号的动机、本意是什么?(2)心理语词与物理语词有何区别与联系?(3)我们通常关于心理现象的常识术语在什么地方获得它们的意义?(4)我们运用于我们自己和其他有意识的造物的那些心理语词的恰当的语词定义是什么,它们指称的是什么,或者说所指具有什么现象学特征与外部行为表现?

第二,心理现象学问题,即诸心理语词所指称的具体心理现象的表现形式、分类及特殊本质问题,主要包括:(1)心理语词所描述的心理现象有哪些?可以概括为哪些表现形式?(2)如何给它们分类?传统的知情意三分法是否合理?如果按三分法,相信、期望、后悔等应包括在哪一类?(3)诸心理表现形式的本质与关系是什么?(4)心理现象的基质或主体是什么?是人、身体、大脑、心灵或精神实体?质言之,这一领域要做的工作主要有两方面:一是描述性现象学的工作,即在搜集、分析心理语词的基础上,辅之以活生生的心理体验与感受,以确定心理现象的范围、表现形式和种类。二是胡塞尔式的现象学的工作,即"回到事物本身去",借助语言分析明确所指,借助本质分析、现象学分析以及有关科学的成果和手段,揭示每种心理现象的本质。西方心灵哲学在这一领域探讨得较多的是感觉、知觉、情感、相信、思维等,它们是心理现象中较重要、较典型的形式,对之探讨有重要的方法论意义。这些领域已有较大的进展和突破,我国的心理现象学研究应予关注和借鉴。

第三,本体论问题——心身问题,即被称之为心理的东西或心灵或精神的本质是什么,各种心理语词的所指中有没有共同的本质,如果有,它们与物理的本质有何关系,心理现象与物理现象是什么关系等。具体地说,它包含下述子问题:(1)存在的标准是什么?世界万物有哪些存在形式?心灵及其心理现象是否有可能形成一种特殊的存在形式?(2)世界上有没有心理语言所说的那些现象?人有没有心?(3)如果有,它们的结构、存在样式与本质是什么?是独立存在的现象、实体,还是可还原为物理实在的东西?抑或是不能还原为物理但又没有因果地位的副现象?(4)心与身是什么关系?能否相互作用?如果能,是怎样相互作用的?(5)心灵在肉体死亡后能否续存?(6)心理学理论与生理学理论、民间心理学与科学的认知心理学是什么关系?前者有无自主性,最终会不会被还原、归并为后者?会不会像民间物理学、民间化学那样被淘汰或取消?如能还原,其根据是什么?

第四,认识论问题。有两个特别令人困惑的问题,一是他心知问题,即如果我们相信我以外还有他心,那么如何予以证明?换言之,我们能否认识自心以外的他人的心灵及心理活动、过程、事件和状态?如果能认识,是怎样认识的?其基础、根据、过程是什么?也可以这样说,一个人是如何确定自己以外的某东西——机器人、他人、其他动物——是不是一个能思维、有感情、有意识的存在的?如何判断一种无意识的自动机,他的行为是不是来自于不同于真正的心理状态的某东西?怎样把这种运动与人类的行为区别开来?由于我们每一个人没有接近他人内心世界的直接通道和手段,因此他心知问题上的怀疑论便很有市场。近现代特别是当代的他心知研究主要是围绕如何解决怀疑论的问题而展开的。最先作出也是最有影响的回答是罗素所提出的"类比说明"。当前的争论又主要集中在这一说明上。已产生了多种多样、五花八门的假说。二是内省与自我意识问题,即有意识的存在是怎样得到关于自己的思想、情感、信念等的直接知识的?这种知识如何可能,有什么价值?内省能不能作为认识自己心理的方式和途径?如果能,内省本身是如何可能的?怎样回答"意识流"之类的责难?如果内省不可能,人又是怎样得到关于自我的意识的?

第五,心理现象的独特特征问题。主要的子问题是:心理现象有没有不同于物理现象的独特特征?如果有,心理现象有哪些独特特征?现在一般认为有四个特征,它们分别是:意识、意向性、感受性质(qualia)和随附性(supervenience)。围绕它们正进行着激烈的争论。而且可以肯定,这已成了当今一个最活跃、最富有成果的研究领域。我们知道,自弗洛伊德之后,人们一般不再把意识与心理等同起来,因为:一方面,意识是有意识心理现象的特征,除此之外还有无意识;另一方面,任何有意识的心理除了被意识到之外还有别的内容、形式和特征。因此对意识的研究应明确而具体,不能笼统地等同于心理。意识这一特征主要应研究的问题是:"意识"一词的语义、语法分析,所指的种类("意识到"与"有意识")与特征,意识与心理、反省的关系等。第二个特征问题是意向性问题。所谓意向性就是心理状态指向一定对象的特征。它既是把心理现象与非心理现象区别开来的标志,同时对它的研究也成了语言哲学与心灵哲学的交汇点。这一课题亟须研究的问题是:意向性的根本标志、范围、种类、结构、功能问题,意向性的主体与对象及相互关系问题,尤其是意向对象是心内的存在还是心外的实在的问题,意向性与心理、意识的关系问题,意向性的本体论地位与终极本质问题等。后两个特征是最近一二十年提出并受到广泛关注的问题。所谓感受性质是主体在经历某种心理过程如看、听等时所体验到的主观经验的质的特征或现象学特征,它不同于观念、经验本身,是高一层次的东西。其存在得到了多数论者的承认,并被认为是唯物主义难以同化的非物理的或纯主观精神的性质,因而是反唯物主义的最有力

的根据。这里需要研究的主要问题是:怎样更明确地描述或定义感受性质?它的范围怎样确定,或者说它是不是一切心理现象的质的特征?不同感受性质有无同一性、差异性?最后是感受性质的认识论和解释学问题,即是不是只能从主观的观点出发才能认识到它,它是不是只能为感受者所认识?它们与它们所伴随的心理状态是什么关系,与引起心理状态的原因、环境是什么关系,与大脑的物理过程有无关系?最后一个特征是随附性问题。所谓随附性是指心理现象由物理现象所决定、所依存的伴随或附带发生的特征。作为一个重大的心灵哲学问题,它是心灵哲学在当今从总体上探讨和把握心理现象的本质、特征以及在宇宙结构图景中的地位的必然产物。对之研究不仅有重要的心灵哲学意义,还有宇宙观的意义。需要研究的子问题有:一是随附性问题是一个经验问题还是一个形而上学问题。二是有关概念的定义问题,如随附性、随附发生、依赖性及其基础等。三是随附性与还原性、决定性、依赖性的关系问题。四是范围问题,即随附性是心理现象独有的还是一切现象共有的特征。五是因果地位问题或身份问题,即它们在宇宙结构图景中能否发挥原因作用?对这些领域的问题的研究已取得了大量极有价值的成果。可以说它们代表着当代心灵哲学的最高水平,促进了心灵哲学面貌的改变。进一步的研究必将极大地推动心灵哲学和相关学科的发展。因此我国在开展心灵哲学研究时,应予关注,不可轻视。

  除了上述重要领域之外还有许多横断性的相对独立的问题,如:(1)命题态度和意识内容问题。心理不仅作为一种机能、运动形式、属性、过程和状态而存在,而且还表现为内容,即具有语义性。因为一定的心理状态实即一种态度,如相信、知道,而态度总有其内容,后面可跟上命题,如"相信天要下雨"。此即命题态度。结合马克思主义意识论,这里有许多问题值得探讨。首先,如果意识是存在的反映,那么意识怎么可能反映存在?或者说意识或命题态度怎么关涉、关于(about)它之外的事实?其次,当今对心理内容的研究得出了一个新奇的结论,即心、意识具有语义属性或语义内容。这一点被有些学者当作是人的心理不同于计算机思维的根本特征,因为后者有语法和形式方面的特征,而前者既有语法性又有语义性。这是怎么可能的呢?即使像同一论那样把心同一于脑,那么纯物理的脑如何具有语义的属性?与此密切相关的一个问题是意识内容本身的本质问题,即意识的语义内容以什么形式存在、以什么形式被提取和加工?显然,仅说意识是存在的反映并没有回答这里的问题。需要我们去做的是具体的哲学工作,给予问题以明确的回答,而不是用大话、空话、套话、原则性的模棱两可的话去搪塞。(2)思维语言或心灵语言。这是一个在心灵哲学和认知科学中谈论得极多的概念,表示的是一种假设的、不同于自然语言的、类似于计算机所用的形式化语言的东西,它是大脑唯一能直接把握、理解和加工操作的东西。因为自然语言有声波、物理化学结构之类的物质外壳,它们是不能原封不动地进入大脑为心灵所理解的。基于此,许多研究者便推断心灵、思维一定拥有自己独特的不同于自然语言的语言。如果是这样,那么其形式、结构、本质是什么?遵循什么样的规则?它的语法、语义向度与自然语言有什么联系?是怎样起源的,即是天赋的还是习得的?随着对问题的研究的深入,还诞生了心理语义学这样的"尖端"学科。这无疑是马克思主义意识论中的一些全新的课题,迫切需要我们来填空补缺。最后还有思维与语言的关系、自由意志与行动的关系、民间心理学的解释模式与认知心理学、神经科学的解释模式的关系等问题。

价值性心灵哲学关心的是对人的生存的内在心理方面的哲学心理学研究,换言之,就是从哲学心理学的角度对作为生存之内在构成的心理现象的结构、作用及其机制的研究,就是探讨在任何既定的外在条件下怎样通过心理调节达到改善生存状况、提高生活质量的目的。这一研究的聚焦点是心性及其"用",是心灵本身所蕴藏的对于做一个高尚的人、有道德的人、幸福的人的潜在的资源。中国传统的心学早已确凿无疑地告诉我们,人心这方面的资源是取之不尽、用之不竭的,其作用是极其巨大甚至神奇的,以至于在没有任何外在物质基础、工具和手段的条件下,人仅用特殊的心理方法就可以从心中开发出无上的快乐和幸福,甚至进入一种美妙、自由自在的境界。道家的"坐忘"、"游无何有之乡",佛家的"禅"既是这种手段的表现,也是这种境界的写照。开展这一研究既是我们继承发扬东方尤其是祖国传统文化精华的必然结果,又是哲学发挥其潜在的固有的功能作用的不可或缺的环节,同时也是人类所面临的困惑、精神生活难题和生存危机向我们哲学工作者提出的客观要求。

哲学的功能作用尽管在学术界颇有争议,但有一点似乎是一个例外,即古今中外的哲人智者都不否认哲学对于人生的作用。例如在否定哲学功能时走得最远的逻辑实证主义,即使否认了哲学的认识世界和指导科学研究的作用,但对哲学的上述功能仍给予了充分的肯定。形象地说,哲学不能烤面包,但能给人以不朽。在我们看来,人类所面临的困境与生存危机有心理的表现和构成,人类的烦恼、恐惧、绝望并未随着物质财富和科技文明的发展而减退和消失,反倒有愈演愈烈之势。可见,仅仅靠增加物质财富的方式而不从心灵层面着手进行探讨是行不通的。有道是:心病还须心药治。同理,人的彻底解脱与自由,除了离不开相应的社会和物质条件以外,还依赖于特定的心态结构与感受结构。而探明这类结构应是什么样子,有哪些要素,内在关系如何,应怎样进入等,除了需要有关学科的通力合作以外,自然少不了哲学的奉献。因此哲学在人类的自我拯救和解放中承担着不可替代的作用。而这个作用当然应由心灵哲学来完成。

这一研究的资料来源除了现当代西方的心灵哲学和有关的科学成果之外,主要是传统的东方生存智慧和心灵哲学。我们知道,东方尤其是我国传统哲学中有从人生之实用、功利的角度研究心灵的传统,如儒家、道家、程朱理学、陆王心学、道教、中国化的佛教等典籍中论述心灵的内容极多,包含了大量而深刻的心灵哲学思想。这一点在融会贯通佛教和中国传统文化的智𫖮(538—597)身上得到了集中的体现。他以心为题材的论著数不胜数,如《观心论》等。在他看来,心既是体、宗,又是用。因为宇宙、社会、人生的意义都是心赋予的,心的本质既是人的本质,又是外在世界的本质。其次,心是一切价值包括最高的最美好的东西如般若智慧、解脱自在、自由的载体,同时又是获得这些价值的主体。第三,人生活得怎样、质量之高低,是幸福还是痛苦烦恼,人做得怎样,是圣人还是小人,是成功还是失败,都取决于心,正所谓:"心能凡夫,心能圣贤;心能天堂,心能地狱。"①第四,人的解脱法门成千上万,但门门不离自心。要得解脱入涅槃,就得处理好当下一念。这些思想尽管有夸大心灵作用的一面,但无疑揭示了心灵与人生幸福的内在联系,有值得重视和可借鉴之处。然而,在历史的长河中,长期以来,这些宝贵的东西是墙内开花墙外香,国人对之冷漠,而西方许多学者却视之为瑰宝。早在20世纪初,西方就出版了大量研究佛教心灵理论的专著,现代存在主义的许多大师的成长都曾得益于佛道儒的智慧乳汁。他们的基本范式也来源于东方智慧,如把人类生存状况归结为人的心灵状况,把人的生存危机当做是人的心灵的经验,如烦、畏、焦虑、绝望等,有的哲学家还顺着佛教的思路到人心中去寻找摆脱生存危机的出路。

心灵哲学完成上述任务须遵循一定的逻辑程序。首先要弄清中外哲学史上在从"用"上研究人类心灵的一切积极成果,尤其是要加强对佛教、道家的心灵哲学和陆王心学等的研究,对存在主义尤其是雅斯贝尔斯的哲学心理学也应引起足够的重视。其次,应注意总结概括现当代西方心灵哲学对心灵从本体论、语义学、现象学角度进行研究所取得的成果,尤其是对心理语词的细致入微的分析,对意向性、意识、反省和感受性质等的研究成果。第三,把人的生存状况及其内在心理构成作为分析的切入点。在分析中,特别要注意对所用心理语言的分析,以明确所指的具体的现象。在透视现象的形成过程、原因、结构和本质的基础上,运用描述心理学和现象学方法,对它们的内在构成方面即人的精神生活的处境、状态以及经常伴随人的各种负面心理如烦、忧郁等作出描述和分析。然后通过比较,揭示各种心理状态各自的形成原因、品质、感受性质与现象学特征以及对主体的利害关系,寻找建构积极健康的心态、克服消极有害的负面心态的原理与方法。最后,在心灵哲学的基础上对人生哲学中的一系列问题如幸福、意义、人生价值、境界、理想人格等作出新的回答,重构价值观、幸福观、解脱论。

---

① 慧度.智者的人生哲学.台湾地区:牧村图书有限公司,1997.255

上 篇

求真性心灵哲学

言"心灵之'体'",承认心是人类认识的一种对象,并肯定其中有"真"、有"实"可求,这并不意味着我们承认人身上存在着独立的、作为主宰和中心的心,存在着有自己特殊之体、独特之维、奇异本质的心灵。恰恰相反,我们对民间心理学和"权威的学说"(二元论)的心灵观念是持坚决的否定态度的。但是我们又不赞成取消主义连心理语言也一同否弃的做法,因为我们认为,心理语言指称的尽管仍是物质世界中的存在,但至今仍没有对应的物理语言可予以转译。质言之,心理语言的所指中有些尽管可用物理语言还原和解释,但作为整体是无法还原的,仍有其特殊性。这就像水,尽管可用"H_2O"予以指称和说明,但日常语言中的"水"仍有化学术语"H_2O"所包含不了的内容。正如恩格斯所说:总有一天,我们可以把思维归结为化学运动,但这一来难道就把思想的本质包括无遗了吗?这也就是说,在特定的意义上,我们仍应承认有心理现象的存在。当然它们不是实体的存在,也不是物理或自然现象之外的存在,而是本体论上的一种与低层次的自然存在既有区别又有同一性的存在。因此本篇的目的,一是要查明澄清这种存在及其本质,二是要揭示传统的心灵观念的实质,尤其是其虚幻本质。

语言分析对"笛卡儿神话"的扫荡

> 凡发生在身体方面的必不能起源于心灵,而心灵乃是一个能思想的样式。如果心灵能决定身体动静,那么疯人、空谈家、儿童以及其他类此的人都相信他们说话是出于心灵的自由命令,而其实是,他们没有力量去控制他们想说话的冲动。
>
> ——斯宾诺莎
>
> 谈论一个人的心理活动、状态,其实是谈论他做某类事情时所表现出的能力和倾向。真正存在的只有身体、物体,真正发生的只有物理过程和事件。一切表面上关于心理现象的叙述,实际上都是关于身体行为或预言行为倾向的叙述,并不存在只有自己才知道的内心世界和私人生活。
>
> ——赖尔

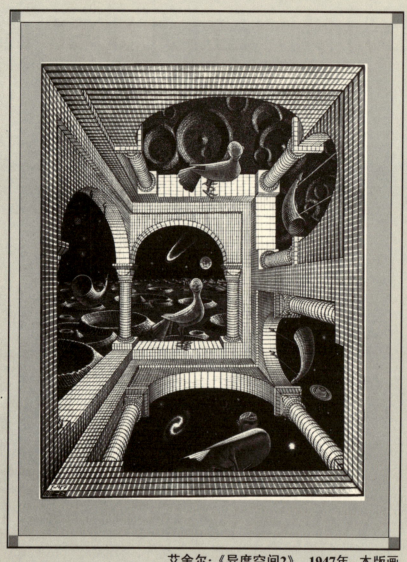

艾舍尔:《异度空间2》,1947年,木版画

真的存在身体与心灵的二元对立吗?

赖尔等人把传统二元论的心灵学说称之为"笛卡儿神话",同时拿起语言分析这一武器,对之作了消解。客观地说,强调从语言分析的角度考察心灵的本质,并不是现代分析哲学的首创。例如在中国,尽管从总体上看,中国哲学不太重视语言分析,但少数哲学家却也意识到了这一工具的价值与奥妙,并作了一些有益的尝试。两千多年前的荀子和明代的王阳明都有不凡的表现。他们在论述名实关系,分析有关人的物理语词、心理语词、"综合的语词"、"分开说"的语词及其关系的过程中表达了许多新颖别致,甚至很"现代"、很"西方"的思想。在西方近现代就更不用说了,例如在斯宾诺莎的哲学中,语言分析的心灵哲学思想就更突出了。哲学家们之所以重视语言分析,是因为他们意识到:心灵观念以及随之而来的令人困惑的问题,很多都与语言的创立和使用有不解之缘。"解铃还须系铃人。"要解决这里的问题,必须借助于语言分析这一手段。这里,我们在具体考察现代语言分析的心灵哲学之前,先来看看斯宾诺莎的"心身两面论"。

1 斯宾诺莎的心身两面论

斯宾诺莎建立自己的心身学说,直接的动机是要克服笛卡儿在心身问题上所陷入的二元论与交感论的困境。

笛卡儿一方面认为,心灵和身体是两个性质根本不同的实体,前者只思维而不占有广延,后者占有广延而不思维。另一方面,他又认为,心灵"与肉体在实质上又是联系着的"①,其表现是:它们"高度地搅混在一起"②,而且心灵可以自由地决定身体运动,肉体对外物的感受又会为心灵所觉察,心灵通过肉体有情绪的变化。既然心灵是无广延的实体,它又怎么能与有广延的身体搅混在一起呢?无广延的心灵怎么能支配有广延的肉体的运动呢?有广延的肉体的感觉怎么能传到无广延的心灵呢?要么心灵与身体在性质上没有根本区别,否则就不可能发生交感;要么心灵与身体根本不可能有联系、发生交感,否则两者在性质上就没有根本区别。笛卡儿在心身关系上陷入了无法自拔的二元论与交感论的矛盾。

在斯宾诺莎看来,身心交感在逻辑上、经验事实上都是不通之至。因为身体与心灵在质上是根本不同的,是异类的,"没有什么可比较的"③,不能互相决定和影响,"决定心灵使其思想的必是一个思想的样式,而不是广延的样子","凡发生

---

① 笛卡儿.对第四种异议的答复.见:涂纪亮译.费尔巴哈哲学史著作选.第1卷.北京:商务印书馆,1979.205~206

② 北京大学哲学系外国哲学史教研室编译.十六—十八世纪西欧各国哲学.北京:商务印书馆,1975.180

③ 斯宾诺莎著,贺麟译.伦理学.北京:商务印书馆,1958.222

在身体方面的必不能起源于心灵,而心灵乃是一个能思想的样式"①。如果心灵能决定身体动静,那么"疯人、空谈家、儿童以及其他类此的人都相信他们说话是出于心灵的自由命令,而其实是,他们没有力量去控制他们想说话的冲动"②。为了克服笛卡儿的矛盾,斯宾诺莎提出了身心两面说。斯宾诺莎尽管认为身心是异类、异质的两种样式,但他对它们作了一元论的调和。他认为:它们可以看做是一个东西的两面。就体现神的广延的属性而言,是广延的样式即身体,就体现神的思想的属性而言是思想的样式即心灵,不管从哪一面看,所看到的都是同一的内容。世界上的任何一物都可以从这两个角度、方面去看,它既可以作为思想的样式而存在,又可以作为广延的样式而存在,各自又决定于、起因于同类的样式,即所有思想样式可以而且只能构成思想样式的系列,所有广延样式可以而且只能构成广延样式的系列。斯宾诺莎这里所讲的两面,实质上一面是客观的存在,一面是观念的存在。他说:"广延的样式和这个样式的观念亦是同一个东西,不过由两种不同的方式表现出来罢了。"③此说就较合乎常识,也容易被人理解。因为任何一个东西,如一杯水,我们从广延的方面看可以说它是能分解的、实际存在的水,从思想的属性方面看,我们可以说它是一杯水的观念。即使是人也是这样,从广延的东西看是身体,从思想的属性看是观念。心灵的现实存在其实就是特殊的观念,例如人的理智是形成观念,意志不过是观念的肯定或否定,情感"是身体的感触的一个观念"④,所以现实存在的思想样式不过是现实存在的特殊观念。把心灵现象、心理状态说成是观念也为现代的许多心理学家所坚持,构造派心理学家把心理活动、心理现象看成是观念、感情这样的要素的复合,有些意动心理学家也把观念与意动或机能看成是等值的东西。人的说话做事等动作也可以这样看,斯宾诺莎说:"当我们用思想的属性去观察并且用思想的属性去说明,便称为心灵的命令;当我们用广延的属性去观察并且从动静的规律去推究时,便称为身体的决定。"⑤即同一事件,从思想的属性方面看是心理活动、心理现象,从广延的属性方面看是生理活动、生理现象。这样来看,身心就不存在什么相互影响、相互交感的关系了,因为两者是同一个东西,同一个事件,只是看问题的角度不同罢了。这就从形式上消除了笛卡儿二元论与交感论的矛盾。这是心理学史上、哲学史上典型的身心两面说。如果用现代的眼光看,我们可以认为,它是现代心灵哲学中的"双重语言论"的雏形。因为它认为,身心是同一个东西,或者说就是一个东西。人身

---

① 斯宾诺莎著,贺麟译.伦理学.北京:商务印书馆,1958.92~93
② 斯宾诺莎著,贺麟译.伦理学.北京:商务印书馆,1958.95
③ 斯宾诺莎著,贺麟译.伦理学.北京:商务印书馆,1958.46
④ 北京大学哲学系外国哲学史教研室编译.十六—十八世纪西欧各国哲学.北京:商务印书馆,1975.282
⑤ 斯宾诺莎著,贺麟译.伦理学.北京:商务印书馆,1958.95~96

上不存在两个实体。把人分成心身两部分,是一个天大的错误。犯这一错误而不知其错,就永远无望解决两者如何相互联系、相互作用之类的问题。因为事实上、根本上不存在"两者"。当然,"实"是一,又不妨碍人们从不同的方面,用不同的语言去描述它。正是因为有此可能,我们才能同时说到心与身。但千万要注意,它们不是两个东西,而是人们从不同方面对同一东西的"观看"或描述。例如从广延上看,人是身体,从思想上看,人是心灵。不管单从哪一面看都能了解到事物的同一的次序与联系,而且"事物的次序与联系只有一个"①。"只要事物被认作思想的样式,我们就必须单用思想属性来解释整个自然界的秩序或因果联系;只要事物被认作广延的样式,整个自然界的秩序就必须单用广延的属性来解释。"②这在表面上、形式又达到了一元论。我们不能把斯宾诺莎的这种身心关系的理论归到身心平行论里面去。因为身心平行论是彻底的二元论,它认为:生理现象和心理现象、身和心是根本相异、独立自足、互不影响的两类实体,当碰到心想和手动、"两时钟"这类二元现象的一致和不一致的问题时,他们的解释仍是二元论的,马勒伯朗士、海林克斯就提出了偶因论证明,莱布尼茨则用预定和谐说予以解释,19世纪的身心平行论倡导者如培因等人则用能量守恒原则去辩护。在斯宾诺莎那里则不同,身心尽管是从两个角度、用两种语言所描述的东西,两种描述尽管也有异质性,但他的整个立场及解释则是一元论的。因为身心就是一个东西的两面,而不是两个实体,两面所表现的是同一内容,因而就不存在平行不平行的问题了,也不存在"两时钟"为什么走得一致不一致的问题了。

有的研究者认为,斯宾诺莎的身心理论是同一论,其重要结论是:心理和生理是不可分离的,而相互又有区别,两者共处于一个同一体中。这至少暗示了人的生理和心理的辩证同一关系。我们不能同意这种理解和评价。一方面,在斯宾诺莎的心身学说中,心身不存在"共处"、"相互区别和联系"的关系,更没有辩证关系。另一方面,尽管斯宾诺莎的哲学中有不少辩证法的因素,但他的身心两面论没有用到辩证法,也无须辩证法。如上所述,斯宾诺莎解决身心关系问题的出发点是泛神论,而又企图对身心这两类东西作一元论的解释,因而他不可能、事实上也没有论述身心的辩证同一关系。身心关系在他那里不是实在之间的关系,只是两种看问题的角度、两种言说方式之间的关系。在人类对身心关系的认识史上,他的身心两面论并不比笛卡儿的身心交感论、莱布尼茨的身心平行论贡献了更多的东西。不错,斯宾诺莎的确是看到了心与身、心理与生理的"区别",而且强调

---

① 北京大学哲学系外国哲学史教研室编译.十六一十八世纪西欧各国哲学.北京:商务印书馆,1975. 312

② 北京大学哲学系外国哲学史教研室编译.十六一十八世纪西欧各国哲学.北京:商务印书馆,1975. 280

两者的区别是"异质的",因而自然否认它们之间有"联系"和影响。这是否意味着斯宾诺莎陷入了二元论呢?回答是否定的。因为他所说的心身是两种言语方式,而不是两种实在,因此它们之间当然是异质的,且不可能有相互联系和影响的问题。正如对一个杯子中的水的两种描述,即"水"和"H_2O",由于它们是两种描述同一对象的不同语言,因此当然是异质的,同时它们之间也不可能有"产生与被产生"、"依赖与被依赖"、"决定与被决定"的关系。如果硬要说"水"产生了"H_2O",那显然是荒唐的。

在斯宾诺莎看来,如果硬要使用"联系"、"影响"之类的范畴,那么,它们只适用于每个系列的内部,而不适用于外部,更不适用于两者之间,例如只能说,身体与身体这一类广延的样式之间有相互影响,构成一个因果系列,心灵与心灵这一类思想的样式之间有相互影响,构成一个因果系列。各类都是单线联系,自类相关而互不相干。

辩证唯物主义认为,心与身之间有区别,两者是不能简单等同的。人的身体包括人脑是客观物质世界的一部分,是第一性的,心理则是物质世界的反映,是主观世界的东西,是第二性的,仅仅在这个范围内,它们的区别、对立"才有绝对的意义",超出这个范围,它们的对立、区别"无疑是相对的"[1],即是说心理、意识现象不过是高度发展的物质即人脑的属性或机能,精神统一于、同一于物质,心统一于、同一于大脑。尽管现代科学技术还无法描述、说明与人的心理活动相对应的神经活动、动作电位变化,但脑科学、神经生理学、精神病学等说明:任何心理过程都是以生理过程为基础的,或者说任何心理活动都不过是人的高级神经系统的一种活动,整个世界除了运动着的物质再没有其他什么东西、其他什么活动存在。没有离开特定生理机制的心理现象,不能设想有离开神经活动的纯粹的心理活动,正像没有无神经病的精神病一样,"我在想问题"、"我很痛苦"等心理活动总是有其相应原神经活动作基础的。当然不能逆推说一切神经活动都是心理活动。因为人的心理活动是一定社会条件下的人的高级神经活动,它不仅是自然的产物,而且是社会的产物,它依赖的是人类社会历史长期发展以及个体在一定社会环境中发育成长所沉淀下来的神经结构,在母腹中的婴儿、"狼孩"有神经活动而无人所特有的心理活动。

2 石里克的"认识论的平行论"

石里克是逻辑实证主义的创始人。在他看来,传统的心身问题即"精神与形

---

[1] 列宁选集.第2卷.北京:人民出版社,1972.147~148

体、'灵魂'与肉体的关系问题"是一个典型的形而上学问题,也是一个"叫人头痛的问题"。不论人们如何绞尽脑汁,也无法解决这个问题,因为它"是错误的提法所造成的问题之一"①。为了解决它而建立起来的各种心身学说都是形而上学的理论,没有为人们提供任何有用的科学知识,同时又无法为经验事实所证实。而没有描述经验事实、无法为经验事实证明的理论就是没有意义的、非科学的命题。不过,逻辑实证主义者不否认传统心身理论的"价值",即承认它们对人生、人类社会生活有某种作用,如"一元论"、"二元论"等尽管没有意义,但表达了哲学家的某种内心感情,前者表达了哲学家内心世界的"宁静与和谐",后者表达了哲学家"永久奋斗"的精神②。

为什么说传统心身问题是"错误的提法"所造成的虚假问题呢?何谓"错误的提法"?石里克认为,所谓错误的提法就是概念含混不清和"自相矛盾"③。具体表现是:第一,"形体"或"物的"概念中包含着许多实际上彼此并不相容的特征,如说形体不仅是自在之物(即无意识内容的东西),而且还有可知觉的广延性等特性。根据石里克的观点,广延性等特性不是客观存在所具有的特性,而仅仅是一种主观的性质。第二,由于对形体的这种理解,加上把精神当做是"非空间"、无广延的东西,因而就自然把心与物、精神与形体看成是两种不同质、不同类的存在。这些"不清楚的说法"又使得"大脑活动过程怎样变成感觉"、"空间性的怎样作用于非空间性的"、感觉性质怎么"由心灵投射进空间"等不明确的、不可能真正被解决的问题产生出来④。总之,在石里克看来,传统形而上学的心身问题是由概念、语词含混不清所造成的假问题。

然而,更为糟糕的是,传统形而上学并不知道它所提出的心身问题是假问题,因而执迷不悟,把错误的问题、假问题当做真问题来对待,提出了种种自以为得意的理论如"嵌入说"、二元论、交感论等。它们自认为是凯歌行进,而事实上却是在无底的泥潭中越陷越深。因此逻辑实证论者认为:澄清问题的真相既要指出传统心身问题的虚假性,又要分析并清除各种形而上学的心身理论。

石里克认为,避免或排除"嵌入说"是真正地弄清心身问题的必要条件。所谓"嵌入说",就是主张把心理体验放进大脑、放进人体的空间内部,以为心理居住在身体内部,意识、心理在体内有其位置。好像心理体验、意识之类都是被给予的,是在外在东西的刺激下,经过神经末梢传递到大脑一定部位之后才形成的。可见,所谓"嵌入说"实际上就是二元论。石里克之所以将它戏称为"嵌入说",主

---

① 洪谦主编.逻辑经验主义.下卷.北京:商务印书馆,1984.427
② R. Carnap. *Philosophy and Logical Syntax.* London, 1935. pp.25—26
③ 洪谦主编.逻辑经验主义.下卷.北京:商务印书馆,1984.431
④ 洪谦主编.逻辑经验主义.下卷.北京:商务印书馆,1984.430~443

要在于强调二元论是一种虚构出来的理论,即不适当地在人身上置入或安插了一个心灵。根据石里克等人的看法,感觉事件、意识事件并不是镶嵌在头脑的某一位置的,它们存在于它们被发现的地方,即它们与感觉性质、物理事件是同时发生的,因而与后者是同一种实际①。

交感论是形而上学心身学说中的一种很有影响的理论。它是在"嵌入说"的基础上产生出来的。它认为:非空间性的、寄居于身体某一位置的精神可以以一种特殊存在与身体这种物质存在发生因果关系、相互作用。逻辑实证论者认为:由于形而上学所说的心、身、物等都是由错误的提法而引出的概念,只是一些充满着矛盾和混乱的实体概念,因此,它们之间怎么可能相互作用、怎样交感都是无法予以科学说明的。不管是古典的交感论,还是现代的交感论都没有向人们提供实际有用的知识,充其量只具有满足人们形而上学的好奇心的价值。当然逻辑实证主义者在讨论经过他们净化从而变换了形式的心身问题的过程中,也使用过"交感"这一概念,但他们赋予了它新的含意。

心身问题如果要成为一个可以解决的真问题,就得抛弃原先的那些含混不清、自相矛盾的内容。而要做到这一点,就得对"物的"、"心的"概念进行严格的分析和作出新的规定。

石里克认为,"物的"这个词不应当误解为一种只属于一部分实际东西而不属于另一部分实际东西的特性。严格地说,它"只是一种用概念来表示实际事实的方法",或者说"是一种描述实际的特殊方法"。所谓"实际"或"实际事物"既不是纯粹的物自身或自在之物,也不是纯粹的主观感觉,而是"整个世界"或"自然总体",②它是心外的性质,但又是人们直接感知到的。"心的"或精神等概念也是一种指称方式,指的是和"意识内容"等同的、"直接给予的东西"③。从根本上说,"心的"概念与"物的"概念指称的是同一实际,因为"自然是一切,一切实际的东西都是自然的。精神、意识生活并不同自然对立,而是自然总体的一部分"④,或者说是物理世界的一部分。因此,"心的"概念和"物的"概念是"等值的",是可以互相转换的。

尽管"心的"和"物的"两个概念从总体上说指称的是同一自然,但由于自然内的实际纷繁复杂,因此它们在具体指称实际事物时就有两种情况。第一,它们指称不同的对象,如"心的"概念指称人们自己意识的性质,即指称自己观察他物时的某种体验、表象等,而"物的"概念指称的是心外的实际。在这种情况下,两

---

① 洪谦主编.逻辑经验主义.下卷.北京:商务印书馆,1984.440~453
② 洪谦主编.逻辑经验主义.下卷.北京:商务印书馆,1984.434
③ 洪谦主编.逻辑经验主义.下卷.北京:商务印书馆,1984.427
④ 洪谦主编.逻辑经验主义.下卷.北京:商务印书馆,1984.434

类概念之间以及它们所指称的心理事件和心外事件之间就"存在着一种普遍的依赖关系"或"交感作用"①,即它们之间可以互为因果、相互作用。不过石里克郑重地提醒人们:这里所说的"交感"不是同一个人的心与身的交感,如不是由于身体受到了刺激、心理得到了某种体验的那种两类实体的交感,而是这样一种特殊的交感:两个不同事物之间的交感,如"花"("物的")对人的感官发生某种作用使之有某种感觉("心的");再如当甲有某种大脑活动或心理活动("物的"概念所指称的)时,乙来观察这种活动就可有某种表象(此为"心的"概念所指称的),后者是由前者所引起的。仅仅在上述意义下,"心的"和"物的"之间才有所谓的依赖关系或交感作用。第二,它们指称同一实际、同一过程。当出现这种情况时,它们之间就是一种"平行"的关系。如用"心的"和"物的"概念来指称人身上所发生的活动、所出现的事件时,它们所指称的就是同一的活动和事件。因为在他们看来,人是自然的东西,是物理的存在,他身上所发生的事件、活动就是物理的事件和运动。但这同一的活动、过程和事件可以用两类概念系统即心理学系统和物理学(生理学)系统来描述。他们认为,大量的科学事实已经表明:物理学概念在人身上可以指称心理学概念所指称的东西,反之亦然,因为"经验最清楚地表明必须这样进行:某些'大脑活动过程'的概念复合物必须配列于意识世界。我们知道,只要大脑某些部分保留原样,那么我们的意识过程也不会受到干扰。枕骨叶片受到损坏,也就丧失看的能力;太阳穴叶片受到损坏,也就丧失说话的能力,等等"②。总之,大脑活动过程与意识体验之间有一种普遍的配列关系,任何心理学的所指都可以找到对应的物理学所指称的大脑过程。当然,他们承认,在目前大脑研究的"幼稚阶段",还不可能完全把物理过程配列于心理过程,即还不能完全用物理学术语转译、代替心理学术语的所指③。上述观点接近于"双重语言论",即认为同一实际可以用两种语言予以描述,有些人干脆把它称之"双重语言论"④。而石里克则把它称之为"认识论的心物平行论",以区别于形而上学的平行论如海林格斯等人所主张的两类实体的平行论⑤。

上述"心的"与"物的"两种关系即"平行"和"交感"之间有什么联系呢?石里克通过一个例子给予了比较清楚的说明。想象有一个人A正在看一朵红花,这样在他的意识里就有"红"这种体验。同时假设第二个人B有足够的知识和精致的工具进行跟踪观察即通过解剖A的头颅观察A看花时所发生的大脑过程与状

---

① 洪谦主编. 逻辑经验主义. 下卷. 北京:商务印书馆,1984. 431
② 洪谦主编. 逻辑经验主义. 下卷. 北京:商务印书馆,1984. 437
③ 洪谦主编. 逻辑经验主义. 下卷. 北京:商务印书馆,1984. 438~439
④ J. W. Cornman et al. *Philosophical Problems and Arguments: An Introduction*. New York: Macmillan Publishing Co. Inc. , 1982. pp. 184—186
⑤ 洪谦主编. 逻辑经验主义. 下卷. 北京:商务印书馆,1984. 438~439

态。这里就出现了三种实在及概念:花这种事物(可用物理学、植物学概念如"结构"等来指称),A 的体验(可用心理学概念如"红"来表示),B 的视觉体验(既可以用心理学概念如"灰"、"暗"等来指称,又可以用物理学概念来描述)。在这里,如果不把概念与其所指称的实在混淆的话,就不会出现形而上学的心物、心身问题。如果清楚地、合乎逻辑地描述众多的实在,那么可以看到三种同一等级的实在,如花、A 的意识内容(可叫做"花的知觉")、B 的意识内容(可叫做"A 的大脑的知觉")。它们之间的关系可以表述为两类:一是平行关系,即每一种实在身上都有一种平行关系,如都可以同时用物理学术语和心理学术语予以描述:花与红、A 的大脑过程与知觉、B 的大脑过程与知觉。每一实在的两种描述之间没有交感作用。如果认为有,那就是像过去的形而上学那样把概念与概念所指混淆起来了。当然,在特定的意义下,这里可以发生交感关系,即各个实在之间有交感的作用。对于这种因果链条可以进行彻底的物理学解释,如花所发出的光线引起 A 的眼睛的转动、变化,然后经神经到达大脑,继续的作用(光线)又从 A 的大脑出发传到 B 的大脑①。总之,"心的"与"物的"之间具有平行和交感两种关系,当然它们究竟表现为哪种关系则依条件为转换。

卡尔纳普和费格尔等人表面上提出了一种新的心身理论,他们把它称之为"物理主义的同一理论"。其实与上述认识论的平行论并没有很大的区别。所谓物理主义就是卡尔纳普等人所提出的在物理学基础上实现科学统一的纲领或理论。它认为:各门科学语言可以在物理学语言的基础上统一起来,从而使各门科学基于物理学而统一起来。据此,他们断言,对心理生活的事实和规律可以作出"物理的"说明②。费格尔说:"在现象谓语的所指者和某些神经生理学术语的所指者之间有一种系统同一的综合关系。"③他自认为:这种看法抛弃了行为主义的"某些朴素形式",即不一概排斥心灵术语,而是小心谨慎地处理心理学所描述的现象,"并通过承认神经中枢的状态和过程是心理词汇的真正所指来弥补那些形式的缺点"④,即认为心理学的术语可以指向物理学、生物学所指的实在。两类术语是等值的,因而是可以转换的。因为它们描述的是同一的内容,"一个关于别人心理的单称句子,总是具有和某一具体物理句子相同的内容。"⑤"为了便于说明,我们可以以这样一个心理的陈述为例:'在 10 点钟时,A 先生的身体起了变化:呼吸率和脉搏率增加,某些肌肉紧张,产生了某些强暴的行为,等等'。"⑥再如"我昨

---

① 洪谦主编.逻辑经验主义.下卷.北京:商务印书馆,1984.450～453
② 洪谦主编.逻辑经验主义.下卷.北京:商务印书馆,1984.512～531
③ 洪谦主编.逻辑经验主义.下卷.北京:商务印书馆,1984.549
④ 洪谦主编.逻辑经验主义.下卷.北京:商务印书馆,1984.544
⑤ 洪谦主编.逻辑经验主义.下卷.北京:商务印书馆,1984.486
⑥ R. Carnap. *Philosophy and Logical Syntax*. London, 1935. pp.89—99

天很激动"就可以转换成这样的物理学句子:"我的身体昨天在物理上是激动的",如"出现这样那样的姿势、表现、动作和语言"①。总之在他们看来,心理学术语和物理学术语所指的是同一的东西,不存在纯粹的心理活动、事件、过程等,通常所说的心理实际上就是物理,心理学实际上就是一门物理学,或者说"心理学是以物理学为基础的统一学科领域中的一个组成部分"②,因为它描述的实质上是动物有机体的物理行为③。他们承认:上述观点尽管避免了早期极端行为主义的某些作法,但从思想渊源上来说,则是根源于行为主义,而且在动向上也大致同一。因此他们的观点就非常接近于行为主义。正是在这个意义上,人们把上述心身理论称之为"分析行为主义"。

3 日常语言哲学的"双重语言论"

日常语言哲学是20世纪30年代产生于英国,后又广泛流行于英美的一个哲学流派,它反对逻辑实证主义的物理主义和人工语言哲学,主张日常语言是完善的,认为各种形而上学争论和其他认识错误的根源不在日常语言本身,而在于人们没有正确了解和使用日常语言的规则与方法。主要代表人物有赖尔(1900—1976年)、维特根斯坦(1889—1951年)等。他们非常重视心身问题,他们所提出的问题和观点也很有影响。当代西方的心灵哲学就与赖尔的《心的概念》和维特根斯坦的《哲学研究》中的有关论题密切相关。他们在心身问题上的观点可以称之为"双重语言论"。

赖尔在《心的概念》一书中,把所谓的哲学分析方法运用于心身研究中,阐述了非同寻常的看法,彻底背离了哲学通常所抱定的远大而美好的信念,认为:哲学在解决包括心身问题在内的一切问题时,并不提供和增加任何新知识,而只为我们已经获得的知识划清逻辑格局。维特根斯坦也持同样的观点,认为哲学是为了摆脱语言给我们造成的困惑而进行的一场战斗。语言给我们带来了许多麻烦甚至困难和矛盾,使人们在许多问题上陷入了不可调和的对立,但是这些矛盾、对立又可以通过澄清语言的含意、消除概念的混乱而得到解决。在心身问题上也是如此。笛卡儿以来的许多哲学家都信奉笛卡儿的心身二分法即二元论教条,并在这个基础上建立了种种相互区别乃至根本对立的心身学说如交感论、平行论、同一论等。这些理论之所以陷入种种矛盾困境而不能自拔,就在于心身二元论犯了不可容忍的语言混乱的错误。

---

① 洪谦主编.逻辑经验主义.下卷.北京:商务印书馆,1984.475
② 洪谦主编.逻辑经验主义.下卷.北京:商务印书馆,1984.510
③ 洪谦主编.逻辑经验主义.下卷.北京:商务印书馆,1984.502

Mind and Life

为了说明二元论的错误,赖尔引进了"范畴错误"的说法。所谓"范畴错误",就是把属于一种范畴的事实用适合描述属于另一种范畴的事实的说法表达出来,或者说就是把"概念放进本来不包括它们的逻辑类型中去"了。"范畴错误"的一个典型例子是:一个小孩观看一个师参加的阅兵式,等到别人告诉他看到了各个营、炮兵连和装甲兵连之后,他就问什么时候能看到师。这里的"范畴错误"就是把"师"这一概念放进了本来不应包括它的范畴类型中去了。"范畴错误"的另一表现是把不具有并列关系的范畴并列起来。例如常识关于心身的看法和哲学中的心身二元论的错误就属于这类错误,即把"精神"这一概念放到了本来不属于它的范畴类型中去了。列宁也看到了这一点,曾尖锐地指出:"物质和意识的对立,也只是在非常有限的范围内才有绝对的意义……超出这个范围,物质和意识的对立无疑是相对的。"①如果不适当地夸大两者的对立,把它们绝对化,以至并列起来,那就是十足的"范畴错误"。传统哲学把人的精神当做一个神秘地隐藏在一架机器中的幽灵,是基于如下论证:因为人体是个复杂的有机单元,人的精神也就应该是一个复杂的有机单元,尽管材料和结构不同;人体同其他物体一样,是一个因果领域,人的精神似乎也应是一个因果领域,尽管这种因果关系不是机械性质的,而且两个因果系列还可互为因果。

这类"范畴错误"是怎样发生的呢? 赖尔认为,当伽利略表明他的科学发现方法对于凡是占有空间位置的东西都能提供一种机械论的说明时,笛卡儿就产生了两种互相矛盾的想法。他是个有科学天才的人,所以赞成这种对于自然界的机械论说明。但他又不同意认为人的精神同机器相比只是复杂程度不同的观点。既然如此,就不能把描述精神过程的词等同于或理解为表示机械过程的词,因而就只能把这些词理解为是表示非机械过程的词。既然力学法则把空间运动解释为其他空间运动的结果,就一定有其他法则把某些非空间的精神活动解释为另外的非空间的精神活动的结果。精神是事物,但这类事物不同于身体;精神过程是一些原因和结果,但这些因果不同于身体的运动。这样就产生了身体占有广延而不思维、精神能思维而不占有广延的二元论教条。

维特根斯坦试图把人们通常所抱的下述信念,即存在着不同于身的心以及有一种不同于身体活动的纯粹心灵活动,归之于语言的错误引导。他认为:由于日常语言的语法使我们形成错误的图像而承认有非物质的心灵活动。如由于表示身体动作的动词(如"撕碎")同描述心理活动的表达式(如"思想")之间所存在的语法上的相似,就使人们得出了类比图像。"思想"这个表达式的用法在许多方面同"撕碎"的用法一样,如"某某想到某某"、"某某撕碎某份文件"。由于这种

---

① 列宁选集.第2卷.北京:人民出版社,1972.147~148

类似,语言就把人引入了歧途,好像两者都描述了人的活动,一是身体动作,一是心灵活动。描写状态的表达式如"他越来越发胖了"和"他越来越悲伤"也是如此。由于人们在"思维"、"悲伤"等表达式所描述的活动与状态中,看不到任何内在的东西,而只能看到发生在外面公共世界中的物质过程,这样就导致人们相信:"思想"所表示的与"撕碎"所表示的是不同的活动,进而得到这样的错误图像:思维活动所依赖的主体——心灵是一个同看得见的物质现实并存的幽灵般的第二个世界。这些图像、教条就像铁钳子一样把我们夹住,使我们无法摆脱。

在他们看来,作为实体的心灵及其活动之类,是语言的误用使人杜撰、虚构出来的,而不是真实存在的。赖尔认为,谈论一个人的心理活动、状态,其实是谈论他做某类事情时所表现出的能力和倾向。真正存在的只有身体、物体,真正发生的只有物理过程和事件。一切表面上关于心理现象的叙述,实际上都是关于身体行为或预言行为倾向的叙述。并不存在只有自己才知道的内心世界和私人生活。为说明这一点,分析行为主义者对各心理语词作了细致、琐碎的分析。赖尔说:"当我们描述一个人的内心活动时,并不是描述第二套幽灵式的活动。我们只是在描述他的某段生涯的某些方面,也就是在描述他完成各部分行为的方式。"[1]通常所说的性格、气质、心理品质之类也是如此,都是行为的特定的或固定的表现方式。当然,人们可以用心理主义术语描述它们,不过应知道:"当我们用心理谓词来刻画人时,并不是在作无法检验的推论,从而推论出在我们所无法寻访的意识流中发生了某种幽灵般的过程。我们只是在描述人们用来指导其主要属于公开行为的那部分行为的方式。"[2]即是说,日常用心理学术语描述的并不是另一世界的、非物质精神实体的活动、过程与状态,而就是物理世界内的现象,就是行为主义术语、物理学术语所指谓的东西。两类语言(即心理学语言和物理学语言)的意义尽管不同,但所指的对象则是相同的。由于两者意义不同,因而赖尔不同意其他分析行为主义者的观点。他认为,心理陈述和行为陈述的"相互可转译性"的观点是"早该放弃了"的错误观点。尽管赖尔坚持这一观点,但其他的分析行为主义者如卡尔纳普则固执己见,认为:所有有意义的心理学陈述即是说在原则上可检验的心理学术语,都可以翻译成不涉及心理学概念的物理学命题。不仅如此,前者还可以归结为、统一于后者。

通过对心理概念、陈述的行为主义分析,他们得出了关于心的本质的大致相同的结论。第一,维特根斯坦和马尔科姆认为,日常语言是完善的,对世界、心、意识的陈述是基本的,但意义、所指需要予以澄清。第二,笛卡儿式的二元论是应该抛弃的,人的内部并无作为实体的精神,并无与身体的外部行为相分离的、作为行

---

[1] 赖尔著,刘建荣译.心的概念.上海:上海译文出版社,1988.46~47
[2] 赖尔著,刘建荣译.心的概念.上海:上海译文出版社,1988.48

为原因的隐私的心理生活。第三，心理现象既不可简单地归结为、还原为它们的身体方面的表现，不能等同于行为，但也不能当做独立的现象或过程，不能与行为按因果关系的方式相联系。心理状态的概念只有在每一个这样的状态和它们在行为中的可能的表现之间的联系被了解了之后，才能形成。某种身体行为是相应的心理状态的一种尺度。除此之外，还有内在的方面。因此他们说，心理现象有两个标志或方面，即内在的过程与外在的行为标志。由此可以看出，他们的理论介于二元论、心理主义与行为主义之间。第四，日常语言中的"思想"、"意识"等指称的并不是人身上的某种特殊存在，而是某种物理现象。因此如果说存在着"平行"，那也只是物理学和心理学两种看问题的方法的平行，它们在人身上有同一的认识对象，即某种物理实在，只不过认识这种实在可用两种方法。基于此，他们把他们的理论恰如其分地称为方法论的平行论。赖尔的"双重语言论"实质上也是这个意思，即认为只有一种物理的东西，但可分别用物理学语言和心理学语言去描述。它们的指称相同，但由于它们的意义不同一，因此不能相互转译。第五，尽管语言分析的心灵哲学在反心灵主义的同时都指责和批判了行为主义，但它实际上接受了行为主义的某些原则，因此在思想深处已打上了行为主义的印记，例如赖尔认为，描述一个人的心理活动就是描述他的行为的各部分受驾驭的方式①。鉴于此，现在人们一般把赖尔、维特根斯坦、马尔科姆等人的理论称为"哲学行为主义"（当然具体内容有重大区别，故我们把赖尔的理论称为"双重语言论"），而把心理学的行为主义称之为"方法论的行为主义"，以示区别。具体而言，后者是心理科学的方法论，它试图对心理科学的研究对象和方法作出新的规定；而前者则是关于心理术语的意义的理论，也可以说是从根本上关于心理概念的本质的理论。其倡导者认为，关于心灵本质的哲学问题可以还原为关于这些概念的特征问题。要把握心灵的本质，必须澄清心理语词意味着什么，而要这样，又须先弄清它们在日常交流中是怎样被运用的。由上可知，心灵并不具有指称特殊类型的物质或非物质实在的功能。也许我们可以把心灵归属于有自我调节能力的造物，即有智能的造物。但智能造物有心灵，不是由于它有特殊类型的私人性的东西，而是由于它能作出行为，这些行为表现了其自发性，并有相对复杂的组织。心理状态如头疼、意图、信念等是有智能的造物所具有的，但这主要是因为他们能做或已做了什么。根据哲学行为主义，一个人被描述有某某心理状态，既可以因为他做了什么，也可以因为他想做或倾向于做什么。但是倾向于以特殊方式行动是什么意思？什么是倾向呢？赖尔等人回答说：如果瓶子掉在地下，就倾向于破碎，即易于或可能破碎。一对象具有一种倾向，就是说一旦条件具备，倾向就

---

① 赖尔著，刘建荣译．心的概念．上海：上海译文出版社，1988.55

会变成现实。心理状态也是如此。如果关于心灵的话语可分析或翻译为关于行为的话语,那么心理状态就可还原为行为。

心理状态的还原分析的前景如何呢？一种忧虑是,行为分析是末端开放的(open-ended)。由此,如果你有关于熊在路上的信念,那么你倾向于做的事情是无限的,因为你所做的依赖于环境,而环境千变万化。而且在你倾向于做什么时,你首先要形成一个新的信念,而这个信念也需要进行行为分析。另一个问题更麻烦。你看到了熊,形成了一个信念,但你要做的显然依赖于你的全部心理状态,例如你的其他信念、愿望、知识和观念等。如果你看到了熊,但你相信熊不吃人,没有危险,并想和它接近,就不会有逃跑的倾向。可见哲学行为主义的上述还原分析是片面的。当然也不能否认它有合理的内容,事实上它对后来的研究也产生过积极的影响,例如它有力地批判了二元论,强调用来归属心理状态的术语并不指称某种特殊种类的对象,这些即使在反行为主义的心身理论中也得到了认可和继承。

福多论心灵是人脑内的计算机

Fuduo Lun Xinling Shi Rennaonei De Jisuanji

> 既然根据命题态度对人的行为的解释常常是正确的，那么它就一定是存在的。如果信念、愿望等事实上是不存在的，那么它们为什么能有作用呢？……如果常识意向心理学真的被摧毁了，那么这将是我们物种历史上无可比拟的、最大的理智灾难。
>
> ——福多
>
> 心灵是计算机，它编制程序，进而对储存在"信念盒"中的句子进行加工。这种加工离不开这样的计算机制，即它把思维语言中的句子当做输入，进而产生一个思维语言句子作为输出，该输出又被放进某个盒子之中。
>
> ——希夫尔比喻说明福多关于意向状态的理论

艾舍尔:《四面体小行星》,1954年,木版画

心灵是人脑内的计算机?

二 福多论心灵是人脑内的计算机

如果要问谁是当代最有影响的心灵哲学家、认知科学家,毫无疑问,福多是人们考虑的首要人选。他思维活跃,见解独特,很有理论创新性。福多提出的每一种新观点几乎无一例外地成为争论的焦点。正如凯恩(M. J. Cain)所评论的:"由于这些思想具有挑战性的本质,因此它们未能得到普遍的认可。尽管如此,几乎没有哲学家怀疑他的工作的价值或重要意义,即使是那些最激烈的批评者一般也觉得有必要讨论他的意见……总之,福多对心灵哲学作出了重大贡献,有根据说他是心灵哲学当代最重要的实践家。"①

福多的心灵哲学理论既不同于否认人有心、有意向状态的取消主义,又不同于把心灵独立化、实体化的所谓"标准的实在论",而是试图把民间心理学与物理主义统一起来,既承认人有心灵,又不违背物理主义原则,既不抛弃传统的心理概念图式,又努力根据"计算机隐喻"对心理、对人作出标新立异的解释,进而提出了心灵就是大脑内的计算机,思维就是计算等崭新的命题。

1 福多的本体论承诺

福多哲学有两个承诺,一是坚信民间心理学的合法性、合理性,二是坚持物理主义立场。他试图把这两个承诺置于一个理论体系之中,即在物理主义框架内对民间心理学提供基本的辩护。这在一般人看来是不可思议的,因为它们似乎是水火不相容的,取消主义正是通过把物理主义贯彻到底,从而得出了取消或摒弃民间心理学的结论。而福多则认为,把两者统一起来是可能的。事实上,他过去20多年的哲学工作就包含这一任务。

所谓民间心理学(folk psychology),又称常识心理学,是指在每个正常人的内在结构中所积淀的一种心理学资源,它由许多原则构成,如承认人脑中存在着信念、愿望等心理状态,这些状态由态度(如相信、怀疑、意欲等)和命题内容(如"天要下雨")所构成,故又可称做命题态度(如相信"天要下雨",希望"天下雨"等)。命题态度是行为的原因,因此如果知道一个人的命题态度,如知道他想什么,相信什么,意欲是什么等,便可解释和预言他的行为;反过来,知道他的行为又可推测他的思想、信念和意愿等。根据这种常识心理学,每个人之所以有这样或那样独特的、甚至奇怪的行为方式,根源在于他有特定的命题态度。在大多数情况下,正常的人之所以能对他人的行为作出正确的解释和预言,根源在于他们有民间心理学知识。然而,随着科学和哲学对人尤其是人的内在世界的认识的深入,许多心灵哲学家和认知科学家对信念、愿望的实在性,对民间心理学的真实性和有效性

---

① M. J. Cain. *Fodor: Language, Mind and Philosophy*. Cambridge: Polity Press, 2002. p.212

产生了怀疑,有的还基于科学史的类比得出了取消主义的结论,认为"信念"、"愿望"等像"燃素"、"以太"等一样,是前科学概念,没有真实的所指,将随着科学的发展而被取消或淘汰,民间心理学将像承诺了"以太"的民间物理学等一样被成熟的科学取而代之。

面对取消论对民间心理学的否定,福多坚定地站在意向实在论一边,认为民间心理学及其所断定的命题态度是真实存在的,不仅如此,它们在人的生活中,在人的行为过程中具有不可替代、不可或缺的作用。他说:"既然根据命题态度对人的行为的解释常常是正确的,那么它就一定是存在的。如果信念、愿望等事实上是不存在的,那么它们为什么能有作用呢?"①保护民间心理学的另一个根据是:"如果常识意向心理学真的被摧毁了,那么这将是我们物种历史上无可比拟的、最大的理智灾难。"②这意思是说,如果像取消主义所说的那样抛弃民间心理学及其理论术语,如"信念"等,那么许多人文社会科学部门如文学、艺术、哲学、历史学等将遭受灭顶之灾,我们的日常生活、交往将陷入瘫痪,因为抛弃了"相信"、"认为"之类的术语,我们便无法交流。

如果民间心理学所断定的信念、愿望等是实在的,那么这种"实在"应作何解释呢?是二元论意义上的独立的精神实在,还是物理实在的另一种描述方式?它们的所指与物理过程、状态、属性是什么关系呢?为了回答这类问题,福多诉诸物理主义。不过他的物理主义不是还原的、类型同一(type-identity)的强物理主义,而是建立于随附性范畴基础上的、接近于非还原的、个例同一(token-identity)的弱物理主义。其要点有:(1)自然中存在或发生的一切在本体论上都依赖于、随附于物理的对象、属性、事件和过程,心理状态、过程也不例外。(2)对于每一例示的属性来说,都存在着物理的条件,后者足以解释该属性的例示。(3)所有的基本规律都是物理规律。他认识到,物理主义承诺对于为具体科学提供解释战略是极其有用的。而且具体科学所阐述的规律是由更基本的物理过程所执行或实现的,因此物理主义者怀疑幽灵般的灵魂的存在,因为他们没有理由假定存在着能实现所谓通灵现象的物理过程。

应注意的是,福多所坚持和阐释的物理主义比传统的物理主义要弱得多。首先,他的物理主义是非还原的物理主义,因为他认为,没有必要非得承认有把某些具体科学的现象与作为基础的物理学的现象关联起来的双条件桥梁规律。在他看来,具体科学旨在寻找与它们的主观材料相一致的因果解释规律,并相对自主地、根据更深层的理论加以阐发。就此而言,心理学把事件划分为从属于相同的

---

① J. A. Fodor. "Fodor's Guide to Mental Representation". in his *A Theory of Content and Other Essays*, Cambridge, Mass: The MIT Press, 1990. p.7

② J. A. Fodor. *Psychosemantics*. MIT Press, 1987. p.12

心理类型的东西,这些类型在神经生理属性方面各不相同,而神经生理学把事件划分为从属于相同的神经学类型的东西,同一的类型在心理属性方面彼此不同。这种主张的理由最先是由普特南在著名的《"意义"的意义》一文中讨论计算机时提出的。在他看来,程序可多样实现,即是说由功能作用所定义的程序和抽象的结构可在各种各样的物质材料上得到实现。

福多的物理主义不同于传统物理主义的第二个特点是:他强调"余者皆同"从句在具体说明特定科学的规律时有不可替代的作用。他认为,这种从句并不是描述第二性的条件的缩写。它们是表达规律之例外的一种方式,这种例外应借助别的不能在那规律本身之内的术语来加以说明。因此,即使理论家们在原则上无法说明那规律在其之下为真的条件,余者皆同的规律也并不是没有意义的。

2 心理状态与过程的自然化

面对纷繁复杂的心理现象,人们不禁要问:物理主义真的能履行它的诺言,用科学的非意向术语说明它们,将它们自然化吗?或者说能为之提供充分的物理主义解释吗?我们知道,心理现象的范围极其广泛,现今一般认为有两大类现象:一是有意识的经验或感受的质的特征的现象。对此,福多并不感兴趣,有时还流露出不可知论的倾向。二是有命题内容的心理状态和心理过程,其不同于第一类现象的特征是意向性,它们的发生和进行总是伴随着对它们之外的东西的指涉,总是关于外面存在或不存在的东西的。这类现象是福多倾其主要精力的对象。问题在于:命题态度是否能根据物理主义予以说明?意向心理学的规律能否在物理主义的世界图景中发挥作用?前一忧虑是根源于这样的看法:命题态度具有不能从物理上加以说明的意向性。后一担忧根源于这样的疑惑:意向心理学规律怎么可能把意向状态关联起来,自然过程怎么可能做出这样的事情?

福多从三个方面对这些忧虑、问题进行了解答。第一个回答涉及的是命题态度的本质,这一理论就是关于心灵的表征理论。第二是关于心理过程的,所形成的理论就是关于心灵的计算理论。第三是关于意向性的自然主义基础的,所形成的理论是关于意义的因果协变和非对称依赖性理论。先看前两个理论,下一节再讨论第三个理论。

究竟什么是心理状态或意向状态呢?其本质是什么呢?为了回答这类问题,他提出了他的关于心灵的表征理论。其基本观点是:意向状态是有机体与心理表征的计算关系。具体地说,有如下要点:第一,心理表征是思维语言中的符号,它有句法结构和意义,其本质就是标记意向状态。第二,有意向状态首先在于有特定的内容。如相信"天要下雨",相信"天正在下雪"等,相信的对象就是其内容,它们是由思维语言所表达的。第三,有意向状态在于有机体与心理表征有某种特定的计算关系。例如对于同一命题"天要下雨",既可采取相信的态度,还可采取希望、期盼、憎恨、懊恼等态度。这些态度实际上是一种态度关系,如信念关系、愿望关系等。而这种关系实即功能关系、因果关系。之所以是相信天要下雨而不是希望天下雨,关键在于它与输入、输出有不同的功能或因果关系。假如,我标记了一个思维语言句子S,或者说我的思维中出现了这样一个句子个例,我与它究竟是信念关系还是希望关系,这取决于S在我的心理结构中起什么样的作用。另外,福多认为,心灵就是计算机,心理机制借助计算来处理思维语言的句子。因此,思维语言的句子个例的功能作用就是在计算系统中的功能作用,不同的意向状态关系可看作是不同的计算关系。希夫尔(S. Schiffer)用"信念盒"(box)、"意向盒"等比喻说明了福多关于意向状态的理论。据此,相信P就是将思维语言的一个句子加以个例化或加以标记,这句子有内容P,并被存放在他的"信念盒"之中。其他意向状态都可如此加以描述。心灵是计算机,它编制程序,进而对储存在"信念盒"中的句子进行加工。这种加工离不开这样的计算机制,即它把思维语言中的句子当做输入,进而产生一个思维语言句子作为输出,该输出又被放进某个盒子之中。

  福多自认为,他的关于心灵的表征理论能说明其他理论所难以说明的现象,如思维的产生性和系统性就可以用心灵语言的产生性和系统性来解释。如果思维主体由于处在与思维语言中的句子的某种关系而具有一个命题态度,那么就可推断:这种关系为主体掌握那种语言中的无穷的表达式奠定了基础,同时也使他有能力以标准的逻辑方法创造出新的表达式。

  由上可知,福多对意向状态提出了新的激进的阐释,而对意向过程的阐释更加激进,正是在这一论证中,他的"心灵是人脑中的计算机"这一思想得到了更明确的表达。

  意向过程是意向状态出现在人脑内的因果过程,它是一种计算过程,即是说,是与用计算来加工思维语言句子有关的过程。要理解这一点,关键是要理解计算机和计算。什么是计算呢?计算就是接受有句法结构的句子作为输入,然后根据符号加工规则,产生有句法结构的符号作为输出。被处理的符号有语义属性,但是计算机及其计算过程并不理解符号的意义,它们只对句法属性敏感。因此计算机是句法机。其次,说计算机根据符号加工规则加工符号,无异于说:存在着控制输入—输出行为的句法原则。即是说一种加工形式具有广泛的适应性,可以用之于这个符号,也可以用之于同类的其他符号。另外,计算机可以在物理上被例示。要说明一个物理系统怎样执行计算加工,就得下降到物理层面。例如要作这样的说明,就必须具体陈述该系统所加工的符号是怎样在物理上编码的,就得描述内在的物理转换,这种转换是编码了输入符号的物理状态和编码了输出符号的物理状态之间的桥梁。计算机可多样实现,因为两个不同的物理系统可实现同一计算。

理解了这些,就不难理解意向过程。根据福多的关于心灵的计算理论(简称CTM),每当意向过程发生时,大脑中具体实现的计算机制就会接受思维语言中的一个句子作为输入,进而根据运算,产生一个新的句子作为输出。

由上可以看到,福多的 CTM 直接相似于由当代认知革命所引发的认知主义和计算主义所倡导的心灵理论,另一方面它与行为主义、同一论有本质的差别,因为它认为,意向状态是因果上有效的内在状态,它们可多样实现,意向关系是功能或计算关系。还应注意的是,尽管 CTM 与功能主义有某种一致性,但它不是功能主义的变种或翻版。尽管福多原先倡导功能主义,但他对 CTM 的承诺则意味着他对功能主义的放弃,因为尽管他承认心理状态是功能状态,心理状态关系是功能关系,但是他反对功能主义的内容理论。他不认为,有不同内容的信念之间的差异是功能上的差异。

3 意向内容及其自然化

在当代心灵哲学中,有一个热门的话题,那就是意向性问题,或内容问题,也称表征问题。这个问题最先是由布伦塔诺提出的,因此又叫布伦塔诺问题。它有许多子问题,如:意向性是物理的属性还是非物理的属性?如果是物理的属性,那么一种物理的属性为什么能指称、"关于"不存在的东西,如独角兽?意向内容是由人与世界的关系决定的关系属性("宽内容"),还是仅由大脑内在结构决定的非关系属性("窄内容")?意向内容有无因果作用?如果有,又是如何可能的?对于福多这样的物理主义者来说,最大的问题就是第二个问题,亦即自然化问题。

所谓自然化就是"为表征构筑自然主义条件"①,即用非意向性的术语如自然科学的术语来说明意向属性,或阐明意向属性可由非意向属性来实现。换言之,就是要根据自然科学的成果来证明它在自然秩序、在世界的本体论结构中占有一席之地。不然的话,就没有理由假定意向性的存在与作用,就要拜倒在取消主义脚下。

福多认为,在自然化过程中,我们只能为内容提供充分条件,而不能提供充要条件。因为为内容提供充要条件就是要具体说明意向属性与非意向属性的同一

---

① J. Fodor. "Semantics, wiscoansian style". in Fodor. *A Theory of Content and Other Essays*. Cambridge, Mass: The MIT Press, 1990. pp. 31—51

性关系,就如水的属性与 H_2O 的属性两者之间的同一关系一样,是一种形而上的必然同一,这种同一是不可能找到的。因为意向内容不可能绝对必然地类型同一于神经状态,其个例是可多样实现的。福多认为,把具体科学与基础科学相互关联起来的桥梁规律是缺乏坚实基础的。具体科学所诉诸的属性和规律不能同一于或还原于低层次的科学所诉诸的属性和规律。因此,他认为,内容自然化并不是为内容提供充要条件,不是把内容还原为非意向的东西,而是为它提供充分条件,即阐明意向属性可由非意向属性物理地实现。

福多关于意向内容的自然化理论有两个要点:一是借鉴德雷特斯克等人的信息语义学或因果协变理论;二是创造性地提出了"非对称性依赖"理论。根据前者,信息是意向性的真正构成要素,命题态度的语义性来自心与世界之间的信息关系。一旦这种信息关系形成了,就决定了某种信息加工装置是否挑选那种信息。例如思维语言符号"HORSE"之所以意指"horse"(马),是因为该符号标记由且仅由马所引起,符号的意义与信息源因果协变。福多坚持这一理论是出于以下考虑:(1)坚持信息协变理论就是坚持意义原子论,坚持原子论就是为民间心理学的存在留下了空间。而整体论即非原子论则会威胁到民间心理学的存在。因为根据非原子论,一符号的意义依赖于其他符号的意义。意向系统中任何一个信念的变化都会引起其他信念的变化。(2)信息协变理论诉诸因果关系,实际上就是用自然主义的术语,如"因果关系"、"协变"等说明意向性的本质和实现。(3)信息协变理论在自然语言中得到了验证,并且信息协变现象是日常生活中随处可见的现象,如温度计中的水银柱与外在温度之间的协变。

但信息协变理论也面临着一个巨大难题,即析取问题或错误表征问题。因为根据信息协变理论,有某种符号被标记就意味着有其外在相应物存在,符号意指的就是它的原因。但是事实上,引起某一标记的东西可能并不是符号所意指的东西。例如,黑夜中的奶牛有时也会引起"马"的标记。也就是说,引起"马"标记的是或牛或马的析取属性。从认识论上说,人的认识、表征可能是错误的,并没有相应的对象。但根据协变理论,则没有错误发生的可能。

福多认为,要解决析取问题,就必须找到某种非意向的属性,它既能作为说明符号之意义的基础,同时它又是从马到"马"的因果联系中所具有而从奶牛到"马"的因果联系中所不具有的属性。沿着这一思路,福多提出了自己的解决方案——"非对称性依赖理论"。福多认为,尽管一标记可以由多种原因引起,但它们之间的地位并不平等。其中有一项不仅是它自身引起这一表征符号的原因,而且也是其他项引起相同表征符号的原因。我们可以用另外一种方式来阐述福多的思想:符号"S"固定用来表示属性 F,其前提条件是:

(1) F 的例示引起"S"的标记。

(2)"S"标记除了为 F 所引起之外,有时也为 G 所引起。

(3)当 GS 引起"S"标记时,它们的关联非对称性地依赖于(1),即依赖于 FS 引起"S"这一规律。

总之,"S"表述 F,有两个条件,一是有一规律,即"FS"引起"S",二是别的因果关系如牛引起"马"的标记,即错误表征依赖于上述非对称性规律。福多认为,他的非对称性依赖理论合理地解决了析取问题,从而使得因果协变理论完备起来,也为意向内容在自然中找到了合适位置。当然,应该注意,这是福多对意向性自然化的一个方面,即从外在方面说明了内容实现的条件,除此之外,还有一个方面,即意向性实现的物理机制。其基本观点是:意向性要么个例同一于物理属性,要么随附于物理属性。这在前面论述心理状态、过程的自然化时,已有述及,这里不再重复。

当代的意向性研究的一个重要的进步是:在解释意向内容"是什么",即是关系属性还是非关系属性时,引入了"宽内容"和"窄内容"两个范畴。福多对此领域也极为重视,发表了许多高见,但可惜变化太快、太大,难以捉摸。他关心的问题是:科学心理学是否需要窄内容?是否真的有关于窄内容的可靠的概念?如果有,怎样描述它?在这些问题上,福多的基本观点是"内容二元论",即认为,内容有宽内容和窄内容两种,前者是意向心理学不可缺少的,后者是科学心理学所必需的。

在1980年的《作为认知科学研究策略的方法论的唯我论》一文中,福多认为,窄内容仅仅是一种指话的(de dicto)内容。所谓"指话的"是相对于"指物的"而言的,后者指的是把必然性附加于一事物而具有的某性质,因此是关于存在的,而前者指的是将必然性附加于整个断定,因此必然性只是观念上的,而非客观存在的。他认为,窄内容为着心理学解释起见是可以的,而且必须予以保留。布洛克(N. Block)曾论证过概念作用,据此,窄内容是在头脑之中的一种概念或推理或因果功能作用。卡普兰(D. Kaplan)的指示语义学和索引词理论对福多影响很大。在卡普兰看来,索引词如"我"、"他"、"这儿"等词的语义内容是由这些词的使用者的语境决定的①。罗尔(Loar)则认为,窄内容的概念是以对相似性和"一致性"的第一人称判断为基础的。福多在批判性地借鉴上述观点的基础上,提出了新的定义。一方面,他认为,窄内容与外在对象没有任何关系,是随附于大脑内在属性的、纯内在的、非关系的属性。另一方面,他提出:心灵语言表达式的窄内容就是集合论意义上的一种功能,正是它,将一种情景映射于真值条件之上。这里的映射是一种转换功能,借助它,语言的操作者在被给予的语境下把符号用之

---

① D. Kaplan. "On the Logic of Demonstratives." in *Contemporary Perspectives in the Philosophy of Language*. Minnesota: University of Minnesota Press. p. 97

于真值条件之上。例如就孪生地球人案例来说,当地球人说"水是湿的"时,他便把"水"映射到"H_2O"之上。如果孪生地球人在孪生地球这样的语境中听到上述句子,他会把"水"映射到孪生地球水"XYZ"之上。可见,符号仅仅在它们用来发挥同样的功能作用的条件下,才具有相同的窄内容,这正是他们两人共同具有的东西。即是说他们两个人由于有相同的内在功能因而有相同的窄内容,但由于有不同的情境,因而有不同的宽内容。

不难看出,这种关于窄内容的理论强调的是:那种功能作用在被计算、运作时,其方式是完全没有差异的。不仅地球上的一个人比如说"Sophie"和孪生地球上的"Sophie"没有差异,而且任何具有不同思维方式的两方也会具有相同的窄内容,只要这些不同的思维方式能让一符号固定关联于相同情境下的相同的属性。而且,所有的思维方式都有整体论的程序,它既是"奎因式的",即对整个信念集合的计算,又是"同向性的"(isotropic),即每一信念都易受其他信念影响。

福多的观点提供了解决困扰许多哲学家的"情境"难题。在福多看来,情境就是这样的环境,在其之下,宽内容的一种构成要素即关联模式才得以产生。窄内容具有使有机体产生这种关联的功能,它能让思维的主体与特定情境下的某种属性关联起来。把它运用于普特南的孪生地球人实验,就是这么一种状况:人类的地球就是这样的一种情境,在其之下,"水"关联于"H_2O",而在孪生地球那里,"水"关联于"XYZ"。地球人和孪生地球人所共同具有的东西就是这样的状态,它倾向于使他们的符号如此被关联。

不仅如此,窄内容还是科学心理学所必不可少的概念。尽管福多承认民间心理学是外在主义的,进而承认了宽内容的合理性,但是从科学心理学发展的需要来说,有用的则是窄内容概念。因为科学心理学是个体主义的,必须根据心理状态的、随附于内在过程的窄内容将心理状态个体化。为什么呢?这是因为:第一,科学心理学承诺了关于心灵的计算机理论,这种承诺蕴涵着个体主义。人类心灵像计算机一样,只是句法机,即只能从形式上加工符号,完成句法转换,而不"理会""语义性",即符号与世界的关系。其次,当代认知科学应坚持的战略是方法论的唯我论。所谓方法论的唯我论就是把个体从其环境中独立出来,对外部世界不作任何假定,只描述人的内在精神生活,只根据随附于内在过程的属性来对意向状态个体化。第三,从因果解释的角度看,能纳入到对行为的解释的因果规律之下的,只能是因果属性,而只有窄内容才有这种因果性。因为有因果作用的东西是局域性的属性,宽内容依赖外部世界,不是这样的属性,因而对人的行为没有因果作用。要用内容解释人的行为,必须诉诸窄内容。因此,服务于心理学解释和心理学规律的需要,福多才提出了"窄内容"的概念。

总之,福多的思想可以这样概括:命题态度是有机体所具有的、与编码在大脑中的符号的一种计算关系,其宽内容是由这些符号所关联的属性所决定的,而窄内容就在于一种对于这种关联的倾向,或者说是把符号与属性关联起来的一种功能作用。心理学的任务就是陈述关于这些倾向的规律,这些规律因基本的、作为基础的物理机制而为真,正是这些机制完成了对这些倾向所依附的符号的运算。

4 关于心灵构造的理论

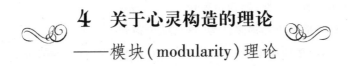
——模块(modularity)理论

在《心灵的模块性》一书中,福多提出了他的关于心灵构造的理论,其基本主张是:心灵并不是单一的、由相同成分组成的通用加工系统,它是由几个服务于特定目标、完成各自特定任务的子系统所构成的。这些子系统相互独立,各司其职。

关于心灵的结构,福多认为,它是由许多子系统组成的巨系统。这些子系统往往具有一系列特定的属性。它们因功能不同而分成三大类,即转换器、输入输出系统、中心系统。中心系统的职责首先涉及到信念的形成,因此是信念、愿望的领域。它所执行的常见工作就是推理、解决问题、构造科学解释和进行哲学思维。转换器是连接心灵与世界的部分,它又可分为两大类:一是输入转换器,它接收物理的非符号的输入,进而产生符号作为输出。例如视网膜就属于这一类。二是输出转换器,它接受符号输入,接着将其转换为非符号输出,例如中枢激活,它就能引起随后的肌肉收缩和躯体运动。转换器无须计算就可自动完成其任务。

输入与输出系统位于中心系统与转换器之间。输入系统接受输入转换器的输出,形成关于外部世界的表征,把它作为输出呈现出来。它们要通过计算才能完成上述任务。表征的结果交付给中心系统,进而引起关于外部世界的信念。因此,输入系统的一般功能就是表征世界,直至使它进入思维过程。福多认为,对应于传统的五种感官,有五种输入系统。此外,语言系统也可算作是一个输入系统,它的作用就是从与口头言语和书写符号有关的所视信息出发,产生出关于语言单元的句法和语义属性的表征。因而总共有六大输入模块。

福多认为,模块有九大属性,其中最根本的有两点:一是它能完成特定的任务。"输入系统有特定的范围",它们只能执行高度专门化的任务。如眼睛只能对光线刺激敏感。二是"输入系统在信息上是被封装的(informationally encapsulated)"①。如果在一计算子系统中储存着信息,这信息是该系统的组成部分,该系统没有办法接近它,即使该信息有助于成功地完成它的目标任务,那么该子系统

---

① J. Fodor. *The Modularity of Mind*. Cambridge, Mass: The MIT Press, 1983. pp.47,64

在信息上就是被封装的。福多认为,输入系统有自己特定的信息,在它们完成其操作时,它们会加以利用。例如个体的语言系统在他讲话时,就有自己特有的关于句法、词汇的信息。任何输入系统只能接近自己的专门化的信息,它没有办法得到和利用别的系统的专门信息。因此别的输入系统在执行操作的过程中不可能利用所储存或所提供的一切信息。福多认为,输入系统具有除了任务专门化、信息封装以外的所有属性,因而是模块。

为什么心灵是模块?福多认为,这一结论得到了三个方面的支持。一是从目的论的角度考虑,必须作出这一回答。二是它得自于脑科学的研究成果。脑损伤的研究表明,大脑某一部分的损伤只会导致某一功能的异常,这足以说明大脑功能的专门化,足以说明心灵的功能具有模块性。三是神经心理学和发展心理学的成果也表明:输入系统和中枢能力是彼此分离的,它推翻了心灵是统一的通用加工系统的传统观点。

那么模块论的提出到底有什么意义呢?福多自认为它有助于批判相对主义、整体论。我们知道,对于观察与理论的关系,传统的观点是,两者根本不同,前者是中立的、客观的,可作为检验理论的标准。20世纪50年代以后,哈尔森(Harson)、库恩、费耶阿本德等人对上述观点提出了颠覆性的批判。他们强调,观察渗透理论,知觉渗透认知,价值观渗透文化,科学渗透类别,形而上学渗透语言。两者没有严格的界限,一切都是相对的。因此也没有中立的、客观的标准。福多把这类观点称做相对主义的整体论。福多对此的态度很鲜明,他说:"事实是:我憎恨相对主义",因为"简略而直率地说,它忽视的东西是人性中的固定的结构。……在认知心理学中,主张人性中有固定结构的观点在传统上常采取这样的形式,即坚持认知机制的多样性、异质性,认知结构的严格性,正是这种认知结构使它们具有封装性。如果有官能和模块,那么就不存在一切事都相互影响,一切都是可改变的这样的事情"①。也就是说,模块理论的哲学意义在于,它为批判相对主义,恢复传统的理论—观察二分观点提供了支持。根据模块理论,在人类心灵中,甚至在人身上,存在着有自身特征和结构的子系统,它们并不是与别的东西混杂在一起、没有界限的东西,它们有不受其他东西影响,独立发挥自己功能作用的机制与结构。例如知觉就是如此,它是模块,它有封装的信息资料,有自身的独立的结构,因此能不受理论的影响而获取关于外界的信息。基于此,它有客观性、可靠性,因此可作为检验理论的标准。福多说:"如果知觉过程是模块,那么根据定义,不可进入模块的种种理论就不会影响知觉把握世界的知识。尤其是,背景知识极为不同的观察……也会以实际相同的方式看世界。"②总之,如果模块性理论

---

① J. Fodor. *The Modularity of Mind*. Cambridge, Mass: The MIT Press, 1983. pp.205—206
② J. Fodor. *The Modularity of Mind*. Cambridge, Mass: The MIT Press, 1983. pp.23—43

是正确的，那么它便可成为观察与理论区分的依据，而且可为科学的客观性、科学有客观标准提供支持。即使科学家有不同的信念愿望，有不同的背景知识，但只要运用知觉去观察世界，基于各自的知觉模块，他们就会得到对对象的一致的、客观的看法。

福多提出的问题和思想是令人震惊和发人深思的。第一，福多的思想只是西方哲学的一个缩影，从他身上我们可以窥见这样一种倾向：物理主义的盛行或"自然主义转向"。我们过去往往把唯心主义、二元论与腐朽没落的资产阶级联系起来，而纵观英美的心灵哲学，乃至其他有关的哲学领域，占主导地位的却是唯物主义、物理主义、自然主义。自行为主义产生以来，二元论、唯心论不断地受到打击和扫荡，几乎难觅踪迹。而我们的常识世界观、"民间心理学"、"民间哲学"，乃至论及意识本质的"正宗"的哲学中却渗透着二元论的思想，例如说"意识主动、自觉地发挥能动作用"，强调意识活动、精神活动是独立的存在层次等，这虽然不是实体二元论，但却是自然主义要解构的典型的"属性二元论"。因为从科学上说，只有物理的东西才有实在的作用，从哲学上说，任何作用都有一个"实现"或"执行"的问题。可见我们坚持和发展唯物主义的工作任重而道远！第二，福多对民间心理学的物理主义辩护向我们提出了这样的问题：究竟应怎样理解人，理解"人是有精神的"？福多承认常识的人的概念图式，不否认人是心身统一体，人是有理性、信念、愿望的存在，但对此他作出了新的诠释："理性"之类的心理术语指称的其实就是物理学所说的实在、过程、状态和属性。在物理世界并不存在独立的心理属性。心理学术语与物理学术语所描述的东西之间只有同一、随附、实现、构成的关系，而不是两种独立的过程和属性，只有这样才似乎真的贯彻了"除了物质，什么也没有"的唯物主义原则。第三，福多的结论"心灵是人脑内的计算机"，以及我们过去常嘲笑的一些隐喻式的论断，如"心灵是机器"、"头脑分泌思想如同肠胃分泌胃液"等，都值得审慎而科学地加以研究，而不容"庸俗的"批判。

三

脑科学对心灵的"入侵"

Naokexue Dui Xinling De Ruqin

> 极目长空,我看到平展展的天空苍穹,一轮耀目的太阳以及下面的其他万物,我是靠哪些步骤做到这一点的呢?一缕阳光射入眼中,并聚焦于视网膜,它引起了某种变化,这种变化又往上传到脑顶部的神经层。从太阳到脑顶部这整个一连串时间都是物理的,每一步都是一种电反应,但继之而来的是一种和引发者全然不相像的变化,对此我们完全无法解释。在脑中呈现出的是一幅视觉场景:我看到的苍穹和其中的太阳,还有其他可以看得见的万物。事实上,我知觉到在我周围的世界图景。
>
> ——埃德尔曼,托诺尼
>
> 你的喜悦、自由意志,实际上都不过是一大群神经细胞及其相关分子的集体行为。意识可能与神经元在40～70赫兹范围内的振荡模式有关。
>
> ——克里克

艾舍尔:《蛇》,1969年,木版画

人脑这一黑箱对我们而言充满了诱惑,问题是:我们能了解它吗?

三　脑科学对心灵的"入侵"

在不久以前,意识、心灵一直被视为哲学形而上学的专有领地。之所以如此,是因为,它们只能为主体一个人体验,既不能"共享",不具有主体间性,又不能受到两个以上的人的重复观察,从而也没有进入它的客观方法,因此只能是思辨、想象或信息方法之类的间接方法推测的"黑箱"。这一状况,在最近有了实质性的变化,相应地,科学家也有了占有它的"合理"要求,强调它不能再为哲学家所独占。事实也是如此。正如著名神经科学家、诺贝尔奖获得者埃德尔曼等人所述:"在过去,意识研究是哲学家的专有领域,但是近年来,心理学家和神经科学家都开始研究起所谓的心身问题,或者用叔本华的话来说就叫做'世界之结'。""我们认为,可以把意识作为一个科学主题来加以研究。"①

在本章,我们主要考察诺贝尔奖得主埃德尔曼等人的意识理论。另外,加拿大哲学家邦格尽管不是脑科学家,但他关心这一领域,并从哲学上总结和概括其成果,形成了自己带有鲜明的"脑科学性质"的心身理论,在哲学中很有典型性和代表意义,因此一并予以考察。

1　邦格的心理神经一元论

邦格是当今国际哲学舞台上十分引人注目的人物之一。在心身问题这一与哲学基本问题密切相关的、古老而常新的问题上,邦格利用其精通物理学、熟悉有关自然科学前沿学科最新成就与进展的有利条件,进行了大量的深入的研究,发表了许多颇有影响的论著,如《心—身问题——心理生物学探讨》、《精神与突现》、《从神经科学看心身问题》(提交给16届世界哲学大会的论文)等,创立了独树一帜的心身学说——心理神经一元论或突现论的(系统的)唯物论②。

(一)"成功"有赖于"系统论提示的""策略"。心身认识的发展或突破在很大程度上依赖于认识方法的变革和突破。邦格认为,已有的心身理论之所以陷入这样或那样的矛盾困境,除了科学根基不扎实、不牢固等原因之外,还有一个重要原因,就是心身探讨的方法论的片面性。它们不是单纯地从机械力学、物理学、生理学的角度,就是片面地从精神哲学的角度来解决心身问题,死抱住某一种从自然科学中移植来的方法,囿于某一狭隘的范围,以逻辑的推论代替对事实的客观研究和对科学成果的总结概括,因而不是把复杂的精神现象还原为物理化学变化,就是把心理意识现象当做非物质的精神实体的属性。在邦格看来,要推进和发展对心身问题的认识,"只有依据系统论提示的机智的(或用一切可能的办法)

---

① 杰拉尔德·埃德尔曼,朱利欧·托诺尼著,顾凡及译.意识的宇宙.上海:上海科技出版社,2004.3
② 邦格著,傅世侠译.心身学说.第10章.对精神的理解.见:自然科学哲学问题丛刊,1983(4):40～

策略,以及多层次的宇宙观,才能带来成功"①。因为他认为,心理现象不是大脑某一细胞、某一神经元集团、某一局部的属性,而是由许多层次如物理的、化学的乃至社会的因素所组成的交叉系统的产物。因此没有系统方法的指导,就有可能依据心理对某一过程的依赖性而简单地把心理当做这一局部过程的产物,或者由于看不到复杂的心理活动与大脑的某一过程的关系就把它归于非物质的精神实体。当有系统方法的指导,就会克服上述片面性,并有可能多方法、多角度、全方位地透视或扫描精神现象,即有可能把各种有关的方法统一起来,有可能把有关的科学如物理学、生理学、生物学、心理学、神经科学、哲学社会科学等组织起来进行综合的探讨,在它们之间架起桥梁,从而就有可能把心理意识现象放回到产生或突现它们的系统中予以科学的考察,把它的本质、结构以及它与身体的内在联系客观地显现出来。正是由于邦格强调系统方法的作用,自觉地以系统方法来指导自己对心身问题的研究,因此,他有时干脆把自己所建立的一元论的心身理论称之为"系统唯物论"。

我们应该承认,邦格的确看到了以前的心身研究的方法论的片面性,意识到了系统方法在解决心身问题过程中的作用,而且事实上,他也比较成功地运用了系统方法。但我们又必须看到:在心身研究中运用系统方法并不是邦格的首创,因为早在20世纪初,格式塔心理学就强调心理不是大脑部分的属性,也不能等同于部分之和,而具有一种整体或格式塔的性质。这里尽管没有明确使用系统方法一词,但系统方法已在发挥作用。在当代的心身研究中,强调系统方法的作用更是大有人在,如裂脑人研究权威斯佩里、匈牙利学者先塔戈泰等。由此看来,运用系统方法来解决心身问题是当代心身问题研究的一个趋势。不过我们应该肯定:邦格反映并加强了这一趋势,而且独具匠心地运用了系统方法,从而使他得以提出颇有特色的心身学说。

(二)所谓"纲领性假说"。以上述方法论原则为指导,站在当代自然科学的高度,借鉴有关心身理论中的合理因素,邦格系统全面地阐明了他的心理神经一元论的基本思想。他把这些思想概括地称之为"纲领性假说"②。

第一,一切精神状态、事件、过程都是某种动物中枢神经系统的状态、事件、过程。这一原则从表面上看与"心理生理等同论"相差无几,但从邦格对这一原则的解释以及从邦格的心身学说的整体来看,两者则泾渭分明。他认为:所谓状态总是一定事物的状态,是事物运动变化的表现形式;所谓事件则是事物状态的变化;所谓过程则是事物运动变化的过程。不可能有纯粹的状态、事件和过程,也没

---

① 邦格著,傅世侠译.心身学说.第10章.对精神的理解.见:自然科学哲学问题丛刊,1983(4):40~45

② M. Bunge. *The Mind-Body Problem*. Oxford-New York: Pergamon Press Ltd., 1980. p.22

有脱离事物而以独立的形式存在的状态、事件和过程。大脑中出现的现象不管是精神的,还是物质的,也都是如此,例如大脑状态或神经状态就是神经系统的状态,神经事件和过程则是神经状态的变化。通常所说的精神或心理意识状态、事件和过程也莫不如此,它们不可能是纯粹的,而必定是某种实在或具体存在物的。邦格特别强调指出:这个存在物不是二元论所说的那种只思维而不占有任何广延的精神实体,而是大脑或神经系统本身。由上述所决定,精神状态、事件和过程就只能是神经系统的状态、事件和过程。在这个意义上,他把他的心身理论称之为心理生理同一论。为什么两者是同一的呢?他用了许多科学材料说明这一点。首先他根据脑科学中的成果如切割大脑两半球的联合部使两半球彼此分离的事例,指出:既然手术后的病人有两个精神即有两个意识中心(这是斯佩里对裂脑人研究的重要理论之一),那么精神状态、事件和过程就只能是大脑神经的状态、事件和过程,因为外科医生只是用手术刀这样的物质实体把联合部切开的,把一个统一的精神分作两个精神的。如果精神是非物质的实体,精神状态、事件和过程是非物质的东西的状态、事件和过程,那么手术刀就不可能作用于它们,统一的精神也不可能变成两个精神。另外,他还以药物对情绪的影响来说明上述道理。他说:在"这个场合,物质的干预不是冷的钢刀对脑的干预,而是普通的化学药剂对于脑细胞的表面包着膜的感受器的干预。为什么一种孤零零的非物质的精神竟能够被这样相当简单的分子(如麦角酸＝乙酰胺)如此残忍地扰乱"①?他还用他的所谓"状态空间方法"即把精神状态、事件和过程描述为神经的状态、事件和过程的方法,对一些常见的心理现象进行了"心理生物学"描述。如"视知觉",心灵学将它描述为由视觉输入的信息所引起的非物质的心理过程,而心理生物学的解释则恰恰相反:"视知觉"是视觉系统枕叶皮质区的活动;再如"思维",心灵学将它描述为精神实体的高级的、复杂的活动,而心理生物学的描述则是:一定的可塑性的神经系统的活动或运动②。

第二,相对于中枢神经系统那些细胞组成部分而言,精神状态、事件和过程是突现性的或系统的特性,即是说,精神不是表征个别细胞,而是表征一定的神经细胞系统的。据此,他把他的心身学说称之为突现的或系统的唯物论,以区别于唯心论的同一论和唯物论的等同论。这是他将系统方法运用于心身研究所得到的重要结论,也是他的心身学说的精华之所在。

邦格旗帜鲜明地坚持唯物主义。在他的心身研究中始终贯彻了这样一个唯

---

① 邦格著,范岱年译.从神经科学看心身问题.见:中国社会科学院自然辩证法研究室等编.第十六届世界哲学会议论文集.北京:中国社会科学出版社,1984.195～196
② 邦格著,傅世侠译.心身学说.第10章.对精神的理解.见:自然科学哲学问题丛刊,1983(4):40～45

物主义的基本原则:"精神是大脑特有的一种功能。"①这是唯物主义发展史也是人类认识史的重要结晶。但是邦格又不停留于这一结论,而是试图依据新的科学成果和方法论推进和发展它。他认为,精神这种大脑的功能不是大脑某一原子、分子、细胞的功能,也不是依赖于大脑特定的物理化学变化的功能,而且从系统的观点说来,精神也不是孤立的大脑的功能。因为精神这种功能是特定系统的功能,即是说精神赖以产生和存在的系统是一个复杂的动力系统,它包括多种不可缺少的因素,如物理的、化学的、生物的,甚至还有社会的。他说:精神所依赖的大脑是一个"从物理层次到社会层次交叉的系统"。该系统中的任何部分、任何层次都不具有精神的功能,这是精神这种功能区别于其他生理的功能、物理化学性质的根本之所在。例如,未受到社会生活熏陶的大脑尽管也长在身上从而是一个活的大脑,但这个大脑不可能有精神,狼孩没有正常人所具有的心理就说明了这一点。尽管灵长类动物的大脑及其子系统能够产生特定的心理,或处于一定的心理状态,但这里的心理或精神还不是真正意义上的精神,因为它还不能意识到它自己的事件与状态。因此只有经历了漫长的历史发展、浸透着整个世界历史成果的人脑,只有社会化了的人脑才有精神的功能。总之,精神是综合了复杂因素的动力系统的突现性或整体的特性。所谓"突现性"就是系统的区别于"组合性"的一个特征。这两个特征都是复合系统的特性,其中"组合性"是指为各部分所具有的特性,如"能量"就是组合性的特性。而"突现性"则相反,它是不为部分所具有而只为复合系统所具有的特性,而且这种特性既不能归结为某一或某些部分,又不能归结为部分之和。因此精神是大脑这一复杂动力系统的一个特殊的功能特性②。他说:精神或"心理仅仅是与没有具体化为形成物的物质有关的突现,这个观点所要强调的是,精神不是由低层次的事物组成的事物——更不用说,没有用任何事物所组成的一个事物,而是一定神经系统的机能或活动的集合,单个神经元不可能具有这种集合"③。显然,邦格的上述观点就使他的心身学说与心理生理等同论区别开来了,因为精神既然是一种系统的特性,因而就不能与具体的生理过程相等同,生理过程至多只是突现精神的系统中的一个必要的条件或因素。上述观点也把他与斯佩里的"突现论的心理生理相互作用论"区别开来了,因为斯佩里尽管也试图运用系统方法解决心身问题,并也把精神当作综合了时间、空间、质量、能量等多种因素的多元综合体的功能④,但在他所说的精神系

---

① 邦格著,梁国春译.当代物质观.见:自然科学哲学问题,1986(1):5
② 邦格著,张尧官摘译.精神与突现.见:世界科学,1982(11)
③ 邦格著,傅世侠译.心身学说.第10章.对精神的理解.见:自然科学哲学问题丛刊,1983(4):40~45
④ 斯佩里著,方能卿,张尧官摘译.脑——精神相互作用.见:自然科学哲学问题,1981(4):24~28;张尧官等译.分离大脑半球的一些结果.见:世界科学,1982(9):1~4

中没有社会因素,因此他的心身学说的解释力就没有邦格的心身学说那么大。

第三,精神或心理从神经系统突现出来以后,有自身的相对独立性,有自身的特定的层次和结构,如低级的心理层次是感知、情感等,高级的是理性、自我意识等。他说:有机体有能力"组成它们自己的即心理学系统的层次"①。正因为如此,它才鲜明地与突现它的大脑及其物理、化学、生理等性质或功能区别开来,才无法将它们等同起来。当然,这样说并不等于接受了二元论的观点,即不是把心理当成绝对地脱离大脑、与大脑并立的非物质性的层次或系统,因为心理作为大脑的一种特殊功能是无法与大脑分离和并列的。离开了大脑,精神就变成了一种纯粹的、虚无缥缈的东西。另外,邦格这里所说的"心理学系统或层次"也有别于斯佩里所说的"心理层次"。尽管他们都把心理当做大脑的突现特性,承认心理有自己的层次,但邦格所说的心理学层次并不超越于物质之上,也不能独立地发挥对大脑的原因的、控制的作用。所以从世界的统一性上看,精神是属于物理世界之内的一个层次,而不是之外的;仅就精神被突现出来后有自己特定的表现形式,有自己的相对独立的结构而言,才可以说"心理系统形成了层次"②。

第四,回答了心身关系的问题。邦格说:"所谓心身关系是中枢神经系统不同子系统之间的相互作用,或者是它们与机体的其他组成部分之间的相互作用。"③因为,根据邦格对精神的理解,精神本身不是物质之外或之上的一个独立的实体或层次,而是一定可塑性神经系统的突现特性;精神的状态、事件和过程不是独立的、纯粹的东西,也不是属于非物质的精神实体的,而是属于大脑的,因此精神就不可能有独立自主的反作用,即不可能以自身的规律、运动独立地对大脑、身体发挥原因的、控制的作用。因为精神作为一种功能本身并不具有或不能产生能量、物质等,而任何作用或反作用都是以物质、能量、信息的转换为前提条件的。由此出发,邦格坚决主张:精神如果有所谓反作用的话,那么它就是以神经系统的子系统的形式出现的。也就是说,通常所说的功能对结构的反作用即精神对大脑的反作用,实质上就是大脑的某一可塑性的神经子系统对其他有关的子系统的反作用,精神对身体其他部分的反作用实质上就是大脑某一子系统通过其他子系统对身体的有关部分的反作用。当然,上述作用从表现形式即从这种作用给予人的印象来说是精神对大脑、对身体其他部分的反作用。据此,邦格也不赞同传统唯物主义的下述观点:精神既然是大脑的机能或属性,因此精神对大脑的反作用就是

---

① 邦格著,傅世侠译.心身学说.第10章.对精神的理解.见:自然科学哲学问题丛刊,1983(4):40~45

② 邦格著,傅世侠译.心身学说.第10章.对精神的理解.见:自然科学哲学问题丛刊,1983(4):40~45

③ 邦格著,范岱年译.从神经科学看心身问题.见:中国社会科学院自然辩证法研究室等编.第十六届世界哲学会议论文集.北京:中国社会科学出版社,1984.195~196

功能对大脑的反作用,似乎精神可以独立地发挥作用。邦格认为,精神表面上也有变化、有作用,但其实这些变化和作用是丝毫也不能离开它们所依赖的大脑的,也可以说精神的变化和作用就是突现精神的大脑自身的变化和作用。因此说作为机能的精神本身能独立地发挥对大脑的反作用是无法理解的。总之,真正能对大脑发生反作用的精神只能是中枢神经系统中的子系统。因此,心身关系这一古老而神奇的问题就变成了很好理解的神经系统的子系统对子系统的关系问题。

（三）心身研究园地的一朵奇葩。在对邦格的心身学说进行归类时,有这样两种常见的观点值得我们思考:第一种观点认为,邦格与斯马特等人的理论是一致的,因而都可以称之为心理生理同一论或等同论;第二种观点认为,邦格的观点与斯佩里的是一致的,据此把他们都当做是"突现论的心理生理相互作用论"的代表人物。我们不同意这些看法。我们认为:在当今心身探索的百花园中,邦格的心身学说既体现着当今心身研究的共同倾向,包含或容纳了其他心身学说的某些内容,但又有其不同凡响的思想和鲜明的个性特征,因而占有重要的一席之地。

首先应该承认,邦格在阐发自己的身心理论时,自觉地利用了斯佩里关于裂脑人研究的成果,借鉴和发展了斯佩里在解决心身问题中所运用的系统方法,同时还吸收了斯佩里的"突现论的心理生理相互作用论"中的某些观点,如精神是综合了多种因素的复杂动力系统的突现特性、对大脑有反作用等,因而邦格的观点与斯佩里的观点无疑有相似之处。但是我们还应该看到,两人的观点又有重大的差别。第一,邦格在突现人的精神系统中加进了社会的因素;第二,邦格认为,精神被突现出来后并不构成绝对独立的、自主的层次;第三,在邦格那里,精神不像斯佩里所说的那样能独立自主地发挥对大脑的反作用。

其次,邦格尽管像斯马特一样认为精神不能脱离大脑而独立存在,强调精神状态、事件和过程就是大脑的状态、事件和过程,但从总体上说来,邦格对精神的产生、本质以及对身体的反作用的看法与斯马特的认识又有显著的不同。例如邦格认为,精神是复杂动力系统的突现特性,精神产生后有自身的相对独立性,因而可以借助大脑结构的某些变化而发挥对大脑、身体其他部分的反作用。这些看法都是斯马特等人的等同论所没有的。

总之,邦格的心身学说不能简单归结为某一已有的理论,它是一个有自己独立地位的理论。因此我们不如像邦格自己所表述的那样把这种理论称为"突现的或系统的唯物论",抑或称之为"突现的心理神经一元论",这既可以反映他的理论与其他理论的某种共同性,又鲜明地体现了它区别于其他理论的差异性。

2 埃德尔曼等人对传统心我论的破斥

在当代意识研究的百花园里,脑科学家提出的意识理论同样引人注目。著名诺贝尔生理学和医学奖获得者、理学博士和医学博士、美国洛克菲勒大学神经科学研究所所长、美国国家科学院和美国艺术和科学院院士杰拉尔德·M.埃德尔曼(Gerald M. Edelman)和朱利欧·托诺尼(Giulio Tononi)在阐述自己的意识理论时,尽管没有像另一位诺贝尔奖得主克里克(Francis Crick)那样使用"惊人的假说"之类的语言,但其字里行间、内容深处无不浸透着"惊人"的气息。最突出的是,他对传统的心我论、拟人论的心灵观作出了有力的破斥,论证了一幅全新的心灵图景。在此图景中,心灵不再具有主宰、中心的地位,而不过是一种神经回路中的再进入过程。著名心灵哲学家赖尔对这一理论的特点作出了十分中肯的评价,认为它"把一个谜团转化成一个问题,并且朝解决这个问题的方向走出了很长的一段路"①。

一、厘清"谜团"

埃德尔曼等人认识到,意识问题之所以长期得不到解决,甚至越解越麻烦,根本原因在于:没有厘清要解决的问题。因为"意识"一词有很多不同的用法,例如它可以泛指有意识的心理现象,在这个意义上,思维、情感、意志活动都又可叫做意识。其次,"意识"还可以指人的清醒状态,例如一个被打伤的人苏醒过来,我们可以说他"有意识"。第三,"意识"可以做及物动词使用,表示一种可等同于"知道""觉知"的活动。最后,还可以在"经验"、"体验"、"感受"的意义上使用,如可以被看作是贯穿于一切有意识心理状态中的共同要素。如此等等,不一而足。如果不加以分析,面对意识,我们要么可能无从下手,望"洋"兴叹,要么匆忙进入,最后以陷入无头绪的乱麻、无法自拔而告终。因此把哲学中的意识问题比作"谜团"是不无道理的。有鉴于此,埃德尔曼等人在阐述自己的意识理论之前,花很大力气对问题本身作出了分析和梳理。他们通过一个简单的例子引出了真正的意识研究的对象。

"极目长空,我看到平展展的天空苍穹,一轮耀目的太阳以及下面的其他万物,我是靠哪些步骤做到这一点的呢?一缕阳光射入眼中,并聚焦于视网膜,它引起了某种变化,这种变化又往上传到脑顶部的神经层。从太阳到脑顶部这整个一连串时间都是物理的,每一步都是一种电反应,但继之而来的是一种和引发者全然不相像的变化,对此我们完全无法解释。在脑中呈现出的是一幅视觉场景:我看到的苍穹和其中的太阳,还有其他可以看得见的万物。事实上,我知觉到在我周围的世界图景。"②观看太阳,这是每个正常人都能做到的事情。它是一个过

---

① 杰拉尔德·埃德尔曼,朱利欧·托诺尼著,顾凡及译.意识的宇宙.上海:上海科技出版社,2004.封底

② 杰拉尔德·埃德尔曼,朱利欧·托诺尼著,顾凡及译.意识的宇宙.上海:上海科技出版社,2004.1

程。大脑内的电反应以及之前的过程是物理的过程,是无意识的,同时又是有关科学可以清楚描述和把握的过程。在电反应之后的过程无疑是不能"共享"的、前此的科学只能间接予以认识的,而又同样是真实的、谁都不能否认的过程,它与以前的变化"全然不相像",但有此过程的人却有生动逼真的经验或体验。例如,一是有关于外界的图景呈现或显现出来,但它又不是外物本身;二是主体对这一过程以及呈现出来的东西有"觉知"(awareness)或"意识"。埃德尔曼等人认为,这就是意识理论要把握的意识。这种意义上的意识不仅是客观存在的,而且还有许多独特的性质。但是,大脑的物理学过程是如何引起主观意识感受的?很显然,这正是查尔默斯(David J. Charlmers)等人所说的意识的"困难问题"[1]。

　　这种意义上的意识当然是主观的,但一经发生,又是客观存在的,因此可以成为科学研究的对象。但是要从科学上加以认识,首先必须搞清楚它不同于其他非意识现象的特殊性。埃德尔曼等人认为,意识至少有如下特点:第一,意识具有整体性,即意识状态不能被意识主体分解成一些独立成分,意识经验的整体性与知觉事件的协调一致性紧密联系在一起。第二,意识还具有信息性,即在任何一个时刻,一个人可以经验到无数的不同意识状态,并可以从无数可能的意识状态中选取一个状态。第三,埃德尔曼等人认为,意识状态具有高度分化性,意识主体能从这些存在的丰富性中,有意识地进行区分代表造成差别的信息。第四,意识经验具有复杂性。意识状态复杂多变,每一个有意识的人都会经历巨大数量级别的意识状态。第五,从认识论上说,意识具有主观性和私密性。某一时空发生的意识体验具有一次性,处于两次不同时空的意识体验最多具有相似性,但绝不像其他普通科学对象那样具有可重复演示性。甚至,意识根本不能被主体和独立于主体之外的观察者同时"共享"或观察,因此,意识具有其特殊的私密性。

　　埃德尔曼等人意识到,基于上述特点,不同的人会得出不同的结论。例如传统哲学正是根据意识的上述特征断言:意识只能是哲学的固有领地,只能成为哲学思辨的疆场。埃德尔曼不赞成这一看法,认为传统哲学在研究意识时具有不可克服的局限性。"这种局限性部分是由于单靠假定思索就可以解释有意识的思维的来源。这一假定很明显是不正确的。"[2]埃德尔曼指出:"科学地研究意识必须有这样一个步骤,即考虑意识的特殊性是什么,直到拒绝任何不受物理规律支配的假定。"[3]意识可以成为科学研究的对象。但是有关科学在研究意识时又不能像对待水、火这样的自然事物那样,而必须从特殊角度切入,用特殊的方法、手段,

---

[1] David J. Chalmers. *The Conscious Mind: In Search of a Fundamental Theory*. Oxford: Oxford University Press, 1996. pp. 219—220

[2] 杰拉尔德·埃德尔曼,朱利欧·托诺尼著,顾凡及译.意识的宇宙.上海:上海科技出版社,2004.7

[3] Gerald M. Edelman. *Naturalizing consciousness: A theoretical framework*. PNAS, vol. 100, no. 9, 2003. pp. 5520—5524

基于新的观点,通过特殊的过程加以探讨。这同样是由意识的特殊性决定的。他们指出:意识的特殊性就在于它和科学观察者的关系方面。一旦我们对这一对象进行研究时,我们就不能把我们自己置身事外。但是,当我们研究其他科学对象时却总能从外进行观察。原来,关于意识,我们要科学描述的正是我们自己。埃德尔曼等人深信科学理论可以说明某种现象发生的充分必要条件,可以解释这种现象的性质,甚至也能解释为什么只有在这些条件之下才能发生。对意识的科学解释则不同,它要说明的过程实际上是我们个体自身发生意识现象时发生的过程。作为科学家的埃德尔曼深知:科学解释意识的任务在于揭示意识发生的充分必要条件,在于揭示产生意识的神经底物,因此他们的研究策略不在于只是找出和阐明那些对意识经验的主要性质起作用的神经元,而在于要找出和阐明那些对意识经验的主要性质起作用的神经过程。

埃德尔曼等人最终把解决意识问题转化为一个明确的任务,认为科学研究意识要做的不是把关于外界事物(脑)的某种描述与更为精细的科学描述连接起来。相反,我们是要把对外在事物(脑)的描写与内部事物(经验)联系起来,这种经验是我们自己特有的,是我们作为有意识的观察者所取得的。科学研究意识要揭示的是:为什么会有意识?意识为什么会有一些自己的特殊性质?这些性质是怎样产生的?正是在严密考察了意识的性质以及意识之科学研究的特殊性之后,基于意识特殊的性质、科学研究意识的特殊性和科学研究意识的特殊任务,埃德尔曼等人提出了自己特殊的方法论原则。

二、"方法论上的假设"

要扫清障碍,要解决意识难题,首先必须找到新的描述方法。埃德尔曼等人认为,如果找到了这样的方法,那么我们就可以化解许多难题,而且清除哲学上的许多拦路虎,同时又不违背科学的宗旨,如我们依然能像我们对待其他的科学对象一样,给予意识以某种令人满意的科学解释。值得庆幸的是,我们完全可以找到研究意识的新方法,因为他们深信一切现象都是适合于科学研究的。在过去,没有人会相信人类能直接把科学的触角伸向自己的心灵,这种对"黑箱"的接近乃至进入至多只是一种憧憬和向往。在今天,无创伤脑成像技术的发明和发展,计算机视觉仿真实验,脑电图和局域场电位的研究成果,用电极直接记录动物神经细胞活动的实验,这些科学进展都已经为打开意识"黑箱"提供了条件。

埃德尔曼等人还强调:由于意识在认识论上表现出来的特殊性,要对之作出科学的解释,还必须建立一些"方法论假设",或者说"必须建立起观察者能有效地研究意识的新观点"。他们说:在具体作出解释之前,我们有必要提出三条有关的工作假设,并将它们当做研究意识的方法论平台。它们分别是:物理假说、进化假说和主观特性(qualia)假说。

（1）物理假说。这是一个彻底抛弃二元论的假说,埃德尔曼指出:"意识的所有说明都必须拒绝非物理原则,例如二元论"[1],同时还要假定意识是由某个脑的结构和动力学所产生的一类特殊物理过程。

（2）进化假说。它相信:意识是进化的产物,因而不是任何事物如计算机也具有的性质,意识与生物形态、结构有关,是由某种形态所产生的动力学过程。它产生出来后,又会影响后续的自然选择和动物个体的一生。他们说:"意识和生物结构有关,它依赖于某种形态所产生的动力学过程。形态是进化的产物……意识相对很晚才发展起来,并不是所有的动物物种都有意识。"[2]

（3）主观特性假说。它承认:意识的主体、定性的方面具有私密性,主体的经验感受往往并不能直接通过本质上是公共的和主体间的科学理论进行交流。但是,埃德尔曼否定意识觉知的神秘性,认为主观特性其实是复杂的脑所作的多方面区分(discrimination)的表现形式。主体感受性质并不是不可解释的神秘存在。

此外,埃德尔曼等人认为,要解决意识难题,必须对三个基本关系形成清晰的认识。一是存在和描述的关系。他们认为,存在无论从实体方面来说还是从时间先后来说都要先于描述。意识是生物体特有的特性,任何关于意识的描述都不能代替产生意识的有形生物体,对意识的科学研究不能离开对生物体的研究。二是实行和认识的关系。埃德尔曼等人认为,在学习许多涉及到人的理解的事情上,实行一般总是先于认识,而人工智能的编码是典型的先认识后实行。三是选择主义和逻辑的关系。埃德尔曼等人认为,选择主义先于逻辑。基于进化假说,逻辑作用对于动物肉体和脑的发生来说都是不必要的。选择主义造就了脑,在此之后个体的脑才学会了逻辑原理。这一点,人工智能与此相反。

在建立了上述方法论平台之后,埃德尔曼等人便把注意力集中到了产生意识的过程之上,而不是像以前其他研究者那样把注意力集中到仅限于产生意识的部分脑区。他们强调指出:"更为特别的是要把注意力集中到确实能揭示意识的那些最基本的神经过程。"[3]埃德尔曼就是在这个特殊的平台上着手建立自己的意识解释模型,并开始寻找意识具有其特殊性质的原因的。在他们看来,科学意识理论的任务就是揭示意识现象的神经底物,说明意识经验事实赖以成立的"充分必要条件",并解释这种现象的性质,进而解释为什么只有在这些条件之下这类现象才得以发生。如果完成了这些任务,那么便能顺理成章地解释意识所表现出来

---

[1] Gerald M. Edelman. *Naturalizing consciousness: A theoretical framework*. PNAS, vol. 100, no. 9, 2003. pp. 5520—5524

[2] 杰拉尔德·埃德尔曼,朱利欧·托诺尼著,顾凡及译.意识的宇宙.上海:上海科技出版社,2004.17

[3] 杰拉尔德·埃德尔曼,朱利欧·托诺尼著,顾凡及译.意识的宇宙.上海:上海科技出版社,2004.22

的私密性、主观特性、复杂性、分化性、信息性等特殊性质。

三、"给脑画像"与选择主义

埃德尔曼首先把目标集中在作为意识经验基础的那些神经过程的普遍特性上,力图说明:作为意识经验基础的那些神经过程涉及到分布很广的许多神经元群。他们在把健康和患病情况下有关神经活动和意识状态关系的大量资料进行比较之后,认为:意识的存在状态与在大脑中广泛分布的许多大神经元群,特别是那些丘脑皮层系统中的神经元群的存在状态紧密相关。试验观察结果也表明:意识并不是单个脑区或者神经元的特性,而是更宽范围分布式神经元群一起动态相互作用的结果。埃德尔曼发现没有哪个单独的脑区是专门司职意识经验的。任何一个意识的出现都与分布在各个脑区域的激活与失活有关。

其次,埃德尔曼发现这些分布很广的神经元群参与了强烈而且快速的再进入(reentry)相互作用。对于分离症候群,正是再进入相互作用的丧失造成了在病人身上观察到的两半球之间的意识整体性丧失。分裂失常则是由于"功能性"联结或动力学联结上出了问题。埃德尔曼还发现,为了从意识上知觉到某种刺激,需要在多个脑区之间不断的再进入相互作用。然而,至少在这些实验条件下,只有当刺激所引起的神经反应持续几百毫秒才能产生或维持这种相互作用。埃德尔曼等人发现这样一些现象,不管是对神经学上的分离症候群,还是对分裂性失常来说,脑区的活动程度或精神功能的变化不是很大,而变化大的则是这些区域或功能相互作用的程度。这些研究表明:意识经验之发生离不开分布各处的脑区神经元群之间强烈的相互作用。

再次,要想有意识,这种快速而相互作用的神经元群必须能够从大量的多种多样的神经活动模式中做出选择。对于出现意识经验来说,虽然神经元群之间有效的、持续的分布性神经元群的相互作用是必要的,但这还不是充分条件。埃德尔曼通过对癫痫病发作时和睡眠时的大脑神经元群状态的观察得出了这一结论。癫痫病发作时的意识丧失是和正常情况下神经状态多样复杂性的极度减少联系在一起的。另外,人在睡眠时,可供选择的脑区活动模式大为减少,脑区神经活动状态变得极为一致,意识也就随之丧失。埃德尔曼认为,产生和维持意识经验的另一个必要条件就是要有一直在变化并且彼此不同的脑状态,这也就是说,意识经验需要高度分化的神经模式。

基于以上实验观察,埃德尔曼等人得出了意识产生条件的神经学结论:意识过程与大脑神经元群的活动变化有关;其次,出现意识经验的神经活动中的分布式变化必须通过特殊的相互作用才能有效地整合起来;最后,这种相互作用必须高度分化并呈现出多样性和复杂性,否则,对意识的产生毫无作用。他们认为,构

成意识基础的是分布各处的神经过程,这些过程通过再进入相互作用迅速而高度地整合起来,不过它们不断地变化着,因而又是高度分化的。接下来的问题是:这些能够产生意识经验的健全的脑是怎样产生出来的呢?埃德尔曼从达尔文的选择理论中获得了创新的启迪。

埃德尔曼认为,人脑是不同于计算机或者不需要预先编码来作为行为指导的系统,质言之,它是一个选择系统①。这是埃德尔曼所创立的"神经元群选择理论"(Theory of Neuronal Group Selection)的基本思想。其思想来源是达尔文的选择主义,而核心命题是:大脑神经系统及其功能的出现遵循的是选择主义原则。具体内容有三方面:(1)发育选择:在脑的不同发育过程中形成神经解剖结构最基本的各种高度变异神经元群体。(2)经验选择:大脑除了受到基因遗传约束之外,行为经验也使得各种各样的体细胞出现突出选择过程,呈现出更大的个体差异性。大脑神经元群也一样,通过经验次生性和改变连接强度或者突触度形成各种各样被异化了的神经回路。(3)再进入:沿着分布各处的神经元群之间的交互连接传递着再进入信号,以确保所选择神经时间的时空相关性。埃德尔曼认为,再进入是使各种各样的感觉时间和运动时间的时空协调得以发生的核心机制。根据神经元群选择理论,神经系统有数量巨大的不同的可选择神经元群,它是作为大脑意识事件复杂性特性的一个必要基础②。在各个脑区中,各种各样的神经元群的分布式活动呈现着相互联结、绑定的状态,并且在知觉分类行为期间发生着动态的改变。正是因为大脑神经元群具有这样的基本物理机制,才使得大脑产生了特殊的意识现象。

根据上面的分析,现在就可以回答能够产生意识经验的神经元群是如何在大脑中发生的这一问题。在他们看来,这主要是源于选择机制,而且选择机制的特性又可归结为一种叫做简并的能力。他们认为,简并就是结构上不同的成分产生类似的输出或者结果的能力。但是,简并是开放的,选择系统怎样实现了目标而不需要特别的指令呢?埃德尔曼把这一功能的实现归为"价值","价值"作为嵌套在选择系统的一种标记,产生了各种表现,对个体神经系统的体细胞选择加上了约束。什么是"价值"?"我们把价值定义为进化选择出来的有机体表现型方面,这些方面约束了体细胞选择性的时间,譬如像在脑的发育和经验中发生的突触变化。"③价值系统中某些核团中的神经元会在动物清醒时连续发放,或者紧张

---

① Gerald M. Edelman. *Neural Darwinism: The Theory of Neuronal Group Selection*. New York: Basic Books, 1987. p. 28

② Giulio Tononi, Gerald M. Edelman. "Consciousness and complexity". *Science*, 282, 1998. pp. 1846—1851

③ 杰拉尔德·埃德尔曼,朱利欧·托诺尼著,顾凡及译.意识的宇宙.上海:上海科技出版社,2004. 102

地发放,而在动物睡眠时则停止发放,这种神经元的发放使得生物体各种腺素以不同程度不断释放,价值系统不断改变着许多靶区的神经元群活动,这些弥散的投射神经价值系统使意识具有了分化性。根据神经元群选择理论,大脑的选择事件必须通过价值系统的约束性而受到影响,价值系统作用于学习和记忆,这些动态的改变是基于过去有知觉的分类的个体神经元群而产生的积极或消极作用来进行选择①。神经元群的有益选择只有在进化所决定的遗传下来的价值约束之下才能顺利完成这种分类,这些遗传的表现形式形成了生物体进化中遇到的各种形式的记忆,记忆是脑机制中引起意识的关键因素。

关于有意识的记忆,通常的假定是:它包括了写入和存储信息。这种流行的观点默认了记忆存储了某种表征物,存储的是某种类型的表达。而埃德尔曼等人认为,记忆并不是一种表达,记忆是一种动力学能力,是一种由选择而来的重复或者抑制某种神经活动的功能体现。记忆更像是冰川的融化和重新冻结,而不是许多人认为的那样:记忆像在岩石上刻字。他们认为,正是这种生物学记忆产生了意识的创造性。因为,记忆总是在不断进行着的经验中创造性地重新分类自身的体验,而不是简单地完全重复以往的时间序列,这些生物学记忆是意识的重要基础,这些记忆总是不断地把当前的知觉感受与经验转换成"记忆中的现在"。怎样实现这种转换?埃德尔曼把意识区分为初级意识(primary consciousness)和高阶意识(higher-order consciousness),初级意识具有有限的语义能力或符号能力,而没有真正的语言。只有人这种生物体才具有高阶意识。怎样才算有高级意识?他们的回答是:只有具备自我意识以及在清醒状态下能够直接构造过去及未来的场景才能算作拥有高阶意识。高阶意识具有语义能力和更为发达的语言能力。埃德尔曼认为,初级意识的建立需要两个条件:一是知觉分类能力,二是必要的概念体系。意识经验产生的另外两条要求就是要有能为价值所影响的分类记忆和再进入活动。埃德尔曼认为,初级意识是在进化过程中当后脑区通过介导再进入的新回路与前脑区动态联结时产生的,前脑区与知觉分类有关,而后脑区主管基于价值的记忆。有了这些途径之后,动物就能够建立起一种记忆的现在——适应性把当前或想象的可能发生的时间和该动物由价值驱动的行为的历史联系起来的场景。外界分类信号的刺激和价值有关的信号彼此相关,并引起了概念区中的记忆。记忆通过再进入机制和外界的当前知觉分类联结起来,这种再进入联系产生了初级意识。价值系统的强烈相互作用不断调整着各脑区间的突触间隙,并作用于记忆,从而对正在进行的行为习惯进行知觉分类,在脑干和下丘脑的内稳定

---

① Gerald M. Edelman. *The Remembered Present: A Biological Theory of Consciousness*. New York: Basic Books, 1989. p.195

系统也对选择事件有贡献,使得逐步区分出"自我"与"非我"①。有了这些要素和条件,人产生高阶意识便有了可能。

四、"再进入"与动态核心

有了上述条件,人脑还不一定会必然出现意识。因为在埃德尔曼等人看来,只有当有了上述条件,同时人脑中又进化、选择出现了再进入机制及相应的神经回路,意识才会现实地出现。那么,什么是再进入?埃德尔曼认为,再进入"是脑的各个分离映射区之间沿大量并行解剖联结(其中大多数是交互的)不断进行着的并行、递归信号的传递过程。它改变与它相互联结的靶区活动,又反过来为其所改变"②。因此,它不仅是脑中最重要的整合机制,而且是神经元群选择理论中的最重要的整合机制。所谓再进入,实即人脑呈现意识特有的动力学过程。人的神经元群既是线性的,同时也是大规模并行的。一个神经元群聚类或动态核心中有许多映射区,许多子系统或模块,它们之间的信息相互按并行、递归的方式传递,有的信息还会不断往返传递,此即再进入,即再回到原来的映射区。但这种再进入不是简单的回归。它传递到别的地方,可改变靶区的活动,同时又使自己得到了改变。当它再回来时,就不再是原来的样子,因此它又会把它的出发地作为靶区,改变这里的过程,同时又让自己得到改变。

埃德尔曼等人通过正电子发射断层扫描、功能磁共振成像和大规模的计算机仿真试验得出了这些结论。他们发现:这种以再进入神经相互作用的强度和速度为特征的自维持动力学过程是由丘脑皮层系统中的连接产生的。再进入使得一个区域中的突触效率受到相隔很远的区域中激活模式的影响,进而发生改变,使局部的突触变化与周围有关。最后,再进入保证了神经发放的时空相关性,从而成为神经整合的主要机制、意识的直接基础,正是再进入的机制为产生初级意识提供了必要的神经元群活动条件,并使意识具有整体统一性。基于神经元群的这种特殊的"再进入"相互作用,埃德尔曼否定了大脑中存在着具有某种独立功能的"小人"或者"自我精神实体"等传统观点。他认为,意识的整合不是由什么中心系统完成的。因为一方面,大脑中没有这种中心。另一方面,意识的产生以"再进入"为基础,因此也用不着作为中心的"小人"或"我"。

那么,纷繁复杂的神经元群是如何产生了意识的呢?埃德尔曼发现:每个意识任务都需要许多脑区中的激活和失活,并且意识经验的神经过程必须要有足够

---

① Gerald M. Edelman. *Bright Air, Brilliant Fire: On the Matter of the Mind*. Basic Books. New York, 1992. p.142

② 杰拉尔德·埃德尔曼,朱利欧·托诺尼著,顾凡及译.意识的宇宙.上海:上海科技出版社,2004. 123

分化性。埃德尔曼等人基于实验观察提出了奇特的"动态核心(The Reentrant Dynamic Core)假说"。埃德尔曼认为,在任意一个给定时刻,人脑中只有神经元群的一个子集直接对意识经验有贡献,换言之,在人报告某一意识时,大脑中相当大的一部分神经活动和人所报告的意识没有对应关系。这不同于斯佩里等人的突现论。怎样定义这个对意识有用的神经元群子集呢?子集就是在几分之一秒的时间里彼此有很强相互作用而与脑的其余部分又有明显功能性边界的神经元群聚类(functional cluster),可称作"动态核心"。其特点首先在于,它具有整体性,即是由一些神经元群相互作用而形成的。其次,"动态核心"具有变动性,它不是一个东西,也不是一个位置,在空间上是分布性的,其组成一直在变动。由于这种变动,才有意识经验的复杂多样性,即是说,此时形成了这样的动态核心,人便有这样的意识经验,其要素或联结方式、强度稍微变一点,便演变成了另外的动态核心,相应地,人就会感觉到另外的意识经验。

以研究得较多的视知觉为例。在视知觉过程中,人们既能说自己知觉到对象的颜色、形状、运动等,又能说自己知觉到了协调一致的知觉场景。这种分化和统一的意识现象换成神经学的术语来说即是:大脑皮层是这样的组织,即使在单个模块中,如视觉模块中,也有许多不同的子模块,它们是专用的、特异的或功能上分离的映射区,分别对颜色、运动和形状敏感。另一方面,脑组织中的各种模块又可捆绑在一起,它们相互作用,通过再进入机制,便可产生整合作用。有这种作用出现,人们就会报告说,自己意识到了一种统一的场景。

借助再进入和动态核心假说较好地解释了意识的产生,但是它们能解释伴随意识而发生的主体自身能感受到的一些特殊性质吗?他们的回答是肯定的。因为动态核心的定义是功能性定义,动态核心是建立在强烈的再进入相互作用之上的,而并不是基于某种固定神经结构、某些神经元的某种性质,或者某些神经元部位。既然如此,就不难解释意识经验为什么是一个过程。再拿意识的整体性或统一性来说,埃德尔曼认为,形成动态核心的神经元群的功能聚类是一组有强烈相互作用的神经元素,它总是不能被分成许多独立成分。动态核心之所以有统一性,是因为干扰某一部分活动的再进入强烈相互作用使得其结果会扩大到整个核心。但是,对意识有贡献的动态功能子集在任意给定时刻总是呈现出单独的一个,从而这些动态核心使意识具有了统一性。再者,意识状态之所以具有重要的协调一致性,是由于动态核心的统一整体性,换言之,处于某一时刻动态核心的各神经元素之间的相互作用在给定时刻总是呈现出某种全局趋势。因为,一旦核心形成,神经元群的竞争不是少量神经元的不同状态之间的竞争,而是大量复杂神经元群所构成的动态核心整体状态之间的竞争,系统的动力学要求了各种强烈的相互作用总是选取那些趋于一致和稳定的相互作用。另外,神经元群由于相互作

用构成了功能性聚类,但是这些相互作用的强烈程度或者对核心状态功能性影响程度是明显不同的。在环境和动态核心内部的信息性状态之间有某种功能性的边界,我们总是能够给出在任意时刻神经活动或神经元群对意识有贡献与无贡献的某种区分,这就使得这些核心状态具有了"私密性"。

意识的一个基本性质就是信息复杂性,意识作为一种分化性过程是由神经知觉的信息性、全局性存取和灵活性所决定的。埃德尔曼强调:"动态核心假设认为,支持意识经验功能性聚类中相互作用的神经元群必须有很高的复杂度,这对应于在这些群之间有高的平均互信息。"[1]动态核心的子集总是可实现与其他部分的大量状态进行有效区分,呈现出信息性。高复杂性就意味着信息有效的分布在神经系统的各个元素上,但是,造成动态核心的脑区之间的合作性相互作用大大增强了从整体上存取脑中别的神经元群状态的能力,因此,我们可以自由地进行意识的存取控制。分布各处的神经元群的再进入为我们保证了信息的广泛分布,并使得这些相互作用易于进行。信息的分布、联系和全局存取都是在进化过程中对意识的适应性价值有贡献的性质。意识是如何具有灵活性以及具有知晓未预料到的关联并对此作出反应的能力的呢?由于动态核心的形成极大地增加了神经元群间的相互作用,不同脑区间任何细微变化都可能产生新的动态关联,不同的模态和子集都可以将当前的信号与过去的信号灵活地关联起来,而这些关联自然是完全无法预料的关联。意识为什么又只具有有限的信息容量呢?虽然我们总是面对许多的信息选择,但在不影响动态核心的整体性和协调一致性的情况下,动态核心必然产生出一个能够保持部分独立子过程的数量上限,为了在几百微秒产生一个整体性的神经过程经验,需要在分布各处的神经元群间有极其快速而有效的相互作用,这种要求就给同时处理多个独立过程加上了严格的数量限制。计算机仿真试验的结果也能说明这一点。

意识为什么具有串行的本质?埃德尔曼认为,意识经验的明显串行本质(意识状态或思想是前后相继的)也与动态核心演化有关。动态核心作为一个整体性过程,它必定遵循一定时间轨迹从一种全局状态变化到另一种全局状态。即使这种变化十分短暂,一个状态跨越的时间肯定是存在的。动态核心的最大特点是永远处在"动"、"变"之中,但是,要保持它在时间上还能够很好地维持其统一性,不管动态核心怎样变化,产生这种核心的神经整合过程必须在意识经验时间尺度内连续进行。由此所决定,意识便表现为一种连续而又不断变化的过程。

在当代关于意识哲学的研究中,最大难题是感受性质(qualia)问题,即怎样解释人们在心理活动过程中如看红色时所体验到的主观的质的经验。以金在权

---

[1] 杰拉尔德·埃德尔曼,朱利欧·托诺尼著,顾凡及译.意识的宇宙.上海:上海科技出版社,2004. 175

（Jaegwon Kim）为代表的观点认为，无论我们对意识的中枢机制知道得多么清楚，阐述得多么美妙，但仍无助于说明主体独自所体验到的主观的质的特征①。因此，任何在神经活动与觉知或者感受性质的主观经验间建立联系的尝试都是注定要失败的。埃德尔曼自认为，根据他的动态核心假说可以对之作出较令人满意的说明。在他们看来，感受性质是对动态核心的一种高阶分辨（higher-order discriminations）。动态核心的神经过程、活动可对应于日常语言的意识活动，也可以说是一阶活动。当大脑的某一过程转向这一过程，对之进分区分时，它就会得到相应的分辨信息。此过程一经发生，人就会用日常语言报告说自己有某种感受性质或主观特性感受，或得到了某种现象性质。此即高阶分辨，亦即主观经验或意识。他说："要想体验主观特性，首先就得有一个肉体和一个脑，它们支撑了前面章节中所讲过的那类神经过程。……其次，每一种可区别的意识经验都表示一种不同的主观特性。……第三，每一种主观特性都对应于动态核心的一种不同的状态。这种状态可从高维神经空间中的几十亿个其他状态中区分出来。……因此主观特性是一种高维的区分。第四，发育最早的主观特性大部分基于多模态以躯体为中心的区分而产生。这种区分由在胚胎和婴儿的脑，特别是脑干中本体感觉系统、运动感觉系统和自主神经系统所实现。"②

到此，意识经验的"庐山真面目"似乎已经昭然若揭了。它既不是精神实体，也不是人的中心或主宰，不是人的自我或自我意识，更不是大脑局部或某一子系统的活动，不是单个大脑的作用，而是人脑在复杂的关系网络中表现出的一种动态性质。埃德尔曼说："意识是一类特殊的形态结构（丘脑皮层系统的再进入网络）和环境相互作用所表现出来的动态性质。"③"意识与特殊的大脑神经事件同步，但并不是物质实体。实际上，它是物理事件的过程。"④即是说，意识是体现在每个个体中的一种物理过程。意识产生的基础是大脑，意识的呈现在横向上是一个复杂的神经元群的处理过程，在纵向上是有关神经元群在连续的时间过程中进行选择的产物。因为神经元群在形成意识时要经过多个选择过程，前一个过程依赖于后一个过程以形成神经回路，后一个过程依赖于头脑与现实世界进行的物理的、心理的以及社会的相互作用，很显然，在后一过程中是自然界一部分对另一部分的作用。因此，我们的"现实感"的意识都是在某种程度上经过我们修饰过的

---

① 高新民，储昭华主编.心灵哲学.北京：商务印书馆，2002.131
② 杰拉尔德·埃德尔曼，朱利欧·托诺尼著．顾凡及译.意识的宇宙.上海：上海科技出版社，2004. 187
③ 杰拉尔德·埃德尔曼，朱利欧·托诺尼著．顾凡及译.意识的宇宙.上海：上海科技出版社，2004. 262
④ Gerald M. Edelman. "Naturalizing Consciousness: A Theoretical Framework". PNAS, vol. 100, no. 9, 2003. pp. 5520—5524

印象。"意识"之类的心理语言描述的其实就是大脑物质的运动。进一步的问题是：同属物质世界的计算机能产生与人一样的意识甚至超过人脑吗？

五、计算机能超过人脑吗？

在当今，越来越多的人工智能科学家乐观地认为计算机将是另一种可以产生意识的物质体。埃德尔曼以自己和他人关于人与计算机的比较研究为基础，指出：这无异于异想天开。首先，从产生意识的物质结构上看，没有任何两个脑的神经结构是完全一样的，而计算机执行的一系列指令和程序却必须具有完全的可移植性，并且计算机指令和程序是人所设计好的固定的操作步骤。其二，从产生意识的神经元群的组织原则上看，这些神经元群的结构时时刻刻都因为再进入机制而发生着种种变化，而不是像计算机的组织结构一样具有相对的固定性（计算机的组成原理至今仍未超过冯诺伊曼的体系结构理论）。其三，从人脑和计算机接受外界信号的机制来看，计算机并不能接受相对于计算机来讲的错误信号，而人脑却能从各种各样变化多端的信号中归结出一些动态核心模式，引起新的神经元群运动，不断进行新的学习和记忆，建立新的分布活动模式。而最重要的就是人的神经元群有令人吃惊的再进入过程。在宇宙中再也没有别的东西能像人脑那样完全可以因再进入回路而与其他东西区别开来。迄今为止，计算机网络通讯系统也不像人脑那样，计算机要处理的是具有一定规则的预先编码好的没有歧义的信号。即使我们认为计算机表面上也有再进入系统的某些特点，但前者基本上靠的是代码，且与脑网络不一样，它们是指令性的，而不是选择性的。另外，再进入也不同于反馈，因为反馈使用的是像误差信号这样的事先制定好的控制和校正信息，同时由一些交互联结构成的单个固定回路来实现。而在选择性系统中，再进入是通过多个并行通路实现的，其中的信息也不是事先说明清楚了的，人工智能机器是基于逻辑的物质实体，而人脑却是基于选择主义的物质实体。

目前，正在人工智能研究中经受检验的方案有许多种，埃德尔曼脑模型作为大众化"关联论者"策略，在同一个一般方向上首当其冲。关联论者认为，计算机电路应当像带有微型芯片细胞连接（突触）的神经元那样连接。在关联论者看来，计算机程序不应当为产生可预言的结果成为逻辑指令集，而应当仅仅是改变处理机之间的关联强度，从而使机器形成非线性网络的指令，而且这个网络必须承担起不断的动态选择任务。关联论者理论指出，如果所有这些条件都以恰当方式得到满足，由人设置的问题在机器中产生非线性反馈，它将使计算机经历分岔和放大，促使智能自组织。各种形式构建的神经网络虽大有希望，但它们只是活生生的大脑高水平动力学的初步形式。神经元群总是在不断的再进入动态变化之中产生意识的，而计算机由于根本不同，不可能具有动态核心和再进入机制，因此"动"和"变"永远只能是它的理想。

六、留给哲学的争论与启迪

塞尔(John Searle)认为:"心灵的首要的和最根本的特征是意识性。"①内格尔(Thomas Nagel)认为,没有意识问题,心身问题就没有了意义,鉴于意识问题的复杂难解,他又认为有了意识问题,心身问题的解决又是无望的②。埃德尔曼的意识理论为我们合理解决心身问题等困扰心灵哲学的难题提供了新的思路,同时,它也为合理解读马克思主义意识论提供了一把金钥匙。

首先,埃德尔曼等人的意识理论从根本上动摇了二元论和民间心理学赋予意识的那种本体论地位,驱除了意识的神秘性,澄清了多年来纠缠不清的心身关系问题。他们明确指出:意识是体现在每个个体中的一种运动变化着的物理过程。这也就是说,意识不属于实体范畴,而属于运动范畴,"意识"、"觉知"之类的语言,实际上指的就是大脑广泛分布的神经元群"再进入"、"动态核心"的作用过程。意识不是某一神经元的行为,而是高阶自然物理现象。大脑的神经物质运动过程与意识的运动过程并不是一种平行关系。我们在实践中往往是把"意识"放在与"物质"并列的层次,认为人有心,这种误解使我们在"莫须有"意义上任意给予意识种种规定性,却完全忘记了意识是怎样的一种"存在"。事实正如列宁所述:"世界上除了运动着的物质什么也没有。"③"把物质和精神即物理的东西和心理的东西的对立当作绝对的对立,那就是极大的错误。"④

其次,由于科学发展的限制,我们过去在解释意识的反作用时陷入了极大的尴尬。为了坚持唯物论,有的陷入了机械论,而为了突出辩证法以肯定意识的能动的反作用,有的又陷入了属性二元论的泥潭。而埃德尔曼的意识理论对合理理解"意识对物质有能动性反作用"这一命题提供了新的科学视角。意识对物质的反作用,实际就是自然界一部分物质对另一部分物质的相互作用,意识反作用的真正主体还是人脑,所谓意识的反作用仍然是人脑所起的作用,这种作用是动态变化着的物理过程,是由前一个运动转换而来的一种新的复杂的运动形式。而这一转换机制正是埃德尔曼所提出的"再进入"。埃德尔曼的意识理论坚持了彻底的唯物主义,理性地颠覆了"小人所为"的观点,他强调动态核心的聚类的最大特点在于"动"和"变",人脑中并没有"我"这样一个不变的主宰在主宰着我的活动,人的意识作用和反作用实际上是动态核心的作用,是神经元群的再进入活动。

---

① 塞尔著,李步楼译.心灵、语言和社会.上海:上海译文出版社,2001.40
② 高新民.现代西方心灵哲学.武汉:武汉出版社,1996.535
③ 列宁选集.第2卷.北京:人民出版社,1972.177
④ 列宁选集.第2卷.北京:人民出版社,1972.251

第三,埃德尔曼的研究结果使我们不得不反思民间心理学已有的心灵观念。既然头脑内并无一个作为活动主体的心存在,我们在重构科学的心理图景时,就不能不加清理、批判地使用已有的心理术语。因为,常识的、传统的心理结构图景在理解心理过程时,常把心理过程理解为一个简单的线性过程,例如,根据传统心理学中"意识流"的观念,人的心理、意识是一个流过的过程,如果是这样,统一、综合性的观念又是如何形成的呢？常识的、传统的观点回答说,那根源于有一个不变的"我",是"我"把不同时间把握过的东西都变成同时属于"我"的东西,即把消逝的东西提取出来,与现在正在处理的东西放在一起,由"我"来加以统摄,这样就完成了对它们的综合,从而形成了统一的认识。埃德尔曼等人的脑科学研究成果表明:这纯粹是一幅虚幻的、想当然的图景,脑中根本不存在这样的运动及过程。民间心理学以及传统哲学中所潜藏的二元论图式是关于人的一幅错误的地形学、结构论和动力学图画,是一种对人的前科学的、拟人论式的、隐喻式的理解。根据埃德尔曼等人的新的图景,意识经验的统一性一点也不神秘,更用不着"我"的作用,它完全是一个物质的过程,即"再进入"机制所实现的过程。

但是,尽管我们强调:已有的心理语言是建立在错误类比、比附基础上的产物,不存在民间心理学和传统哲学所赋予它的那类指称与意义,人们在运用有关心理语言时所设想、联想到的心理图景是子虚乌有,但是这并不等于我们投入了取消主义的怀抱。因为,如果没有常识心理概念,人文社会科学研究和我们的日常交流将举步维艰。心理语言是不能取消或排除的,如果排除了,将会带来名副其实的最大理智灾难,最明显的是,人类文明的大厦将陷入坍塌,我们的理智活动将无法进行,日常的人际交流将陷入停顿……因此我们强调的是在澄清心理语言所指的前提下重构心理图景。

坚信人无实体性的心、大脑活动无固定不变的中心这一系列新的原则,抛弃传统的二元论,驱除意识的独立的本体论地位,坚持彻底的唯物主义,才是正确认识意识等精神现象的最好出路。否则,意识问题及其相关难题就难免再次陷入扑朔迷离、越解越难的窘境。"意识"之类的心理语言不过是对大脑神经活动的另一种描述和解释,如果说它们有所指,那必然指的是物质的运动,而并不存在一个完全独立的心理世界,用恩格斯的话说:意识是"身体的活动"①。只有充分注意到心理语言与物理语言这种关于同一世界的不同描述或言说关系,澄清二者的联系与区别,才能达到对于意识等心理语言的合理理解。

---

① 马克思恩格斯选集.第1卷.北京:人民出版社,1972.219

3 克里克的"惊人的假说"

丹尼特(Daniel Dennett)在《意识的解释》一书中说:"人类的意识大概是最后的未解之谜了。"①内格尔也曾感叹道:"没有意识,心身问题令人乏味,而由于有了意识,它的解决又显得无望。"②的确,意识问题是当代心灵哲学、心理学和认知科学中的一个既诱人又恼人的问题。围绕意识,不同学科的专家分别从各自立场提出了种种理论和方法。诺贝尔生理医学奖获得者、DNA双螺旋结构的发现者克里克自20世纪70年代后转向神经科学,把意识问题作为自己的研究目标。1994年,他在《惊人的假说》一书中提出,意识研究是一个科学问题,"我们的精神(大脑的行为)可能通过神经细胞(和其他细胞)及其相关分子的行为"来解释③。这一研究思路的提出,对在意识问题上长期居主导地位的哲学、心理学方法提出了严重挑战。那么,"惊人的假说"究竟惊人在何处?它在人类心灵探索历程中居于什么样的地位?对我们今天深入探讨意识问题有什么启示?本节试就这些问题作一些探讨。

一、"黑箱"与"隐喻"

灵魂(心灵)问题是一个古老的问题。人类学、民族志学等的资料表明,心灵问题在原始思维中已朦胧出现了,在原始人的心目中,灵魂是像影子、气息一样的东西。在古希腊,亚里士多德之前的哲学家有一个共同倾向,即把灵魂当做实在或实体,但对这种实体究竟有什么本质则有两种不同的回答:一是朴素唯物主义的(如米利都学派),认为灵魂像其他事物一样是由物质性本原(气、火、水、原子等)构成的、气一样的东西。一是二元论的(如柏拉图),认为灵魂是一种非物质的实体。同时,他们还用"流射说"、"影像说"、"回忆说"等形象地描绘了心灵的作用过程。从亚里士多德开始,对心灵的认识发生了重大转折,即从对实体的构成本质转到对具体心理能力属性的作用、相互关系、本质的探讨上。例如,亚里士多德认为,灵魂不是实体,而是一组功能或能力或属性的组合。心灵就像一块蜡,它对外物的反映,就像图章戒指在蜡块上留下的印痕。新柏拉图主义和新毕达哥拉斯主义对灵魂的生理学特征和心理学特征、生命力特征和意识活动特征进行了区别,进而对意识、理解、反省、自觉意识等进行了研究。中世纪思想家基本上是继承亚里士多德的传统,但由于其主要参照系是神学,所以,他们不是用"心灵或

---

① 威廉·卡尔文著,杨雄里,梁培基译.大脑如何思维.上海:上海科学技术出版社,1996.24
② 高新民.现代西方心灵哲学.武汉:武汉出版社,1996.571
③ 弗朗西斯·克里克著,汪云九等译.惊人的假说.长沙:湖南科技出版社,1998.7

世界本身的术语来理解心灵或世界,而是把心灵或世界仅仅看做是认识不可见的上苍的线索"①。在他们的心灵图景中有浓厚的宗教神学色彩,如认为心灵是上帝在尘世、在肉体的代理人(奥古斯丁),是与身体分离的形式,是上帝的肖像(托马斯·阿奎那),是来自上帝的神圣的内部光芒(阿威罗伊)等等。

近代科学革命根本改变了人类的知识图景,人们开始通过"牛顿派的眼睛窥视人类的心灵"。笛卡儿是近代心灵哲学的先驱。他在新的基础上重新肯定和阐发了古代早期和柏拉图的有关思想,提出:心灵是一种能思而无广延的实体,物质实体包括人的身体则有广延而不能思维。这种二元论思想在近代心灵探讨中居主导性地位。在此基础上,思想家们运用机械装置、生理过程等来对心灵及其过程作出解释。如洛克认为心灵就像一块白板,一切观念、知识都是外部经验在心灵上刻下的印迹。莱布尼茨则认为人的心灵不是"白板"而是"有花纹的大理石",思想、观念就像"花纹"一样是作为一种"倾向、禀赋、习性或自然的潜在能力而天赋地在我们心中",它像一粒"种子",在外物的"机缘"作用下,就显现出来了。有的思想家尽管反对二元论,但对心灵的理解仍然是机械论模式,如卡巴尼斯认为思想就像肝脏分泌胆汁、唾液腺分泌唾液一样,是由大脑分泌出来的②。拉美特利提出"人是机器",心灵是脑子里"用来思维的肌肉"或组织,是"整个人体机器的一个主要的机栝"。海克尔则把人的心灵结构形象地称为"电报系统",神经是导线,肌肉和感官是它所属的地方局,身心的相互作用就是作为总局的灵魂通过神经即导线的中介环节与作为地方分局的身体各部分的相互联系③。

现代心灵研究是在否定传统形而上学,尤其是笛卡儿实体二元论的基础上产生和发展起来的,但其具体发展历程却相当复杂和曲折。19世纪末,科学心理学采取内省加实验的方法,极大地推动了对心灵的认识。可是,20世纪初兴起的行为主义却给心灵研究以重创。行为主义者抛弃内省,拒斥意识。在他们看来,心理不过是肌肉的颤动,有机体就像一只"空箱",内部根本不存在联络刺激和反应的中介机制。20世纪40年代以后,随着实证主义的意义理论和行为主义的衰落以及认知心理学的兴起,内部心理过程及状态重新进入科学和哲学研究的视野。心灵哲学家或者运用语言分析的方法,通过对各种心理词汇进行细致、繁琐的分析,弄清其意义、细微差别和具体用法,从而消除了在心灵研究中的模糊认识。或者受计算机科学发展的启示,在人机功能类比的基础上构建了新的心理模型,通过搜集人在行为过程中对自己心理过程的报告,对心理活动的规律进行了研究。

从人类心灵的探索历程来看,几千年来,尽管人类设想心理世界的参照系几

---

① 托马斯·H·黎黑著,李维译.心理学史.杭州:浙江教育出版社,1998.142
② 托马斯·H·黎黑著,李维译.心理学史.杭州:浙江教育出版社,1998.175
③ 高新民.人自身的宇宙之谜——西方心身学说发展概论.武汉:华中师范大学出版社,1989.229

经变革,但对心灵的解释模式却万变不离其宗,即都是站在大脑外部,根据某种有形可见的东西及其结构功能去设想心理世界,去研究"人类外显认知活动规律"①。人们通常把心理状态、事件看做一种存在于心灵"空间"中的、像物理事物一样存在着的实在,这实际上是根据外部世界所建构起来的隐喻、类比式的模拟图。由此所得到的对心灵的认识只能是一种"雾里看花"、"盲人摸象"式的认识,带有很强的模糊性、片面性和隐喻性。因此,尽管类比、隐喻的方法在科学上是普遍而又实用的,但是,如果我们把对心灵的类比、隐喻等同于心理过程本身,则是十分有害的。正如塞尔在评论用计算机模拟心灵时所说的:"一旦你把这种比喻当做本意来理解,一旦你使用计算机遵守规则的比喻去说明最初作为这个比喻基础的心理学意义上的遵守规则现象时,混乱就产生了。"②我们知道,人的全部心理现象都是由在脑中进行的过程产生的,它们是脑的特征。那么,我们能否超越类比、隐喻等间接方法,把大脑"黑箱"打开,通过直接研究大脑内部的神经机制来揭露心灵的秘密呢?这就是克里克的基本思路和所要回答的主要问题。

二、方法论转换

对于像意识这样一个"常常使最睿智的思想家张口结舌、思想混乱的论题",首先确立研究的基本方法论原则无疑是非常重要的。克里克认为,以前在心灵研究中存在许多误区,必须予以纠正。因此,他在《惊人的假说·前言》中首先声明:"我不热衷于功能主义和行为主义的观点,也不倾向于数学家、物理学家或哲学家的论调",而是要"从科学的角度来思考意识问题"。他认为,意识研究必须遵循以下几个基本的方法论原则:

第一,严肃地对待意识。20世纪以来,在意识研究中存在着一个非常矛盾的现象:一方面,我们对于意识的本质、内在机制等还缺乏深刻的认识,研究中还有不少想象、曲解甚至错误的成分。意识本该成为研究重点,但事实却恰恰相反,意识问题长期被大多数心理学家、神经科学家刻意"回避"、"忽略"了。他们认为,依赖于客观现实的科学无法接纳像意识这样属于主观的东西。他们或者完全回避谈论精神事件,对一切行为都用刺激和反应去解释,或者因为意识问题"太具哲学味道",不易通过实验观测,又难以获得资助,而对之敬而远之,以至于意识仿佛成了科学研究的禁区,只能成为"深夜边喝边谈的话题"③。克里克认为,这是不正常的。在他看来,对意识问题的胆怯是"滑稽可笑"的,"为不能用科学概念加

---

① 沈政.未来的认知神经科学能否给意识以新的解释.见:21世纪100个科学难题.长春:吉林人民出版社,1998.469
② 塞尔著,杨音莱译.心、脑与科学.上海:上海译文出版社,1991.38
③ 大卫·查尔默斯.意识感受之谜.见:王文清编.脑与意识.北京:科学技术文献出版社,1999.102

以解决的问题的各个方面发愁太多是不必要的"①。随着脑科学、计算机科学的发展,尤其是实验技术的进步,意识问题应该被提上日程。他说:"科赫和我正在试图做的就是使人们,特别是使那些与脑研究有密切关系的科学家,相信现在是严肃地对待意识问题的时候了。"②从人类历史发展角度看,脑研究的主要目标也不仅仅是理解和治疗脑疾病,更主要的是揭露人类灵魂的真正本质。

第二,意识研究的重点是揭示意识的神经机制。克里克认为,意识研究是一个科学问题,对"心—脑"问题的研究,唯一的方法是进行详细的科学研究,其他的途径都不过是"吹口哨给自己壮胆罢了"③。基于此,他对哲学、心理学方法作了尖刻的批评。哲学家们习惯于"从外部观察系统",热衷于"想象中的实验而不是真实的实验,并认为解释这样一个现象日常用语就足够了"④。因此在意识问题上少有实质性进展。心理学家则主要用"内省"来研究意识。但是脑科学的发展表明,我们并不能意识到头脑中发生的全部过程,因为意识和无意识过程在大脑中的处理机制是不同的,意识是大脑以序列方式处理的,无意识则是脑中高度并行处理的结果,它根本不能进入注意机制,"当你意识到许多知觉和记忆过程的结果时,你对产生意识的过程可能了解得很有限"⑤。因此,由内省得出的对意识的认识是很有限的。功能主义者主张人机类比,认为正如编写计算机程序不需要了解计算机的实际布线情况一样,研究大脑的信息加工和大脑对这些信息执行的计算过程,也不需要考虑这些过程的神经生物学实现机制。图灵(A. Turing)就曾说过,判断一个造物是否有心理不是看它脑袋里装着什么样的灰白质,里面有什么细胞,是什么样子……而是看它在与环境的因果联系中有什么功能作用⑥。针对功能主义的这种态度,克里克在详细分析了计算机和人脑在运行速度、工作方式、输入输出、贮存过程以及信息编码方式等方面的根本不同后指出,功能主义的心理模型只是用一些毫无生物依据的模型去捕捉脑行为的某些有限方面,"这种对比,如果限人极端,将导致不切实际的理论"⑦。他说:脑的"语言"是基于神经元之上的。要了解脑,就必须了解神经元,特别是巨大数目的神经元是如何并行地一起工作的。因此,直接打开"黑箱"去研究神经细胞的响应是研究意识的最好方法。只有"从神经元的角度考虑问题,考察它们的内部成分以及它们之间复杂的、出人意料的相互作用的方式,这才是问题的实质"。"只有当我们最终真

---

① 弗朗西斯·克里克等. 意识问题. 见:王文清编. 脑与意识. 北京:科学技术文献出版社,1999.88
② 弗朗西斯·克里克著,汪云九等译. 惊人的假说. 长沙:湖南科技出版社,1998.263
③ 弗朗西斯·克里克著,汪云九等译. 惊人的假说. 长沙:湖南科技出版社,1998.270
④ 弗朗西斯·克里克著,汪云九等译. 惊人的假说. 长沙:湖南科技出版社,1998.265
⑤ 弗朗西斯·克里克著,汪云九等译. 惊人的假说. 长沙:湖南科技出版社,1998.21
⑥ 高新民. 现代西方心灵哲学. 武汉:武汉出版社,1996.67
⑦ 弗朗西斯·克里克著,汪云九等译. 惊人的假说. 长沙:湖南科技出版社,1998.181

正地理解了脑的工作原理时",才能对思维等"作出近于高层次的解释"①。在他看来,一个现代的神经生物学家应当用"更鲜明的术语"来解释人类和其他动物的行为,"科学的信念就是,我们的精神(大脑的行为)可以通过神经细胞(和其他细胞)及其相关分子的行为加以解释"②。

第三,意识研究的主要方法是还原论。应当注意的是,克里克所倡导的还原论有其新的意蕴,不可与传统的机械论还原论同日而语。在他看来,还原论是推动物理学、化学和分子生物学发展的主要理论方法,它在很大程度上推动了现代科学的发展。克里克认为,除非遇到强有力的实验证据,需要我们改变态度,否则,继续运用还原论就是唯一合理的方法。但是传统对还原论的理解有机械论的偏颇,必须加以改造。传统还原论方法在解释复杂系统的行为时,往往把复杂系统分解为部分,然后说该系统的行为是如何来源于部分的行为。根据这种机械论的观点,每一构成部分可视为对整个系统行为所作的一种具体贡献。而在他看来,系统的行为主要是起因于部分的相互作用,其次才是部分本身的行为。他说:"复杂系统可以通过它各个部分的行为及其相互作用加以解释。"而且,对于一个具有多种活动层次的系统,这一还原过程将不止一次地加以重复。"也就是说,某一特定部分的行为可能需要用它的各个组成部分及其相互作用的特性加以解释。"③同时,还原论也并非是用一组低层次上的、固定的思想去解释另一组高层次的、固定的思想。"它并不是一种一成不变的过程,而是一个动态的相互作用过程。它随着知识的发展,不断修改两个层次已有的观念。"④所以,正如贝希特尔(William Bechtel)所说,我们在心理学中可能有必要放弃机械论的分解方案,而接受数学和统计学的解释,系统的特征出现在现象的更高水平之上,而不是从低水平的操作中零碎地聚集起来的⑤。循着这一思路,克里克为自己确定的目标就是探讨在人们说自己有意识时,他们的大脑做了什么,即寻找意识的"神经关联"。他认为意识的表达不是定位于某一特定的神经元,它可能涉及脑中相互作用的若干分离的部分,"在任意时刻意识将会与瞬间的神经元集合的特定活动类型相对应"⑥。经过自己的研究,并借助他人的大量成果,他得出结论说:"你的喜悦……自由意志,实际上都不过是一大群神经细胞及其相关分子的集体行为"⑦,意识可

---

① 弗朗西斯·克里克著,汪云九等译.惊人的假说.长沙:湖南科技出版社,1998.263
② 弗朗西斯·克里克著,汪云九等译.惊人的假说.长沙:湖南科技出版社,1998.7
③ 弗朗西斯·克里克著,汪云九等译.惊人的假说.长沙:湖南科技出版社,1998.8
④ 弗朗西斯·克里克著,汪云九等译.惊人的假说.长沙:湖南科技出版社,1998.9
⑤ William Bechtel. "Connectionism and The Philosophy of Mind: An Overview". in W. Lycan (ed.). *Mind and Cognition: A Reader*. Basil Blackwell, 1990. p.263
⑥ 弗朗西斯·克里克著,汪云九等译.惊人的假说.长沙:湖南科技出版社,1998.212
⑦ 弗朗西斯·克里克著,汪云九等译.惊人的假说.长沙:湖南科技出版社,1998.3

能与神经元在40~70赫兹范围内的振荡模式有关。

第四,视觉意识是意识研究的突破口。克里克认为,目前意识研究不应该去追求包罗万象的理论,企图一下子解决意识的所有问题,而应回避那些聚讼纷纭、目前又无解决希望的问题。首先,不要急于给意识下一个精确的定义。他赞同丘奇兰德等人的看法:先定义后假设的研究方法往往使我们在研究中,"去标定(stipulate)而不是去考察(examine)对象"①。因此,在对意识有深入了解之前,任何正式的定义都有可能引起误解和过分的限制。我们目前还没有发现将意识概念化的确切途径,所以详细争论什么是意识还为时过早。其次,由于我们对意识神经机制的具体原理、细节还缺乏深刻的认识,所以争论低等动物有无意识、神经系统的某些部分是否有特殊的意识等问题,也只能是劳而无功,我们不如先把这些问题暂时搁置起来。由于意识的不同方面可能存在一个或几个基本的共同机制,如果我们能够了解其中之一,就有希望以此为突破口去了解其他机制。因此,我们应该把主要精力集中到"最容易研究"、"最易出成果"的意识的个别方面。他认为视觉意识与其他的意识形式相比在实验的可行性、实验结果的适用性以及在人类意识中的地位等方面有独特的优势,所以它是意识研究的最佳突破口。他自信地说,一旦我们揭开了视觉意识这一简单形式的秘密,"我们或许就接近于人类生命的一个主要秘密:当我们思考和行动时,发生在我们脑中的自然事件究竟与我们的主观感觉有何联系——也就是说,脑与精神有何联系"②。

三、寻找意识的"神经关联物"

克里克的"惊人假说"虽然只是初具模型,而且仍然在发展当中,但无疑已经提出了一些新颖深刻、发人深省的问题和见解,在一定程度上深化了对意识的研究,因而才引起人们的极大兴趣和广泛关注。

如前所述,长期以来,由于心灵对象的复杂性和特殊性,人们在构建心理结构图景时,往往运用类比、隐喻等认识模式和实物参照系,把心灵比作"蜡块"、"白板"、"电报机"、"电脑"等。应该承认,这种模式在特定的条件下,均以其某一或某些方面的特征解除了人们在理解和说明心灵时的困惑,在一定程度上弥补了"言不尽意"的缺憾。但是应该看到,由于心理语言隐喻、象征的本质长期未能引起人们的足够注意,其类比、隐喻性的概念框架一经形成便不仅发挥着描述、传递信息的作用,而且僭越自己的权限,具有一种再生力、创造力,无意识地帮助使用它的人在心中构建出一幅幅关于心理世界的结构图景。例如在理解动词"思

---

① Ilya B. Farber, Patricia S. Churchland. 意识与神经科学——哲学与理论问题. 见:M.S. Gazzaniga主编,沈政译. 认知神经科学. 上海:上海教育出版社,1998.742
② 弗朗西斯·克里克著,汪云九等译. 惊人的假说. 长沙:湖南科技出版社,1998.100

考"，对观念的"加工"、"分解组合"等时，人们自然会联想到人体对外物的加工改造，从而由外物运动的状况、特性和主体类推出相应的东西。如根据外物的运动有空间特性，便想到心理有深浅、表里；外部加工有产物，便说思维也有产物；外部加工有主体，便认为心灵也有主体，主体就是自我或精神实体。总之，由此所建立起来的心理世界图景是实在物理世界的类比物。这种认识积淀在人类文化心理结构中，成为人们认识心灵的"前结构"，以致我们看到某一心理语词，便自然在心中浮现出相应的有时空特性的图像。显然，这是不科学的，包含了太多的想象、虚构、拟物与拟人的成分，因而只是一种隐喻式的、拟物拟人的、前科学的心理观。大脑对感觉信息的加工不是工厂内机器的来料加工，它所加工的信息是电化学脉冲信号。因此，要使对心灵的认识有实质性的飞跃，必须抹去常识心灵概念图式上的文化尘埃，发展直接认识、把握心灵的方式，揭示心理语言的真正意义和实在所指，追溯常识心理观背后的内在条件、结构和机制，即斯蒂克（S. Stich）所说的要对意识活动及其所调用的"资源"、所从属的结构和机制进行一种"历史的重构"[①]。在此意义上，我们认为，克里克"惊人的假说"的惊人之处就在于它所表达的意识研究的新视角，可以说，克里克意识研究的方法论是研究人类心灵的思维方式根本转变的重要标志，即抛弃类比、隐喻，直接深入到大脑"黑箱"内部，考察精神现象背后的内在神经结构、过程与机制，揭示心理现象、心理概念的本质、心理结构、心理活动及其机制和动力学，这无疑对于克服传统心灵认识中的肤浅性、抽象性、笼统性和隐喻性有着极高的学理和方法论意义。

其次，克里克所表达的联结主义思想和人工神经网络模型应引起我们的足够重视。尽管传统信息加工模型也强调用直接的方式认识心灵，让认知模拟直接比照心灵，但它主要是对行为或从刺激到行为的因果过程的模拟，因而忽视了心灵这一"黑箱"，而真正需要认识的恰恰是"黑箱"。联结主义不同于认知主义之处就在于：它直接从脑或神经系统接受启示和灵感，根据脑神经的结构、机制和功能来建构认知模型，试图体现大脑的基本特征。例如人工神经网络模型的连接机制直接模仿人脑，其基本构成部分就是像神经元这样的简单单元，单元的激活程度依照的是神经元的激活率，单元之间的激活过渡类似于神经元之间的信号流动。它也不偏废局部化原则，如让每一单元代表某对象或属性，又特别重视分布式图式。根据这种图式，信息不是孤立地储存在某单元之中，而是整体分布，相同的网络都有进入被给予了输入的不同激活模式的能力。这样它就拥有与人脑类似的自学习、自组织、自适应功能以及容错性和联想能力。当然，联结主义的神经模型不关心神经结构和过程的细节，它还不是神经本身，只是关于神经系统的抽象模

[①] S. Stich. *From FP to Cognitive Science*. Cambridge, Mass: The MIT Press, 1991. p.14

型。它与信息加工模型一样,还只是揭示了计算的心灵(computational mind),与经验的心灵(experiential mind)之间还有一道鸿沟。但是,联结主义毕竟代表了当代认知科学的最新成就,也可视之为很有前途的发展方向,今后对意识的深入研究在很大程度上要看神经网络模型的发展和完善情况。因此,我们必须时刻关注其进展,尽力予以推进。

第三,毋庸讳言,克里克排斥哲学研究,回避感受、意向等意识难题,他的研究还有许多不尽如人意之处,因而也遭到不少人的质疑和批评。查尔默斯指出,相对于大脑如何辨别刺激,如何综合信息,如何产生词语等意识的"容易问题",意识还有"大脑的物理学过程是如何引起主观的意识感受的"这一"困难的问题",正是这一问题给我们提出了"真正的精神之谜"[1]。克里克的"惊人的假说",只可以解释关于信息如何在大脑中结合这一类容易的问题,对于"为什么无论发生着什么程度的信息结合,同步振荡总会引起视觉感觉"这样的困难问题,则没有提供任何解释。所以查尔默斯认为,仅有关于大脑的知识无法使人们完全弄清意识的真相。只有在彻底解决意识的困难问题后,我们才能越过物理学过程与意识之间解释上的"鸿沟"。戴维森(Donald Davidson)对克里克把意识还原为"神经相关物"的观点进行了批评。他认为,即使每个心理事件与某种大脑活动完全相同,民间心理学的概念也不能还原为神经生理学的概念。因为,如果我们要将心理学还原为神经生理学,那么心理学概念就必须相当于神经生理学的概念。然而,当我们解释人的行为时,信念等心理状态往往是基本理由,根据信念等对行为的解释才是"合理化解释",而这种合理化解释就是"因果解释"[2]。如果不用信念等民间心理学术语,而用神经科学术语,那么我们的相互交流将不可能,至少是极其困难和麻烦。例如我们怎样用神经科学的术语替换"我认为"、"我觉得"、"我相信"呢?塞尔认为,对于科学的目的来说,我们可以把感受性定义为大脑中某个地方发生的一系列某些种类的神经元放电,"但是这里我们忽略了某种东西,某种对于我们的意识概念来说是本质的东西。我们所忽略的就是主观性"。意识具有第一人称的本体论,因此我们不能对意识实行对第三人称现象所能够实行的那样的还原而不遗漏其本质特征[3]。事实上,对于意识的困难问题能否被科学研究解答,克里克有不可知论的倾向。他说:"意识的许多方面,如可感知的特性,完全有可能是科学所不能解释的",我们只能学会生活在这种局限之中[4]。卡尔文(William. H. Calvin)认为克里克对意识概念的理解过于狭窄。克里克的"意识"仅指

---

[1] 大卫·查尔默斯. 意识感受之谜. 见:王文清编. 脑与意识. 北京:科学技术文献出版社,1999.103
[2] Donald Davidson. *Essays on Actions and Events*. Clarendon Press, 1980. pp.3—19
[3] 塞尔著,李步楼译. 心灵、语言和社会. 上海:上海译文出版社,2001.56
[4] 弗朗西斯·克里克著,汪云九等译. 惊人的假说. 长沙:湖南科技出版社,1998.265

物体辨认和回忆中的"联结问题",完全没有涉及到预测和决策,"而这些正是他们使用的词'意识'的言中之义"①。

丘奇兰德等曾经说过,即使神经科学对意识现象的许多方面还不能作出令人满意的解释,但这并不意味着我们应该放弃用神经科学来探索各种意识现象,也不意味着关于视觉觉察等的神经生理学研究是浪费时间。他认为:"即使是对最悲观的人来说,通过神经科学来研究心理,我们依然能得到许多发现。只要科学还没有走投无路,力图不断地前进就是有意义的。"②同时,我们还应看到,即使神经科学的发展为我们提供了许多认识人尤其是其内部世界的方法,即使联结主义真的是正确的,但传统哲学、心理学仍然是人类认识自己的一种重要的、不可替代的方法。贝希特尔说:"对于人有什么关于他们的世界的以及他们在其中进行的认知活动的信息,民间心理学给了我们一种透视的方法",它可以为我们提供一种描述人面对环境的方法③。因此,我们认为,在意识研究中,我们既不能无视科学发展的最新成果,也不能完全用科学来取代哲学、心理学研究。意识研究的合适前景应该是:坚持多元方法论,即把计算机模拟与神经科学的实验观察、把主观内省与客观观察结合起来,借助脑电图、分子生物学等技术与手段以及今后可能出现的更先进的技术,辅之以认知心理学的实验和观察材料,研究意识的神经机制。在此基础上综合哲学、人类学、语言学、进化论等相关学科的成果,建立与人的经验意识相吻合的认知模型,构建符合心理世界本来面目的心理地形学、地貌学、运动学和动力学。

4 唯物主义一元论的难题及其尝试性化解

马克思主义意识论对精神或意识的本质的规定不仅得到了现代有关自然科学成果的进一步证实,而且也为当代西方心灵哲学中占主导地位的各种形式的唯物主义一元论所默认。但是,我们又应该而且必须看到:最近20多年西方心灵哲学的迅猛发展也给马克思主义意识论提出了挑战。我们知道:马克思主义意识论像其他形式的唯物主义一元论(取消论除外)一样承认:"精神"、"意识"或"心理"等心理语言有指称,那就是人脑的机能、属性。但是人脑的功能属性又是什么

---

① 威廉·卡尔文著,杨雄里,梁培基译.大脑如何思维.上海:上海科技出版社,1996.28
② Ilya B. Farber, Patricia S. Churchland. 意识与神经科学——哲学与理论问题.见:M.S. Gazzaniga 主编,沈政译.认知神经科学.上海:上海教育出版社,1998.749~750
③ William Bechtel. "Connectionism and The Philosophy of Mind: An Overview". in W. Lycan (ed.). *Mind and Cognition: A Reader.* Blackwell, 1990. pp.269—270

呢？与人脑的其他功能属性如神经生理的、物理化学的有何不同？如果没有不同，也就是说，心理语言的所指就是物理语言的所指，那么这不就陷入了还原论、等同论吗？因为还原论、等同论至少强调两个层次的还原或等同，一是将心理语言还原为物理语言，一是将两种语言的所指等同，即将所谓的心理现象等同于人脑中发生的物理现象。如果认为心理语言所指的不能还原为物理语言所指的东西，即指称神经生理的、物理的功能属性之上的功能属性（即使后者依赖于前者），那么这不又等于陷入了二元论吗？因为根据一种新的规定，二元论有实体二元论（物质实体和精神实体）和属性二元论（心理的功能属性和物理的功能属性）两种形式。

唯物主义一元论似乎陷入了进退维谷的窘境，即要么是还原论，要么是属性二元论。难道这就是它的最终的逻辑结局吗？它能突破上述困境而跃入新的境界，步入新的发展阶段吗？能！当然有待我们去探索。认识发展的逻辑是：认识所面临的难题和挑战正是它的突破和质的飞跃的契机。

（一）简要的历史回顾。灵魂、精神现象是最先出现在人类认识面前的对象之一，由于它与人类具有最直接、最密切、最现实的关系，因而也是为人思考得最多的问题之一。与此相应，也就出现了令人眼花缭乱的景象：围绕着它各种假说、学说、理论层出不穷，彼此争妍斗奇，诸如二元论、同一论、等同论、交感论、平行论、两面论、副现象论、双重语言论、分析行为主义、物理主义、突现论的精神一元论、动力模式论等，真可谓百花齐放。当然从对精神的基本规定看，又不外乎有三种倾向：一是唯心主义和二元论，一是唯物主义一元论，其次是介于两者之间的折中形式如中立一元论之类。

唯心论和二元论在精神与物质关系问题上的看法有鲜明的区别，但在精神的本质问题上有共同语言，他们认为：精神是不同于物质性大脑、身体的一种特殊的实体，没有广延即不占有空间，但又有独立的、主动的活动能力，如能思维，能自由地决定、主宰身体的活动。长时期以来，这种观点一直建立在哲学思辨、天才猜测的基础之上。随着著名的神经生理学家、诺贝尔奖获得者、关心心灵哲学问题的艾克尔斯的二元论的相互作用论的诞生，上述状况明显改观，它除了继续保有思辨的特色外，还在当今的脑科学中寻找到了实验根据，因而带有一定的实证性，如李别特等人关于意识经验落后或先于神经生理过程的实验、潘菲尔德所进行的脑外科手术的实例等。看来非物质的、超自然的精神幽灵并没有像许多唯物主义者所断言的那样为自然科学的发展所抛弃。非但如此，还出现了二元论的新的变体或形式即功能或属性二元论。它不再承认两种实体，而只承认物质实体或物理实在，但认为它可同时具有两种不能相互归结、还原的功能或属性，即物理功能、属性和心理功能、属性，不仅人有这两种属性，计算机也是如此，如它有物理的大小、重量等物理属性和程序这种精神属性。普特南的功能主义就属于这种形式的二元论。对于我们来说，在二元论有了新的变化和发展的条件下，当然不是要接受它们的观点，而在于思考它们所提出的深刻的、具有积极意义的问题，例如如何概括、总结、说明和利用有关的科学材料以进一步弄清意识经验统一性的物质根源，如何说明意识经验与生理过程的一致性和差异性。不令人信服地解决这些问题，辩证唯物主义的一元论在当今就难免给人以独断论的感觉。

唯物主义的发展当然与对世界的科学认识的拓展和深化以及对灵魂精神实体的否定紧密相连。它的绝对的、极端的形式还与对一切心灵学术语所指称的精神现象如精神实体及其所具有的精神性功能、活动和产物等的排除取消息息相关。随着亚里士多德提出灵魂是身体的形式，特别是随着18世纪法国唯物主义把精神、灵魂当做物质性头脑的运动或属性，非物质性、无广延的精神实体的观点逐渐动摇。19世纪的庸俗唯物主义在此基础上更进一步，把精神活动、属性也当做一种物质性的或更准确地说是类似于分泌尿液、胆汁的生理活动或属性。20世纪的行为主义特别是极端的行为主义在发起和推进心理学中的所谓革命变革的过程中，不仅否认人身上有不同于物理生理过程的精神性的心理活动、事件、产物之类，而且也主张抛弃民间心理学和传统心理学的术语如"心灵"、"意识"、"思维"等，而代之以物理学、行为主义的语言，如用"内隐的言语活动"、默默的"自言自语"或"喉头肌肉的活动"代替"思维"。另一些唯物主义或有唯物主义倾向的派别或人物则力图克服上述观点中的庸俗化的倾向以及还原论、等同论的片面性，一方面坚持心理现象与生理物理现象的同一性，另一方面又强调前者对后者的依赖性，不同于后者的特殊本质，因而产生了诸如斯佩里的"突现论的精神一元论"、邦格的"系统唯物论"、先塔戈泰的"动力模式论"。它们认为：精神是综合了物理的、化学的、生化的、神经生理的等多种因素、包含着复杂层次的大脑动力系统的突现特性。由于这种特性依赖于低层次的事件、过程，因此与它们有同一性，即属于同一的物质世界而无超自然性，但由于整体的特性不是由部分相加而成的，即大于部分和部分之和，因而又不能完全归结为还原为或等同于物理生理之类的功能属性，而具有自身的特殊本质，构成一个特殊的层次。显然这些观点坚持和运用了系统原则和方法，比较有力地反击了还原论、等同论，既进一步证明了世界的物质统一性，又较好地体现了精神的特殊本质和相对独立性。这些都值得我们在发展马克思主义的过程中借鉴和利用。当然它们也有许多缺陷和内在矛盾，因而也受到了来自各方面的指责和非难。例如功能主义在吸收当今计算机科学、人工智能、控制论和认知心理学等研究成果的基础上，尖锐地提出：精神作为大脑的机能也好，作为大脑的突现或整体特性也好，但它与人的其他物质性的功能特性，与计算机的计算、记忆功能有什么不同？这种不同是否是因为它有某种非物质性？

　　介于上述两类观点之间的是以两面论、双重语言论、双重透视论等形式表现出来的带有折中倾向的理论。斯宾诺莎的心身两面论认为：世界只有一种实体，当然这种实体具有广延和思维两种属性。人是表现唯一的实体的特殊样态，因而也具有上述两种属性，它们表现的是同一的实在、活动过程、事件和性质。即是说人是一个统一的存在，并不是由精神与肉体拼合而成的。但如果从广延和思维两方面看这统一的人，它就具有精神和肉体两个方面，同样人只有一种统一的活动，当从广延的方面去看，那么这种活动可称之为身体的活动，当从思维的方面看，那么则可称之为精神或意志活动。通常所说的"痛苦"、"兴奋"、"决定"以及其他心理过程、事件、状态等都是从思维方面来说的，如果从广延方面来说，则是身体的活动、过程、状态。由于心灵与身体、心理活动与生理活动等都是表现同一存在的两个方面，而不是两种独立的存在，因此就无过去哲学常常讨论的两者有无依赖性、相互作用之类的问题。费尔巴哈在他的"灵魂的逻辑学"和"灵魂的物理学"中也表达了大体相近的看法。他反对传统的灵魂学说，但保留了灵魂观念，用它表示人身上的某种特殊现象。他认为：从灵魂逻辑学即从主观的方面、从内省的角度来看，"我"的内在思维、意识之类的活动、过程与状态是非物质的，是一种纯粹精神或灵魂的现象，在这个意义上，可以承认精神或灵魂的独立存在。但是当从客观的方面即用物理学的观点，从外部来观察研究人时，人就是一种物理的存在，它所具有的性质、状态，所进行的活动等都是物理的，都服从于物理学的规律，在这个意义上可以说人没有灵魂、没有精神。如果想继续使用"精神"、"灵魂"之类的概念，那么它们只能用来表示人身上的某些物理现象。

　　萨特在哲学的基本倾向上尽管有所不同，但在心灵哲学中也发表了与费尔巴哈相差无几的言论。他认为：相对于"我"的内省来说，人是有精神有意识的，而相对于外部的、客观的观察而言，"我"则没有"精神"、"意识"之类，因为外部观察到的就是物理化学变化、神经生理活动。当代美国著名系统论研究者 E.拉兹洛所提出的"双重透视论"认为有两种透视或描述人的模式：一种是常识的，一种是科学的概念体系。在前者看来，人有身体、有精神、有意识，而在后者看来，人像其他自然事物一样，只有结构和功能。前者所说的精神就是后者所说的功能。上述观点既包含唯心主义和二元论的因素，也容纳了唯物主义的某些观点，因而在一定程度上表现了对二元论和还原论的超越，值得我们深思。

　　（二）意识是内化了自然—社会—文化因素的巨系统的活动、状态和性质。毋庸讳言，一切哲学问题的确与语言问题有关，一切哲学争论都必然（或最终必然）牵涉到语言或语词之争。不注意语词的哲学争论是没有意义的哲学争论，因此澄清有关语词的用法、所指与意义，即使不是解决哲学问题的充分条件，但至少是必要的条件乃至先决条件。在心灵哲学中更是如此。解决像精神的本质这类聚讼纷纭的问题的最有效的程序就是分析"精神"之类的日常语词的所指及意义,然后依据有关的科学成果,借助哲学的推论揭示"所指"的本质。

如果用"精神"、"心灵"等词指称一种非物质的实体或物质之外的一种纯粹的活动、过程和属性或超自然的现象之类,那么我们可以肯定地说:世界上、人身上都没有这种心或精神。如果人身上客观存在着一种物理学、生理学等学科的术语无法确切地予以指称的对象,也就是说存在着既包含着物理化学等低级的运动形式又超越于它们之上的,以有关的因素、层次相互作用结合而成的大脑动力系统的功能特性表现出来的更高级的现象,那么还原论、等同论就是错误的,激进的行为主义一概排除心灵主义术语的做法也是不可取的。即使我们不像二元论唯心论那样赋予"心灵"等术语以能思维而无广延的实体之类的含义,但在目前自然语言、人工语言都有局限性的情况下,我们以为以"心"、"心理"、"精神"这些通常用来表示实体性存在的词指称物理学、生理等学科的术语无法指称的那些更高级的属性、功能、活动、过程、状态、事件是合适的。

现在的问题是:人身上是否存在这种高于物理、化学、生物属性和功能的功能和属性?如果存在,其本质是什么?解决这一问题不能单凭哲学的思辨,传统唯心论和二元论陷入赖尔所正确地指出的"范畴错误"足以说明这一点。当然,也不能仅仅求助于语言分析。因为语言分析只能澄清概念和语词的混乱,无法进一步揭示语词的"所指"及本质。

需要用"精神"、"心理"等词来指称的现象就是发生在人脑中最高层次中的功能、活动、过程、状态和事件,也可以说这些被称之为精神的东西是人脑中的具有可塑性、相对稳定性的动力系统的功能属性,而不是可以与物理学、生理学等术语所指称的对象如物理化学变化、神经生理活动相对应的东西,也不是神经元或神经元网络、大脑某一区域、某一局部解剖结构的功能特性。这是因为脑科学发展所提供的材料、有些心灵哲学理论所提供的论证如杰克逊(F. Jackson)的"知识论证",已证明上述等同论、还原论甚至机能定位说的局限性。

很明显,在大脑中甚至在通常被称之为高级机能区的大脑皮层中,每时每刻都有物理化学变化的发生,有原子分子的运动,有物理化学结构的改变,还有神经生理活动,但是并不是每时每刻都有心理活动。

其次,根据一定心理机能与大脑一定区域的联系断定该机能属于该区域进而认为心理机能就是生理机能、心理活动就是生理活动也是有片面性的。不错,大脑某些区域的破坏确实能导致某些心理机能的紊乱或丧失。如德国神经病理学家韦尼克的实验证明,大脑皮层中S区和W区(这两区即布洛卡氏区)受损伤会产生"失语症"、"失写症"。还有材料证明:左颞—顶区损伤能使一个人听不到言语声音,海马区的损伤可能使人的记忆力降低或丧失。大量实验还表明:大脑皮层的不同部分与某些功能有紧密的联系,机体的各种机能在大脑中都有最高调节中枢,如中央前回与躯体运动有最密切、直接的联系,中央后回与体表感觉有一定的运动机能。对裂脑人的研究表明:在大脑两半球联合部被切开的情况下,右半球也可能有思想和社会意识。由此看来,皮层某一区域与某一机能的直接关系只能说明前者是后者的必要条件,而不是充分条件或充分必要条件,即是说人的意识机能是由某些区域所制约的,前者的产生和存在不能离开后者,但是这种决定作用不是单义的。除了这种作用之外,大脑的某些其他部位、身体的其他部分及其功能也都对意识机能的产生和存在有必不可少的作用。因此把心理机能和活动简单归之为、等同于生理机能和活动既不符合逻辑,也背离科学事实。

我们知道,任何功能特性都是一定系统或整体的功能特性。系统是由部分组成的,同时该系统又是更高系统的组成要素。例如神经元是由细胞体、轴突、树突等部分所组成的系统,而神经元本身又是更高级的系统——神经元网络的组成部分。在人脑中有许许多多的系统,它们都具有一定的稳定性、固定性、可塑性、动态性。正是由于系统有稳定性,人脑中才有各种各样相对稳定的功能特性,才有功能的专门化,如物理的、化学的、生物的、生化的、神经生理的功能等。由于系统具有可塑性,参与某一系统活动的某些部分有时也可以与另外一些部分简并组合成新的具有特定的功能的系统。

如前所述,低级的系统可以作为部分组成为高级的系统。根据组成要素的不同我们可以说人脑既是一个具有物理化学性质的系统,又是一个生物系统,还可以是神经生理系统。这些系统的功能都由系统严格规定了,如大脑作为神经生理系统只有生理的功能、特性和活动。但这些系统在一定的条件下又可以与其他因素、系统相互作用结合成更高级的系统。心理就是发生或实现在这个系统中的功能特性。我们不妨将这个系统称之为"脑—心巨系统"。之所以说它是"巨系统",是因为构成系统的成员极其复杂,有多达上百亿的神经细胞。之所以称之为"脑—心",倒不是因为这个系统中有"心灵"之类的实体或实体性部分,而是因为这个系统有大量的因素、子系统是生物意义上的大脑所无法包容的,或者说它不仅依赖于生理性、生物性大脑,而且更重要的是离不开社会、历史、文化因素及其内化和积淀,因而脑—心巨系统是生物性大脑、历史、文化、特定的时空等多种因素相互作用的动力系统。简言之,精神赖以产生的大脑是浸透着社会、历史、文化因素的大脑。因为很明显,新生婴儿的大脑尽管也有上百亿的神经细胞和极其复杂完善的神经结构,但并不具有现实的心理的属性。总之,有心理属性、功能的大脑不是生物学意义上的人脑,前者比后者更多、更复杂、更高级。从发生学上来说,它是在自然历史和社会历史的长期发展过程中逐渐形成、发展和完善起来的。

它不仅积淀着自然历史的成果,如生物进化中所获得的数量极大的神经细胞的复杂的生物结构,高度发达的感觉机能,接受大量体内外信息、加工处理信息的能力,更灵敏的控制和协调效应器官的能力,而且也内化了种系和个体在社会历史发展过程中所获得的成果,如种系在反复的经验中,把它们获得的能力、结构、经验加以内化,经过神经细胞的特殊排练转化成的一定结构,积淀在神经结构中,变成一个自然的禀赋或潜在的可能的反应倾向。这一经与后天的相应的条件相遇,就转化成现实。例如种系在漫长的进化过程中获得了对恐惧之类的刺激的可能的反应能力,个体在后天一经碰到这种刺激就有恐惧反应。也正是由于种系的神经结构在漫长的进化过程中积淀有学习、记忆等可能性能力,因此,儿童生下来以后尽管没有人能教他如何学习、如何记忆、如何高兴、如何发怒,但在与特定的对象相接触时,他们的上述可能的能力就转化成现实的能力。人类形成概念、作出判断和推理的能力更是如此。很明显,单用后天的实践经验来说明人的能力结构的发生是不可能的,必须承认人类历史发展过程中通过反复经验所获得的,被积淀在神经结构中并通过遗传而传递的先天的能力结构。当然又应注意,这些能力在没有社会化,没有经过特定文化氛围的作用,没有接受社会心理的影响,没有与任何对象接触之前只是可能的、潜在的、形式化的,而不是现实的东西,尽管它们是现实的心理能力发生的必要条件,甚至也可以说是前提和基础,它决定了人们后来的能力、知识发展的可能和不能的范围与程度。正如皮亚杰所指出的,可能性本身也是发展的。基于此,种系和个体才能不断获得新的可能性能力,人类能力才有巨大的可塑性,其发展才不会终止于某一点。

物理、化学、生理等结构只是意识机能的生物学前提,内化和积淀在上述结构的可能性能力与形式也只是意识机能出现的社会前提,因此,这些因素的静态组合是不会具有现实的意识机能的。只有当它们与个体所处的特定的社会历史文化环境发生动的交涉,或者说以大脑尤其是中枢神经系统为基础、为轴心共同组成复杂的动力系统,它们所具有的潜在的意识功能才能突现出来,具体的、活生生的意识内容才会形成。因此意识功能是一种由物理的、化学的、生物的、神经生理的、社会历史的因素组成的复杂动力系统在实践过程中、在与环境的相互作用中所突现出来的一种最高级、最复杂的功能特性。它由低级的结构所组成,包含低级的功能的作用,但它又不能等同于低层次的任何一个具体的结构及功能。具体地说,心理意识活动包含大脑中的物理化学过程、神经生理运动,依赖于大脑中有关的神经元集团和皮层区域,例如大脑前半球的前部可能在思维活动中、海马区在记忆活动中占主导地位,但不能据此说心理活动就是大脑的物理化学活动、生理活动,因为前者比后者更多,后者只是前者的必要条件。除此之外,心理功能还依赖于种系的进化和社会运动。当然这些因素不是作为毫不相干的因素起作用

的,而是通过内化、积淀而作为大脑中的一个必然的因素起作用的,是作为潜在的意识机能向现实性转化的一个桥梁而起作用的。

总之,心理功能属性不是纯粹的物理或神经系统的功能、属性,因而它不能等同于、还原为生理功能、属性。可见我们的立场是反等同论、反还原论的。但这是否意味着我们投入了属性二元论的怀抱呢?这还得具体分析。在反还原论这一点上,我们的观点与属性二元论有共同之处。但在其他方面则有明显不同。因为属性二元论坚持的是这样的观点:同一个中枢神经系统有心理和生理这两种根本不同的,一个高级、一个低级的属性。我们的观点则认为:纯粹生物学意义上的神经系统只能有生理的和其他物理的属性,而不可能有心理的属性,心理的属性只能为宇宙中一个更高级复杂的系统即"脑—心"巨系统所具有。尽管这系统有时好像也有生理的属性,但实际上,生理的属性只是该系统的子系统的属性。心理的功能属性之所以不同于、不能还原为生理的功能属性,是因为突现心理属性的系统不能等同于、还原为突现生理属性的系统。其次,我们与属性二元论不同的是:我们更强调心理属性对生理属性的依赖性,认为两者不是二元对峙的,而是相互联系和相互作用的,这是因为突现心理属性的系统依赖于、包含着突现生理属性的系统。

(三) 意识是主观性与客观性的统一。通常认为:精神是发生在主观世界的现象,只具有主观性。随着对精神现象科学的、客观的研究的展开和深入,当代西方以及前苏联的心灵哲学界便提出了这样的问题:精神有没有客观物质性?

对这个问题,我们也有不同于传统观点的看法。要说明这一点,必须对精神意识现象作具体分析。大致说来,精神有两种表现形式或现实化形式,一是精神活动或运动及状态,一是作为活动结果的精神产品,如在思维中被操作的心理表象,被储存在记忆中的观念、知识等。基于这种区分,我们认为:作为以人脑为中心的复杂动力系统的机能活动的精神,不是非物质的、纯粹的精神活动、状态与事件,不是物质之外的一种什么特殊存在与属性,而是物质的一种特殊存在和运动形式,质言之,以活动与状态形式表现出来的意识不过是高度发展起来的物质——人脑在与自己的身体、周围环境和认识对象相互作用过程中表现出来的一种特殊的活动与状态,是人脑的一种高级机能作用,以知识、经验等形式表现出来的意识成果不过是上述人脑的活动或机能作用的产物。因此意识实质上是一种客观物质的存在或存在属性,无疑具有客观物质性。当然意识在一定的意义下也有主观性的方面,是主观性与客观性的统一。这具体表现在如下三方面:

第一,意识是再现、表达的主观性与存在的客观性的统一。意识活动的主体在反观自照自己、观察自己或反省、再现自己的意识活动、状态及知识并将这些东西转化为语言的表达形式的过程中,意识的本来面目消失不见了,隐藏了它的感性对象性，抛开了它的物质实体和自在的活动过程和本质，而具有了非物质的手段与形式。因为在反省、再现时，主体自己不能把意识所依存的物质载体如神经结构、过程与电化学活动等一同再现出来。在这种特定的条件下，意识就以主观的非物质的形式表现出来。而实际上，当从外部、从客观的方面运用客观的手段方法如解剖、实验等来观察意识时，意识便永远不能脱离物质而以纯粹的形式存在。它要么以物质的活动、状态或机能、属性的形式存在，要么以物质运动的产物的形式存在，即使是在反省、再现的时候也是如此。因为意识在反省、再现出来时，必然有一个神经兴奋、传递、信息与能量的转换过程，必然有一个生物电化学活动过程，亦即是说意识的反省、再现与表达的过程实际上是一个客观物质的过程。只是意识所依赖的这些物质基础与过程不能为反省和再现者自己所感觉到罢了，因而我们才可以说，意识在反省、再现与表达的过程中相对于反省、再现、表达的人自己而言是主观的。

第二，意识是主观反映与客观内容的统一。意识是主体对一定对象的反映，而反映总要受到主体当下的情绪、需要、愿望以及过去的经验、认知结构的制约，因而所得到的认识总是经过主体同化过了的东西，加进了主体自身所具有的东西，因而使意识活动过程、意识活动所形成的精神产物都打上了主体自身的烙印，进而使它们与主体以外的过程、实在鲜明地区别开来。但是无论主体的认知结构、思维结构等对意识产生什么影响，意识从内容上说来总是客观的，是客观存在的对象的反映。主体可以在当下的认识中加上一些当下对象所没有的东西，但所加入的东西并不是主体自身所固有的，从起源上说来仍是外部对象的反映，只不过是在当下的反映之先就形成罢了。而且主体反映客体的活动，质言之，用自身的结构同化、整合客观刺激的活动本身也是客观物质的一种活动方式。

第三，意识是主观自主性、随意性与客观实在性的统一。人们不需要超越意识范围，就可以使自己所有的知识、经验、情感等发生这样或那样的变化，可以根据自己的意愿来调节自己的意识活动，处理各种意识材料，因此意识对于自身相对于外部世界而言就有一种主观的自主性、随意性或由己性。但是由于人们头脑中的意识都有其物质基础，因此这些作为特殊的物质运动形式及其产物的意识又是不以他人的主观意愿为转移的，即对于他人来说，人们的意识又具有客观实在性。同时意识活动与其产物还有不以自己的意志为转移的一面。例如某一光性刺激进入人的视感官后，在感受器中，这些刺激如何由物理刺激转化为电冲动，又怎样传入大脑皮层中，这些是不以人的主观意志为转移的。正由于此，不同的人对同一刺激才有可能得到同样的感觉。再如人们在进行判断、推理等意识活动时，尽管人们可以随意改变这些活动所得的结论，但是人们的大脑进行这些活动的程序、神经过程则是不依自己的意志为转移的。还比如意识活动的结果以什么

形式、怎样储存于记忆中,是怎样遗忘和保持的,需要什么条件才能把它们提取或回忆出来,这些都有其自身的客观规律性。意识的这种客观存在性与规律性是人们得到真理性的认识的客观物质基础和重要保证之一。同时人们只有认识意识的这种客观性才能更好地发现和发挥自己的才智,如认识了遗忘规律,就能更好地同遗忘作斗争,以提高记忆的效率。

民间心理学及其解构

Minjian Xinlixue Jiqi Jiegou

  描述人的信念和愿望,并不涉及任何真实的过程和状态,但它碰巧可帮助我们解释和预测人的真实行为的发生,这正像拨动算盘上的一颗小珠,小珠并不是实在的数量,拨动小珠并不等于拨动了真实的存在,但对小珠的拨动却有助于我们认识真实的数量关系,因此不应抛弃民间心理学,也不可能抛弃。

——丹尼特

  在许多领域,理智的活动和日常的实践都预设了大量不言而喻的理论。这些心照不宣的理论一般是不明显的,因此自然仍在那里我行我素,而未受到批判的考察。一旦对它们作出细心的审视,那么就不难发现:它们是非常不可靠的……当这些基础理论的弱点暴露出来之后,人们立马就能看到:奠立于其上的学说和实践同样是不稳固的。

——斯蒂克

艾舍尔:《巴别塔》,1928年,木版画

我们建造起来的心理常识之塔会倒塌吗?

四　民间心理学及其解构

如前所述,民间心理学是在原始灵魂观念的基础上自发形成的关于心理的内容、结构、原则、心身的关系的常识理论。自形成以来亘古不变,内化在每个正常的人心中,每个人都会驾轻就熟地使用它。不仅如此,它还成了哲学中的二元论的主要根源和基础,甚至哲学和社会科学中的诸多理论如人学、法学、伦理学、文化学、人类学、历史学、文学等都离不开它。例如它对人的心身二分以及关于心灵的功能作用、心为中心和主宰的观念,一直是许多学科、理论得以展开和建立起来的基础。因此,民间心理学是哲学、人文社会科学大厦的基石。然而这一天经地义、从来没有人觉得有必要质疑的基础在当今解构之风盛行的时代,却面临着灭顶之灾。罗蒂、斯蒂克、丘奇兰德等著名哲学家通过对它的拆解、清理和重构,发现它是一幅关于人、人心的完全错误的地形学、地貌学、结构论、运动论和动力学图景。为了全面了解这一关于心灵本质的崭新的思潮,我们有必要从这一争论的源头处入手。

1　概念辨析与争论之缘起

在人身上,我们稍加注意便可发现这样一些现象或事实:如正常的人,不管他是否学过心理学,都会对心理概念做出归属,都会用心理概念作出描述,如说"某人相信(或期盼或想望)什么",而不会把这些词用到树木、房屋上面(除非为了修辞的目的在文学作品中如此使用);再如人们都会解释和预言人的行为,而且所采取的形式都几乎一样:要解释某人为什么拿着雨伞,就会说"他相信……"、"他希望……"等,要预言某人在某情况下将采取何种行为,就会摆出一系列的条件句:如果他有愿望 P,且这愿望不与别的愿望冲突,如果他相信某种行动将使 P 得到实现,如果他相信他有能力完成行动 K,那么在其他条件皆同的情况下,那信念和愿望便会使他作出行动 K。人们的这些描述和归属心理现象、解释和预言人的行为的实践,用埃卡德(B. Eckardt)的一个专门术语描述,即"民间心理学的实践"[①]。这是任何人都无法否认、也不会否认的客观事实。更为重要的是,这些归属、解释和预言常常是正确的。既然是事实,既然有可靠性,那么自然有这样的问题:这些事实赖以成立的条件是什么? 这些归属、解释和预言的基础是什么? 信念、愿望存在与否? 如果存在,它们是什么,其作出的机制、过程是什么? 如果不存在,人们据此作出的解释、预言为什么常常是正确的? 对这些问题的回答,可以大致分为两大类:一类是认为这些解释预言所诉诸的是某种内在的东西,可看做是理由,甚至是原因,它们是真实存在的;另一类认为是某种子虚乌有的东西。前

[①] M. Carrier, P. K. Machamer. *Mindscapes: Philosophy, Science, and the Mind.* Pittsburgh: University of Pittsburgh Press, 1997. p.47

者是以实在论表现出来的乐观主义,后者是以取消主义等表现出来的悲观主义。尽管有这种不同,但它们也有共同之处,即都想对人们的民间心理学实践作出描述性解释和理论的说明。

不管是乐观主义者还是悲观主义者,或别的什么论者,都一致认为:人们的解释预言实践是以"民间心理学"(folk psychology,以下简称 FP)为基础的。这里的"民间"与"民间音乐"、"民间物理学"、"民间化学"等中的"民间"是一个意思,指的是在有关专家之外的民间流行的、为普通大众广泛地、心照不宣地接受的。基于此,我们认为,不能将其译为"大众心理学",因为大众心理学是心理学中的一个理论分支,而"folk psychology"指的不是一种写于书本,为专家们所坚持、所讲授的学说,而是隐藏在每一个正常的人心灵深处、体现在人的行为实践中的概念图式或能力结构,是一种有特定含义的"理论"。一般的人都会使用它,但如果没有接触到心灵哲学、认知科学的有关讨论,甚至压根就不知道它的存在。但它又太常见了,以至于每个正常的人在碰到人及其行为时都必然要用它,即使是持取消主义立场的哲学家也不例外。因此这种心理学是常识性的,人们常称之为"常识心理学"。但必须注意的是,这种常识心理学不是科学心理学的常识化,而有特定的含义,不能把两种常识心理学混同起来了。为了不致混乱,我们觉得,还是译为"民间心理学"为妥。

从其具体构成来说,FP 像其他科学知识体系一样有形式和内容两方面。当然研究者对形式、内容各指什么有不同的看法,甚至有激烈的争论。就形式来说,有的认为 FP 指的是一种理论,有的认为是一种能力。就内容而言,有的认为 FP 主要指的是信念、愿望、意图、思想、害怕等命题态度,既然如此,FP 实即命题态度 FP。有的认为,这种规定太狭隘,FP 还应包括具有感受的质而没有命题内容的心理状态,即命题态度加心理学。霍根等人认为,FP 包括一组原则和一种存在命题。后者断言,人是有理性的存在,经历过 FP 事件,因此可接受心理归因。前者是解释和预言所根据的原则之网,所采取的形式是条件句式的闭合形式[1]。还有的人认为,FP 不是命题态度,不是理论,而是模仿。埃卡德认为:FP 涉及到人们对人的认知性、因果性和目的性本质的理解,是常人关于人的整体的概念图式。

FP 是心灵哲学和认知科学的一个崭新的研究课题。其研究发端于 20 世纪 60 年代。奎因、费耶阿本德都涉及到了这个课题。刘易斯(D. Lewis)有精辟的论述,但尚未正式提出 FP 这一概念。刘易斯认为,我们理解他人的心灵是以一种已有的、隐含的关于人类心灵的结构与功能的理论为中介的[2]。这里隐含着 FP 是一种理论的观点。1978 年,普雷马克(D. Premack)和伍德拉夫(G. Woodruff)发

---

[1] T. Horgan, J. Woodward. "FP is Here to Stay". in *Philosophical Review*, XCIV, No.2, 1985(4)
[2] D. Lewis. "An Argument for the Identity Theory". in *Journal of Philosophy*, 1966(63)

表了《大猩猩有心灵理论吗》一文,进一步肯定 FP 是一种心灵理论,认为这种心灵理论是人们解释和预言行为的基础。他们还从具体科学如灵长目动物学、发展心理学的角度探讨了动物是否有心灵理论的问题,强调心灵理论是哲学与有关科学中一个特别重要的研究领域。丹尼特和哈曼(G. Harman)对这篇论文给予了极高的评价,从而引发了人们极大的兴趣和研究热情。1981 年丹尼特在《三类意向心理学》中创立了"FP"一词,用以表示人们解释、预言行为中作为基础和原则而发挥作用的知识或资源。从上述追溯我们可以看出,这一时期人们所说的"FP"指的是一种狭义的"理论"。而这种把 FP 当做理论的理论也就是这一研究领域中所谓的"理论—理论"。后来,直至今日的阐释都是由之而起的,经过论证、辩护、驳难和创新,围绕着 FP 形成了一个蔚为壮观的研究领域,诞生了许多别具一格的阐释理论,形成了由许多问题组成的、有相当深度的问题域。它们主要有:(1)心灵概念的主宰问题:究竟是什么控制着心理概念在民间心理学解释实践中的运用?(2)关于 FP 实践的描述问题:FP 实践(尤其是归属、解释和预言实践)的关键特征是什么?(3)FP 的解释问题:当成年人在归属心理状态、解释预言他人的心理状态和行动时,他们利用的是什么资源?(4)正常成人的信息加工基础问题:为了对人们归属心理状态、解释和预言他人行动的方式作出解释,需要假定什么样的信息加工机制?(5)发展的描述问题:当人们发展其从事 FP 实践的能力时,遵循的是什么样的过程?(6)发展的解释问题:怎样说明这种发展过程?(7)变化机制问题:为了解释儿童 FP 能力的变化,需要假定什么机制?(8)发展无序性的解释问题:为了解释 FP 实践发展所表现出的无序性,需要建立什么样的解释理论?(9)FP 的本体论地位问题:即 FP 存在与否,有无一些人赋予它的那些作用,其未来的命运是被继续保留,还是被还原取消?从语言哲学的角度说,对有机体的内在信念功能状态作出外在的语义解释是否可能?

最后一个问题涉及对 FP 的本质、地位和命运的探讨,是心灵哲学向心灵深处探幽发微,揭示其内在结构、运作过程与机制的重大课题。但由于牵涉面太广,如功能主义、还原主义、取消主义、工具主义等,需专文或专著予以探讨,这里只拟就 FP 的描述、阐释问题而出现的几种理论作一探讨,以为进一步探讨 FP 的本质、地位问题作出必要的铺垫。

2 理论—理论、模仿论与新的阐释倾向

"理论—理论"是莫顿(A. Morton)于 1980 年在《心灵的结构》一书中为了批判关于 FP 的正统理论所创立的一个概念,指的是对 FP 的这样一种正统的理解,它认为,FP 是一种理论,FP 的心理术语如"信念"等是它的理论术语,解释人的行

为所诉诸的东西是一种理论实在。由于它把 FP 当做理论,因此是一种关于理论的理论。

理论—理论是当代心灵哲学和认知科学中占主导地位的研究纲领之一。倡导这种关于 FP 的解释的人很多,他们的哲学立场可能有很大的差异,如福多、刘易斯等人对 FP 持乐观主义立场,认为 FP 能与认知科学和睦相处。莫顿杜撰"理论—理论"一词时指的主要是他们关于 FP 的理论,实即功能主义和因果理论关于 FP 的理论。而一些对 FP 持否定立场的人为了批判的目的,也对 FP 的实践作出描述和解释,或用斯蒂克的话说作出"历史的重构",同时赞成把 FP 理解为一种内隐的理论。这种观点如今也被称之为"理论—理论"。但要注意,这种理论"与其说是一种描绘,不如说是一幅讽刺画"①。尽管有这种不同,但他们也有共同的观点,最突出的就是把 FP 解释成一种理论。其主要观点可分述如下(不一定每个人都赞成,至少福多等人是如此认为的):(1)这种理论是天赋的,或者说用不着正规的训练,人们便自发形成了用信念之类的概念预言、解释人的行为和心理状态的能力。(2)人以这种方式作出的解释和预言使主体的行动或心理状态合理化了,即为它们提供了理由,如信念、愿望,这种理由在一定的意义上就是原因。(3)这种日常的能力反映了这样的事实,即人都有原始的或民间心理学理论。这种理论在人的成熟时期,在人的广泛的 FP 实践中,与能力就像堂兄弟一般,它假定了许多理论实在,即心理状态,而且还包含有规律,正是这些规律把心理状态相互关联起来,把它们与行为、刺激相互关联起来。当人们预言某人要做什么时,或解释他们为什么那样做时,他们就是用这种理论完成预言和解释的。当然我们大多数人却不晓得自己从事了理论工作。

为什么说 FP 是一种理论呢?博特里尔(G. Botterill)认为,这里涉及到标准问题。一组观念或原则要成为一种理论就必须"是包含着信息的系统,它能形成解释和预言,能支持反事实推测,能推断未被观察的事物,还能定义概念,能在少许原则的情况下,借助信息的组合产生认知系统"②。FP 具备这些条件,因而是理论。

理论—理论之所以是 FP 阐释中占主导地位的研究纲领,是因为它受到了多方面的论证。例如福多等人根据 FP 与科学理论、科学解释模式以及与理论语言学的类比,认为 FP 是一种理论。首先,它类似于科学理论。如果我们对心理概念的把握依赖于我们对概念网络中的推理联系的把握,那么心理概念与下述科学概念之间似乎就有类似性,这些概念的意义来自于包含它们的科学理论。如夸克只能借助粒子物理学的理论知识才能把握。在刘易斯看来,我们至少应当把 FP 当

---

① S. Stich. *From FP to Cognitive Science*. Cambridge, Mass: The MIT Press, 1991. p.13
② P. Carruthers, P. K. Smith. *Theories of Mind*. Cambridge: Cambridge University Press, 1996. p.110

做科学理论的开端。其次,FP 实践所用的解释模式与科学实践所用的演绎法则学解释模式有类似性。福多说,常识心理学的解释体现的是作为真实科学之解释特征的"演绎结构"①,该理论的基本的普遍原则涵盖了不可观察的东西,进而通过重复、相互作用而不是通过被直接例示而导致预言。另外,两种解释利用的是同样的资源,即理论原则和演绎法则。正如希尔(J. Heal)所述:"我们看待别人就像我们看待星星、云彩或地质学的地层一样。人是我们环境中的复杂对象,我们要预言的是其行为,但我们不可能知觉到其内在的因果结构。因此我们首先观察他们外部行为的错综复杂性,然后对内在的方面是怎样构成的形成某种假设。"根据这种观点,FP 与科学心理学之间存在着连续性,科学心理学的解释是人们实际从事他们的日常解释活动之方式的延伸,所不同的是,前者"更详尽,并具有更大的统计上的准确性"②。另一种不同的理论—理论强调,在我们的日常理解和解释中,起作用的是经验知识,而不是法则③。

赞成理论—理论的人自鸣得意地说:这种解释战略之所以有魅力,是因为它有认识论、语义学、发展心理学和认知加工方面的优越性。在他们看来,采取这种战略有助于说明行为主体与行为观察研究者的认识关系,有助于理解心理语词的意义,其应用有望回答"我们怎样进行信息加工"这样的问题。

由于持这一立场的人在哲学、心理学方面的观点各不相同,因此理论—理论有多种不同的形式。从对 FP 作为一种理论的具体规定来看,有这样一些不同的观点:(1) FP 是一种经验信息。(2) FP 是对人的行为的"因为"解释,但不主张理由是原因。(3) FP 是行为的原因。(4) FP 作为原因是一种理论实在,就像原子核、电子是解释物理结构及其运动的、不可直接观察到的理论实在一样。(5) 心理术语是 FP 的理论术语,并在语义上以理论术语一般起作用的方式起作用。从其理论基础上区分,理论—理论有经验心理学的理论—理论和狭义的哲学的理论—理论之别。后一种观点又有两种情况:一是认为,对命题态度本质的最好的哲学阐释是由心理学理论完成的,它具体说明了各种态度的作用,如功能的或因果的作用以及相互联系;而另一种观点则认为,个体对命题态度概念的把握显然是由于他有关于内在于这些概念中的理论的心照不宣的知识。它们的根本差别在于,一个关心的是心理状态,另一个强调的是关于心理状态的概念。而经验心理学的立场关心的是心理发展的本质,正是这种发展导致了训练有素的状态,它能心照不宣地把握 FP 理论。该观点认为,通过学习,随着成长,各种关于 FP 理论

---

① J. Fodor. *Psychosemantics*. Cambridge, Mass: The MIT Press, 1987. p.7
② J. Heal. "Replication and Functionalism". in J. Butterfield. *Language, Mind, and Logic*. Cambridge: Cambridge University Press, 1986. p.135
③ P. Carruthers, P. K. Smith. *Theories of Mind*. Cambridge: Cambridge University Press, 1996. pp. 105—118

的原则就成为人们解释和预言中须臾不离的原则。这种观点也有微妙的差别,有的人强调成人的心理状态,而有的人则强调发展过程。从对"理论"的具体内容的看法看,理论—理论又有两种形式:一是认为FP是一种关于心灵的独一无二的核心理论,此即"核心理论—理论",另一种是认为FP是一种理论集合。博特里尔认为,如果FP有其核心,那么它首先就在于规则,是这些决定了FP的根本状态描述之间的转化,这种转化的形式是:行动者—态度—内容,这些规则还把那些状态描述、情景输入与行为输出关联起来。其次是有理性动因的观点。这一观点依据的是信念—愿望心理学,它认为:自己和他人是有理性的动物,信念和愿望是人的行为的理由。此外,还有三个原则:(1)行动原则:行动者将如此行动,以满足他的最强烈的愿望。(2)知觉原则:当行动者A想到条件S,而且P在知觉上是关于S的一个事实,那么A便有信念P。(3)推理原则:当A获得了信念P,便能从P与A所有的别的信念的合取中推论出Q,并最终会相信Q。

斯蒂克对FP的阐释,与其说是理论—理论的一种形式,不如说是对福多等人的理论—理论的"历史重构"。他认为FP是一组信息集合,而理论—理论就是要说明心理术语的一般意义。如果这种说明为真,那么对心理术语的日常运用就承诺了民间理论的真理性。其次,他认为,理论—理论没有本体论的承诺。心理状态根据它们在复杂的因果关系网络中的作用而个体化,而得到描述。因为,它没有肯定起着那种作用的东西是人还是离体的精神,因此民间理论对因果作用的主体究竟是物理状态还是心灵实体也就是中立的。对于理论—理论论者来说,这种中立性有其优点。如果像理论—理论所说的那样,心理术语是由中立的民间理论所定义的,那么笛卡儿主义者和神经学家在使用常识术语时就可能意指同一的东西。另外,根据理论—理论确定什么起着民间理论所说的那种因果作用,是科学的问题。科学的赌注就是说,因果作用是源于大脑的物理状态。因此理论—理论蕴涵着标记—标记同一论。

总之,民间心理学是旨在根据刺激、假设的心理状态和行为的因果关系解释行为的理论,采取这种关于民间心理学的观点就是否定任何非因果的关系的作用。没有必要提及行为主体的社会背景、自然环境、个人历史、他人的心理特征。在理论—理论看来,既然心理术语应由常识心理学理论来定义,那么上述因素在概念上与常识心理术语就没有什么关系。理论—理论承诺的是心理状态的狭义的因果个体化原则。解释心理术语的最好方法就是注意这样的问题:如果两个人处在相同的心理状态,什么适用于他们。例如如果Fido和我都牙疼,什么对我们是适用的?理论—理论是这样回答的:首先我们两人肯定可用FP予以描述,其次,我们每个人都处在一种状态之中,它具有FP所说的那种作用,要具备这两个条件,Fido和我没有必要在物理化学结构方面完全一样。必要的是:Fido的某种状态在因果上同型于我的一个状态,即是说他的标记和我的标记一定表现出了FP所描述的那些潜在因果相互作用的相同模式。理论—理论所承认的因果链只是心理状态与心理状态、心理状态与刺激、心理状态与行为之间的因果链,即它所承认的是狭义的因果个体化原则。

在一些人看来,理论—理论对FP的阐释存在这样一些问题:第一,理论—理论认为FP包含本体论的和法则学的承诺,前者假定命题态度作为原因而存在,后者假定命题态度与命题态度,以及与行为、刺激之间存在着似规律的关系。但要予以说明则是不可能的。第二,普通的成人都有FP,但说儿童也有FP则不可信。他们质问道:这些小孩就那样有知识以致能利用那些原则和规律吗?他们怎么可能得到它们呢?第三,有实验根据表明5岁之前的小孩没有信念,但有对行为的解释和预言。心理状态之命题内容也是理论—理论难以自圆其说的一个问题。

鉴于这些,戈登(R. Gordon)、希尔和戈德曼(A. Goldman)别出心裁地提出了模仿论。戈登在《作为模仿的FP》一文中开宗明义地说,他的目的就是要对FP的本质提供新的、更好的解释。其基本观点正如文章标题所表明的那样简单:FP不是理论而是模仿。他们不赞成说:我们的相互理解是借助一种理论而实现的,而主张:人们相互解释预言对方的行动是由于人们动用了自己的心理资源,在此基础上模仿他人的行动的心理原因论。因此,我们不是理论家,而是模仿者。模仿论的思想渊源可以追溯到奎因1960年的《单词与对象》一文。他认为,第三人称信念归属与适应社会文化规范有关。要作出这种归属,就要设法让自己进到他人的处境中,设想在此情形下,别人会有什么信念。模仿论作为一种与理论—理论相抗衡的关于FP的解释理论,正式诞生于1986年,其标志是两篇论文,一是戈登的上述文章,一是希尔的《重复与功能主义》[①]。

模仿论的基本观点很明确,但具体细节却很繁琐。这里我们先介绍戈登的观点。他认为,揭示FP的实质,实际上就是搞清人们的解释预言行为的基础。而要找到这种基础,得先分析人们对自己行为的预言。这种预言是实践推理的产物,所谓实践推理就是以事实、规范、价值为基础的推理。也就是说,在预言自己的行为时,我们所做的就是一种实践模仿,即作出模拟性的决定。

再来看对别人行为的预言。在预言别人的行为时,实际上是让自己进入他人的情境之下,或者说设身处地地去想象:在此条件下,我将做些什么。"对我在别人条件下会做什么的预言,自然不能等同于对他人怎样行动的预言,除非我是他的复制品。但人们也可以断言:通过设想自己进入他人的情境之下……他们也能

[①] R. Gordon. "FP as Stimulation". in W. Lycan, *Mind and Cognition*: *An Anthology*. Blackwell, 1999. pp. 405—412

预言别人的行为。"①但是在这个过程中,预言是否要涉及到信念等"理论"呢?他说:"我不否认:解释常常要诉诸信念、愿望和别的命题态度,预言尤其是对他人行为的预言之作出是以这些状态的归属为基础的。而且,正如功能主义关于 FP 的说明所强调的那样,日常关于信念和别的心理状态的谈论预设了这些状态进入了大量的因果和法则学关系之中。"②

但是怎样解释关于信念的日常谈论呢?要解释就必须求助于实践模仿。因此模仿比"理论"更根本。这里的模仿是指设法模仿另一个人的心理状态,设想在那种状态中,我们会怎样想,怎样行动。这是一种"演戏"式的策略,它可用来具体说明一种特定的理论状态,这种对状态的归属在下述法则学推理中有重要作用,它类似于物理科学的理论状态的归属推理,正是在这种作用过程中,它实现了对他人行为的解释和预言。

再来看信念归属。戈登说:"如果我没错的话,把信念归之于他人,就是借助实践模仿,对作为事实的某物作出断言、作出陈述。获得归属信念的能力就是获得在这种条件下作出断言的能力。"③也就是说,信念归属乃是以模仿为基础的。小孩能用言语把对他人行为的解释和预言表达出来,但在 4 岁之前,他们是没有关于信念的概念的。戈登利用温默(H. Wimmer)和珀纳(J. Perner)在《关于信念的信念》一文中所展示的实验成果说明了这一点。有两组被试,一组是 3～4 岁的小孩,一组是 5 岁的小孩。让他们看一段木偶戏。在戏中,一个小孩把巧克力放在盒子里后,便出去玩。接着他的妈妈把巧克力从盒子里拿到食橱里去了。这个小孩从外面回来想吃巧克力。他会到哪儿去拿呢? 5 岁的小孩说在盒子里,3 岁的小孩则说在食橱中去找④。戈登说:"根据大量的实验材料,似乎可以发现:4 岁或 5 岁的正常小孩预言他人行为的能力得到了明显的提高。这些儿童已形成了这样的能力,即能考虑到别人不可能知道的是什么。他能预言行为的错误,而此错误根源于认知错误,即信念错误。而年幼的小孩以自我中心主义的方式作出预言……他要么是缺乏信念概念,要么是没有能力把它应用于对行为的预言之中。"⑤假如对信念概念的把握根源于学习或内化关于信念的规律和普遍原则,信念等常识术语像一般的理论术语一样,其意义是借助规律或普遍原则而形成或固

---

① R. Gordon. "FP as Stimulation". in W. Lycan, *Mind and Cognition*: *An Anthology*. Blackwell, 1999. p. 407

② R. Gordon. "FP as Stimulation". in W. Lycan. *Mind and Cognition*: *An Anthology*. Blackwell, 1999. p. 409

③ R. Gordon. "FP as Stimulation". in W. Lycan. *Mind and Cognition*: *An Anthology*. Blackwell, 1999. p. 410

④ H. Wimmer, J. Perner. "Belief about Belief". in *Cognition*, 1983(13): pp. 103—128

⑤ R. Gordon. "FP as Stimulation". in W. Lycan. *Mind and Cognition*: *An Anthology*. Blackwell, 1999. p. 411

定下来的,即通过内化信念在其之下发生的大量的规律或普遍原则而确定下来的,那么人们就可以说,在内化这种系统之前,儿童不可能解释和预言人的行动。其实不然,儿童在没有信念及信念归属时,也有解释和预言的能力及实践。这说明人们的解释预言行为的实践不是根据信念等命题态度,而是根据作为模仿的FP。戈登得出结论说:"只有那些能完成伪装游戏的儿童才能把握信念概念"①,一旦得到了实际模仿的能力,这种能力便在亚语言层次使我们能通过模仿他人的行动而解释、预言他人的行动,并使我们说出:我们预言的是什么,为什么能预言。

戈德曼也是模仿论的倡导者,但与戈登的观点略有出入。表现主要有二:第一,戈德曼根据决策系统的"脱机"操作对模仿观作了"加工"阐释,认为,解释和预言他人的行动的过程是一种由模仿驱动的过程。而戈登则把关于想象或认同的非科学性概念当做基本的、原始的概念。正是基于这种人为的模仿或装扮,该系统便作出决定:应该做什么。既然那个系统是脱机运作,似乎与自然输出系统相分离,因此它的"决定"实际上不会被执行,而只是作为关于他人行为的一种预言,或许是一种无意识的自动的预言。第二,戈德曼对模仿观关于人们把握心理概念的过程的说明不抱乐观主义态度。这种悲观主义有两个原因,一是模仿论把对第三人称心理状态归属建立在第一人称归属的基础之上,他说:"如果模仿论是正确的……那么把握心理概念的主要因素就在第一人称的王国。"②他到信念等心理状态有感受性质(内省的、内在的质)这一观点中寻找关于心理状态本质和我们掌握心理概念的进一步说明。第二个原因是,心理模仿难免错误。

撇开模仿论是否正确这一问题,至少可以说它在与理论—理论的交锋中引发了新的有意义的问题,对有些问题作出了发人深省的回答。例如它对前述描述和解释问题的混合回答是,FP实践的重要的特征是:它是一个使别人成为可理解的问题,所利用的资源包括关于世界的知识、我们的想象能力,而无须特殊的心理学知识,这是值得认真思考的。其次,在坚持关于FP的模仿论方案的哲学家中,戈登的工作是开创性的,而且极有深度。例如他涉及到了FP与第一人称知识的关系问题。如前所述,他认为FP的实践就是利用想象,把我们自己的理论和实践推理外推出去,作出判断和决定,直至理解他人的行动和信念。在想象中,我们完成了某种理论和实践推理,最终作出了判断和决定。如果这是要产生关于他人的信念和行动的预言,那么我就必须能够知道我自己的信念、愿望、意图,亦即有第一人称知识。而第一人称判断涉及到一种"上升的程序",如某人问我:"你相信米老鼠有尾巴吗?"我便会问自己:"米老鼠有尾巴吗?"如果回答后者,那么也就回

---

① R. Gordon. "FP as Stimulation". in W. Lycan. *Mind and Cognition: An Anthology*. Blackwell, 1999. p.411

② A. Goldman. "Interpretation psychologized". in *Mind and Language*, 1989(4): pp.165—185

答了前者。另外,他还提出了心理概念之运用是由什么决定的,其制约机制是什么之类的问题,他关于模仿的雄心勃勃的计划就是要回答这类问题。他认为,模仿理论提供了理解"关于信念的日常言论的方法"①,模仿对心理概念的运用、调控至关重要。他通过空间类比说明了这一点。在他看来,一个人处在一种心理状态中,就是这种状态处于一种心理位置,或者说心理上有一种位置。他说:"当一上升的程序用于一模仿的语境中时,一种新的逻辑空间便打开了。人们可以理解客体层次的问题:'米老鼠有尾巴吗?'在此空间的各种位置上都有答案。例如一个小孩 Jane 可能模仿玛丽,接着以玛丽的角色向自己提出客体层次的问题:'米老鼠有尾巴吗?'模仿把答案与下述特定的个体关联起来,其处境和行为构成了模仿以之为基础的证据,人们在模仿内认同的也就是这个个体。"②

他的观点似乎是:我们关于玛丽相信米老鼠有尾巴的概念就是关于"米老鼠有尾巴吗"这一问题在一个空间的一个特定点上有一种确定的回答的概念。在这个点上,Jane 通过对玛丽的认同过渡到了想象。但问题是,模仿是一种难免错误的过程。如即使玛丽最终断言米老鼠有尾巴,但不一定真的相信这一点。根据与空间定位的类比,该问题在 Jane 到达的那一点上可能有一种确定的回答,但玛丽不一定真的定位在那一点上。因为模仿是一种难免错误的过程,Jane 也许没有到达那一点。如果模仿理论要沿着那样的路线取得进步,那么与空间定位的类比就有必要关联于更加理想的模仿。对戈登的激进模仿理论的修改得以由此开始。我们关于玛丽相信米老鼠有尾巴的概念就是关于"米老鼠有尾巴吗"这一问题在下述那一点上有确切回答的概念,在这一点上,Jane 进行了对玛丽的理想的模仿。这样的补充说明仍不令人满意。最后,儿童没有作为理论的 FP,但有没有作为模仿的 FP 呢?模仿能力是不是与生俱来的?他的回答是:有这样的有趣的可能性,即能够作出实践模仿是一种预先包装好了的模块,一旦知觉到他人就会自动得到唤醒或被访问。

理论—理论和模仿论对 FP 的阐释尽管越来越深入、具体,尽管在同化反常的过程中不断使自己的观点得到完善,但平心而论,谁都没有说服谁,换言之,两者仍处在势均力敌的态势之中。而处在这两种理论之外的人则试图寻找新的出路,克服他们各自的片面性,提出关于 FP 的新的阐释。由这两种力量的作用,对 FP 的研究便出现了这样一些新的趋势和特点。

(一) FP 逐渐成了哲学以外的多种学科如灵长目动物学、社会心理学、发展心理学等关注的一个对象。如前所述,普雷马克等人提出了后来受到广泛讨论的

---

① R. Gordon. "FP as Stimulation". in W. Lycan. *Mind and Cognition*: *An Anthology*. Blackwell, 1999. p. 166

② P. Carruthers, P. K. Smith. *Theories of Mind*. Cambridge: Cambridge University Press, 1996. p. 18

"心灵理论"这一概念,并且已对大猩猩有无心灵理论,如果有,其内容和特点是什么等问题展开过实验研究,对当时和后来的哲学研究产生了很大的影响。如今,更多的灵长目动物学家介入了这一研究,因而有人认为,对 FP 的探讨离不开灵长目动物学,而且哲学与灵长目动物学、认知科学和发展心理学在 FP 这里找到了兴趣的交汇点①。正是基于这一认识,英国谢菲尔德大学于 1992 年建立的 HangSeng 认知研究中心把 FP 作为第一个交叉问题,邀请有关领域的学者参加讨论,其结晶就是该领域最重要的论文集《心灵理论的理论》的出版。

"不识庐山真面目,只缘身在此山中。"站在哲学之外观察 FP,也许能更好地看出 FP 的"庐山真面目"。事实正是如此,其他领域的某些学者如社会心理学家埃卡德等人就一针见血地指出,哲学对 FP 的研究存在着许多缺陷,例如:首先,拘泥于丘奇兰德所阐释的 FP,而这种阐释无论就形式还是内容来说都过于狭隘。其次,FP 也不像理论—理论所诠释的那样是显而易见的,表现于人的行为解释和预言之中,而是内隐的,没有特殊的科学推论技术是没法发现其踪影的。再次,FP 的形式、内容和地位问题在广泛的意义上来说不是一个形而上学的问题,而是一个经验的问题,而哲学关于 FP 的种种理论缺乏的恰恰是这种经验的精神。如果长此以往,对社会心理学等漠不关心,那么对哲学将是极为不利的。为了使对 FP 的研究带有它应有的"经验的精神",社会心理学利用大量已有的资料,设计新的实验研究方案,对之展开了富有特点的研究。不过在形式上与哲学的研究有所不同。例如社会心理学把 FP 称之为朴素心理学,认为 FP 所涉及到的问题实际上是人的自我知觉(自我归属、预言)、社会知觉或认知(他人心理归属、行为解释和预言)这样一些经验问题,要弄清的是:对于人自己及其内部状态,人是怎样概念化的,人是怎样知道自己的内部状态的,人在日常生活中是怎样对相互的行为和面貌、外表进行范畴化的,怎样得到解释性归属,怎样推知别人(气质、能力、倾向)像什么,怎样预言他人的行为等。埃卡德等人认为,FP 是一种真正的认知现象,完全可以根据社会心理学加以阐释,而且和其他人一道在这方面已做了大量的工作②。

(二)就对 FP 研究的侧重点而言,过去一般较关注 FP 是什么这一问题,而现在特别关注 FP 的发生与发展问题。这是一个与传统的天赋观念问题密切相关的问题。对它的回答在形式上也没有从根本上超越传统的天赋论、后天环境决定论和相互作用论,因为心灵理论的起源不外三种可能:天赋或遗传、学习或适应、内化社会文化规范,有关因素的共同作用。围绕这一问题,产生了先天论与经验论、

---

① P. Carruthers, P. K. Smith. *Theories of Mind*. Cambridge: Cambridge University Press, 1996. p. 1
② M. Carrier, P. K. Machamer. *Mindscapes: Philosophy, Science, and the Mind*. Pittsburgh: University of Pittsburgh Press, 1997. p. 31—47

模块论与理论—生成论的论战。这一争论既发生在理论—理论和模仿论内部,又发生在两者之间,当然主要是在前者内部。争论是围绕着"心灵理论"而展开的,一般认为,在学龄前,儿童就已生发出了一种心灵理论,它潜在于他们的理解社会关系及作用的能力之中,通过把心理状态归之于自己和他人而表现出来。但"心灵理论"在不同的人那里其含义又是不同的。根据萨梅特(J. Samet)的看法,有两种"理论",一是分类学的,一是假定性的[1]。前者是弱意义的"理论",后者是强意义的理论。前者指的是概念系统,指的是一种概念(心理状态)的分类体系,它有助于解释我们自己的经验和别人的行为。模仿论所说的"理论"就是这种意义的理论。理论—理论所说的"理论"是强意义的理论,他们认为,儿童的社会理解的发展是根源于他们的心灵理论的发展的,这种理论就像科学理论。

诉诸模块性(modularity)原则对心灵"理论"的阐释就是所谓的模块论。但有意思的是,在此基础上,既可论证心灵理论的起源、作用与本质,又可否定其存在。福多等人坚持的是前一条路线,而斯蒂克等人则坚持后者。这里我们只分析福多等人的模块论,至于斯蒂克的观点,我们将在有关取消主义的部分予以探讨。所谓模块即是系统中可自然分离的部分,模块性即是自然类型的实在所具有的与系统的"可自然分离性",如神经元这样的对象或像神经激活这样的事件对于基础的物理化学系统而言就具有这种性质,因而具有模块性,后者就是解释前者的模块。就这里所要解释的是心灵理论或模仿能力而言,区分模块性概念有两个维度:共时和历时。前者涉及到主体在特定时间内的能力,如看、听、说、作出心理分析等,后者涉及到能力的发展过程。要借助模块性解释能力,首先要知道该能力的适用范围。不同的模块性概念起源于对能力的不同解释。有四种共时态的模块性:(1)意向的模块性,在解释心理能力时,我们有时只用纯意向的术语,如假定在它后面有特定的心理状态,如弗洛伊德的"无意识"、乔姆斯基的"普遍语法"等。(2)计算的模块性。(3)福多的模块性,它也是计算的,但有特定的属性。(4)神经的模块性。

在解释心灵理论的来源问题时,模块论的基本观点是:儿童的心灵理论包括各种心理图式和以因果规律为核心的解释模式,不是经过理论化的过程获得的,而是先天的。关于信念等的表征不是在发展过程中借助事实材料建构出来的,而是生来就有的。先天的结构产生了关于输入的强制性的表征,概念的发展不能用归纳或演绎过程予以解释,它一开始就在那里,它的发展从遗传上被决定了。而且心灵理论模块决定了个体后来发展的轨迹以及所获得知识、能力的可能和不可能的范围。

---

[1] J. Samet. "Autism and Theory of Mind". in S. Baron-Cohen. *Understanding Other Minds*. Oxford:Oxford University Press,1993

在模块论看来,模块不仅是先天的,而且还是节略性的、压缩性的。作为模块之结果的表征,不同于作为核心知识和信念过程之结果的表征,它是不能为新的证据模式所摧毁的,模块的压缩性意味着它们是不能被取消的,就像乔姆斯基的句法理论中的大多数句法规则是先天的、不可再发展的一样。在福多看来,模块的内在结构是不可能基于来自别的系统的输入而重组的。当然来自于模块的输出能为别的系统利用。模块的典型例子是视觉或句法系统中的专门表征和规则。这种模块把特定的知觉输入(网膜刺激)映射到更抽象的表征集合(相位—结构)上,它们规定某些推理或输出。模块论的主要根据有:第一,根据福多的观点,心脑由两部分组成:一是遗传上专门化、功能上独立化的模块,二是非模块的、专门负责演绎推理的中心加工过程。而人的 FP 或心灵理论就依赖于前一部分。第二,导致 FP 的表征过程与导致科学心理学的表征过程之间几乎没有什么关系。即使是科学心理学家,持环境决定论、经验论的哲学家、科学家,也会受 FP 的奴役,换言之,不可能完全摆脱 FP 的概念图式和解释模式,就像我们的句法和知觉系统受着它们的模块的制约一样。科学心理学的发展不可能影响 FP,反过来,FP 也不可能成为科学心理学中进一步阐释的基础。两种事业是根本不同的。第三,具体科学的、实证性的材料似乎也支持这一点。例如乔姆斯基的普遍语法,发展心理学关于儿童心灵理论的语义学的先天模块性,关于大脑损伤、弱智的实验研究等。

埃卡德等人在 FP 的起源问题上,坚持的是与传统的环境决定论大致相同的观点,认为 FP 实即朴素的心理学,心理的自我归属就是自我知觉,对他心的归属、对他人行为的预言和解释就是社会认知,这些都是"适应社会文化规范"(enculturate)的产物。

理论—生成论(theory-forming)既不同于古典的天赋论,又不同于经验论,是在与模块论的论战中建立起来的一种带有更大综合性的理论。它承认有先天的东西,但又认为这种先天结构是可以取代的,至少它们的任何部分都是可以改变的。简言之,存在着先天的理论,但它们可以改变。而且变化、取代在出生时就会发生。它还认为,存在着关于心灵的特殊的先天理论,或关于人的先天的概念,它们是后来建构种种心灵理论的基础。儿童的心灵理论可看做是从一个码头开出的一只小船,我们乘坐在上面,同时又根据不断变化的环境,利用我们所有的条件不断予以重建。因为在航行过程中,每前进一步都须作出适当的调整,以适应变化了的环境。到航行结束时,船已不是原来的样子了。也就是说,儿童能成长为有各种知识和能力的人,他们的大脑绝不是一块白板,而是有其先天的基础的。同时,成人在原来的心灵理论的基础上最终完成、形成的理论肯定不是原来的样子,它包含着对原有理论的修改、补充、抛弃、改造等。因此儿童的心灵理论既有天赋性,又有开放性。

模块论和理论——生成论在总结概括人工智能、认知科学研究的成果的基础上既推进了对 FP 的解释,又丰富和发展了传统的关于天赋观念问题的探讨,其积极的意义不可小视。但也存在着许多问题。例如就理论——生成论来说,尽管它具有综合各种理论之长的优点,但也有许多难以自圆其说的问题。正如高普尼克(Gopnik)所述:"如果理论——生成论是正确的,那么 3 岁小孩与科学心理学家就是一样的,他们都一起乘坐在纽拉特(Neurath)所说的小船上。我们都有相同的基本认知工具,并具有进一步搜集更有用的小帆船的天才和决定能力。"①而小孩与科学心理学家显然是不可同日而语的。

(三)对 FP 的阐释,近来出现了这样的综合的趋势,即把理论——理论与模仿论结合起来,建立一种新的"混合论"。我们知道,在关于 FP 实践的解释中,随着理论——理论与模仿论各自的争论以及相互论战的深入,目前已产生了这样的需要,即建立新的混合的理论,它承认理论和模仿的作用,并能说明两者相互作用的方式。在当前也有这样的条件:一方面,对理论——理论已有许多不同的阐释;另一方面,模仿理论家各自强调的是不同的观点。这些都为新的综合提供了基础。事实上,这种理论已经产生了,它既强调关于世界的第一阶思想的重要性,又强调一种特定种类的解释观念,认为解释和预言并不涉及与他人的想象性的同化。因为在特定条件下,作出一种行动,既有知识的作用,又有想象的作用。另外,在解释、理解他人的行动时,规范性的判断也会涉及到,如命题态度。而要预言他人的行动,动用的资源可能更多,如假定他们像我一样是能思的人,他们具有像我一样的认识能力和倾向等。

总之,如果我们承认人能进行心理归属、能解释和预言他人的行为是客观的事实,那么我们就必然碰到西方心灵哲学家所碰到的问题,即对这些活动赖以进行的内在资源和过程及其机理作出探讨。首先,不管这种资源是不是 FP,不管 FP 是理论还是模仿,不管内在的过程是演绎推理还是设想、想象,我们要想作出阐释就必须进入人的心灵深处,就必须探讨心灵的结构与动力学。其次,就已有的认识而言,肯定有 FP 这样的内在资源,是占主导地位的思想倾向。据我们看来,FP 是确实存在的,并在解释、预言人的行为的实践中有决定性的作用。问题在于,我们对它的存在形式、本质特征仍一无所知或所知甚少。一般的人会用它,但从不知道它。有关的学者知道它,但对它的认识非常肤浅,而且不多的认识中可能很多是错误的。因为一方面我们对它的认识主要诉诸隐喻、类比,另一方面常用的说明模式如功能主义、同一论等本身还不完备,因此认识还只是开始,需要相关学

---

① A. Gopnik. "Theories and Modules". in P. Carruthers, P. K. Smith. *Theories of Mind*. Cambridge: Cambridge University Press, 1996. p.182

科的学者的通力合作。

3 民间心理学的实质、命运与研究价值

就 FP 的内容而言,目前占主流的所谓"标准观点"是丘奇兰德的观点,他认为,FP 是人们关于心理现象的常识概念框架,其核心是命题态度,即关于心理命题的态度。命题态度中最重要、最常见的是信念、愿望和意图。此外,FP 还包括这样的内容,如认为信念等存在于心灵之中,信念等的存在由内省所确认,它们是行动的原因等。但也有研究者对此提出了挑战。埃卡德认为,"标准观点"过于狭隘,远远没有包括 FP 实践中隐含的全部作用模式。在她看来,FP 指的是前科学的、常识的概念图式,包含着非常广泛的心理概念、知识和原则。所有正常的、社会化的人在理解、预言、解释人和高等动物的行为时都必然要用到它,因为理解、解释、预言他人的行为实即社会认知。要完成社会认知,必然要动用比命题态度广泛得多的知识和原则,如对人的认知性、因果性和目的性等本质属性的理解。因此 FP 作为整体是人类关于什么是人的一种常识性、社会性概括,是与人的常识概念图式紧密相连的常识概念图式①。

综合各方面的说法,我们认为,FP 的内容的确极为丰富,可从不同的角度予以描述。从其存在和显现方式来说,它是内在于人脑内部、外显于人的解释预言实践中的常识心理学知识。从其关系维度看,它与常人所拥有的民间物理学、化学知识处在同样的层次,渗透、包含于常人关于人、自然、宇宙的概念图式之中。从其历时性结构看,它"无师自通"、自发自生。从其共时性结构看,它包含许多存在命题、普遍原则和大量的理论术语。例如前者有:人是有理性的存在,因此行为具有解释性和预言性;人有心灵,其内部有心理活动、状态和事件等。普遍原则主要有:心理状态与刺激、反应之间有因果关系;我们每个人都可以认识他心,等等。

由上可知,FP 的确潜藏于每个正常人的内心深处,而外显于人们的解释和预言活动之中。从人们的 FP 实践中,我们还不难发现 FP 实即人们的常识心理观或心理概念模式,如认为:首先,信念等心理状态、事件是一种实在,像物理事物一样存在着,只是看不见、摸不着、没有形体性;其次,信念等像外物一样有存在的空间,那就是在"心灵里面",这个"里面"像外部空间一样是非充实的,里面有心理的事件,它们要么是并列的,要么是先后继起的,相互之间可以互为因果,相互作

---

① B. Eckardt. "The Empirical Naivete of the Current Philosophical Conception of FP". in M. Carrier, P. K. Machamer (ed.). *Mindscapes*: *Philosophy*, *Science*, *and the Mind*. Pittsburgh: University of Pittsburgh press, 1997. pp. 23—29

用;第三,心理事件从属于因果律,由外部刺激所引起,进而又可引起人的行为;第四,信念概念具有指向性,是"关于"某种事物的;最后,诸心理概念具有整体性、相互联系性,因而从一个可推知别的。不难看出,FP所代表的这幅心理图景既涉及到心理世界的内部关系,还涉及到心与身、心与外部世界的关系,因此是一幅关于人的概念图式,至少是常识世界的组成部分或基础。不仅如此,这种常识心理概念图式由于其对象的特殊性还不自觉地渗透到了理论化的心理学和哲学中去了,经过一定的改铸和概念化便成了有关科学中的内容,例如哲学中的同一论、二元论、唯心主义的一元论、功能主义都默认了常识的心理概念图式,有的甚至认为科学的心理学是以之为基础的,并必然将其包含于其中。认知科学中的以规则为基础的传统认知模型正是源于FP,因为它用的是FP的逻辑推理模型,甚至还用了它的心理观和概念图式,如认为认知加工过程是在比个体的神经元或神经集合体的活动更高的水平上发生的。既然如此,对FP的本质、地位和命运的探讨便必然涉及到心理现象、心理概念的本质,心理结构、心理活动及其机制和动力学,心与身的关系等重大哲学问题。

对FP地位和命运的探讨,是心灵哲学向心灵深处探幽发微以揭示其内在结构、运作过程和机制的重大课题,也是涉及面最广、分歧最大的一个领域。目前关于FP的地位和命运主要有悲观主义、乐观主义和工具主义三种主张。

悲观主义的主要表现是取消主义(eliminativism)或者说取消式的唯物主义(Eliminative materialism),其倡导者主要有罗蒂、费耶阿本德、丘奇兰德和斯蒂克等人。取消主义有两个层次:在弱的层次上,它认为认知科学可从根本上为我们提供关于人脑或心灵运作的正确说明,无须求助于常识心理状态和概念。在强的层次上,它主张FP所设想的信念等心理状态根本就不存在,其概念所表示的是一种完全错误的地形学、原因论和动力论。斯蒂克提出:"这个概念(信念)再也不应在解释人类认知和行为的科学中招摇过市了。"[1]丘奇兰德也断言:"我们关于心理现象的常识概念是一种完全虚假的理论,它有根本的缺陷,因此它的基本原理和本体论最终的结果是被完善的神经科学取代,而不是被平稳地还原。我们的相互理解和内省都可在神经科学的概念框架中得到重构。"[2]具体来说,取消主义主张,FP所断定的实在是不存在的。人脑中真实存在的只有神经元及其活动、过程和连接模式。例如当某个人"相信天要下雨"时,神经科学家所看到的不是他的相信及其内容,而是神经过程。从语言哲学角度来说,任何语词都有其指称。而人身上除了真实的神经过程和状态之外,并没有信念之类的状态和实在,因此,

---

[1] S. Stich. *From FP to Cognitive Science*. Cambridge, Mass: The MIT press, 1991. p.5

[2] P. M. Churchland. "Eliminative Materialism and the Propositional Attitudes". *The Journal of Philosophy*, 78 (1981): pp.69—90

四 民间心理学及其解构

信念等日常心理术语只是一些空概念,必将随着科学的发展以及科学知识、术语的常识化而被科学语言取而代之。虽然常人事实上是用 FP 解释和预言人的行为,但由于这种解释、预言模式及其原则以类比、隐喻为基础,而不是基于对内在过程以及与行为的关系的科学认识,因此是错误的,随着科学对其微观结构和机制的洞彻把握,它们必然会像"以太"、"燃素"等"前科学术语"一样被抛弃。

也有一些心灵哲学理论对 FP 的地位、命运抱乐观主义态度。它们在意向实在论的基础上肯定了具有语义性质和因果效力的命题态度的实在性,肯定了命题态度的意向性质和因果效力。在乐观主义者看来,命题态度是关于世界上的事物、事件和事态的。信念可以为真或为假,愿望可以实现或破灭,信念和愿望等命题态度都有其满足条件。一个信念的满足条件就是它的真值条件,一个愿望的满足条件就是使愿望得到实现的条件。而这些条件是由世界上的事态构成的。信念、愿望等命题态度是与世界上的事态相关的。此外,心理状态、属性具有主观性且不能还原为物理的东西。心理属性即使实现于物理属性之中,也必定是主观的。就命题态度的因果效力来说,乐观主义者认为,根据信念、愿望等对人的行为的解释是一种因果解释或"因为"解释,它所诉诸的命题态度、意向状态具有因果性、语义性,是人的解释、预言活动乃至心理活动的内在机制与秘密之所在。福多等人还从自然主义的立场上论证了 FP 的实在性。他认为不仅命题态度是实在的,而且科学的关于心的理论也是以 FP 的概念为预设的,科学心理学必须包含能够涵盖由意向术语描述的意向心理状态的法则,没有 FP,认知科学、心灵哲学就会失去基础和内容。因此,正如贝希特尔所说:"FP 不能还原于联结主义一点也没有剥夺其存在资格。我们可以继续坚持:FP 提供了对于行为主体的描述,说明了他所具有的关于他的环境和他的行动目的的信息。就此而言,FP 仍有作用。"[1] 同时,乐观主义者对取消主义提出了尖锐的批评。首先,取消主义的主张在逻辑上自相矛盾。取消主义所要取消的是民间心理学所预设的诸如信念、愿望等心理现象,但它的理论本身却又以信念等心理现象的存在为前提,也就是说,取消主义对心的否定是以对心的肯定为前提的,这在逻辑上是一个悖论。其次,取消主义的主张与我们关于意识经验的内省事实不相符合。我们的内省经验直接向我们昭示了各种心理现象的存在,因此我们对意识经验存在的确信胜过对世界上任何其他事物的确信,我们对意识的了解比对世界上任何事物的了解都更加直接,所以取消主义否定各种心理现象实在性的主张是错误的。

关于 FP 的工具主义是介于悲观主义和乐观主义之间的一条中间路线,其倡导者主要是丹尼特。工具主义原本是实用主义的核心内容。它认为:思想、概念、

---

[1] W. Bechtel. "Connectionism and The Philosophy of Mind: An Overview". in W. Lycan (ed.). *Mind and Cognition: A Reader.* Basil Blackwell, 1990. pp.269—270

术语、理论是人为了某种目的而设计的工具。因此其真理性不在于它们与实际的一致,而在于能有效地充当人们行动的工具。基于工具主义原则和方法,丹尼特认为上述两种主张都有合理性,又都有其片面性。在他看来,实在论者关于信念是真实存在的、客观的内部状态的看法是错误的,因为人体内不存在心灵、心理现象之类的实在或属性,存在的只是物理过程、状态与属性。但他又不同意取消主义抛弃 FP 的主张,认为尽管 FP 及其概念、术语没有指称,没有描述任何实在、过程、状态和属性,但它们仍有存在的理由和价值。FP 是一种有用的解释和预测行为的方法和策略。例如某人有某种反常行为,我们可以解释说这是由如此这般的信念和意图引起的。而且,FP 作为解释、预言行为的策略不仅有效,还有其独到之处。特别是对于复杂对象(如人、动物等),物理的、设计的策略要么无能为力,要么会遗漏掉被解释对象的重要内容,这时就必然要用到意向战略。丹尼特强调说,描述人的信念和愿望,并不涉及到任何真实的过程和状态,但它碰巧可帮助我们解释和预测人的真实行为的发生,这正像拨动算盘上的一颗小珠,小珠并不是实在的数量,拨动小珠并不等于拨动了真实的存在,但对小珠的拨动却有助于我们认识真实的数量关系,因此不应抛弃民间心理学,也不可能抛弃。

当代心灵哲学围绕 FP 的探讨和争论既涉及到常识层面的问题,如怎样描述常人的行为解释和预言过程,怎样对这一过程作出阐释,同时又提出了纯学理性、高层次的哲学乃至交叉问题,如人的内在认知结构、心理活动的过程、机制和动力学问题,心理状态的因果性、意向性、语义性及其根源问题,信念等命题态度的模块性、可投射性等。而且它还明确提出了心理世界的结构图景、心理的本质、地位和命运以及心理、物理关系问题。因此,关注和参与有关的讨论具有不可低估的理论和实践意义。

我们知道,由于心灵研究对象的特殊性,长期以来,我们总是以类比、隐喻为基础把握和描述它。很显然,这不是把握心灵的直接方式,特别是 FP 隐喻、比拟的本性一经产生便逐渐僭越自己的权限,形成了一种再生力和创造力,无意识地在人们心中构筑出了一幅幅关于心理世界的结构图景。如前所述,这幅图景无疑是不科学的,它只是一种隐喻式的、拟物拟人的、前科学的心理观。而现当代心理学、心灵哲学甚至人工智能、计算机科学由于传统的惯性作用,加上心理现象非常特殊、复杂,因此仍沿用了祖传下来的心理语言,从而造成对心理世界认识上的肤浅性、隐喻性和笼统性。加之宗教、哲学、文学以及常识思维模式对心理语言、思想与实在三者不注意区分,日常生活中语言使用的随意性、不规范性,更使心理语言罩上了厚厚的文化尘埃。要使对心理世界的认识有实质性的飞跃,必须抹去常识心理概念图式上的文化尘埃,揭示心理语言的真正意义和实在所指,追溯常识心理观背后的内在条件、结构和机制,透析 FP 活动及其所调用的资源、所从属的结构和机制。围绕 FP 的争论恰恰就是在总结概括神经科学的成果、深入进行认知科学探讨、尝试建立新的认知模型的基础上进行的,其所用的资料、思维模式、概念图式都打上了新时代的烙印。有关研究的出发点是 FP,落脚点却是传统的心理概念图式和心理本质观、心身观的本质、前途和命运问题。因此对 FP 的反思,实质上是对传统心理观之根本和核心的反思。这无疑对于重新认识心理世界的结构、功能,探索和揭示真实、客观的原因论、心理地形学、地貌学、生态学有重要意义。

其次,对 FP 的研究有助于认识人、重建人的概念图式。我们常说"人是有意识的存在者","人的全部尊严在于思想",人与动物的根本区别在于人有理性,但这种关于人的概念图式是建立在 FP 基础之上的。如前所述,FP 代表的是人们的常识心理观,如认为:信念等心理状态、事件是一种没有形体性的实在,信念等存在于"心灵"这样的空间里面,心理事件之间可以互为因果,相互作用。心理事件从属于因果律,由外部刺激所引起,进而又可引起人的行为。信念等概念具有指向性,是"关于"某事某物的,而且还具有可投射性。此外,诸心理概念具有整体性、相互联系性,可以从一个推知另一个等。不难看出,FP 所展现的这幅心理图景既涉及到心理世界,又涉及到心与身、心与外部世界的关系,因此是关于什么是人的一种常识性概括,一幅关于人的概念图式。如果 FP 真的像取消主义所说的那样,在未来的科学伊甸园中没有地位,其结局是被抛弃,那么传统的关于人的概念图式也必将发生天翻地覆的变化。正如丹尼特所说,FP 是与我们作为人和作为道德行为主体的观点交织在一起的。如果予以排斥,那么连人和道德主体这样的概念也应一起予以排斥。霍根(T. Horgan)等人也指出,如果像取消主义那样完全抛弃 FP,那么就意味着对人的概念图式尤其是关于人的心理及其与身体的关系的概念图式的彻底修改或否弃[①]。对于马克思主义哲学工作者来说,如果我们认为取消主义是正确的,或有可取之处,那么我们至少必须修改、重构传统的关于心理和关于人的概念图式;如果我们不赞成取消主义的观点,那么就必须研究取消主义及其所提出的问题和观点,回应有关挑战。

再次,对 FP 的研究孕育着未来哲学变革的契机和动力。从哲学的发展历程看,传统哲学是在 FP 基础上构建自己的理论体系和概念框架的,如哲学中的同一论、二元论、唯心主义的一元论、功能主义都默认了常识的心理概念图式。马克思主义哲学在其形成和发展过程中也吸取了 FP 的因素,如认为哲学的基本问题是物质与意识、存在与精神的关系问题,人是有意识的类存在物,意识是人脑的机能,认识是人脑对外界事物的反映,认识要经历感性认识—理性认识—实践的过

[①] T. Horgan, J. Woodwards. "FP is Here to Stay". in *Philosophical Review*, XCIV, No.2, 1985(4)

程等。很显然,围绕 FP 的争论直接关系到这些与心理概念有关的哲学问题的命运。例如,如果真如取消主义和工具主义所说,心理或精神状态是虚妄不实的,那么哲学基本问题就是一个假问题,对它的一切研究只是做无用功。说人有自由意志、有意识也是缺乏根据的。认识也只是大脑神经状态与外界物理状态的对应关系,根本不存在感性认识和理性认识。如果我们不同意取消主义和工具主义的观点,那么如何确定、证明心理或精神状态的实在性?心理或精神究竟是一种什么样的实在?是大脑的生理机能?还是不能等同于生理—物理的东西?如果是前者,即使是最高级的生理机能,也实际上投入了还原论的怀抱;如果是后者,那么便又趋向于二元论。因为二元论有实体二元论与属性二元论之别。即使这不是实体二元论,但也难逃属性二元论的厄运。无疑这些问题对包括马克思主义哲学在内的一切传统哲学都提出了严峻挑战,回应这些挑战,化解这些难题是发展马克思主义哲学不可回避的工作,而要予以回答,就必须对之作认真深入的研究。

4 取消论与解释主义的"本体论变革"

当代西方心灵哲学在与认知科学、人工智能、计算机科学以及其他哲学分支和思潮如语言哲学、解构主义的互动中,在内外各种资源和动力因素所形成的合力的推动下,最近二三十年来面貌发生了重大变化。其表现之一就是出现了所谓的"本体论变革"。这一变革肇始于 20 世纪 70 年代,现正在如火如荼地进行之中,其旗手都是当今世界哲学舞台上叱咤风云的人物,如戴维森、费耶阿本德、丹尼特、斯蒂克、丘奇兰德和福多等。他们的本体论变革的目的就是要"解构心灵"(deconstructing mind),"清除笼罩在心灵之上的神秘性"(demystifing mind),而实质则在于颠覆、解构民间心理学和传统的包含着笛卡儿二元论幽灵和"本体论裂隙"的心理概念图式以及奠基于其上的人学图式,抛弃其对世界、对人的心—物二重化理解,阐发一种全新的心灵理论。伴随这一理论,一种全新的人学理论也展现在人们面前了。根据这些理论,"心灵"、"意识"要么类似于"以太"、"燃素"的地位,要么只是我们强加于人身上的虚构,类似于人加在地球上的坐标系和经纬线,因此它们在自然界中没有本体论的地位了,人身上再也不存在与肉体对立的灵魂,与物理生理属性对立的心理属性或功能了。总之世界除了物理的东西什么也没有了。当然对于这一结论,不同的人表述的形式、激进的程度是不一样的。对此斯蒂克在《解构心灵》一书中作了明确的表述,他说:"我们把主张旧的理论中的实在和属性可以在新的理论中保留下来或还原为新的理论中的实在和属性的理论变革称之为本体论上保守的理论变革,而把非保守的理论变革称之为本体论上激进的理论变革。"①我们认为:所谓激进的形式是指由他和丘奇兰德等人所倡导的取消论,而温和形式则包含广泛的内容,如各种自然主义的心灵理论以及解释主义。这里我们重点剖析取消论和解释主义。

(一)解构心灵的切入点。斯蒂克等人认为,他们发起和正在操作的本体论变革"遵循的就是典型的解构主义纲领"②。当然,作为一些富于批判精神的哲学家,他们又"对解构进行了解构",认为解构有两个步骤:一是拆解(unravaling)。所谓拆解就是像把房子拆散一样,先把待考察的理论体系打散,然后追溯、解析表层结构赖以存在的、隐藏在其后面的、不为人注意的基础结构。而基础结构有两个特点:一是太平常,因此不为人注意,二是它似乎无懈可击。斯蒂克说:"在许多领域,理智的活动和日常的实践都预设了大量不言而喻的理论。这些心照不宣的理论一般是不明显的,因此自然仍在那里我行我素,而未受到批判的考察。"③第二步就是对基础结构进行颠覆、批判的考察,他说:"一旦对它们作出细心的审视,那么就不难发现:它们是非常不可靠的……当这些基础理论的弱点暴露出来之后,人们立马就能看到:奠立于其上的学说和实践同样是不稳固的。"④将解构的方法应用于心灵哲学本体论和人学本体论,经过深入的拆解和严格的考察,他们似乎得到了一个开天辟地的重大而惊人的发现,即所有一切正常人包括大多数哲学家的心底里都隐藏着一种理智资源即民间心理学,而民间心理学中贯穿的是心—身二分这样的二元结构和心理状态与行为之间存在着因果联系这样的"余者皆同"的规律或原则。这些结构和原则潜移默化于大多数哲学体系之中,使之都隐藏着一种将心身二元对立起来的"本体论裂隙",甚至传统的以及当代的许多唯物主义体系也不例外。

通过对 FP 作"考古"挖掘,不难发现:它认为,信念等心理状态、事件是一种实在,像物理事件一样存在着,只是看不见、摸不着,没有形体性。换言之,人有两部分或两个王国:一是肉体的物质的王国,一是心理的或精神的王国,后者不能等同于前者,是人之为人的根本之所在。罗蒂说:"每个人都知道怎样把世界分为心的部分和物的部分,这一区分是常识性的和直观性的。"⑤从 FP 形成的方法论基础来看,它是隐喻、类推的产物。在戴维森看来,所谓隐喻不过是在编织我们的信念和欲望的过程中的基本工具⑥。既然如此,FP 便是借助心理语言、类推和联想所建立起来的心理世界图景,是实在物理世界的复制品。比如说,人们是根据可

---

① S. Stich. *Deconstructing the Mind*. Oxford: Oxford University Press, 1996. p.94
② S. Stich. *Deconstructing the Mind*. Oxford: Oxford University Press, 1996. p.9
③ S. Stich. *Deconstructing the Mind*. Oxford: Oxford University Press, 1996. p.9
④ S. Stich. *Deconstructing the Mind*. Oxford: Oxford University Press, 1996. p.9
⑤ 罗蒂著,李幼蒸译.哲学和自然之镜.北京:三联书店,1987.13
⑥ 罗蒂著,李幼蒸译.哲学和自然之镜.北京:三联书店,1987.438

见的外部世界来设想不可见的内部世界的,如外部世界有运动,运动有主体,有过程,发生在时空之中,外物有属性和状态,可当做事件,常识心理观便设想,人有心理活动、过程、状态、事件,它们发生在"心里",心有深浅,心的活动有主体,即灵魂或心灵,人的思维能由表及里,去粗取精。所不同的是,心及其活动没有广延性,不占有实在的空间。因而,准确地说,FP是一种隐喻式的、拟物拟人的、前科学的心理观。从其实质上来说,常识心理观、常识人学里面隐藏的是某种形式的二元论,因为当人们说某某战胜疾病、某某在比赛中获胜,主要得益于"精神作用"时,这里的"精神作用"肯定不是指某种生理过程的作用。另外,常人在相信精神世界、心理王国存在时,肯定同时承认它们是物质世界之外的另一个世界。一个没有心、没有精神的人,只能是一具僵尸,或一个植物人。常识世界观、常识人学本体论中的这种二元论因素不仅是其他常识理论的基础,而且是哲学中的二元论的基础、渊源和雏形。

当今的"本体论变革"的倡导者在解构心灵时的第二个"重大发现"是:大多数哲学家、心理学家的心底里回荡的是二元论的幽灵,他们对人的理解中包含着一种"本体论裂隙",甚至许多唯物主义哲学家也不例外。拿心灵哲学来说,大多数理论打出的旗帜都是各种形式的唯物主义、物理主义、自然主义,除个别例外,几乎再没有人公开声称自己是二元论者、唯心主义者。但他们的骨子里并没有彻底抛弃二元论,尤其是在说明人的自主性、独特性、能动性、反作用等问题时更是如此。赖尔尖锐地指出:"有一种关于心的本质和位置的学说,它在理论家乃至普通人中非常流行,可以称其为权威的学说。大多数哲学家、心理学家和教士都赞同它的主要观点。"这主要观点是:"每个人都有一个躯体和心灵。"[1]他还形象地把这种观点称之为"机器中的幽灵说"[2]。由于它得到了大多数哲学家的默认,在哲学家中实际上占据着主导地位,故可称作"权威的学说"。当然,现当代的二元论在形式上发生了很大的变化,即不再以实体(物质实体与精神实体)二元论的面目出现,而更多的是表现为属性(心理属性或状态或过程与物理属性或状态或过程)二元论。罗蒂对二元论在哲学中的地位有类似的看法。在面对人时,包括哲学家在内的大多数人会"毫不踌躇"地作出心物二分的划分,至少会认为,除了物质的我之外,人还有一个内在的精神的由信念等命题态度和无意识观念所构成的我。这是笛卡儿的遗产,因此可以说"笛卡儿的直观仍然存在着"[3]。不仅如此,罗蒂还认为,尽管近代以来至少从斯宾诺莎以来的大多数哲学家,面对笛卡儿所陷入的二元论与交感论的矛盾都纷纷作出种种尝试,以铲除笛卡儿的二元论。

---

[1] 赖尔著,刘建荣译.心的概念.上海:上海译文出版社,1988.5
[2] 赖尔著,刘建荣译.心的概念.上海:上海译文出版社,1988.10
[3] 罗蒂著,李幼蒸译.哲学和自然之镜.北京:三联书店,1987.14~15

四 民间心理学及其解构

但事与愿违,二元论居然成了近现代哲学内在结构中居统治地位的思想模式。罗蒂认为,西方形而上学围绕自我与世界的关系经历了三个发展阶段,第二个阶段的主要思想是"后康德模型"。他说:"在世界被自然科学接管之后,只有自我成了哲学的保留地。因此这一时期中大多数哲学的目的是说明自我的三个部分之间的关系,以及每一自我与物质现实的关系。"①他认为,在过去的两个世纪中,大多数西方哲学家都把这个模型的某一变形视为理所当然的。

倡导"本体论变革"的学者不仅指出了二元论普遍存在这一客观而严峻的现实,还对其内容进行了描述或"重构"。第一,不管二元论表现为何种形式,都一无例外地把实在区分为两类,一是物质的或物理的实在,一类是非物质的心理的实在。与此相应,世界上的现象也有物理现象和心理现象两大类。有鉴于此,罗蒂认为,传统哲学的心灵本体论、人学本体论中存在着"本体论裂隙"②。意即统一的人的存在被一条人为的鸿沟分割为无法沟通和弥合的两部分。第二,每一类范畴中的实在尽管不同,但都可以用"事物"、"材料"、"属性"、"状态"、"过程"、"活动"、"因果"等范畴加以描述,如既可以说"搅拌机中在搅拌水泥",也可以说"心里想着约翰"。人的思维等可看做心理活动,当它活动时,其里面一定有材料,活动之后有思想等结果发生。第三,心灵不具有空间特性,心的活动是内在的、私人的,而身体的活动是外在的、公开的。心的活动不受机械、物理规律约束,而受制于自己特有的自由、余者皆同的规律,身体活动的规律则相反。第四,心与身、与外物之间存在着因果关系、交互作用。正是基于这种关系,人们对他人行为的解释、预言才是可能的。第五,从认识论上来说,心理事件及其王国是另一类特殊的认识对象,人们对它的认识具有非对称性,例如每个人内部所发生的活动不能为他人所认识,每个人可直接认识自心,而借助行为间接认识他心。对自心的认识是直接的、不可错的,因为人有认识自心的优越通道。

罗蒂认为,在当今哲学中,二元论还有抬头的表现,即出现了所谓的"新二元论"③。其根据之一是:"意识到一种痛苦或一种红的感觉,要比倾向于获得认为存在着纤维损伤或存在着身边的红色物体的信念有'更多的东西'。""我们能够知道关于某事物物理性质的一切,但不知道怎样感觉到它。"④"我们可以'直觉'出,痛苦可以离开身体而存在。……有关其显现既是其实在的那种特殊的所谓主题,结果干脆变成了从具有痛苦的人身上抽离的痛苦的痛苦性。"⑤总之,"现象的

---

① 罗蒂著,李幼蒸译.哲学和自然之镜.北京:三联书店,1987.432~433
② 罗蒂著,李幼蒸译.哲学和自然之镜.北京:三联书店,1987.13~15
③ 罗蒂著,李幼蒸译.哲学和自然之镜.北京:三联书店,1987.18~26
④ 罗蒂著,李幼蒸译.哲学和自然之镜.北京:三联书店,1987.23
⑤ 罗蒂著,李幼蒸译.哲学和自然之镜.北京:三联书店,1987.25

性质不可能是物理的性质"①,新二元论赋予现象性质以"一种非时空的寄存所"②。其根据之二是心理现象的意向性特征。因为物质事物都不能主动意指、"关于"它之外的什么东西,例如计算机的"思维"从表面上看与人的一样,也关于着外面的什么。其实不然,它们的"关于"依赖于人的"解释"。既然如此,意向性就不可能是物理事物的属性或特征。总之,感受性质和意向性"似乎并无任何共通之处,除了我们拒绝称它们为'物性'的这一点以外"③。人的心理状态则能主动地、独立地意指、"关于"他物。"如果我们把'物质的'当做'神经的',那就可以说,对大脑进行的任何观察都不会揭示在那里看到的图画和文字记录的意向特征。"④不仅如此,这种常识心理概念图示由于其对象的特殊性不自觉地渗透到了理论化的心理学中去了,经过一定的改铸和概念化便变成了有关学科中的内容,许多科学的心理学是以之为基础的,并必然将其包含于其中。认知科学中的以规则为基础的传统认知模型正是源于FP,因为它用的是FP的逻辑推理模型,甚至还用了它的心理观和概念图示,如认为认知加工过程是在比个体的神经元或神经集合体的活动更高的水平上发生的。斯蒂克尖锐地指出:"在心理学文献中,不乏关于人的信念或记忆的模型,它们步常识心理学的后尘,假定命题模块是真实的。"⑤所谓命题模块性指的是民间心理学赋予命题态度的这样一些特点,如内容上的语义性、功能上的具体性、作用上的因果性。

（二）取消论。取消式唯物论或取消主义（Eliminative materialism or eliminativism）是解构心灵、颠覆FP的最极端、最彻底的尝试,是"名副其实"的"唯物"主义。其倡导者主要有罗蒂和费耶阿本德等人,在20世纪80年代以后得到了丘奇兰德和斯蒂克等人的有力辩护。

取消论的基本观点是:常识心灵观和常识人学本体论所断定的实在和属性,如心灵、心理状态、过程、事件等是根本不存在的,是一种莫名其妙的杜撰,用来描述人的心理语言如"意识"、"意义"、"心理内容"等像"燃素"、"以太"一样是前科学的术语,没有任何实际指称,用它们编制起来的常识理论和哲学理论都是精神垃圾。简言之,常识和传统哲学在人身上区分出来的心、精神这一部分被取消论彻底抛弃了,因此在取消论的人学图式中,人不再有"本体论裂隙"了,它就是一个统一的肉体、物质的存在,与计算机没有实质的区别,只是复杂程度、认知的实现（realization）方式各不相同罢了。这样一来,便出现了一种新的世界观:世界除

---

① 罗蒂著,李幼蒸译.哲学和自然之镜.北京:三联书店,1987.24
② 罗蒂著,李幼蒸译.哲学和自然之镜.北京:三联书店,1987.26
③ 罗蒂著,李幼蒸译.哲学和自然之镜.北京:三联书店,1987.18
④ 罗蒂著,李幼蒸译.哲学和自然之镜.北京:三联书店,1987.20
⑤ 斯蒂克.联结主义、取消主义与民间心理学的未来.见:高新民,储昭华主编.心灵哲学.北京:商务印书馆,2002.1050

四 民间心理学及其解构

了物质什么都没有,连别的唯物主义所说的作为机能、属性的心理现象都没有。对此,丘奇兰德作了这样的概括:"我们关于心理现象的常识图式实即一种完全虚假的理论,它有根本的缺陷,因此它的基本原理和本体论最终的结局是被完善的神经科学取代,而不是被平稳地还原。我们的相互理解甚至内省都可在完善的神经科学概念框架中得到重构。"①

从操作程序上来说,取消论对心灵的解构接下来是要说明 FP 是错误的。因为,如前所说,FP 是常识世界观的核心内容,是人们日常交流、解释预言实践的基础,更为重要的是,经过取消论者对哲学体系的拆解,它是大多数外显的哲学理论后面的基础。将这个基础颠覆了,建立在上面的那些可疑的、骗人的哲学大厦便自然会坍塌。

取消主义在分析 FP 的本体论时指出:FP 所断定的实在是根本不存在的,例如人们在解释某人出门拿雨伞这一行为时所提到的所谓的信念、愿望、担忧等有命题内容的态度就是不存在的。其根据主要是科学史的材料和类比推论。取消论者认为,信念等命题态度像燃素、以太、热质等一样,后者是曾经风靡一时的民间化学和民间物理学等的理论实在、本体论基础,随着科学的发展,它们都被科学无情淘汰了。FP 的理论实在、本体论的命运与民间化学等的理论实在、本体论的命运将是一样的。另外,根据神经科学的成果,在人脑中并不存在常识所设想的信念,其内部也没有发生过常识赋予信念的那些因果作用、语义内容。例如当某个人"相信天要下雨"时,神经科学家就看不到他的相信及其所相信的内容,所看到的只是神经过程。丘奇兰德说:FP 的"原则是极其错误的,它的本体论是一种幻觉,完全不适合证明我们的内在活动"②。

从语言的角度来说,取消论认为,由于人身上根本不可能有信念之类的状态或实在,只有真实的神经过程和状态,因此相应的日常心理术语将随着成熟的科学的发展以及它们的术语的常识化退出交流的历史舞台,而代之以精确的科学语言。纵观人类发展史,人类所使用的语言经常在变化,由于指标不明确、认识不准确、命名使用不当等而产生的语词即所谓的"前科学术语"常遭淘汰的厄运,如"以太"、"燃素"等。FP 的"信念"、"意识"等也将如此,尽管现在还没有被淘汰,但迟早会如此。

在取消主义者看来,FP 的行为解释预言模式以及内在于其中的规律、原则网络也会被抛弃。如前所述,一般的人都是诉诸行动者的内心状态,尤其是信念和愿望,即根据行动者相信什么、期望什么、意欲什么、喜欢或害怕什么来解释和预

---

① P. M. Churchland. "Eliminative Materialism and the Propositional Attitudes". In w. Lycan (ed.). *Mind and Cognition: A Reader.* Basil Blackwell, 1990. p. 206
② Lycan. *Mind and Cognition: A Reader.* Basil Blackwell, 1990. pp. 210—212

言他人的行为。在这里,蕴涵于解释和预言者心中的是这样一些"理论"和原则之网,如信念等存在于心灵之中,对行为有因果作用等。在取消论看来,这种解释、预言模式及其原则都是以类比、隐喻为基础建立起来的,而不是基于对内在过程以及与行为的关系的真实的科学认识,因此随着科学对其细节的洞彻把握,它们当然难逃遭淘汰的厄运。换言之,未来成熟的科学、哲学在解释、预言人的行为时将不再使用 FP 的"信念"之类的理论术语。罗蒂说:"我们对心的事物的所谓的直观,可能仅只是我们赞同某种专门的语言游戏的倾向而已。""这种所谓的直观不过是支配某种技术性词汇的能力。这种词汇在哲学书籍之外一无用处。而且不会在日常生活、经验科学、道德或宗教中导致任何结果。"①

取消主义的激进结论建立在科学史、神经科学和认知科学的大量资料及其论证之上。丘奇兰德等人认为,FP 以及据此所作的解释有悠久的历史。然而,其历史是一部退化的、衰败的、不结果实的历史。在原始文化中,它解释的范围遍及一切。而随着时间的推移,其适用范围逐渐缩小,并最终只限于对高等动物、人的解释。然而,在科学昌明的时代,其内容却没有什么进展。有生命力的理论必然会进化,FP 没有进化,只有退化,说明它是一种有问题的理论。从其内在根源来说,它反映的可能是非常表面化的结构,对于缺乏更好的理论的常人来说,它支持的是一个非常类似于炼金术的传统。从新理论来看,它所说的合规律的状态压根就不存在。

另外,一种理论要免遭淘汰或抛弃的厄运,关键在于能否与其他已被证明的科学相融合或整合,能否还原为更基本的科学。对人的组织结构、发育状态和行为能力,有关的科学如粒子物理学、有机化学、进化理论、生物学、神经科学等正在形成一种完整的描述。它们之间正进行着理论综合。而 FP 则不是这种综合的一部分。它的意向性范畴很孤立,没有向更基本的科学还原的迹象。其他范畴亦是如此,由于它的贫乏的解释能力以及长期衰退的历史,使得它无望在神经科学的框架内得到整合。它将像炼金术、活力论的概念一样,尽管人们曾试图把它们当做元素化学、有机化学的概念,但最终都惨遭失败,它的范畴与物理科学背景下的范畴要么是不可通约的,要么是毫不相关的。因此它现在必须严肃对待被取消的可能性。

斯蒂克等人的论证主要是诉诸认知科学中的受到了计算机启发的研究纲领。认知科学的最新成果是联结主义。而联结主义模型至少有三种属性:(1)信息编码是广泛分布的,而非局部主义的。(2)网络中的个别隐匿单元没有适当的符号解释,是亚符号性的。(3)联结主义模型和其他认知模型一样是有意图的。符合

---

① 罗蒂著,李幼蒸译.哲学和自然之镜.北京:三联书店,1987.18

这三个标准的联结主义模型与 FP 的命题模块性原则是不相容的,因而是对后者的超越和取代。因为根据联结主义,任何特殊的状态都是更大的系统的组成部分。因此不存在 FP 所说的那种命题模块性(即命题态度在功能上具体,因果上有效,由一个能联想到并推知另一个)。另外,联结主义模型相似于真正的中枢构造,至少是局部的、抽象的,因此是真实的模型。这种模型与 FP 对心理活动的理解根本不同,传统的认知模型的取代,不像量子力学取代经典力学那样,而像分子运动理论取代关于热的热质理论,因为后者是一种激进的、本体论意义上的变革。最后,他得出结论说:"使某些联结主义模型成为名副其实的革命模型的东西就是它们为一种彻底的取消论提供了支持,这种取消论要取消的是常识心理学的核心假定。"①

(三) 解释主义。对心灵的解构的第二种形式就是戴维森、丹尼特等人所倡导的"解释主义"(interpretationalism)。它不像取消论那样否弃 FP 和传统哲学的心理术语,而主张将它们保留下来,因此有"保守"的一面,但又别出心裁,对之作了一种全新的解释,因此仍属解构心灵的范畴。鉴于上述特点,人们把他们所做的工作准确地称为"解除心灵的神秘性"(demystifing mind)②。对此,罗蒂给予了极高的评价,认为它代表的是西方形而上学发展的第三个阶段,可看做是"当代分析哲学中整体论派和实用主义派的最高发展"③。

承诺了 FP 的术语,就必须对之作出解释。而解释不外两种。一是本体论的解释,即为其在自然界寻找本体论地位。传统的心灵理论大都属于这一类型。它们认为,人身上确实存在着心灵,要么作为实体存在(实体二元论),要么作为属性、机能、功能、因果作用存在(属性二元论、功能主义),人们关于心灵的认识是对人内部客观存在的高层次实在、过程、活动和状态的认识。第二种解释就是解释主义的解释。它关心的问题不是意识、信息、愿望等是什么之类的苏格拉底式的问题,而是我们为什么要把心理状态归属于人、怎样归属于人、这种归属的实质是什么之类的问题,简言之,是关于"归属的约束"的问题。解释主义的独具一格的观点是:人本无心灵,本无意向状态,它们是我们的解释性投射的产物,换言之,是我们为了解释人的行为而强加给人或归属给(attribute to)人的。不是因为人先有各种命题态度,而后才依次产生关于它们的认识和心理语言如"意识到……"、"想到……",而是相反,我们先有心理语言,有一种解释理论,然后才会将这些语言用于对人的解释,最后才有将命题态度归属于人的实践。丹尼特说:"人的心灵

---

① S. Stich. *Deconstructing the Mind*. Oxford: Oxford University Press, 1996. ch.2
② Do Dahlbon (ed.). *Dennett and His Critics: Demystifing Mind*. Oxford: Basil Blackwell, 1993. 这一命题是该书的副标题。
③ 罗蒂著,李幼蒸译.哲学和自然之镜.北京:三联书店,1987.431

本身是人们在重构人脑时为了方便而创造出来的一种人工制品。"①总之,"心灵"是一种虚构,与我们为了描述地球而强加于地球的坐标系、经纬线在本质上没有区别。按照福多等人的划分,解释主义有投射主义(projectivism)和规范主义(normativism)两种形式。前者由戴维森所倡导,后者的代表人物是丹尼特②。

我们先来考察戴维森的所谓投射理论。他不像取消论者那样完全否定心理语词和心理事件。相反,他的论著中大量充斥着这类词语,如表述命题态度的"信念"、"愿望",表述心理活动的心理谓词"相信"、"希望"等。他还认为,当我们用这些词语描述他人、解释和预言他人的行为时,我们就是把信念、愿望等命题态度"归属于"他人了。但这里必须注意的是:我们这样运用词语,我们作出这种归属,并不真的就等于承认人内部有命题态度,人内部出现了意向活动和状态。换言之,当我们看着某人拿着雨伞出门而说"某人相信天要下雨"时,并未描述、表达、反映某人身上发生了不同于身体行为的另一非物质的、特殊的过程。戴维森说:"关于自主体究竟相信什么,是找不到'事实根据的'。"③他还说:"关于信念、愿望和意向的命题内容的谈论不是关于人的机械论构成的谈论。"④简言之,信念、思想等心理状态不是真实的实在的状态,而是人们为了解释的方便而强加于人的。这样说的根据主要有:第一,这种归属的实质不是描述、反映,而是投射或强加。它类似于对温度、长度或位置所作的归属。在后一类归属中,我们利用的是在简单的公理系统中得到有序组织的数量属性,如"28℃"、"5 米长"和"位于东经20°、北纬40°"等,它们都是人为的构造。说地球有经度、纬度,这都是我们加之于地球的。同样,把命题态度归之于人,或说人有信念,这完全取决于我们对之所作的解释,而解释之所以出现,首先又是因为我们每个正常人都有一种"解释理论"。有这种理论,就意味着知道怎样把说者所说的与特定的意义和真值条件联系起来,就知道在什么情况下把某一信念、愿望归属于要解释的对象,就知道怎样解释预言他人的行为。因此说某人有信念之类的心理状态与我们所用的解释理论密不可分。其次,如果人真的有信念之类的内部状态,那我们只能有唯一一种正确的描述和解释方法,而事实上,我们对人及其行为有多种多样的描述、解释方法,如设计的、功能的、物理的、机械的等。如果有必要,还可想出其他数不清的方法。正像描述一个对象的长度,我们既可说"3 市尺",又可说"1 米"。戴维森说:"就坐标系应用于地球表面来说,你选择一个系统常常是任意的。例如你既可

---

① D. Dennett. "Consciousness Explained". in Do Dahlbon (ed.). *Denett and His Critics: Demystifing Mind*. Oxford: Basil Blackwell, 1993. p. 13

② J. A. Fodor, E. Lepore. "Is Intentional Ascription Intrinsically Normative?" in Do Dahlbon (ed.). *Denett and His Critics: Demystifing Mind*. Oxford: Basil Blackwell, 1993. pp. 70—81

③ J. Heil. *Introduction: Contempery Philosophy of Mind*, p. 146

④ J. Heil. *Introduction: Contempery Philosophy of Mind*, p. 147

以用墨卡托投影,也可以用球面投影。"①同样,说人有心理状态,也是"任意的",它取决于我们所用的解释理论。换一种理论,我们可以说人有某种物质过程。在《论心理事件》一文中,他说得更明白:"说一个事件是心理的或物理的,是什么意思呢?一种自然的回答是:如果一个事件能用纯物理学的词汇来描述,那么这个事件便是物理的;如果能用心理学术语来描述,那么它就是心理的。"这也就是说,事件本身并无物理和心理之别。因为所谓"心理事件","只有在被描述时,才是心理的。""物理的"也是如此②。

既然心理语词、心理状态等是我们加于人的,那么能否像取消论所说的那样予以抛弃呢?能否用别的构架来加以取代呢?戴维森的回答是否定的。因为在面对复杂的有机体(人)的复杂行为时,其他的解释、归属,如物理的、结构性的解释以及功能解释都是不方便的,有时是不准确的。例如我们谈论自己的痛苦或高兴感受,换成了C-纤维的激活之类的生理术语就行不通,至少在今天这样的科学背景下是如此。另外,借命题态度的解释与其他的解释并无冲突,都是不可或缺的,正如地图绘制与地质学并无冲突,都不可或缺一样。

既然承认了心理事件和物理事件,那么就无法回避它们之间的关系问题。在说明两者的关系时,戴维森提出了三个原则:(1)所有心理事件在因果上都关联于物理事件,此即心理与物理的相互作用原则。(2)如果两个事件作为原因和结果关联起来,那么就有它们所从属的严格的规律。这意思是说,原因和结果有例示严格规律的描述。此即因果关系的法则学原则。(3)不存在严格的心理物理规律(把在心理描述之下的心理事件与在物理描述之下的物理事件同一或联结起来的规律)。既然是这样,心理事件就一定是"异常"的,即游离于决定论规律之外,不能据以解释和预言。此即心理事件的异常性原则。

这三个原则从表面上看是矛盾的,但戴维森认为,它们不仅不矛盾,而且都是正确的,它们统一在一起,就可得出异常一元论的结论。他说:"因果性和同一性是个体事件之间的关系,不管人们如何描述它们。但是规律是与语言有关的,所有事件都能例示规律,进而根据规律可解释或预言事件,而这只是在那些事件以一种或他种方式描述的情况下才有可能。因果相互作用原则处理的是外延中的事件,因此与心理物理二分法毫不相干。心理事件的异常性原则关注的是被描述为心理东西的事件,因为只有在被描述时,事件才是心理的。因果关系的法则学原则必须这样细心地加以理解,它表明:当事件作为原因与结果关联在一起的时

---

① J. Heil. *Introduction: Contempery Philosophy of Mind*, p. 145
② D. Davison. "Mental Events". in *Essay on Actions and Events*. Oxford: Clorendon Press, 1980. pp. 207—224

候,它们才有例示规律的描述。"① 这也就是说,这三个原则所达到的异常一元论可以理解为下述交织着概念二元论的本体论结论:世界上只有一种实在,但可用心理概念和物理概念去描述和解释。心理实在是一种解释上的设想,因为说人有心理实在并没有增加世界的物理内容。既然如此,它也不能进入与物理事件的因果关系网络之中。如果说它有因果作用,那也是由它所随附的物理事件所行使的。试看下述图表:

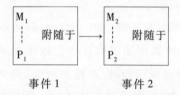

事件1　　　　事件2

在这里,事件1和事件2分别是有心理描述和物理描述的两个事件,后者是由前者引起的。M_1指的是对事件1的心理描述(如"想挥手致意"),P_1是对事件1的物理描述(如"中枢状态n"),M_2是对事件2的心理描述,P_2是对事件2的物理描述。由上可知,M_1和P_1描述的是同一个事件。换言之,同一个事件,用M_1描述就是心理事件,用P_1描述就是物理事件。因此所谓的心理事件实际上就是物理事件,因为M_1描述的就是P_1描述的。M_2和P_2也是如此。只有在物理描述之下,才能说两个事件为严格的规律关联起来了,才能说它们之间有因果关系,如说P_1引起了P_2。但没有什么规律在事件1和事件2的心理描述之下把它们关联起来,也不存在心理物理规律,即把在心理描述之下的事件与在物理描述之下的事件关联起来的规律,如不能说M_1引起了P_1,因为它们描述的是同一个事件。同样也没有严格的心理学规律,即把在不同的心理描述之下的两个事件关联起来的规律。因此心理的东西是游离于严格的规律之外的,即是"异常的"。

强调心理事件与物理事件之间没有严格的涵盖规律,必然导致对传统的类型同一论的否定。根据类型同一论,所有心理事件都是物理事件,相应地每一类心理事件都固定地同一于一类物理事件,例如任何"相信天要下雨"这样的信念在任何时间、地点的任何人身上都是由同一种神经过程实现的,这是严格的、没有例外的,一一对应的,即是规律。而根据戴维森的"心理的异常性原则",尽管可以说所有心理事件都是物理事件,但就具体个别的心理事件而言,是找不到合规律地与之同一的个别的物理事件的,简言之,它们的同一无规律可循。例如,"相信天要下雨"这一信念在一个人身上可能是由A神经过程实现的,在另一个人身上则可能是由B神经过程实现的,而在其他星球的人身上(如果有的话)则可能不

---

① D. Davison. "Mental Events". in *Essay on Actions and Events*. Oxford:Clorendon Press, 1980. pp. 207—224

是由大脑中的过程而是由内脏中的某一过程所实现的。正如桌子既可用木头做成（实现），又可用钢铁制成（实现）一样。此即著名的"可多样实现性"原则。总之，他的同一论可准确地被称做个例（token）同一论。它有两个特点，一是强调"心理事件的可多样实现性"，二是物理事件多于心理事件。换言之，所有一切事件都可以是物理事件，但并非一切事件都是心理事件，只有一部分事件可描述为心理事件。此即戴维森的"节制原则"。

戴维森的上述理论当然面临着许多难题。其一是倒退难题。既然说某人有命题态度完全依赖于我所作的归属，而归属离不开我所持的解释理论，我持有解释理论又离不开他人把命题态度归属于我，如此递进，以致无穷。其二是他的解释理论与行动之间存在的矛盾。根据他的行动理论，人的行动依赖于行动的理由（即信念、愿望等），前者由后者所决定，因此根据后者可以解释预言前者。而根据前述的投射主义，信念等命题态度只是人们强加于、投射于人的一种构造或设置，并不是实在或实在的反映。既然如此，信念等怎么可能作为理由、原因而产生、解释行动呢？戴维森认为，根据他的个例同一论，这个问题是不难解决的。因为用来解释行动的理由尽管是信念等心理事件，但这一事件如果从物理学的角度加以描述，那么它们就是物理事件，而物理事件产生行动这样的物理事件当然就不会有什么困难了。

丹尼特像戴维森一样认为，信念等命题态度是一种人为的构造，是解释者赋予人的东西。人身上存在的实际上只有物理运动、过程和事件。不过，不同于戴维森的是，他倡导的是所谓的"异种现象学"（heterophenomenology，丹尼特以前默认了工具主义，但最近否认了，而且不承认自己是行为主义者、取消论者）[①]，他认为，"信念"等心理术语没有实在的指称，即是说，在实在的世界之中，在人身上并不存在传统哲学赋予人的那种心灵、心理属性和状态，就像在地球上并不真的存在引力中心、赤道一样。但"信念"等术语不能抛弃，因为它们是有用的，碰巧可以作为描述、解释、预言人的行为的策略或工具，而且这种解释人的"意向的立场"和方式常常比"物理的立场"、"设计的立场"更有用，因为不用这种方式，而用另外两种方式就会遗漏掉许多重要而客观的东西。值得特别注意的是，如果因为我们说人有信念之类的意向状态，因为我们把意向状态归属于人，而试图揭示它的结构、特点和机制，这在丹尼特看来，是十分愚蠢的。因为我们可以说蝙蝠、章鱼"相信……"，但问它们真的有信念吗，那则很愚蠢。"相信"之类的术语是我们为了描述、解释的方便而加于动物的，是拟人论式的。对人的心理描述也是如此。他说："我的主义就是严肃的实在论者对于引力中心之类所采取的那类主义，因为

[①] D. Dennett. "Back from the Drawing Board". in Do Dahlbon (ed.). *Dennett and His Critics: Demystifing Mind*. Oxford: Basil Blackwell, 1993. pp.203—235

我认为信念……就像那些抽象的东西,而不是物理世界中的设置。"①换言之,它是有机体之外的预言者为了预言其行为而设置的东西。但是一旦用它去预言,就常常像用引力中心预言某些事件一样有用、有效。另外,只要方便,有利于解释和预言,我们不仅可以说人有心灵,也可以说章鱼、老鼠夹子有心灵,因为说一个对象有心灵,取决于我们有效用地把它看做是有心灵的,取决于我们采取了意向立场。因此与传统观点相比,丹尼特表面上承认了心灵的存在,其实从根本上否定了传统意义上的心灵。

5 关于解构的思考:在什么意义上说人有"心"?

如前所述,当代西方心灵哲学中所发生的"本体论变革"充其量只是一些呼吁变革的主张,而不是已经完成或成功了的变革。事实上,有的主张也不可能真正实现,而有的一提出就陷入了深刻的矛盾。例如,如果向取消论者提出"你相信取消论吗"之类的问题,他立即便陷入了尴尬的矛盾境地。但是,它们的出现绝非偶然,而是有其历史的和逻辑的必然性的。第一,它们是现当代相关自然科学发展的一种产物。众所周知,随着自然科学的向前发展,唯物主义必然会派生出新的形式。而取消论、解释主义等正是它的一些崭新的当然有点极端的形式。第二,这些唯物主义的新形式是西方哲学内在矛盾运动的产物,一方面,它们是对近现代哲学中占主导地位的二元论幽灵的一种挑战和否定,另一方面也是霍布斯、拉美特利等人的机械唯物主义的否定之否定。第三,它们不仅提出了许许多多发人深思的新思想、新问题,而且总的思想倾向符合唯物主义的发展趋势,它们从各自特定的角度为世界除了物质什么也没有这一唯物主义基本原则提供了根据和论证。第四,对人及其心灵研究的总趋势是一个不断清除笼罩在它们身上的神秘性的过程,而各种解释心灵的尝试在这方面做了大量有益的工作。

丘奇兰德等人自认为,他们的思想是一种革命性的主张,代表着唯物主义的发展方向。这从表面上看,似乎有点言过其实。因为既然现当代心灵哲学中占主导地位的是各种形式的唯物主义,而取消论、解释理论等倡导的实质上也是唯物主义,因此,"变革"、"转向"从何谈起呢?我们认为,即使不能说它们促使西方心灵哲学、唯物主义改变了发展方向,但至少可以肯定,它们向传统的、常识的人学图式、心灵本体论发起了挑战,提出了一些尖锐的问题,因而是推动当今和未来

---

① D. Dennett. *The Intentional Stance*. Cambridge, Mass: The MIT Press, 1987. p.72

心灵哲学实现飞跃和突破的一股力量。因为我们必须认识到这样一个严峻的现实,即在一般人包括许多唯物主义哲学家(唯心论者、二元论者自不待言)的本体论图景中,潜移默化的、根深蒂固的仍是亘古不变的 FP 及其人学图式:人身上除了肉体的王国之外,还有心灵或精神的王国,心是人之为人、人超越于非人的根本之所在,心是身体及行为的主宰。新兴的解构心灵的种种尝试要变革、要清除的正是这种在常识中招摇过市,在二元论、唯心论哲学中明火执仗,在唯物论、物理主义哲学中潜藏着的心身观、人学观。因此把它们的解构工作称之为"本体论变革"是有一定的合理性的。值得我们思考的是,它对我国的人学研究、心灵哲学尤其是唯物主义研究有无意义呢?回答应该是肯定的。因为,世界的物质统一性原则在我们的意识论、人学和主体性学说等领域中并未得到一以贯之的坚持,同时我们所坚持的唯物主义并未在有关自然科学如此发展的大好形势下取得进一步的发展与突破。尽管我们的哲学已经铲除了实体二元论,但属性二元论(主张心理属性独立于物理属性,能独立地、能动地发生反作用)仍司空见惯,至少面临着属性二元论与还原论的二难困境①。在我们的常识世界观中,占据主导地位的仍是实体二元论和属性二元论,相信灵魂存在、不死,敬畏鬼魂者仍大有人在。

  我们认为,要解构实体二元论和属性二元论,就必须变换我们的提问方式和研究路径。在传统的心灵哲学研究中,我们的探索是从"心灵是什么"、"具有什么本质"这样的"苏格拉底式问题"出发的。这种问题的问题在于:它默认了心灵的存在,或把它作为前提予以设定了,而回避了一个更为基本的问题:究竟有没有心灵或灵魂。众所周知,灵魂观念是原始人为了解释做梦之类的现象而推论或虚构出来的一种"理论实在"。作为语词的"灵魂"不是像作为语词的"肉体"那样,是按实在→认识→语词的认识论路线发生的,而是基于隐喻、类推、拟人化的自然观等原始的思维方式杜撰出来的。因此作为心灵哲学出发点的问题应转换为语言哲学的问题:"心灵"、"意识"之类的语词的意义是什么?有无所指?如果有,指的是什么?换言之,应像戴维森等人所倡导的那样,首先研究人类将心理状态"归属"于他人的实践。罗蒂正确地指出:要讨论心身问题,首先要"先问一下'心的'一词究竟是什么意思"。因为他还认为,完全有这样的可能,即:"我们对心的事物的所谓的直观,可能仅只是我们赞同某种专门哲学语言游戏的倾向而已。"②戈肖克(Golshok)问题的解决也许为我们提供了有益的启示。在很久以前的一个遥远的国度里,一个民族深切关心着戈肖克问题,尽管没有人知道戈肖克是什么,但每个人都同意他(她或它)是非常重要的,这个民族世世代代最有智慧的人都献身于戈肖克研究。但是问题一直没有得到解决,似乎已经陷入了毫无希

---

① 关于这一点,可参阅高新民.唯物主义的难题与取消式的唯物主义.见:自然辩证法研究,2002(2)
② 罗蒂著,李幼蒸译.哲学和自然之镜.北京:三联书店,1987.18

望的绝境,后来有一天有个人这样假设:戈肖克仅仅是个名词。接着人们纷纷寻找它所表示的东西。结果发现,它没有对应物。长期困扰人们的难题就这样被解决了。或许"心灵"的问题亦复如此。即使它有指称,这样思考问题也是有益无害的,至少有助于澄清混乱,避免笼统性和含混性。这也许是取消论、解释理论留给我们的一个重要启示。

当然,这并不是说我们应该立即抛弃"心灵"、"意识"之类的心理语言。在这个问题上,取消论是错误的,福多、戴维森、丹尼特等人是正确的。因为如果彻底抛弃了 FP 尤其是日常心理语言,那么人与人之间的交流将如何进行呢?再者,心理语言尽管不准确,但一个人只要诚实地运用这些词语,如说"我相信……",那么他的话语一定表达了某种真实的过程或状态,正是基于此,人们运用心理词语对人们的行为所作的解释和预言才常常是正确的。因此心灵哲学的当务之急是:借鉴福多等人的方法,在保留心理语言的前提下,从词源学和语义学的角度对它们进行全面而深入的分析,把它们与思维、实在区别开来,清除覆盖在其上的、混淆其实质的文化尘埃,尤其是拟人论和神秘主义因素,进而揭示其本质。必须认识到,心理语言不同于物理语言,它不是实在的直接的表达式和符号,而是一种间接的、不明确的、象征似的指谓方式,而且确实有拟人化色彩和倾向。例如许多哲学家笔下的心理世界及活动尤其是能动性、主动性简直就是人中之"小人"(homuncular)的所作所为。殊不知,有的功能主义形式就被人们戏称为"小人"功能主义。从起源上看,心理语言是在比喻、比附基础上产生的借喻,或者说是借助比喻、类推而产生的一种物理语言的类似物。例如,第一,描述心理活动的词来自于描述物理运动的词,如加工、选择、迟缓、快捷等。第二,心理既然有活动,那一定有位置,于是稍作类推,就有了关于心理活动空间特性、方位的词,如心胸开阔、狭隘、城府很深、内心深处等。第三,描述心理状态的词,如心理平静、不平静等,描述性质特征方面的词如专注、分散、集中、清楚、模糊等都来自于对应的物理语言。第四,心理既然有活动,活动一定有其主体,于是便有了"心"、"灵魂"等词。由上不难看出,心理语言不是按实在→认识→语言的路线发生的,或者说不是按正常的因果—历史的命名方式产生的,而是隐喻式的。由之所决定,心理语言在本质上便是关于人的内在过程、状态的一种拟人、拟物式的隐喻、比附。

接下来心灵哲学的任务就在于,揭示心理语言的真正意义和实在所指,抛弃它们所隐含的拟人化、实体化图景,为它们重构正确客观的地形学、地貌学、生态学、运动学、结构论和原因论。简言之,要对 FP 及其心理语言进行"自然化"。而要"自然化",首先当然要研究大脑的活动及原理,或像著名的科学家、诺贝尔奖的获得者克里克所主张的那样:"从神经元的角度考虑问题,考察它们的内部成分以及它们之间的复杂的相互作用的方式。"① 因为心理语言所指称的东西并不是物理语言所描述的东西(大脑物理过程、事件)之上或之外的东西,两者的指称是同一的。只是因为相关自然科学在过去尚没有发展到能准确无误地描述人在思考时所发生的大脑过程这样的程度,因此人们在过去和现在只能用心理语言去描述它。而脑科学等发展到今天,已使人们有可能探讨心理语言与物理语言所描述的对象的关系,揭示心理语言所指的真实的物理过程,即将其自然化。例如对脑损伤的研究已经能说明心理语言"记忆"有其客观所指,对视觉的研究可以初步证明,"看到"、"认识到某某特征"都有神经元的积极响应,而且还有脑侧的积极作用,如把这些响应捆绑在一起。当然,又应看到,仅靠脑科学还不足以解决自然化的全部问题。因为心理语言描述的事件涉及许多因素和层次的相互作用,因此不能等同于或对应于某一或某些物理语言所描述的神经事件。另一方面,心理事件如前所述具有可多样实现性的特征。因此为了弥补其不足,还应做第二方面的工作,即深入研究计算机科学和人工智能,将计算机作为理解人脑、"心灵"的"活化石"和合理的类比基础。因为它也表现了我们人类所具有的智能,有些方面已远远超过了我们。而且,它也是适合于用两套语言(即物理语言和心理语言)加以描述和解释的对象,如它完成了一项加工,我们既可以说它的电源打开了,内部有电流,有电脉冲运动等,又可以说它在"计算"、"思考"、"比较"、"记忆"等。就此而言,解释理论和工具主义有其合理性,戴维森等人所说的"心灵可多样实现性"也有其科学根据。因为计算机的智能的"实现"方式显然不同于我们的智能的"实现"方式。它实现了思维、计算、记忆这样一些智能,而它又没有非物质的心灵实体,又没有高于物理属性的心理属性或机能,既没有神经元,又没有大脑半球。既然如此,抛弃传统的心灵图式,抛弃机器幽灵说便不再有什么理论上的障碍了。过去,人们之所以做不到这一点,主要的原因在于:人们在人以外的有广延的事物中从来没有看到思维。第二,要关注认知科学尤其是联结主义的进展,尽力予以推进。因为联结主义是认知科学发展的最新成就,也可视之为其很有前途的发展方向。它不同于以前的认知模型包括传统认知科学的以规则为基础的模型的地方在于:它一反类比的方式,而直接从神经系统接受启示,根据人脑的神经结构和过程去建构认知模型,试图体现大脑的基本特征。当然联结主义模型又不是神经模型本身,因为前者并不关心神经结构和过程的细节,因此只是关于神经系统的抽象模型。最后,要完成心灵的自然化,离不开哲学的探索,尤其是形而上学、本体论上的探索。因为一方面,心理语言所描述和解释的现象尽管也是自然现象,但它们比物理语言的范围要复杂得多,例如"感觉疼痛"与"C-纤维的激活"

---

① 弗朗西斯·克里克著,汪云九等译.惊人的假说.长沙:湖南科技出版社,1998.263

可能都指的是大脑中的事件,但它们绝不是同义词。另一方面,要利用相关科学的材料,就必须有适当的、对之进行分类、整理、定位的概念构架,就必须有能解释它们何以是这样的本体论图式。因为如果心理语言指称的是自然现象,它们有其本体论地位,那么就必须涉及到这样一些形而上学的问题,如应把它们定位在哪一种范畴之中,即它们究竟属于实在的范畴,还是属于属性、关系的范畴。如果是属性的范畴,究竟是一阶属性还是二阶属性,是质的属性还是倾向性属性,这种属性有无因果作用,另外,有无独立的心理属性等。

基于上述考察和分析,我们可以得出这样的结论:第一,FP 以及传统哲学中所潜藏的二元论图式是关于人的一幅错误的地形学、地貌学和动力学图画,是一种对人的前科学的、拟人论似的、隐喻式的理解。据此,信念、愿望、意图、想法都成了独立的心理事件,有自身的本体论地位和动力资源,因此能作为原因与其他心理事件互为因果,与身体事件、行为和外部环境形成因果关系。第二,人是自然的、物理的事物,其内部没有任何超自然、非物理的实在、属性、功能和过程,没有常识和传统哲学所设想的那种心灵和心理王国,甚至可以说没有传统的唯物主义所说的那种能作为独立的原因而主动、独立地发挥积极、巨大作用的、作为属性或机能、功能而存在的心灵。它的内部尤其是大脑内部的东西只有一个,那就是有本体论地位的物质的实在。根据人对存在的范畴划分,这种实在又有实体、属性、关系三种表现形式。而属性又有质的方面(如广延、大小、形体等)和倾向的或因果力的方面。它的因果力的方面或它的作用与反作用是一种二阶属性,因为属性自身不能有因果力,它表现出因果力是由它的载体的组成部分及其结构(一阶属性)使然。由于有因果属性,因此物质实体便有运动变化,而有运动变化就有过程,就表现为一个一个的事件。人脑内的结构论、动力学就是这个样子,一点也不神秘,没有"精神实体"那样的小人在那里活动。第三,对这样的过程、状态及其结构论、运动学和动力学可以而且必须用两种以上的语言予以描述。例如在心灵哲学的范围内,就可以分别用物理语言和心理语言这样两种语言描述人脑及其活动。这两种语言如"相信"和"某种中枢过程"有大致相同的所指,有不完全相同的意义。因为前者所指的可能是由更多因素、更多层次(包括机械生物、生理、文化的、社会等方面)所组成的复杂的过程或状态,而后者指的是一种生理的过程。另外,由于迄今的科学对人脑这一黑箱的认识还相当贫乏,还不可能对人脑内部所发生的活动、过程、状态及其细节作出清楚、具体、准确的描述,只能作出抽象、笼统的描述,如说 C-纤维被激活了,尤其是大多数经历了内在活动的人还不知道如何用物理学、生物学的术语予以描述,只知道用心理术语去描述。因此心理语言在今天从整体上来说是不能丢弃的,当然不排除某些语词被遗弃、新的语词被创立这样的可能性。不管怎么说,作为一个类别,心理语言是不可或缺的,可以恰到好处地用于对人的行为的解释和预言,并可收到预期的效果,可以便捷地用于对人的内在活动、状态和过程的描述,而且不用这种语言而改用其他的形式,将会遗漏许多客观的东西。第四,心理语言不能还原为物理语言,它们的所指也不能绝对等同。因为前者所描述的东西比后者更加复杂,它们是各种环境刺激、社会历史条件、文化因素与大脑内的复杂的神经生理过程、物理化学过程(本身都得到了社会、文化的塑造、熏陶)相互作用的产物。要完全描述它们,必须有脑科学、认知科学、物理学、化学、生物学、生理学、社会学、文化学和哲学等学科的通力合作。简言之,它们超越于每一门相关的具体科学之上,因此在现今这样的科学条件下,用任何一门科学的术语都没法对之作出恰如其分、恰到好处的分析与还原。另外,如前所述,心理语言描述的东西可多样实现。就此而言,我们认为福多、戴维森等人的个例同一论是值得我们借鉴的,而类型同一论是不可取的。最后,在说明心理的能动性、反作用、因果作用时,我们还有艰巨的消除神秘性、消除拟人化倾向的工作要做。我们不否认人有心理、有意识(即心理语言所描述的更为复杂的物理属性或过程),当然也承认意识有反作用,承认它处在因果关系之中,但我们坚决反对说它能独立、主动地发挥反作用,反对说它有独立的因果地位。因为如前所述,意识作为有因果作用的属性,是一种二阶属性,它的作用力、反作用力、因果力离不开它的载体的结构及其活动,因此它与其他事件、与行为、与环境的因果关系实即物质事件之间的因果关系。

心理现象的特征问题

Xinli Xianxiang De Tezheng Wenti

　　假如你具有一切物理知识,你也不能告诉我关于疼的伤痛、发痒的痒、尝一食物的甜味感觉、闻一花香的感觉等的独特的经验及其主观特性是什么。因此主观经验特性是非物理的。

——杰克逊

　　感受性质不过是那种什么也不能说的某东西,是哲学家的词藻,这些词藻除了混乱什么也没有,归根结底它并不指称任何属性。当我们最后再一次注意对感受性质的本原性描述,如经验的不可言喻性、私人性、内在性和可直接理解性时,我们发现没有什么东西能用来填充那些清单。

——丹尼特

　　计算机所能"理解"并加工的只能是机器语言,基于人类思维与计算机的计算的类似性,可以合理地假定:人的思维进行的是一种或更多种的"机器语言"。

——利康

艾舍尔:《美丽》,1921年,木版画

你能肯定你所看见的是心理现象还是物理现象吗?

美国著名心灵哲学家罗森塔尔（D. M. Rosenthal）在说明心灵本质问题所包含的内容时指出："心灵的本质问题包括两个方面的问题：第一，怎样将心理现象与别的现象区别开来；第二，怎样将一种心理现象与另一种心理现象区别开来。"①本章要探讨的问题就是这第一个问题。在现实生活中，正常的人面对任一现象、事件，都会毫不犹豫地说出它是心理现象还是物理现象。但是要在理论上说明人们何以能做到这一点，亦即从理论上揭示心理现象不同于非心理现象的独特标志或特征，则不是一件轻而易举的事情。正是因为困难，所以直到今天，这仍是一个有争论的问题。当然，在不同时期，总还是从各种竞争的理论中产生出了占主导地位，为大多数人所默认的观点。例如在 19 世纪末至 20 世纪中叶，布伦塔诺的观点就一直居于主导地位。他认为，意向性是心理现象独有的特征，正是它成了区分心与物的标准。20 世纪 70 年代以后，随着感受性质或经验的主观的质这一心理世界"新大陆"的发现，人们对心理现象的特征有了新的看法。许多心灵哲学家认识到：并不存在所有心理现象共有的、能把它们与别的物理现象区别开来的特征；但是另一方面有两种特征，一是意向性，一是感受性质，分别为不同的心理现象所拥有。例如有的心理现象具有意向性，而不具有感受性质，可把它们称为命题态度或意向状态，如相信、期望、思想等，它们有对他物的指向性、关于性（aboutness）。而有的心理现象并不具有意向性，而只有主观的经验的质，如疼痛和搔痒的感觉，尽管它们可能有外在的原因，但并不指向外在的事物。有这些感觉的人同时具有一种特殊的感受和体验，而且体验都有特殊的经验的质，如疼痛、关于红色的知觉体验等。另外还有一些心理现象，它们同时具有这两种特征，如知觉、情绪等。

如前所述，当代心灵哲学的主流是自然主义、物理主义。随着这些思潮的推进，过去加给人、加给心理的一些所谓精神性乃至神秘性的本质与特征都被证明是梦幻泡影，而有些还被还原、等同于物理的东西。但是大多数人仍承认，心理世界仍有两种现象、两种性质特征顽固地抵制这种还原或自然化，那正是感受性质和意向性。本章的重点就是考察心灵哲学对它们的探讨。

1 感受性质及其所引发的唯物论与反唯物论之争

在 20 世纪 70 年代以前的现当代西方心灵哲学中，唯物主义或广义意义上的

---

① D. M. Rosenthal (ed.). *The Nature of Mind*. Oxford: Oxford University Press, 1991. p.289

物理主义一直是各种理论中居于主导地位的思潮。即使二元论和唯心主义仍有一定的地盘,不时还有新的"事实"、独出心裁的问题和理论引起轰动效应,但是这些对唯物主义的地位并不构成根本的威胁,它还不足以与唯物主义抗衡和比肩。最近一二十年来,情况发生了变化。许多人根据新发现的感受性质以及大量奇思妙想的思想实验对唯物主义发起了猛烈的进攻,提出了大量尖锐的难题,置之于被动、尴尬的境地,形成了一股强大的反唯物主义潮流。正如著名心灵哲学家利康(W. Lycan)所说:"至少有八种不同的反对意见向功能主义以及一般意义上的唯物主义袭来。"① 如果说现当代西方心灵哲学中仍有两种倾向或两条路线的斗争的话,那么反唯物主义与唯物主义的论战就是。对此,休梅克(S. Shoemaker)作了这样的概括:"在过去一二十年中,心灵哲学中的大量争论都卷入了两类似乎对抗的理论之间的斗争。"②

值得认真注意的是:反唯物主义拿出了什么根据、理论来批评责难唯物主义?当代唯物主义又是怎样还击进攻、同化反常的?怎样看待这场争论?它对我们有什么启示?

一、主观特性假说及其对唯物主义的责难

当代西方心灵哲学中的反唯物主义或反物理主义、反功能主义思潮的主要倡导者和支持者是:杰克逊、内格尔、洪德里奇(J. Honderich)、鲁宾孙(H. Robison)和金在权等。他们的观点比较复杂,隐晦深奥,正面的观点不多,而否证性的则较突出。为了行文简洁,这里我们还是像内米罗(L. Nemirow)、刘易斯等人那样,将他们的观点称之为"主观特性假说"。"主观特性或特征"是一个相当令人费解的术语。由于它要说的东西难以说出来,因此人们从不同的角度用不同的方式试图把它说清楚,这样一来,就产生了多种多样的表达方式,如感受性质(qualia)、质的特征或内容、现象或现象学性质或特征,"经验像什么"(What it is like to be experiencing)等。尽管有这些不同,但它们要指谓的东西基本一致,即指我们经历一心理状态时所感受到的不同于大脑神经生理过程、心理过程的非物理的、现象学的性质特征或属性。所谓"经验的主观特征"或"质的特征"不是经验本身,也不是对经验本身的感受,更不是对引起经验的外部对象的感受,而是对经验呈现出来的质的特征的感受。例如疼痛可以说是一种经验,疼痛的"剧烈"或"轻微","难以忍受"或"不太好受"等就是这种经验的质的特征,由于它只能为疼痛经验的主体主观地感受体验到,因此它们是经验的主观特征。所谓感受性质,即是感受、体验到的经验本身的性质或质的特征,也指对经验的质的特征或内容的感受。

---

① W. Lycan (ed.). *Mind and Cognition: A Reader*. Basil Blackwell, 1990. p.441
② S. Shoemaker. "Functionalism and Qualia". in D. M. Rosenthal (ed.). *The Nature of Mind*, p.404

五 心理现象的特征问题

这是当前有关争论中使用得最多的一个概念。所谓现象性质或现象学性质,主要是指在经验过程中内在地呈现或显现出来的可感受的性质。这里的现象学当然不是胡塞尔等人所说的现象学,而是汉密尔顿、皮尔士等人所理解的那种意义上的现象学,即对心中被给予、被观察到的任何性质、特征、材料的描述和研究。因而现象学性质主要是指心内的经验所呈现或表现出的性质、特征。

感受性质或主观特征究竟存不存在呢?如果存在,其根据是什么?它又能说明什么,或者说由此可得出什么结论?

为了说明感受性质的存在,论证它们的本质与属性,杰克逊构想了一些思想实验,其中最著名的、引起了广泛争论的就是所谓的"知识论证"。假设有这样一位女士,她叫玛丽,生来就被关闭在一个封闭的房间里面,她与外界联系的唯一媒介就是一台黑白电视机。从上面她了解到外面的事情,她的想法通过打字机传给外面的世界。尽管受到了这样的限制,但由于她有极高的天赋,她最终成了一位极其卓越的科学家,得到了关于物理世界的一切存在的和可能存在的对象及其物理本性的知识,包括物理学、化学、神经科学等的一切知识。换句话说,唯物主义所说的物理世界中的一切物理事实,她无所不知。如果不在她所知的范围内,那就不是物理的或物理性的事实。基于此,杰克逊质问道:这个世界真的是纯物理的或纯物质的吗?除了物理的实在、属性之外,还有没有非物理的实在与属性?物理主义是否包含了物理世界的一切信息因而可解释一切?

为了回答这些问题,杰克逊继续进行他的思想实验。假如有一天,玛丽从黑白房间被放出来了,在她面前突然出现了各种彩色。在这种情况下,她是否碰到了以前没有碰到的新的现象?她在看红色时是否会有不同于以前的新的经验?如果有新的东西,或者说在看红色时,她又学习到了新的东西,那么她的物理知识能否解释这些新的属性与经验呢?杰克逊认为,在看到红色时,玛丽肯定有不知道因而需要学习的东西,如红的经验像什么。换言之,在有红的经验时,她的心理世界必然呈现出现象性质或内容,这些是她的物理知识之外的,因而是物理属性之外的非物理的属性。由此杰克逊得出结论说:"物理主义是虚妄的。这就是反对物理主义的知识论证。"①

内格尔通过对蝙蝠的思想实验不仅说明了上述道理,而且进一步断言:主观特性不能用客观的方法去把握,只能从主观的观点出发,用非物理的方法才能认识。为了说明这一点,他提出了一个古怪的、后来引起了广泛而激烈争论的问题,即:"成为一只蝙蝠可能是什么样子?"或者说:"蝙蝠的经验是什么样子?"

一般认为,蝙蝠也有经验。从科学教科书中,我们可以得知:它们是以自己迅

---

① F. Jackson. "What Mary did not Know". in D. M. Rosenthal (ed.). *The Nature of Mind*, p.392

速、微妙和高频率的叫声,通过声呐或从一定范围内的对象所返回的回声去感知外部世界的。它们的大脑的功能就是使向外的冲动与随后的回声及信息联系起来。在此基础上,它们就能精确地分辨出物体的距离、大小、形态及运动。这种功能及其在行动中的作用类似于人的视觉。但应注意,两者的其他方面是不同的。首先蝙蝠没有眼睛,只有声呐系统。其次,它们的内在过程也必定不同于我们的。因此没有理由去假设,它们的经验像我们的经验。但是如果它们有经验、有心理生活,那么我们有无办法认识到呢?蝙蝠的经验像什么呢?

通常,人们总是根据自己的经验推知和想象未知的东西。但在这里,经验、想象是帮不了忙的。至多,就我们想像力所及而言,我们只能想象它的行为方式像什么。但这无济于事。因为在想象时,我们严格地为我们的经验所制约。即使增加或减少经验,或重组原有的经验,也于事无补。我们可以想象我们像它那样行动,但我们的结构没有改变,因此我们的经验还是不同于它的经验。即使我们知道它的神经生理结构,但由于不知道那结构与经验是什么关系,我们又不是用那结构完成我们的经验,因此我们还是不知道它的经验像什么。

当然,我们可以有这样的信念,即相信它有关于疼痛、恐惧的感觉,这些经验都伴有独特的主观特性。但是经历这些经验像什么,还是超出了我们设想的范围。对于一个又聋又瞎的人的经验也是如此。而他对我们的经验亦复如是。因此成为一只蝙蝠像什么这一问题对其他任何生物(如果有经验)的每一个,甚至我们人类的每一成员都是适用的。即可以无一例外地向每个人、每个生物提出这样的问题。不管问题的形式多么不同,但实质是一样的,即对于每一个经验主体来说,存在着他独有的主观观点这样的事实。所谓主观的观点就是:主观经验只能由经验主体从独有的角度,用独特的方式去观察。而此观点尽管受其特定的生理结构、神经联系的制约,但由于具体的经验主体身上的神经的构型不同,与经验的联系不同,而且本身又在不断重组和变化,因此主观的观点是超越于神经科学的解释力之外的。由于经验和主观的观点的联系极为密切,以至难舍难分,因此在把握经验及其质的特征时,要排除主观的观点是不可能的。内格尔强调,他的观点不是他心知怀疑论。他的目的是要突出一个现象学的事实,即每个人的经验都有其自身的质的特征,它们只能从主观的观点出发才能理解和把握。这类现象学的事实和主观的观点虽然在物理主义所认识的物理世界之外,但本身是客观的,是物理主义必须予以正视的①。

除了上述论证以外,还有所谓的"可能性论证"和"颠倒光谱论证"。"可能性论证"的一般形式是:设 Q 代表假定的感受性质,N 为物理性质。物理主义者试

---

① T. Nagel. "What is it like to be a bat?" in D. M. Rosenthal (ed.). *The Nature of Mind*, pp.422—423

图将 Q 同一于 N。如果 Q 同一于 N，那么从形而上学上来说，Q 就必然同一于 N。但事实上，没有这种必然性，两者的同一只是偶然的，因此 Q 不同于 N。这一论证有两种形式，一是"感受性质缺席论证"（absent qualia argument），即从形而上学上说，既然没有任何现象性质，N 也可能从形而上学上得到例示，因此 Q 不同一于 N 是可能的。另一种形式是多样实现（multiple realizability）论证，即：感受性质能通过不同方式实现或完成。如在我身上完成了特定 Q 的 N，大概不同于在你身上完成了 Q 的物理状态或属性 M。因而 Q 在形而上学上可能不同于 N，因为 Q 没有 N 也能被例示。所谓"颠倒光谱论证"就是说：某些人在看某一对象时把其他的人所看到的蓝色就当成了黄色，或者相反。两种颜色经验在他们那里是颠倒的。而刺激、神经生理过程并没有不同。这些说明感受性质有不同于物理过程的独特之处，世界不是纯物理的。

反物理主义的、强调感受性质的非物理性的论证多种多样。由于篇幅所限，我们不能一一考察。不过我们可以根据已述的几个论证和其他有关材料，对有关思想实验和论证中所共同蕴含的基本思想即主观特征假说的基本结论作一概述。

首先，关于感受性质的实质。如果把"感受性质"当做语词看待，那么它有没有所指呢？如果有，它指谓的是什么呢？主观特征假说的基本观点是：它指称的是物理现象、属性、特征之外的非物理的东西，它暴露的是非物理的信息即现象信息。也就是说，根据这一假说，我们生活的这个世界不是纯物理的，除了物理的存在以外，还有非物理的东西。因为根据所谓的知识论证，物理知识是关于物理世界的知识，完善的物理知识包括一切物理信息，即它能对凡是属于物理的东西作出解释和预言。如果有它所不知道的东西，那么这东西一定在物理世界之外。杰克逊认为：假如你具有一切物理知识，你也不能告诉我关于疼的伤痛、发痒的痒、尝一食物的甜味感觉、闻一花香的感觉等的独特的经验及其主观特性是什么。因此主观经验特性是非物理的。同样，玛丽在没有看到红色时，就不知道也不能想象红色的经验及其主观特性是什么，这些感受性质在她的知识亦即在物理世界之外。

第二，关于感受性质不同于其他性质的特征。对此，主观特征假说至少肯定有如下几点：（1）私人性。即是说感受性质不在主体间的、公共的世界中，而在经验主体个人的内心深处，并与当下的内省体验、意识相联系，只为他独有，只能由他认识，别人完全无权也不可能过问。（2）不可言喻性（ineffability）。这也就是通常所说的只能意会不能言传。而且意会只能由经验主体和有过类似经验的人意会。例如我们就无法意会蝙蝠的经验。至于说出来就更不可能了。（3）可直接认识性。即是说，主观经验及其感受性质是可以直接被经验主体认识的，认识的方式是内省或体验或内在的意识。（4）内在性。也就是说，感受性质不是有机体的外部反应,与外部行为以及引起心理状态的刺激、环境也没有联系,是纯内在的,因而就不能借助刺激、行为等外部线索去加以把握。(5)感受性质是把不同的心理状态相互区别开来的依据,也是把一些心理状态当做同一的状态的论据。自己判断自己得到了同一种经验,其直接的根据就是感受到的经验的主观特征。例如一个人认为两个西红柿是同一种颜色,或相信自己把红的经验与蓝的经验区别开来了,就是根据两种感受性质的同一或不同①。

第三,从感觉性质与感觉经验、心理状态的关系看,如果说感觉经验、心理状态是在一定条件下,由一定刺激引起的一种属性,如果说它们是一阶属性,那么感受性质就是二阶属性即属性的属性。因为后者是在前者出现的基础上伴随着发生的,是人们直接感受到的、真实的性质。从层次上说,感受性质比它所伴随的心理状态更深一层,而与意识、自我更接近。

第四,感受性质是一种副现象。但这里所说的副现象与传统的副现象论所说的副现象略有不同。如果说主观特性假说陷入了副现象论的话,那么充其量只能说它是一种弱副现象论。因为杰克逊等人的观点是:感受性质出现或不出现对物理世界都没有影响,但它对其他心理状态会造成影响。也就是说,感受性质不是因果上完全无效力的。

最后,主观特性假说以其所发现的所谓感受性质这一新的事实,对物理主义包括功能主义、同一论、行为主义、还原论等作了尖锐的责难和批判。基本结论是:世界不是纯物理的,除了物理属性、实在及其所组成的物理世界之外,还有非物理的、纯精神性的东西。因此世界是复杂的,至少是二元的。物理主义由于遗漏了物理世界之外的这一重要事实,现在即使知道了,也无法予以解释,因而是错误的,至少是不完善的。而这种不完善性是物理主义等理论不可克服的,因为一经克服了,物理主义的基本原则即世界是物理的也就被否定了。

二、功能主义的反击与能力假说

功能主义是唯物主义阵营中最受欢迎、最有前途的一种理论。其基本观点是:心理状态是由一定的物理构成所实现的具有因果作用的功能状态,而功能状态本身不是物理的实在,而是一种像程序一样的抽象的属性,由一定的刺激所引起,反过来可作为原因对有关的生理过程、行为发挥功能作用。功能主义自产生以后,一路披荆斩棘,凯歌高奏。但是主观特性假说产生后,功能主义所受的冲击最为严重,连所谓的"功能主义之父"刘易斯也不得不承认:它是"最难对付的挑战"。不过,经过一段时间的调整和重构,功能主义元气得以恢复,站到了反击主

---

① F. Jackson. "What Mary did not Know". in D. Rosenthal (ed.). *The Nature of Mind*, p.392

观特性假说的最前沿。一方面它积极同化反常,另一方面在此基础上修补、完善和发展自身。这里我们重点考察一下刘易斯、内米罗、休梅克和普特南等人的思想。

如前所述,主观特性假说的倡导者们认为,现象信息以及作为其主观构成材料的感受性质是功能主义在认识心理世界时所遗漏了的东西,是功能主义所能说明的功能、物理现象之外的现象。因为感受性质这种质的状态不是功能状态,但它显然是心理现象。要承认和解释这种现象就必须放弃功能主义的基本原则,承认世界的非物理性或非一元性。

在刘易斯等人看来,现象信息不是物理信息之外的另一类非物理实在,因为它们是物理信息的一种表现形式。以玛丽为例,在她第一次看红色时,她的思想语言中将得到新的词汇,进而有一种新的替换的可能性。她能直接排除掉它们中的一些。假如她事先知道她将会看到绿的颜色,知道得到绿的经验与神经激活模式 F 有联系,因此当她看到绿色,用新的思想语言单词 G 表示新经验时,在包含了她有 G 而没有 F 的句子中,就有新的、更丰富的替换或代用品(ersatz)的可能性,她会直截了当地知道排除掉这些代用品的可能性。换言之,她知道把由 G 表示的新经验当作是 F 的代用品的可能性,通过将其排除掉直接知道相应的神经激活模式 F。总之,正像我们根据对可能性的排除对信息作出描述一样,我们也能根据对代用性信息的排除,描述与之有联系的物理信息。因此感受性质是一种现象,现象信息是真实发生的 F 过程的代用信息,神经科学家可通过将其排除揭示真实发生的神经过程及其性质。既然如此,把它们当做影子一样的副现象就大错特错了。相信世界有非物理的方面,进而又把它当做副现象,这无异于"与物理学的真理打赌"。这一假说为什么犯了如此严重的错误呢?刘易斯等人认为,根源在于其倡导者混淆了能力与信息的界限,把"知道怎样"与"知道那"搞混了。有鉴于此,内米罗对能力与信息的关系作了深入的探讨,创立了能力假说,而刘易斯则对之作了进一步的阐发。

他们指出,理解的某些方式不在于把握事实,而在于获得能力。理解一种经验就是把自己放在随意再现经验的状态的一种能力。训练这种能力就是学会采取经验者的观点,而有表达经验的能力也就是有经验者的观点。基于此,我们最终就到达了这样的条件,即具有对经验的理解的主观性。这也能解释关于经验的主观理解的不可言传性。在他们看来,这种不可言传性可当做是将自己放在特定状态(如降低血压的状态)的能力的不可言传性的一个特例。但是对于未经验过的感觉,你也能记住和想象它吗?他们回答说:"只要得到了记住和设想你已有经验的能力,那么你也能获得想象你从未有过的有关经验的能力。"基于这些论述,他们概括说:能力假设要说的是,知道或了解一种经验像什么,就是具有记住、想象、再认的能力。有知道的能力不在于知道那特定的信息，即不是表现在"知道那"上，而表现在"知道怎样"上①，即有由此及彼、由一般推知个别的能力。如果一个人有这种能力，那么他就能知道他对之没有经验的经验是什么样子，蝙蝠的经验是什么样子。

持主观特性假说的人认为，感受性质不能从功能上加以定义，对行为没有直接的作用，因而是一种副现象。休梅克认为：并非所有的感受性质都不能从功能上加以定义，因此它并不是绝对没有功能作用的。一方面，感受性质作为伴随相应的心理状态而发生的东西，对行为、物理世界的确没有直接的作用，就此而言，它是一种副现象。另一方面，我们有对质的状态的内省，进而有关于它的知识。内省及知识是怎样产生的呢？它们的产生正好是质的状态的功能作用的表现，是它们引起了关于它们的反省以及关于它们的信念。因此一种质的状态的功能作用的一部分就是引起内省及其信念。如果这样理解，那么质的状态也有某种功能作用，因而也可以从功能上加以定义。刘易斯说得更明白："它的部分因果作用可引起这样的判断，即某人处在疼痛中，它的部分因果作用是在疼痛再出现时使人能认识到疼痛。"②

根据功能主义在反击基础上发展了的观点，感受性质就是一种功能作用。不过由于同一的功能属性可由不同的结构所例示，因此功能主义并不绝对地把感受性质等同于大脑属性。普特南认为，就人来说，感受性质的确是同一于大脑的功能属性的。但感受性质究竟是同一于哪种性质呢？他认为，不能绝对地说某一感受性质如红的感受性质绝对地同一于某种神经性质。因为一个人可以去掉或从解剖上摘去任何一个神经组织或诸如此类的物理单元及性质。因此与感受性质同一的只能是大脑的析取的性质。他说："神经学的状态可以说是一个庞大的析取集合，使得这些状态的析取成为经验到红这个性质。"另外，作为心理属性的功能属性不仅可由人脑这种结构实现，而且只要是能实现这种功能属性的实在都可以说有心理属性。例如外星人、机器人都可能有心理属性。因此与感受性质同一的就不仅是人脑的某一种性质，而且还可能是别的一切能实现心理功能的性质。当然这种性质又不是非自然的性质。因为他们的功能主义不是反自然主义的，而是以自然主义为基础的。正是在这个意义上，普特南说：所有心理现象都是物理现象、自然现象，感受性质当然也不例外③。

---

① L. Nemirow. "Physicalism and the Cognitive Role of Acquaintance". in W. Lycan. *Mind and Cognition*. Basil Blackwell, 1990. p.491

② D. Lewis. "Postscript to 'Mad Pain and Martian Pain'". in Lewis. *Philosophical Papers*, Vol. 1. Oxford: Oxford University Press, 1983. p.130

③ 普特南著，李小兵译.理性、真理与历史.沈阳：辽宁教育出版社,1988.109

三、同一论、还原论对感受性质的说明

同一论、还原论是唯物主义阵营中的两种重要理论形态。这里我们重点解剖一下泰（M. Tye）、丘奇兰德等人的思想。

泰承认：杰克逊等人的论证是非常有威慑力的。但是物理主义的同一论也有办法同化这一论证。假如有一个没有科学教养的普通人，他不知道盐是"NaCl"，但一旦向他说清"盐"就是表示"NaCl"的常识性名词，他就能把两者同一起来。同样，感受性质的各种形式如 R、Q 等不过是表示某种物理性质的普通名词。由于人们没有相应的知识，因此只知道有现象性质的经验，而不知道它有如此这般的物理性质。例如史密斯知道具有感受性质 R 的经验 e，但不知道 e 有如此这般的科学上的物理性质，如它有输入与输出，并可以用如此这般的神经刺激术语加以描述。如果有一天他有了相应的科学知识，那么他一定会把两者同一起来①。

在泰看来，知识论证的一个致命错误就是混淆了"新知识"与"新事实"的界限，以为玛丽在第一次有了关于彩色的经验，得到或学到了新的知识时，她首次看到了新的事实即感受性质。其实不然，尽管她的新知识不同于教科书上的科学知识，因为它是由主观的内省得到的，但是这里的新知识不是关于新的对象或事实的，而仍是关于教科书中已经包含的、或她的科学知识中原先已有反映的旧事实的，如大脑的物理化学结构、功能作用、状态、过程等。她第一次看到了红，可能有新的知识，但她并没有发现新的事实，而只是有知道原有事实的新的方式。因此在这里关键是要正确理解物理的事实与现象的事实两个概念。前者是科学的对象，后者是主观经验能把握到的信息。但两者不是水火不容的，而是同一的。因为前者决定了一切事实，一旦它被确定了，所有现象的事实也被确定了。基于上述分析他得意地认为，他的批判考察使知识论证完全失效了。既然再没有什么论证比知识论证对物理主义更有威胁的了，因此经验的主观特性对物理主义就不再是什么特殊的难题了②。

丘奇兰德的反击针锋相对，目的是捍卫和发展还原论的唯物论。我们知道，内格尔有一个重要观点，即感受性质不能被还原，因为心理现象的还原不同于其他的还原，根据在于：在还原中没法排除现象学的特征，因为经验的主观观点是至关重要的、是独特的，把它解释为人脑的作用也不行。在丘奇兰德看来，所谓现象学性质就是人们在经验过程中所感觉到的性质特征，就是一种客观的现象的性质。如红的感受性质实际上是电磁反射频率的各种波长的特定组合。它们不仅可还原为客体的性质，而且从语言上说，表示感受性质的术语还能毫无困难地还

---

① M. Tye. *The Metaphysics of Mind*. Cambridge：Cambridge University Press, pp. 144—145
② M. Tye. *The Metaphysics of Mind*. Cambridge：Cambridge University Press, p. 148

原为有关科学的术语,如"我听到高八度的 C 调口哨",可转译成"振荡频率为 52 千赫兹的空气波振动",等等。

针对内格尔认为感受性质是内在的、独特的性质的观点,丘奇兰德指出:不应把它完全放置于观察者的内心。因为它们不是纯粹的内在的性质。作为引起主观感觉的性质,就在它们客观所在的地方,即在观察者之外的对象上。即使经验主体主观地体验到的东西不在外在对象上,但它们也是存在于大脑的神经结构中的,而不在幽灵般的心灵中,因此对于神经科学来说,就不是纯内在的、主观的性质。

人们之所以认为感受性质不能被还原,就是因为没有认识到:对感受性质的认识、描述与对有关物理性质的认识、描述不是关于两种不同实在的认识,而是对同一本质的不同认识方式。其实对一种性质可用内省的方式去认识,并用心理术语描述出来,这正是人们常说的感受性质。同时,神经科学家可用科学的方式加以认识,并用科学的术语来描述。由于对象相同,前一种认识及语词就可以毫无困难地还原为后一种认识及语词。可见杰克逊等人的反还原论的错误主要表现在:把科学认识与常人的内省体验的对象二重化了,以为前者认识的是神经结构、过程及性质,而后者所把握的则是非物理世界中发生的主观的性质特征。

内格尔认为,物理性的大脑结构、神经生理状态及其性质可以为不同的人从不同的角度、用不同的方式去认识。而认识感受性质的方式则是唯一的,即只能从经验主体的主观观点出发才能加以认识。丘奇兰德认为,我们把两种认识或描述对应起来,即在心理主义者用他们的术语陈述他们的感受性质时,神经科学家在神经状态中设法辨认它们所指的状态及性质,经过长期的实验,他们是可以认识这些状态及性质的,并可以用神经科学的术语描述出来,进而主体可以在有这些状态及性质时用这些术语将它们分辨出来。这正好是对大脑状态的内省。因此大脑状态及其性质是可以内省地加以认识的,同样,心理状态及其现象学特征也可以用客观的方式加以认识①。

四、取消论对感受性质的排解

怎样估价功能主义、物理主义对主观特性假说的反击和对自己理论的阐发呢?一些人表示满意和喝彩,而另一些人则嗤之以鼻,他们主张:对付主观特性假说的最好武器是取消论的唯物论(eliminative materialism)。丹尼特就是其中的典型。所谓取消论是一种极端的唯物论理论,它认为,世界是纯物理的,民间心理学概念或术语如"意识"、"信念"等没有真实的所指,其理论是关于人的行为的前科

---

① P. M. Churchland. *A Neurocomputational Perspective*. Cambridge, Mass: The MIT Press, 1989. pp.47—66

学的理论,应予取消或抛弃。

在心身关系、信念和愿望等问题上,丹尼特坚持和倡导的是工具主义。而在感受性质问题上,他则旗帜鲜明地主张取消论,并且宣称:根本就不存在感受性质之类的东西,也没有主观特性假说的倡导者加给这一性质的私人性之类的特征。与此相应,他主张应抛弃"感受性质"之类的术语和言论。

丹尼特认为,从认识论根源上说,感受性质的观念是由于一些错觉而产生的。首先,它根源于一个错误的假定,即假定有意识经验的实在性并有其属性,认为这些状态还有经验的内容。如当某人以一种方式经验到某对象时,一方面,在外部世界知觉到某东西,另一方面,内心有对它的意识,或者说内心有现象性的心象呈现出来。人能清楚地意识到它不同于别的心象。之所以如此,是因为心内呈现出的现象有其特定的质的特征。由于此属性如此独特,并且不同于经验本身,因此有些人便将它们归诸意识,以为意识在得到关于外物的认识的同时还感受到了一种特质,以致有了这样的错误,即把它们称之为感受性质,进而导致对它们的苦苦追寻。这完全是基于对人的内部的客观的神经生理过程的拟人化虚构。

紧接着,丹尼特分析了感受性质的倡导者们加给它的种种特征。由于他们肯定感受性质是有意识心理状态的一种属性,因此它便堂而皇之地进到了哲学的殿堂,成了哲学探讨的课题。加之它据说成了物理主义的拦路虎,因此备受重视。既然是一种属性,它就一定有不同于其他属性的独特特征。它们至少有不可言喻性、内在性、私人性、可直接认识性等。对于不可言喻性,丹尼特质问道:为什么意识经验的这种属性有不可言喻性呢? 回答常常是:它们实际上有无法言喻的属性。在丹尼特看来,这什么也没有回答。在不存在感受性质的意义上,当然可以说对它没有什么可说的。如果说内部的经验状态和过程及其特征有不可言传性,那这未免有点言过其实。例如我从没有听过鱼鹰的叫声,但从书上知道对它的声音的描述,一天听到了一种声音,与自己记得的描述相符,于是便可断言:它是鱼鹰的声音。这一过程是一种心理过程,其中如果说有感受性质呈现的话,那么可给它起个代号S。果真如此,这不是把它说出来了吗? 尽管我不能用公共的界标描述或辨认我的经验及其特征,但我能以诚实的方式知道它,我能指称我感觉到的东西。它正是我在那事件中感受到的属性,我的经验给予我思考鱼鹰叫声的新的方法,也给予我说出它的方法。

颠倒感受性质与感受性质缺席是感受性质研究中的两个争论热点。丹尼特也发表了自己的看法。他认为,这类争论起源于相信存在着感受性质,如果否认其存在,自然就不会有这类莫名其妙的争论。他承认:当下经验与原先经验的连接,即由记忆保留的经验的连接,类似于想象的导线,它可以把知觉中的两个主体关联起来,从而使主体对自己的有关经验的比较成为可能。同样,不同个体对自

己经验的言语报告和对刺激、环境的不同反应,也使主体间的外在比较有一定的可能性。而这些常常被颠倒光谱的思想实验的构想者们弄错了。他们假定主体注意的差异性,并认为这些差异的确是由主体发现的逼真的经验,它们必定是再认作为感受性质中的转换的差异的实例。丹尼特说:"除非找到外在的帮助,他自己的感受性质的状态一定是他自己所不知道的,就像别人的感受性质状态不可知一样。"①因此假定存在着感受性质,肯定找不到到达它的通道。因此在丹尼特看来,如果有感受性质,它们也没有通向客观认识的桥梁,这就使主体间的比较成为不可能的。而不具有主体间性,不能加以客观认识和比较的东西,不是科学认识的对象。既然如此,我们有什么根据说某人的感受性质颠倒或缺席呢? 我们怎么知道不同的个体看同一对象时的感受性质一样或相异呢?

在丹尼特看来,要摆脱感受性质研究中陷入的困境,物理主义和功能主义要战胜主观特性假说,根本的出路就在于:从我们的思想、语言和研究中排除、取消感受性质。他认为,物理主义和功能主义在反击有关进攻时,之所以步履维艰,收效甚微,关键在于他们犯了一个致命的错误,即承认了感受性质的存在,把它们当做一个事实接受下来了,这样一来,它们就把自己与一个根本不可能解决的问题绑在一起了。解释、争论这样的问题的结果就是使争论越来越复杂,离对它的解决愈来愈远。因此丹尼特说:"除非我们采取实际的步骤将这一原概念予以抛弃,用更好的观念取而代之,否则它还会继续折磨我们的想像力。"②

基于上述分析,丹尼特得出结论说:"感受性质不过是那种什么也不能说的某东西,是哲学家的词藻,这些词藻除了混乱什么也没有,归根结底它并不指称任何属性。""当我们最后再一次注意对感受性质的本原性描述,如经验的不可言喻性、私人性、内在性和可直接理解性时,我们发现没有什么东西能用来填充那些清单。"因此,"与表面看起来的显而易见的情况相反,根本就不存在感受性质这种东西"③。

五、几点初步思考

基于对主观特性假说及其所引发的唯物主义与反唯物主义的论战的上述考察,联系唯物主义的历史发展,我们可以提出如下值得进一步研究的问题和初步的思考:

(一)应重视对主观特性假说及其所引发的唯物主义与反唯物主义的论战的研究。因为第一,主观特性假说以及随之而起的争论开辟了哲学研究中的一个新

---

① D. Dennett. "Quining Qualia". in W. Lycan (ed.). *Mind and Cognition*, p.536
② D. Dennett. "Quining Qualia". in W. Lycan (ed.). *Mind and Cognition*, p.536
③ D. Dennett. "Quining Qualia". in W. Lycan (ed.). *Mind and Cognition*, p.544

领域。过去,哲学以及相关学科在探讨心理现象时只注意到了心理状态、过程、事件的本质,以及心理与行为、物理世界的联系,而并未触及伴随心理状态而发生的感受性质及其产生、构成、本质与作用。它是人在与外物打交道的过程中所产生的心理现象之后的,与严格意义上的意识、体验、自我最为贴近的现象。它本身范围极其广泛,占据了人的心理生活的很大比例,同时它与浅层的心理现象和深层的自我意识有直接的关系,甚至与外物也有间接的关系。这里无疑交汇着心灵哲学的本体论、认识论和生存哲学的解脱论等领域的许多深层而重要的问题。因此要揭示人类心灵的构成、结构、本质和奥秘,当然不能漠视这一领域。第二,主观特性假说对各种形式的唯物主义的责难以及所引发的争论围绕着心理世界有没有非物理的特质或内容、感受性质是不是超物理的属性等重大问题而展开,这无疑把传统的对意识的结构、本质与作用,意识与物质何者为第一性的问题的研究具体化了,在一定意义上可以说它是哲学基本问题的特例。如果说现当代哲学中仍有两种倾向或两条路线的斗争的话,那么主观特性假说与各种形式的唯物主义之间的斗争可以说是传统斗争的继续。第三,对这一争论的研究有助于当代唯物主义的发展。纵观哲学史,唯物主义的发展不外是从两个方面实现的:一是通过总结有关科学的成果,深掘有关问题,修正和发展已有理论而实现的自我发展。二是在迎接对立理论挑战、同化反常的过程中所得到的发展。例如在近代,二元论根据心理现象不能独立存在,必须有其依托,而此依托不能是物质性实体,断定心理现象后必有无广延、能思维的精神实体。这一论证曾一度是唯物主义难以攻克的难题,使二元论在近代成了占统治地位的哲学。后来随着人类对大脑结构以及心理与大脑的联系的认识的深入,唯物主义在揭示了意识对人脑的依赖性和作为机能、属性而存在的本质之后,有力地否定了近代的二元论,进入了一个新的发展时期。可以肯定:当代唯物主义随着对感受性质以及据此而提出的反唯物主义论点的研究的深入,必将跃入一个新的境界。我国哲学工作者如果对有关争论密切关注,对所涉及的前沿问题作出认真的研究,那么我国哲学的相应领域也将获得新的发展。

(二)感受性质是存在的,其构成、本质、作用以及它与其他心理状态的关系还有待进一步研究。因为我们经历某一心理过程、状态,只要留心注意,总有对这些过程和状态的经验。在这个意义上,有意识的心理实际上是一种经验,亦即经历此过程并有关于它的体验或感受。过细地加以区分,任何经验实际上有两个方面,一是该过程本身,二是伴随这一过程而发生的对它的质的内容或特征的感受或体验。例如人在有疼痛经验时,一方面会经历一个产生、发展、演变和结束的过程,另一方面会有关于疼痛的轻重缓急、"滋味"等质的内容或特征的感受。正是基于这种感受性质,人才能对不同的疼痛作出区分和"细致入微"、生动逼真的描述。也正是在这个意义上,功能主义和物理主义在反击时并没有否认感受性质的存在,而是设法根据原有的和新建构的理论对之作出说明。就此而言,取消论对感受性质的断然否定则是不可取的。但是感受性质究竟是怎样产生的,其内在机理是什么,是物理的还是非物理的,能否还原,能否根据功能予以定义,是不是只能从主观的观点出发才能被认识,是否是一种无用的副现象等等,这都是一些悬而未决的问题,是该领域的前沿问题,值得我们进一步研究。可以预言:对有关问题认识的每一步深入将意味着对心灵认识的重要突破。因为这一研究真正具体地深入到了人类心灵的深奥隐秘之处,其对于揭示心灵奥秘的学理上的意义和对于计算机科学等实用技术学科的实践意义是难以估量的。

(三)主观特性假说的论证及其观点应当冷静而谨慎地予以对待。虽然这一理论的某些内容不甚明确,有些结论主要建立在想象的思想实验的基础之上,所得的结论是反唯物主义的,有唯心主义和二元论的倾向,但又应该看到,它在人类自我认识的征途上又迈出了新的一步,值得充分肯定。过去,包括心灵哲学在内的有关学科在认识人的心理现象时,注意的主要是由外部刺激所引起的直接心理过程,以及两者的被反映和反映的关系,而对心理过程本身尤其是直接心理过程后面伴随着发生的现象及质的特征没有什么认识。主观特性假说以大量奇思妙想的思想实验和论证为基础,说明了"质的内容"和反映的内容、对外的感受与对内的感受以及外部事实的呈现与内在现象学事实的呈现的差异与特点,论证了"主观的观点"对自我认识尤其是感受性质认识的重要性,从而再现了自我认识的复杂性和独特性。另外,它对西方心灵哲学中流行的各种唯物主义理论的批判的确抓住了它们的还原论要害。这从特定的方面来说是有益于唯物主义的发展的。最后,它的某些观点如认为感受性质只能从主观的观点出发才能予以把握和理解,感受性质是构成人的精神本质和独特性的重要方面等,既不能简单接受,又不能粗暴地加以否弃,而应在总结概括有关学科尤其是心灵哲学、认知科学和神经科学的成果的基础上,从新的视角、用新的方法予以认真的研究。

(四)主观特性假说宣称各种形式的唯物主义有重要的遗漏,就它们过去对感受性质未能注意而言,这一说法有一定的合理性,但是说它们在原则上是错误的,则又失之偏颇。因为唯物主义有疏漏、不完善,这在任何特定的历史条件下总是不可避免的,但一找到一两个反常事例就宣布它错误则又是错误的。另外,主观特性假说的知识论证本身也有问题,即未能用发展的观点看待"知识"。唯物主义已有的"知识"并未穷尽一切,因此它没有认识到的东西并不等于就是非物理的,它的"知识"现在不能说明某些新事实和新现象并不等于它以后永远做不到这一点。从历史事实看,唯物主义过去经常碰到似乎无法克服的难题,但最终还是将其同化了。同样,当代唯物主义者即使目前不能用已有的原则说明感受性质与神经生理过程的联系,但这不意味着它永远不能做到这一点。事实上,当代唯物主义在反击主观特性假说的过程中,已经作出了大量有益的探讨,在揭示感受性质的本质方面已取得了一些可喜的成果,如发现对某些感受性质可以作出符合功能主义原则的功能定义,某些感受性质作为事实并不是物理事实之外的新事实,而是人们以不同方式所认识到的旧事实,等等。这些既丰富了人类关于心灵的本体论理论,又深化了关于心灵的认识论探讨。

（五）当代唯物主义发展面临着许多重大而艰巨的课题,其中之一是:如何更明确、更具体和更深入地说明包括感受性质在内的心理现象这样的功能属性的本质,如何使唯物主义摆脱在进一步说明心理功能属性时所陷入的三种困境。我们知道:唯物主义一般是将心理定义为功能或属性。现在的问题是:这里的功能究竟是什么。从语言哲学的角度说,"功能"之类的语词指称的是什么。如果它们指称的是物理属性或功能,那么它实际上投入了还原论的怀抱,因为这是将心理等同于物理,用物理学术语定义说明心理学术语。哲学行为主义、物理主义同一论和还原唯物论等就落入了这一窠臼。如果把心理理解为物理属性之上的非物理的属性或功能,那么它便陷入了二元论,因为根据丘奇兰德等人对二元论的分类,二元论有实体二元论和属性二元论两种形式,上述唯物主义避免了实体二元论,但陷入了主张世界上有两种质上不同的属性即一个是物理属性一个是非物理的心理属性的属性二元论,非还原论的唯物论和功能主义的某些变种就是如此。如果它既不赞成还原论又反对属性二元论,而坚持认为,传统的心理语词像"以太"等前科学语词一样没有真实的所指,世界上根本就不存在心理现象,只有物理现象及其规律,那么它就陷入了取消论。当代西方心灵哲学中的唯物主义不外这三种逻辑结局。它还能有其他的出路吗?它还能作出新的突破和超越吗?根据历史的辩证法,回答无疑是肯定的。当然这有赖于所有的唯物主义者的共同努力。

总之,感受性质的"发现"以及在此基础上所形成的各种"新论",并不是唯物主义存在和发展的不可克服的障碍,而是唯物主义在当代获得新的发展的良好契机。

2 思维语言假说与意向性的地位

根据一些人的新的看法,意向性是命题态度的独特特征。但是在研究意向性的过程中,这一问题的形式发生了很大的变化(详后)。其根源是认知科学和计算机科学的发展,尤其是计算机类比的发展。由于有了这样的发展,人们对大脑工作的过程和原理的认识便发生了很大的变化。例如一些人基于计算机类比提出，人的大脑加工用了一种特殊的语言，即思维语言。与此相应，人们对意向性的认识也随之发生了很大的变化。这里，我们先从思维语言说起。

一、思维语言假说

在20世纪70年代以前的人类心灵认识史上，关于思维与语言的关系历来有这样一种似乎是天经地义的观点，即人的思维离不开各自所掌握的自然语言，并以之为加工的直接对象和媒介。近20年来，随着认知科学、心灵哲学的迅猛发展与长足进步，以及随之而来的对心灵尤其是思维的认识向精确化和具体化方向的迈进，上述观点受到了一些西方哲学家的尖锐挑战：具有音或形特征的自然语言怎么可能进入人脑并为之储存、提取和加工呢？有些人还根据计算机的计算以机器语言为媒介作类比推论，大胆地提出了"思维语言"(language of thought)或者说"心灵语言"(mentalese)或"大脑语言"(brainese)的假说。美国当代著名哲学家、认知心理学家福多在1975年出版的《思维语言》一书中最先明确提出上述概念，并在其后许多论著如《表征》(1981年)和《心理语义学》(1987年)等中加以进一步的阐发，形成了比较系统的理论。肯定并论证过这一假说的人非常多，其中主要有：普特南、塞拉斯、利康和德菲特(D. Devitt)等。

所谓思维语言就是指人在思维过程中所专用的一种不同于自然语言而近似于计算机的机器语言的、内在的、特殊的符号系统，是储存、载荷信息并可为思维提取出来的、直接呈现在思维面前为其加工的语言媒介。从现象上看，或借助于我们的内省和体验，人的思维所用的好像是自然语言的字、词、句。其实不然，自然语言不能直接进入人脑，因而不可能为其理解和加工，它们只有转化或翻译成思维语言才能如此。就像计算机只有将原语言程序翻译成机器语言程序才能对之进行计算一样。依此类推，人在思维中所用的也只能是一种特殊的形式化语言，在思维后说出与写出的自然语言词句则是人脑将思维语言予以转译的结果。福多论证说：表征(representation)以及对表征的推论操作离不开表征的媒介即思维语言，在人类主体和计算机中都是如此。例如计算机所能"理解"并加工的只能是机器语言，基于人类思维与计算机的计算的类似性，可以合理地假定：人的思维进行的是一种或更多种的"机器语言"[1]。普特南说得更简明：思维语言"是一种表示假设的、大脑中的形式化语言的类似物的名称"[2]。

对于这种语言的组成单元、结构、本质特征和作用，福多等人作了大量而繁琐的论证。这里不妨从两方面加以考察。

---

[1] W. Lycan. *Mind and Cognition*: *A Reader*. Basil Blackwell, 1990. p.277

[2] H. Putnam. "Computational Psychology and Interpretation Theory". in D. Rosenthal (ed.). *The Nature of Mind*. Oxford: Oxford University Press, 1991. p.528

第一,从思维语言自身的组成单元与结构等方面看,它有如下一些规定性和特征:(1)作为一种语言,它有近似于自然语言的地方,如有特定形式的词汇、记号或个例(tokens),有惯用语或公式(formulas),它们也可按一定的语法规则组成为句子。所不同的是,在它们中,一个符号只表示一个意义,而没有自然语言词语的那种一词多义性和歧义性,就像计算机的机器语言只有一种意义一样。(2)思维语言的词语也有指称力和丰富的表现力,能表示世界上纷繁复杂的现象,其原子部分指称世界上的个别事物与属性。(3)它的语词和句子也有意义。其意义作为整体是由原子部分的语义属性以及产生它们的整个句法结构的语法规则决定的。(4)思维语言的句子有真值条件,相应地,真值条件又是由世界的存在方式所决定的。(5)这些句子具有相互依赖和包含的逻辑关系,因而按照表征理论,人类有作为特殊词汇或语汇的物理状态的系统,人类(不知什么原因)在物理上有把那一系列要素结合成系统的规则,而这些系统具有复杂的表征内容。(6)思维语言是天赋的、普遍的,对于操不同自然语言的民族来说是共通的。这正是不同民族语言能相互转译的前提和基础。(7)思维语言可能不止一种,也就是说,每个正常人可能使用一种以上的思维语言,就像计算机有多种机器语言一样。(8)作为思维语言的个别单元的标记乃至整个符号系统都是物理的,或者说是"神经系统的客体"。福多说:思维语言的"符号有意向内容,而符号在各种已知情况下是物理的","是有因果作用的那类事物"[1]。

第二,从思维语言与心理表征、自然语言、内部语言以及思维的关系看,思维语言是一种与它们既有联系又有区别的特殊的符号系统。

就心理表征是信息、思维内容的储存、提取和加工过程中的呈现方式而言,思维语言就是心理表征。福多经常在此意义上将两者等同使用,他说:"我严肃地接受这样的观点,即内部表征体系构成了一种(计算)语言。"[2]因此我们可以通过对思维语言的组成单元、结构、句子及句法、语义属性等的探讨揭示心理表征的构成与本质。普特南的看法略有不同,他认为,思维和心理表征都是以思维语言为媒介的。他说:"心理表征是具有指称定义的形式化语言。""一旦给予一种形式化语言以指称定义,在那种语言中的一组语句就可视为'表征系统'或'世界的模型'。"[3]这就是说,心理表征由形式化语言和信息内容两部分组成,前者是后者的载体或媒介。因此思维语言是没有指称定义的形式化语言,有别于心理表征。

---

[1] J. Fodor. "Why There Still Has to Be a Language of Thought". in Lycan (ed.). *Mind and Cognition: A Reader*. Basil Blackwell, 1990. pp. 282—283

[2] J. Fodor. "Propositional Attitude". in D. Rosenthal (ed.). *The Nature of Mind*. Oxford: Oxford University Press, 1991. p. 335

[3] H. Putnam. "Computational Psychology and Interpretation Theory". in D. Rosenthal (ed.). *The Nature of Mind*. Oxford: Oxford University Press, 1991. pp. 527—528

Mind and Life

从思维语言与自然语言的关系看,首先,尽管两者都是语言,有类似性,但两者在词汇、句法、起源等方面有明显不同。前者比后者简单明了,没有歧义性,具有更大的准确性,其表征式的意义由某种抽象的程序来表征,在适当的环境下能决定命题的真值和行为的成败。其次,同一思维语言句子可由不同的自然语言句子表达。从起源上说,前者是天赋的,而后者是在前者的基础上派生出来的;从两者与意向性的关系上看,意向性是自然语言句子的语义性的源泉,而对于思维语言来说,情形恰恰相反,即思维语言的语义性是心理状态的意向性的根源(详后)。

从思维语言与内部言语或语言(inner speech)的关系看,在特定的意义上可以说,思维语言就是一种内部语言。不过由于对内部语言的本质有不同的看法,因此对两者的关系的看法也就有很大的分歧。有的认为:"内部语言"如果指的是一种不同于自然语言的内在形式化语言,那么思维语言就是这种内部语言;如果内部语言指的是一种减去了声音或形象的自然语言或类似于外部言语行为的内隐言语活动,如"喉头肌肉运动"、"内心独白或自言自语"之类,那么思维语言就不能等同于它。福多等人就持此看法,而塞拉斯则恰恰相反,他坚持自柏拉图以来的传统观点,认为思维本身就是内部言语活动或默默的自言自语。这种言语活动与外在言语行为、自然语言有"实在的类似性",或者说是减去了声音与形象的外部言语,而思维语言正是这种内部的语言活动[1]。

关于思维语言与思维的关系,福多在《心理语义学》等论著中作了经典的表述。他强调,前者是后者的直接的、名副其实的媒介。因为思维作为内容是以思维语言为媒介而储存和表征的,思维作为操作、加工活动是对思维语言的提取和处理。他说:"有一种内在的表征系统,一种内在的思维语言,我们正是以之进行我们的思维活动的。"他还具体解释了"我们用这种语言思维"的两层含意:(1)与思维有关的心理状态就是有机体与作为标记的心理表征的关系,或者说思维就是有机体处在与一定思维语言句子的一种特定的关系中。(2)心理过程(如推理、信念的形成等)是对这种内部语言的符号的一系列计算操作[2]。

尽管我们可以在理论上把思维语言设想得尽善尽美,但是如果客观上没有思维语言或没有可靠的根据说明它的存在,那么关于思维语言的一切论述都将毫无意义。因此思维语言的倡导者们花了很大的力气,从不同的角度和方面,用了许多材料证明思维语言的客观存在性与作用。首先从否定的方面来说,他们认为,

---

[1] W. Sellars. "The Structure of Knowledge". in D. Rosenthal (ed.). *The Nature of Mind*. Oxford: Oxford University Press, 1991. pp.372—379

[2] J. Fodor. "Psychosemantics". in W. Lycan (ed.). *Mind and Cognition: A Reader*. Basil Blackwell, 1990. pp.312—313

通常把自然语言当做思维的媒介是不对的,因为这建立在内省的基础之上,而大量事实已表明,内省本身是不可靠的。同时作为思维器官的大脑是不可能让带有音或形特质的自然语言进入的,也就是说,自然语言的文字或话语、形或音不可能直接地、赤裸裸地、原封不动地进入思维,必须转换成与思维相适应的、特定的符号形式才能为其所把握和操作。就像计算机只能"理解"机器语言一样,自然语言要为其加工,必须转换成机器语言。

从肯定的方面,福多等人论证说:由自然语言表达的信念可以分别有不同的表现形式,即由不同的语句表达出来,如"相信'狗咬了那人'",可换成"相信'那人被狗咬了'"。为什么同一信念用不同的句子表达仍保持同一的意思呢?这是因为它们根源于并可翻译成同一的思维语言句子。他们还通过对语言学习和小人思维(sub-personal thought)的分析说明了这一点,认为:语言学习像其他学习一样,一定包含着假说的形成和检验。而假说的形成和检验以假说得以在其中形成和检验的符号系统为前提,即离不开一定的、在前的语言或符号系统,这种符号系统正是思维语言。对此,有人也许会提出质疑说:这是一个学习"怎样"而不是学习假说的形成的问题。福多回答说:技巧的获得、学习"怎样"与小人(即假设的存在于人脑之内的似人的部分)的表征系统或在先的语言、符号系统有关。没有这种符号系统即思维语言,就不可能学习"怎样",不可能有自然语言技巧的获得。其次,动物和婴儿都有命题态度(propositional attitude),而没有自然语言。在这种情况下,他(它)们的命题或思想的句子构成物就不是自然语言句子,而一定是由思维语言组成的句子。如果不能否认这一点,那么也有同样的理由主张:成人的命题或思想也是直接以思维语言句子表征的。最后,福多论证说:不会讲英语的外国人也可能相信"Grass is green"(草是绿的),他们有这样的思想不可能是由于与"Grass is green"这一英语句子发生了关系,而一定是与他们自己语言中的某一意思是"草是绿的"句子有关。只有当不同的句子用来表达同一思想时,它们的思想才会是同一的。在此情况下,我们不可能说:相信"草是绿的"就在于与自然语言发生了关系,而应认为:操不同自然语言的人之所以能用不同的语言表达同一的信念,就在于信念与思维语言句子有某种关系,即都有共同的思维语言。这也正是不同民族语言可以相互转译的前提和基础。因此否认思维语言的存在,将不可能合理地解释差别那么大的民族语言为什么能够相互转译。

在思维语言的倡导者们看来,思维语言不仅是客观存在的,而且在我们的心理生活中起着不可或缺的作用,因此是我们全面而科学地解释心理现象的一个条件。这些作用本身也可作为思维语言存在的根据。如前所述,它是思维的直接的、名副其实的媒介,其语义性是心理状态意向性的根源。其次,它还是我们习得、掌握母语的基础,因为思维语言是先天的,因而它便成了习得母语的中介或桥梁。在西蒙看来,思维语言实质上就是乔姆斯基所说的深层句法结构,而深层句法结构正是人们习得母语的基础。最后,它为我们说明心理状态的因果作用、解释行为的发生提供了条件。民间心理学常用信念、意图之类解释人的行为的发生,而在福多看来,信念之类的心理状态对行为的因果作用取决于心理表征或思维语言的性质,这些性质不用提及头脑之外的事情就可得到描述。因为信念所"关于"(about)的东西编码在内在表征之内,换言之,表征的唯我论性质决定了它们的语义描述。他像希夫尔一样设想:人脑中有一种"意向盒",其中每一意向就是使某命题 P 为真的意向。当你打算使之为真时,你所做的就是把意含 P 的思维语言句子放进"意向盒"中,"意向盒"接着要做的就是"搅拌"、计算、引起,结果就是你如此那般地行动,也就是使 P 为真。例如我想把左手举起来,就是我打算让"举左手"的命题为真,我所做的就是把意含"举左手"的思维语言句子放进意向盒中,经过适当的计算,我的举左手的行为便发生了。这无疑是对行为发生的原因与过程的一种隐喻式的、形象的说明,但又较好地说明了思维语言在人做决定的意志活动中的作用。

二、意向性不是心理状态的最根本的属性

一般都承认:人的心理状态具有语义属性。尽管一些持取消主义立场的人否认心灵的存在,但仍同意说大脑状态具有语义属性。倡导思维语言的人把这一新的结论阐发得更加具体,即认为思维语言具有语义性。这一来,研究思维语言或心理或大脑状态的语义性的心理语义学(psychosemantics)便应运而生了。在许多论者看来,研究思维语言的语义性不仅是思维语言研究不可缺少的环节,亦即是关于思维语言假说的重要组成部分,而且对于广义的心理表征理论的完整性也是至关重要的。还有,如果不研究和解决心理语义学问题,那么对于思维等认知现象的"进一步研究"就不可能有什么新的收获和突破[①]。

心理语义学的首要主张就是:心理符号或思维语言的词句有语义属性,而有语义属性就是有指称、意义和真值条件,即每一心理符号或语句总是指向它之外的存在或不存在的事物及属性,有其特定的内容,内容有真值,有真假,而真假取决于它所断定的对象与条件。假如有一个与"Snow is white"(雪是白的)相对应的思维语言句子,它的单词有指称,即指的是人之外的雪与白;单词以及由之而组成的思维语言句子有意义,即表达的是雪的属性与主体的某种关系;同时该语句

---

① J. Fodor. "Psychosemantics". in W. Lycan (ed.). *Mind and Cognition: A Reader*. Basil Blackwell, 1990. p.315

有真值条件,如"雪是白的"为真,当且仅当雪是白的①。

心理语义学的第二个基本主张是:思维语言的语义性具有重要的解释作用,可以说明心理状态为什么具有意向性。长期以来,有一种比较流行的观点认为:意向性是心理现象区别于其他现象的根本属性,从作用上来说,意向性是自然语言句子的语义性的源泉,亦即是说我们说出和写出的语句之所以有指称及意义,根源在于说、写时的心理状态具有意向性。福多等人同意后一观点,但不赞成前一看法。因为还有比意向性更为根本的属性,这就是思维语言的语义性。它决定了心理状态的意向性,是意向性的根源或基础。因为思想、信念等心理状态是有机体与思维语言句子的一种关系,如某人想到或相信"天要下雨",这是一种有意向的心理状态。有此状态实即某人心中有"天要下雨"这样的思维语言句子,处在这种状态中就是处在与特定心理符号的特定关系中。他的思想或信念之所以指向如此这般的意向对象,就在于呈现在他心灵面前的心理符号具有如此这般的语义属性。因此福多说:他的理论的"目的是要用心理符号概念解释、重构心理状态的意向性理论"。在他看来:"心理状态依据心理表征的语义属性而成为有意向性的。"②

但是思维语言的语义属性的根源或基础又是什么呢?心理语义学的第三方面的内容就是围绕这一问题而展开的。思维语言的倡导者们清醒地意识到,只有当提供了严肃的、能说明什么东西把语义属性授予思维语言的理论,借助于思维语言的语义性说明意向性才可能算是一种理智的进步,才能有力地回击持否定立场的人的责难与批判。因为在反对把意向性作为心理现象的不可还原的根本特性的那些人看来,把语义属性作为心理符号的不可还原的特性同样是令人费解的,有些人正是由此而走上怀疑论的极端的,即怀疑能为心理符号为什么具有语义性提供进一步的说明。那么能否效法自然语言语义性的解释方法即求助于心理状态的意向性来说明思维语言的语义性呢?显然不能,奎因曾严厉地警告过这一点。因为心理语义学要用心理符号的语义性解释心理状态的意向性,因而自然不能再用后者解释前者,如果这样做,就陷入了循环解释。

尽管问题十分棘手,但心理语义学的探索者们经过不懈的努力,还是提出了许多尝试性的理论。这里只考察其中较有影响的两种:

第一是福多的目的论功能主义语义学。在《心理语义学》中,福多开宗明义地说:"在本文中,我想做的就是概述对心理表征的语义性的(大略的目的论的)

---

① H. Putnam. "Computational Psychology and Interpretation Theory". in D. Rosenthal (ed.). *The Nature of Mind*. Oxford: Oxford University Press, 1991. pp. 528—529

② J. Fodor. "Psychosemantics". in W. Lycan (ed.). *Mind and Cognition: A Reader*. Basil Blackwell, 1990. p. 315

解释。"①这一解释主要包括对下述两个问题的回答:第一,思维语言有什么样的语义属性?第二,这种符号由于什么而有那些语义属性,或者说是什么把心理符号与满足它们的真值条件的事态联系起来的?福多说:"第一个问题是通过提供规范性语义学而予以回答的。我假定:就心理表征而言,它们的语义属性就在于它们具有真值条件。因此一种关于心理表征的规范语义学就采取了真理理论的形式。"②也就是说,心理表征的语义性由真值条件所引起,并映现了作为真值条件的事态,决定心理表征的语义性的唯一的"符号—世界"关系就是它们所具有的与决定它们真值的事态的关系。到此就进到了第二个问题,即:是什么把两者关联起来从而使思维语言的语句具有语义性。

为了解决这一问题,他借用了上述"意向盒"假定。假设有思维或有信念的有机体头脑中有一盒子,上面标有"是"(yes)。它能接纳心理表征或思维语言句子。它的内容由下述原则所决定:对于每一个思维语言句子 M 来说,O(即有机体)具有与 M 的关系(因而相信 M 所表达的东西),当且仅当 M 的一个标记出现在意向盒中。也就是说,当某人的某一思维语言句子如"天要下雨"进入该盒中,某人就处在与该句子的关系中,就使该句子与作为其真值条件的事态相关联而具有语义属性,某人就知道了它的语义内容,从而进入了相应的意向状态,如出门拿雨具等。简言之,由于思维语言句子进入了意向盒中,因而也就现实地具有语义属性,进而相关的心理状态也就有了意向性。当然意向盒的活动不是决定哪一个标记进入其中的唯一机制,除此之外,大概还有知觉的、记忆的、推理的机制等起作用。他把所有影响意向盒内容的心理机制组成的结构统称为事实性认知系统。然而,这样的认知系统为什么能影响意向盒的内容,从而决定思维语言的语义性呢?

为了回答这一问题,他提出了他的目的论功能主义假定。他说:为了对付解释上的难题,"我打算提出一条目的论假定",这就是:存在着一些心理机制,它们是认知系统的子集,"它们的功能就是把记号放进'yes-盒'中"③。具体地说,由于事实性认知系统的这样的目的论功能即"……的功能是使……产生或发生",思维语言或心理表征的记号,才进入了"yes-盒"中,并与作为真值条件的事态相关联,从而具有特定的语义属性和因果作用。

总之,心理表征之所以具有语义属性,最根本的原因就是认知系统的目的论

---

① J. Fodor. "Psychosemantics". in W. Lycan (ed.). *Mind and Cognition: A Reader*. Basil Blackwell, 1990. p.316

② J. Fodor. "Psychosemantics". in W. Lycan (ed.). *Mind and Cognition: A Reader*. Basil Blackwell, 1990. p.317

③ J. Fodor. "Psychosemantics". in W. Lycan (ed.). *Mind and Cognition: A Reader*. Basil Blackwell, 1990. p.322

功能作用。他说:"我打算做的下一件最有意义的事情是:从关于认知系统的目的论的某东西中派生出心理表征的语义性。"①出于形而上学的自然倾向,人们必然会问:这里所说的目的论事实是不是最根本的、不可再还原的事实呢?福多认为:还不是,因为目的论事实是根源于达尔文主义所说的"自然选择的事实"。即是说,人类思维语言之所以能与作为真值条件的事态相关而具有语义属性,是因为认知系统的目的论功能作用,而此功能作用又是自然选择的产物,是人类在漫长的进化过程中通过生存竞争、自然选择而获得的。

第二是普特南关于思维语言的证实主义语义学(the verificationist semantics)。他像福多一样认为,思维语言的意义、指称等语义属性不是由心理状态决定的,因为"意义不存在于头脑之中"②。事实也说明,不同的人对同一个词的意义可能有相同的理解,但不一定处在相同的心理状态之中。他还认为,"关于表征的媒介即思维语言的大脑语义学""不是真值条件的",即不像戴维森所说的那样,通过陈述一语句的成真条件,就能给出该句的意义。他强调:思维语言的语义学应是证实主义的。根据他的观点,思维语言的符号或句子有意义和指称,其根源在于"大脑有一种可计算的、能表现可接受性或被证明的可肯定性或可信性的谓词",质言之,符号或句子的意义在于大脑中的谓词的可证实性,取决于这些谓词从经验上被证实或证伪的方式。只有在从逻辑上说可能有一些观察语句为其提供证明或反证的情况下,它们才在经验上具有意义。他还根据他和克里普克所倡导的"因果的历史的"指称理论说明了这一点。他认为:一个心或脑单元 M 即一个思维语言的符号之所以有意义就在于它指称一事物 X,因为"意义存在于那个词的指称之中",而它能指称 X,则正好是由于 X"恰当地"出现在 M 的原因论(etiology)中,即由于 M 被人用来指称 X,然后"经过共同体的实践",逐渐在 M 与 X 之间历史地社会地形成了因果链条,基于这种因果链或原因论,M 便被固定地用来指称 X③。

三、初步的思考

思维语言假说无疑提出了一些新颖深刻、发人深省的问题与见解,在一定程度上深化了对思维的研究,同时也为心灵哲学中的一些著名难题如意向性问题提出了不无创见的解决方案,因而引起了人们的极大兴趣和广泛关注。但是毋庸讳

---

① J. Fodor. "Psychosemantics". in W. Lycan (ed.). *Mind and Cognition: A Reader*. Basil Blackwell, 1990. p.323

② H. Putnam. "Computational Psychology and Interpretation Theory". in D. Rosenthal (ed.). *The Nature of Mind*. Oxford: Oxford University Press, 1991. p.530

③ H. Putnam. "Computational Psychology and Interpretation Theory". in D. Rosenthal (ed.). *The Nature of Mind*. Oxford: Oxford University Press, 1991. pp.528—534

言,由于它主要是基于一些类比和想象的方法而提出的一种假说,或如普特南所说:是科学上有用的、宝贵的隐喻,因而仍有不尽如人意的地方。既然如此,对这一假说,除了有许多人继续加以论证、充实和完善之外,也有相当多的人提出了各种质疑和批评。

我们先考察齐硕姆对思维语言假说的内在矛盾的揭露和批判。他认为:自然语言句子的意义是约定俗成的,因而依赖于说话者的信念和意向,而信念和意向是命题态度,因此如果不循环或回归,那么命题态度的内容怎么可能根据思维语言的语义属性而加以阐释呢?其次,当公共语言以几种方式中的一种而约定俗成时,明显不存在关于大脑的工作的约定的或社会的因素,所谓的思维语言的词汇单元的指称必定是自然的。英语中的"狗"一词就是作为音、形单位而不是意义单位在全社会中为说英语的共同体归之于狗的,但思维语言中表示狗的词又是基于什么原因而必定自然地、在没有人为干预的情况下与狗有关呢?这被认为是思维语言的倡导者们难以圆满地解释的问题。

丹尼特等人更进一步,对思维语言作出了否定性的论证。他基于几方面的根据论证说:"头脑中的句子"表现为用大脑粉笔写在大脑黑板上的铭文,这种观点不说是怪诞的,起码是想象出来的。另外,主张有思维语言的观点还必然碰到这样的问题:关于思维语言,除了已有的那些类比说明之外,我们还能说些什么呢?总之,在他看来,"关于心理表征的思维语言模型以这样或那样的方式已成了指数爆炸的牺牲品。"[①]

思维语言假说并不因为这些强有力的批判和打击而销声匿迹,相反倒是引起了对它的更为广泛的关注和重视。其倡导者在反击中进一步将其修改、充实、发展和完善。批判与反批判针锋相对、唇枪舌剑,原先对此反应冷淡的心灵哲学家、认知心理学家现在也纷纷加入到探讨、争论的行列,从而使思维语言真正成为当今心灵哲学、认知心理学中争论的一个焦点。

依我们看来,思维语言假说的确有不成熟、不完善,乃至错误的地方,有些论点缺乏充分、可靠的科学和实验根据,有些观点值得谨慎地对待,如它认为思维语言是先天的、普遍的,是习得母语的基础,作为心理状态意向性根源的思维语言的语义性本身是根源于目的论事实,在人的心灵内部有一个像"yes-盒"一样起作用的结构等。但又应看到,它对思维以自然语言为媒介这一传统的、常识性观点的否定则是发人深省的,也有其合理性。很显然,自然语言作为一种特定的符号系统,音或形是其固有的特征,而以音或形表现出来的符号如字、词、句表面上能进入人脑为思维所接受、理解和加工,但事实并非如此。因为书面语言的字词句只

---

① D. Dennett. "True believers: The Intentional Strategy and Why it Works". in D. Rosenthal (ed.). *The Nature of Mind*. Oxford: Oxford University Press, 1991. p.350

有经过复杂的能量转化,变成没有形体特性的信号或形式,才能为思维所把握。如首先书写符号以光性刺激的形式曲折地射入视网膜感光层,使那里的感受细胞发生化学反应,经过复杂的感光—换能系统的作用,光能变成了神经电信号,中途又经过复杂的能量转换,变成能为中枢视觉皮层接受和整合的能量形式,最后形成一定的神经元连接或构型,存储在记忆中或呈现在思维面前。以声音形式表现出来的字词句也要经过复杂的能量转化、要素变换,才能为思维理解和加工。总之,自然语言不能直接地、原封不动地进入人脑而成为思维的直接对象和媒介。

其次,神经科学的有关理论也告诉我们:大脑内并没有形象的表象、图画以及以声音和特定形状表现出来的自然语言的字词句,只有神经元及其各连接方式或构型。从现象上说,我们借助内省和想象的作用想到字词句甚或画面时,好像有自然语言的字词句,它们好像按比例缩小而出现在思维面前。其实不然,我们的内省和想象中所出现的有形象或有声音特性的东西,从客观的观察和实在的存在上来说都是神经元的某种连接或构型,即是思维语言假说所说的物理符号。另外,从逻辑上说,如果坚持思维以自然语言为媒介,必然碰到无穷后退,即如果我们的大脑里有以音形特性表现出来的自然语言的字词句,那就得假定大脑内还有一个"小人"在那里听或看那些字词句,就像肉身的"大人"看纸上的或听别人说的字词句一样,如果有"小人",那么还得推测"小人"的脑子里有"小人",如此递进,以至无穷。由上看来,思维中被储存、提取和加工的媒介不是自然语言,而是某种或某些别的呈现方式,不妨把它们称之为思维语言。它们也有字词句,有规则,有句法,但在存在形式或表现形态上,在结构和载荷信息的方式上,以及在储存、传输、转换的方式上都不同于自然语言,而类似于计算机的"机器语言"。

思维语言假说还有许多值得我们思考和借鉴的观点,如认为思维语言具有物理性,是一种物理符号或者说是大脑中神经元的某种连接方式,这显然坚持了唯物一元论。其次,用思维语言的语义性解释哲学和心理学中聚讼纷纭的意向性问题,即使也碰到了一些理论上的困难,但颇有启发性,至少丰富了我们解决问题的思路,扩展了我们的视野。最后,思维语言假说的诞生和最近二三十年来的初步发展的最大意义在于:它标志着对心灵尤其是思维的认识朝着由肤浅向纵深、由抽象向具体、由模糊笼统向精确化方向又迈出了重要的一步,促进和推动了思维研究的方法论变革。这不仅是认识发展的必然,而且也为认识的进一步发展提供了条件。我们知道,心灵研究由于对象的特殊性,就其主要方面来说,一直建立在类比、隐喻的基础之上,如把心灵比作蜡块、白板或白纸、镜子、"电报系统"[①]等,因而使对心灵包括思维的认识带有较大的肤浅性、抽象性、笼统性和隐喻性。尽

---

① 海克尔著,上海自然科学哲学著作翻译组译.宇宙之谜.上海:上海人民出版社,1974.151

管思维语言假说从根本上说也是以机器语言为类比基础的,因而仍主要是一种类比推论的产物,但由于计算机是一种模拟人的思维,且在功能上更接近于人脑的实验工具,而且对它的内部结构、工作过程、原理和机制,对机器语言的各有关具体细节,对计算机的计算或"思维"与作为其媒介的机器语言的关系可作出具体、精确的描述和说明,因此以此为类比基础较之以前的认识自然是一种进步。它能帮助我们比较具体、精确地描述和说明人的思维的结构、过程以及由以进行的媒介,较好地说明这种媒介的构成因素、结构和实质以及它与思维的关系。如果我们肯定思维有其直接的作用对象,其进行离不开一定的媒介,而自然语言的字词句又不能是这种对象和媒介,那么以计算机为根据,从对思维运作的解释的角度,提出思维语言的假说不仅是可能的,而且是必要的、必然的。当然,也应看到,仅仅着眼于计算机类比,只看到计算机科学和人工智能等学科在认识思维中的作用,而忽视对人的思维过程的客观观察和实验,轻视神经科学和生物学等学科的作用,尽管可以合理地提出思维语言及其与思维的关系的假说,但不可能使之成为真正的科学理论,不可能使思维语言模型成为人的思维的现实的、真正的工作模型。有些心灵哲学家、认知心理学家如丘奇兰德等已注意到了这点,不过有的在强调神经科学和对大脑的实验、观察的时候又走向了另一极端,即彻底否认思维语言的存在。我们认为,对思维语言的进一步研究的较合适的方案就是:把计算机模拟与神经科学的实验观察,把主观内省与客观观察结合起来,在人用"思维语言"思维时,借助脑电图、微电极技术、分子生物学、脑化学的技术与手段以及今后可能出现的更先进的技术,辅之以认知心理学的实验和观察材料,研究神经元是如何连接的,例如当我们想到某个词时,借助有关的技术揭示神经元是如何连接的。在此基础上,心灵哲学再综合人类学、语言学、心理语言学、进化论等有关学科的成果,加以高层次的概括、整合和抽象,发展和建构关于思维语言及其与思维的关系、思维语言与自然语言的相互关系的哲学理论。

3 心理内容及其自然化

"心理内容"尤其是"认识内容"、"思维内容"等概念,对于中国哲学界来说并不陌生,但有关文献往往在作出诸如"认识在形式上是主观的,在内容上是客观的"等基本断定之后,就未再作进一步的、深层次的追问和探讨。而在西方特别是英美哲学界,"心理内容"受到关注虽也只是最近二三十年的事情,但由于它被看做是揭开心灵内在奥秘,解决语言的本质、意义等问题的一个枢纽,对人工智能、计算机科学提升机器的智能水平、行为的复杂程度具有重要的借鉴意义,因此一跃而成为心灵哲学、语言哲学、认知科学等关注的焦点,并形成了一个独立的、包括许多深层次问题的、具有广阔发展前景的研究领域。

一、心理内容、意向性、表征与意义

"心理内容"是在意向性研究的基础上派生出来的一个新的研究领域。它既涵盖了传统的意向性问题,又有自己独特的意蕴、旨趣和内容,既与传统概念相关甚至相通,又与之有一定的差异。因此要把握当代各种内容理论的实质,必须从意向性概念说起。

早在古代中世纪,亚里士多德等人就已注意到了心理现象的这样一个特征,即灵魂在感知、思维时,总有对象存在于其内。托马斯·阿奎那继承和发展了有关思想,重新界定了"意向的"(intentio)一词,用以表示心理现象渴求、指向事物的特征。在他那里,该词有意动层面(意欲、愿望)和认知层面(意向、指称)两重含义。虽然他的思考主要服务于神学目的,但触及到了对意向性的本体论和认识论的探讨,如试图揭示意向性的存在方式和本质规定性,特别是他探讨了如何通过意向性使心灵超越自身把握外在事物,从而对认识何以可能这一认识论难题作出了独特的回答。现当代意向性研究发端于布伦塔诺,因此人们通常把意向性问题称为"布伦塔诺问题"。他在借鉴前人思想的基础上,从世界观的高度对它进行了思考。他认为,世界上的现象可以划分为物理现象和心理现象两大类,但两者的根本区别不是前人所说的是否有广延、是否能思等,而是有无意向性。他说:"我们可以这样给心理现象下定义,即心理现象是那种在自身中以意向的方式涉及到对象的现象。"①但是心理现象为什么具有他物所不具有的意向性呢?为什么能在自身中指向、涉及外在的对象呢?这一问题本身就意味着意向性不是心理现象的最根本的、不可还原的属性。事实上,心灵哲学近年来的研究也表明:心理状态是由于具有特定的心理内容或语义性,才具有意向性的。福多说:"关于心理的表征理论的战略就是主张:心理状态的意向属性根源于心理表征的语义属性",后者才是心理状态的不可还原的属性②。因此,要解决意向性问题就必须首先解决心理内容问题。在某种意义上可以说,心理内容问题是一个比意向性问题更具根本性的问题,它包含了意向性问题中的某些子问题,但在内容和形式上都发生了重大的变化乃至转向。

首先,当代心灵哲学一般认为,内容、意向性并不是一切心理现象的本质特征,它充其量只是部分心理现象的特征。因为依据与命题内容、经验两个维度的关系,心理现象可分为两类:一是由特定的态度(思想、信念等)和"that-从句"表

---

① F. Brentano. *Psychologie vom Empirischen Standpunkt*. Erster Band, Leipzig, 1874. p.124
② J. Fodor. "Psychosemantics or: Where Do Truth Conditions Come From?" in W. Lycan (ed.). *Mind and Cognition: A Reader*. Basil Blackwell, 1990. p.313

达的命题内容所构成的心理状态,即通常所说的命题态度(propositional attitudes),如对"明天要下雨"这个句子所表达的命题内容可采取相信、期望、怀疑等不同的态度,由此就有不同的心理状态或命题态度。二是"质的状态"。这类心理现象没有明确的命题内容,只有质的感受、体验或现象学性质,例如疼痛、身体感觉、情感等。这里要注意的是,感觉、情感从表面上看似乎属于命题态度,例如感觉总是感觉到了什么,其后也有相应的内容。其实不然。因为这里的感觉、情感指的是当下的、直接的心理现象,是经验、体验本身,是对色、声、香、味、疼本身的感受。尽管它们也指向了某一对象,但这里的对象不能表现为命题,它们只是感觉体验到了质的特征或现象学性质,例如看到西红柿时所体验到的、呈现在知觉面前的那种红的性质,它由外在的红所引起,但从形式到内容、功能作用完全不同于外在的红。总之,两类心理现象的独特特征分别是命题内容和"感受的质"(qualia)。当代内容研究主要关注的是命题态度,因此其范围有所收缩,但深度却大大加深了。

其次,当代心理内容研究主要从物理主义和自然主义前提出发来解决由内容的"关于性"所引出的难题。当代研究心理现象的大多数哲学家基本上都持物理主义或自然主义观点,认为世界上的一切事物、现象都是物理的、自然的。但是我们知道,心理内容总是关于它之外的存在或不存在的东西。而人之外的万物如高山、石块等却不能有意识地关于什么。虽然有的自然事物在象征、比喻意义上也表现、关于什么,如图画、句子、起象征作用的事物(云彩、树的年轮等)。但它们的象征、表现从根本上说源于人类心灵的作用。例如一只蚂蚁在沙滩上爬过的痕迹碰巧像华盛顿的画像,但我们不能说这是蚂蚁的"意向性"使然。它之所以像华盛顿,是根源于我们的"看"。因此,它充其量只是一种派生的关于性。而人的关于性则是名副其实的、原始的、固有的关于性。对此,二元论和唯心论不存在解释上的困难,它们可以说:关于性是由非物质的精神实体所产生的。但是对于把关于性的主体看做是物理实在的人来说则比较麻烦。因为同为物理实在,为什么人有关于性而他物没有呢?因此,如果要继续坚持物理主义、自然主义,就必须回答:为什么只有人有关于性? 人的物理系统怎么可能具有关于性特征?

第三,心理内容问题在形式和内容上也有不同于传统意向性问题的新特点。就形式而言,它通常被称为内容问题、心灵语言①的意义问题、表征问题和关于性问题。因为根据关于心灵的表征理论和计算理论,以心理表征为加工媒介的心理状态就是命题态度,而命题态度是有机体与心理表征或心灵语言的心理语句的关系。例如"相信天要下雨"这一信念就是某人对"天要下雨"这一命题(表现为心

---

① "mentalese"或"language of thought",指的是心灵能直接加工的、类似于计算机的机器语言的形式化语言或心理表征。在其倡导者看来,心灵不可加工自然语言,只能以这种语言为媒介。

灵语言中的心理语句）的一种态度。因此有心理态度、有表征也就是有心理语句。而心理语句有句法和语义两种属性。句法属性是指心理语句像自然语言的句子一样也是由字词等符号按照一定的规则构造而成的，有特定的物理关系和形式结构。语义属性是指心理语句也有意义、指称和真值条件，它们总是关于自身和外在的什么东西，它是命题态度除因果性之外的又一根本特征，人们常称之为心理语义性，相应地把关于心理语义性的问题称为"意义"问题，把相应的理论称为心理语义学或关于心理语言的意义的理论。心理内容有时也被称为"表征问题"。因为说命题态度有内容，就等于说包含在命题态度之内的心理语句总是表征或表达（represent）了它之外的什么东西。心理语句把所表征的东西直接呈现于心灵，为心灵直接意识到。总之，人的心理能够直接思维、加工的只能是心灵语言，即使没有这种语言，也必须是某种不同于原子、分子或神经元结构的内在的心理表征，而不可能是自然语言，因为后者有形体、声音等物质载体，它们不能进入心灵为之直接加工。由此可见，自然语言的语义学不适于解释心灵语言的语义性。因为自然语言的意义根源于心理的意向性，而意向性又根源于心理语言的语义性。因此，只有揭示了心灵语言的语义性才能从根本上说明自然语言的意义，而不是相反。就此而言，心理内容比意向性更根本，而意向性又比自然语言的意义更根本。我们可依据前者说明后者，却不能倒过来，否则就会陷入循环论证。正是由于这一原因，内容问题成了语言哲学和心灵哲学共同关心的"意义问题"。总之，"内容"、"意义"、"语义性"、"表征"等范畴的出现绝不是"无病呻吟"式的文字游戏，而是反映了心灵哲学在向心灵深掘过程中发现了传统意向性研究所未注意到的现象和问题。尽管它们在含义上有微妙的差异，在观照命题态度时的侧重点和切入点不同，但都窥探到了心理现象的某种更深层的奥秘和特点。因此，它们是真正的"认识之网上的网上纽结"。当然，如果用这种新的标准来理解意向性，也可以在宽泛的、不严格的意义上把内容问题称为意向性问题。

　　内容问题在内容上也有别于传统的意向性问题。它主要包含以下几个子问题：（1）表征的主体问题，即：什么事物起着这种作用？（2）心理内容的本质以及与所指对象、外部环境的关系问题，即：内容是什么？是关系属性还是非关系属性？其必要条件是主体内的机制，还是外在的指称？（3）自然化或存在问题：心理内容在自然界的秩序中有无地位？能否用自然主义术语、物理主义原则予以说明？（4）心理内容的因果性问题：它在自然界的因果链条中有无因果作用？心对身体的作用是由心理表征的句法结构还是由语义属性（内容）承当的？第一类问题的答案比较明确，不外乎二元论、类型同一论、功能主义、哲学行为主义和取消主义几种。这些理论比较常见，因此我们主要考察当代心灵哲学对后三类问题的解答。

二、心理内容的宽与窄

众所周知,世界上的状态或属性从关系的角度看,不外乎关系属性和非关系属性两种。关系属性是由其持有者与所处的共时性和历时性条件的关系性质所决定的,因而要说明它,就要诉诸环境以及它与环境之间的关系。例如一物比另一物重的属性就是如此。非关系属性是其持有者不以它物为条件而具有的属性,对之进行说明无须求助于外在的事物和属性。如对项链的含金量,就只须分析其内在的构成要素及其相互关系,而不用涉及外在因素。那么心理内容是哪一种属性呢? 它存在于大脑之外还是大脑之内? 或者说它存在的充分必要条件、本质是什么呢? 不外乎三种可能:一是关系属性,即心理内容不在头脑中,而由其对象、环境所决定。此即外在主义所说的"宽内容"(wide content)。二是非关系属性,即心理内容从根本上说是大脑或神经系统本身所具有的属性,此即内在主义所说的"窄内容"(narrow content)。三是心理内容既可表现为宽内容,又可表现为窄内容,此即内容二元论的观点。

内在主义的基本主张是:心理内容是纯内在的事件,只能根据内在系统的微观因素及其结构来说明,而毋须到持有内容的个体之外去寻找其存在的基础。内容是命题态度中的命题句子所表达的东西,如"相信天要下雨","相信"这一态度后的从句表达的就是内容。它直接关联于"态度",由大脑的物理结构、神经元连接模式、计算属性等所决定,与大脑之外的所指、外延没有关系。因为,大脑不仅可以思考实际存在的东西,还可以思考"独角兽"等根本不存在的东西,并可以有关于它们的信念。而且即使内容是由真实的对象引起的,有客观的所指,但是在存储、呈现以及对有关内容进行加工时,并不依赖于外在的关系,它们完全是由大脑自身所决定的。就把握的方式而言,心理内容是借助态度归属的方式而为我们接近或认识的。当然,内容虽然存在于大脑之内,不依赖于外在的环境、对象,但它们不是超自然的,而是如西格尔(G. Segal)所说:"内容是一种自然现象。"[1]不过对窄内容以何种形式存在,不同论者有不同的看法。有的认为它是认知性内容而非指称性内容,或者说就是表征[2]。有的认为窄内容是一种概念作用。而福多则认为窄内容是一种将语境转化为外延或宽内容的功能,由于它,同一概念在不同的条件下可指称不同的对象。例如地球人的"水"一词之所以在地球上指称 H_2O,而在孪生地球上指称 XYZ,原因就在于大脑中有这样的转化功能,而它就是

---

[1] G. M. A. Segal. *A Slim Book about Narrow Content*. Cambridge, Mass: The MIT Press, 2000. p.19
[2] G. M. A. Segal. *A Slim Book about Narrow Content*. Cambridge, Mass: The MIT Press, 2000. p.18

窄内容①。

内在主义的最大难题是:不能解释内容因指称、环境的不同而不同这一事实。以"孪生地球"思想实验为例②。地球人和相应的孪生地球人在生理、心理过程和结构上与相应的地球人完全相同。他们都有"水"一词,该词的神经基础、物理构型、概念作用等也完全一样。但其内容彼此有别:地球人的"水"指 H_2O,孪生地球人的"水"指 XYZ。根据内在主义,如果"水"的内容是非关系属性,那么就不应有这种内容上的不同。既然有不同,内在主义就是有问题的。对此,内在主义者作出了辩解。其中之一是所谓的"系统的解释"。西格尔指出:就坚硬、弹性、热、液态等属性以及运动、做功等功能特性来说,"人们解释一事物具有这些属性,根据的是属性与它们的构成部分之间的关系。如对铁的坚硬性,可解释说,它是由其构成因素及结构所使然"③。同样,人们想到了什么,有什么内容呈现在心中,也完全是由大脑各个层次的微观结构(如神经元连接模式、计算属性、认知结构等)及其系统特性所决定的。即使两个人由于环境、文化背景不同用同一个词指称不同的对象,或赋予它以不同的内容,但这仍可根据他们的内在微观结构和机制而得到解释。也就是说,如果他们的内在结构、过程完全一样,那么他们拥有的就是相同的内容。其次,内在主义者认为,如果承认心理有因果作用,就必须承认内容是窄的。因为心理的因果作用不能由概念外延中的事物承当。德维特说:只有"窄内容才是心理学所需要的东西",没有窄内容,就无法解释命题态度的因果作用;而且心灵哲学有窄内容就足够了,"心理学只应注意头脑中的东西所决定的意义",宽内容纯属多余④。还有一些哲学家用思想实验来论证内在主义,其中最著名的是"缸中之脑"的思想实验。假设创造出你大脑的一个复制品并使它存活在一个装有营养液的缸中。神经科学家定期进来,用电极刺激它,使它进入与你有某思想时相同的大脑物理状态。如果你有一思想并描述说:"迎面开来一辆卡车。"这时神经科学家刺激缸中之脑,使它有与你此时相同的大脑状态。那么,它这时也会有这样的思想:迎面开来一辆卡车。而且,它还会有关于卡车的视觉经验以及伴随而来的各种感受。但它的思想并没有表征任何外部事物。可见,外部环境与心理内容没有关系,我们的思想完全"在大脑中"。最后,内在主义者还利用局域随附性(local supervenience)原则来论证内在主义。他们认为,心理内容随

---

① J. Fodor. *Psychosemantics*. Cambridge, Mass: The MIT Press, 1987; G. M. A. Segal. *A Slim Book about Narrow Content*, p. 18
② H. Putnam. "The Meaning of 'Meaning'". In A. Pessin and S. Goldberg (eds.). *The Twin Earth Chronicles*. NY: M. E. Sharpe, 1996
③ G. M. A. Segal. *A Slim Book about Narrow Content*, p. 12
④ M. Devitt. "A Narrow Representational Theory of the Mind". in W. Lycan (ed.). *Mind and Cognition*, pp. 371—398

附于大脑状态,两个人只要有相同的大脑状态或微观的神经元连接模式,就必然有相同的心理状态。因此,思想完全存在于大脑中,"如果它不在大脑中,它就不是内容"①。除此之外,还有根据计算机类比、方法论的唯我论和心理学的自主性等所作的论证。

内在主义有许多理论形态。一是极端的内在主义。它完全否认有宽内容,认为所有内容都是窄的,它们与外延以及使一样本成为某概念外延中一员的外延条件和根据没有任何关系。二是温和的内在主义。它不否认外延条件对内容的作用,但认为外延条件本身也是窄的。尽管它们不存在于头脑之内,但它们是由思想者的特征所决定的。例如我的"水"概念有"无色"、"无味"等外延条件,这些完全是由我的内在过程、属性、观点所决定的。三是中庸(或骑墙)的内在主义。它认为内容既依赖于主体的内在结构,又依赖于外在对象,由于前者,两个指称同一对象的词语才具有相同的意义,基于后者,两个指称同一对象的词语又有不同的所指和意义。

在外在主义看来,大脑有没有心理内容完全取决于它们与其外部世界的关系,只注意大脑状态并不足以确定心理内容。普特南基于"孪生地球"思想实验指出,由于环境不同,地球人和孪生地球人用同一个词"水"关于的是不同的对象,而"关于"是意向性的本质,关于不同对象的思想就是不同的思想,因此尽管他们有相同的大脑状态,但却有不同的思想内容。他的这一思想可追溯到他关于自然种类的术语意义的理论。他认为,在指称自然种类术语的定义中有"索引"(indexical)因素,即语词的意义依赖于说出它们的语境。例如像"这里"、"现在"、"我"等词,它们意指什么取决于谁说它们,它们在何时何地被说出来。在上例中,"水"是指与周围的液体有某种相似性的东西,这里的"周围"指地球上的"这里"。孪生地球上的东西也是这样,不同的是"周围"指孪生地球上的"这里",而两个"这里"的液体不同。因此,当他们都说"水真甜呀"时,所断言的东西是不同的,即他们有不同的思想。而且不仅物理环境可以决定心理内容,语言共同体的语言实践以及社会、文化因素也是如此。例如两个人都说"壶由'grug'制成",但由于他们分属两个不同的语言共同体,一个用"grug"意指铝,而另一个用"grug"表示银,因此他们在说这话时心理内容是不同的。总之,"心理内容不在大脑之内",而依存于外在的各种关系因素②。

应当注意的是,普特南最初在"'意义'的意义"中所阐述的外在主义主要是关于自然语言意义的理论,而且所涉及的主要是"水"、"盆"等自然种类的术语。

---

① B. Hannan. *Subjectivity and Reduction*. Westview Press, 1994. p.88
② H. Putnam. "Computational Psychology and Interpretational Theory". in D. Rosenthal (ed.). *The Nature of Mind*. Oxford: Oxford University Press, 1991. pp.529—531

后来在与内在主义的论战中,普特南的思想也得到了发展。一方面,他把外在主义推广到了更广泛的术语,并建立了关于心灵语言的意义理论。另一方面,他进一步把决定内容的因素区分为两个方面:一是外延条件,即某物成为某概念外延中的样本的特征和标准;二是模板(stereotype),即外延中所有样本的可用摹状词描述的索引式标志,例如水的模板是清澈的、能饮用等。目前,除了普特南的外在主义之外,还有社会外在主义、激进的外在主义、温和的外在主义等多种形式。社会外在主义主要强调内容对外在的社会文化因素的依赖性。激进的外在主义把宽内容等同于外延。而温和的外在主义则认为,共外延的概念在内容上可以不同。内容上的差异不能完全归结为外延上的差异。如水和 H_2O 在内容上有区别,因为后者强调的是氢、氧等构成元素,而前者则没有这些内容。当然为了维护外在主义,它又坚决否认区别共外延概念的东西是窄内容,而认为它们是关系性因素。总之,把共外延的内容区别开来的不是某种可分析的要素,而是这样的东西:由于它,主体与外延相关,进而外延又表现给思想中的主体①。应该看到,外在主义尽管指出了内在主义的个人主义和主观主义的片面性,但同样也面临着种种难题。例如我们通常是用意向状态尤其是意向内容来解释行为的:我们吃药,因为想让病好,并相信药有疗效,同时大脑对我们有相关的原因作用。如果内容依赖于大脑之外的因素,我们怎么能把意向内容作为原因而加以信赖呢?如果思想内容依赖于外在因素,那么当你对外在因素一无所知时,是否意味着你就不知道自己的思想呢?另外,用外在主义怎样解释没有指称但有意义的空概念呢?

针对这些难题,布洛克、福多等人提出了中间路线,雅各布(P. Jacob)称之为"内容二元论"②。它认为,就语义学而言,心理内容有窄内容和宽内容两种形式,窄内容在大脑之内,遵循意向心理学的规律,由命题态度的相互作用所决定。宽内容依赖于命题态度与环境的协变,是心理符号的真值条件。就因果解释而言,我们可用窄内容解释人的行为是怎样在命题态度的作用下发生的,因为窄内容是命题态度的概念作用。但窄内容随附于大脑的物理属性,因此,它要有效地发挥对行为的原因作用,又必须通过它所随附的东西即宽内容。内容二元论有时表现为内容二因素论。如麦金(C. McGinn)等认为,心理内容由内在和外在两种因素构成。内在因素是心理状态之间横向的因果关系,表现为概念或因果作用的形式。外在因素是表征与外在环境的纵向关系。两种因素由于目的论机制结合在

---

① T. Burge. "Other Bodies." in A. Woodfield. *Thought and Object*. Oxford: Clarendon Press, 1982; G. Evans. *The Varaties of Reference*. Oxford: Oxford University Press, 1982; J. McDowell. "Singular Thought and the Extent of Inner Space." In P. Pettit, J. McDowell. *Subject, Thought, and Context*. Oxford: Clarendon Press, 1986

② P. Jacob. *What Minds can Do?* Cambridge: Cambridge University Press, 1997. pp.160—182

一起,共同构成了表征的内容①。内容二元论尽管避免了内在主义和外在主义各自的某些片面性,但并不是没有问题的。因为对外在主义和内在主义的某些批评同样也适合于它。西格尔就曾指出,内容二元论或二因素论不过是一种功能主义的、描述性的说明,它建立于常见的错误之上,如太看重外在主义的直觉等②。

三、自然主义图式与心理内容的本体论地位

从现象上看,不管是宽内容还是窄内容,似乎都与已知的自然现象如实在、属性、关系等判然有别。例如在自然界中就找不到与作为功能属性的窄内容相对应的参照物,而作为关系属性的宽内容也与已知的时空关系、相互作用关系、包含与交叉关系等不同。因此,心理内容似乎是自然界之外的另一类非自然的现象。福多指出:"关于表征的担忧是:语义的(或意向的)东西被证明与自然秩序中的现象是不协调的……因此,化解这种忧虑要做的事情在最低限度上就是构造关于表征的自然主义条件。"③也就是说,要坚持物理主义、自然主义纲领,就必须对意向内容进行自然化,即用自然主义的原则、术语来说明它。具体而言,首先要用自然主义说明内容是一种自然现象,在自然事物、属性、关系的存在秩序上有其固有的地位,并以自己的方式存在于自然界之中。其次要说明:基于物理系统的心理状态怎么会具有内容,怎么能够表征、关于它之外的事物,即要揭示表征所以可能的充分必要条件。

心理内容的自然化,是当代心理内容研究的重点和难题。它的兴起与意向解释受到悲观主义特别是取消主义的威胁有关。取消主义认为,心理内容是子虚乌有,信念等表征状态在关于人类行为的解释中没有任何作用,民间心理学所说的心理图景也与认知科学所揭示的不一致。因此,斯蒂克断言:"绝对不可能有关于内容的哲学理论",意向的东西不能被自然化,我们不能用自然主义术语说明它在自然界中的存在④。另外,心理内容的一些特征也使一些人对论证它在自然界中的地位丧失了信心,从而产生了悲观主义情绪。他们认为,我们缺乏认识心理内容的"前结构"和相应的理论、工具,因此心理内容是无法理解的。其次,在心理内容中,存在原则常常失灵。因为心理状态可以表征不存在的东西。此外,莱布尼茨规律在这里也往往不起作用,或者说心理内容具有不保真性(apacity)。因

---

① C. McGinn. *Mental Content*. Basil Blackwell, 1989. pp.161—168
② G. M. A. Segal. *A Slim Book about Narrow Content*, p.122
③ J. Fodor. "Semantics, Wisconsin Style". *Synthese*, 1984(59): pp.231—250
④ S. Stich. "What is a Theory of Mental Representation." in S. Stich (ed.). *Mental Representation*. Blackwell, 1994. pp.347—365

此,要使心理内容研究进行下去,首先必须确认它的本体论地位①。心理内容自然化的方案很多,最有影响的是以下几种:

一种是信息语义学(Informational Semantics),又叫协变(covariance)理论或因果理论。其倡导者主要有德雷特斯克(F. Dretske)、斯托纳克(R. Stalnaker)和福多等。信息语义学试图根据"信息"、"协变"、"因果关系"等说明心理内容,揭示其物理基础、形成机制和成立条件。它认为,意义是由心灵与世界之间的因果关系所决定的。换言之,心理术语"S"意指 S 就是"S"的标记与 Ss 因果协变,即 Ss 且仅仅 Ss 引起"S"的标记。例如术语"老鼠"要意指老鼠,就是关于"老鼠"的心理表征由而且仅仅由老鼠的出现所引起。由此可见,信息语义学是仿照"表征"的含义而建立起来的,它反映的是个体心灵与其环境之间的信息关系。它认为,信息是语义属性的真正构成要素。所谓信息关系就是存在于指示器与它所指示的独立于具有命题态度的行动者而存在的东西(或信息源)之间的关系。比如人们常说,温度计携带着温度的信息,树的年轮携带着树龄的信息等。这里温度计与温度、年轮与树龄之间就是信息关系。信息关系一旦形成便会决定某种信息加工装置是否挑选那种信息。因此,德雷特斯克认为,心理表征的基本的语义关系是"携带信息",即表征与对象的协变,而不是"表述属性"。换句话说,如果"Ps 引起 Ss"是一条规律,那么,S 事件便携带着关于 P 事件的信息。

信息语义学遇到的最大难题是析取问题(the disjunction problem)或错误表征问题。以关于"奶牛"的表征为例,根据信息语义学,"奶牛"这一表征通常由奶牛引起,但有时也可由马或别的东西引起。因此它意指的就不是奶牛,而是或奶牛或非奶牛(如马等)这样的析取属性。这样一来,心理表征的内容就没有与其外延中的对象协变,两者就没有固定的因果关系。换言之,心理表征既可以与其外延中的对象协变,也可与不在其外延中的对象协变。即使是错误地表征了对象或表征是错误地被引起的,也不违背因果协变理论。析取问题是当前内容研究中的难题之一,福多说:"自然主义语义学是否可能这一问题近来事实上被等同于析取问题能否在自然主义框架内得到解决这一问题。"②

信息语义学解决析取问题的方案很多,其共同之处是区分正常情境和异常情境,认为只有在正常情境下,引起一个符号被标记的东西才在它的外延之中,有规律的协变才决定意义,而在异常情境下则相反。但具体的方案差异也很大。德雷特斯克试图通过区分概念的学习时期和运用时期来解决析取问题。他认为,人们在学习时期是通过强化(奖励正确的用法,惩罚错误的用法)来建立表征与所指

---

① P. Carruthers. *Phenomenal Consciousness: A Naturalistic Theory*. Cambridge: Cambridge University Press, 2000. ch.4

② J. Fodor. *A Theory of Content and Other Essays*. MIT Press, 1990. p.60

之间的正确联系的。在后来的运用中，人们会尽可能保持其意义。当然该表征有时会被错误引起，这时又会出现一个"后学习"时期，即由别人或自己来对错误表征进行纠正。也就是说，避免或纠正错误的表征靠的是行动，而行动又依赖于意向内容。显然这已与德雷特斯克将内容自然化的初衷相违背了。福多认为，析取问题产生的根源是把信息等同于意义。信息有两类原因，如"奶牛"标记的信息，它既可以由奶牛引起，也可由非奶牛引起。由此便是两类信息。但意义则不同，不管怎样被引起，它都是其所有标记共有的东西中的一种。此外，信息伴随着原因论，而意义则不然。因此，解决析取问题所需要的不是关于错误的理论，而是关于意义的理论。为此，他提出了"非对称的依赖性"（asymmetric dependence）的概念。以关于奶牛的表征为例。奶牛引起"奶牛"标记，马有时也能引起"奶牛"标记。但是"奶牛"始终意指奶牛，而不意指马。因为马之能引起"奶牛"标记，在因果上依赖于奶牛引起"奶牛"标记，而后者却不依赖于前者。这里的因果依赖性是非对称的。"奶牛"意指奶牛，仅仅是因为"奶牛"标记携带着关于奶牛的信息，而不是别的信息。总之，要得到信息，只需要有可靠的因果协变，而要有意义，还离不开非对称的依赖性①。

　　第二种是目的论语义学（Teleological Semantics）。倡导目的论的人很多，主要有帕皮诺（D. Papineau）、米利肯（R. Millikan）等。目的论语义学针对信息语义学的难题指出，在确定意义时，不能只考察什么引起表征，而要考察表征的全部因果作用，尤其是表征的生物学的专门功能（proper function）或目的。很显然，它实际上是把内容还原为关于专门功能的生物学概念。它认为，我们的心灵与身体一样是进化的系统，因此我们有可能在其内部找到具有专门功能的系统和机制。这些系统和机制注定要发挥专门功能，因为它们之所以存在下来，就是由于它们在过去曾以这种方式成功地发挥过作用，这种作用有利于它们生存。也就是说，专门功能是该事物在进化过程中所"选择"的作用。如我们的眼睛能看，是因为它是在我们看的过程中被选择的，我们祖先中那些能看的人在生存上享有比不能看的人更大的优势。命题态度的内容也有专门功能，如愿望是促使我们行动，信念是引导这些行动趋于成功等。根据目的论语义学，一个信念有其内容是由于世界有某种状态，它使信念取得了某种结果（成功地行动），而这些都是在个体进化过程中被选择或被设计如此的。例如，我们之所以有一个特定的心理符号如"老虎"，是因为那符号有表征老虎的功能。它之所以有这种功能，是因为在我们的一些祖先中，"老虎"曾引起他们的适当行为（如逃跑），由此，他们在进化上就优于那些没有这类行为的祖先。目的论为解决错误表征问题提供了自然的方式，因为

---

① J. Fodor. *A Theory of Content and Other Essays*. MIT Press, 1990. pp. 90—100

某事物偶尔或经常不能完成一种生物学功能与它有此功能并不矛盾。正如精子的功能是使卵细胞受精,即使绝大多数精子从未完成过这种功能,我们也不能说它们就没有这种功能。同样,如果意义是一个功能问题,那么一事物在它的功能失常时仍有意义。比如"老虎"的符号有时是由美洲狮引起的,但只要它在进化过程中被选择的功能仍是表征老虎,它就仍意指老虎①。目的论语义学也有其难题,因为如果心理内容以进化历史为必要条件,那么没有进化的造物就没有功能,没有意向状态。以"沼泽人"思想实验为例。假设沼泽中的一根树桩因受雷击而变成了一个"人",他是现实的人的分子对分子的复制品,因此其言谈举止与正常人完全相同。但根据目的论语义学,他不可能有信念、愿望等心理状态,因为他没有经过进化,因而不可能有具有专门功能的状态。卡拉瑟斯(P. Carruthers)认为,这是违反直觉的。因为作为沼泽人行为基础的心理学规律与用来解释、预言正常人的行为的心理学规律完全相同,沼泽人的行为也是由信念、愿望等命题态度所引起的,因此,我们不仅能够通过把信念、愿望等归于沼泽人来解释其行为,而且也应该这样做②。此外,目的论语义学并未从根本上解决析取问题,因为它不能区分在与有机体进化相关的环境中被共同例示的属性的差异,因而没有足够根据确定所表征的究竟是其中的哪一个。

第三种是概念作用语义学(Conceptual Role Semantics,以下简称CRS),又叫功能作用语义学。倡导者主要有布洛克、哈曼、麦金等。目的论语义学是按照关于功能的、历史的和选择的观点来说明心理内容的,但心灵哲学重视的是主宰现在认知功能作用的规律和原则,而不是这些规律和原则是怎样成为它们现在的样子的,因此当务之急应是根据现实的功能作用即内容在当前系统内的作用来分析内容。这就是CRS的计划和思路。它认为,意义或内容就是表征在心理活动中的推理作用、因果作用或概念作用。例如,某人看到了老虎,知道它会吃人,并相信如果他不跑开就会被吃掉,最后他跑开了。这里,信念等心理状态之所以能导致这样的结果,就是因为它的内容。因此,心理内容的存在及个体化依赖于表征在与输入、输出、别的心理状态及表征的相互作用过程中的功能作用或在认知系统中的概念或推理作用。例如同一个内容"明天出太阳",在不同的关系中就有不同的作用:在"相信明天出太阳"和"希望明天出太阳"中,它们就分别起着不同的功能作用,而这恰好是它们作为个体的、特定的内容而存在的条件。布洛克在其著名论文《关于心理学的语义学广告》③中提出,意义根源于两种因素:一是完

---

① R. Millikan. *Language, Thought and Other Biological Categories*. Cambridge, Mass: The MIT Press, 1984

② P. Carruthers. *Phenomenal Consciousness: A Naturalistic Theory*, pp.173—174

③ N. Block. "*Advertisement for a Semantics for Psychology*". in P. French et al. (eds.). *Midwest Studies in Philosophy*. vol.10. Minneapolis: University of Minnesota Press, 1986

全"存在于大脑中"的概念作用因素,二是内在符号在它的指称中必然与之发生关系的外在因素。意义的内在因素即符号的"概念作用",是符号在推理、思考中,在与别的符号相结合和相互作用中,在感性输入和行为输出之间的媒介作用中怎样运作的一种功能。正是这种功能决定了符号的意义。但是并非所有的符号因果作用都与意义有关,那么该怎样确定符号概念作用的组成呢? 比如有两个人都说"我口渴",那么它们表达的是同一信念,还是不同信念呢? 布洛克认为,两个"我口渴"的句子的内在(概念作用)因素是相同的,而外在因素是不同的。内在因素决定着信念的"窄"意义,而外在因素决定着它的"宽"意义。因此两个句子有相同的窄意义,不同的宽意义。CRS 遇到的最棘手的问题是"概念整体论"(concept holism)问题。按照 CRS,一个信念的内容由该有机体的其他一切信念所决定。因此,如果两个行动者在任一信念上有差异,他们在有关术语的概念作用上就可能不同,进而他们用术语所表达的概念也不同。但这不仅与直觉相悖,而且还引发了许多别的难题,例如果内容的解释依赖于整体情境,包括他人的信念等,那么人际间的理解如何可能? 虚假信念如何可能? 概念怎么可能有相似性、同一性? 这些都是 CRS 难以回答的。

总的来看,各种自然化方案在揭示心理内容的起源、基础、机制、个体化和必要条件等方面都作出了富有建设性的尝试,但其实质都是还原论,即把心理内容还原为自然科学中的某种理论实在,或把表征概念还原为自然科学的某些术语。这是值得思考的。一方面,命题态度及其内容有自身的实在性、复杂性,其每一个例都是由特定的复杂系统实现的,它不能对应于自然界中的某一种实在或属性。即使是内容相同的命题态度,由于态度的不同,或内容的微妙差异,实现它的物理个例、自然机制就有区别,因此它不可能用别的术语加以还原。另一方面,还原主义的原则和方法,不管是物理主义的,还是自然主义的,其自身都有不合理性。因为如果这种还原成立,我们就必须否认化学、生物学、心理学等类型的实在性,这显然是荒谬的,而且到目前为止还没有出现过成功的理论还原。有鉴于此,一些论者另辟蹊径,寻找非自然化的解决方案。

首先,卡拉瑟斯提出了"非还原的自然化"(naturalisation without reduction)战略。他认为,各门具体科学是我们世界观的永恒的、不可还原的组成部分,反映的是自然界根据不同实在层次上起作用的规律和原则所组成的不同方式。就心理内容而言,它不是根据别的自然科学,而是根据心理学这样的具体科学的规律而产生、存在和起作用的,因此,内容在自然界的地位事实上并不需要完全的还原论语义学,而是需要用它在科学心理学中的作用去辩护:"要做的工作就是直接为意向心理学的科学地位作辩护,而用不着任何还原。"卡罗瑟斯的理论基础是个例同一论和弱的关于科学统一的阐释观。根据个例同一论,内容这种高层次的心理现象是由低层次的过程多样实现的,也就是说,特定内容的实现过程、机制是不同的,而同一过程在不同条件下也可以实现不同的内容。在他看来,解释具体内容的实现机制是自然科学家的事情,哲学的任务是揭示心理内容怎样按心理学规律产生,并对心理状态拥有内容的必要条件提出建议,作出辩护。他说:"内容的实在性和自然位置似乎是由基于以内容为基础的科学心理学所确证的。"①

另一非自然化的尝试是丹尼特等人作出的。丹尼特的基本立场是工具主义。他认为,我们用来解释、描述世界的策略不外三种:物理的、设计的和意向的。前两种是自然科学、技术科学的模式,后者则是意向心理学的方法和手段。就自然界来说,有些适合用这样的描述、解释工具,有些则适合用那样的描述、解释工具。而对于人可以同时用三种方法解释,但是对人身上的某些复杂过程如大脑中的内在过程、属性、状态尤其是意向性、心理内容则只适合用意向策略,即用纯意向的心理学的术语去描述,因为如果只用物理的和设计的策略会遗漏掉许多重要而客观的东西。但实在世界又确实不存在信念、意向内容之类的东西,因此,运用意向策略去解释就像用力的平行四边形法则去计算力的大小一样,它是帮助我们计算的工具,但实际作用过程中并没有四边形之类的东西。同样,意向策略也不涉及任何真实的过程和状态,但它对信念等命题态度及其内容的描述和解释碰巧可帮助我们有效地解释、预言人及其行为②。

四、心理内容的因果性

我们知道,计算机只能对符号的句法进行加工,而不能理解、处理符号的内容或意义。意义的识别、理解是程序设计、操作人员的事情。意向非实在论者独出心裁地指出,人脑与此类似,它所加工和处理的也是命题的符号形式。但是,在人的印象中,心理的因果作用是由心理符号的内容或意义使然。例如,我们是在把握了信念的内容(如相信"冰箱里有解渴的饮料")的前提下,才有相应的行动(如走向冰箱,拿出饮料来喝)。如果像大多数论者那样承认心理内容在自然界中的存在,那么心理内容究竟有没有因果作用呢?如果有,它是怎样发挥因果作用的?这是内容理论中与心身、心物关系问题以及行动哲学中的行动解释问题交织在一起的一个崭新的、前沿的课题。

对上述问题的探讨是围绕着如何消除对语义属性因果性的怀疑而展开的。对语义属性因果性的怀疑来自取代威胁(preemption threat)和外在主义威胁两个方面。取代论者认为,符号的句法属性不是符号的基本物理属性。因此,其因果效力可以由符号的物理属性的因果效力所取代。与此类似,命题态度的语义属性

---

① P. Carruthers. *Phenomenal Consciousness: A Naturalistic Theory*, p. 188
② D. Dennett. "True Believers". in *The Intentional Stance*. Cambridge, Mass: The MIT Press, 1987

也不是大脑的基本物理属性,其因果效力也可能被大脑的物理属性的因果效力所取代。外在主义威胁则源于语义属性的外在特征。它认为语义属性不在大脑之内,而在所指称的对象之中。因此,它在大脑中没有位置。但因果过程是有位置的,或者说是局域性的(local),因此语义属性不能发挥因果效力。两个威胁的侧重点不同,但其实质都是认为语义属性是没有因果作用的副现象属性。

杰克逊、雅各布等人用程序解释模型对取代威胁作出了回答。他们认为心理内容有宽内容和窄内容之分,宽内容是副现象,而窄内容是有因果效力的真正的内容。在雅各布看来,对行为的因果解释有两类:一是过程解释。例如一个人头痛,吃了止痛片,头不痛了。对此可以解释说,药物的化学属性在消除疼痛的过程中有因果作用。二是程序解释或功能解释,如可以通过叙述止痛片的功能来解释其因果作用。两种解释的区别在于:过程解释揭示的是因果作用的实际过程,而功能解释提供的是关于可能没有被实现的因果作用过程的信息。也就是说,功能解释提供关于实际过程的一般信息,而非具体信息①。根据命题态度的语义属性对行为的解释是一种功能解释。因为尽管语义属性随附于物理属性,它的例示在物理属性的因果作用中没有一物引起另一物的那种作用,但是物理属性的例示只有通过语义属性所编制的程序,才能有产生行为的因果作用。也就是说,语义属性的例示与物理属性的例示之间是概念的、逻辑的或程序性的功能关系。正如述及成为止痛片的功能或程序,可以对止痛作出因果解释一样,通过述及信念的语义属性的功能作用也可对行为作出因果解释。因此,语义属性的因果作用是客观存在的,它不可能被物理属性取代。

德雷特斯克运用"成分战略"(componential strategy)来消除外在主义威胁。他认为,身体运动与行为不同,行为是一个借助物理系统的意向状态产生身体运动的过程,它由信念、身体运动以及二者之间的因果关系三个因素所构成。命题态度的语义属性作为原因引起的不是行为,而是身体运动。因此,在说明语义属性的因果作用时首先要区分对行为的因果解释和对身体运动的因果解释。按照成分战略,用命题态度的语义属性解释身体运动是一种因果解释,前者是原因,后者是结果,而用它解释行为则还须把触发性(triggering)原因和结构性(structuring)原因区别开来。触发性原因是直接引起一个事件的事件,例如拧开水龙头就是水流出来的触发性原因。而结构性原因是背景、条件,是触发原因起作用的根据,例如水龙头拧开之所以有水流出来,这是由设计、安装人员设计安装的构造所决定的。德雷特斯克认为,命题态度的语义属性在行为发生中是作为结构性原因起作用的,因为它说明了行为过程的结构。以温度自动控制装置为例。它装有

---

① P. Jacob. *What Minds can Do?* pp. 205—222

双金属片 C，C 像温度计一样，携带着房间温度的信息。当温度变化到一定值时，它就弯曲，打开或关闭火炉。这种开关作用是 C 的因果属性。而此属性又与信息属性密切相关。因为 C 的开关即双金属片的弯曲是由它所携带的温度信息决定的。显然，只用 C 的弯曲这一触发性原因来解释火炉的点燃是不够的，还必须诉诸 C 所携带的信息即结构性原因。因为工程师之所以用电线把 C 与火炉连接起来，依赖的就是它的信息属性。可见，C 由于被工程师用作点燃火炉的原因而获得了派生的语义属性，进而它的语义属性可以解释温控开关"行为"的结构，即解释 C 为什么使火炉点燃。同样，有机体携带信息的状态也能通过被用作有机体物理运动的原因而获得语义属性。总之，如果行为是意向的行为，那么命题态度的语义属性就是结构性原因，因为它是一种指示器，由于它被用作个体物理运动的原因而获得了它的指示功能①。

福多、布洛克等人根据内容二元论对副现象威胁提供了一种比较温和、折中的解决方案。他们认为，用窄内容对窄行为的解释是真正的因果解释，用宽内容对宽行为的解释不是因果解释。因为所有因果作用都是由窄内容承当的，宽内容之所以为宽内容就是由于具有窄内容的心理状态与外在事物之间的外在关系。总之，命题态度的语义属性并不是完全没有因果作用的，至少其中的窄内容有因果作用。窄内容怎么可能有因果作用，它是怎样完成因果作用的呢？福多认为，揭开语义性因果作用的秘密有赖于句法："正是通过句法，符号的因果属性才与它的语义属性关联起来。……符号的句法可以决定其标记的原因与结果，就像一把钥匙的几何形状决定它能开哪把锁一样。"也就是说，句法是符号的类似于钥匙几何形状的二阶物理属性，它既表现语义属性，同时它的形状又潜在地决定其因果作用。就此而言，句法与语义属性是不对称的：语义属性的因果作用必须借助一个"代理人"（proxy）即句法的结构或形式属性才能实现。而句法形式之所以能作这样的"代理人"则完全是因为一个目的论的事实，即被设计如此。对此，福多借助计算机类比说：计算机的操作"完全是由符号的转换构成的，在执行这些操作的过程中，计算机只对符号的句法属性敏感，它借符号所完成的操作完全限制在符号的形态转换之内。然而它是如此被设计出来的，当且仅当被转换的符号具有特定的语义关系时，它才将一符号转换为另一符号"②。

在解释心理内容的因果作用时，常常还会遇到这样一个问题：心理内容的因果作用是依赖于个体自身的状态、结构，还是外在的关系因素？这就是个体主义和反个体主义争论的焦点。个体主义的主要代表是福多，反个体主义的代表是伯

---

① F. Dretske. *Explaining Behavior*. Cambridge, Mass: The MIT Press, 1988
② J. Fodor. "*Fodor's Guide to Mental Representation*". in his *A Theory of Content and the other Essays*, p.22

奇(T. Burge)。个体主义认为，命题态度及其内容作为心灵的状态、属性，只依赖于个体之内的因素，其对行为的因果作用也是如此，因此在解释人的行为时，就用不着求助于个体之外的东西。其论证有两种。一是依据"孪生地球"思想实验所作的论证：如果我的孪生地球人是我的分子水平上的复制品，那么我们的（实际的和反事实的）行为在有关方面是同一的，从而我们的心理状态的因果力在有关方面也是同一的，因此我和我的孪生地球人就心理学解释来说就属于同一的自然类别，进而个体主义是真实的。二是根据局域随附性原则所作的论证：如果承认命题态度及其内容是行为的决定因素，那么它们必定随附于大脑状态，因为因果力只能由一定区域内的状态或机制承当，而不能由外在的、关系性的属性承当。总之，心理内容通过作为其随附基础的大脑状态而发挥因果作用，即使它有关系属性，有宽内容，也不会影响它的因果力。因此，心理学的分类学、意向状态及内容的因果力是个体主义的[①]。

反个体主义认为，心理内容的因果力是由其关系属性中的变化所决定的，因为这些差异影响了心理内容的个体化。福多的错误就在于，他认为判断心理内容因果力的同一与差异不依赖于对心理状态类型的判断。伯奇认为，对两个人的意向状态因果力的判断，即判断会产生什么行为，依赖于它们属于哪一类心理状态，而这又依赖于外在的因素。在他看来，尽管因果关系是局域性的，人的意向状态和行为只能受其环境中的因素的影响，但随附性并不能帮助个体主义建立其本体论结论，因为什么随附于什么取决于事物怎样被个体化。例如地球人 S 和孪生地球人 S* 所有的物理的、非意向的事实都相同，但意向状态由于属于不同的心理类型而不同，由此才产生了不同的意向行为，这是由个体之外的因素所决定的。因此要解释不同的意向行为，就要超越于个体之外。不仅如此，人的心理状态也不能独立地通过其心理机制影响行为。主体环境中的事件要影响他的心理事件或行为，也必须首先影响他的身体。这些事件中的变化、差异可以影响那些身体事件所传递的信息，因此能影响意向内容，使其个体化。也就是说，信息中的这些差异能说明主体心理状态的意向内容上的差异，进而能说明这些状态的因果力上的差异[②]。

我们认为，解决这里的问题一是要坚持触发性原因和结构性原因的区分，二是要认识到语义性有非语义的源泉，三是要正确理解语义属性因果效力的情境，四是既要坚持局域随附性，又不否认自然、社会、文化环境对内容发生因果作用的

---

① J. Fodor. "A Modal Argument for Narrow Content". in C. and G. Macdonald (eds.). *Psychology of Philosophy*. Basil Blackwell Inc, 1995. pp.206—225

② T. Burge. "Individualism and Psychology". in C. and G. Macdonald (eds.). *Psychology of Philosophy*, pp.165—172

必要性。因为一方面,因果作用必须由某种结构或系统承当,"关系"本身不能成为这种作用的主体。另一方面,有因果作用的实在必须个体化,而个体化无疑离不开社会、历史条件和自然环境以及来自对象的信息等关系属性。因果作用不能在空中楼阁中发生,只能由活生生的主体在活生生的关系条件下完成。总之,如果我们的目的是提供关于个体物理运动的触发性原因,那么只有大脑的物理属性才有因果效力。就此而言,心理状态的语义属性是附带现象。但这并不等于说它在个体的行为过程中没有作用。语义属性在结构性原因的意义上对行为的产生有因果作用,因为命题态度在作为触发原因发挥作用时离不开一定的背景、结构、程序和规则,而这正是作为结构性原因的语义属性之作用的表现。

虽然心理内容研究尚处于起步阶段,但已经显示出了蓬勃的生机和美好的前景。因为它面对的是一个牵一发而动全身的问题,它不仅涉及到信念、思想、意识和行动等心灵哲学自身的问题,而且也直接关系到自然语言的意义以及心理的结构、机制和动力学等跨学科的问题。它不仅关系到对人的心理现象的认识,而且也关系到对人乃至整个世界的整体把握和理解。因此,它之成为关注的聚焦点,是心灵哲学及有关科学发展内在逻辑的必然。不仅如此,对心理内容的研究,还为我们开辟了一条揭示心灵内在奥秘的重要途径,具有重大的理论和实践意义。它不仅有助于我们深入到"认识的内容是客观的,形式是主观的"等老生常谈背后,探索心理的地形学、运动学和动力学,从而实现哲学的创新和发展,而且也有助于人工智能、计算机科学超越传统符号句法模拟的取向,关注心理的语义属性,从而实现对人类智能、心理的真实模拟。可以大胆预言,随着人类对心理内容认识的进一步深化,有关的科学和技术必将获得革命性的进展。

随附性与心理的因果性问题

Suifuxing Yu Xinli De Yinguoxing Wenti

环绕我们的世界并不是一些毫不相关的物体、事件、事实的集合，而是构成一个系统，呈现出结构性，并且它的组成部分与其他一些成分并非以偶然的方式联系在一起。

——金在权

描述人的信念和愿望，不是描述了某种物理实在的任何碎片，而只是像拨动了算盘上的算珠。算珠并不是真实的数量关系，因而拨动算珠并不是拨动了真实的存在，但对算珠的拨动，可帮助我们了解实在世界的数量关系。同样，述及人的信念与愿望，尽管不触及实在的过程，但碰巧能使我们解释和预测行为的发生。

——丹尼特

如果放弃心理因果性，那就等于承认：对行动的信念、愿望解释是不真实的，这无异于说，我们并不是真正的动原（或人）。

——汉南

艾舍尔:《三个世界》,1955年,石版画

对随附性的研究能帮助我们认识心理现象吗?

六 随附性与心理的因果性问题

如果说范式(paradigm)指的是这样一种理论成就,它能够把一些坚定的拥护者吸引过来,并为一批重新组合起来的理论工作者留下各种有待解决的问题,提供解决问题的途径、方法和技巧,从而具有规范、定向该领域的认识活动的纲领功能,那么"随附性"就是当今心灵哲学中的一个新范式。它提出及引发的问题是西方心灵哲学中近年来受到广泛而高度关注的问题,不仅心灵哲学家、道德哲学家对之倾心,而且逻辑学家也对之产生了浓厚的兴趣,因而它不仅是心灵哲学中的热点和焦点问题,而且是广泛的哲学分析的主题。参与这一问题讨论的人数之广,围绕它所发表的论著之多是近年来的其他哲学领域所无可比拟的,而且呈上升之势。

它之所以备受青睐,是因为有关的研究不仅对探讨心灵哲学和道德哲学中许多长期聚讼纷纭的问题有重要的意义,而且对于人们从整体上理解把握世界,对于逻辑学的进一步深化都有不可低估的价值。我们知道,在对心身关系的认识上,二元论曾是近代占主导地位的思潮,而认识历史进入现代尤其是20世纪30、40年代以后,各种形式的同一论一跃而成为主流。与逻辑经验主义的科学统一纲领相呼应,物理主义开始在心灵哲学中大显身手。而物理主义在自身的发展过程中,还原论又独占鳌头。近十年来,形势发生了喜剧性变化,许多人开始有了这样的信念:将心理现象还原为物理现象,将心理语言分析为物理语言是行不通的,还原论和科学统一纲领是难以奏效的。但是这又没有导致二元论的复兴。许多人仍然认为,广义的物理主义框架仍不失为研究心灵哲学问题的有前途的方案,因为否定非物理实在的存在,强调世界的物理性这是不能也不应放弃的。但是另一方面,人们也感觉到,心理现象以及关于心理现象的科学的自主性也是应予维护的。这样在二元论和还原论的物理主义之间就出现了一种寻求中间出路的致思倾向,它既反对二元论,坚持世界的物理一元性和自然主义立场,又试图不再重蹈还原论的覆辙,而维护心理的自主性。对随附性的关注和认真深入的研究正是这种努力的表现和结果。可以大胆地说,"随附性"是当代心灵哲学探讨心灵的产生、本质以及心与身的关系的新"范式"或研究纲领,其成果已经改变着心灵哲学的面貌。

不仅如此,当代的随附性研究还具有宇宙观的意义。对随附性、随附关系的揭示和推广,不仅有助于探讨道德属性和自然属性的关系,而且对于从宏观、宇观上把握宇宙、世界(包括各种可能世界)的本质及其关系也有重要的理论意义。因为过去我们所认识到的宇宙内事物的一般关系不外是同一、平行、还原、依赖、决定和蕴涵等关系。根据随附性研究的最新结论:世界万物中还有随附关系这样一种未被认识的关系,世界千奇百态的属性中还有随附属性这一被忽视了的属性。不仅如此,这种关系对于进一步探讨依赖、决定之类的关系还有重要的作用。

例如过去人们在解释决定关系时常常陷入机械论、还原论等困境,而用随附性说明决定关系将有助于找到决定的非还原形式。

随附性研究的范围极其广泛,问题极其繁杂。大致说来,不外两大视角。一是从逻辑上把随附性作为一个纯逻辑的问题加以研究。因为当奎因说"没有物理上的差异变化就没有其他的差异变化",戴维森说"在所有心理方面不可能有一模一样的两个事件,除非在某些物理方面发生了变异"①时,就向人们提出了一个研究课题,即这类随附发生的充分条件、必要条件是什么。例如人们常说"没有人是没有忧虑的",据此可以推论,如果某存在符合对人的描述,那么他也一定有忧虑。这中间就有许多逻辑问题,如必然性、可能性、充分和必要条件等。二是从本体论的角度,把随附性、随附关系和随附发生当作宇宙中的普遍现象加以研究。具体探讨中所常用的事例主要是属性尤其是心理与物理属性的随附性。由此所决定,随附性研究的直接受益者是心灵哲学。也正是在这个意义上人们常将随附性问题看做是心灵哲学问题。从这个角度研究随附性问题涉及的问题也很多,诸如随附性及相关概念的界定问题,随附性的种类或表现形式及其逻辑关系,随附性与依赖性、协变性、因果性、决定性和还原等的关系问题,随附关系中的随变方与基础方的同一与差异是否对称或者说是一道协变还是二道协变等。本章将主要从心灵哲学的角度对当前随附性研究的主要问题及成果作简要的考察和思索。

1 有关概念辨析

要进入随附性领域,我们有必要从词源学和词义学上考察一下这个概念在日常生活及哲学中的起源与演变。

"supervene"是一个动词,来自于拉丁词"supervenirne"。这是一个合成词,前缀"super"意即"在……上"、"在……之后"、"附加的","venire"意即"来到"或"出现",合在一起有"随后出现"、"附带发生"、"偶然地、意想不到地出现"之类的意思。其他派生词如"supervenient"(随带发生的)、"supervenience"(随附发生)都有上述意义,只是词性不同而已。与此相关,还有一个对应词,即"subvene"(名词subvenience),它指的是引起附带发生的作用或发生,作为名词常用"base"(基础)替换使用。这些词在几百年前就进入了英文,有案可查的资料可以证明:动词至少在16世纪末就出现了,名词和形容词形式在17世纪的作品中经常可以见到。

作为一个哲学概念被广泛讨论和使用当然是最近几年的事情。但追溯起来,

---

① E. E. Savellos (eds.). *Supervenience—New Essays*. Cambridge: Cambridge University Press, 1995. p. 60

六 随附性与心理的因果性问题

其思想萌芽在古代亚里士多德的《尼各马可伦理学》中就出现了。不过那里出现的是希腊文"epiginomenon",而且其意义与现在的也有很大的差别。亚氏主要用它指谓两事物或属性的一种"后生"或伴随关系或属性,如血气方刚伴随年纪轻等。拉丁翻译家在移译亚氏作品时,把它译成了"supervenirne"。20 世纪 20 年代,著名哲学史家罗斯(Sir D. Ross)在用英文翻译拉丁文亚氏作品时,把这个词译成了"supervene",从此该词及其派生词就正式进到了哲学的殿堂中来了,成了专门的哲学概念。不过在 20 世纪 20—60 年代,哲学家们主要是在突现论或发生学的意义上使用这些词的。从 1952 年开始,这些词开始固定地指随附发生之类的现象。其功绩当然应归功于黑尔(R. Hare),他主张:价值术语如"好"是一种关于随附属性的名词。为了说明这一点,他举例说:如果两幅图画不同,一个好,一个不好,那么它们必定有某种在前的差异,是它使一个好,一个不好[1]。

真正使"随附性"概念定型并使之成为当代哲学的中心议题的人,现在被公认为是戴维森和金在权,尤其是前者的作用更为突出。早在 1970 年,他受黑尔的影响,将随附性概念从个别提升到普遍的哲学高度,指出:即使我描述的立场否定有心理物理法则,但它与下述观点不矛盾,即心理特征在某种意义上依赖于或伴随于物理特征。这种随附的意思是:除非在某物理方面有差异变化,否则就不可能有两个事件在所有心理方面一模一样。或者说没有某些物理方面的改变,就不可能有某些心理方面的改变。这类依赖性或随附性无须经过规律或定义的可还原性[2]。从语词的角度也可以这样理解,即把"随附性""理解为一种语言中一个谓词与一组谓词之间的关系。一个谓词 P 随附于一组谓词,如果对于每一对对象,P 对一个是真的,对另一个不是真的,那么就有一个关于 S 的谓词,它对一个是真的,对另一个是假的。所有能用随附谓词区分的个体都能用基础谓词去区分"[3]。经过他的大量研究,后来又经过金在权的进一步卓有成效的工作,随附性概念便成了一个使用频率最高的概念,而且其基本含义已为人们所确认。它可以这样加以表述:一组属性 As 随附于另一组属性 Bs,当且仅当每一个属性 A 和一个能借助一组特定基础属性作用从 B 类属性中建构的属性之间有一种确定的关系。许多人幽默地把它称之为"随附性口号":"没有 B 属性方面的差异变化,就没有 A 属性方面的差异变化","两个对象如果在 B 属性方面是同一的(或者说不可分别),那么在 A 属性方面也将是同一的"。

这样说也许过于简略,既不好理解,又难以将它所包含的深刻而丰富的内容

---

[1] R. Hare. *The Language of Morals*. New York:Harcout, Braoe and World, 1952. p.81

[2] D. Davidson. "Mental Events". in L. Foster (ed.). *Experience and Theory*. University of Massachusetts Press, 1970. p.215

[3] D. Davidson. "Reply to Lewis". in Vermazen (ed.). *Essays on Davidson:Action and Events*. Clarendon Press, 1985. p.242

表达出来。这里我们不妨用一个例子加以说明。以音乐作品的美妙属性为例。当我们考察具有这一属性的不同音乐作品时,我们不敢肯定能找到一个对例示该属性的所有作品都共同的音符系列。用老生常谈的术语即"可多样实现"(multiply realizable),人们会解释说,一首乐曲的美是可以多样实现的,因此这里的属性不可能与音符的任何系列有关。这足以使我们相信:一首乐曲的美不能同一于或还原为任何特定的声音系列。但我们仍可以相信:任何乐曲的美是与构成它的声音系列紧密地联系在一起的。如果一首乐曲是美的,另一首相反,它们肯定不会是由相同的声音系列决定的。它们在美学上的差异必定是由构成每一首作品的声音系列的不同所决定的。音乐的美是以构成该作品的声音系列为基础的,它不能还原为声音系列的任何单一的属性。总之,随附性概念指的就是那种不同于"等同"、"还原"、"决定"等概念但又与之有某种微妙关系的复杂的依赖、依变、协变关系,是过去的二元论、同一论所把握的关系之外的、又介于它们之间的一种特殊的关系。具体而言之,说 A 随附于 B 至少概括了这几种情况:(1)协变,即 A 中的变化是与 B 中的变化有关的。(2)依赖,即 A 依赖于 B。(3)决定,即 A 之所以如是,至少是由 B 中的因素及其相互作用所决定的。(4)非还原性,A 随附于 B、由 B 所决定,但又有自主性。(5)非二元性,有自主性并不意味着绝对的独立性,A、B 都在物理世界之内。

2 随附性关系的分类

随附性关系有多种表现形式,可以从不同的角度对之分类,如根据它的关联项的不同可将其分为概念间的、属性间的、现象间的、事件间的、过程间的、状态间的以及实体间的随附性等。从论域上区分,可以把随附性分为单一论域(single domain)随附性和多重论域(multiple domain)随附性。前者又有三个子类,每类又各有二种。它们分别是:可能世界强弱随附性、模态算子强弱随附性和整体、局部随附性。所谓可能世界是指一个命题所适用的各种可能状态、情景、条件和事态等。如对于"人是有理性的动物"而言,所知时空以外的每一个别的人都可以说是一个可能的世界,如果这命题对于一切可能世界为真,那它就必然为真,如果它只适用于某些可能世界,那么它就偶然为真。所谓模态算子是指模态逻辑中运算于命题或由命题形成命题的非真值函项的算子,这里主要指"可能"和"必然"这两个算子。为了说明的方便,我们把分析的对象即随附关系的关联项主要限制在属性上。当然对它的分析适用于其他关联项。此外,还有两个概念即"随附属性"和"基础属性",必须注意,前者指由一定作用而产生的有依赖性的属性,用 A 表示,后者指在前发生的、被依赖的属性,用 B 表示。基于此,我们就可以分述如下：

（1）可能世界弱随附性（WSp）：对于任何可能世界 W 以及在 W 中的 X 和 Y 而言，如果 X 和 Y 对于 B 中的属性是相同（等值）的，那么相对于 A 中的属性而言也是相同的。

（2）可能世界强随附性（SSp）：对于任何对象 X、Y 以及可能世界 W_1 和 W_2 而言，如果在 W_1 中的 X 与 W_2 中的 Y 在 B 方面是相同的（即是说在 W_1 中的 X 明显有 Y 在 W_2 中具有的 B 属性），那么在 W_1 中的 X 在 A 方面与 W_2 中的 Y 是相同的。

（3）模态算子弱随附性（WSm）：如果任何东西有 A 中的某种属性 A_i，那么在 B 中就存在 B_j 这样一种属性，以至于某物有 B_j，每一有 B_j 的东西都有 A_i，这是必然的。

（4）模态算子强随附性（SSm）：必然地，如果某物有 A 中的某属性 A_i，那么在 B 中就存在着一种属性 B_j，以至于某物有 B_j，任何有 B_j 的每一物都必然地有 A_i。

（5）整体随附性（GS）：对于任何世界 W_1 和 W_2 来说，如果 W_1 和 W_2 在 B 方面是相同的，那么它们在 A 方面也是如此。

（6）局部随附性（LS）：对于个体的任何宏观属性 S 来说，存在着个体部分的某种物理属性的集合，以至于例示了那属性集合的个体在那时也必然例示 S。

最后再来看多重论域随附性。假设 D_1 和 D_2 是两个非空集论域，R 是指一种关系，它的论域是 D_1，它的范围是 D_2 的子集。对于 D_1 的任何数 X，R/X 是 R 下的 X 的"映射"（image）（即是说 D_2 的所有对象的集，X 通过 R 与它相关）。据此可定义：

（1）MWS：$\{A, D_1\}$ 弱随附于 $\{B, D_2\}$，相关于关系 R，在这种情况下，对于（W 中）D_1 的任何 X 和 Y 来说，如果 R/X 和 R/Y（在 W 中）是相同的 B，那么 X 和 Y 就是相同的 A。

（2）MSS：$\{A, D_1\}$ 强随附于 $\{B, D_2\}$，相关于关系 R，在这种情况下，对于 D_1、世界 W_1、W_2 中的任何 X、Y 来说，如果在 W_1 中 R/X 在 B 方面与 W_2 中的 R/Y 是相同的，那么 W_1 中的 X 就与 W_2 中的 Y 是相同的。

下面我们再来考察一下各种随附性之间的关系。由于篇幅所限，我们只讨论单一论域的随附性。随附性中有的之所以被称为弱随附性，是因为 A 中的同一性或差异性离不开同一世界中 B 的类似属性。强随附性之所以是强的，是因为 A 中的同一、差异、变易离不开在可能世界那一边的 B 类的同一、差异与变易。简言之，强随附性不只适用于一个世界，而对一切可能世界的同类属性均必然如此。例如，如果在一特定世界中，某些实在具有一种大脑状态，它们又必定具有相应的心理状态，那么这种关系就是弱随附性。如果别的世界也有大脑状态的实在，它们与那个世界中的那些实在是一样的,并且它们的心理状态也是一样的,那么它们的关系就是强随附关系。整体随附性既不同于弱随附性,也不同于强随附性。它把多个整体世界当做随附关系的关联项。换言之,如果两个世界在 B 方面相同,那么在 A 方面也相同。可见随附关系在这里是发生在两个世界之间的。其次,如果发生在属性之间,那也不是个别属性之间的事情,而是属性的整体分布之间的,即两个世界如果在 B 属性分布的世界模式上没有差异,那么在 A 属性分布的世界模式上也是如此。如果一个世界有人身的物必然有心,那么在另一个有随附关系的世界也有这种分布模式。可见,整体随附性可作为解决他心知问题的一个基础。

由上看来,各种随附性之间有明显的区别。但也应注意,它们之间还有复杂的内在联系,有些还有蕴涵、等值关系。例如,强随附性与弱随附性之间仅一词之差,前者多一个"必然地",因而前者蕴涵后者。其次,有的论者还认为,可能世界弱随附性与模态算子弱随附性、可能世界强随附性与模态算子强随附性之间有等值关系。因为关于必然性的言论可代之以关于可能世界的全称量词。模态算子强随附性说"必然"也就是说它无一例外地适用于一切可能世界。同理,说它弱,也就是说它只适用某一或某些世界。当然整体随附性与强、弱随附性之间没有蕴涵关系。因为从 A 属性整体地随附于 B 属性这一点得不出下述结论,即如果某物有 A 属性,那么它也有某种 B 属性。同样,强、弱随附性也不蕴涵整体随附性。

3 随附性与心灵的地位问题

随附性概念是人们从新的视角去整体地把握事物的属性、事物与事物、属性与属性的关系的产物。它的建立为我们已有的世界观或世界结构图景的百花争妍的大花园又增添了一朵色彩绚丽的奇葩。由于它发端于对心理属性的产生与本质以及心与物的关系的思考,探讨争论中所用的例证也主要是心灵哲学中的,因此对它的研究自然具有重要的心灵哲学意义。有关的思考一方面引发了心灵哲学关于心理的产生与本质、心与物的关系的论战,促成了非还原物理主义的诞生、发展以及它与还原物理主义的大规模激烈论战,推动着有关认识向纵深的发展;另一方面,在这个过程中又"随附着"对随附性自身认识的深化。这里我们重点剖析一下随附性所引发的心灵哲学中关于还原与非还原、心理有无因果作用、怎样发挥作用等问题的争论。

如前所述,随附性研究兴起的一个直接诱因就是人们对还原论和二元论的不满以及试图超越两者之上,寻求中间出路的强烈动机。而对还原论进攻最有影响和力量的人当推戴维森和普特南。他们两人的论证可以看作是对 20 世纪 60 年代流行的还原论模式的必要条件的瓦解。我们知道:还原论的重要理论支柱是内格尔关于理论还原的桥梁法则(the bridge laws)①。据此,T_1 还原 T_2,当且仅当 T_2 的所有规律能借助连接两种理论术语的桥梁法则从 T_1 规律中引申出来。普特南的论证告诉我们:这种桥梁法则是难以得到的,因为心理的东西是可多样实现的。意即心理属性必然地由某种物质结构实现或表现出来,如人的大脑的生理结构可实现心理功能,而计算机的非神经生理的金属载体加电路也能如此。但这实现的基础并不局限于某一固定实在,而可由许多不同实在来担当。例如还有其他像我们的世界一样的可能世界,那里也有心理现象,它们可能不是由大脑实现出来的,而可能是由别的无法想象的怪物所实现的。因此那种作为基础的桥梁法则是难以找到的②。戴维森的论证也是试图摧毁桥梁法则的可能性基础,方式是提出了心理的东西的异常性原则,即是说在心理与物理之间没有严格的类法则关系,没有涵盖心物两大类现象的规律。总之,一方面,如果心理属性是多样实现的,那么没有什么心理属性能与一种单一的物理属性相关联。另一方面,如果心理是异常的,那么在心理属性与物理属性之间就不存在严格的心物关联物的条件③。

由于还原唯物主义的失落和普特南等人的功能主义、异常一元论的建立,非还原物理主义这种新的心灵哲学思潮开始崭露头角。它坚持物理主义的基本原则,反对二元论的两种实体观,认为心理事件与物理事件是同一的,心理属性不是依赖于非物质实体的,不是由物质实在以外的东西例示或实现的,而是由物理实在所例示的。但是另一方面,它又反对对心理属性的还原论解释,认为它有其自主性。由此所决定,关于心理的科学也是如此。因为心理属性是一种确实存在的,并在心理生活中,在对于身体过程、行为的关系中有着因果作用的东西。用随附性概念加以论证,它是一种随附于物理属性的东西,正如一般的随附属性由基础属性所决定、所依赖但又不能等同于或还原为基础属性一样,心理属性由物理属性所例示、实现但又有其独立自主性。另外,心理与物理的非对称性即前者随附于后者但后者不随附于前者,也可以说明它们之间不具有等同、还原关系。简言之,心理属性是非物理的,但物理世界的本体论既决定了心理王国有什么,又以其基础作用实现或例示它们的一切。

正当非还原物理主义春风得意之时,著名心灵哲学家、随附性研究的拓荒者和旗手金在权站了出来,基于对随附性的特殊解释,对还原物理主义作了强有力的支持和论证。他认为:A 和 B 之间的类型上的协变或随附性离不开 A 向 B 的

---

① T. Nagel. *The Structure of Science*. New York: Harper, Brace and World, 1971. chap.11

② H. Putnam. "Psychological Predicates". in W. Capitan (ed.). *Art, Mind and Religion*. University of Pittsburgh Press, 1967. pp.37—38

③ D. Davidson. "Mental Events". in L. Foster (ed.). *Experience and Theory*. University of Massachusetts Press, 1970. pp.79—101

可还原性。其根据是：这样一种强随附关系离不开在关于 A 和 B 的理论（T_1 和 T_2）之间的"可强连接性"（strong connectibility）。"可强连接性"可定义如下：T_1 可强连接于 T_2 = T_2 的每一 n 元谓词在 T_1 的词汇中有一种符号学上的共同周延（或扩展、延扩，coextension），即是说：对于 T_2 的每一 n 元谓词 P，在 T_1 中都有一个 n 元开放句子 P^*。这一点尤其使"共同扩展性"概念得到了许多人的支持。在他们看来，只要两个理论或实在或属性具有共同扩展性，那么它们之间就具有还原关系。简言之，必然的共同扩展性对于还原来说是充分的。既然如此，随附关系的两个关联项也具有这种共同扩展性，因此随附属性 A 可还原为基础属性 B。如对于 A 中的每一属性 F 来说，如果 B 中有一属性 G，那么对于每一对象 X 来说，X 必然有 G，当且仅当 X 有 F。A 可还原为 B，F 可还原为 G。

这类看法受到了波斯特（J. Post）等人的非议。在他们看来，金在权的论证用析取尤其是非限定性的析取作为产生属性的作用，而析取性属性有时被视为是可疑的。博内瓦（D. Bonevac）一方面承认金在权等人论证的不完善性，但另一方面又坚持心物随附性的还原实质，认为：即使非限定性析取是可容许的，但由强随附性所产生的东西则是某种比通常在还原中所理解到的东西更弱的东西。在一种非限定性的语言中，强随附性隐含着还原。

麦克唐纳（B.P. Macdonald）反对还原论解释，认为随附性是不具有还原性的。以魏德曼—弗兰茨规律为例，它把正常条件下金属的导热性和导电性联系起来了。既然相同的电极和热在正常条件下是一样的，金属的导热属性是法则学上必然和充分的。但金属的导热属性并不能还原为金属的导电属性。可见这里有随附性，但没有还原。她还认为：强随附性并未蕴涵随附属性与基础属性之间的解释性关系，"由于"关系并不能由模态术语唯一地加以把握。如果还原是一种解释性关系，那么 A 属性以形而上学必然性对 B 属性的强模态算子随附对还原来说就是不充分的。这也说明两类属性的必然的共同扩展性之存在对于还原来说是不充分的，因为随附性所拥有的相互关系类型并没有重复实现它们的物理属性之间的因果关系模型。

随附性概念所引发的第二个关于心灵哲学的争论就是心理现象的因果地位问题，即如果心理属性是一种随附属性，它对作为产生它的基础属性的物理属性究竟有无因果作用呢？物理主义者一般认为，世界上存在着上向因果作用，即低层次的事件可对高层次的事件发挥原因作用，如物理现象对心理现象有原因作用。但是否存在下向因果作用呢？过去的平行论和副现象论等否认有这种作用。而坚持心理现象的随附性本质的人的共同倾向是承认心理现象不是副现象论所说的无用的伴随现象，而是有因果效力的东西。但论证这一点对他们来说又并非举手之劳。因为对于非还原论的物理主义者来说，既然他们主张世界的物理性，强调物理原因的作用,因此似乎很难说明心理现象的因果地位。

正如洛威尔(B. Loewer)和帕皮诺所主张的那样,随附性理论常常以下述假定为基础,即基础性的物理条件和规律足以解释它所涵盖的任何物理变化。而现在,既然心理结构随附于物理条件,而物理条件的发生又足以由物理规律的因果作用来解释,这样一来,心理原因就纯属子虚乌有,除非我们假定更大范围的超原因作用。心理对物理的随附性似乎导致了关于心理的副现象论。非还原论物理主义既不愿说心理原因就是物理原因,又不愿投入到副现象论的怀抱,而是主张:心理属性作为随附属性实现以后,尽管不可能作为纯粹独立的王国发生作用,因为它的产生、存在及其作用都依附于物理过程,甚至它的构成、结构、作用方式、"分布模式"都由基础属性所决定,但它仍有自己的自主性,因为它是从外部刺激到身体行为之间的中间环节。就心理世界而言,一种心理现象对别的心理现象也有这种因果作用。这样一来,它的作用又来自哪里呢?因克(B. Enc)认为:起着表征作用的结构和构成意向行为的结果之间具有不可还原的因果关系,它正是作为随附属性的心理现象的因果作用的非还原的源泉。也就是说,心理的因果作用也具有非还原性,其作用来自对于这些属性是独立的同一条件,而不是由基础属性方面的微观结构及其差异变化所决定的。

还原论物理主义在说明作为随附属性的心理属性的作用时也碰到了麻烦。因为既然心理属性可还原为物理属性,没有其自主性,那么心理属性怎么可能作为原因发挥作用呢?金在权对此的解决办法是,提出并论证"解释性排除"、"下向因果作用"等概念。他认为,宏观事件中的因果关系随附于微观事件中的因果作用,同样,心理事件由于随附于引起它的物理事件,因而能作为原因引起物理事件。简言之,心理的因果作用根源于引起它的基础属性的微观结构。这样的解释当然是不能令人满意的[①]。

怎样看待方兴未艾的随附性研究?对此,即便是在西方哲学界也仍是有争论的。当然肯定者居多,一般认为,随附性研究开辟了哲学研究的一个新领域,已有的成果及进一步的探讨将有助于人们从整体上把握世界尤其是心理世界的相状与本质,揭示事物与属性的本质及其复杂关系,因而值得引起我国哲学工作者的注意。但是对于批评否定性的观点,我们又不能置之不理,对它们的考察也有助于我们借鉴和独立的研究。

首先,我们分析一下米勒(R. Miller)的看法。他提出了许多新奇的观点,例如他认为,即使存在着随附现象,但主张非物理的属性对物理属性的随附性,是"琐碎的"、"不重要的"、"价值不大的"。其次,如果说有随附性的话,那么它不应

[①] E. E. Savellos (eds.). *Supervenience—New Essays*. Cambridge:Cambridge University Press, 1995. pp. 5—9,124—157,158—159,169—186,218—243

是非对称性的,而应是对称性的,即低层次属性与高层次属性的随附是相互的、双向性的,如不仅 A 随附于 B,而且 B 也随附于 A。第三,随附性关系在形而上学上是无意义的、无关紧要的①。

还有批评者认为,没有对存在于随附关系之下或之后的特定的决定和依赖关系的详细说明,随附性理论就只能是一种软弱无力的呻吟,不过是空喊:两个水平的属性以某种方式相关联,莫名其妙地有关系。

在心对物的整体随附性上,批评者提出的问题是:物理方面的那个相似世界不得不相似于心理方面的那个相似世界,这样做似乎不能解释:这种关系为什么能在心与物之间得到? 随附性的支持者把这种关系表达为原初的、形而上学的事实,随之而来的是有点教条主义味道的主张:物理的东西不知什么原因在本体论上是两者中更为基本的东西。但是一个想肯定物理的东西的本原优先性的物理主义者必须加以进一步的说明,以解释心物之间的随附关系为什么又是怎样进到依赖关系的。也许他可以求助于微观决定、概念上的依赖性或部分—整体关系以阐述这一点,而要这样做又必须求助于单纯的随附性以外的更多的内容。有的人试图削弱这种攻击的力量,方法是假定:可通过求助于更熟悉的依赖性或决定性关系去解释随附性关系为什么能得到,怎样得到。同时他们还坚持:随附性有时能作为解释物理学或逻辑学基本规律的本原性事实,即使我们在 A 和 B 之间不能找到某种熟悉的依赖或决定关系,但我们仍可面对这样的事实:A 可随 B 变化。我们大概被迫去在它们之间构造一种未被解释的、也许是原始的依赖关系。这是不是一种令人满意的策略,现在还不好决断。

在我们看来,随附性概念的确包含了其他概念所未包含的新信息内容,揭示了原有理论、概念如决定、依赖、因果、还原、非还原等所未曾注意到的因而尚未得到表达的新属性和关系,即随附属性和随附关系。这种属性有其对基础属性的依赖性,但又不能还原为更不能等同于后者。同时,它又不像别的有依赖性的属性那样有自己的独立自在的本质(如蒸汽依赖于水,但一经产生后就成了一种独立的事物),而始终受到基础属性的制约,前者的分布模式、同一、差异以及变化都受到后者的影响,因而有依变性(dependent-variation)或协变性。另外,随附性既与因果决定性有关,又不能简单等同,而包含了后者所没有的内容。不仅如此,随附性理论还主张,随附性和随附关系是宇宙中一种具有普遍性的属性与关系。这也有其合理性。如果是这样,那么它无疑给我们的世界观、宇宙结构图景充实了新的有价值的内容。

最后,基于随附性概念对心理现象的本质以及它与物理现象的关系的理解也

---

① E. E. Savellos (eds.). *Supervenience—New Essays*. Cambridge: Cambridge University Press, 1995. pp. 5—9,124—157,158—159,169—186,218—243

有值得思考和借鉴的方面。根据新发展了的对心理现象的理解,心理现象既不是一种能与物理现象相同一、相等同的现象,又不是一种与物理现象二元并列、平行独立的现象,而是一种既有一定的自主性,又有对物理现象的依赖性,具有依变性和协变性的现象。这样它既避免了二元论,又与等同论、还原论、机械决定论划清了界线。

当然,随附性毕竟是一个有待进一步发展和完善的概念,这一领域还只是有着几千年历史的哲学学科中的只有二三十年历史的领域,自然有许多不尽如人意的地方。例如对概念的阐释还不明确,即使是熟悉该领域的人也不见得能把这个概念说清楚。其次,对随附性种类或形式的划分还不科学,对其内在逻辑关系的揭示也还不够。此外,讨论论证过于形式化,过于琐碎,充满着经院哲学繁琐论证的气息,许多议论停留于纯数理逻辑、模态逻辑、可能世界语义学的层面,等等。但是无论如何,它之能受到哲学家们的广泛注意以及大多数人的肯定,就足以说明它有其存在和发展的基础。而且事实上,它正以它巨大的吸引力、广泛而有价值的问题、对其他领域深入探讨的促发作用展示着它的灿烂前景。

4 个案研究:金在权的随附性理论

20世纪80、90年代,现代西方心灵哲学领域里面悄然兴起了一股随附性研究的热潮。在这股热潮中,黑尔当属开路先锋。然而,为当前的随附性讨论做出了奠基性和开创性工作的却是当代著名的心灵哲学家金在权。他不仅对随附性概念作了描述性的说明,并在此基础上对随附性进行了细致的分类。如把随附性分为单一领域的随附性(Single-Domain Supervenience)和多重领域的随附性(Multiple-Domain Supervenience),进而又把单一领域的随附性区分为弱随附性(Weak Supervenience)、强随附性(Strong Supervenience)和整体随附性(Global Supervenience)。不仅如此,他还对单一领域的随附性各概念以及各概念之间的逻辑联系作了详细而深入的研究。由于金在权的随附性理论既凝聚、反映了当代西方随附性研究的成果,又代表了其最高水平,因此是我们研究当代随附性理论的最好案例和突破口。

在探讨金在权的随附性理论之前,我们必须先弄清楚"随附性"一词本身的涵义以及随附性研究是怎样起源的。

在当代的随附性研究中,"随附性"一词虽然也是由地道的英语"supervenience"翻译过来的,但哲学家们赋予它的含义与词典编撰人员对它的解释不可同日而语。《简明牛津词典》上是这样解释"supervenience"的:意外发生,紧跟着出现的事。如果在这种意义上使用"随附性"的话,那么就可以说头痛是随附于

Mind and Life

发现支票被透支这件事。这种用法与亚里士多德在《尼各马可伦理学》里描写快乐是随附于快乐行为的用法是一样的。而当代西方心灵哲学家们用"随附性"表述的是一种存在于客体与客体、属性与属性、事件与事件之间的协变、依赖或决定关系。

"随附性"的这种哲学上的核心意义,可以追溯到穆尔关于道德与非道德属性之间的某种依赖关系的论述:"如果一个给定的物体在某种程度上具有任何一种内在价值,那么,不仅与之相同的物体在所有情况下都具有与之相同程度的此种内在价值,而且任何极其类似于这个给定物的物体也必然在所有的情况下,具有相同程度的此种内在价值。"①但是,对随附性的真正讨论起源于黑尔关于行为的价值判断与非价值判断关系的论述。而金在权则为随附性的深入研究作了大量的奠基性工作。

金在权先对随附性作了描述性说明,并利用可能世界的理论和模态算子对单一领域的各随附性概念进行了详细的阐述。

一、随附性及其种类

金在权强调:我们认为环绕我们的世界并不是一些毫不相关的物体、事件、事实的集合,而是构成一个系统,呈现出结构性,并且它的组成部分与其他一些成分并非以偶然的方式联系在一起。这种关于世界的观点对我们理解事物的系统性至关重要。事实上,我们日常生活中的种种假设也或多或少地包含了这种观点。比如说:在一个地方发生的事情会在某种程度上影响在另外一个地方发生的事情,使得我们能够根据另外的一件事情来弄懂这一件事情的意思,或从另外一件事情的信息推断这一件事情的信息,或者通过影响另外一件事情来影响这一件事情。事物内部之间相互联系的核心就是一种依赖性(或与此相近的决定性)。他说:"一事物与另一事物的联系在于或者是某个东西的存在或者是它所具有的属性依赖于或决定于其他某些东西的存在或它们具有什么样的属性。"②正是这种依赖或决定的关系使得世界的构成可以被理解,并且"利用这些依赖或决定关系可以使我们介入事件的过程中,并改变它,使它符合我们的愿望。如果没有这种联系的话,像解释、预见和控制这样的一些活动对于一个世界来说将会毫无意义"③。

不难看出,随附性是一种关系范畴。在它所反映的关系中,协变、依赖或决定是其重要方面。这样一来,人们必然会追问:随附性关系和因果关系是什么关系

---

① G. E. Moore. *Philosophical Studies*. New York: Harcourt, Brace, 1922. p.261
② J. Kim. "Concepts of Supervenience". *Philosophy and Phenomenological Research*, 1994(12): p.153
③ J. Kim. "Concepts of Supervenience". *Philosophy and Phenomenological Research*, 1994(12): p.153

六　随附性与心理的因果性问题

呢？金在权说:"因果关系是被我们称为决定或依赖关系的典型例子。……原因决定它们的结果,并且结果的存在和属性是决定于它们的原因的。"①随附性就是包括因果关系在内的依赖或决定关系系列里面的一种关系。这种依赖或决定关系系列在哲学上的重要性就在于它提供了一种方式或途径,在此基础上,实体、属性、事件等进入一个对另一个的依赖或决定关系,创造了一个内部事物相互作用的系统。因此,随附性关系与因果关系既有联系又有不同。随附性是我们考察世界复杂关系的一个新视角和新范式。

金在权在对随附性作了描述性的说明之后,为了更清楚地表达他的随附性构想,他又利用可能世界的理论和模态算子对单一领域的各随附性概念进行了详细的论述。在具体分析他的随附性各概念之前,我们有必要简要说明一下可能世界理论和模态算子。

可能世界和模态算子是当代逻辑学和哲学中极为常见的两个概念。"可能世界"一词,最先是由莱布尼茨提出来的。他说:上帝在创造世界时,他面前有许许多多个可能世界供他挑选。他最终挑选并让它变成现实世界即把它创造出来的世界就是我们现在所生活的现实世界。它本身是各种可能世界中的一个。因此,莱布尼茨所说的可能世界就是能够为上帝所设想、想象的各种可能事实、情况及其变化发展所组成的世界。这个概念在现当代受到了哲学家们的广泛关注。关于可能世界的讨论主要集中在以下三方面:一是"可能世界"的定义问题;二是"可能世界"的本体论地位问题,即可能世界究竟是一个什么样的世界的问题,它与现实世界一样真实,还是只是我们说话的方式;三是跨世界同一性和跨世界识别问题,即根据什么标准去辨认和识别在不同可能世界中存在的同一个体的问题。

所谓"模态算子"又称为模态函子,是运算于命题或由命题形成命题的非真值函项(非外延)算子。它有不同的形式,如利用符号:"◇"表示"可能","□"表示"必然","○"表示"相容"等。

利用模态算子,金在权先给出了"弱随附性"的描述性说明:"A、B代表两个非空的属性的集合,并且限定在通常的布尔属性——形式运算即互补、析取与合取的范围之内。"②在此基础上,他把弱随附性定义为:

"A弱随附于B,当且仅当,任意的x和y如果分享了B里面的所有属性,那么x和y必然分享了A里面的所有属性——那就是,谈到B方面的同一性,就在

---

① J. Kim. "Concepts of Supervenience". *Philosophy and Phenomenological Research*, 1994(12): p.153
② J. Kim. "Concepts of Supervenience". *Philosophy and Phenomenological Research*, 1994(12): pp.157—158

逻辑上包含了 A 方面的同一性。"①

金在权把 A 叫做随附的系列,B 叫做随附的基础(系列);A 里面的属性是随附的属性,B 里面的属性就是随附的基础属性。

为了让人们更清楚地理解这个定义,他举例进行了补充说明。试考察一下集合 A,A 包括"是一个善良的人"的属性 G 和布尔完备属性;并且让 B 集合代表包含"是勇敢的"的属性 C、"是仁慈的"的属性 V 和"是诚实的"的属性 H 的集合,同时也限定在布尔运算内。除了一个重复的(G 或 −G)和一个不可能的(G 和 −G)属性外,A 就只包含两个属性 G 和 −G。假设 A 弱随附于 B,这就意味着:如果两个人分享了 B 里面相同的属性,比如说,都是诚实和仁慈的,但却缺乏勇气,那么他们必定都是善良的或都不是善良的。否则,如果一个是善良的人而另一个却不是,那么他们一定在某些 B 属性方面存在着不同。任何在 A 方面的不同都应归结为在 B 方面的某些不同。

为了能更清晰地说明他的随附性概念,金在权引进了 B_最大属性(B_maximal properties)的概念。以上面所举的例子来说,B_最大属性指的就是(C∧V∧H)、(C∧V∧−H)、(C∧−V∧H)…(−C∧−V∧−H)这样的 8 个属性。这些属性是相互排斥的,并且每个物体必定只具有其中的一个属性。很清楚,两个物体在 B 方面的相同或难以辨识仅仅指的是它们具有相同的 B_最大属性。基于上述分析,A 和 B 的弱随附性就可以重新表述为:"任何两个具有相同的 B_最大属性的物体必定具有 A 里面相同的属性。"② 利用可能世界的术语,就变成了:"不存在这样的可能世界,在其里面的两个具有相同的 B_最大属性的物体却在 G 方面不同。"③ 这就是金在权关于可能世界弱随附性的定义。对于可能世界的弱随附性,金在权认为,如果给定 A 弱随附于 B,在每一个可能世界内,下面的公式是成立的:

(I) $(\forall x)[B_i(x) \rightarrow G^*(x)]$,对每一个 i,B_i 就是一个 B_最大属性,G^* 是 G 或者 −G。无论是 G 还是 −G,都伴随着一个给定的 B_最大属性,这是给定的可能世界的一个特征。并且,在每一个可能世界内部,下面的公式是成立的:

(II) $(\forall x)[B^*(x) \leftrightarrow G(x)]$

$(\forall x)[B^{\#}(x) \leftrightarrow G(x)]$

其中 B^* 和 $B^{\#}$ 分别是 B_最大属性的一个选言支。

金在权认为,虽然上面讲的可能世界的弱随附性很近似于随附性的描述性说明,实际上这样定义的弱随附性太弱了,通过公式(I)就可以看出:基础属性里的每一个最大属性对于随附的属性的伴随依赖于给定的世界,并不是跨越可能世界

---

① J. Kim. "Concepts of Supervenience". *Philosophy and Phenomenological Research*, 1994(12): p.158
② J. Kim. "Concepts of Supervenience". *Philosophy and Phenomenological Research*, 1994(12): p.158
③ J. Kim. "Concepts of Supervenience". *Philosophy and Phenomenological Research*, 1994(12): p.158

的特征。这就是说,基础属性里每一个最大属性对于随附的属性的伴随只在一个给定的可能世界内部成立。也就是说,弱随附性要求的仅仅是:在任何一个可能世界的内部,不可能存在两个事物在 B 方面相同却在 A 方面不同。它并不要求:在另一个世界中的物体如果具有与这个世界中的物体相同的 B 属性,那么,它一定具有与这个世界中的物体相同的 A 属性。因此,弱随附性不能通过确定它的基础属性从而确定它的随附的属性,也就是说,弱随附性不能表达这样的决定关系:一旦一个物体的基础属性确定了,则它的随附的属性也确定了。弱随附性只能表达这样的决定关系:在一个给定的世界中,一个物体的基础属性一旦确立,则随附的属性也就确立了。在对可能世界的弱随附性进行了详细的论述之后,金在权简要地给出了弱随附性的模态算子概念:

"A 弱随附于 B,当且仅当,对 A 里的任何属性 F,如果一个物体 x 具有 F,那么必然存在一个属性 G 在 B 里面,因此 x 具有 G,并且如果任何 y 具有 G,则它具有 F。"①

在模态算子弱随附性的基础上,金在权给出了模态算子强随附性的定义:

"A 强随附于 B,当且仅当,对每个 x 和 A 里的每个属性 F,如果 x 具有 F,那么必然在 B 里存在一个属性 G,因此 x 具有 G,并且如果任何 y 具有 G,则它必然具有 F。"②

为了说明这个概念,金在权又举出了"是一个善良的人"的属性和三个特征:勇敢、诚实和仁慈这一例子。他认为,强随附性的概念表达的是这样的意思:如果弗朗西斯是一个善良的人,那么任何与弗朗西斯具有相同美德的人必然也是善良的。但作为随附的属性"是一个善良的人"的基础属性不一定就是 B – 最大属性之中的某一个确定的属性。比如说,苏格拉底也是一个善良的人,但他所具有的美德是有勇气和诚实,而弗朗西斯是一个善良的人是由于他的诚实和仁慈。更普遍地说,一个随附的属性将会有两个以上的随附的基础,基础属性中的每一个选言支对随附的属性都是充分的。如果 A 强随附于 B,对于一个物体所具有的每一个 A 属性,该物体所具有的任何一个 B – 最大属性就是一个随附的基础。

显然,情态动词"必然地"的第二次出现把强随附性与弱随附性区分开来了。正是这个第二次出现的"必然地",使得基础属性里的每一个最大属性对于随附的属性的伴随并不仅仅在一个世界内部成立,这种伴随关系是跨越可能世界的。这就意味着强随附性要求:在另一个世界 W_2 中的物体 x 如果具有这个世界 W_1 中的物体 y 所具有的 B 属性,那么在另一个世界 W_2 中的这个物体 x 必然具有这个世界 W_1 中的物体 y 所具有的 A 属性。因此,强随附性表达了这样的决定关

---

① J. Kim. "Concepts of Supervenience". *Philosophy and Phenomenological Research*,1994(12):p.158
② J. Kim. "Concepts of Supervenience". *Philosophy and Phenomenological Research*,1994(12):p.163

系:一旦物体的基础属性确定了,随附的属性也就确定了。

从上我们可以清楚地看到,金在权的模态算子强随附性是在模态算子弱随附性的基础上通过对"如果任何 y 具有 G,则 y 具有 F"进行"必然地"限定得来的。我们是否也能像从模态算子弱随附性得到模态算子强随附性那样,在弱随附性描述性定义的基础上得到相应的强随附性定义呢?

金在权认为,麦克劳克林(Brian P. McLaughlin)关于 A 和 B 的随附性关系的描述正符合我们的这个要求。麦克劳克林是这样描述随附性关系的:

"对于任何世界 W_j 和 W_k,并且对于任何物体 x 和 y,如果 x 在 W_j 里面具有 y 在 W_k 里面所具有的相同的 B 属性,那么 x 在 W_j 里面具有 y 在 W_k 里面所具有的相同的 A 属性。"①

金在权认为,很明显,麦克劳克林的定义与他自己的弱随附性的描述性定义在形式上是相对应的,它不同于弱随附性的描述性定义的地方在于 A 或 B 的同一性是跨界的,而在弱随附性的描述性定义中 A 或 B 的同一性是限定在一个给定的世界中的。因此,我们可以把麦克劳克林的定义转化为:

"A 强随附于 B,当且仅当 B 跨界的同一性在逻辑上包含了 A 跨界的同一性。"②

利用可能世界,金在权给可能世界的强随附性下了这样的一个定义:

A 强随附于 B,当且仅当,对于任何两个可能的世界 W_j 和 W_k,且对于任何两个物体 x 和 y,如果在 W_j 里的 x 和在 W_k 里的 y 具有相同的 B 最大属性的话,那么,在 W_j 里的 x 和 W_k 里的 y 必然具有相同的 A 属性。

金在权在对弱随附性和强随附性进行了详细的论述之后简要地给出了整体随附性(Global Supervenience)的定义:

"A 整体随附于 B,当且仅当,在 B 方面相同的世界在 A 方面也是相同的。"③

二、随附性关系的关系

既然随附性有多种形式,那么,各种随附性之间有什么样的逻辑联系呢?具体说来就是:弱随附性、强随附性与整体随附性三者之间是什么关系?模态算子的随附性与可能世界的随附性之间又是什么关系?

我们从弱随附性与强随附性的定义就可以清楚地看出,强随附性在逻辑上包

---

① J. Kim. "'Strong' and 'Global' Supervenience Revisited". *Philosophy and Phenomenological Research*, 1994(12): p.317

② J. Kim. "'Strong' and 'Global' Supervenience Revisited". *Philosophy and Phenomenological Research*, 1994(12): p.317

③ J. Kim. "'Strong' and 'Global' Supervenience Revisited". *Philosophy and Phenomenological Research*, 1994(12): p.168

含弱随附性,但反过来却并不成立,即弱随附性在逻辑上并不包含强随附性。西方哲学家们争论的焦点集中于弱随附性、强随附性与整体随附性的关系上。金在权在这个问题上有一个从整体随附性与强随附性等同论到整体随附性最弱论的转变。

金在权在他关于随附性的早期论文《随附性的概念》(Concepts of Supervenience)中提出:整体随附性比弱随附性要强,而且整体随附性就是强随附性。即整体随附性在逻辑上包含强随附性,强随附性在逻辑上也包含整体随附性。他是这样证明的:

首先,强随附性在逻辑上包含整体随附性。假设世界 W_1 和世界 W_2 在 B 方面是同一的,但在 A 方面是不同的。那么对 A 里的某个 F 属性和某个实体 x,F(x)在 W_1 中,但 $-F(x)$ 在 W_2 中,让 B^* 代表在 W_1 中 x 的 B_最大属性;那么,根据 A 对 B 的强随附性,就必然有$(A_y)[B^*(y) \to F(y)]$。由于 W_2 与 W_1 在 B 方面是同一的,$B^*(x)$在 W_2 中,因此 F(x)就在 W_2 中,这与假设相矛盾,那么强随附性逻辑上包含了整体随附性。

其次,整体随附性也在逻辑上包含强随附性。假设强随附性不成立。那么对于某个实体 x 和 A 里的某个属性 F,就有 F(x)。如果任意 G 在 B 中,并且 x 具有 G,G 不能在逻辑上包含 F。这就等于说:对这个 F 和 x,x 的 B_最大属性不能在逻辑上包含 F。让 W^* 代表现实世界:在 W^* 中我们有 F(x),并且有 $B^*(x)$,考察一下另外一个世界 $W^\#$,$W^\#$ 只在个体的 B 属性分布上类似于 W^*,尤其是 $B^*(x)$在 $W^\#$ 中。然而,由于 B^* 在逻辑上并不包含 F,我们就能继续假设:在 $W^\#$ 中 x 不具有 F,即 $-F(x)$。因此,W^* 和 $W^\#$ 在 B 方面是同一的,但在 A 方面是不同的,那就是 A 不能整体随附于 B。因此,整体随附性在逻辑上包含了强随附性。

然而,金在权关于强随附性等于整体随附性的论断遭到了赫尔曼、约翰·培根、皮特里等人的反对,皮特里表明:只要有可能存在一个与强随附性理论相反的例子,但它却不是相应的整体随附性的反例,那么这种可能性就证伪了金在权的强随附性等于整体随附性的论断。皮特里就找到了一个这样的例子。他让我们考察这样的两个世界 W 和 W^*。W 只有两个物体 x 和 y,W^* 也只包含两个物体 x^* 和 y^*,并且在 W 和 W^* 中只有下面的情况才是成立的:在世界 W 中,x 具有 p,x 具有 s,y 具有 p,y 没有 s;在世界 W^* 中,x^* 具有 p,x^* 没有 s,y^* 没有 p,y^* 没有 s,即如下图所示:

W		W^*	
x	y	x^*	y^*
P	P	P	$\bar{P}$
S	$\bar{S}$	$\bar{S}$	$\bar{S}$

假设，A 集合只包含一个属性 s，B 集合只包含一个属性 p。那么存在 W 和 W* 的事实就是 A 强随附于 B 的一个反例。因为 W 中的 x 和 W* 中的 x* 具有相同的 B 属性，却不具有相同的 A 属性。然而，它并不是整体随附性的反例。

金在权接受了皮特里的证明，并且承认他自己在《随附性的概念》中，把整体随附性等同于强随附性是一个错误。此外，他又在随后的论文《再论"强"和"整体"随附性》("Strong" and "Global" Supervenience Revisited)中宣称：皮特里的例子还有助于证明整体随附性甚至在逻辑上并不包含弱随附性。世界 W 的存在就是弱随附性的一个反例，因为在 W 里，x 和 y 具有相同的 B 属性却并不具有相同的 A 属性。但 W 的存在显然不能证伪 A 对 B 的整体随附性，因为整体随附性涉及两个世界的比较。

在模态算子随附性与可能世界随附性的关系上，金在权认为两者是等同的。他先证明了模态算子弱随附性与可能世界的弱随附性的等同。他是这样证明的：首先，让我们证明可能世界的弱随附性在逻辑上包含模态算子弱随附性。假设对于 A 里的某个 F，x 具有 F。我们需要证明的是：对 B 里的某个 G，x 具有 G，且任何具有 G 的 y 都具有 F。让 G 表示 x 的某个 B-最大属性。（在我们考察范围内的任意给定世界里面，）毫无疑问，x 具有 G。下面证明任何具有 G 的 y 都具有 F：假设某个 y 具有 G。由于 x 和 y 都具有 G，并且 G 是任意一个 B-最大属性，那么 x 和 y 就共享了 B 里的所有属性。因此，根据可能世界弱随附性定义可以得出，x 和 y 必定分享了所有的 A 属性。但 F 在 A 里面，且 x 具有 F，因此 y 必定也具有 F。其次，证明模态算子弱随附性在逻辑上包含可能世界的弱随附性。假设 x 和 y 分享了 B 里的所有属性，并且假设它们没有分享 A 里面的所有属性，那就是，对 A 里的某个 F，x 具有 F，但 y 却不具有 F。由于 x 具有 F，模态算子弱随附性在逻辑上包含：对 B 里的某个 G，x 具有 G，且任何具有 G 的东西都具有 F。根据假设，x 和 y 分享了 B 里的所有属性；那么，y 也具有 G，因此 y 具有 F，这样与假设相矛盾。因此，模态算子弱随附性逻辑上包含可能世界的弱随附性。既然可能世界的弱随附性在逻辑上包含模态算子的弱随附性，模态算子弱随附性也在逻辑上包含可能世界的弱随附性，因此，模态算子弱随附性就等于可能世界的弱随附性。

接着，金在权又用同样的方法证明了模态算子强随附性在逻辑上包含可能世界的强随附性，可能世界的强随附性亦在逻辑上包含模态算子的强随附性，从而得出了模态算子强随附性等于可能世界强随附性的结论。

然而，金在权的模态算子随附性与可能世界随附性的等同论同样遭到了皮特里、麦克劳克林等人的责难，他们各自用不同的方法证明了金在权证明的不完备性，得出了不同于金在权的结论。

三、随附性与还原

随附性作为一种关系范畴,为我们认识世界提供了一种新思路,尤其是为心灵哲学中的心身问题的解决提供了一种新的范式。如海尔(J. Heil)就提出了心身随附的随附性假说。但是,在运用随附性理论的过程中,则会遇到这样的难题:随附性所表述的种种依赖和决定关系是否会在逻辑上导致还原?

在这个问题上,现代西方心灵哲学家们有两种对立的观点。以麦克劳克林为代表的现代西方心灵哲学家们认为,虽然在随附性与还原关系的讨论中存在着这样的困难,即还原的本质是不确定的,但是,还原的哲学意义是确定的,因此,即使随附性的最强形式模态算子强随附性也不会从逻辑上导致还原。这也就是说,坚持随附性原则,必然导致对还原论的否定,或者说必然导致非还原论。而以金在权和格兰姆斯为代表的现代西方心灵哲学家们却认为随附性有可能在逻辑上导致还原。

格兰姆斯说:越来越多的哲学家转向了随附性,希望找到决定的非还原形式。然而,所有的随附性概念并非都具有相同的决定和还原能力。在各种各样的随附性关系中,有两个越来越引起哲学家们的关注,即强随附性和整体随附性。有的哲学家喜欢整体随附性胜过了强随附性,他们认为:虽然强随附性足够强,可以作为决定关系起作用,但它不太弱因而不能避免还原的威胁。另外一些哲学家则选择了强随附性,他们认为:虽然整体随附性弱得足以避免还原的威胁,但它不足以作为决定关系起作用。格兰姆斯认为:强随附性和整体随附性都不能表达非还原的决定关系。因为根据内格尔在《科学的结构》中关于还原的经典解释,强随附性和整体随附性都导致了还原。

由于随附性是当代西方心灵哲学领域里一个崭新的研究课题,牵涉本体论、认识论、逻辑学等领域中的复杂问题,因此金在权不可能一蹴而就,靠几本书、几篇论文就创立出一个完备的、无懈可击的理论体系。事实上,如前所述,其随附性理论中存在着许多问题,因此自然遭到了多方面的非议与责难。但金在权作为当代西方心灵哲学中随附性研究的开拓者和奠基者,他为随附性研究所作的开创性和奠基性的工作,比如,他对随附性进行的分类,以及他对随附性的各概念、各概念之间逻辑联系的论述,都为随附性的进一步深入研究开辟了道路、指引了方向。虽然金在权的随附性理论的科学性和价值性还有待未来认识的检验,但无论怎样,我们仍然相信:随附性是一个很有前途的研究领域,其发展和突破不仅对心灵哲学,而且对世界观、宇宙结构图景的进一步探索都有不可限量的积极意义。

5 心有因果作用吗？

在一般人看来，我们的有意识的行动是由我们的心所决定的。这一常识观念换成当代心灵哲学的术语就是：愿望、信念、意图和自由意志等心理现象和状态是我们行动的原因，它们在自然的因果链条中有自己独特的、不容置疑的本体论地位。但是近20年来，随着心灵哲学对民间心理学以及心理自身的结构、机制、运动学和动力学探讨、反思的深入，许多心灵哲学家基于自己对心灵另辟蹊径的探索，提出了许多惊世骇俗、背叛传统的观点，如断然否定心灵、心理状态有本体论地位，有原因作用，彻底抛弃了心身之间存在着因果关系这一自古以来天经地义、无可置疑的观点，从而向常识的心理观念提出了严峻的挑战。而持意向实在论和因果论的人在回应挑战的过程中提出了新的因果理论，为常识心理观作出了有力的辩护。这一争论既涉及具体的心灵哲学问题，又触及了一般的哲学问题，从而大大拓展了心灵哲学的视野。

一、心理因果性的常识观念与取消论的挑战

民间心理学认为，信念等心理现象的存在是一个不言而喻的事实，它们不仅对行动具有现实的作用，而且也是我们日常解释和预言行动的可靠资源。那么心理状态是以何种方式对行动起作用的呢？换言之，借助信念等命题态度对行动所作的"理由解释"是不是原因或因果解释？对此，心灵哲学家们存在着根本的分歧。戴维森认为，关于行动的理由解释就是因果解释，"行动的基本理由就是它的原因"①。马尔科姆认为，关于行动的理由解释不是因果解释。"当某人做X的原因是其理由，即他做X的目的时，那么他做X不是他的理由或目的的结果。"②古滕普兰(S. Guttenplan)则指出，理由解释与因果解释并不是不可调和的。如果只解释心理状态与具体行动之间的关系，理由解释就够了，但要完整地解释你为什么此时以这种方式行动则必须提及行动的原因③。因果论与理由论的争论涉及的问题十分广泛，主要有以下几个方面：

第一，理由论者认为，因果解释是回顾性(backward-looking)的，即它们通过提及在时间上发生于前的另一事件来解释行动，而理由解释不是因果解释，从而愿望等不能作为行动的原因。而因果论者则认为，虽然愿望指向将来，但是愿望自身却是现在的，它先于行动，因此至少就时间因素而言，理由能够作为行动的原

---

① 高新民，储昭华主编.心灵哲学.北京：商务印书馆，2002.964
② K. T. Maslin. *An Introduction to the Philosophy of Mind*. Polity, 2001. p.192
③ S. Guttenplan. *A Companion to the Philosophy of Mind*. Blackwell, 1994. p.80

因。第二,理由论者指出,原因与结果必须是不同的事件。而理由解释是一种"重述性解释"(explanation by redescription),即通过提供行动者行动的详细描述所进行的解释,它没有提及任何与行动本身不同的事件,因此理由解释不是因果解释。而因果论者则认为,理由解释并不是纯粹的重述性解释。比如,我们说杰克去厨房,因为他想要一瓶啤酒并且相信啤酒在厨房内。这里我们不只是重述了杰克的行为,实际上我们把行为与愿望、信念联系了起来,并认为愿望与信念共同引起了行为。换言之,这种解释事实上提及了不同的事件。因此,理由解释是一种"伪装的因果解释"①。第三,根据休谟原理,因果相关的事件必然受经验的因果规律支配,但联系信念、愿望与行动的原则只是逻辑的或概念的。理由论者认为,如果认为两者都正确,就必须承认理由不是原因。因果论者则从论证的前提和论证本身两个方面对之进行了批驳。首先,"一种原因陈述的真理性取决于把事件描述成什么,其身份究竟是分析的还是综合的则依赖于该事件如何被描述"②。因此,如果"A 引起 B"是真的,那么 B 的原因便是 A;如此进行替换我们便有了"B 的原因引起 B"这样一种分析的陈述。所以,并非所有真实的因果陈述都是经验的。其次,两个前提的不一致,并不意味着不存在联系心理状态与行动的规律,而是说联系信念、愿望与行动的规律不能以日常心理学术语描述。戴维森指出,对意图与其所导致的行动可作出不同的描述,在这些描述下,它们例示了一种严格规律。由于只有物理规律才是真正的严格规律,所以使特定行动合理的愿望、信念等都必然有物理描述,在这种描述下,它们是因果相关的。因此,信念和愿望仍可以是行动的原因。再次,理由论者认为,我们无须观察或归纳就能知道自己行动的意图,但因果关系不能通过这种方式来认识。因此理由不是原因。因果论者则认为,在任何情况下,要知道一个单一的因果陈述是真实的,必须保证存在某些涉及眼前事件的规律,但并非只有归纳才能提供因果规律存在的知识,"一个事例就常常足以使我们相信存在着规律……即使没有直接的归纳根据,也能够使我们相信存在着因果关系。"③最后,理由论者认为,基本理由是由态度和信念所构成的,而态度和信念是状态或倾向,不是事件,因此它们不能成为原因。因果论者则认为,状态、倾向和条件恰恰是事件的原因。戴维森说:"状态和倾向并不能是事件,但受到状态或倾向的冲击则是事件。"④理由论者恰恰忽视了这种显而易见的事实。另外,心理事件也是存在的,它们具有决定行动的方向和形式的目的、规范、愿望和习性,而且还有关于我们正在做什么、关于环境变化的持续不断的信息输入,正

---

① P. Smith, O. R. Jones. *The Philosophy of Mind*. Cambridge: Cambridge University Press, 1986. p.242
② 高新民,储昭华主编.心灵哲学.北京:商务印书馆,2002.967
③ 高新民,储昭华主编.心灵哲学.北京:商务印书馆,2002.973
④ 高新民,储昭华主编.心灵哲学.北京:商务印书馆,2002.964

是根据它们,我们才能控制和调节我们的行动。

不管因果论者与理由论者在理由解释与原因解释上的差异有多大,但至少他们都是心理实在论者和常识心理观念的维护者,都承认愿望、信念等心理状态是现实存在的,对人和世界有实实在在的作用。而取消主义(Eliminativism)和工具主义却从本体论上否定了信念、愿望等心理现象的实在性,从而从根本上颠覆了常识的心理因果观念。取消主义认为,民间心理学所设想的信念、愿望等心理状态是不存在的,其概念所表示的是一种完全错误的地形学、原因论和动力论。丘奇兰德断言:"我们关于心理现象的常识概念是一个完全虚假的理论,它有根本的缺陷。"①从本体论上看,大脑中真实存在的只是神经元及其活动、过程和连接模式,并不存在民间心理学所断定的信念状态,也没有发生过常识所赋予信念的那些因果作用。从语言哲学的角度看,由于不存在信念之类的状态和实在,因此常识心理术语只是一些空概念,必将随着成熟科学的发展和科学术语的常识化而退出交流的历史舞台,为精确的科学语言所取代。总之,在取消主义看来,信念等心理状态是不存在的,我们通常所说的心身因果关系实际上只不过是神经状态等物理事件之间的因果关系。工具主义对常识观念的挑战具有折中的性质。它一方面肯定了常识心理概念的有用性,但另一方面又彻底否定了其所指的实在性。丹尼特与取消主义者一样认为,人体内只有物理过程、状态与属性,而根本不存在心理现象等实在、过程或属性,信念和愿望等只是"行动预言和解释演算中理想化的虚构角色"②,其地位相似于力的平行四边形中的分力③。因而民间心理学是一种关于意向系统的理论,它本质上只是一种解释、预测行为的策略,而不是关于实在的理论,因而最终会被证明是虚妄不实的。但另一方面,他又不同意取消主义完全抛弃常识心理概念的主张,认为尽管民间心理学及其概念、术语没有指称,没有描述任何实在、过程、状态和属性,但它们作为一种有用的解释和预测行为的方法和策略仍有其存在的理由和价值。例如对人的某种反常行为,我们可以解释说这是由如此这般的信念和意图引起的。不仅如此,民间心理学作为解释、预言行为的策略还有比物理的、设计的策略殊胜和独到的地方。特别是对于复杂的对象,物理的或设计的策略要么无能为力,要么会遗漏掉被解释对象的重要内容,这时就必然要用到意向策略。不过,丹尼特反复强调,一个系统是不是意向系统并不取决于它自身,而取决于解释者所采取的态度。如果它可以用意向的态度去解

---

① P. M. Churchland. "Eliminative Materialism and the Propositional Attitudes". *The Journal of Philosophy*, 1981(78): pp.69—90

② D. Dennett. *Brainstorms*. Cambridge: M.A, Bradford, 1978. p.30

③ D. Dennett. "Three Kinds of Intentional Psychology". in R. Healey (ed.). *Reduction, Time, and Identity*. Cambridge: Cambridge University Press, 1981. p.20

释,那么它就是意向系统①。但无论如何,描述人的信念和愿望,不是描述了某种物理实在的任何碎片,而只是像拨动了算盘上的算珠。算珠并不是真实的数量关系,因而拨动算珠并不是拨动了真实的存在,但对算珠的拨动,可帮助我们了解实在世界的数量关系。同样,述及人的信念与愿望,尽管不触及实在的过程,但碰巧能使我们解释和预测行为的发生。可见,在工具主义折中、温和的面孔下弥漫的仍然是坚定的取消主义情怀。

针对取消主义和工具主义的挑战,心理实在论者给予了针锋相对的反驳。他们指出,根据信念、愿望等对行为的解释是人们在日常生活中进行的一种不可否认的实践,民间心理学是人们的解释、预言活动和心理活动的内在机制和秘密之所在。人作为有行动能力的动原(agent)这一思想本身就隐含着心理因果性。所谓动原就是能够基于理由而行动并且其行动可以根据他所依据的理由来解释和评价的人。人的行动与纯粹的躯体运动的区别就在于:"我们的信念和愿望指导着我们的行动,而且我们也依赖于它们来解释为什么我们做我们所做的事情。"②因此,我们要坚持人是动原的思想,就必须承认心理因果性的存在。因为正是在这个意义上,汉南(B. Hannan)说,如果放弃心理因果性,"那就等于承认:对行动的信念、愿望解释是不真实的,这无异于说,我们并不是真正的动原(或人)"③。人的知识也预设了心理因果性。众所周知,感知是我们通向世界的唯一窗口,没有它我们就不能知道发生在四周的一切。而感知就是外部物理世界对我们内部心理世界的作用过程,因此,如果没有心理因果性,也就不会有感知,那么不仅构成我们判断所需的实践知识而且理解世界所需的理论知识都不可能得到。不仅如此,心理因果性还是我们世界观中的核心构成部分,它是关于人和世界的许多基本概念如道德、法律的责任和义务等的基础,或者说,它是我们日常生活中不可缺少的"前结构"或康德意义上的"范畴"。因此否定心理因果性,无疑是对我们的整个世界观的颠覆。

二、随附性与心理因果作用的新说明

事实上,只强调心理因果性的重要地位还不足以完全化解怀疑论的挑战,关键是揭示心理因果作用的机制和可能性根据,回答:心灵怎么可能引起身体的变化?心理事件是通过什么样的机制或过程参与物理事件的因果链条的?

传统的实体二元论认为,人由物质实体和精神实体构成。前者有广延而不能

---

① D. Dennett. "Intentional System in Cognitive Ethology". *Behavioral and Brain Science*, 1983(6): pp.343—390

② J. Kim. *Philosophy of Mind*. Westview Press, 1996. p.126

③ B. Hannan. *Subjectivity & Reduction*. Westview Press, 1994. p.107

思维,后者则能思维而没有广延。那么心身之间如何因果相关呢?笛卡儿认为,心身因果作用仅出现在松果腺内。他说,松果腺是"灵魂的居所"和心身相互作用的接触点,通过它就可以把身体与心灵沟通起来。但实际上这是不可能的,因为如果松果腺是心理的东西,那么它就只能把心理的东西与心理的东西关联起来。如果它是物理的东西,即使很微细,那也只能成为物理的东西与物理的东西之间相互关联的机制。

正是由于二元论显而易见的荒谬性,所以,现在已很少有人再坚持实体二元论。大多数人认为,心理过程是处于复杂物理系统中的事件或属性,而不是非物理的心灵。因此,心理因果性问题现在通常以两种方式阐述:一是通过物理和心理两种事件,即心理事件与物理事件如何相互作用?二是通过心理和物理两种属性,即心理属性的例示与物理属性的例示如何相互作用?因此,心理因果性问题在现当代改变了形式,往往以属性二元论和各种物理主义的形式表现出来。

属性二元论认为,人是物理的实在,但有物理和心理两种属性,这两种属性之间的因果作用可以根据心身随附性而得到解释。随附性是指心理属性与物理属性之间的一种伴随、依赖、共变关系,也就是说,物理属性是心理属性的"基础属性",它决定着心理属性,但心理属性又具有独立性,不能还原为物理属性。随附论者认为,心身随附性为解释心理因果性提供了正确的物理主义根据,因为它既尊重物理事件、物理属性的基础性地位,同时又认为心理属性不同于物理属性,从而给予其应有的因果地位。但是,根据随附性的解释,我们似乎面临着两难选择:要么承认行动有两个独立的原因,即心理原因和物理原因,从而接受"多因素决定论",要么承认心理属性的因果力完全依赖于其所随附的物理属性的因果力,所有真正的因果作用都是由心理属性所随附的物理属性所完成的,而这样一来,心理属性似乎就不具有任何因果效力,从而又陷入了"副现象论"。于是,怎样摆脱这一困境就成为"心理因果性的现代难题",也成为研究者争论的焦点。

福多认为,一属性具有因果作用的充分条件是:如果一个体由于它而受一因果规律支配,那么它就是有因果作用的属性。因此即使所有因果相关的概念都来自物理机制,但这并不是说只有物理属性与因果相关。如果高层次的心理属性出现在支持因果解释的似规律的规则中,它就也与因果相关。例如,我们说,珠穆朗玛峰上有冰雪是因为它是一座高山。根据随附性原则,"是座高山"是随附于特定的地理区域、有特定的海拔等低层次物理属性的高层次属性。但副现象论者认为,珠穆朗玛峰上有冰雪这一事实是由高山性所随附的物理属性决定的。因此,"是座高山"是没有因果效力的副现象。福多则认为,"是座高山"尽管是一种随附的属性,但它是一种与因果相关的属性。因为存在把"是座高山"和"山上有冰雪"联系起来的余者皆同法则。同样,如果心理属性也被涵盖于余者皆同法则之下,它们就也是因果相关的属性。不过,福多似乎把随附性与可多样实现性搞混淆了。在上例中,"是座高山"并不是随附属性,而是可还原的属性:它的本质含义完全可以由"海拔超过4000米的地球物理结构"等物理属性获得。而心身随附性所涉及的心理属性是不能还原为物理属性的,它与物理属性都是行动的原因。因此关键的问题是:心理属性的因果力来自何处呢? 福多认为,心理属性的因果力是依据"因果继承原则"(the principle of causal inheritance,简称为PCI)而从其所随附的物理属性"继承"而来的,即如果 M 是一种随附的心理属性,P 是 M 所随附的物理属性,那么如果 M 在特定场合是由 P 例示的,那么 M 的这种例示的因果力同一于 P 的因果力。而金在权则指出,要坚持心理属性的非还原论就必须否定PCI,因为属性存在的依据在于其因果力。因此,除非支持某种"下向因果关系"(downward causation),即心理属性如果要真正区别于物理属性,必须有其自身能"向下"达到物理世界的特殊的因果力,否则心理属性最终将被还原为物理属性。汉南对金在权的"下向因果观"和以因果力确定属性存在的观点进行了反驳。她说,首先应当肯定根据信念、愿望等对行动的解释是真实的,因为心理主义术语具有物理主义术语所没有的主观性,因此,它们不可能在不丧失本质意义的情况下被物理主义术语还原。从实在上说,心理属性不能还原为物理属性,它们是真正的因果解释中的要素。当然,在特定的情况下,心理属性没有独立于它们所随附的物理属性的因果力,就此而言,PCI 是正确的。但是因果力缺乏独立自存性不是否认心理属性实在性的充足理由。她认为,把心理属性是脑状态的主观方面这一观点与 PCI 结合起来,就可得到心理因果机制的真实图景[1]。

  物理主义认为,心理状态是物理状态,它们的物理特征就是它们所具有的特征。根据一般的因果学说,如果两事件因果相关,那么,除了时空相邻之外,还要有涵盖二者的因果规律。因此,如果心理与物理之间存在因果关系,就必须有涵盖心理和物理的规律。这一规律是什么呢? 是物理规律还是心理物理规律?

  类型物理主义认为,每种类型的心理状态都同一于一种类型的物理状态。因此,如果心理因果性为真,就一定有某种把心理与物理关联起来的规律。那么,这种规律是什么呢? 不外乎三种可能:一是物理规律,它们能够把大脑物理状态联系起来,却不能联系心理状态与物理状态。二是心理规律,它们能够把心理事件关联起来,但不能把心物关联起来。三是心理物理规律,它们能够把心理状态类型与物理状态类型关联起来。如果有这样的规律,当然可以说明心身因果作用。但这种规律存不存在呢? 戈德堡(S. Goldberg)指出:对这一问题的回答"必须由关于心/脑的实证研究来确定,而不能靠哲学的推论"[2]。如果神经科学家证实了

---

[1] B. Hannan. *Subjectivity & Reduction*. Westview Press, 1994. p.108
[2] S. Goldberg, A. Pessin. *Gray Matters*, M.E. Sharpe, 1997. p.145

这种规律的存在,那么类型物理主义者的假设及其对心理因果性的解释就是正确的,否则,就是值得怀疑的。由此看来,类型物理主义者关于心理因果性解释的合理性必须有赖于神经科学的发展。但是迄今为止,任何科学都还没有发现这种规律。那么这是否意味着物理主义的失败呢?戴维森认为,并非如此。因为类型物理主义的错误并不等于整个物理主义的末日。心理因果性问题完全可以在"异常一元论"(anomalous monism)的框架内得到解释。异常一元论由三条基本原则构成:(1)因果相互作用原则,即心理事件与物理事件之间有因果关系。(2)因果性的法则学特征原则,即有因果性,必有规律,作为原因和结果相关联的事件必须例示一条严格的规律。(3)心理的异常性原则,即不存在把心理事件与物理事件关联起来的心理物理规律。戴维森认为,这三者之间似乎是矛盾的,因为承认原则(1)和原则(2)似乎就要否认原则(3)。但是这种矛盾并不是不可调解的,调解的关键是要放弃"类型物理主义"而坚持"个例物理主义",也就是说,心身因果关系是发生在具体的心理事件(或个例)与物理事件(个例)之间的,只要心理事件和物理事件例示了一条规律,它们之间就有因果关系。但是,严格的物理规律怎么能够把心理事件与物理事件关联起来呢?因为尽管世界上只有一种实在即物理实在,但对物理实在却有不同的描述方式。因果性和同一性是处在两个无论怎样被描述的事件之间的关系。而科学的规律是语言的规律,因此只有当事件以一种适当的方式被描述时,才能例示规律,也才能为因果规律解释和预言。而心理异常性原则所涉及的是被描述为心理的事件。只有当事件被描述为心理的时,它才是心理事件,因此所谓的心理事件只不过是由科学语言所描述的物理事件,因此严格规律所涵盖的只不过是两种物理事件。因而上述三条原则是没有根本冲突的①。为了解释物理事件的心理属性与其物理属性的关系,戴维森引入了随附性原则。他认为,所谓随附性是指两事物若在所有物理方面都完全相同,它们就不可能在心理方面不同,或者说没有物理方面的改变就不可能有心理方面的改变。所以,如果某人的心理状态由 M_1 变为 M_2,那么必然是因为 M_1 和 M_2 所随附的物理状态发生了改变。应当看到,异常一元论并没有真正摆脱副现象论。根据异常一元论,心理事件 m 成为物理事件 p 的原因的条件是:(1) m 有一物理属性 Q。(2) Q 与有物理属性 P 的 p 之间有一规律相联系。由于不存在心理物理规律,纯粹的物理属性必须完成所有的因果作用,而这意味着具体事件具有因果作用完全是由于其物理属性。如果是这样,心理属性不就成了没有任何因果效力的副现象了吗?而且,心理的异常性与随附性原则之间也存在着矛盾。因为根据后一原则,物理属性决定了随附的心理属性,而这样一来,似乎就存在着把特定的心

---

① D. Davidson. "Mental Events". in David M. Rosenthal (ed.). *The Nature of Mind*. Oxford: Oxford University Press, 1991. p.250

理属性与其所随附的物理事件类型联系起来的桥梁法则,而这恰恰是戴维森所反对的。因此,汉南说:"随附性与心理的异常论相冲突。随附性与异常论必须去除一个。"①

三、心理语义性的因果作用问题

如果心理事件对大脑的物理过程有因果作用,那么它肯定是由命题态度完成的。而命题态度有句法和语义两种性质。我们知道,计算机只能对符号的句法进行加工,而不能理解、处理符号的内容或意义。意义的识别、理解是程序设计、操作人员的事情。那么,如果人脑与计算机类似,它所加工和处理的也只能是命题的符号形式。但是,在人的印象中,心理的因果作用是由心理符号的内容或意义所使然。例如,我们是在把握了信念的内容(如相信"冰箱里有解渴的饮料")的前提下,才有相应的行动(如走向冰箱,拿出饮料来喝)。如果像大多数论者那样承认心理内容在自然界中的存在,那么心理内容究竟有没有因果作用呢?如果有,它是怎样发挥因果作用的?这是心理因果性问题中的一个崭新的、前沿的课题。

怀疑论对心理语义性因果性的挑战来自取代威胁(preemption threat)和外在主义威胁两个方面。取代论者认为,符号的句法属性不是符号的基本物理属性。因此,其因果效力可以由符号的物理属性的因果效力所取代。与此类似,命题态度的语义属性也不是大脑的基本物理属性,其因果效力也可能被大脑的物理属性的因果效力所取代。外在主义威胁则源于语义属性的外在特征。它认为语义属性不在大脑之内,而在所指称的对象之中。因此,它在大脑中没有位置。但因果过程是有位置的,或者说是局域性的(local),因此语义属性不能发挥因果效力。两个威胁的侧重点不同,但其实质都是认为语义属性是没有因果作用的副现象属性。

杰克逊、雅各布等人用程序解释模型对取代威胁作出了回答。他们认为,心理内容有宽内容和窄内容之分。宽内容是副现象,而窄内容则有因果效力。雅各布认为,对行为的因果解释有两类:一是过程解释。例如一个人头痛,吃了止痛片,头不痛了。对此可以解释说,药物的化学属性在消除疼痛的过程中有因果作用。二是程序解释或功能解释,如可以通过叙述止痛片的功能来解释其因果作用。两种解释的区别在于:过程解释揭示的是因果作用的实际过程,而功能解释提供的是关于可能没有被实现的因果作用过程的信息。也就是说,功能解释提供关于实际过程的一般信息,而非具体信息②。根据命题态度的语义属性对行为的

---

① B. Hannan. *Subjectivity & Reduction*. Westview Press, 1994. p.74
② P. Jacob. *What Minds can Do*? Cambridge: Cambridge University Press, 1997. pp.205—222

解释是一种功能解释。因为尽管语义属性随附于物理属性,它的例示在物理属性的因果作用中没有一物引起另一物的那种作用。也就是说,语义属性的例示与物理属性的例示之间是概念的、逻辑的或程序性的功能关系。正如述及成为止痛片的功能或程序可以对止痛作出因果解释一样,通过述及信念的语义属性的功能作用也可对行为作出因果解释。因此,语义属性的因果作用是客观存在的,它不可能被物理属性取代。

德雷特斯克运用"成分战略"(componential strategy)来消除外在主义威胁。他认为,身体运动与行为不同,行为是一个借助物理系统的意向状态产生身体运动的过程,它由信念、身体运动以及二者之间的因果关系三个因素所构成。命题态度的语义属性作为原因引起的不是行为,而是身体运动。因此,在说明语义属性的因果作用时首先要区分对行为的因果解释和对身体运动的因果解释。按照成分战略,用命题态度的语义属性解释身体运动是一种因果解释,前者是原因,后者是结果,而用它解释行为则还须把触发性(triggering)原因和结构性(structuring)原因区别开来。触发性原因是直接引起一个事件的事件,例如拧开水龙头就是水流出来的触发性原因。而结构性原因是背景、条件,是触发原因起作用的根据,例如水龙头拧开之所以有水流出来,这是由设计、安装人员设计安装的构造所决定的。德雷特斯克认为,命题态度的语义属性在行为发生中是作为结构性原因起作用的,因为它说明了行为过程的结构。总之,如果行为是意向的行为,那么命题态度的语义属性就是结构性原因,因为它是一种指示器,由于它被用作个体物理运动的原因而获得了它的指示功能①。

福多、布洛克等人根据内容二元论对副现象威胁提供了一个比较温和、折中的解决方案。他们认为,用窄内容对窄行为的解释是真正的因果解释,用宽内容对宽行为的解释不是因果解释。因为所有因果作用都是由窄内容承当的,宽内容之所以为宽内容就是由于具有窄内容的心理状态与外在事物之间的外在联系。总之,命题态度的语义属性并不是完全没有因果作用的,至少其中的窄内容有因果作用。窄内容怎么可能有因果作用,它是怎样完成因果作用的呢?福多认为,揭开语义性因果作用的秘密有赖于句法:"正是通过句法,符号的因果属性才与它的语义属性关联起来。……符号的句法可以决定其标记的原因与结果,就像一把钥匙的几何形状决定它能开哪把锁一样。"也就是说,句法的符号类似于钥匙几何形状的二阶物理属性,它既表现语义属性,同时它的形状又潜在地决定其因果作用。就此而言,句法与语义属性是不对称的:语义属性的因果作用必须借助一个"代理人"(proxy)即句法的结构或形式属性才能实现。而句法形式之所以能作这

---

① F. Dretske. *Explaining Behavior*. Cambridge, Mass: The MIT Press, 1988

样的"代理人"则完全是一个目的论的事实,即被设计如此。对此,福多借助计算机类比说:计算机的操作"完全是由符号的转换构成的;在执行这些操作的过程中,计算机只对符号的句法属性敏感;它借符号所完成的操作完全限制在符号的形态转换之内。然而它是如此被设计出来的,当且仅当被转换的符号具有特定的语义关系时,它才将一符号转换为另一符号"①。

我们认为,关于心理语义性因果性的三种解释模型都对心理内容的因果性提供了新颖而独特的解答,但它们又都有其自身难以克服的不足。事实上,解决这里的问题既要坚持触发性原因和结构性原因的区分,又要认识到语义性的非语义的源泉,也就是说,既要坚持局域随附性,又要承认社会、文化环境对语义性的作用。因为一方面因果作用必须由某种结构或系统承当,"关系"本身不能成为这种作用的主体。另一方面,有因果作用的实在必须个体化,而个体化无疑离不开社会、历史条件以及来自对象的信息等关系属性。因此,如果我们的目的是提供关于个体物理运动的触发性原因,那么只有大脑的物理属性才有因果效力。但心理语义性并不是副现象,因为它在结构性原因的意义上对行为的产生有因果作用,因为命题态度在作为触发原因发挥作用时离不开一定的背景、结构、程序和规则。

四、问题与思考

从以上分析不难看出,尽管心理因果性问题远没有达到完全解决的程度,但其研究已达到了前所未有的深度和广度。事实上,心理因果性研究所面对的是一个牵一发而动全身的问题,它不仅普遍存在于人们的日常言谈和解释、预言实践中,涉及信念、思想、意识和行动等心灵哲学自身的问题,而且也直接关系到常识人学、常识心理学以及心理的结构、机制和动力学等跨学科的问题,还涉及因果性标准、世界的结构图景等一般性问题。因此,它之所以成为人们关注的焦点,是心灵哲学和有关科学发展内在逻辑的必然。不仅如此,由于当代心理因果性研究在回应怀疑论挑战的基础上探讨了心理作用的机制、过程、动力等问题,因此也为我们深化对心灵的认识提供了契机,具有重大的理论和实践意义。例如,过去我们在谈及心理或意识的能动作用时,往往只是在作出诸如"物质决定意识,意识对物质有能动的反作用"等基本断定之后,就未再作进一步的、深层次的追问和探讨。而对心理因果性的研究,则有助于我们深入到这些老生常谈的背后,探索心理的地形学、运动学和动力学,从而促进相关领域的发展。

其次,心理因果性研究不仅提出了一些深层次的问题,而且也为解决这些问

---

① J. Fodor. "Fodor's Guide to Mental Representation". in his *A Theory of Content and the other Essays*. Cambridge, Mass: The MIT Press, 1990. p.22

题提供了新的范式和工具。例如,运用随附性概念来解释心理因果性就是一种新的尝试。物理主义一般认为,世界上存在着上向因果作用(upward causation),即低层次事件可对高层次事件发挥原因作用。但对是否存在下向因果作用则众说纷纭。而随附论者认为,心理属性作为一种随附属性,尽管其构成、结构和作用等都依附于基础的物理属性,但仍有自己的自主性。恩克(B. Enc)说:起着表征作用的结构和构成意向行为的结果之间具有不可还原的因果关系,它正是作为随附属性的心理现象的因果作用的非还原的源泉。也就是说,心理的因果作用也具有非还原性,其作用来自于对于这些属性的独立的同一条件,而不是由基础属性方面的微观结构及其差异变化所决定的。这无疑是一种新颖独到、值得重视的解释。

再次,关于心理因果性的某些论证及其观点值得冷静对待和深入研究。例如,取消主义、工具主义认为,根本不存在信念、愿望等心理状态,表达这些状态的概念只是些空概念。对这些看法既不能简单接受,也不能草率地否定,而要像汉南所说:"当你发现一个哲学家说了一些似乎不合常理的东西时,要寻找其动机。"的确,在取消主义和工具主义离经叛道的面孔下包含着许多合理的思想。长期以来,由于心理对象的复杂性和特殊性,人们在构建心理结构图景时,往往用外物来类比、隐喻心灵,按物理语言来构想心理语言。这种模式在特定的条件下解除了人们在理解和说明心灵时的困惑。但这毕竟不是把握心理的直接方式,所得到的也只是一种模糊的、猜测性的认识。更应注意的是,由此所建立起来的常识世界观始终盘踞着二元论的"幽灵",这种"幽灵"深深渗透于日常思维之中,以至于连批判二元论的人也常常不自觉地把心灵看做是身体的主人。丹尼特就曾指出:"如果我们仔细研究民间心理学的思想体系,就会发现它差不多是笛卡儿主义的——彻头彻尾的二元论。"[1]应当说,这种认识是相当深刻的。不过也应看到,我们在有意义地使用心理语词时,绝不是"无病呻吟",什么事实、实在也未述及。可能它们所描述的对象是模糊的、片面的,甚至是错误的,但肯定指称了人的某种实在状态。近年来,神经学家在研究人的思维过程时,也发现人们在使用不同的心理语词报告自己的内部状态时会伴有不同的脑电波型。也就是说,人们在说自己有意识、信念时,大脑内部确实发生了某种内在的过程。因此,取消主义和工具主义给我们的启示是:应当重视对大脑"黑箱"本身的研究,要通过对心理现象背后的神经机制、过程的揭示来解释心理因果性。

---

[1] D. Dennett. "Two Contrasts: Folk Craft versus Folk Science, and Belief versus Opinion". in J. Greenwood (ed.). *The Future of Folk Psychology*. Cambridge: Cambridge University Press, 1991. p.37

6 关于意识反作用机制的一种猜想

意识可以反作用于大脑和外部世界,这不仅是马克思主义哲学的一条基本原则,而且也得到了大多数心灵哲学理论的承认,更值得一提的是,当代脑科学以及在此基础上所衍生出的各种心脑假说还进一步为上述哲学常识提供了大量的理论和实验根据。但是,由于人类特别是哲学家对形而上学问题有一种不可遏制的爱好和自然倾向,总是不满足于对现象的描述和对事实的承认,而喜好对现象、事实的穷本溯源,不停留于陈述事实上的可能性,而热衷于在更高的理论层次上反思、探讨事实赖以成立的可能性条件或根据,例如意识是怎么可能反作用于大脑的?是怎样反作用于大脑的?早在古代,哲人智者们就意识到了这个问题,并设想意识对身体的作用是通过"灵魂"、"火"才成为可能并得以实现的。后来,笛卡儿则认为,精神实体对大脑的反作用是通过大脑中的松果腺而实现的,而贝克莱则主张:非物质的心灵对身体的作用是通过人体中充斥的生气(animal spirit)来完成的。但是许多思想家甚至包括笛卡儿等人在内又都意识到,他们并没有自圆其说地揭示意识发生反作用的可能性的根据,因为他们所说的意识与肉体是二元对立的、根本不同的,因此根据一般的科学常识,这两个不同质的东西怎么可能相互联系和相互作用呢?尽管他们设想两者联系要靠一中间环节,但由于这种中间环节要么是物质性的(如"火"、松果腺、生气等),要么是精神性的(如灵魂),因而他们想要解决的问题依然故我:这个中间环节尽管可与具有相同本质的一方相联系,但怎么可能与它不同的另一方相联系呢?

现代的一些哲学家和对哲学问题感兴趣的科学家没有终止对上述问题的研究。当代脑科学研究权威艾克尔斯、斯佩里等人纷纷利用自己和他人的科学成果来说明意识的本质、意识对大脑发生作用的过程。而邦格则在相互作用论特别是传统唯物主义关于意识的学说中发现了长期为人们所忽视的问题:意识既然是一种机能,那么它怎么可能反作用于大脑呢?因为作用和反作用以物质、能量的消耗、转化为前提条件,而机能之类本身并不具有物质、能量,因此,说意识主动地发挥对大脑的反作用是不可能的。于是他别出心裁地说:意识对大脑的反作用实际上是神经系统的子系统对子系统或者是它们对机体的其他部分的反作用①。

毋庸讳言,邦格的问题对马克思主义哲学工作者是一个新的、严峻的挑战。因为我们的一般论著都承认:作为大脑机能或属性的意识可以能动地、主动地反作用于大脑,并通过大脑、身体反作用于外部世界,在这个作用过程中,意识似乎

---

① 邦格著,范岱年译.从神经科学看心身问题.见:第十六届世界哲学会议论文集.北京:中国社会科学出版社,1984.192~198

是独立地、不借助于脑结构的变化而起作用的,如形成理性认识,自由地选择、决定行为,提出改造世界的理论方法等。但仔细一想,邦格的问题似乎也有合理性,至少是值得我们认真研究的,因为意识本身的确不具有物质和能量,如果有物质的构成并拥有能量,那它就不是一种属性或机能了。因此要坚持和发展马克思主义的意识论,就必须进一步思考:意识能否发挥反作用?如果能,它怎么可能发生反作用?怎样发生反作用?

一、"意识"的意义与本体论地位问题

要回答上述问题,首先必须澄清"意识"的意义。因为如第三章所述,"意识"是一个具有歧义性的概念。更为重要的是,人们在理解这一概念时,由于民间心理学和潜藏的二元论的影响,往往犯了"范畴错误"而不自觉。最明显的表现是,它常被认为表示的是不同于物理现象、自然现象或高于这些现象的现象。在前面有关部分,尤其是在下一章,我们强调:"意识"的所指并不是物理现象、自然现象之外或之上的现象或属性,而仍在它们之内。因此它不是与"物"并列的一类范畴。质言之,它与"物"等物理语言一样,不过是描述同一对象的不同方式,只是角度、层次、方式、抽象的程度、看问题的跨度彼此有所不同罢了。正像常识语言"水"和化学术语"H_2O"一样,它们所指的并不是两个东西,而是同一个东西,但描述的方式、角度、侧面、层次有很大的差别。因此,当我用"水"和"H_2O"来描述一个瓷杯中的液体时,就不能说"水"所指的东西与"H_2O"所指的东西之间有因与果、依赖与被依赖、决定与被决定、产生与被产生的关系。同理,"意识"、"意向"等是对人脑中的现象、过程的一种描述方式,"物"、"生理"、"机能"等是对同一对象的另一种描述方式。因此如果这样来理解这些概念,那么我们当然不会碰到"意识有无对大脑的反作用"以及"怎样发挥反作用"之类的问题。

但是如果我们在理解意识时作一些特殊的限定,例如从层次上看问题,把意识看做是由低层次的物理化学过程所实现的高层次过程。它包含有低层次的因素,但又不能等同于它们,不能等同于其总和。因为正如恩格斯所说:总有一天我们可以把思维归结为化学过程,但这样就把思维的本质包括无遗了吗?如果从这个角度来看问题,我们就会碰到意识的反作用问题、意识的因果地位问题。不过,应该注意的是,这里的问题在形式上尽管与传统哲学的问题有相似之处,但在内容和实质上却有很大不同。因为我们这里所说的"意识"与"大脑的物质、状态、活动和过程"等不是两类对立或并列的范畴,或如列宁所说:它们之间不存在"绝对的""对立",而只有"相对的""对立"。因为两者是对同一物质即人脑的不同描述方式。这个不同主要表现在范围大小不同,所包含层次的数量不同,例如"意识"一词指的对象更宽、更多。

六 随附性与心理的因果性问题

要回答经过我们澄清了的"反作用何以可能"、"怎样可能"等问题,仍有必要弄清"意识"术语的所指,尤其是它的本质与存在形式、表现形式。当代脑科学为我们进一步解决这一问题提供了新的可资利用的资料,如斯佩里根据他的实验研究认为,意识是"高水平的脑过程的动力系统的特性"[1],或者说是脑过程在动力学上的实现特性,是综合了时间、空间、质量、能量的多元综合体[2]。森塔戈陶伊(一译"先塔戈泰")也认为:神经元不是单个地起作用的,而是构成一些神经元集团而起作用的,在神经元的分层系统中,不仅有神经元功能的高度发达和专门化,而且有神经元集团的"协同活动"和"动力模式"。"动力模式"是发生在高层次中的事件,是神经元集团的联合体。正是这种"动力模式"或联合系统的协同作用,才导致了心理、意识现象的产生[3]。这种见解较好说明了意识对大脑的依赖性,较好地避免了还原论、庸俗唯物主义和唯心主义,这是可取的。不过从辩证唯物主义、历史唯物主义以及有关自然科学的最新成果来看,它又不够全面和科学,还不足以揭示意识的全部本质,因为很显然新生儿和狼孩具有同有意识的人脑相差无几的神经细胞与结构,但并不具有现实的意识机能。因此必须从更大的系统来考察意识。我们知道:意识依赖于有意识功能的人脑,而具有这种功能的人脑一方面依赖于种系漫长的演化和发展,另一方面又依赖于个体发生发展的社会环境,如家庭、学校、社会心理、文化等。社会环境是具有意识可能性的人脑转化为具有现实意识机能的人脑的必要条件,社会存在的各种因素通过不同的方式和途径被内化、整合、积淀在人脑中,使通过遗传而获得的大脑结构发生质的飞跃,从而具有了现实意识机能。当人脑通过实践活动这样的中介环节与外部世界发生相互作用时,就产生或实现出了现实的意识。因此意识实质上是处在主体、客体、社会环境、工具实践活动等因素所组成的复杂动力系统中的人脑的属性、机能和产物。

意识从人脑中突现出来之时,总是同时表现为活动和活动的产物两种形式,因为不可能设想有空无内容的意识活动,也不可能想象有不依赖于意识活动的思想物。因此从表现形式来说,意识具有两种既有区别又有联系的形式。具体地说,一是心理或意识活动及其状态,或者用物理语言说是大脑特定机能的作用与过程,亦即大脑这块特殊的物质的运动及其过程;一是大脑意识机能作用或大脑意识活动的结果或产物,如大脑正在对之进行加工、操作和运算的知觉、表象以及加工后所得到的概念、命题等,换成物理语言说,就是大脑中的特定的神经元连接

---

[1] 斯佩里著,方能卿等摘译.科学与价值的桥梁.见:世界科学,1982(5)
[2] 斯佩里著,方能卿,张尧官译.脑——精神相互作用.见:自然科学哲学问题,1981(4)
[3] 森塔戈陶伊.作为心理机能的基质的大脑皮层的神经元机制.见:第十六届世界哲学会议论文集.北京:中国社会科学出版社,1984.212~218

模式。

意识作为一种活动、运动必定是某种实体的活动和运动,而世界上除了物质及其特殊状态以外并不存在其他什么东西。人脑是一种特殊形态的物质,其中并不存在什么神秘的、无广延的精神实体,因此意识只能是人脑内部的神经细胞所组成的系统的活动或运动。新的科学事实一再证实了这一点,如当脑叶移出时,人就不再有判断、推理、情绪之类的活动与状态。对情绪的实验研究表明:当在病人脑部的愉快或痛苦中枢实施刺激技术时,病人表现出高兴或痛苦,在健康人的同样区域重复这一实验,也得到了同样的效果①。因此情绪活动就是现实的人脑系统对刺激的一种整合活动。电生理学研究发现:在大多数学习过程中,许多皮层部位和皮层下结构都出现了脑电活动的变化。由于神经元群的活动不同、神经冲动的编码不同,造成脑细胞活动的时间和空间构形也不同,因而学习内容的储存与效果也不同。脑电研究也表明:当人思考或进行心算时,a 节律受阻断,代之以低波的 b 节律。很明显,意识活动如果不是一种物质的活动,那么就不可能通过客观物质的仪器、手段对之进行实验观察和研究。

通过许多中介环节和换能作用而载于书籍、图片之上的意识具有客观的存在形式,已被人们称之为物质化的意识,其空间结构和物质性本质是毋庸置疑的。处在意识活动过程中的或储存于记忆中的意识如概念、思想等以什么形式存在呢?它们是一种物质的存在还是一种非物质的存在呢?科学事实越来越清楚地表明:作为物质的一种特殊活动的产物的意识,都不是以非物质的、物质之外的什么神秘形式存在于头脑中的,而是依存于一定的物质载体如暂时神经联系、神经元网络、突触结构的变化等而存在于头脑中的。离开了物质,意识不可能以纯粹的、独立自在的形式存在。学习、思维活动的产物是通过记忆储存于头脑中的。随着电生理学、脑化学对记忆的日益广泛深入的研究,我们对作为意识活动的产物的存在形式及其实质有了更清楚的认识。经学习思维等所得的意识或知识经验被储存于记忆中的是经过短时记忆和长时记忆而完成的。海布的短时记忆的神经元返回环路学说表明,由于脑的神经元网络中存在着一种反馈环路,学习初期产生的神经冲动不断自我再兴奋、持续循环振荡,使刺激停止后脑的电活动仍处于持续的状态,由此就构成了短时记忆的神经基础。新近的研究表明:大脑皮层颞叶内的海马区对记忆的巩固即长时记忆的形成有重要作用。在脑的边缘系统、丘脑和额叶所构成的一个循环的神经通路中,学习时的神经兴奋从大脑皮层边缘系统的一些结构传到海马,然后再从海马经丘脑某特定核返回到大脑皮层的前额叶。通过此回路,学习时新的特定组合的信息得到重复排练,并与信息储存

---

① 萧静宁.脑科学概论.武汉:武汉大学出版社,1986.189~190

所涉及的许多神经元群发生了作用,这样便使新经验的神经活动的兴奋模式与大脑皮层的多种神经过程联系起来。也就是说,储存一项学习思维所得的知识经验必须有许多神经元的协作。记忆内容正是通过大脑神经元的突触结构上的变化而储存在中枢的大片网络上的。记忆的脑化学研究也表明,思想、知识经验等是以物质的存在形式经过复杂的神经活动储存于人脑中的。如瑞典科学家海登与其同事训练大白鼠学习平衡身体、爬越绳索以取食的实验表明:经过学习训练的大白鼠脑中某些活动的神经元 RNA(核糖核酸)含量明显增加,RNA 碱基结构的比例有明显改变。这说明经验的储存与 RNA 有密切关系。信息科学和神经科学所提供的材料还表明:精神活动的产物如经验、知识实际上是内外的刺激信息(光、声、气味分子等)经过感官一系列换能作用,经过人脑的加工处理所得到的信息。人脑把知识储存在记忆中实际上是把信息编码在一定的物质结构中,形成一定的信息编码构型,例如形成 RNA 信息编码构型、神经元膜信息编码构型和神经元集团信息编构型。已有的知识经验在被思维活动提取出来加以改造、重新组合时,也是以物质的形式存在于思维活动中的,即是说它们被思维、被加工制作也不是以纯粹的形式、以非物质的形式被思维、被加工制作的。从人的主观体验可知,被人思维、加工制作的东西是语词。语词所表达的正是人们判断推理等思维活动所用的概念、命题,而新近的脑电波研究能够说明这些处在意识活动中的语词的存在形式与实质。20 世纪 70 年代末,美国科学家约克与金森成功地用脑电波破译了思维的语言。他们读了 40 个被试者的脑电波,发现在被试者想到或读到某个词时,就会出现某种特定的脑电波图形。目前他们已能根据脑电波的特定波型破译出 27 个特定的语词来。美国心理学家克莱因斯报道说,他已能通过观察脑电波的波型揭示出受试者在视知觉活动中的颜色感觉。这些实验虽不能完全准确地说明每一个概念、命题、感觉经验在思维活动中是以什么具体的物质形态存在的,但至少可以告诉我们:思维等意识活动中的概念、命题是以物质的形式而不是以非物质的、纯粹的精神形式存在的。如果不是这样,我们就不可能以物质的手段如脑电波观察、捕捉到它们。经典作家在提出和论证世界的物质统一性原理时也预见到了这一点:"观念的东西不外是移入人脑并在人脑中改造过的物质的东西而已。"①

二、意识发生反作用的内在机制及过程

既然意识具有两种相互有别的存在形式,因此我们就不能笼统地、抽象地谈论意识的反作用,而应分别去考察它们反作用于大脑的内在机制即反作用的可能

---

① 马克思恩格斯选集.第 2 卷.北京:人民出版社,1972.217

性条件与方式。

首先我们考察作为大脑高级机能活动的意识的反作用。我们知道：人脑的结构是一种空间结构，除了有其他空间结构所具有的某些功能外，还有一个特殊的功能即心理意识的功能。心理或意识功能之所以不能独立存在，是因为它只是脑结构在与周围环境等因素相互作用过程中所产生的一种功能。由此所决定，意识作为一种活动或状态与它所依存的人脑是功能与结构的关系。因此我们要说明作为大脑功能的意识发生反作用的内在机制，必须先搞清楚功能对结构发生反作用的机制。

从一般空间结构与功能的关系看，功能是依赖于结构的，没有离开结构而独立存在的功能，没有无运动物的运动，没有离开具体存在物的纯粹的属性与状态，正如没有在反应物和反应结果之外的化学反应，没有在代谢系统之外的代谢作用一样。金属在电场中有导电的功能，在温度场中有传热的功能，在剪刀挤压下有可塑性，而这一切都是以金属的晶体结构的变化为基础的。一物对另一物的作用是通过直接输出物质、能量和信息来实现的。而功能本身的确如邦格所说的那样不具有物质和能量。这一来，功能能否发生反作用呢？回答是肯定的。因为功能本身是结构的功能，结构所具有的作用也就是功能的作用。当结构将作用的对象指向自身时，那么功能也就具备了对结构发生反作用的条件，也即是说结构能作用于自身就是功能发挥反作用的可能性根源之所在。不过得注意：它不是独立自主的而是通过特殊的方式发挥这种作用的。因为当事物发挥其功能时，必然伴随着能量、信息和材料的转换，一方面它要损耗能量和材料，输出信息，另一方面它又可以从它的作用对象以及周围环境中取得物质、能量和信息。这样就使原有的结构松弛或解体或转化为更高级的结构，如随着生物个体功能的发挥，生物个体的结构总是由发生、发展最后走向衰落和解体，有序结构变为无序结构。就整个生物界来说，随着生物功能的发挥，总是朝着结构越来越复杂、越来越有序的方向进化。可见功能对结构的反作用是离不开结构本身的作用的，功能的反作用正是通过结构发挥对象性的功能作用而实现的，或者可以说功能对结构的反作用实质上是结构自身对自身的作用，而在表现方式上则给人以功能独立地发挥其反作用的感觉。

意识这种人脑的高级机能对脑结构的反作用也是如此。当然它还有一般的功能的反作用所没有的特点。意识对脑结构的反作用不能离开其物质基础，不能离开脑结构单独地、独立自主地进行，不能离开脑结构而作为一个超出于、根本不同于脑结构的层次或精神实体对脑结构发挥原因的、控制的作用。它对脑结构的作用像它对对象、对外部世界的作用一样，一点也离不开突现它的脑结构，因为意识机能的作用或反作用就是一种活动或运动效应，而活动、运动或作用、反作用总是某种存在物、某种空间结构的活动或作用。不可能有脱离活动物、运动物的活动、运动,不可能有不依赖于任何东西的纯粹的作用和反作用。因此意识机能对脑结构与过程的反作用就是大脑在活动过程中由于能量、信息、物质的转换所产生的脑结构的某些变化、更新和大脑自身的自我调节作用。例如人们想思考某一问题,大脑可能马上就思考起来;要求改进某种学习方法、工作、创作计划和方案,大脑可能作出相应的反应。大脑的相应反应作为一种结果无疑是以意识的作用为原因的,因为是意识向脑结构发出从事某一活动的指令,并提供计划、方案等,接着大脑才作出应答性的活动。由此说来,意识似乎是独立地、不依赖于脑结构而发挥其作用的。其实不然,意识的任何反作用并不是意识独立自主地作出和完成的,即是说意识在任何时候都不能以独立的存在物、纯粹的实体而发挥其反作用。因为如前所述,客观上并不存在一个独立的精神实体,也不存在离开物质及其运动的纯粹的意识活动。意识想干什么、计划干什么、颁布什么指令直至监督、协调大脑完成这些任务,都是用心理语言所述的一种活动,而这些活动在换成物理语言描述时,实际上是大脑的活动,像学习、思维、记忆等活动一样是一种客观物质的活动。只是意识反作用于脑结构与过程的这种大脑的活动其作用对象是大脑自身及其活动,而学习、记忆之类的活动则是指向外部对象的。因此意识作为一种机能对大脑的反作用就是大脑自身的自我调节作用,就是人的大脑在长期的进化过程中所获得的,并在发挥各种机能作用时所形成和发展起来的主动性、机动性、灵活性,但它们不能脱离脑结构及其变化哪怕是极其微妙的变化。因此以为意识机能发挥反作用不需要脑结构的变化是不对的。我们也不同意斯佩里的主张:意识是以独立的层次发挥对脑结构与过程以及其他低级功能的整合的、原因的、控制的作用的。因为意识作为脑的一种功能相对于其他物理的、化学的、生物的功能来说尽管是最高层次的功能,尽管可以对低层次的物理、化学活动,较低水平的精神事件发挥原因的、控制的作用,但意识的上述反作用又不能脱离脑结构的变化,不能脱离大脑的物理化学、生物等作用过程。同样,我们也不同意抽象地说意识能独立地、主动地发挥其反作用,因为如果这样不适当地夸大意识的"能动的"反作用,就会陷入把意识独立化、实体化的二元论泥潭。我们主张意识对脑结构与过程的反作用是大脑自身的活动对自身的作用,这也不同于邦格所说的神经系统的子系统对子系统的作用,因为意识不是某一子系统的特性与功能,甚至不是孤立的大脑系统的功能,因此意识就不能以子系统的形式发挥其功能作用。

　　再看作为意识活动的产物的经验、观念、知识等对脑过程与结构的反作用。这种意识形式对人脑以及外部对象的反作用是显而易见的。如随着人的知识的积累和丰富,人就变得越来越聪明,能力越来越强。再如列宁曾说过:没有革命的

Mind and Life

理论便没有革命的运动,这正是意识对人脑并通过人脑对身体的行为的巨大的反作用的生动反映。科学方法论、认识论对人的思维结构、认识结构以及思维、认识活动有积极的指导作用。但由于这种意识是不同于意识的机能作用的,它们对大脑的反作用便不是功能对结构的反作用,因此就必须进一步探讨它们怎么可能,又是通过什么方式反作用于人脑的。

如前所述,知识、理论等意识成果尽管不是某种物质形态自身,但它们不是以非物质的、纯粹的精神形式而存在的,而是载于一定的物质载体之上的,并与其物质载体一同存在,如在人的头脑中就是依存于 RNA 的,在人脑之外储存则依赖于书籍等物质实在。头脑、书籍不存在了,它们所载的知识也就不存在了。既然这种意识类型就其存在方式来说与大脑具有相同的本质,两者之间不存在异质性,不存在由此及彼、互相联结的障碍,即两者都是具有时空结构的物质存在,因此这种意识形式就可以发挥对大脑的反作用。如书本知识、图片等可以引起人脑的某些活动,使原有的认识、思维结构发生某种变化,即改变或更新了原有的观点和方法,甚至导致思维方式、思维结构的某些变化,亦即导致了神经联系和结构的某些变化或导致新神经联系与结构的建立。可见书本知识等意识存在是以一定的具有空间结构的存在物的形式作用于人脑的。但是我们必须看到:这种意识形式也不能独立地发挥对大脑的反作用,必须借助于大脑自身的活动,借助于主体的自身活动、主体与客体的相互作用等中介桥梁作用才能发挥其反作用。例如主体在实践中、在与客体的动的交涉过程中,当人脑原有的知识、思维结构不能同化新的刺激,如不能解释某些新出现的事实,不能解决新出现的问题时,这就要求人脑认知、思维结构的某些变化和调整。而经过人的认识、思维活动,通过获取某些新知识、新材料,并把它们整合到原有的知识中,或经过大脑的自我调节作用,这样大脑原有的认知思维结构才得以变化和更新。没有大脑自身的活动等中介作用,认识所得的新经验、书本上再有价值的知识甚至这些知识通过学习已进入了人脑,它们也是不会独立自主地发生对大脑的反作用的。大脑中记忆或存储系统中储存的知识、经验等对脑结构与活动过程的反作用也是如此。当知识、经验经过积累达到一定的程度,就会导致知识、思维结构或大脑结构的量变、部分质变。而知识等意识成果这种作用的实现必须经过大脑自身的活动,如:把所储存的知识提取出来,加以整合,把不同地点、先后得到的知识提取出来加以比较、分析、综合、加工制作,这些既可以使知识结构发生变化,又可使思维方法、思维结构发生变化。因为没有大脑自身的活动,无论是什么地方储存的意识产物都不可能对大脑结构与活动过程发生作用。因为意识的这种形式本身并没有自主性、机动性、灵活性,即它们不能主动地、自觉地、灵活地作用于大脑。它们对人脑的反作用,即使是非常巨大的反作用,都必须借助于人脑的活动,甚至借助于人的实践活动、主

六 随附性与心理的因果性问题

体与客体的相互作用等中间环节的作用。

综上所述,意识不是作为独立的、与物质根本不同的精神实体的形式反作用于脑结构与过程的,也不是以脱离脑结构的纯粹机能的形式反作用于脑过程的,更不是以神经系统的子系统的形式作用于人脑的,而是以依赖于脑结构及其活动的机能的形式和意识活动的产物的形式反作用于脑结构与过程的。而且它们在发挥作用的过程中还必须借助于特殊的中介环节,并分别有其发生作用的特殊方式与过程。当然,两种形式的反作用之间也有密切的联系,因为它们的反作用都离不开大脑的结构与活动,它们都是物质的特殊运动与存在方式,意识机能是以大脑为中心的复杂动力系统的机能,意识成果是意识机能作用的结果或产物。意识成果发挥对大脑与外部世界的反作用必须通过人脑的活动或机能作用才能实现。而意识机能发挥对人脑的思维结构、认知结构以及认识和改造外部世界的活动过程的反作用又必须以已有的知识、经验和已制定的计划、方案为指南、为根据。因此两种意识形式在分别发挥对脑结构与过程以及外部世界的反作用时,又能相互作用、相偕并进。

心理语言的新语义学与心理结构图景之重构

> "意识"一词纵有多种含义,也不能在低层次的化学水平上或甚至是更低层次的物理水平上来加以解释。我把这种自量子力学这个下层地下室向意识阁楼的跳跃的企图称作"司阍之梦"。
>
> ——卡尔文
>
> 隐藏在大多数人心底的关于心理地形、地貌的图示或图像不是实在的图像,也不是实在的反映或表达,而是基于语言的误用、错误的类比推理而不知不觉产生出来的东西。图像把我们俘虏了。我们无法从中摆脱出来,因为它就在我们的语言之中。
>
> ——维特根斯坦

艾舍尔:《罗盘玫瑰(秩序与混乱2)》,1955年,石版画

如何重构心理结构图景?

在前面,我们曾反复强调我们与二元论、取消论的不同。我们认为,传统的灵魂或心灵观念是原始人在缺乏关于内在活动的必要知识的情况下,凭想象所虚构出来的,与此相关,传统哲学所争论得不可开交的心身问题、哲学基本问题,正如恩格斯所说,是"根源"于"蒙昧时代的愚昧无知的观念"①。既然如此,用来表述灵魂观念的心理语言,如"灵魂"、"心灵"、"意识"、"信念"等也一定有其"言不符实"的问题。严格地说,心理语言是由错误的命名式所产生的前科学概念。但是,即便如此,我们也不赞成取消论的观点,即反对立即抛弃心理语言。因为心理语言的创制和使用是天经地义的,本身没有什么问题,问题在于对它的错误的理解和构想,因此摆在心灵哲学本体论变革面前的任务就是在此基础上,重构心理语言的语义学,相应地重构关于心理的地形学、地貌学、结构论和动力学。而要完成这一任务,首先又必须"祛魅"、解构,用人们形容丹尼特的工作的话就是"清除心灵之上的神秘性"(demystifying mind)。而要如此,又必须进一步考察内隐于人心底、外显于人的日常解释和预言实践中的FP,进一步研究二元论长期阴魂不散的表现及根源。

如前所说,现当代心灵哲学的最大成果之一是发现了潜藏在人的日常文化心理结构中的常识心理学或FP,并揭示了哲学中源远流长的实体二元论以及近代以来日益流行的、取代实体二元论的属性二元论与FP的血缘关系。毫无疑问,FP是哲学二元论的根源和根据,而哲学二元论又是FP的理论论证、升华和系统化。两者只是在表现形式、深浅程度上存有不同,在本质上并无差别。它们都是一种神话。即使哲学二元论的形式常有变化,不断有新的材料、论证"涌现"出来,从而使二元论园地呈现出百花齐放的兴旺景象,但正如许多脑科学家尖锐指出的那样,它们不过是"用一种神秘取代另一种神秘罢了"。它们的最大问题是把世界和人劈成两半,一个是物质世界,一个是精神世界。在设想后者时,由于没有直接的科学认识材料作为其基础,只能凭内省、体验、类比和奇思妙想来猜测臆断,因此最后构筑出来的图景只能是一个拟人化的、神话般的小人世界:心从外面接收刺激材料,运用自己的识别、理解能力,在时间系列中分别加以把握,然后运用自己的再现能力把不同时段把握过的东西同时呈现出来,让它们同时属于"我",进而完成对它们的综合。就像搅拌机要加工出混凝土,必须把有关的原材料放入其中,让它们在一起搅拌一样。根据这种传统的、常识的描述,心及其"臣民"属于另一个完全不同的世界,心可作为主体活动于自己的空间之中(心里),如可以"观看"眼耳鼻舌接收到的材料,可以分别考察、把握它们,让它们同时"属于"它,然后对之作出综合。它还有"深浅"与"表里"、"开阔"与"狭窄"之别。另

---

① 马克思恩格斯选集.第4卷.北京:人民出版社,1995.224

外,它还可以作为原因、主体决定躯体的行为。总之,它俨然成了人中之"小人"。有关的心灵理论也因此而被人们戏称为"小人"(homuncular)理论。赖尔把这种常识的、传统哲学的心理观讥诮地称作"机器中的幽灵说",是十分恰当的,也很耐人寻味。

在我国,无论是在学术界还是在日常生活中,已看不到对实体二元论和属性二元论的公然倡导和论证。但是如果我们用西方本体论变革倡导者们的方法来考察分析普通常人和哲学、心理学工作者的日常解释、预言活动,去追问他们解释他人话语、行为的实践是如何可能的,我们将会吃惊地发现,大多数人所持的模式仍是 FP。即使我国的哲学工作者一般都超越于实体二元论之上,不再承认有作为实体的心,但人们对作为属性、功能、物质发展产物的心理世界的构想与赖尔、罗蒂等人对"机器中的幽灵说"、"双重生活理论"、"两个世界理论"的描述,并无实质的差别。另外,我们的哲学尽管把世界的物质统一性原则作为最高的原则加以强调,但它在我们的意识论、人学和主体性学说等领域中并未得到一以贯之的坚持。同时我们所坚持的唯物主义几十年来一如既往,并未在有关自然科学如此发展的大好形势下取得进一步的发展与突破。尽管我们的哲学已经铲除了实体二元论,但属性二元论仍司空见惯,至少面临着属性二元论与还原论的二难困境①。在我们的常识世界中,占据主导地位的仍是实体二元论和属性二元论,相信灵魂存在、不死,敬畏鬼魂者仍大有人在。

1 解构 FP 和二元论的方法论问题

常识心理观无疑应予超越,哲学中的各种形式的二元论当然应予解构。怎样超越?怎样解构?一种常见的做法是进行实证的、经验的、生物发生学的探讨,直接用科学的方法去研究大脑的微观行为,以期用科学的仪器和方法把精神意识的本质"照"出来。我们不否认这些研究在解决这个问题中的作用,但是我们认为,这里首先值得探讨的是心灵的语言发生学,而不是心灵的自然或生物发生学。因为一开始就探讨后者,实际上会妨碍得出正确的结论,因为进行后一种探讨等于承诺了这样一个理论预设:心灵作为实在是存在的。而真正科学的研究是要查明、考察:常识和传统观点所设想的那种心灵是否真的存在?如果存在,以什么形式存在?而要找到这些问题的答案,从逻辑上说,首先应运用发生学的方法,研究心灵观念是怎样在语言中起源和演化的,或者说已有的各种心理语言尤其是一些关键词语如"灵魂"、"心灵"、"意识"等是怎样创造和演变的。

---

① 关于这一点,可参阅高新民.唯物主义的难题与取消式的唯物主义.见:自然辩证法研究,2002(2)

七 心理语言的新语义学与心理结构图景之重构

在前面,我们曾对此作过专门的研究。我们已基本澄明:"灵魂"之类的词语是原始人为了解释的需要凭想象、类推虚构出来的,它们表达的概念并无真实的所指,诚如恩格斯所说,它们"像一切宗教一样,其根源在于蒙昧时代的狭隘而愚昧的观念"①。后来逐渐派生出来的心理动词(如"想""愉快")、心理名词(如知、情、意)以及形容词、副词(如城府很深、心潮澎湃)等,基于已确立的那种实体化、小人化的灵魂观念,加上与已知物体及其属性的比附、类比,最终都成了想象的心理世界的隐喻式的表达式。很显然,尽管心理语言在描述人时常说:"在心灵深处"、"在思想的表面"、"在心灵面前",但头脑中并不真的存在心理空间,另外,"意象"、"映像"、"心像"等也是没有对应的存在的;说"心"、"意识"在主动积极地"思考","发挥能动的反作用",那都是比喻的说法,头脑内并无一个作为活动主体的心存在。既然如此,我们在重构科学的心理图景时,就不能不加清理、批判地使用已有的心理术语。

其次,当代关于 FP 研究还有一项成果值得我们注意,那就是:通常用来解释人的行为、话语的所谓信念、愿望、期盼等心理状态,并不是人们通过认识、观察在人脑内发现的东西,而是人为了解释的需要而"归属于"或"强加于"或"投射"到人身上的。换言之,通常所说的心理状态、能力、过程和属性不是在进化中自然发生在人身上的,而是人进化到了一定的时候,自己把它们加在自己身上的。因此从研究的逻辑顺序上来说,不应一开始就直接研究信念等心理状态的构成要素、结构和本质,而应研究这些概念构架是怎样发生在人头脑中的,人为什么把行为与它们关联起来,是怎样关联起来的。而要这样,就要深入研究人解释他人话语和行为的实践,亦即 FP 实践。

再次,要解构实体二元论和属性二元论,还须变换我们的提问方式和研究路径。在传统的心灵哲学研究中,我们的探索是从"心或意识是什么"、"具有什么本质"这样的"苏格拉底式问题"出发的。这种问题的问题在于:它默认了心的存在,或把它作为前提予以设定了,而回避了一个更为基本的问题:究竟有没有心或灵魂。如前所述,灵魂之类的观念是原始人为了解释做梦之类的现象而推论或虚构出来的一种"理论实在";心理语言不同于物理语言,不是按实在→认识→语词的认识论路线发生的,而是基于隐喻、类推、拟人化的自然观等原始的思维方式杜撰出来的。因此作为心灵哲学出发点的问题应转换为语言哲学的问题:"心"、"意识"之类的语词的意义是什么?有无所指?如果有,指的是什么?换言之,应像戴维森等人所倡导的那样,首先研究人类将心理状态"归属"于他人的实践。罗蒂正确地指出:要讨论心身问题,应"先问一下'心的'一词究竟是什么意思"。

---

① 马克思恩格斯选集.第 4 卷.北京:人民出版社,1995.220

因为完全有这样的可能,即:"我们对心的事物的所谓的直观,可能仅只是我们赞同某种专门哲学语言游戏的倾向而已。"①戈肖克问题的解决也许为我们提供了有益的启示。当该问题一直没有得到解决,似乎已经陷入了毫无希望的绝境时,突然有一天有个人这样假设:戈肖克仅仅是个名词。接着人们纷纷寻找它所表示的东西。结果发现,它没有对应物。于是长期困扰人们的难题就这样被解决了。或许"心灵"的问题亦复如此。即使它有指称,这样思考问题也是有益无害的,至少有助于澄清混乱,避免笼统性和含混性。这也许是取消论、解释主义留给我们的一个重要启示。

当然,这并不是说我们应该立即抛弃"心灵"、"意识"之类的心理语言。在这个问题上,取消论是错误的,福多、戴维森、丹尼特等人是正确的。因为如果彻底抛弃了FP尤其是心理语言,那么人与人之间的交流将如何进行呢?再者,心理语言尽管不准确,但一个人只要诚实地运用这些词语,如说"我相信……",那么他的话语一定表达了某种真实的过程或状态,正是基于此,人们运用心理词语对人们的行为所作的解释和预言才常常是正确的。因此心灵哲学的当务之急是:借鉴福多等人的方法,在保留心理语言的前提下,从词源学和语义学的角度对它们进行全面而深入的分析,把它们与思维、实在区别开来,清除覆盖在其上的、混淆其实质的文化尘埃,尤其是拟人论和神秘主义因素,进而揭示其本质。必须认识到,心理语言不同于物理语言,它不是实在的直接的表达式和符号,而是一种间接的、不明确的、象征似的指谓方式,而且确实有拟人化色彩和倾向。第一,从起源上看,心理语言是在比喻、比附基础上产生的借喻,或者说是借助比喻、类推而产生的一种物理语言的类似物。如前所述,描述心理活动的词来自于描述物理运动的词,如加工、选择、迟缓、快捷等。第二,心理既然有活动,那一定有位置,于是稍作类推,就有了关于心理活动空间特性、方位的词,如心脑开阔、狭隘、城府很深、内心深处等。第三,描述心理状态的词,如心理平静、不平静等,描述性质特征方面的词如专注、分散、集中、清楚、模糊等都来自于对应的物理语言。第四,心理既然有活动,活动一定有其主体,于是便有了"心"、"灵魂"等词。由上不难看出,心理语言不是按实在→认识→语言的路线发生的,或者说不是按正常的因果—历史的命名方式产生的,而是隐喻式的。由之所决定,心理语言在本质上便是关于人的内在过程和状态的一种拟人、拟物式的隐喻、比附。

2 "自然化"与心理图景之重构

接下来,心灵哲学的任务就在于,揭示心理语言的真正意义和实在所指,抛弃

---

① 罗蒂著,李幼蒸译.哲学和自然之镜.北京:三联书店,1987.18

七 心理语言的新语义学与心理结构图景之重构

它们所隐含的拟人化、实体化图景,为它们重构正确客观的地形学、地貌学、生态学、运动学、结构论和原因论,简言之,对 FP 及其心理语言进行"自然化"。

而要"自然化",首先当然要研究大脑的活动及原理,或像著名科学家、诺贝尔奖获得者克里克所主张的那样:"从神经元的角度考虑问题,考察它们的内部成分以及它们之间的复杂的相互作用的方式。"①因为心理语言所指称的东西并不是物理语言所描述的东西(大脑物理过程、事件)之上或之外的东西,两者的指称是同一的。只是因为相关自然科学在过去尚没有发展到能准确无误地描述人在思考时所发生的大脑过程这样的程度,因此人们在过去和现在只能用心理语言去描述它。而脑科学等发展到今天,已使人们有可能探讨心理语言与物理语言所描述的对象的关系,揭示心理语言所指的真实的物理过程,即将其自然化。例如对脑损伤的研究已经能说明心理语言"记忆"有其客观所指,对视觉的研究可以初步证明,"看到"、"认识到某某特征"都有神经元的积极响应,而且还有脑侧的积极作用,例如把这些响应捆绑在一起。

其次,又应看到,仅靠脑科学还不足以解决自然化的全部问题。因为,一方面,心理语言描述的事件涉及许多因素和层次的相互作用,因此不能等同于或对应于某一、某些物理语言所描述的神经事件。另一方面,心理事件如前所述具有可多样实现性的特征,因此为了弥补其不足,还应做第二方面的工作,即深入研究计算机科学和人工智能,将计算机作为理解人脑、"心灵"的"活化石"和合理的类比基础。因为它也表现了我们人类所具有的智能,有些方面已远远超过了我们。而且,它也是适合于用两套语言(即物理语言和心理语言)加以描述和解释的对象,如它完成了一项加工,我们既可以说它的电源打开了,内部有电流,有电脉冲运动等,又可以说它在"计算"、"思考"、"比较"、"记忆"等。就此而言,解释主义有其合理性,戴维森等人所说的"心灵可多样实现性"也有其科学根据。因为计算机的智能的"实现"方式显然不同于我们的智能的"实现"方式。它实现了思维、计算、记忆这样一些智能,而它既没有非物质的心灵实体,又没有高于物理属性的心理属性或机能,既没有神经元,又没有大脑半球。既然如此,抛弃传统的心灵图式,抛弃机器幽灵说便不再有什么理论上的障碍了。过去,人们之所以做不到这一点,主要的原因在于:人们在人以外的有广延的事物中从来没有看到思维,而今天,在计算机中则可以看到。

再次,要关注认知科学尤其是联结主义的进展,尽力予以推进。因为联结主义是认知科学发展的最新成就,也可视之为其很有前途的发展方向。它不同于以前的认知模型包括传统认知科学的以规则为基础的模型的地方在于:它一反类比

---

① 弗朗西斯·克里克著,汪云九等译.惊人的假说.长沙:湖南科技出版社,1998.263

的方式,而直接从神经系统接受启示,根据人脑的神经结构和过程去建构认知模型,试图体现大脑的基本特征。当然联结主义模型又不是神经模型本身,因为前者并不关心神经结构和过程的细节,因此只是关于神经系统的抽象模型。

最后,要完成心灵的自然化,离不开哲学的探索,尤其是形而上学、本体论上的探索。著名心灵哲学家海尔说:"只要我们能够认识到,对心灵的任何研究都离不开严肃的本体论方法,那么我们就将在这方面取得令人瞩目的进步。"①在《当代心灵哲学导论》这本书中,他自认为:"我始终强调形而上学,尤其是本体论……对于心灵哲学的重要性。……关于心灵及其在自然中的地位的重要结论,将从被认为具有独特合理性的本体论中推演出来。"②他还说:"我们所面临的问题与其说是缺乏详尽的信息,不如说是缺乏能使我们证明我们可以获取何种信息的适当构架。我们需要的是对经验原理进行定位的适当结构。"③因为一方面,心理语言所描述和解释的现象尽管也是自然现象,但它们比物理语言描述的现象要复杂得多,例如"感觉疼痛"与"C-纤维的激活"指的可能都是大脑中的事件,但它们绝不是同义词。另一方面,要利用相关科学的材料,就必须有适当的对之进行分类、整理、定位的概念构架,就必须有能解释它们何以是这样的本体论图式。因为如果心理语言指称的是自然现象,它们有其本体论地位,那么就必须涉及到这样一些形而上学问题,如应把它们定位在哪一种范畴之中,即它们究竟是属于实在的范畴,还是属于属性、关系的范畴,如果是属性的范畴,究竟是一阶属性还是二阶属性,是质的属性还是倾向性属性,这些属性有无因果作用,另外,有无独立的心理属性等。

基于上述考察和分析,我们可以得出这样的结论:第一,FP 以及传统哲学中所潜藏的二元论图式是关于人的一幅错误的地形学、结构论和动力学图画,是一种对人的前科学的、拟人论式的、隐喻式的理解。根据这种图景,信念、愿望、意图、想法都成了独立的心理事件,有自身的独立的本体论地位和动力资源,因此能作为原因与其他心理事件互为因果,与身体事件、行为和外部环境形成因果关系。第二,人是自然的、物理的事物,其内部没有任何超自然、非物理的实在、属性、功能和过程,没有常识和传统哲学所设想的那种心灵和心理王国,甚至可以说没有传统的唯物主义所说的那种能作为独立的原因而主动、独立地发挥积极、巨大作用的作为属性或机能、功能而存在的心灵。它的内部尤其是大脑内部有本体论地

---

① J. Heil. *Philosophy of Mind: A Contemporary Introduction*. New York and London: Rautledge, 1988. p.12

② J. Heil. *Philosophy of Mind: A Contemporary Introduction*. New York and London: Rautledge, 1988. p.176

③ J. Heil. *Philosophy of Mind: A Contemporary Introduction*. New York and London: Rautledge, 1988. p.176

位的东西只有一个,那就是物质的实在及其运动。

3 心灵与本体论

否定人脑中存在着独立的心灵或精神实体,这在理论论证上不存在多大的困难,一般的人也不会持异议,但要论证不存在作为独立层次的心理属性、状态及其独立的、主动的能动作用(它们是 FP 的"理论实在"),这恐怕在理论和实践上都有不可克服的困难。故此,我们想就此多说两句。

要证明存在或不存在什么,既涉及本体论问题,同时也离不开科学和日常经验的事实。这里主要从本体论角度作一些分析。

本体论(ontology)就是关于作为复数的存在(onto,万有)的形而上学理论,或者说,它是形而上学的一个分支,探讨的问题主要是:世界上存在着什么(what there is),怎样对存在着的东西作出规定,存在与不存在的标准是什么,如果存在,它们的意义是什么,有哪些形式的存在。而要如此,又必须对存在与不存在的标准作出说明。这些都是有重大争论的问题。根据唯名论者的观点,哲学不应无原则地放宽本体论承诺。根据他们的标准,只能承认个别事物的存在,不能承认共相、属性、关系的独立存在。根据亚里士多德等人的观点,不仅个别实物是存在的,依附于它的属性、变化等也是存在的。他说:"有些事物被称为'是'者,因为它们是本体,有的因为是本体的演变,有的因为是完成本体的过程,或是本体的灭坏或缺失或质,或是本体的制造或创立,或是与本体相关系的事物,又或是对这些事物的否定,以及对本体自身的否定。"[①]很显然,心灵哲学要回答心灵在自然界中有无地位,意识、信念等是否存在等问题,首先必须回答本体论的一般问题。我们知道,本体论是一个聚讼纷纭的领域,因此我们不可能也没有必要牵扯进去,同时我们也不可能等待本体论问题获得最终解决的那一天,再来以此为基础回答心灵的本体论地位问题。即使今天尚没有关于本体论问题的一致结论,我们对心灵哲学的本体论问题的探讨仍有可能继续。因为我们可以借鉴戴维森的解释理论中的"宽容原则",把存在的标准亦即一对象在自然界中存在的资格或条件放宽到最低限度,换言之,不按唯名论的标准,而遵循亚里士多德的路线。如果根据这一标准,还不能为心灵以及传统和日常心理图式中的信念、愿望等找到本体论地位,那么稍微再缩紧一点标准,它们就更没有希望了。

根据亚里士多德的本体论,世界无疑是存在的,其中每一个体事物无疑也是存在的,因此它们是"第一实体"或"第一本体"。至于在世界和每一个体事物

---

① 亚里士多德著,吴寿彭译.形而上学.北京:商务印书馆,1983.57

中究竟存在着什么,不存在什么则可通过分析"是"的意义,分析它的述谓形式来加以回答。就人来说,存在的东西是能加以思考、能用由"是"所构成的述谓句说出来的东西。反过来,如果能把"是"的意义搞清了,把述谓形式搞清楚了,那么"存在着什么"也就得到了回答。亚里士多德认为,由"是"所构成的述谓句不外两类,一是表述偶然意义的存在的。如"某人是有教养的",其中"有教养"这一属性肯定是存在的,属于这个人,但只是偶然属于他,并不必然属于他,更不必然属于一切人。二是表达本然意义的存在的,即表示必然属于某一事物的性质和状态的。换言之,它表示的东西不仅是存在的,而且是必然存在的。亚里士多德认为,这种存在不外十种,亦即"是"的意义不外十种。也就是说,述说、描述一对象的述谓方式即范畴不外十种,它们分别是:实体、量、质、关系、地点、时间、位置、状态、活动或遭受。"任何事物的偶性、属、固有属性和定义都应在这些范畴之中,因为任何通过这些谓词所形成的命题都表达事物的本质,或者事物的性质或量,或者其他一些谓词。"①根据亚里士多德的观点,个别事物及其所具有的属性、关系等都是存在的,不过它们在存在的方式、程度上是有差别的,大致有两种情况,一是独立的存在,如第一实体,二是依附的存在,它们依附于实体,但也有自身的表现方式,从范畴上说,可用后面的九种范畴和作为种属的第二实体范畴把它们述说出来。尽管它们没有独立的存在,但仍可称作"是者"②。为了论述的方便,我们不妨将亚里士多德所列举的十类范畴再合并为三类,即实体、属性和关系。世界上的事物林林总总,千差万别,但只要真实存在着,只要在自然中有其本体论地位,都可归于三者中的一种。不能归入其中的,至少就我们的所能知和所能言来说,是不存在的。即使在别的意义上存在,对我们人也没有意义,因为我们既不能思考它,也不能谈论它。

在三种形式的存在中,没有哪一种能绝对独立地存在,甚至除了实体之外,其他两种存在形式连相对意义的独立存在都没有。实体是我们通常所说的个体事物,其样式多种多样,如自然的、社会的,宏观的、微观的,可感的、不可感的。它们可以独自存在,可以分解和组合,与时间、空间、运动不可分割地联系在一起。它所具有的这些性质反过来又成了我们判断某对象是否存在的标准,换言之,只有具有时空和运动属性的东西才能作为实体存在。正是根据这一标准,我们否认心灵能作为实体存在于自然界之中。

最常见的存在类别是属性。属性是事物的存在方式。一定的属性按一定的方式集合在一起形成为一特定的事物或物体。属性不能独立存在,它要么依赖于它的载体,要么依赖于有关事物的相互关系,例如颜色等只有在事物发放的电磁

---

① 苗力田主编.亚里士多德全集.第 1 卷.北京:中国人民大学出版社,1993.362
② 亚里士多德著,吴寿彭译.形而上学.北京:商务印书馆,1983.56

七 心理语言的新语义学与心理结构图景之重构

波与有关生物的感觉器官相互作用时才会显现出来。属性有许多不同的类别,从它与客体、主体的关系看,有第一性的属性(运动、广延等)与第二性的属性(声色香味)。从它与别的事物、属性的联系方式看,属性有倾向的或因果性的属性与质的属性之别。后者诸如"是圆的"、"是红的",前者的形式有:花瓶的易碎性、食盐的可溶性。有倾向性这种属性,事物才有所谓的对它物的作用和反作用。但这里应特别注意,这种属性在没有相应条件出现时只是一种可能性,如花瓶尽管易碎,但不击它,或没有相应的条件,它是不会破碎的。另外这种倾向或因果的属性表现它的作用和反作用也不是属性自身使然,而必须通过其载体的内在结构的变化、运动以及材料和能量的转化才能产生作用。这既是一个科学的结论,也是哲学家所承认的本体论定律。正是根据这一点,我们反对说:作为属性的意识能主动地、能动地发挥巨大的反作用。连极力为 FP 辩护的福多也承认:世界上只有物质有作用和反作用①。我们以为,稍有科学常识的哲学家都会接受这一观点。对属性还有其他许多分类方式,如简单属性与复合属性,第一阶属性与第二阶属性。第一阶属性是物体具有的属性,第二阶属性是第一阶属性具有的属性。这一分类对于我们说明所谓的"有意识经验""反省"极有帮助,在前面,我们曾有论述,这里不拟展开。

有了物体、属性这样的基本的存在类别,自然会派生出其他一些存在形式,如运动(活动、行为)、过程、状态、事件等。运动如前所述,是属性的一种样式,是物体的存在和表现方式,而过程又是事物运动的表现方式,状态是事物及其运动在特定时间地点的存在方式,如各要素的排列、构成、动态结构等。至于事件也与物体及其运动密不可分,指的是事物的变化。

根据这样的本体论构架,我们能把"精神"、"心理"、"意识"、"感受性质"等归入什么样的范畴呢?归入实体范畴已行不通,归入属性范畴当然是可以的。但再进一步思索,就会碰到很多问题。例如:如果认为它们属于属性的范畴,那它们肯定是高等动物即获得了充分发展的物体的属性。但如果是属性,就一定有它的表现方式,一定可以从科学上加以研究,一定可以被思考、被谈论。但是直至今天,它们除了显现在我们的第一人称的内省、经验面前外,从未显露于客观的、公开的、公共的观察面前。充其量,只能见到它们的结果或"云室痕迹"。至于其后面的东西,还只能说"据说如此",其真正的联系,位于此结果的另一端的"原因"连"偶尔"都没"露过真容"。直到今天,关于心理的故事、图景仍像民间流传的那些鬼怪故事,如某某湖、某某海面有某某怪兽一样,要么只停留在人们的谣传中,一直未见其真容,要么被证明是虚假的,或被证明是某一客观物质过程的一种假

---

① J. Fodor. *Psychosemantics*. Cambridge, Mass: The MIT Press, 1987. X

相。关于心理王国的话语的最终结果会不会是这样呢？答案很简单，如果像传统的图式那样把它们理解为小人似的心的属性及其所作所为，那么它们肯定没有本体论地位，如果重新予以界定，那则可另当别论。

否定人有传统哲学、FP归之于人的信念、愿望等之类的心理王国的第二个理由是解释的不确定性。不可否认，常识的实践为了解释人的行为，的确是诉诸解释者加之于行为主体的那些信念、愿望，如说因为"他相信……他想要……因此如此去做了"，这种解释对于一般人是天经地义、无懈可击的，而且根据信念等对将发生行为的预言还常常是正确的。但是问题在于：对同一主体的同一行为，不同的解释者，甚至同一个解释者可解释说它根源于许多不同的态度，甚至不计其数的态度，有时用来解释同一行为的态度还可能是相互矛盾的。这也就是说，对同一行为可有许多不同的解释，根据同一种态度，将对可由之引起的行为作出许多不同的预言。这就是解释的不确定性。既然存在着这种不确定性，因此把信念等态度归属于人，或者说解释者解释行为主体有什么信念，就不能认为这种被归属的态度是行为主体身上客观具有的东西，前者不是客观实在或状态的反映，简言之，没有理由认为行为主体身上真的存在着FP所构想的信念之类的态度。FP所说的其他的心理现象、状态、过程也是如此，并不是真实存在的东西，而是我们为了解释的需要而构造或虚构出来的，就像"引力中心"、"经线纬线"等一样，是人强加于地球的，地球上面并无这些东西。

计算机的所谓"心智"也可说明这一点。打开计算机，我们在内看到的都是电线、硅片、杠杆、插口之类的"纯物质的"东西，借助仪器能测量到的也是电子运动、机械运动等之类的"纯物质过程"。与其他已有的人造的机器相比，它的不同之处在于它更加复杂一些，并不具有心灵实体、智能实体、高层次独立的心智功能和属性。但是这不妨碍我们在用物理语言、信息加工语言、结构—功能之类的语言描述解释计算机及其行为的时候，也运用过去专属于人的心理语言，如说它"在思维"、"在计算"、"在记忆"。事实上，在日常实践中，一般的人甚至专业的计算机工作者都在经常、大量地用心理语言描述、解释计算机，翻一下计算机词典也能说明这一点，其中很多术语本身就是心理学术语，有的是由心理学术语转化而来的。而且从效果上来看，在描述解释计算机的行为时，如计算机在与象棋大师对弈时，用心理学语言比用计算机语言、物理语言更方便，更迅捷，更有利于传递要表达的意义。例如计算机在储存信息，如果用心理学语言加以描述，可说它在记忆，但换成程序语言或信息论的语言或电子学的术语则麻烦得多。为了描述解释这一瞬时发生的简单现象，有时甚至要写一本书才能说清楚。由此可见，心理语言和物理语言均可用于计算机，它们都可描述所发生的行为和事实，但是这种行为和事实尽管用了心理语言加以描述，并不因此就成了某种精神或某种独立的心智功能的所作所为。由"记忆"之类的心理语言,我们所联想到的是一个什么主体在一块板子或一个别的什么东西上画上了印记,这里的"东西"和"印记"当然都是非物质的、无广延的。这是心理语言所吐露的关于它的对象的地理学、结构论、运动论,而事实上,用这种语言描述的计算机内部的真实的地理学、结构论、运动学根本就不是这么一回事。

对于动物尤其是能表现智能行为的动物,我们也可以作出同样的分析。尽管目前有大地伦理学,有许多人在为动物的权利奔走呼号,但对大脑的活体解剖还是可以在动物身上进行的,有时甚至残忍之极,如为了弄清各种所谓的心理功能是否在大脑中有特定的定位,脑解剖学家常将有关动物的脑一块一块地割去。每割掉一块,再来看它的功能有什么变化。据说这一实验的结果可用来否定机能定位说,尤其是颅相学。不管怎么去看,这类研究对我们认识脑、心(如果有的话)的秘密是很有好处的。对动物脑的研究至今还没有发现动物有心灵和独立的心理机能,这也是一般常人和哲学的看法,也是许多人论证人与动物区别的根据。尽管如此,我们还是可以将心理语言用之于动物的行为。有时不这样反而不行,因为要说的说不清,甚至有遗漏掉了什么东西的感觉。而一旦用了心理语言,便既方便又有效。例如许多高级动物都能完成复杂的行为,动物世界内部也有争权夺利的事情,其争夺所利用的手段、技巧也很复杂。面对这些现象,我们该用什么类型的语言来描述、解释和预言呢?我们肯定会说:"它如此做,是想……"问题是,它肯定没有心,当然也不可能用心去想。这再一次说明了我们前面曾强调过的一个观点:心理语言以及所表达的心理观念,不是按实在→认识(反映)→观念→语言的路径形成的。因为无论是在心理语言的最初的命名式上,还是在今天的语言的运用中,即使没有所指对象存在或出现,这类语言也可能被造出、被使用。

4 心理语言的新语义学

尽管我们强调:已有的心理语言是错误类比和比附的产物,不存在 FP 和传统哲学所赋予它的那类指称与意义,人们在运用有关心理语言时所设想、联想到的心理图景是子虚乌有,但是这并不等于我们投入了取消主义的怀抱。尽管我们承认工具主义、解释主义的某些观点,并有所借鉴,如认为人是能归属命题态度的动物,命题态度不是人实有的,而是为解释的需要归属于、投射于人的,命题态度是有用的解释、预言的工具和策略,但这并不意味着我们变成了工具主义者、解释主义者,不仅如此,在许多问题上,我们是反对工具主义和取消主义的。我们认为,取消主义和工具主义包含许多矛盾和难题。首先,绝对地否定心理语言有指称、有意义,这不仅有悖直觉,而且也与科学事实不符。直觉告诉我们,我们在有意义地使用心理语词时,绝不是"无病呻吟",什么事实、实在也未述及。它们所描述的对象可能是模糊的、片面的甚至是错误的,但肯定指称了人的某种内在状态。近年来神经学家在研究人的思维过程时,也发现人们在使用不同的心理语词报告自己的内部状态时会伴有不同的脑电波型。著名神经生理学家克里克明确指出,人的精神活动"实际上只不过是一大群神经细胞及相关分子的集体行为"①,而意识则与神经元在 40～70 Hz 范围内的振荡模式有关。也就是说,人们在说自己有意识、有信念时,大脑内部确实发生了某种实在的过程。其次,如果没有常识心理概念,人文社会科学研究和我们的日常交流将举步维艰。贝克(L. R. Baker)指出,命题态度已经融入了社会的、逻辑的、政治的和其他习俗的结构之中,如果没有信念、愿望和意图,就不会有契约、邀请、选举、宣判等。没有命题态度的归属,就不会有相互之间的证明、宽恕、赞扬和责备②。再次,取消主义还陷入了自相矛盾、自我否定的尴尬境地。取消主义一方面扬言要取消信念、愿望等术语及其所指称的对象,另一方面在讨论心理现象时又明明白白向人们传递着某些信念和愿望。

不管怎么说,心理语言是不能取消或排除的,如果排除了,将会带来名副其实的最大理智灾难,最明显的是,人类文明的大厦将陷入坍塌,我们的理智活动将无法进行,日常的人际交流将陷入停顿……事实上,心理语言尽管不同于物理语言,有时有误导作用,但毕竟也是人类智慧的结晶,因此不应该予以取消。只要说者用心理语言报告自己时是诚实的,如说"我在从个别中抽象一般",尽管它会使人想到一个精神的我在心中从一堆材料中挑选……但可以肯定的是,这个报告后面肯定有什么事情发生了,至少大脑内有神经元的活动和电脉冲的发放。因此摆在我们面前的任务是在正确的心灵本体论的指导下,借助神经科学和别的有关科学的成果,重新探寻心理语言的真实所指、意义和真值条件,像克里克所倡导的那样,去探讨人在用心理语言报告自己内部体验时,他大脑内部的神经元或神经元群在做什么。在此基础上,重构心理语言的真实的语义学,以取代过去人们在创造和使用心理语言时强加给它的那种虚构的语义学和神秘的心理世界观。

要重建心理语言的语义学,哲学必须与科学携起手来,通力合作。在传统哲学中,心理、意识被认为是哲学的固有领地,实验自然科学是爱莫能助的。这一状况在今天已开始发生喜人的变化。神经科学的当代发展已证明,对意识问题进行科学的研究不仅是必要的,而且是可能的。埃德尔曼、克里克等著名科学家的实践已充分说明了这一点。不仅如此,实验科学的方法和大量的脑科学成果对于我们查明心理语言的真实所指与意义将会产生巨大的作用。在这一点上,克里克倡导的研究方法及所做的具体工作为我们探寻心理语言语义学的方法论提供了有

---

① 弗朗西斯·克里克著,汪云九等译. 惊人的假说. 长沙:湖南科技出版社,1998.3
② L. Baker. *Explaining Attitudes*. Cambridge:Cambridge University Press, 1995. p.4

七　心理语言的新语义学与心理结构图景之重构

益的启示与资料。这也就是说,在重构心理语言语义学时,最关键的是:在人们诚实地使用心理语言时,借助科学的工具、手段特别是无创伤脑成像技术,然后辅之以科学的合乎逻辑的分析与推理,观察、探寻人脑内发生了什么。如果一个人报告说:"刚看到的那种鲜艳的红色又栩栩如生地浮现在我心中。"在这时观察他的脑电图之类的仪器一点反应也没有,或者说他的脑中根本就没有任何物理、化学过程发生,那么由此可以断言,真的存在着二元论所说的心灵及其过程。如果在说出某些词时,有相应的脑行为发生,那么就可断言,它们指称的就是这类行为。这里有两幅 PET 所得到关于脑激活区的扫描图像[①]。

上图记录的是同一个人在两次做脑电"tetris"游戏时大脑内的状况。左边显示的是被试刚学会做此游戏时的脑图,右边显示的则是 4 周之后再做此游戏时的脑图。这时他已熟悉了这一游戏,相应地,颜色要暗淡得多,说明脑活动明显下降。用心理语言来描述,可以说他这时不需要那么多的注意力了,已有某种经验和技能了。下图显示的是一个人在自言自语时的脑扫描图。左侧的较大的亮点显示经典的控制发声运动的中枢处于高活性状态,右侧的较小的亮点是分析说话时的脑激活区。这时,肯定可以用心理语言说被试"在想","在用心说话",而所述的活动也是可用物理语言加以报告的。

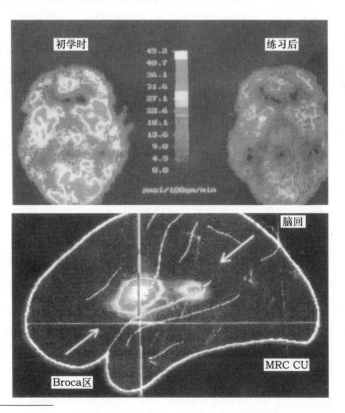

① B.J.巴思著,陈玉翠等译.在意识的剧院中.北京:高等教育出版社,2002.封面后的图片

心理语言像物理语言一样,也可以分为两大类,即主词和谓词。主词表述的是事态或活动的主体。可以作为心理主词的主要是"心"、"灵魂"、"精神"这类似实体性的词语和别的名词,如"意识"、"信念"等。必须注意,尽管心理语言也要用到主词,但是它们并不是亚里士多德所说的"只能作主词不能作谓词"那样的主词,即表示个体事物、"第一实体"的专名。严格地说,心理语言的任何词语都不能作主词,只能是述谓性的语言。因为根本就不存在作为个体的、独立存在的精神实体,正如科学常识告诉我们的,一切运动、变化的主体只能是物质性个体。尽管我们可以照样说:"我的心在想"、"心如刀绞"、"意志作出了抉择",同时能无大碍地传递要表达的意思,但这里的"心"要么是一种隐喻,要么没有任何实际意义,因为在"想"、在"痛苦"的不可能是"心",作出了决定、选择的主体也不可能是意志,只能是有血有肉的物质性个体。因此严格说来,如果说心理语言可以表述范畴的话,那么所表示的范畴都是述谓性的范畴。按亚里士多德的标准,都属于第一范畴(实体)之外的九个范畴(量、质、活动、位置、时间、状态等)中的成员。因为它们都不能用来表述活动、变化、性质的真正主体,而只能用来描述真正的主体——物质或得到高度发展的大脑——的各种演变或衍变、过程、坏变、产生、状态等①。这一来,用来指谓、描述真正的实体或本体的语言便有两类,即心理谓词和物理谓词。因此接下来的问题是:它们是什么关系呢?心理谓词描述的东西与物理谓词描述的东西是什么关系呢?心理语词的真正所指和意义是什么呢?

根据我们所作的哲学思考,借鉴有关的科学成果,我们认为,心理语言如"信念"、"意识"、"注意"、"思维"等所指的不是别的,仍是大脑内发生的物质运动。例如,如果在这个意义上使用"思维"一词,那它指的就是大脑的一种物质运动。这样来看问题,也符合恩格斯、列宁等人的观点,因为他们不止一次强调,思维是一种物质运动,世界上除了物质及其运动外什么也没有。从这个意义上来说,我们仍可承认大脑内存在着心理活动,它们可用"相信"、"思考"、"想"、"愤怒"等来描述。但应注意,这里的心理活动不是电冲动、化学运动、机械运动、物理运动之外或之上的又一个独立层次的运动形式,而是包含着它们的带有更大的复杂性的物质运动形式。恩格斯曾说过,一切高级运动形式中都包含着机械运动,心理运动中也不例外,例如要获得视觉经验,既离不开眼球的转动,也少不了脑内神经元中化学物质的迁移。当然,包含机械运动并不等于就是机械运动,正像一碗水中包含 H_2O 这样的化学成分,并不等于就是 H_2O 一样,它还包含其他的因素。其指称不管涉及多少因素,不管多么复杂,总是不会超出物质及其运动的范围的,总是可以用物理语言加以分述的,因为心理语言和物理语言是描述同一个世界的不

---

① 亚里士多德著,吴寿彭译.形而上学.北京:商务印书馆,1983.57

同方式。说到这里,有人可能会问,既然心理语言指谓的仍是物理语言所指谓的物质运动,那么承认这种语言的存在不是多此一举吗?

不是这样。心理语言的指称尽管没有超出物质世界,但仍有物理语言所不可企及的独特、殊胜之处。我们来看一个有点相关的例子:一个人快步在运动场上运动,对此我们可用不同类型的术语加以描述。如可用生理学的术语描述这个人的细胞活动,还可用物理化学的术语描述他身上的原子分子运动以及运动场上空气波、地面物质结构的变化。而要想用科学术语把这个人为什么要这样做、怎样做说清楚则可能极为麻烦,得动用大量的词汇和句型。甚至在现有的科学水平下,有些还可能说不清楚。然而有一种很简洁、很准确的描述方式,那就是用日常语言来描述:"他为了锻炼身体在跑步。"也许有一天,我们能用物理语言把这个人大脑中发生的事情描述清楚,但是那太麻烦了。而用心理语言描述尽管很含混、笼统,但也把事实说清楚了。心理语言与物理语言的关系类似于这两种描述的关系。它们的所指是相同的,但描述的侧重点各有不同,因此意义可能有差别,这就是心理语言不能完全转译为物理语言,不能为物理语言所取代的原因。从大的方面来说,一个心理语词与有关的一群物理词汇可能指称同一个事件,但其侧重点是不同的,因而表述的内容有差别。心理语言表述的是该事件中宏观的、高层次的要素、结构、活动与过程。尽管这些过程、活动离不开基础层次的原子、分子运动,但心理语言截取的是高层次的方面。正如卡尔文所述:"在量子力学与意识之间也许存在十来个结构层次:化学键、分子及其自组织、分子生物学、遗传学、生物化学、膜及共离子通道、突触及其神经递质、神经元本身、神经回路、皮层柱和模块、大规模皮层的动态活动等等。"而"意识"所涉及的合适的层次应是:大脑皮层回路、皮层区域间有放电模式参与的动态自组织层次,也就是说:"'意识'一词纵有多种含义,也不能在低层次的化学水平上或甚至是更低层次的物理水平上来加以解释。我把这种自量子力学这个下层地下室向意识阁楼的跳跃的企图称作'司阍之梦'。"①

而且,尽管心理主词描述的主体仍是物质实体,心理谓词描述的对象仍是物质的运动,但是并不是任何物质及运动都适合用它们来描述,也就是说心理状态的归属、心理语言的使用是有条件的。首先适合于用心理语言描述的对象是由许多系统和许多层次组成的复杂系统及其活动,正如埃德尔曼、克里克等人所说的那样,它们必须是"动态核心"、"神经元集群"、"动力模式"及其活动。

另外,这些东西及其活动要成为心理术语的描述对象,它们还必须有它们的特定的种系和个体发生的历史,还必须与自然和社会环境有动的交涉,因为一个

---

① 威廉·卡尔文著,杨雄里,梁培基译.大脑如何思维.上海:上海科技出版社,1996.33~34

大脑如果完全与世隔绝,它是不能表现出那些高层次的作用过程的,例如狼孩有同正常人一样的大脑,但他并不具有我们所具有的系统与过程,当面对复杂的刺激时,如给予语言刺激时,他不会像我们一样作出反应。这是因为他的内在的系统缺了一些因素,如社会的、文化的、历史的等。再则,由于他的环境不同,因此他的内在系统诸因素的连接模式与我们的也一定有很大差别。对处于不同环境的大鼠的研究足以说明这一点。人们发现:脑内神经元连接的增加只发生在多姿多彩的环境中的动物身上,而处在笼子中的大鼠则不会增加。因此脑内神经元的绝对数量并不如它们间的连接重要。这些连接不仅在发育中,而且在成年期都是高度易变的,特殊的体验会增加高度特化神经元回路中的连接程度。

当然,为了揭示心理语言的真实所指和意义,我们暂时可以撇开历时性和共时性因素的影响,主要集中于脑内的活动和过程。在这方面,脑科学为我们做了大量有价值的工作,尽管是初步的,有些还有待未来实验的检验,但足以说明心理语言的真实所指和意义,即是人脑内发生的物质过程,是由多种层次、多种因素构成的更为复杂的高层次的物理现象。下面重点分析几个心理谓词,如"看到了红色"、"作出决定"或"自由意志"、"感受性质"等。

心理语言"我看到了花的红颜色"报告的是人的一种视觉方面的有意识经验。这种第一人称报告很方便、很简洁,如果报告人诚实且正常,它也可以陈述一个客观的过程和事件。但换成科学的描述,那则很麻烦,而且还可能有遗漏。因为"看到了……"说起来简单,而做起来却极为复杂,它涉及的神经细胞可能在百亿以上,它需要由庞大的初级系统、次级系统和许多高级系统共同完成。而各个系统都要接受来自上百万个神经元的输入。初级系统通过丘脑的侧膝体与新皮层相连接,次级系统要投射到前面提及的四叠体上丘。从时间上说,"看"尽管是在一瞬间完成的,但经历的环节却异常多。首先是入射光进入眼睛,经过视杆细胞和视锥细胞的作用,变成特定的视觉信号。可见,视网膜不只是传输落到光感受器上的原始信息,而且还能对信息进行处理。接着经过神经细胞的作用,上述信号便从眼睛传递到大脑。神经节细胞主要包括 M 细胞和 P 细胞,每一类都具有 on 中心和 off 中心的感受野。它们通过轴突将信号传导到丘脑侧膝体,然后再将信号传输到新皮层。另外,视网膜还要将信号投射到上丘。第三,观看运动的物体离不开眼睛的转动,有时,在视物时,眼睛从一处突然移到了另一处,这是由于上丘的调节。上丘是一个分层结构,有上中下三层。上层接受来自视网膜的各种输入,同时也接受来自听觉系统和其他传感系统的输入。另外,上层中的许多细胞对运动具有选择性。因此,它们可看做是感觉的投射,中间与下层对应于运动系统的投射。在这些区域中,神经元的发放对眼睛变化的方向与振幅进行编码,以便使眼睛以跳跃的方式跟随目标。因此上丘是眼动的主要控制因素。眼动的速度与激活区内神经元的发放率有关,它们发放得越强,眼睛移动得便越快。第四,膝侧体是视觉信息传输的中转站。它由 150 万个神经元构成。其中的主细胞直接接受来自视网膜的输入,并经轴突传送到皮层 V_1 区,膝侧体中的神经元还可从皮层 V_1 区获得反馈输入。总之,视觉系统的初级部分是高度平行的,位于眼后部的视网膜是处理视觉输入的前端。它沿着两条主要通路将这些信息传送到通往皮层通路上的膝侧体及与眼动有关的上丘,还有脑干上几个较小的视觉区,它们与眼动、瞳孔的调节有关。与颜色有关的信息传送到膝侧体,但不到达上丘。这些初级部分的信息都是相当局域和简单的。第五,经过膝侧体等环节,信息便到达了大脑皮层的 V_1 区,亦即 17 区。它非常大,每平方毫米表面下有将近 25 万个神经元。来自膝侧体的兴奋性输入主要进入第四层,所有输入的轴突都广泛分叉,因此一个轴突可能与上千个不同的神经元接触。与之相应,第四层的每个神经元从许多不同传入的轴突接受输入,而且第四层神经元不仅接受膝侧体的输入,同时还相互联系和影响。视网膜上的输入映射到膝侧体上,而膝侧体上的输入又映射到 V_1 区。当然这是一种侧视野的映射。在皮层任意一个直径大约 1 毫米的小区域内,所有的各类神经元的感受野常常具有某种程度的重叠,并具有所有可能的朝向。最后,要看到对象,还离不开其他区域的协同作用,如 V_1 区和 V_2 区等。科学家们已经发现了近 20 个不同的视觉区,另外还有 7 个区与视觉有部分关系。这个事实本身就说明,视觉的皮层处理是极其复杂的。

传统观点认为,视物之类的有意识经验主要发生在大脑皮层中。新的研究表明,以脑干和下丘脑为中心的弥散性投射价值系统及其功能作用也是不可缺少的,因为要看什么,必须有警觉和及时调节,而这离不开上述系统的作用。这个系统的形状像一把扇子,原点集中于脑干和下丘脑的一些特殊核团中的小量神经元,此外还有许多构成因素如多巴胺能核、胆碱能核和组织胺能核等。它在脑表面遍布纤维网,并能释放神经调质去钾肾上腺素。无论什么时候,只要有重要事件发生,如闪光、巨响等,属于这些核团的神经元都要发放,而它们的发放又在脑中引起化学物质即神经调质的弥散性发放。神经调质不仅影响神经活动,而且影响神经的可塑性,即让神经回路中的突触强度发生改变,从而产生适应性的反应。

用心理学的话说,获得视觉意识还离不开注意的作用。因为只有心神专注,集中精力注意众多对象中的某个对象,或一对象的众多方面的某一方面,我们才能用视觉觉知到它的存在及特征。那么在视觉意识中发挥这种作用的"注意"指的究竟是什么呢?视觉意识中起作用的注意有多种形式,其一般形式是眼动,有时辅之以头部运动。因为只有当双眼视线正对着某个对象时,人才能获得关于它的信息。那么是什么控制眼动的呢?克里克综合已有的成果,指出:"初级加工过程大体上是一个平行的过程,即许多不同的活动同时进行。然后,似乎有一个或多个阶段存在信息处理的瓶颈。一个时间只能处理一个（或少数几个）'对象'。"它通过临时滤除来自非注意对象的信息而实现。然后，注意系统迅速转向下一个对象。因此，注意大体上是串行的（即注意一个之后再注意另一个）而非高度并行的①。

视觉的刺激是在时间流中分别给予的，并进入诸子系统之中，各子系统的加工也是分别进行的。然而人得到的经验却是统一的。因此一定有统一的机制才能如此。脑科学家们也一直在探讨这样的问题：视皮层的不同神经元如何把它们的独特信息整合为一个单一而连贯的意识经验？时间捆绑是如何实现的？一个可能是节律同步，这是一个广泛传播的能使许多不同神经元产生同步节律的波动性电信号。最有代表性的同步节律是克里克等人所提出的每秒40次的振荡节律。这就是所谓的"40 Hz假说"。根据这一假说，网状核和板内核是40 Hz振荡的活性源，它们产生的振荡以规律间隔时间从皮层前部扫描到大脑后部。丘脑核团发出40 Hz的电信号，以调节视皮层使之与维持清醒状态所必需的丘脑区同步，然后丘脑的选择性注意系统与ILN合作打开视觉的大门，使得信息信号从眼睛传入皮层，同时以40 Hz同步节律协调所有视觉皮层②。

"自由意志"是常用的心理语言。为揭示它的意义，我们先看一个案例。有一位脑损伤病人，他有清醒的知觉，可以说话，但不作任何决定，对任何事情都不表态，即使有反应，也总是一成不变。这一现象，用心理学的语言加以表述就是："她失去了意志。"而用物理科学的语言说就是：他的脑中"前扣带回"不能正常发挥功能作用。克里克认为，这种功能缺失根源于脑损伤。"受损部位靠近波罗德曼（Brodmann）区的24区，在一个叫做'前扣带回'的地方。……我高兴地得知，这部分接受许多来自高级感觉区的输入，又在靠近运动系统的高级水平。"③既然大脑某一部位有损伤，就不可能有常见的自由意志现象发生，因此自由选择的主体就不可能是"意志"。意志的决定如果是意志作出的，脑损伤就不会有妨碍。还有一个实验可为证。1976年德国的科学家曾进行过这样的实验：实验人员要求被试在不同时间在自愿选择或随意决定的基础上，将右手的食指突然弯曲，同时实验人员用人脑电流计（EEG）记录被试的动作电位的变化。结果发现，在手指实际弯曲之前，整整一秒半，或一秒钟，电位处在逐步上升过程中，然后才是手指的实际弯曲。电位要上升，脑内某一或某些部分肯定有电、化学过程发生，不然就无所谓电位上升。

感受性质即经验的主观特征，是当前心灵哲学、人工智能最为关注的一个问

---

① 弗朗西斯·克里克著，汪云九等译.惊人的假说.长沙：湖南科技出版社，1998.64
② 弗朗西斯·克里克著，汪云九等译.惊人的假说.长沙：湖南科技出版社，1998.17章
③ 弗朗西斯·克里克著，汪云九等译.惊人的假说.长沙：湖南科技出版社，1998.274

题。许多人认为,它是证伪唯物主义的最后也是最难驳倒的一个根据。在这些人看来,即使这个世界在其他方面都是物质的、物理的,但人的感受性质或所体验到的主观特征肯定不是物质的、物理的。在我们看来,"感受性质"这个心理术语指称的仍是人脑客观的物质过程,不过它不是一阶过程,而是二阶过程。因为人知觉到了某种颜色,这是一阶过程,在此基础上意识到了这一过程,有关于这一过程的生动经验,这是二阶过程。与第一人称报告相应,脑内也有两个过程,第一阶的神经过程是从刺激到特定神经元群的神经发放,已如前述,第二个过程实际上是"动态核心"的再进入相互作用,或者说是神经元的高阶分辨。埃德尔曼说:"解决主观特性问题的一种简单的方法是:假定对每一种主观特性来说,都只需要一个神经元群,甚或一个单个神经元,当其发放时,就直接代表了意识的特定方面。"①复杂一点说:"作为意识经验基础的神经过程构成一个不断变化的功能性大聚类,也就是动态核心。……包括颜色在内的任何一种意识经验,不是由任何单个神经元群……来决定的,而是由动态核心的活动来决定的。"简言之,人们所谓的主观特性,其实是对动态核心的某种活动的第一人称报告②。"我们可以这样说,构成动态核心的所有神经元群的整体活动定义了一个 N 维神经空间,红色纯感觉是一种特殊的神经状态,这种状态由 N 维神经空间中的一个点来确定。红色纯感觉的主观特性对应于在同一个空间的无数其他状态中进行的一种区分。呈现红色时起反应的神经元对于红色的意识经验是必要的,但很显然不是充分的,只有在一个适当的神经参考大空间中进行考虑,才能充分体现相应于红色主观特性的意识区分是什么意思。"③

5 心理语言与物理语言的关系问题

如前所述,心理语言如果正确加以理解和运用,是可以有其指称和意义的。从这个角度说,我们也可以承认人有"心",人有精神的属性和层面。但仍还有这样一个问题,那就是:尽管经过许多代人的不懈努力、精心解构和去神秘化,作为实体的心,作为独立的不可还原的属性和机能的心被证明是神话,是原始蒙昧时代以来狭隘而虚幻的想象和范畴错误的产物,因此那种根源于"蒙昧时代的狭隘

---

① 杰拉尔德·埃德尔曼,朱利欧·托诺尼著,顾凡及译.意识的宇宙.上海:上海科技出版社,2004. 194
② 杰拉尔德·埃德尔曼,朱利欧·托诺尼著,顾凡及译.意识的宇宙.上海:上海科技出版社,2004. 196
③ 杰拉尔德·埃德尔曼,朱利欧·托诺尼著,顾凡及译.意识的宇宙.上海:上海科技出版社,2004. 200

而愚昧观念"①的灵与肉、思维与存在、精神对自然的关系问题便成了虚假的问题,成了不攻自破的问题,但是既然心理语言不能抛弃,在特定的意义上仍存在着"心",因此仍有解构后留下的这样的问题:心理语言与物理语言是什么关系,它所指称的东西与后者所指称的东西是什么关系。我们认为,这是哲学基本问题的新形式。对它的回答会诞生现时代唯物主义的新形式。这一变化正好印证了恩格斯高瞻远瞩的预见:

    随着自然科学领域的每一划时代的发现,唯物主义也必然要改变自己的形式②。

关于心理语言与物理语言的关系,据我们的初步研究,可从下述方面加以阐明。

第一,两种语言的指称可以是同一的,即都可用来描述、解释人脑内发生的活动、事件、状态和过程。

第二,物理语言适用的范围较之心理语言来说要大得多。尽管心理语言除了用于人之外,还可用于计算机和动物的行为,在特定的意义上还可用于低等生物,以至于在修辞中可用于无生命物,但它毕竟不能像物理语言那样用来描述、解释电磁运动、原子分子运动、机械运动等。简言之,由于世界上的一切事件及过程都不过是物理的事件及过程,因此都可用物理语言来描述,而心理语言严格说来只适用于描述由基础的物理过程所实现的、又得到了广泛的社会、文化等复杂因素影响的、有其特定种系和个体历史积淀的高层次事件。

第三,尽管对于由基础的过程在广泛的社会、文化等复杂因素影响下所实现的高层次的事件、过程、状态和属性可以用多种方式来描述和解释,如既可以用物理学、生物学语言,也可以用设计的、功能的或计算机的语言,当然还可以用心理学乃至 FP 的语言加以描述,但是用非心理学语言只能描述心理事件得以实现的某一或某些必要条件,因此用它们去指称、描述高层次的事实虽然可行,但至少在现今的认识水准之下往往会遗漏掉许多重要而客观的东西。例如,任何物理学语言都无法把"我相信……"所指称的事实毫无遗漏地描述出来。另外,由于迄今的科学对人脑这一黑箱的认识还相当贫乏,还不可能对人脑内部所发生的活动、过程、状态及其细节作出清楚、具体、准确的描述,只能作出抽象、笼统的描述,如说 C-纤维被激活了,尤其是大多数经历了内在活动的人还不知道如何用物理学、生物学的术语予以描述,只知道用心理术语去描述,因此心理语言在今天从整体上来说是不可丢弃的,当然这不排除某些语词被遗弃、新的语词被创立这样的可

---

① 马克思恩格斯选集.第 4 卷.北京:人民出版社,1995.220
② 马克思恩格斯选集.第 4 卷.北京:人民出版社,1995.224

能性。不管怎么说,作为一个类别,心理语言是不可或缺的,可以恰到好处地用于对人的行为的解释和预言,并可收到预期的效果;可以便捷地用于对人的内在活动、状态和过程的描述,而且不用这种语言,改用其他的形式,将会遗漏许多客观的东西。

第四,心理语言不能还原为物理语言,它们的所指也不能绝对等同。即使是指称同一事件的心理词语和物理词语,在意义上也是有区别的,因此不能相互取代和转译,至少在今天的科学水平下是如此。因为前者所描述的东西比后者更加复杂,它们是各种环境刺激、社会历史条件、文化因素与大脑内的复杂的神经生理过程、物理化学过程(本身都得到了社会、文化的塑造、熏陶)相互作用的产物。要完全描述它们,必须有脑科学、认知科学、物理学、化学、生物学、生理学、社会学、文化学和哲学等学科的通力合作。简言之,它们超越于每一门相关的具体科学之上,因此在现今这样的科学条件下,用任何一门科学的术语都没法对之作出恰如其分、恰到好处的分析与还原。脑科学的成果也说明了这一点。加拿大著名医学家、脑科学家彭菲尔德和同事于20世纪50年代在需动脑外手术的500人身上做过关于记忆的实验。他们发现,大脑没有疼痛感觉。在病人的同意下,他们将大脑暴露出来,并让病人处在清醒状态,然后对不同部位实施电刺激,同时记录病人的报告。有时刺激某一部位时,病人会说他听到了交响乐。当然,记忆的内容与神经部位并不是一一对应的。有时候,刺激不同的部位可能报告相同的记忆,有时候,刺激同一的部位可能报告不同的记忆。对此可作的解释是:记忆是以某种方式与重叠的神经元回路相关联的。一个神经元可以是若干不同回路的成员,在不同情况下,一个回路与另一个回路的差异在于神经元的特殊组合。简言之,记忆是分布性的。不存在单一的记忆区,记忆分布在许多脑区。要记住一件事,需要许多皮层的协调一致的活动。由此我们可以得出这样的哲学结论:不可能为心理语言"记忆"找到永远一样的神经关联物,也就是说在某特定心理语言(如我回想起了贝多芬的《命运交响曲》)所描述的一类事件与某特定物理语言所描述的事件(如"颞叶皮层外侧受到电刺激")之间不存在普遍必然的、合乎规律的联系。简言之,不存在类型同一(即一类事件普遍必然地同一于另一类事件),因为刺激不同的人或不同时间的同一个人的同一部位,被试回忆起的内容可能是不同的,有时刺激不同的部位,又可回忆起相同的东西。这充分说明,心理语言与物理语言的同一不是类型同一,而是个例同一,即某一心理语言所指的东西肯定是物理语言所描述的一个事件,但在不同的人身上可能因人而异。双眼竞争实验也可证明这一点。脑科学家发现:被试知觉到某一刺激时,由该刺激所诱发的神经磁反应,比被试意识不到的神经反应要强50%~86%。这种增强了的反应同时分布到不同脑区的大子集上去,其中包括枕区、颞区和额区。另外,表现出由意

识知觉调制的不同脑区的特定子集因人而异,脑区分布也因人而异。

有的科学家也认识到了这一点,埃德尔曼就是如此,他说:"没有任何一种描述能够完全说清楚主观经验,不管这种描述能有多么精确。许多哲学家以颜色为例来说明他们的论点。没有任何一种有关颜色辨别的神经机制的科学描述能够使你懂得知觉到某一种特定的颜色感受究竟如何,即使这种描述再完美也不行。"①

心理语言与物理语言之所以只能个例同一,不可能有类型同一,心理物理之间之所以不可能有合规律性的严格关联,或一一对应,原因在于大脑自身的复杂性。运用 PET、MRI 和 MEG(脑磁图)等无创伤脑功能成像技术所发现的大量事实也足以说明这一点。它们表明:即使是某一简单的感知活动,用神经科学的术语来描述,要涉及到大量脑结构部位,它可能是数十个脑结构部位按一定顺序共同作用后才出现的。因此要把心理语言所描述的与物理语言所描述的对应起来,找到与某一心理语言严格、合规律对应的物理语言是不可能的,也是没有必要的。

大脑的复杂结构也说明了这一点。我们知道,大脑有不同的功能系统,至少有三个:第一功能系统是脑的深部组织,包括上脑干及网状系统的旧皮层,负责大脑皮层的活动状态;第二功能系统是大脑两半球的后半部,负责接收、保存和加工外界信息;第三功能系统是大脑的前半部,负责决策活动,如建立复杂的计划,控制计划的执行。大脑三种功能系统的联合活动使人能够进行信息加工,适应外部环境,或使人的行为指向特定目标。心理语言所描述的,有时只涉及一个系统,有时同时涉及三个系统,有时涉及的是它们中的某些神经元群临时组成的系统,即所谓的"动力模式"或"动态核心"的活动。

照上面的说法,我们的观点是否等于落入了个例同一论的窠臼呢?不能这样说。不可否认,我们的确承认个例同一论的某些原则的合理性,并加以借鉴,如心理事件就是物理事件,心理事件具有可多样实际性,不存在把两者关联起来的严格的规律,心理语言所描述的东西与物理语言所描述的东西不存在普遍必然的对应,世界上真有作用、变化的东西只能是物理事件,心理的东西要发挥作用离不开它所对应的物理事件,等等。但是从前面的分析不难看出,我们的观点和论证与个例同一论也存在着重大的差别。第一,我们的观点的理论前提是世界的物质统一性原则。第二,我们关于心理语言与物理语言的分析是以一种新的本体论为基础的,例如我们认为绝对的本体、主体只能是物理语言中的实体范畴,心理语言严格说来只是述谓性的范畴。第三,我们的理论包含有我们自己的关于心理语言的"古生物学"、语义学和关于心理的独特的地形学、地貌学和动力学。第四,在分

---

① 杰拉尔德·埃德尔曼,朱利欧·托诺尼著,顾凡及译.意识的宇宙.上海:上海科技出版社,2004.12~13

析心理语言的所指时,我们不仅注意到了其中的共时态因素,而且更强调它的历时态因素,例如种系历史和个体历史的积淀因素。正是基于此,我们强调,心理语言在相当长的时期内是不可替代的,任一心理语言表达式所描述的东西在现有条件下不可能为物理语言没有任何遗漏地再现出来。因此两种语言及其所指的同一是客观的事实,但要从理论上再现这种同一则是相当遥远的事情。最后,与上一点有关的,也是最重要的一个区别是:我们认为,与任一心理语言所指称的东西同一的物理事件,绝不是一个孤立的、细小的物理事件,换言之,与心理个例同一的物理个例不是一个细小的个例,如与"疼痛"同一的绝不是"C-纤维的激活",而是非常复杂、庞大的物理个例,其中既包含许多脑区的因素,又包含不同层次中的事件,而且它们既有社会文化的积淀,也有种系和个体历史的积淀,同时还是动态的、变动的。

与两种语言的关系问题密切相关的问题是第一人称描述与第三人称描述的关系问题,以及费尔巴哈所说的灵魂的逻辑学与灵魂的物理学的关系问题。这都是哲学基本问题在心灵哲学中的表现形式,值得进一步探讨。

第一人称描述是每个人对自己的心理生活的描述。据动物学研究的成果,世界上存在的动物中,除了人类就只有大猩猩能进行自我观察活动,并识别出镜子中的自己。而人在此基础上大大向前发展了,不仅可以进行外部的自我观察,而且可以进行内部的自我观察,其对象用心理语言表述就是心理的活动、过程、状态、事件,以及作为活动结果的知觉、表象、意象、概念、理论等,人自我认识的方法和形式就是反省、反思、自我意识。这种自我认识的结果又形成了另一类观念和思想。人对自己的这一系列过程的描述就是通常所说的第一人称描述。这种描述专用的语言是心理语言。物理语言在第一人称报告中无用武之地,因为物理语言的运用离不开公开观察的资料,而心理语言的运用恰恰不需要这种资料。如前所述,呈现在自我面前的心理活动、事件等实际上是发生在大脑中的高层次的复杂的物理活动和事件,而人对这些活动、事件的自我认识其实是一种高阶物理过程,最后得到的结果如观念、概念、心像等不过是分布在大面积的大脑皮质中的神经元连接模式。

第三人称描述是人从外面所得到的关于他人行为的描述。我们每个人既可作为第一人称描述的主体,也可作为第三人称描述的主体,如观察他人的行为,对之作出描述,反过来也能成为别人的第三人称描述的对象。第三人称描述的对象具有公开、可重复等特点,因此具有客观有效性,但问题是它描述的范围只局限于他人的行为以及发生在大脑中的可以在有限条件下向有限的人(如医生)开放的物质过程,而不能进到体验、主观意识和命题态度的领域,至少迄今为止是如此。上述两种描述各有利弊。当代哲学面临的问题就是探讨两种描述之间的关系。

有关科学积累的资料如无创伤大脑成像技术对大脑过程的研究成果、神经病学对手术过程中裸露的大脑皮质的研究、埋藏电极的研究、脑解剖学、神经生物学、神经化学等的研究成果,为我们的探索提供了有价值的资料。而且有关科学进入了前所未有的迅速发展和突破时期。正如巴思(B. J. Baars)所述,我们每天都有新的、令人惊喜的进展,"现在是告诉大家关于意识研究进展的最好时机"①。有这些成果,我们可以初步认识到,第一人称描述和第三人称描述所描述的东西不是一个过程的分立的两半,如像通常所说的那样,前者描述的是一个因果过程的原因阶段(如作出决定),后者描述的是大脑的生理过程和身体的执行过程。如果是描述一个认知过程,那么后者描述的是作为原因阶段的行为过程,前者描述的是得到观念、思想的结果阶段。其实不然,两种描述是可以部分重合、对应的。因为,根据我们前面的分析,传统观点所说的那种心身因果过程是一种幻象,也就是说,不存在先有纯心理的决定后有身体的执行这样的因果过程,即不存在心理原因或专门负责作选择、作决定的纯心理的自由意志。如果"自由意志"、"心理决定"等词真有所指,那仍不过是大脑内的物质过程。因此第一人称描述和第三人称描述完全可以报道同一个事件,例如都可用来描述一个人的行为过程的在前的状态,当行为人用心理语言描述该状态时,可以说它描述的是意志的决定,而别的人如脑科学家则可在观察之后用物理语言说,那实际上是正发生在这个报告者的大脑内的行为或行为倾向。

费尔巴哈在心身问题上的有关论述与此有密切关系,极富现代意味,很值得挖掘、借鉴和发挥。他认为,对人的研究可以从两方面进行:一是从实践上,据此,人是一个统一的存在,不能主观地分割为心灵与身体两部分,因为分开了,就看不到真实的人及其内在活动的过程。更为重要的是,再高明的解剖学家都无法作这种分割,再先进的仪器都没有看到它们之间的界限。二是从理论上进行考察,这里是允许分析、抽象的,因此为了理论的需要可以把人分为心身两部分。而心由于其特殊性,又可从两方面考察,一是从主观的、逻辑的方面加以考察和把握,由此得到的是灵魂的逻辑学。它类似于第一人称描述,其观点接近于民间心理学。另外,还可从客观的、公开的方面观察心灵,由此得到的是灵魂的物理学。根据灵魂的物理学,灵魂不是非物质的幽灵,而就是大脑,灵魂的活动也是"物质的、感性的活动"②。灵魂的逻辑学和物理学是人看自己的两种方式,都有其合理性和必要性。但是必须注意的是,用前一种方式看到的东西,只"发生在思维中,而不发生在现实中"③。

---

① B. J. 巴尔思著,陈玉翠等译. 在意识的剧院中. 北京:高等教育出版社,2002. 前言,1
② 费尔巴哈著,荣震华等译. 费尔巴哈哲学著作选集. 北京:三联书店,1957. 195
③ 费尔巴哈著,荣震华等译. 费尔巴哈哲学著作选集. 北京:三联书店,1957. 478

我们认为，灵魂的逻辑学既有逻辑的合理性，也有一定的现实性。每个人只要正常，只要生活在人类社会这个环境中，都会对灵魂的逻辑学"无师自通"，都会形成关于自己的内在精神生活的认识。这种认识只要是诚实地作出的，无意欺骗别人，那么至少吐露了这样的客观真理：他内部真的有某种活动、过程发生了，他曾进入或正处在一种特定的状态中。这是没有疑问的。问题只是在于在此基础上所作的想象、类推和形而上学构建。既然我亲知了我内部的活动、过程，而活动一定有其主体，这主体不可能是眼耳鼻舌手，不可能是脑内的某一块肌肉，更不可能是外部的物质，因为所有这些物体都不具有进行这种活动的能力，因此它必定是其内的另一种实体即自我、心灵或灵魂的所作所为。另外，要有活动，一定得有场所，因此形而上学的思辨又为它指派了一个不是空间的空间：心里或内心深处。有了主体，有了主体的活动，有了活动的空间，因此就有了精神世界。这个世界顺着这样的逻辑越建越大，越建越精巧。民间心理学、唯心主义、二元论、双重世界理论就是这种逻辑的哲学表现。费尔巴哈的最大贡献就是发起了对它的解构，因为他敏锐地触及到了这座大厦的脆弱的根基，那就是它"不发生在现实中"。今天，我们的任务是摧毁这个大厦，在新的地基上重新研究人自己在直接体验中认识到的活动、过程和事件。以前没有这个条件，而现在有了，例如无创伤成像技术、脑电图破译思维语言的技术等都可以帮助我们探索人自己的体验与大脑中同时发生的过程的关系，即有条件在人思考时、在意识时、在意识自己的意识时，研究他的大脑在干什么。如果自己在体验、思想、决策时，完全没有相应的物质过程，精神活动可以先于或后于物质过程而以纯粹的形式发生，那么民间心理学、灵魂的逻辑学和二元论便可以说是颠扑不破的，而现在的科学发现尽管还很稚嫩，很不完善，甚至有些可能会为以后的实验所修证或证伪，但已有根据说，那种纯粹的精神活动、产物是不存在的，过去由心理语言描述的这些活动，现在已有可能用物理语言来加以描述。

6 心理地理学、地貌学和动力学

在这里，我们为了再现常识和传统哲学关于心理世界的观点，表达我们在有关问题上的思考，也拟像赖尔和丘奇兰德一样借用"地理学"等术语。我们都知道赖尔的《心的概念》这一名著。在这本书中，他做了两件事情，一是"修正""那张描述我们早已具备的种种知识的逻辑地图"[①]。这种知识是"笛卡儿作为主要哲学遗产而留下的"，它是一种神话，仍"继续在曲解有关这个论题的大陆地理

---

① 赖尔著，刘建荣译. 心的概念. 上海：上海译文出版社，1988.1

学"。第二项工作就是重新界定有关概念的"逻辑地理学"①。我们认为,修正和重构关于心理的地理学是当前和今后心灵哲学的一项迫切而有重大意义的任务。正是基于这一认识,我们不揣浅陋也来尝试一下这一工作。

本来,地理学是研究地球表面特征、各种地理现象的分布格局、考察各要素的位置、确定各要素的联系、探究它们的运动变化过程及原理的科学。地貌学则是研究有关地表面貌、地理形态及其相互关系,以及作用在其上的物理、化学和生物过程的科学,而动力学主要是研究事物运动过程及动力源泉的科学。把它们借用到心灵哲学中来,就有所谓的心理地理学、地貌学和动力学,它们要说明的是心理世界的地形、地貌特征,心理事件、过程、状态的本质和作用及其相互联系,揭示心理与行为的关系,刻画心理事件对心理事件、对行为的作用及动力机制。

一、心理地理学与地貌学

对于心理世界的组成成员及其相状和作用,对于各成员、各部分的关系和相互作用,对于整个世界的结构、层次和整体相状,常识和传统哲学已形成了大致相同的看法。即使是那些在理论上不满或反二元论的人,在日常解释和预言实践中所流露出来的深藏在心底的心理图式也没有与常识的心理地貌学、地形学划清界限。维特根斯坦以他特有的语法分析的方法揭示、描述了隐藏在大多数人心底的关于心理地形、地貌的图式。他认为,这种图式或图像不是实在的图像,也不是实在的反映或表达,而是基于语言的误用、错误的类比推理而不知不觉产生出来的东西。他说:"图像把我们俘虏了。我们无法从中摆脱出来,因为它就在我们的语言之中,而语言似乎执拗地向我们重现这幅图像。"②也就是说,在语言的运用过程中,基于心理语言与物理语言在语法上的类似性,我们根据物理语言所表示的对象及其特点,来设想心理语言所表示的东西及其特点,于是便形成或得出了关于心理世界的图像。它不是认识到的,而是想象或类推出来的。更糟的是,我们全然不知道这一点,以至于完全被那幅图像蒙骗、俘虏和囚禁了。一旦运用有关的心理语言,有关的图像就固执地、无情地向我们呈现出来。这幅图像或关于心理的常识地形学、地貌学、地理学是什么样子的呢?维特根斯坦以"思维"为例作了分析和描述。

维特根斯坦指出:"思维"等表达式的语法与"走"、"看"、"接受"、"撕碎"的语法很相近,结果语言从一开始就使我们猜想在这些表达式背后有某种东西在活动,或者认为它们表达、描述的是这种东西的活动、状态、过程。然而,我们不可能设想这种东西是物质,于是便推定,它们是非物质的精神或我。这一来,这个世界

---

① 赖尔著,刘建荣译.心的概念.上海:上海译文出版社,1988.2
② L. Wittgenstein. *Philosophical Investigations*. Blackwell, 1953. §.115

七 心理语言的新语义学与心理结构图景之重构

便有了另一种主体或实体。接下来,人们再进一步根据两类语言在语法上的类似性,便构想出了另一个世界及其内部结构。第一,"撕碎"不仅有主体,一定还有被撕碎的对象,如纸等,以此类推,"思维"、"理解"也一定有对象,这对象不可能是物质事物,因为头脑没有那么大的空间来容纳这些东西,因此思维的对象一定是精神性的心像、意像或范畴、概念。第二,"撕碎"总是在某个地方发生的,因此"思维"表示的活动也一定是这样,那就是在"心里"。第三,"撕碎"一定是在某时发生的,同样,"思维"表示的活动也一定如此,例如我们经常问"你何时想到它的"。第四,"撕碎"表示的是活动,但每一时刻这活动会有特定的状态,同时它还会经历过程,最终成为事件。同样,"思维"后面的东西也可以表现为过程、状态和事件。总之,这样产生出来的精神世界是一个有主体、有客体、有时空、有活动、有事件、状态和过程的世界,不仅如此,这世界内的事物、事件、过程、状态处在相互联系之中,因此从一个可以推论出别的来。

由上不难看出,传统的关于心理世界构想的首要的观点是中心论或主宰论,即认为人的行为、心理生活之所以表现出统一性,是因为其内部有作为中心的自我,有作为上级的自我,它就是人中的小人。克里克以讥讽的口吻说:"我们多数人想象的图景是,在我们大脑的某处有一个小矮人(homunculus),他试图模仿大脑正在进行的活动。我们将其称为'小矮人谬误'。"①

根据新的研究成果,人脑内部并不存在作为中心和专司发指令职责的上级。人的统一性根源于以大量并行神经联结回路为基础的信息再进入机制。所谓再进入,就是"脑的各个分离映射区之间沿大量并行解剖结构(其中绝大多数是交互的)不断进行着的并行、递归信号的传送过程。它改变与它相互联结的靶区活动,又反过来为其所改变。"②也就是说,各个脑区的协调,各种神经元群的协调,行为之间的协调与控制,大脑活动与身体行为的协调不是由某个中心、上级调控的,而是由再进入这种信号传递过程维持的,它既改变靶区的活动,又为其所改变,从而产生我们经常在人身上发现的统一性、协调性。如果说人有心理世界、心理生活的话,这个世界就是一个无中心、无上级的自维持系统。

脑科学的动态核心假说也支持这种心理地形学。所谓动态核心指的是一些神经元群临时联系组合在一起而又具有相对稳定性的功能性聚类。其内的有关部分相互联系、相互作用,与其他神经元群既有联系,又有边界性。因此动态核心既有整体性,又处在经常的变化之中,故名动态核心。我们人之所以在受到内外刺激时会有相应的有意识经验发生,根本原因在于:脑内的动态核心在发生作用。

---

① 弗朗西斯·克里克著,汪云九等译.惊人的假说.长沙:湖南科技出版社,1998.25~26
② 杰拉尔德·埃德尔曼,朱利欧·托诺尼著,顾凡及译.意识的宇宙.上海:上海科技出版社,2004.

换言之,心理语言所说的"意识经验"其实是对动态核心的作用的另一种描述方式。两者的所指是同一的。但应注意,我们过去对意识经验的设想是错误的,我们往往把它理解为一个中心,把意识理解为一个事物或一种性质。其实,根据动态核心假说,意识既不是事物或东西,也不是性质,不是一个位置,而是一个过程,在空间上是分布性的,其组成经常在变化,因此不存在意识中心,也不应把它局域化于脑中的某个位置。

这一看法得到了大多数科学家的认同。当然他们的表述方式又各不相同。巴思指出:"脑的工作是广泛分布式的,不存在一个指挥中心高高在上地俯视大脑的各部分,然后根据所看的,调整每个神经元下一步该干什么,也不存在事先设计好的程序规定各部分下一步该干什么。"因为"大脑看起来是一个功能分布式的结构,真正的工作是由上百万的特殊的和复杂的系统来完成的,无须从指令中心获得详细的指令。……不像汽车,它没有中央引擎来做所有这些事情"①。克里克也认为:"整个系统看起来并不像一个固定不变的反应装置,它更像是由许多以相当高的速度传导的瞬间动态相互作用所控制的。"②他还说:"脑的工作方式则通常是大规模并行的。例如从每只眼睛到达脑的轴突大约有 100 万个,它们全都同时工作。在系统中,这种高度的并行情况几乎重复出现在每个阶段。"③甚至信息也没有精确的编码,没有固定的记忆库,因为"大多数记忆存贮在进行当前操作的那个地方"④。最后,尽管大脑也有将信息统一、整合的功能,但它的统一性的方式非常独特,它不像常识和传统哲学所设想的那样,是因为有一个统一的"我"将各种分散的信息收入自己的统摄之下,也不是有一台加工机器将它们搅和在一起。心理世界的统一性、认知的统一性、行为的统一性是根源于对某一或某些相关对象有响应的神经元或神经元群的同步发放。这里没有什么神秘性,因为"所有这些都是由神经元完成的"⑤。

传统的、日常的观点在设想有意识的活动时总带有空间性,即认为意识进行活动就像一个人在房间里活动一样,或像演员在舞台上表演一样,意识就如同聚光灯,它所照的地方即是它意识到的东西。这种关于意识的地貌学、结构论是完全错误的。大量的实验研究发现,大脑中没有这样的空间、舞台,也不存在聚光灯那样的东西,也没有那样的聚集中心点。因为意识活动就是一种神经活动,而这种神经活动是广泛分布的,甚至不局限于一个脑区,而要涉及许多脑区。也就是说,一个人在体验和报告自己的某一意识经验时,他的大脑皮层内有分布广泛

---

① B.J.巴尔思著,陈玉翠等译.在意识的剧院中.北京:高等教育出版社,2002.3
② 弗朗西斯·克里克著,汪云九等译.惊人的假说.长沙:湖南科技出版社,1998.163
③ 弗朗西斯·克里克著,汪云九等译.惊人的假说.长沙:湖南科技出版社,1998.181~182
④ 弗朗西斯·克里克著,汪云九等译.惊人的假说.长沙:湖南科技出版社,1998.182
⑤ 弗朗西斯·克里克著,汪云九等译.惊人的假说.长沙:湖南科技出版社,1998.23

的神经元群的协调活动,这些神经元群相互联系、相互作用,信号不断地在大量的回路中快速地来回运转。同时,这种活动之所以开始、持续进行,还离不开网状激活系统的激活。简言之,"意识活动"这类词语如果真有所指,那么它指的只能是大脑内的一种分布性的活动。另外,有意识的心理活动要发生,还得有这样的条件,如分布各处的神经元群之间必须有强烈而快速的再进入相互作用,而且这相互作用着的神经元群的活动模式还必须不停地变化,彼此能比较清楚地区分开。换言之,要形成意识经验,还必须有高度分化的神经活动模式。例如在对清醒和睡眠的研究中,科学家发现:这两种状态的区别并不取决于神经元的发放率,而根源于它们有不同的发放模式。例如在清醒和有梦睡眠时,整个颅表脑电都表现出低幅度的快活动模式,而在无梦的慢波睡眠时脑电表现出一种高幅慢波的弥散模式。

  根据传统的观点,人的心理世界不仅有精神、小人,有它独来独往的空间、场所,而且它还能在其中活动、加工,它加工的材料就是各种表象、心像、概念、信念等,这些东西都像搅拌机中的水泥、石、沙一样,是一个一个地存在的。精神在对它们作了去粗取精、由表及里、由浅入深、去伪存真的加工之后,又会形成具有同样形态但不同内容的观念、信念和思想。埃德尔曼对此作了新的研究。他关心的问题是:当人在思想时,人的头脑中发生了什么。他回答说:"我们所作的不懈努力支持下面的结论:每当我们有思想的时候,在脑中发生了许多事,其中绝大多数是并行的,具有惊人的复杂性和极其丰富的联系,其中有许多是今天的计算机所处理不了的复杂信息。"[1]这些论述告诉我们:在关于心灵的新的图景中,根本就不存在像实物一样的、处在某东西里的"意象"、"心像"、"命题"等。埃德尔曼等人认为:"仅仅因为我们在有意识的状态中经验到某种意象,就假定在脑中真的有实际的意象,这当然没有必要。"[2]在我们从事思维活动时,大脑内发生的事情不是:一个小人把储存在记忆中的信息以及新获得的信息提到"我"的面前,让它们同时从属于我,就像搅和面粉那样,把水、面粉、有关的调料放在一起,然后再来综合它们。真实的过程是:全局映射结构将有关信号分别送到躯体、臂和脑中,进而在我们的视觉映射区、顶叶皮层和前脑区之间有一系列的再进入。正是这种再进入,使有关的脑区得到调整、协调,同时也使再进入自身得到调整。在这个过程中,有关的信息便得到了整合。如果是更为复杂的思维活动,可能还有动态核心和语言系统的作用。因为思考之前和思维进行时,有时有语言交流活动,如边说

---

[1] 杰拉尔德·埃德尔曼,朱利欧·托诺尼著,顾凡及译.意识的宇宙.上海:上海科技出版社,2004.242

[2] 杰拉尔德·埃德尔曼,朱利欧·托诺尼著,顾凡及译.意识的宇宙.上海:上海科技出版社,2004.246

边想,这就要用到整个语言系统,它与颞叶皮层、主管概念的额叶皮层耦合在一起,并通过输出端口与基底节再耦合起来。经过它们的相互作用,再产生输出。

常识的、传统的心理地理学还告诉我们:精神得到了表象、观念、思想,不能老对它们加工,有时需要把它们暂时或长时期存放起来,以便必要的时候提取出来再予使用。这一过程便是我们通常所说的记忆。

稍作分析,不难发现,常识和传统哲学的心理地理学对记忆的理解基本上是根据人将某某东西存放起来(如把实物放进筐子中,或在黑板上写字)这一物理过程构想出来的,只是这里的主体是精神性的"我"或"小人",存放记忆的地方是特定的心理空间。根据常识和传统哲学的看法,要记住什么事情,离不开这样的要件:一是有刺激信号,经过感觉器官和心灵的分析、加工,变成了"观念"或"表征"或"映像",用更现代的说法,变成编码了有关信息的代码;二是存放这些代码的场所或记忆库,这是一个地方,一个局域性的地方,过去一般认为是大脑中的海马区;三是将代码存放进记忆库中(识记)或从其中将存储的内容提取或读出来(回忆)的"小人"。有了这三个因素,人就可以进行记忆,可以从记忆中提取有关的记忆材料,进行加工。这都靠我们内部的精神或小人操劳,是它在记忆,在提取,在读取,在加工。用今天更时髦的认知科学、计算机科学的术语来说就是:小人储存、提取加工的只能是形式化、符号化的"心理表征"或心灵专用的"思维语言"、"心灵语言"(mentalese)。它们只是句法,不包含语义。因为计算机无法加工语义,只能对句法进行操作处理。人类心灵也是如此,不同的是,心灵有意向性或关于性,因此能使这些符号有语义性。

根据现有最新的科学成果,常识和传统哲学在设想、理解记忆时所表露的心理地理学、动力学完全是无稽之谈。埃德尔曼等人基于自己和他人的研究成果尖锐指出:"在信号中并没有预先编码好的消息,没有能高精度地储存代码的结构……头脑中没有什么小矮人在读消息。"① 在他们看来,记忆是一种物理过程,具有系统的性质,也就是说,人要将信息储存起来,要将它回忆出来,离不开大范围的神经回路、突触变化、生化过程、评价约束等,正是这些因素促成了记忆的完成。具体而言,奠立于新的科学材料之上的新的记忆地理学、动力学有如下特点:(1)记忆过程中不存在精神或小人的作用,它靠的是以大规模的神经回路为基础的再进入过程。(2)记忆不像通常所理解的那样,信息是经编码储存在一个地点的,要予使用,就得有提取的活动,即回忆。恰恰相反,记忆中根本不存在储存和读取的活动,因为它是"在分布各处的进行性神经活动和来自外界、身体和脑本身的信

---

① 杰拉尔德·埃德尔曼,朱利欧·托诺尼著,顾凡及译.意识的宇宙.上海:上海科技出版社,2004.110

号之间进行选择性匹配的结果"①。这也就是说，由于自然选择和个体自身发展的特殊历史的作用，大脑中形成了一些特殊的神经模式，外来的信息进来后，它们能自动选择、分类和匹配，在有了相应的条件时，它们又会重复出现。这一过程用心理学的语言说就是"回忆""想起来了"。（3）记忆不是局域性的，而是广泛分布性的。这种分布性的活动又是由所谓的全局映射结构完成的。这一点是新的记忆地理学不同于传统观点的最根本的地方。根据这种新的观点，头脑中不存在像容器一样的记忆库，记忆也不是在心灵的黑板上划刻痕、做记号。人记下一个内容涉及到广泛的脑区，依赖于许多子系统的协同作用，因此是广泛分布性的。（4）记忆的形成还离不开全局映射中发生的突触变化，正是这种变化、变型保证了记忆的多样性。（5）记忆还具有动态性、简单性，如一种突触变化、一种结构可以成为多种不同的记忆系统的子系统，由此可见，记忆又是神经回路中某些选择出来的子集合动态地产生的。（6）日常语言所说的"回想起来"、"回忆"不是指有关的观念重新呈现在心灵面前。如果要保留这些用法，应把它们理解为：有关的神经回路得到了触发。

最后，FP的心灵观还有一个特点，那就是它的不变性、单一性。最明显的是，FP本身亘古不变，自产生至今没有变化，而它对心灵世界的看法也是如此，它所认识到的心灵王国是一个由小人所控制和操纵的、由许多命题态度所构成的不变的世界，每个人都是一模一样的。新的研究告诉我们：没有两个脑完全一样，每个个体的脑都在不断变化，而且这种变化贯穿在脑的全部发展历史之中，渗透在脑的各个组织层次之中，从生物化学层次一直到宏观形态。就个体来说，随着生活环境、经历的变化，大量的突触强度一直在变化。当然在进化过程中也有相对稳定东西，例如固定执行某一功能的大脑子系统或高度特化的神经元群体，被易化了的神经回路。这种群体和回路也就是认知科学所说的认知模块。

二、心理动力学

在日常生活中，对下面这样一些现象是必须予以解释的，如人同时面对许多对象（好与坏、美与丑、亮与暗等），为什么他只注意、感知其中的一方面？在做一件事时，人同时面对多种可能性，如：做、不做，这样做、那样做，但他总是选择其中一种，为什么会有这种倾向性？有时，人为了得到某个对象，为什么会费尽心机，甚至不惜流血流汗、牺牲性命？面对突发事件，人为什么会马上作出迅速的反应？面对刺激性事情时，人为什么会有喜怒哀乐等情绪表现？如此等等。FP对此的解释是：人的行为有选择性，选择又取决于目的，而目的又根源于人的期望、欲望。

---

① 杰拉尔德·埃德尔曼,朱利欧·托诺尼著,顾凡及译.意识的宇宙.上海：上海科技出版社,2004.110

欲望有时直接引起行为,有时经过对实际条件的分析、估价,形成一定的信念,产生动机,最后才导致行动。总之,人的行为是由目标、欲望、信念、动机等的相互作用而产生的。从整个世界来说,常识的动力学、原因论承认世界上有两大类根本不同的动力和原因,一是物质的,一是精神的。正是基于此,人们在分析了物质的、自然的、社会的原因之外,还会寻找心理原因,如在找到了身体疾病的物理原因时,还会寻找心理的原因,在给病人的忠告中,常不免有注意精神乐观之类的言语,似乎精神也是一种独立的作用源泉。这就是关于动力学的常识图画。尽管有时是有用的,但在本质上是错误的。因为不一定有用就正确。

根据脑科学的研究成果,它们是虚构、杜撰出来的。真实的相状完全不同。根据一般的物理学原理,事物要产生作用和反作用,必须消耗材料和能量。人的行为的产生也是如此。要将行为产生出来,在前的过程或系统必须有能量。因为在发生作用、反作用时,肯定有许多神经元在活动,如接受电脉冲,进行处理,然后发放电脉冲,而这都需要消耗能量(血、氧)。另外,信号在神经元内、在传到别的神经元的过程中都需要能量。正因为有不断补充的能量,沿轴突下行传输的脉冲才不会衰减。在没有收到任何信号时,它也处在运动状态,即以相对慢的、无规则的形式传送背景脉冲,一般是 $1 \sim 5 \, Hz$($1 \, Hz$ 表示一秒钟有一个脉冲发放)。兴奋时则达到 $50 \sim 100 \, Hz$ 或更高。最后,如果有心理过程,如果它就是高层次的物理过程,那么它产生随后的行为还有其特殊的约束,那就是神经细胞的发放强度必须维持在一定的水平。正好,进化为大脑选择了这种维持因素,那就是大脑中的大量的神经递质,如兴奋性的谷氨酸递质,抑制性的 GABA 递质等。它们不直接传递信息,但可用来调制细胞的发放强度,另外使皮层处在清醒状态,帮助记忆的完成。

不错,一种复杂的反应行为如果不是本能地作出的,一定是经过了复杂的过程而产生出来的,其中当然包括选择过程,即"决定"做还是不做,如果要做,应怎样做。这里的"决定"当然不是 FP 所说的那种决定,实际上指的是一种由自然选择所确立下来的匹配过程。为了明白这一点,我们不妨分析一下作为行为动力之源的大脑中的弥散性投射系统。这个系统是人脑中的一个子系统,其相状有点像巨大的扇子,其原点集中于脑干和下丘脑的一些特殊的核团中的小量神经元上。这些核团很多,如去钾肾上腺素能蓝斑、5-羟色胺能缝核、多巴胺能核、胆碱能核和组织胺能核。由原点出发,它的神经纤维向大脑皮层弥散,在脑表面遍布纤维网,向这些地方释放神经调质去钾肾上腺素。这个系统的作用主要是为大脑选择行为、指向目标提供参照或动力源泉。对它的作用的描述其实就是对 FP 所说的欲望、需要、动机的作用的描述,只是前一种描述更接近真实,而后一种描述是虚幻的、想象的。具体地说,它的作用主要有:在认知中,它帮助有关认知器官从大量的刺激中作出选择,例如看亮的而不看暗的。之所以如此选择,不是因为有一个小人或心在那里作决定,而是因为种系在进化中形成了一种"喜亮厌暗"的偏好或神经联结模式,这种模式通过遗传一代一代传下来了。因此在一般的情况下,大脑中的这个子系统面对这样的环境就会向大脑皮层有关区域发放神经调质和电信号,影响后续行为的产生。这个系统的另一个作用就是,影响有关子系统内部的连接、匹配活动,进而影响躯体的反应行为。例如当人进入一个新的环境,碰到了意外、突发或恐怖事件,蓝斑中的神经元基于从进化、遗传得到的约束、模式就会发放信号,如向大多数脑区释放某种神经调质,这些发放能调节靶神经元的活动。它们还能改变突触在对神经活动起反应时加强或减弱的概率。总之,它们就是这样,随时把要发生的重要事情通过发放投射到重要的脑区。其他的反应如所谓的情绪反应都与大脑中的这个投射系统的发放有关。

由于自然选择和个体的经历的作用,这种投射系统不仅有固定的模式,进而有对刺激的相对稳定一致的反应,而且还有一定的灵活性、可塑性。例如由于环境的变化,或经过学习,人脑中的这个投射系统可以改变神经元的连接方式,进而改变发放方式。过去这样连接、发放有利于生存,现在不行了,于是就发生改变。不仅如此,脑内的各个投射性子系统通过各种组合的相互作用以及释放比例不同的各种神经调质而协同工作,以应对内外的复杂变化,最终对脑皮层活动产生更有利、更符合目标的影响。

概而言之,我们否认有独立的精神作用,否认人的行为由纯粹的心理动力、心理选择所引起和操纵。但是我们同样可以在从俗的意义上承认:身体动作根源于在前的"想"、"考虑"或"发布命令",只要不把行为之前的过程独立化、实体化就行了,只要不认为它是"我"或"心"的纯粹活动的结果就行了。因为人脑内没有这样的动力学。真能引起行为的作用,要么是它之前或之外的物质动力,要么是这种行为的一个环节,是这种行为原有的可能发生的倾向性,一旦相关的条件具备了,该倾向就变成了现实的行为。就像盐的可溶性一样,它有被水溶化的倾向,一旦放在水中,它就表现出被溶化这样的现实或结果。"想做什么"所表示的所谓原因过程也是这样,原有的神经模式中有这种行为倾向性,一旦具备了相应的条件,如外面和内部的有关电位变化、生化变化达到相应的程度就开始发放,进而引起后面的神经元或神经模式的变化,最后出现相应的身体动作。脑科学已初步发现了神经运动以及随后的身体运动动力源泉或"第一因"。这个"第一因"或"想做什么"不是纯粹精神性的东西,不是绝对自由的,不是没有任何在前原因的原因,而是神经元内外信号相互作用的产物。因为神经元的内部与外部相比带负电,当离子如钠离子、钾离子流过细胞膜的特定部位而使细胞受到刺激以后,这种负电势的程度有所减小。由此产生的电信号就是所谓的动作电位。它沿着轴突

传递,当到达突触区域时就引起突触前神经元中的一系列小泡释放神经递质。如果这个神经元是兴奋性的,那么释放出来的神经递质便可越过突触间隙,进而与突触后神经元的特殊受体相结合,使突触后神经元的负电势减少一点。当它们反复发生,使电势减小到一定程度,就会导致神经脉冲发放,产生它的动作电位,这个信号可传到与它联结的神经元,进而产生后面一系列运动,直至肢体的动作。抑制性神经元的动作与此相仿,只是突触后神经元电荷的变化是阻止神经元发放,进而可导致后面的运动的中止或减弱。总之,身体的运动不是由什么在前的纯粹的心理过程引起的,而是根源于神经元的发放或内部变化。而这种变化又是由有关神经递质及其受体的化学性质、它们释放的统计学规律、电和化学相互作用等以复杂多变的方式决定的。由此可以看出,基于神经联结的复杂性、动态性、双向性、回路性,它们便处在复杂的相互联系和相互作用之中,因此不存在绝对的"第一因",绝对的摆脱自然因果链的"自由因"。另外,如果要保留FP的意向规律,即信念产生信念、信念与愿望等命题态度相互结合可产生人的身体行为的规律,那么就必须抛弃传统的、强加于人的那种拟人化的、神秘化的心理运动论和决定论,把起原因作用的"信念"之类的命题态度理解为特定神经模式的作用,或有关的神经元及神经元群的电、化学作用的发放。

克里克对自由意志提出的"惊人假说"也说明了这一点。他承认,人的行为是由自由意志决定的。但自由意志不是什么纯粹的精神活动、非物质的动因,而就是人脑这块物质的活动。他说:"人脑的某个部分与制定进一步行动的计划有关。"这个计划、决定是怎样"计算"出来的,人自己常常意识不到,人只知道它作出的最终决定。这个决定本身是一种行为,它又是由什么决定的呢?他回答说:"这些计算将依赖于这一部分大脑的结构(部分由于进化,部分由于过去的经验),也取决于来自脑其他部分的当时输入。"这也就是说,意志的决定不是自由的第一因,同样受在前的自然原因所决定。当然这些原因既可能是决定性的,也可能是混沌的。因为一个非常小的扰动可能造成最终结果的巨大差异①。

大脑中没有FP所设想的那种由"我"主宰的类似于搅拌机的加工容器那样的统一的工作空间,也没有现今的人工智能哲学所设想的类似于计算机的中央处理器的东西,也不存在可以协调功能上分离的各个区域的算法或串行的指令。人内部心理活动的动力学非常奇特,它的活动模式随时间变化而变化。我们的知觉和运动过程的整合不是靠其中作为"小人"的"我"或"心"的调控、协调,而是靠丘脑皮层网络、弥散性投射核团、皮层与大脑附器(小脑、基底节和海马区)所组成的网络进行的再进入过程。如前所述,所谓再进入就是这些网络中相互联结的区

---

① 弗朗西斯·克里克著,汪云九等译.惊人的假说.长沙:湖南科技出版社,1998.272~273

七　心理语言的新语义学与心理结构图景之重构

域之间所发生的并行信号不断进行的循环的相互交换。它具有动态性和并行性两大特点。基于此,这些交换才能不断协调这些区域在时空两方面彼此映射的活动。这种相互交换不同于反馈,因为它有许多并行的通道,同时不存在特别的指令性误差函数,它能改变选择性事件以及不同区域之间信号的相互关系,能同步和协调区域相互之间的功能作用,例如使分布在不同功能区的不同神经元群的活动大范围同步,即把分布各处的神经元发放联结起来,使之同步,正是这种联结、协调和同步,才使得我们的知觉活动的整合、运动过程的调控、整合成为可能,而且还使得知觉分类成为可能,如为了适应统一的目标而把对象、材料从它们的背景中区分出来。

大脑中不存在"小人"似的"心"或"我"可用这样的比喻来加以说明。就像有几个演奏员在没有指挥的情况下演奏出和谐的音乐一样,他们的协调靠的是他们相互聆听他人的信号,然后作出及时的调整,最终使行为一致、统一起来。人脑内的活动的整合、协调乃至统一就是这样实现的,而不是由某个主宰实现的。埃德尔曼说:"在脑的各个映射区的选择性事件之间的相关性是由再进入的动态过程产生的。每个动物的神经系统都是多变的和独一无二的,在没有小矮人或计算机程序的情况下,再进入使得一个动物能把未加标记的世界分隔成各种对象和事件。正如我们早已讨论过的那样,再进入使得不同脑区中神经元群的活动同步化,并把它们规定成能给出暂时一致的输出回路。因此再进入是使各种各样的感觉事件和运动事件的时空协调得以发生的核心机制。"[①]

再拿丘脑皮层系统来说,它是一个由许多分散的回路整合而成的一个大的三维网络。它有几百个功能上有特异性的丘脑皮层区,每个区域中又有几万个神经元群。我们通常所说的一些心理活动,如知觉、计划、决定,引起和协调动作,处理抽象的性质等,就发生在这个区域。这些心理活动的真实相状和过程其实是几百万个神经元群的大量会聚或发散的交互联系过程。这些神经元群联系起来,使它们在保持内部的功能特异性的同时,又一起形成了一个统一的、内部联系紧密的网络。简言之,通常所谓的信息的统一、整合活动,功能的统一性,其实就是有关神经元群的相互联络。

不管是在认知活动中,还是在产生行为的活动中,都少不了选择这个环节。在特定的意义上,可以把它看做随后的过程的动力源泉。例如面对很多对象,最后只关注其中的一个,有很多事情要做,最后择一而为。这些都是选择的结果。然而选择是不是纯心理的、自主的动因呢?华盛顿大学医学院的马库斯·雷克尔(Marcus Raichle)领导的一个小组利用 PET 做了大量的实验。其中研究了被称为

---

① 杰拉尔德·埃德尔曼,朱利欧·托诺尼著,顾凡及译.意识的宇宙.上海:上海科技出版社,2004.97

"斯特鲁普干扰效应"时血流的变化。这是一种更复杂的视觉任务。在实验中,要求被试尽可能快地识别一个单词的颜色。比如说,被捕捉的目标可能是用绿色印刷的"红色"这个词,词的颜色(绿色)与词义(红色)之间的差异会引起被试反应时间增加。将这一识别过程的血流分布与另一过程即单词"红色"被印成红颜色时的血流分布加以比较发现:在斯特鲁普条件下,有几个皮层区域出现了血流增加的现象,其中增加最大的区域是"右前扣带回",它在脑的中部,靠近额部。这表明,前扣带回参与了这样的选择过程,即以先前形成的一些内部的有意识的计划为基础,在这两种情况中进行竞争性的交替处理。这也可理解为对自由意志的神经学描述[1]。

    常识的、传统的心理结构图景在理解心理过程时,常把心理过程理解为一个简单的线性过程,"意识流"的观念正好表明了这一点,根据这种观念,人的心理、意识是一个流动的过程,如对事物的知觉、理解、把握是一个流动的过程,随时间顺序分别把握、注意一点,然后再注意另一点。思想、信念等也是如此,想过的东西马上成为过去,一个信念出现了,借助与其他的思想、信念、愿望的相互作用,可能会引起下一个信念。联想、想象等都是如此。如果是这样,统一、综合性的观念又是如何形成的呢?常识的、传统的观点回答说,那根源于有一个不变的我,是我把不同时间把握过的东西都变成同时属于我的东西,即把消逝的东西提取出来,与现在正在处理的东西放在一起,由我来加以统摄,这样就完成了对它们的综合,从而形成了统一的认识。

    这纯粹是一幅虚幻的、想当然的图景,脑中根本不存在这样的运动及过程。以视觉觉知(如"我看到了一朵红花"所表达的东西)为例,传统的描述是,眼睛把刺激或图像一点一点传给大脑,经过内部的小人的逐一审视和统一活动,便形成了关于外物的表象。这一过程也就是从感觉到知觉、再到表象的过程。罗蒂等人把这种看法称为心灵的"镜式观",意思是说,知觉的过程类似于镜子照物的过程。根据对视觉的最新研究,信息的传入过程完全不是这个样子,在其终端也没有一个小人把分散的信息统一起来。这是因为,第一,要完成哪怕是一个极其简单的视觉任务,如看一朵红花,需要初级系统、次级系统和许多更高级系统的协同作用,各个系统都要同时接受上百万个神经元的输入。信息的传递不仅有单信道的传递,而且还有通过回路的传递,更重要的是,眼睛在一朵花上的扫视,要动用各种不同的、百万以上的视觉细胞。这些细胞在进化过程中都形成了自己特定的分工,有的对弱光有响应,有的对强光有响应,有的对形状敏感,有的对深度敏感,有的对长波敏感,有的对短波敏感……它们接受到它们能接受的信息以后,都同

---

[1] 弗朗西斯·克里克著,汪云九等译.惊人的假说.长沙:湖南科技出版社,1998.121~122

时通过神经节细胞传到上一级的系统。这也就是说,人在视物时,既有分别在时间过程中接受传递信息的过程,又有同时接受和传递的过程。克里克说:"视觉系统的初级部分是高度平行的,即许多类似的但不同的神经元在同一时刻都处在活动状态。"第二,这些初级部分的信息都是相当局域性的,也就是说,它们并不是都传到一个中心点如"我"那里,而是各自传给特定的地方,如与颜色有关的信息只传到侧膝体,不到上丘,而有的信息传到上丘。第三,整个系统不是一个固定不变的装置,而是由许多以相当高的速度传导的瞬间动态相互作用所控制的。第四,被看的对象有许多不同的特征,表达它们的信号由不同的感受器感知,又由特定的神经节细胞分别传到大脑中的不同部位,进而分别由不同视觉区域的神经元来处理。要形成统一的认识,当然有一个如何使不同的神经元同时兴奋的问题,这也就是所谓的"捆绑问题"。第五,这种捆绑或统一不是由一个中心或一个统一的小人实现的,而是由神经元群的相互协调或同时按一定频率发放所实现的。克里克和科克猜测:"当视野内出现适当的刺激时,视皮层的一些神经元会变得活跃起来,并以一定的节律形式发放。在它们附近的平均的局部电活动(场电位)常表现为在 40 Hz 范围内的振荡。"①这一过程用心理语言表述就是:某人形成了关于对象的视觉意识。

在日常生活中,通常可见这样的现象,即有的人看到了老虎或狮子在追自己,便不顾一切地逃跑。FP 对此的解释是,因为他害怕,所以他逃跑。害怕是他作出跑的决定的原因。这种心理运动论是错误的。脑科学的研究告诉我们:在脑中有一个像扇子一样的弥散性联结,其原点集中于在脑干和丘脑的一些特殊核团中的少量神经元。这些核弥散性地投射到脑的广大地区。无论什么时候,只要有重要的或意外的重大事件发生,如巨响、闪光、突然疼痛,属于这些核团的神经元都要发放,而这些发放又在脑中引起神经调质这样的化学物质的弥散性释放。与此同时可能伴有恐惧、害怕这样的体验和逃跑这样的反应。这时的恐惧并不是独立的过程和原因,而是对大脑内发生的那些释放的另一种认识和描述。

---

① 弗朗西斯·克里克著,汪云九等译.惊人的假说.长沙:湖南科技出版社,1998.251

下 篇

价值性心灵哲学与往圣"绝学"之发展

通过上篇对心灵的分析,我们已经认识到,二元论和民间心理学所说的那种"小人"似的、实体性的心灵以及在此基础上对世界、生活、原因和作用的二重划分是错误的,在自然界中没有本体论地位。但是通过对心理语言和人的进一步分析,我们又意识到,二元论的问题主要在于对人作了错误的设想,对心理语言作了错误的理解。其观念错了,应予抛弃,但所用的心理语言尽管是"前科学的",不精确的,但没有必要、也不可能一同予以抛弃。非但如此,我们仍然可以在特定的意义上承认:人有心、有心灵,甚至有精神和灵魂,民间心理学的那些术语如"意识"、"信念"、"愿望"等仍有其真实的所指,那就是人身上特定的自然事件、状态、过程或产物,而不是之外的另一类东西。在上篇,我们还曾强调,这些术语在现今的科学认识水平下,还没法转译成物理学的术语,更不能为其所取代,因为它们是从特定的角度、在特定的科学所不能进入的层次上对同一物质世界的、有特定意义的指谓和描述,它们具有综合性、宏观性、笼统性、多层次性等特点。既然如此,我们仍有必要和可能来谈论、探讨心灵的内在的、对于人的生存和发展的价值资源,甚至由此生发开去,为"去圣继绝学"。在这样做时,我们仍要经常使用传统的心理语言,但如前所述,我们是在新的图景、新的心理地形学、地貌学、结构论、运动学和动力学的基础上加以使用的。

如果正确地理解和使用心理语言,持一种关于心灵的科学的概念图式,那么可以肯定地说,心灵不仅是存在的,而且具有无穷的妙用。人的生存状态的质量与价值、人的幸福与快乐、人的理想境界都与它有密不可分的关系。换句话说,心的状态直接决定着人的生存状态,前者至少是后者的必要条件,是后者得以形成、得以组成的合力系统中的一类子要素。既然如此,人生活得怎样,人做得怎样,至少部分取决于人的心态。从逻辑上说,既然它是人的生存状态的组成部分和必要的决定因素,因此离开了前者,当然也就没有后者。这正是:"心能天堂,心能地狱,心能圣贤,心能凡夫。"也就是说,人是生活在地狱,还是生活在天堂,是成为圣人还是成为凡人,均是由人的心所决定的。

由此看来,心不仅有哲学本体论、科学心理学意义上的"体"、本质和奥秘,而且还有人生价值论意义上的体与用。正是这一体认,成就了中国从先秦开始就十分发达的特种形式的心灵哲学:从心里去挖掘做人的奥秘,揭示人之为凡为圣的内在根据、原理、机制和条件。这种学问从内在的方面说是名副其实的心学,我们把它称作价值性心灵哲学,而从外在的表现来说,则是典型的做人的学问——圣学。

今日研究这一学问具有极强的现实意义。因为今日的"世情"、"国情"是圣学贬值,甚至毫无价值,因而是名副其实的"圣学不传"。由于价值性心灵哲学同时也是科学的做人的学问的基础,因此"圣学不传"的直接后果便是:人生的幸福、快乐、意义非但没有随着物质文明的发展而增加,反倒是成反比失落。不绝于耳的"意义的失落"、"活着没意思"就是明证。人们原以为有钱就有幸福,有权就有幸福,但当这些东西得到之时却是更多的烦恼、苦闷、空虚充满之日。看来,光有科学,有物质文明,有财富像泉水一样往外涌流,是不能解决人之生存的问题的,不懂性之理、性之用,不懂幸福生活的原理,不懂做人的学问,尤其是做人的心之理,即使过上像皇帝一样的物质生活也是没有用的。相反,如果有这样的心理哲学或性理哲学,那么即使像孔夫子的得意门生颜渊那样身居陋巷、箪食瓢饮也能不改其乐,甚至像孔子那样不知老之将至,随心所欲而不逾矩。因此今日中国心灵哲学研究的一项十分有意义的工作就是像北宋理学家张载所倡导和践行的那样,"为去圣继绝学",首先是开发去圣的绝学,作出新的契理契机的诠释,然后将其改造、重构和发扬光大。

中国文化发展的性格与中国心灵哲学的特点

Zhongguo Wenhua Fazhan De Xingge
Yu Zhongguo Xinling Zhexue De Tedian

> 孔子饭疏食，饮水，曲肱而枕之。颜渊居陋巷，一箪食，一瓢饮。就物质生活言，此属一种极低度之生活，人人可得。但孔子、颜子在此物质生活中所寓有之心生活，则自古迄今，无人能及。乃亦永久存在，永使人可期望在此生活中生活。
>
> ——钱穆
>
> 中国人无与其他民族同样之灵魂观。中国人独于人心有极细密之观察。中国人常以性情言心。言性，乃见人心有其数千年以上之共通一贯性。言情，乃见人心有其相互间广大之感通性。西方希腊人好言理性，此仅人心之一项功能而止。中国文化之最高价值，还在其能一本人心全体以为基础。
>
> ——钱穆

艾舍尔:《日与夜》,1938年,木版画

中国心灵哲学感兴趣的是形而上学的超越之心。

八 中国文化发展的性格与中国心灵哲学的特点

中国有自己丰富的、源远流长的心理学思想,这已是不争的事实。中国有没有自己的心灵哲学呢?如果从比较宽容的意义上来理解"心灵哲学"一词,如把它看作这样的哲学分支,即从哲学的高度来思考和研究:心理语词与其所指的关系(名实关系),心的范围、表现,心的来源,心与身、心与物的关系,心的作用等,那么我们完全有根据作出肯定的回答。不仅如此,我们还可以这样断言:中国是最早从哲学角度思考心灵问题的国家之一。有文字记载的历史大约可以上溯到殷商时期。因为这一时期留下的甲骨文中已有表示感觉器官、心理器官及其作用的词语。其次,中国人对心灵的思考最为广泛。正是由于有这样的事实,才造成了中国哲学中的"心"具有其他文化所无可比拟的最为复杂多样的意义,如有心理学意义的"心",认识论意义的"心",形而上学意义的"心",还有从人生哲学、道德哲学角度所谈论的"心"。这一事实又产生了中国心灵哲学下述独特的品质,即从不同的致思取向如从知识论的、本体论的、价值论的角度去探究心灵(详后)。另外,中国心灵哲学在中国文化中具有重要而独特的地位。一般都不否认,中国哲学关心的主题是人伦道德问题、政治哲学问题,即修齐治平,而所有这些都要落实到心,都得直接或间接从中去寻找形而上学的根据。为什么是这样?本章,我们将在作出简要的分析的基础上揭示中国心灵哲学的特质。

1 中国文化的性格与中国心灵哲学的致思取向

如果我们对心灵哲学的考察只着眼于西方,那么就不存在"致思取向"这一问题。因为西方的心灵哲学无论是古代、近代的,还是现当代的,无论是从苏格拉底式的问题(即"心是什么""什么是心"……)出发的,还是从语言哲学问题(即"心"等词语指的是什么?意义何在?等等)入手的,其目的都是要查明事实:有没有心理语言所指谓的实在,如果有,它们以什么形式存在,有什么结构、特点和功能等等。出于这一目的,按照学科建立和发展的共同范式,于是便有了其心灵哲学的问题域,其中主要有所谓的心理语言学问题、心理本体论问题、心理现象学问题、自知与他心知问题等等。

但是如果我们把目光转向东方,尤其是转向中国哲人智者们对心的哲学思考,那么就会在看到有近乎上述心灵哲学的同时,发现另一种风格迥异的心灵哲学,它在目的、价值取向、运思方法和途径等方面与西方的心灵哲学大异其趣。基于对中西心灵哲学的宏观审视,我们可以说,世界上至少存在着两种有不同致思取向和性格的心灵哲学:

一是从知识论的角度切入的心灵哲学,其目的是要弄清:心是什么,由什么构

成,结构如何,有何功能(结构之功能,不同于价值论的"用",因为前者为结构的客观作用,不管有无评价者,其用客观存在。后者是在事物与价值主体的关系中发生的用,与人的需要有关)。经过探索所形成的是关于心灵的事实性、求真性认识。

二是从道德哲学、人生哲学的角度所切入的心灵哲学,其目的主要是弄清:心对于人之为人、人在道德上的提升、人格上的升华、人的生存质量之提高上的作用、禀赋,旨在查明"性"(类似于莱布尼茨所说的大理石"花纹",康德的实践理性、审美判断力中所包含的先天原理)之内容、作用和变成现实的机理与条件。经过探索最终所形成的是关于心灵的价值性认知。

中国的心灵哲学同时具有上述两种品格,当然后一品格居主导地位,或者说后一品格不仅是出发点和归宿,而且贯穿于中国博大精深的心灵哲学的始终。中国心灵哲学之所以如此,完全是由中国文化发展的性格特点所决定的。关于中国文化发展的特点以及它与心灵哲学的关系问题,徐复观先生在其《中国人性论史》一书中对此作了细心的考证和缜密的论证。他说:"中国文化是从上向下落,从外向内收的性格。由下落以后再向上升起以言天命,此天命实乃道德所达到之境界,实即道德之无限性。由内收以后再向外扩充以言天下国家……从人格神的天命,到法则性的天命,由法则性的天命向人身上凝聚而为人之性;由人之性而落实于人之心,由人心之性,以言性善:这是中国古代文化经过长期曲折、发展,所得出的总结论。"① 这就是说,中国文化中的"心"这一观念在中国文化尤其是在其道德哲学、人生哲学、价值哲学、政治哲学中具有基础性、枢纽性的地位,是由"下落"到"上升",由"内收"到"外扩"的枢纽和转换器。天命、道、理等下落、内收便有了中国哲人所要面对和思考的心,通过对它的独特的研究,他们既发现了西方哲学家所发现的那些具有知识论价值的东西,又发现了他们未加注意,因而不可能看到的丰富而珍贵的非知识论价值资源,即道德论的、生存论的、修养论的价值资源,一言以蔽之,即成圣的价值资源。

再进一步,围绕这种心便形成了一种心灵哲学,而这种心灵哲学是一种特殊的心灵哲学,可称之为圣性理或心理哲学。这种"去圣"的"绝学",至少是其中的枢纽和重要组成部分。它的致思取向比西方的心灵哲学要广泛,即不仅要追问心灵是什么、是否存在、以什么形式存在、与身有何关系之类带科学和哲学本体论双重性质的问题,而且更为关心的是圣人的心理标志,成圣的心理机理、机制、原理、条件和方法途径等,既有人生哲学、道德哲学、价值论意义,同时又具有心理学意义的问题。应特别注意的是,这里所说的"理"不是规律,而是机理、原理、机制,

---

① 徐复观. 中国人性论史(先秦篇). 上海:三联书店,2001.141

甚至有"纹理"的意思，类似于莱布尼茨所说的大理石之"花纹"。更为重要的是，它关注的心不是一般的心，而是心灵之中的、由自然所授予的"性"或价值资源。中国古代的圣心理哲学就是要以此为条件、根据和基础，用类似于康德所谓的"前进法"，顺推人的善行、德行、人的最美好的人生境界、无漏的幸福生活、人的真诚与美丽是如何可能的，圣人人格之成就是如何可能的，是如何从先天的资源中生发、扩充出来的。因此中国心理哲学的任务是要探寻至圣之道，而直接的对象是心，尤其是其中的先天的禀赋和价值资源，而宗旨是揭示这一资源生成圣人之"理"，即由潜在的性转化为现实的性（圣）之理。

2 中国心灵哲学的特质

上节所述的中国心灵哲学有两种致思取向，可看做是它的特质，也可以说是它的首要的、基础性的特点，因为其他的特点都是由此派生出来的。

首先，就内容而言，中国的心灵哲学既关心心灵本身是什么的本体论、知识论性质的问题，又关心价值论方面的问题。刘文英先生说："在中国古代的意识观念中，除了形神关系、心物关系、闻见与思考的关系以及言意关系等问题之外，关于意识本身的修养问题，也占有重要的地位，也受到各派哲学家的重视。"[①]就前一方面来说，如果可以肯定有与"心"之名相对应的实，那么就得认识它，"知道"它。如果"科学"（science）一词的词源意义是"知道"（scientia 或 knowing），即要知道其对象是什么、是怎样、为什么如此等，那么中国心灵哲学也有"科学"的性质和意义，因为它也涉及了这些问题（详下节）。

其次，中国心灵哲学在研究心时，由于其宗旨在于揭示心之价值资源与禀赋，因此其侧重点主要在心之性情。钱穆先生说："中国人亦无与其他民族同样之灵魂观。此两事乃有甚深关系。中国人独于人心有极细密之观察。中国人常以性情言心。言性，乃见人心有其数千年以上之共通一贯性。言情，乃见人心有其相互间广大之感通性。西方希腊人好言理性，此仅人心之一项功能而止。中国文化之最高价值，还在其能一本人心全体以为基础。"[②]当然，这不是说中国哲学没有涉及理性。非但如此，涉及的还很多，只是它处在从属地位。

第三，中国心灵哲学所感兴趣的心不是肉团心或依赖于肉体之心，而是形而上学的超越之心。当然这种心在大多数哲学家那里不是西方二元论所说的无广延而能思的非物质实体之心，而是由人的肉体心所产生的用，如在自心中设想、体验别的感受、观念，把万物乃至天地宇宙纳入自心之中，在观念中想象、思考它们

---

① 刘文英.中国古代意识观念的产生和发展.上海：上海人民出版社，1985.234
② 钱穆.灵魂与心.桂林：广西师范大学出版社，2004.94

与自心同一,实现"独与天地精神往来","万物皆备于我",甚至设想自心超越于之上,"游乎四海之外",乃至"游无何有之乡"。这类心指的其实是心之"用"。用西方心灵哲学的术语来说指的是心的感受性(qualia)和意向性(或关于性,aboutness)。尽管中西方都认识到了心的这些用,但关心的侧重点判然有别。西方心灵哲学在研究这些用时要弄清的是:这类用是否真的存在,如存在,其基础、机理、机制、本质是什么。而中国心灵哲学关心的则是这些用的内容及其对于人提升自我、去凡成圣的作用。钱穆先生说:"中国人又常以心身对言,而心更重于身。故亦每分心为二。有附随于身之心,有超越于身之心。中国人重其后者,不重其前者。"①人之所以有二心,据《左传疏》:附形之灵为魄,附气之神为魂。形是各别所私,气则共通之公。

钱穆先生把中国哲学所说的那种在自心中设想体验他心的作用称为相通之心。不仅如此,他还考察了它在思想史上的形成过程。他认为,最初的原始人的心是本能之心,肉体或生物之心。其表现是,躯体觉得痛,心作出反应和决定,有冷暖饮渴,心有相应的感觉和反应。钱穆先生说:"此乃原始生活中,心之职责所在,非可谓真有心生活。"随着语言尤其是文字的发明,人类的心出现了一种新的形态,那就是相通之心,其特点是"心与心之间作共同之会通"②。由于有文字,"一人之心,可以感觉异地数百千里外,异时数百千年他人之心以为。数百千里外他心之忧喜郁乐,数百千年前他心之忧喜郁乐。吾心之于他心亦然。……此始为吾心之真生活真生命所在"③。

第四,中国心灵哲学由其至圣取向所决定,还特别关心心的生活。这也就是说,它像西方的二元论一样把人的生活二重化,一为肉体或身的生活,一为心的生活。人与人之间的身生活差别甚小,但心生活大不相同,经验或给人的体验迥然有别。例如:"孔子饭疏食,饮水,曲肱而枕之。颜渊居陋巷,一箪食,一瓢饮。就物质生活言,此属一种极低度之生活,人人可得。但孔子、颜子在此物质生活中所寓有之心生活,则自古迄今,无人能及。乃亦永久存在,永使人可期望在此生活中生活。"④另外,人的心生活可神交千古,亦可以心存百代。例如:"读两三千年前人书,不啻亲承其謦欬,亲接其谈吐。故若真为一中国读书人,其心生命每可植根浚源于三千年之前。"⑤再如:"人类之心灵生命与其心灵生活,乃可一一摄入文字。人能识字读书,乃可使人深入心灵界于不知不觉中。"⑥"中国人喜言神来之

---

① 钱穆.灵魂与心.桂林:广西师范大学出版社,2004.94
② 钱穆.灵魂与心.桂林:广西师范大学出版社,2004.89
③ 钱穆.灵魂与心.桂林:广西师范大学出版社,2004.89
④ 钱穆.灵魂与心.桂林:广西师范大学出版社,2004.90
⑤ 钱穆.灵魂与心.桂林:广西师范大学出版社,2004.91
⑥ 钱穆.灵魂与心.桂林:广西师范大学出版社,2004.91

八 中国文化发展的性格与中国心灵哲学的特点

笔。此种神,即是其人深入心灵世界中,而沉进于心生命心生活之深处,其一己之心灵,已非当身物质界人生之所能拘缚与影响,而一若有神寓乎其中。"①不仅如此,人还能借助自己心灵之意向性,实现心与心的交融。钱穆先生说:"中国人生活理想,则贵心心交融,两心化成一心。……此心在孔子谓之仁。仁即在尘世中。家庭有此仁,此家庭即如一天堂。社会有此仁,此社会亦即如一天堂。"②

第五,中国心灵哲学关注的心是"境界之心"。钱穆先生认为,孟子所说的"仁,人心也",指的正是"这种心的境界而言"。他说:"中国人看心,虽为人身肉体之一机能,而其境界则可以超乎肉体。"他还说:"中国人看心,可以超乎肉体而为两心之相通。如孝,即亲子间两心相通之一种境界也。"③

第六,中国人所关注的心是一种道心、文化心。钱穆先生说得好:"中国人所谓心,并不专指肉体心,并不封蔽在各各小我自体之内,而实存在于人与人之间。哀乐相关,痛痒相切,中国人称此种心为道心,以示别于人心。现在我们可以称此种心为文化心。所谓文化心者,因此种境界实由人类文化演进陶冶而成。亦可说人类文化,亦全由人类获有此种心而得发展演进。中国人最先明白发扬此种意义者,则为孔子。"④

第七,人心是中国人生哲学的基础。如前所述,中国人生哲学的终极目标是去凡成圣,因此,这种人生哲学在本质和核心内容上就是圣学。而圣学又离不开中国特有的心理哲学。钱穆先生说:"中国的人生观是'人心'本位的。此所谓人心,非仅指肉体心。肉体心,凡属动物皆有,而各不相通。……西方科学里的心理学,即以这类心态为研究题材,他们自称是无灵魂的心理学。"它不可能研究"人心之真实境界。……因此对人心的认识实嫌不够。"⑤中国的心灵哲学和人生哲学则不同,例如:"孔子讲人生,常是直指人心而言。由人心显而为世道,这是中国人传统的人生哲学,亦可说是中国人的宗教。……中国古人也信仰上帝鬼神,直到孔子,才把此等旧说舍弃,而专从人心这些子上立论。"因此,"我们可以说西方的宗教为上帝教,中国的宗教则为'人心教'或'良心教'。"⑥因为"依照孔学论之,人生即在仁体中。人生之不巧,应在此仁体中不巧。人生之意义,即人人的心互在他人的心中存在之谓。永远存在他人的心里,则其人即可谓不朽"⑦。总之人生可以有意义,也可以做到不巧,关键是看如何存心。

---

① 钱穆.灵魂与心.桂林:广西师范大学出版社,2004.91
② 钱穆.灵魂与心.桂林:广西师范大学出版社,2004.92
③ 钱穆.灵魂与心.桂林:广西师范大学出版社,2004.18
④ 钱穆.灵魂与心.桂林:广西师范大学出版社,2004.19
⑤ 钱穆.灵魂与心.桂林:广西师范大学出版社,2004.19
⑥ 钱穆.灵魂与心.桂林:广西师范大学出版社,2004.19
⑦ 钱穆.灵魂与心.桂林:广西师范大学出版社,2004.21

最后,中国心灵哲学的独特之处在于:它有一独特的、西方心灵哲学从未涉及的研究课题,即"性"。当然,莱布尼茨、康德等人在认识论、道德哲学和美学中有所触及。由对性的关心所决定,中国的心灵哲学与人性论之间便有着千丝万缕的、不可分割的,甚至相互包摄的关系。根据徐复观先生对中国人性论的界定,可以说中国心灵哲学是人性论的一个组成部分。徐先生说:"人性论是以命(道)、性(德)、心、才(材)等名词所代表的观念、思想,为其内容的。……要通过历史文化了解中华民族之所以为中华民族,这是一个起点,也是一个终点。"①但从中国心灵哲学的目的、任务和实际所涉及的范围来说,人性论又可看做是心灵哲学的有机组成部分,尤其是在儒家心学中更是如此。在后面我们将看到,从中国心灵哲学的价值追求来看,心灵哲学实即圣学,而要揭示成圣的先天根据、内在机制、原理和实现途径,又必须深入到人心之中,尤其要进到"性"之中。而要如此,又必然要涉及到对命、理、道、材的探讨。

当然,从中西比较的角度看,西方哲学也有丰富的人性论思想,但从心灵哲学的角度直接将人性作为对象来研究,这在西方几乎是看不到的。而且即使西方有对人性的研究,但在致思的目的、对象、侧重点等方面,与中国的人性论是不可同日而语的。这首先表现在:中国哲学瞄准的性是天赋的潜在可能性、倾向或禀赋,而西方人的人性论要澄明的是现实的人性。当谈到潜在、天赋之性,我们自然会想到莱布尼茨和康德。不错,中国哲学所关注的性与莱布尼茨所说的"大理石花纹"、康德所说的心灵所具有的先天知识原理、道德原理、审美原理的确有某种可比性。它们的共通点在于,都承认心灵不是白板,上面不是什么都没有,而是有点什么。这种"有"不是后天获得的,而是先天的或天生、天赋的。中文的"性"字本身就说明了这一点:性即"天生之心"。荀子说:"性者,天之就也。"②莱布尼茨和康德也都明确肯定,心一开始就有自己潜在具有的东西,就像大理石一开始就有自己的"花纹"一样。其次,对性的存在形式及作用,他们的看法也有会通之处,如都认为,这性只是一种可能性,而不是现实的性,因此具有因条件、践行而变的可塑性。尽管如此,但它又是现实的东西之必不可少的条件,决定了后者可能与不可能的范围及程度。例如没有成为数学家的"花纹"或"种子",你的环境再好,再努力,老师的水平再高,你还是不能成为数学家的。就像一块大理石如果没有适合于刻丘吉尔像的纹路,你硬要去雕刻,只会无功而返。

尽管有上述共通之处,但中西哲学之间的差异是非常大的。首先,中国人对性的关注主要是为着揭示成圣的先天根据及原理,而西方的天赋观念论主要是为着认识论的目的而建立起来的。即使在康德那里,目的有所扩展,即增加了伦理

---

① 徐复观.中国人性论史(先秦篇).上海:三联书店,2001.2,序
② 荀子·正名

学和美学的维度,但还是不能与中国心灵哲学的人性论相提并论。因为从范围上说,中国人性论涉及的性的范围和作用要大得多,即既要查明认知性的性(如荀子说:"凡以知,人之性也。"①意思是说,人之所以能知,一定有其先天的性),又要弄清人之能为善,甚至达到最高的善的先天根据(如仁义礼智四端),还要弄清人有无摆脱不幸,获得彻底幸福乃至解脱的可能性及其先天根据。如果有这些根据或"端",那么就有成圣的可能,换言之,"圣可学而致"。

3 中国古代的求真性心灵哲学

中国哲学除了有自己独特的以成圣为出发点和归宿的、带有明显价值论倾向的心理哲学之外,也有以心本身的存在、构成要素、结构功能、本质以及心与身的关系为对象的知识性或求真性心灵哲学。之所以是这样,根本原因除了中国哲学也服从于求知、求理解的动机之外,还在于:对心的潜在价值资源的挖掘离不开对心本身的认识。综观中国古代的知识性心灵哲学,我们可以自豪地说,中国在近现代以前,这一类型的心灵哲学,无论是在内容的丰富性上,还是在认识的深度上与西方相比都是有过之而无不及的。我们在心灵哲学上的落伍,或者说未步入现代化的历程,主要是16世纪以后的事情。

一、中国古代的心灵观念及其特点

中国很早就有自己的心灵观念。其基本内容尽管也是强调:人由心身两大部分所组成,两者既不同又密切机关,另外,对心的认识也是在对人的认识向内、向纵深、向其本质的深掘过程中发生的,但是由于中国在古代没有形成像西方那样的统一的灵魂观念,例如不仅认为身体有形气之不同,而且强调:主宰人的高级的功能的主体亦有不同的存在形式,如魄、魂、神等,因此无论是对心理现象本身的认识,还是对它们与物理现象的关系的认识,都有自己的复杂性和特殊性。

至少到了春秋战国时期,中国古人就已获得了关于人体诸多的解剖知识,有了大量表示其整体结构、特性和组成部分的名称,如表示人体全体的有:身、体、躯、形。庄子说:"百骸、九窍、六藏,赅而存焉。"②"赅"的意思是"齐备"。全句意为:一当人形成了各种骨节、五脏六腑和各种感官,就作为人之形体存在着。荀子说:"足以美七尺之躯哉!"③汉刘熙在《释名》中对"体"的解释是:"第也,骨肉毛血表里大小相次第也"。《周易》已有关于五官和别的器官的名称,如首、眼、耳、

---

① 荀子·解蔽
② 庄子·齐物论
③ 荀子·劝学篇

鼻、口、舌、颊、肤、肱、晦、腹、臀、股、腓、心、血等，甚至还论述到了它们的生理功能。

值得特别强调的是，中国古人在形成自己的灵魂观念之前就有了关于"心"的观念。不过，最初的"心"，指的是作为生理器官的心脏，亦即肉团之心。但是由于它在人身上的特殊地位，后来逐渐被赋予了种种非生理的功能，以致后来人们认为它内面有精神性的心。因为随着对人及其躯体的认识的深入，人们开始注意到了人的更为复杂的机能、属性和现象，如思、考、喜、怒、哀、乐等。为了解释这种现象，他们利用远古或原始社会遗留下来的魂魄观念，设想人内部还有超乎形体的作用主体，于是便出现了比较系统的关于心或魂的思想。由于这一存在不是直接认识到的，而是推论、想象出来的，因此人们对它的存在方式、种类，便自然有不同的说明，尤为明显的是有多种不同指谓方式。据考证，现在能找到的、最早有文字记载的魂魄思想存在于《左传》之中。

根据《左传》的记载，至少在春秋时期，中国已形成了关于精神性"心"的观念，并把它与魂魄联系在一起，认为魂魄是"心之精爽"。《左传》记载了鲁昭公二十五年这样的事情："宋公享昭子，饮酒乐，语相泣也。乐祁佐，退而告人曰：'今兹君与叔孙，其皆死乎？吾闻之，哀乐而乐哀，皆丧心也。心之精爽，是谓魂魄。魂魄去之，何以能久？'"从这段话可以看出，这时已出现了心、魂、魄等观念，所谓魂魄就是人身上的"心之精爽"，即极其精微的东西。它们是人之有生命的根据。如果它们离开躯体，不再返回，就会导致生命的结束。

还有这样关于子产及其言论的记载："及子产适晋，赵景子问焉，曰：'伯有犹能为鬼乎？'子产曰：'能。人生始化曰魄，既生魄，阳曰魂。用物精多，则魂魄强。是以有精爽，至于神明。匹夫匹妇强死，其魂魄犹能凭依于人以为淫厉。况良宵……'"这里的良宵即伯有。意谓：其他的人死了可以变成鬼，影响活着的人，伯有死了当然也如此。其影响的大小，淫厉的严重程度，皆取决于其魂魄之强弱。那么什么是魂？什么是魄呢？它们是怎样产生的？与形体是何关系？对这些问题，《左传》也有回答。唐孔颖达（574—648）的《春秋左传正义》对此作了通俗性的解释，云："人禀五常以生，感阴阳以灵。有身体之质，名之曰形。有嘘吸之动，谓之为气。形气合而为用，知力以此而强，故得成为人也。……人之生也，始变化为形，形之灵者，名之曰魄也。既生魄矣，魄内自有阳气。气之神者，名之曰魂也。魂魄，神灵之名，本从形气而有。形气既殊，魂魄亦异。附形之灵为魄，附气之神为魂也。附形之灵者，谓之生之时，耳目心识，手足运动，啼呼为声，此则魄之灵也。附气之神者，谓精神识性，渐有所知，此则附气之神也。是魄在于前，而魂在于后,故曰既生魄,阳曰魂。魂魄虽俱是性足,但魄识少而魂识多。"①

这段话,文字不多,但说明了中国古代独具一格的关于人、关于心身的学说。一方面,在时间上,中国关于人心的观念早于西方,因为西方哲学中比较完备的灵魂学说正是在公元前5世纪毕达哥拉斯之后才形成的。另一方面,中国古代的心身学说在内容上比西方的要复杂得多。它不是把人理解为由灵与肉组成的统一体,而认为人有形、气、魄、魂等构件,它们在人形成过程中井然有序地出现,作为人的组成部分出现后又各具自己的功能,各司其职。用我们的话语对之"重构",至少有这样一些要点:(1)人是由金、木、水、火、土五种元素(五常)在感阴阳二气的过程中形成的。(2)在人的形成过程中,上述因素进入人体之后变成人的不同的组成部分。例如五常变成人的身体,可称之为形,而阴阳二气变成人身上的气,使人有运动、识别、思虑的作用。(3)人之所以有这些功能作用,是因为形气在结合为人的过程中,形成了不同的机关或机制,例如有关因素在形成"形"的过程中,其内部出现了精微的、有灵性的部分,即"灵",可称之为魄。它是"附形之灵"。其功能作用主要是负责人的感性认识,决定手足、肢体的运动,使人有呼有吸。而魂也是人的必不可少的组成部分,它是"气之神",或"附气之神"。由上可见,"神"与"灵"的观念在中国古代是一个更早的观念,因为在这里,人们是借它来解释"魂"与"魄"的。据考据,"神"在甲骨文和金文中就出现了,原为一象形字,描绘的是天上的闪电的形态。人们不能理解这种自然现象,把它看作神秘、神奇的现象,进而有敬畏的心理和崇拜的行为。在人的自我认识过程中,人发现了自己的思想、想象也有超越时空、迅捷、不可捉摸、来无踪、去无影等特点,似乎也有与外界的"神"相似的地方,于是人们也认为,自身中有"神"存在。这种神,在人身上具体就落实为魂。魂由阳气所构成,能作为思维、想象等高级心理活动的主体,因而有"精神性识"的功能。(4)魂与魄尽管都是气性的、灵性的、精微的东西,但定位、产生顺序和作用是不同的。人是先有魄,后有魂,尽管都具性灵,但魂的作用更大一些;是名副其实的"精神性识"。(5)从心身关系的角度来说,魂魄是人的精神,而形气是人的形体。由于人的精神或心有不同的功能,而不同的功能有不同的主体,如感知是由魄负责的,因此心身关系就比西方人想象的要复杂得多,表现为形、气、魂、魄纵横交错、相互联系、相互制约的网络关系。(6)形体禀五常而生,因而可散去,这种现象一发生,就表现为人的"死亡"。但是魄魂是气之精神,不会真正毁灭,因此形体散开后,魂魄不会死去,只会改变存在的依凭和方式。这就是中国人所理解的"灵魂之死"。另外,中国古人还认识到:作为鬼的魂,其作用之大小,危害之轻重,取决于生前在形体中的力量之强弱。

---

① 左传·正义

当然,以上所述只是一人的看法,一种解释。例如对于子产的同一说法或观念,西晋学者杜预(222—284)的解释就有不同。他认为,子产所说的魄,指的是形,即人的体魄、形魄,而非指觉识。从它们的产生过程来说,是先有形体,然后依次产生魄和魂。有觉识就表明人有神明之魂。尽管有这些分歧,但不争的事实是,春秋时代中国已形成了关于人由形、气、魄、魂等因素构成的观点。有争论的地方主要表现在:对他们赋予这些组件的功能有不同的理解。

魂魄观念一经产生,便成了中国心灵哲学中占主导地位的观念,甚至在两千年内几乎没有什么变化。例如春秋战国时期的老子、庄子都既讲魂又讲魄,而没有承认有统一的灵魂,而且还坚持认为,魄与形体有关,甚至可看做是形体。如《老子》第十章曰:"载营魄抱一,能无离乎?"这里的"营"即是"魂"。意思是说,精神与形体合在一起,能不分离吗?《庄子·知北游》也说:"解其天弢……魂魄将往,乃身从之。"其意是:人死意味着解除了天然的束缚,魂魄将离去,身体将随之消失。在这一篇中,庄子反复提到精神、心,如说"精神生于道"。《易传》中也单说魂,称做游魂:"精气为物,游魂为变,是故知鬼神之精状。"①《黄帝内经》也把魂魄分开来说:"并经而出入者谓之魄,""随神往来者谓之魂。"上述倾向在两汉时期就更加明显了,以至于常常将"形魄"连用,而且魄的作用明显被归结为"耳目"之见闻,如《礼记·祭义》郑玄注说:"耳目之聪明为魄。"可见魄属于形体之精灵,因此有的人也就把魄看做形。其实魄只是形的一种主宰、一个精微的组成部分。

北宋的朱熹以子产的思想为基础,对中国古代哲学中的"魄"、"魂"两概念的含义作了精辟的概括:"'物生始化'云者,谓受形之初,精血之聚,其间有灵者,名之曰魄也。'既生魄,阳曰魂'者,既生此魄,便有暖(阳)气,其间有神者,名之曰魂也。二者既合,然后有物,易所谓精气为物者是也。及其散也,则魂游而为神,魄降而为鬼矣。说者乃不考此,而但据左疏之言,其以神灵分阴阳者,虽若有理,但以嘘吸之动者为魄,则失之矣。其言附形之灵,附气之神,似亦近是。"②又说:"魄者形之神,魂者气之神,魂魄是神气之精英,谓之灵。"③"人能思虑计画划者,魂之为也;能记忆识别者,魄之为也。"④对于老子所说的"营魄",朱熹也作出了自己的解释:"但老子屈子以人之精神言之,则其所谓营者,字与荧同,而为晶明光炯之意。其所谓魄,则亦若余之所论于九歌者耳。扬子以日月之光明论之,则固以月之体质为魄,而日之光耀为魂也。以人之精神言者,盖以魂阳动而魄阴静,魂火二

---

① 易传·系辞
② 楚辞辨证
③ 朱子语类,卷八十七
④ 朱子语类,卷三

而魄水一,故曰载营魄,抱一,能勿离乎。言以魂加魄,以动守静,以火迫水,以二守一,而不相离,如人登车,而常载于其上,则魂安静而魄精明,火不燥水不溢,固常生久视之要诀也。"①

除前述的"神"、"灵"、"魂"、"魄"等观念之外,还有许多表示人之神、灵的概念。例如"精"。在庄子之前,这个词是单独使用的,也是指称人的心理现象的词。从构成上说,它与精气、精液是同类的东西,因此可称做气。但其作用则独特而巨大,它不仅外在于万物之中,作为其主宰,而且还是认识、思维的主体。《管子》说:"凡物之精……藏于胸中,谓之圣人……"②"不可止以力,而可安以德;不可呼以声,而可迎以意。"另外,思是"精气"之极③。《黄帝内经》则把"精"规定为生命之根:"夫精者,身之本也。"④

至于"神"字,如前所述,最初表示的是天上的闪电。后来,人们看到电光闪烁的现象与人自己在思想、想象中内省到的精神现象有类似之处,于是就用它表示这种现象的主体,可称做"阳神"、"神气",其义与"魂"相似。把"精"与"神"连在一起,作为一个统一的概念使用,肇始于庄子。不过,连用的"精神"所表示的与"神"没有实际的差别。从人们赋予"精神"的作用可看出这一点。《庄子·刻意》云:"精神四达并流,无所不极,上际于天,下蟠于地,化育万物,不可为象,其名为同帝。"

到了北宋以后,由于理学尤其是心学的发展壮大,"心"便成了更为常见的概念,但也是最具有歧义性的概念之一,人们除了继续在肉团心的意义上予以使用之外,还赋予它以精神实体、本体、灵觉思虑主体等多重意义。如朱熹说:"心者,气之精爽。"意为心是精爽之气聚合而成的。他还说:心是"能觉者,气之灵者"。"心官至灵,藏往知来。"⑤心官不仅灵明觉知,还有记忆、推知未来等功能。

二、心理现象学

西方心灵哲学的心理现象学是试图用描述性现象学方法客观地记录和描述心理现象的表现形式、范围和种类的学问。中国心灵哲学尽管没有这方面的系统的理论,但也做了这方面的工作,并取得了积极的成果。例如《黄帝内经》已认识到了广泛的心理现象,并从知、情、志、意等几方面予以描述。在每类下面又有许多子目。对此,聂世茂先生作了梳理,列出了一张完整的图表,既全面,又清晰⑥。

---

① 楚辞辨证
② 管子·内业
③ 管子·内业
④ 素问·金匮真言论
⑤ 朱子语类,卷五
⑥ 聂世茂.黄帝内经心理学概要.北京:科技文献出版社,1986.6

在下面,我们只拟简要考察一下一些著名思想家的比较典型的思想。

在先秦,许多思想家都注意到了认知现象。例如老子、庄子论及"知"的言论很多,孟子明确提出了"心之官则思"的命题。他们所说的思近于亚里士多德所说的思,主要有两大类:一是认识性的思,即通过对感觉材料的加工而形成高级的认识;二是实践性的思虑,即运用思考能力对多种可能行为方式作出选择以及对行动方式、过程作出谋划、调控。至于前一种思,西汉的淮南王刘安认识到了其不同的方式,如看到了"类可推"这样的现象:"以小明大,以近论远"①,"见微知明","见始知终"②,"因物以识物","因人以知人"③。此外,还看到了演绎推理:"因道之数"④。

西方心灵哲学所关注的命题态度如信念、意愿等,中国心灵哲学在古代也有涉及,当然很少从本体论、科学心理学的角度去探讨它们的机理和本质。在《老子》等较早的著作中,"信"、"意"、"欲"等词出现的频率还是较高的。到后来,尤其是宋明新儒学中更是如此。由中国心灵哲学在价值追求上的独特性所决定,其关注的命题态度主要是"欲"、"志"、"意"之类。"欲"可看做是一种潜在的命题态度。根据北齐刘昼的看法:欲是"情之所安",即情尚未表现出来的状态或态度,这态度也有其内容,而内容可表现为命题。当然由于其内容没有表现出来,因此其命题形式也是潜在的。在欲望的根源问题上,有的认为是由身体的机能决定的,有的认为是由气血决定的,因为血气方壮,五欲之俱壮。关于欲望的种类,不同的人分类不尽相同,如《管子》分为:贫贱—富贵,忧劳—快乐,危坠—存安,灭绝—生育。明代王廷相的"多途说"则分为:好名、好功、好文章、好安逸、好美色、好货利、好富贵等等。

中国古代更多的是从修身、做人的角度论述欲的。例如吕不韦的《吕氏春秋》对欲有较多的分析,但都侧重于修齐治平。其要点是:第一,认识到人的欲望不尽相同。第二,认识到欲望的效价是不同的,如既可以导向善,又可以导向恶,相对于统治者来说,既可以对其有利,也可以对其有害。第三,揭示了欲望的规律以及统治者利用欲望的方法。他说:"人之欲多者,其可得用亦多;人之欲少者,其得用亦少;无欲者不可得用也。"⑤与欲有关的是"志"和"意"。按朱熹的概括,"志是心之所之,一直去底,意又是志之经营往来底,是志的脚。凡营为、谋度、往来,皆意也。"⑥这里的"之"即"向",是意的一种。而意就是心有主向或意向,例

---

① 淮南子·氾论训
② 淮南子·诠言训
③ 淮南子·氾论训
④ 淮南子·主术训
⑤ 吕氏春秋·离俗览·为欲
⑥ 朱子语类,卷五

如"爱那物是情,所以去爱那物是意"①。

关于情感,《黄帝内经》从两方面作了论述:一方面,试图揭示它的基础、本质、表现形式。认为,其产生是五脏精气活动的结果,前者的状态与后者的状态息息相关,前者变了,后者也会变。如:"肝病者,两胁下痛引少腹,令人善怒,虚则目无所见,耳无所闻。"②"心气虚则悲,实则笑不休。"③情感的表现形式有喜怒哀乐等。另一方面,试图揭示情感对人生生活质量的影响,如情绪不好有什么负面影响,情绪好有什么积极作用:"百病生于气也,怒则气上,喜则气缓,悲则气消,恐则气下,寒则气收,炅则气泄,惊则气乱,劳则气耗,思则气结。"④

对于情,中国古代通常说有七情。但其具体内容是什么,至少有三种不同的分类。一是李翔的分类:喜、怒、哀、惧、爱、恶、欲。二是《礼记》、《荀子》和二程的分类:喜、怒、哀、乐、爱、恶、欲。三是《黄帝内经》的分类:喜、怒、忧、思、悲、恐、惊。

汉代王充在论述心理现象时,还涉及到了"错觉"、"幻觉"。这是王充对心理学的重大贡献。它丰富了中国人对心理范围的认识。他认识到了这样一个事实,即事物远看则大,近看则小,而有的对象超出了距离,使看者产生不存在的错觉:"试使一人把大炬火夜行于道,平易无险,去人不一里,火光灭矣,非灭也,远也。"⑤远去的火光看不到,这是由于距离远而产生的错觉。而幻觉的典型例子是鬼。他说:"凡天地之间有鬼,非人死之精神为之也。皆人思念存想之所致也。致之何由? 由于疾病。"⑥这也就是说,鬼是由于身患疾病而产生的幻觉或"虚见"、"妄见"。

三、中国心灵哲学的本体论

在西方哲学中,心灵哲学的本体论问题就是心身问题(mind-body problem)。从最一般的意义来说,本体论是关于世界上所有存在、有、在的本质、标准的形而上学理论。其对象是一切能用"是"加以述谓的存在,因此是研究"作为是的是"的学问,而其任务很多,其中至少有一个是最为根本的,那就是要揭示存在与不存在或是与非是的界限,说明存在、是的标志。只有有了能回答这类问题的本体论理论,我们才能回答一些有争议的对象如神、上帝、鬼怪、心灵或精神、数、共相是否存在的问题,才能对它们在宇宙中是否存在或是否有本体论地位这类问题作出

---

① 朱子语类,卷五
② 素问·藏气法时论
③ 灵枢·本神
④ 素问·举痛论
⑤ 论衡·说日篇
⑥ 论衡·订鬼篇

回答。应该承认,汉语中的系动词("是")起源较晚。尽管"是"一词在两汉之前就被广泛使用,但几乎都不是在系动词而是在名词、指示词的意义上使用的,加之中国古代的形而上学不太发达,或没有出现像古希腊巴门尼德、柏拉图、亚里士多德那样的本体论学说,因此没有出现关于存在、是的最一般的哲学思考,没有专以存在本身为对象的哲学学问。由之所决定,中国心灵哲学也没有自己自觉的、典型的本体论理论。尽管在讨论心性问题时曾涉及"本体"问题,这个词尽管很早就出现了,且使用的频率很高,但它与真正意义上的"本体"或西方人的本体论中的"本体"风马牛不相及。

当然又应该承认,没有明确而系统的本体论理论,不等于不会触及到本体论问题。事实恰恰在于:中国心灵哲学没有直接回答最一般的、高层次的本体论问题,但对宇宙中存在什么,尤其是人身上存在着什么,这些存在形式之间的关系是什么这类问题还是有清醒的触及和回答的。而且就这一层面而言,中国的心灵哲学显得比西方的心灵哲学要丰富和深刻得多,至少在古代是如此。西方的心灵哲学只在人身上肯定了心(或灵魂)与身(肉体)这两种存在,而中国古代心灵哲学强调的存在要丰富得多,如形、气、血、魂、魄、神等,甚至还涉及鬼怪问题,这些存在形式在先秦两汉可能还不能简单归并到心身这样的二分模式之中。这就决定了中国心灵哲学的本体论问题有不同于西方心身问题的特点。尽管从先秦到南北朝的哲学一直贯穿着形神关系问题的争论,但这只是这一时期本体论问题中的一个子问题。

关于魂、魄、神、灵的存在问题,在前面我们曾做过分析,它们对形、气有依赖性,但又有自己的存在性。尽管不是绝对的独立的存在,因此没有个体事物那样的本体论地位,但有自己的相对的本体论地位。十分有意义的是,在西方哲学中,由于长期以来根深蒂固的二分法,加上本体论以及数学力学方面的所谓根据,致使心身二元论,尤其是实体二元论成了现代以前居主导地位的思想倾向。而在中国心灵哲学中则不然,几乎没有产生过像西方那样的实体二元论,因为即使是像魂、魄、神识、灵、精等之类的精神性存在,也没有被规定为无广延的、非物质的存在。因为中国古人没有从广延这种量的规定性上考察对象的习惯。在大多数哲学家的心目中,那些精神性的存在要么是极其精微或"精爽"的气,或这样的气的聚合,要么是这种聚合以及形体的功用、性能,例如即使是与形相对的神,也不是纯粹的、无广延的精神实体,而只是一种用。例如《管子》一书,对此作了大量而系统的阐述,形成了比较完美的"气一元论"。其基本观点是认为,人的精神活动根源于气,由气的运作所形成。精气是什么呢?是一种看不见,摸不着,来去匆匆,变化莫测但又不是虚无的东西。"杲乎如登于天,杳乎如入于渊,淖乎如在于海,卒乎如在于己。"①"杲"意为明亮,"杳"指无影无踪,"淖"意为"乱","卒"意为完结。这几句话的意思是强调气具有无影无踪、不可捉摸的特点。从精气的依存载体来说,它可以存在于宇宙一切空间和实在之中。在人身上,它主要以心脏为其居所。如果它来到心脏中,这个身体便有了生命,进而有了意识和认知能力。此即:"定心在中,耳目聪明。""气,道乃生,生乃思,思乃知,知乃止矣。"②这就是说,心中有了气,通达充盈,人便获得了生命,有了生命,人便可以思维,有思维就有知识,有知识便知道如何去满足自己的各种愿望。总之,形神是不可分离的,光有形不成其为人,光有神更不是人。"合此"才"为人"。《淮南子》也说:"形、神、气、志,各居其宜","一失位则三者伤也"③。尽管庄子认为两者可以分离,但并不承认有实体性的心灵存在。他也像当时的许多哲学家一样,用比喻的方式说明心身的关系。他认为,身体像能燃烧的"薪"一样。但薪与火在一定的意义上可以分离。他说:"指穷于为薪,火传也,不知其尽也。"④"指"即关于身躯的指称,"薪"代表肉体。意思是说,对肉体的指称、描述,随其对象的终结而终结,但作为火的精神则能传递,如漫延至其他柴薪之上,"不知其尽"地烧下去。

同样是以火为喻媒,桓谭则得出了形神须臾不分的结论。他说:"精神居形体,犹火之然(通燃)烛矣。如善扶持,随火而侧之,可毋灭而竟烛。烛无,火亦不能独行于虚空。"⑤这意思很清楚,火之所以未灭,乃是因为烛在燃烧,如没有烛,或其燃烧尽了,火则不能存在下去了。同理,神居住在形中,如无形体,则当然不会再有神生了。

北齐的刘昼将人分为形、心、神三方面,并对它们之间的关系作了论述:"形者,生之器也;心者,形之主也;神者,心之宝也。"⑥三者还可相互影响:"故神静而心和,心和而形全;神躁而心荡,心荡则神伤。将全其形,先在理神。故恬和养神,则自安于内;清虚栖心,则不诱于外。神怡心情,则形无累矣。"⑦

中国心灵哲学在特定意义上也承认鬼神的存在。孔子在这个问题上的观点与春秋时的看法大同小异。从记载战国至西汉初儒家各种礼仪的著作《礼记》一书的叙述看,孔子对魂魄、鬼神说了很多。尽管在我们一般人的印象中,孔子以不言怪力乱神著称,但不等于他不谈论这个不可回避的问题。正常的力和神他还是要讨论的。同时尽管他反对"事鬼",强调要"事人",但作为人的组成部分的鬼,

---

① 管子·内业
② 管子·内业
③ 淮南子·原道训
④ 庄子·养生主
⑤ 桓谭.新论·形神
⑥ 刘子新论·清神
⑦ 刘子新论·清神

他也还是要说的。质言之,他所讨论的鬼神是特定意义的鬼神,即指人身上的特定的部分或功能。《礼记·祭义》篇记载了孔子与宰我关于此论题的一段对话:"宰我曰:'吾闻鬼神之名,不知其所谓。'子曰:'气也者,神之盛也。魄也者,鬼之盛也。合鬼与神,教之至也。众生必死,死必归土,此之谓鬼。骨肉毙于下,阴为野土。其气发扬于上为昭明,焄蒿凄怆,此百物之精也,神之著也。'"从这段对话,我们可知孔子在形神、魄魂问题上的态度。在他看来,人有形气,气是神之依托,而形是魄之依托。人死了可为鬼,而鬼的基质是魄。魄在骨肉复归于土时也归于土,此即转化为鬼。而魂则随着气飘升于天空。魂之所以为人之精灵,一在于它的精爽,二是它有情识。孔颖达的《正义》对此有这样的解释:"人生时,形体与气合共为生。其死,则形与气分。其气之精魂,发挥升于上。为昭明者,言此上升为神灵光明也。……百物之精也者,人气扬于上为昭明,百物之精气为焄蒿凄怆。人与百物共同,但情识为多,故特谓之神。"这段话告诉我们:人与其他事物都有气的构成,因此都可以说有魂。魂是万物之精气,至精至灵。但是在不同事物上的魂,其情识是不同的。人的魂的情识更多更精,因此人的魂可称做神。这就是后来所说的精神。另外,孔子这里所说的鬼神,也不是后来迷信中所说的鬼神,而就是指魂魄。人活着时,人的身体与精神分别表现为魄魂,而当人死了后,它们分别被称做鬼神。鬼就是尸体,神就是神气。人把它们设想为聚合在一起的东西,是出于礼仪的需要。对此,《正义》有这样的解释:"人之死,其神与形体分散各别。圣人以生存之时,神形和合,今虽身死,聚合鬼神,似若生人而祭之,是圣人设教,兴致之,令其如此也。"这里隐含着这样的含义,即鬼神是圣人的设教,旨在祭祀已故之人,其鬼神及其聚合在一起,完全只是一种设想,充其量是对人死后发生转向的东西的一种称谓,即把死了的尸体、魄称做鬼,把魂气称做神。因此照此理解,孔子的思想中包含有无神论的倾向。

与西方心身问题较为接近的问题是形神关系问题。对此,先秦至南北朝时期的哲学家做过大量深入的思考,并展开了激烈的争论。其中一方主张形具而神生,倡导神灭论。其首创者为荀子,后来得到了王充、范缜的推进与发展。

荀子的"形具神生"说认为,神没有自己独立的来源,而就来自于自己所依赖的形体。形体的要素、结构达到了一定的要求,具备了一定的性能,神便从中自然发生了。他说:"形具而神生,好恶喜怒哀乐臧(通藏)焉。"[1]

东汉的王充进一步对精神作了唯物主义的说明。他认为,人之所以有思维、认知能力及活动,根源在于人有精气。精气亦即阳气。阳气生成了,人便有精神。阴气则是骨肉形体的基础。他说:"精气为知,骨肉为强,故精神言谈,形体固守。

---

[1] 荀子·天论

骨肉精神,合错相持。"①根据这种气一元论,他从不同方面对形神关系作了论述。第一,他继承了荀子形具而神生的观点,指出:"人之所以聪明智惠(慧)者,以含五常之气也;五常之气所以在人者,以五藏(脏)在形中也。五藏不伤,则人智惠(慧);五藏有病,则人荒忽,荒忽则愚痴矣。"②第二,论述了形神二者之间的关系。一方面,神依赖于形,是形所具有的作用,另一方面神又对形有反作用。两者的第一重关系正如火与薪的关系。"天下无独燃之火,世间安得有无体独知之精?"③很显然,火是作为属性、作用而存在的,而没有像水、薪等一样的实体的本体论地位。尽管如此,既然它有自己的相对的存在,当然也有自己的作用,如可对形体产生这样那样有利不利的作用。"少忧则不愁,不愁则身体不癉",反之,"忧世念人,身体赢恶,不能身体肥泽"。④第三,根据火灭光消的道理,提出了"形朽神灭"的论断。他说:"人之所以生者,精气也,死而精气灭。能为精气者,血脉也。人死血脉竭,竭而精气灭,灭而形体朽,朽而成灰土,何用为鬼?"⑤这也就是说,形体一朽,就变成了灰土,不可能再有神的存在,更不可能变为鬼。

第二种形神观是带有二元论倾向的理论,西汉淮南王刘安继承道家思想认为,形神各有自己的来源:"夫精神者,所受于天也;而形体者,所禀于地也。"⑥在两者的关系问题上,刘安认识到,形气神三者对于人的生命、活动都有不可或缺的作用,只有三者各安其位,发挥自己的作用,人才能生存,才能健康发展。他说:"夫形者,生之舍也;气者,生之元也;神者,生之制也。一失位则三者伤矣。"⑦形神各有其作用,相辅相成。当然,形具有更基础性的作用,但神的作用也很重要。"夫性命者,与形俱出其宗,形备而性命成。"⑧精神也有巨大的作用,例如:"精神盛而气不散矣。精神盛而气不散则理,理则均,均则通,通则神,神则以视无不见也,以听无不闻也,以为无不成也。"⑨

魏晋时期的慧远提出了神妙、形粗、形尽神不灭的理论,强调不能把神看做形的副产品,因为形神的关系不同于薪火的关系。神之所以有它的各种功能,不同的人的神之所以不同,除了与形有一定的关系之外,更重要的是由神本身的特质所决定的。他尖锐地提出了这样的问题:"夫神者何也?"他的回答是:它是"极精

---

① 论衡·订鬼篇
② 论衡·论死篇
③ 论衡·论死篇
④ 论衡·语增篇
⑤ 论衡·论死篇
⑥ 淮南子·精神训
⑦ 淮南子·原道训
⑧ 淮南子·原道训
⑨ 淮南子·精神训

而灵者"①。它是真正的本体,因此有自己的功能作用,如能"感物",能思能知,更重要的是,它潜藏有佛性佛智,因此是去凡成圣的主体。

到了南北朝的梁朝时,这一争论更为激烈。所涉及到的问题除先前的怎样产生、是否能够相离、有无相互作用等之外,还新提出了下述问题:第一,树木和人同样具有形质,为什么人有知而树木无知?第二,活人和死人都有形质,为什么死人无知而活人有知?第三,人的形体千差万别,人的精神也彼此不同,不同的人有不同的心理,尤其是在内在生活质量上、做人的境界上各不相同,例如有凡圣之别,这种差别与形质的差别是什么关系?

南北朝时期的范缜针对上述问题,在与齐竟陵王萧子良及宾客,包括后来的梁武帝萧衍的论战中形成了自己的神灭论。他的基本观点是:第一,形神是不可分离的统一体。他说:"神即形也,形即神也。"②第二,名殊而体一。他说:"形者神之质,神者形之用。是则形称其质,神言其用。形之与神不得相异。"③这也就是说,两者有体与用的关系,形是神的体,而神是形这一质所表现出来的用。在范缜看来,形体与精神不是两个东西合在一起的关系,而就是一个东西,两者是不可分离的。他说:"形即神也,神即形也。"④这里的"即"就是不分离的意思,甚至就是"是"的意思,这与当时许多人的形神相异、不合的观点大相径庭。既然形神是一个东西,因此"形"、"神"二名就没有两个所指,而是同一所指的两个名称。第三,形与神是质与用的关系。他说:"形者,神之质;神者,形之用。是则形称其质,神言其用;形之于神,不得相异也。"⑤他还用刃与利的关系说明了两者的关系:"神之于质,犹利之于刃;形之于用,犹刃之于利……未闻刃没而利存,岂容形亡而神存?"⑥第四,神随形灭。神不可能独立存在,随着形的产生而产生,同样地将随着形的灭亡而灭亡。正如刃不存在,其利也将不存在一样。第五,神是人所独具的特性。尽管神是形的特性,但不意味着所有的形都有这一特性。只有人才有。他说:"人之质,质有知也;木之质,质无知也。人之质,非木质也;木之质,非人质也。"⑦同样,死去的人尽管有人之形,但没有能知之质,因此不具有神。第六,人的认知能力各有其本或体。例如人的各种感官之"知"就是五官的作用,而"虑知"则是以"心"为其主体的。他说:"手等有痛痒之知,而无是非之虑。……是非

---

① 形尽神不灭
② 神灭论
③ 神灭论
④ 神灭论
⑤ 神灭论
⑥ 神灭论
⑦ 神灭论

之虑,心器所主。"①

心灵哲学的最后一个本体论问题是灵魂可朽不可朽的问题。在这个问题上,中国古人的观点独树一帜,与古希腊、古埃及、古印度迥然有别。我们知道,古希腊、古埃及都相信有作为实体的灵魂存在,它可以变换依附的主体。如果它来到一肉体之上,寄存于其中,便有一新的生命诞生,如果它离开了这个肉体,就意味着该生命结束了。但灵魂并不会死去,其生命结束了,只意味着依存于它的灵魂改变了存在的依托。柏拉图认为,灵魂与神是同族的,永远不会死去。在印度,佛教反对灵魂轮回说和灵魂不灭论,但主张灵魂不灭、轮回的观点即使在佛教影响极盛之时仍未断绝。

中国古人的观念十分独特。首先,它没有作为实体存在的独立的灵魂观念。尽管它也讲"魂"、"魄"、"鬼"、"神",但它们都不是实体。例如所谓"魂"只是精气的一种聚合。根据春秋时期极有影响,后为儒家广泛接受的郑大夫子产的观点:"人生始化曰魄,既生魄,阳曰魂。"这也就是说,魂是形、气、魄形成之后所出现的一种精气聚合,属阳气。有了它,人就有生命,有精神性的灵明觉知。人死时,体魄下沉,回归到土地之中,可称做鬼,而阳气飘升上空,散开为飘忽不定的气。其次,在这种表现为气之聚合的魂来到肉体之前,在它们离开肉体之后,都不是以西方人所说的灵魂的形式存在的。

当然,中国古人也承认有不朽。只是这里的不朽有特定的意义。钱穆先生对此作了十分精辟的概括。他认为,中国人所说的不朽有多种形式。一是中国古人承认在人死后,魂作为"一段精气,仍可由其亲属生人,运用精气感召,而使死者之精气依附在某一物而不使之遽散,故在中国特重祭礼"②。这也就是说,人死之后,人身上的魂便复归为分散的魂气,因此活着的人可凭借其同类、亲密的关系,加以感召。因此中国"有举弹琴喻祭礼之效用者"。这就像"旧琴已毁,改张新琴,只要扣准琴弦,依照旧琴所弹之谱,重新弹之,则旧琴遗声,仍可在此新琴上依稀复活也"③。

钱穆先生还说:"中国古人又谓,人死魂散,而不遽散。在其初死未散以前,或可有某种作用与现象之出现,此等作用与现象,则称为鬼。"当然,"人死为鬼亦暂时事,终必渐灭以尽,不能在人世常有其作用。"④

神也是人死后魂之表现和存在的方式,这里的神有两种形式。一是人的那种有感召力的精神,尤其是有忠义之气的伟人的精神可以长留人间,永不消散。正

---

① 神灭论
② 钱穆.灵魂与心.桂林:广西师范大学出版社,2004.85~86
③ 钱穆.灵魂与心.桂林:广西师范大学出版社,2004.86
④ 钱穆.灵魂与心.桂林:广西师范大学出版社,2004.86

是因为这样,才有对他们的祭祀和崇拜。"其著者如关、岳之神,在彼身后,受人崇拜,历久弥新。"①"二就魂气作用言。古来大伟人,其身虽死,其骨虽朽,其魂气散失于天壤之间,不能再团聚凝结。然其生前之志气德行,事业文章,依然在此世间发生莫大之作用。则其人虽死如未死,其魂虽散如未散,故亦谓之神。"②总之,"凡死人之精神意气,苟能与后代生人相感召,生作用,此即人而为神也。"③

最后,精神的客观化形式如德、功、言也可不朽。钱穆先生说:"春秋时,鲁大夫孙豹,以立德立功立言为三不朽,因唯有立德立功立言之人,其身虽死,其所立之功德言则常在人世,永昭于后人之心目,故谓之不朽。"④

四、名实问题与心理语义学

所谓名即名称,是语言活动中的能指,而实即事物、对象,是语词的所指。名实各具什么本质,关系如何,这在中国哲学中是一个古老而受到长期关注的问题。如果不能否认名实问题是语言哲学问题,那么自应承认中国哲学中早就包含有语言哲学的因素乃至较为丰富的语言哲学思想。西方哲学发展到现代,出现了所谓的"语言学转向"。这一转向标志着哲学的重心由近代的认识论问题转向了语言哲学问题,就像在近代之初所发生的由古代哲学的本体论重心转向了认识论中心。相应地,在哲学研究的方法论问题上也发生了重大转折。现代许多哲学家认为,要解决哲学问题,要拯救哲学出危机,唯一的出路在于对哲学概念、术语作全面细致的语言分析。这一思想倾向在现当代心灵哲学中也产生了强烈的回应,最终甚至导致了一种新的研究领域即心理语义学的诞生。

所谓心理语义学,是专门以心理概念、语词为分析对象的心灵哲学部门,其目的就是查明心理语词的指称和意义,由此进一步解决心灵哲学中的混乱以及长期困扰人们的那些聚讼纷纭的问题。毋庸置疑,中国心灵哲学中没有这一研究领域,也没有出现较完整系统的心理语义学理论,但有对其中某些问题的思考和解答。而且令人欣喜和叫绝的是,这一思考主要产生和发展于先秦。可惜的是,后来无人传承这一"法脉"或"香火"。

这里值得一提的是荀子的《正名篇》。荀子把当时流传的语词分为刑法、官位、礼节和散名几类。散名是上述几类专名之外的名称,他把心理概念放入其中。在说明刑法、官位、礼节仪式的名称的起源过程(刑名从商,爵名从周,礼名从《礼》)之后,分析了散名的形成过程。那就是:"散名之加于万物者,则从诸夏之

---

① 钱穆.灵魂与心.桂林:广西师范大学出版社,2004.86~87
② 钱穆.灵魂与心.桂林:广西师范大学出版社,2004.87
③ 钱穆.灵魂与心.桂林:广西师范大学出版社,2004.87
④ 钱穆.灵魂与心.桂林:广西师范大学出版社,2004.87

成俗曲期。"意谓：关于万物的散名是依照中原地区的约定而确定下来的。关于人的身、心的散名也是这样确定的，如人们把"生之所以然者谓之性"，"性之好、恶、喜、怒、哀、乐谓之情。情然而心为之择谓之虑。心虑而能为之动谓之伪（为）。……知之在人者谓之知。知有所合谓之智。所以能之在人者谓之能。"

以上可以说是纯心理词汇，涉及西方人的知、情、意三大类，不仅如此，该书还注意到了西方心理学、心灵哲学不太注意的一个概念，即"性"。这是难能可贵的。此外，荀子还分析了关于感知觉的概念。不过，他不认为它们是纯心理语词。尽管这些词语指谓的现象离不开心的觉知、意识，但其所指上的差别是由身体决定的，以"形异"为转移。他说："形体、色、理，以目异；声音清浊调节奇声，以耳异；甘、苦、咸、淡、辛、酸奇味，以口异；香、臭、芬、郁、腥、臊、漏庮、奇臭，以鼻异；疾养、沧、热、滑、铍、轻、重，以形体异。"①

这些说明，表示感知觉的概念表示的是心身两者之协同作用。它们的指称，一方面有心的"征知"，即心通过其思虑能力对感官传来的东西的分析、区别、取舍及判断，另一方面，"征知必将待天官之当簿其类，然后可也。"②意谓：心感知事物离不开天官即感觉器官对事物的接触。有天官的这种作用，征知才有可能。

按照荀子的名实理论及对心理语言的具体分析，心理语言不是空概念，不是空穴来风或无病呻吟，而是有真实的所指的，但这些所指又不是非物质的实在、活动、状态、过程、事件，而是人身上客观存在的东西。因为在最开始的命名活动中，人们遵循的是"制名以指实"以及"约定俗成"的原则。如无实而制名，就会造成混乱、迷惑。但有实后，用什么名称来指谓，那则靠约定。他说："名无固宜，约之以命，约定俗成谓之宜……名无固实，约之以命实，约定俗成，谓之实名。"③

荀子也承认，由于人们不遵守"制名"和"用名"的原则，后来也造成了许多混乱和迷惑。这种迷惑主要有三方面：一惑是"用名以乱名者也"。即用名称来扰乱名称。此惑的消除办法就是弄清为何要有名称。二惑是"用实以乱名者也"。解惑的办法就用事物有同异的观点验证它，并且观察哪些事物的名实协调，就能阻止这类言论。三惑是"用名以乱实者也"④。解惑的办法是用约定的名称来验证它。

荀子还试图揭示名实混乱的原因。他说："析辞善作名，以乱正名。"玩弄词句、擅自制定名称，进而扰乱了正确的命名，其后果是"使民疑惑，人多辨讼"。这样的人可称作"大奸"，其罪过不亚于伪造符节、度量衡所犯的罪过。另一原因是

---

① 荀子·正名
② 荀子·正名
③ 荀子·正名
④ 荀子·正名

"圣王没,名守慢,奇辞起,名实乱"①。圣明之君消失了,人们放松了对约定名称的遵守,奇怪言论泛滥,因而名实相违。怎样消除混乱呢?荀子说:"实不喻然后命,命不喻然后期,期不喻然后说,说不喻然后辨。故期、命、辨、说也者,用之大文也,而王业之始也。"②"期"即体会意,"说"即解说意。全句意为:实不明确就给它命名,命名后仍不明确,无法理解,不理解就要解说,解说不清就须辩论。因此体会、命名、解说、辩论是讨论事物之用的重要手段,也是王业的开始。这些论述尽管是名副其实的"古代残留物",但不乏闪光之处,对于我们解决心理语义学问题乃至哲学中的那些令人困惑的、越争论越难解的问题应该有可资借鉴的作用。

---

① 荀子·正名
② 荀子·正名

道家的心理哲学

Daojia De Xinli Zhexue

自知者明。……自胜者强。知足者富。强行者有志。不失其所者久。死而不亡者寿。

——老子

不自见，故明；不自是，故彰；不自伐，故有功；不自矜，故能长。

——老子

古之真人，不知说生，不知恶死。其出不䜣，其入不距，翛然而往，翛然而来而已矣。不忘其所始，不求其所终。受而喜之，忘而复之。是之谓不以心捐道。

——庄子

艾舍尔:《天与水1》,1938年,木版画

庄子:"游乎四海之外","独与天地精神往来"。

九　道家的心理哲学

我们这里所述的道家指的主要是先秦道家的创始人和代表人物老子和庄子。他们论述心的言论很多,其中既有对心本身是什么的回答,又有对其价值资源的探讨,当然更多的是后者。在论述心时,道家已触及到了极为广泛的心理现象。从他们的用语就可看出这一点,例如不仅有表示活动之主体的词:"心"、"灵"、"魂"、"魄"等,而且今日所说的命题态度,他们也涉及了一些,如"信"、"志"、"知"、"爱"等。甚至庄子还有把"精"与"神"连用,创造"精神"一词的尝试。同时,他们还认识到,心、精神也是一个有待探索的领域,其重要性和复杂性并不比其他领域差,甚至是有过之而无不及。老子感叹道:"荒兮,其未央哉!"①真可谓无边无际,奥秘无穷。

道家在心的奥秘、本质以及心与身、神与形的关系问题上,基本是持二元论立场。首先,他们认为,形神不是一开始就有的,而是由道产生的。道先派生出形,然后逐步产生神。庄子说:"泰初有无,无有无名。一之所起,有一而未形,物得以生谓之德;未形者有分,且然无间谓之命;留动而生物,物成生理谓之形;形体保神,各有仪则谓之性。"②意谓:宇宙最开始的时候什么也没有,也没有名称。后来出现了一,但一本身并没有表现为具体的形态。再后来,由于道和一的作用,万物产生出来了,即有形的东西从无形的东西中产生出来了,它们不可分割地联系在一起,进而有了生命。物是道在变化中形成的相对稳定的形式。有了有生命的形体之后,又有了精神,有了自己的特性。其次,形神是可以分离的。老子说:"载营魄抱一,能无离乎?"③这里的营即魂,亦即精神,魄指形体,它们可以统一在一起,但也可分离。第三,心身可以相互作用,例如心的变化随身体的变化而变化。"其形化,其心与之然。"④意谓人的形体从小到老一直在变化,直至化为灰烬,其心也随之变化。尽管在存在上,心依赖于身,但心也可以决定身的变化,尤其是身的生存状态在很大程度上是以心为转移的。承认心的这种功能,以至夸大心的作用,正是道家之圣学得以建立的前提和基础。

道家言心,建立自己的心灵哲学,其主旨还是要解决人生哲学的问题。在道家看来,人生的不幸根源于有为,而有为又是因为人的心有知,有营谋算计,有伎巧竟逐。有了这些作用,人的欲望便不是归于平息、寂灭,而是愈发膨胀。其结果是人的不幸愈演愈烈。要改变这一状态,使人彻底摆脱不幸,长生久视,关键要从心上下工夫,"虚其心",把心知的作用消解掉,使心回归本然的无为状态。

不仅道家的心灵哲学有强烈的人生哲学价值取向,而且其宇宙论也是如此。

---

① 老子,第二十章
② 庄子·天地
③ 老子,第十章
④ 庄子·齐物论

尽管道家解构了远古作为宗教性神意的天,将眼光主要集中于自然的存在,形成了既有形而上学意味,又有科学性的宇宙论,但从最终动机和实质上来说,道家思想并不是要建立宇宙论,而是要通过这种理论实现人生的最高价值和目的,即通过对自然的探究,逐步向上追索,直至进到宇宙万物的最深层本质之中,以寻找到人安身立命的本体。正如徐复观先生所说:"道家的宇宙论,可以说是他的人生哲学的副产物。"①

1　老子:圣人在于"被褐而怀玉"

从形而下的角度说,老子承认,人是一具体的事物,有心和身两方面。从形而上来说,心是无形质的,其体寂静无为,其功用在"知"。而身是形质性的,由眼耳鼻舌等具体部分所构成,每一部分都有自己的"欲"。从做人的角度来说,人的这种本质、结构和特点是做人之成功与失败的枢纽,真可以说是成赖于斯,败也赖于斯。

一、现实的人与理想的人

基于上述对心身的基本认识,老子先对现实人生作出了一个价值判断,即断言人生的现实是不令人满意的,轻则陷入"营谋"、竞逐、相互倾轧,进而陷入无休止的痛苦烦恼之中,重则过早地衰老、夭折。其根源何在呢？老子回答说:"心使气曰强。物壮则老,谓之不道,不道早已。"②这也就是说,人之所以早死,根源在于违背"道"。之所以违背"道",根本原因又在于用心不当,没有让心处于它应该处的位置,发挥它应该发挥的作用,让心知与欲望摆错了关系,即让心知去驱使、刺激、激发人的欲望,从而让生理作用逾越了它本有的范围,走向了它不应该进入的极端,即"强"。"坚强者死之徒"③,实是人生之大忌。这里所说的气是指人的生理结构及其功用。"心使"即是心知不适当地干预、驱使、主宰人的生理的运行。人如果任其自然地行使自己的欲望,满足自己的欲望,那不仅是无害的,而且本身是合道的。但是心知不适当地插进来,夸大生理存在的价值,即"贵生",干预生理的运行,在欲望的满足过程中,帮忙算计,进而鼓动欲望,让其膨胀,用智谋想方设法予以满足,就必然让人陷入无休止的争斗之中。最终的结果是走向自己的反面,想得,得不到,想乐,乐不起来,想生,生不长久。

知是心的必然的功能作用,智更是一般人追求的最高价值之一。但在老子的

---

① 徐复观. 中国人性论史(先秦篇). 上海:上海三联书店,2001. 287
② 老子,第五十五章
③ 老子,第七十六章

价值观中,尽管它们是有用的,但在人生的最高境界中,在人过上了与道合一的生活之后是没有什么用的。老子对知、智像对待仁义礼等一样,经常持一种不屑一顾的态度,认为,它们是在人无道、天下无道以后才产生、才需要的东西。当然在进道、求道的过程中,运用得当,知与智也还是有一定作用的。

总之,在老子看来,一般人的活法是不当的,总处在理想与现实、动机与效果的根本对立之中。以幸福、快乐为目的,不惜一切代价去追逐,但结果总是生活在无边无际的烦恼之中。在一般人的心目中,富贵寿考是最高的价值,但对大多数人来说,它们总是可遇而不可求的,即使少数人求到了,但身临其境,享受其中,又就那么一回事,并不能令人满意。之所以如此,是由于人们对生活尤其是对理想生活的理解是错误的,所追求的目的价值和工具价值并不是真正的价值。在老子看来,要改变人生的现状,首先要弄清:什么样的活法才是真正有价值的,才真能使人感到满意,什么样的人才是我们应该成为的人,做人的最高理想是什么。

老子的理想人格模式是"圣人"。这里应注意的是,"圣"在老子庄子那里有时尽管也是最高的价值追求,表示的是做人的最高理想,但他们有时又在否定、贬斥的意义上加以使用。陈鼓应先生经考证后说:"'圣'学在《老子》书上有两种用法:一为圣人的'圣',乃是指最高的修养境界;另一为自作聪明的意思。"[①]因此在理解时,我们应注意根据上下文区别对待。在老子那里,作为最高理想人格模式的圣人并不是人外之物,更不是物外之神,而是由人变来的。人是圣是凡,最根本的决定因素不是外在的容貌、形象和行为,而是内在的心灵状态。老子说:"是以圣人被褐而怀玉。"[②]也就是说,从表面上看,圣人穿的是粗衣,但内怀美玉,有一颗特殊的心。这个心是与道合一的心,是得道、证道、体道的心。这心是否得道,不是自己声称的,而是有外在的标志和行为上的检验办法的。

首先,在价值观、人生态度和行为方式上,圣人与一般的俗人判然有别。老子说:"众人熙熙,如享太牢,如春登台。我独泊兮,其未兆;沌沌兮,如婴儿之未孩;儽儽兮,若无所归。众人皆有余,而我独若遗。我愚人之心也哉!俗人昭昭,我独昏昏。俗人察察,我独闷闷,'澹兮其若海,飂兮若无止。'众人皆有以,而我独顽且鄙。我独异于人,而贵食母。"[③]这就是说,一般人、普通人的价值观、人生态度是:追求高兴、兴奋的事情,追求富足的生活,追求荣华富贵;光耀自炫,把聪明、精明看得很重,总想比别人更灵巧,总想大有作为,干一番惊天动地的事业。而圣人所看重、所追求的价值以及对生活的态度"独异于人",重在"食母"。所谓食母,即是能滋养万物的食粮,亦即是道。圣人"贵"或敬重的、以之为有价值的东西是

---

① 陈鼓应.老子注译及评介.北京:中华书局,1984.136
② 老子,第七十章
③ 老子,第二十章

道,要追求、要得到、要坚守的是道,是精神精界的升华,与道合一。其具体表现是淡泊宁静,无自无我,因此不会去争名夺利,炫耀自己,在面对世人看重的价值时,混混沌沌,闲闲散散,就像婴儿一样。面对财物时,众人争夺不已,而圣人像愚人一样,既昏庸,又不精明。在老子看来,一个人如果能持这样的价值观和生活态度,那么就能生活在永无烦恼、时时充实和满意的状态中。

其次,人的理想境界在于:在动和静、浊和清、安和散乱两极之间保持必要的张力。生活毕竟要人去生活,不可能绝对地安。要生,必然要动,必然要碰到污浊、腐败不堪的东西。问题不在于绝对的回避,而在于:在动中保持内在的心性的虚静,不为污浊、烦恼所动,真正做到恬淡自养、静定持心,进而转入澄明的境界。这正是:"孰能浊以静之徐清,孰能安以动之徐生。保此道者,不欲盈。夫唯不盈,故能蔽而新生。"① 同样是处于混浊、动荡不安的尘世,同样是整日忙忙碌碌,但是若能以道持心,以静待浊,以安处动,便能获得一种全新的、高质量的生活。

第三,理想人格在认识上也有特定的标志。老子说:"知常容,容乃公,公乃全,全乃天,天乃道,道乃久,没身不殆。"② 这里的"常"即常道,"容"意为包容、宽容。全句意谓:认识把握了常道的人便宽容,无所不包,"能容天下难容之事",能与天地齐,真正做到"万物皆备于我"。有这种体认,便有无穷的妙用,如坦然大公,而大公做到了又能做到无不周遍,即"全"。这种全实即天、自然,而自然就是得道,有道便能不朽,可避免凶险危殆。根据老子的基本原则,知识、智慧像仁义礼仪等一样是天下无道时的产物,因此老子对世人追求的知识和智慧不屑一顾。当然,他又不一概否定任何知识和智慧。非但如此,他对关于道的知识和智慧是充分肯定的。在他看来,相对于世人看重的小智巧慧来说,这是大智大慧,是根是本。只要得到了这种知识、智慧,其他的知识便会不求自得。反过来,如果只知道追求那些小智巧慧,那么不仅得不到真正的知识,而且在求知的路上还将事与愿违。老子说:"不出户,知天下;不窥牖,见天道。……是以圣人不行而知,不见而明,不为而成。"③ 意思是说:不出门户,能知天下事理;不望窗外,能够把握自然的规律。因此圣人不出行便能知道,不窥望便能明事理,不妄为却能成就。之所以如此,是因为圣人是得道之人。

第四,从价值论的角度看,圣人也得到了有价值的东西。这些价值,从形式上来说,也是世人孜孜以求的,如明、强、富、志、永恒、长生久视。但从内容上来说,这些价值在老子的理想人格中则与常人的追求判然有别。老子说:"自知者明。

---

① 老子,第十五章
② 老子,第十六章
③ 老子,第四十七章

……自胜者强。知足者富。强行者有志。不失其所者久。死而不亡者寿。"①在老子看来,明白、明智的表现是自知,圣人自知故明。其次,圣人也强大,其表现是能自己战胜自己,而不是战胜、压倒了别人。圣人也很富有,之所以富有,是因为他知足,容易满足。圣人长生久视,甚至不死,其表现是人们能永远记住他,他永远活在人们的心中。之所以如此,其根源在于他不失其根基,不失其道。

第五,得道之人可以逢凶化吉,无为而无不为。老子说:"盖闻善摄生者,陆行不遇兕(犀牛)虎,入军不被甲兵,兕无所投其角,虎无所用其爪,兵无所容其刃。夫何故,以其无死地。"②意谓:听说善养护生命的人,在陆地上行走,不会碰到犀牛和老虎,在战斗中不会受伤害。犀牛的角和老虎的爪以及兵器的刃都派不上用场。他之所以不会受到伤害,不会被害死,乃是因为他不会死,或者说没有死与不死的问题,他已与道合一了。

最后,体道者尽管高深莫测,但有可以识别的行为表现。老子说,尽管"古人之善为道者,微妙玄通,深不可识",但他仍"强为之容":"豫兮若冬涉川,犹兮若畏四邻,俨兮其若客,涣兮其若凌释,敦兮其若朴,旷兮其若谷,混兮其若浊,澹兮其若海……"③这是说,真正的圣人做人处事总是小心审慎,警觉戒惕,拘谨严肃,融和可亲,淳厚朴实,容豁开朗,浑朴淳厚,沉静恬淡,飘逸无系,能在动荡中安静下来。不仅如此,心修好了,凡心转化为圣心,齐家、治国平天下的任务也会随之而成,内圣而必然外王。老子说:"修之于身,其德乃真;修之于家,其德乃余;修之于乡,其德乃长;修之于邦,其德乃丰;修之于天下,其德乃普。"④意思是说:将道落实到个人身上,他的德会是真实的;落实到家庭,他的德可以有余;贯彻到一乡,他的德能受尊崇;贯彻到一国,他的德就会丰盛;贯彻到天下,他的德就会遍及天下。

二、圣人"终不为大"而"成其大"

怎样才能进入人生的美满境界,实现真正的解脱呢?老子的回答可以说是既繁又简。之所以说"繁",是因为老子论述的侧面、角度,所给出的方法、途径数不胜数,相互关联,错综繁杂,以至难以用言辞加以表达。之所以说它"简",是因为对悟道之人来说,得道之道再明显、再简单也不过了,以至于随说一句乃至随说一词、一字便能直指本质。例如,"自然"、"无为"、"见素抱朴"、"虚静"、"虚其心"等,随持一项,贯彻到底,将其变成生活的准则和内容,便足矣。当然,问题在于说

---

① 老子,第三十三章
② 老子,第五十章
③ 老子,第十五章
④ 老子,第五十四章

起来容易,做起来难。既然如此,便有必要探寻具体的"落实"的方法与途径。

首要的、最基本的一点是要转变方向,另辟蹊径。他说:"绝圣弃智,民利百倍;绝仁弃义,民复孝慈;绝巧弃利,盗贼无有。此三者,以为文,不足。……绝学无忧。"①要成就道家的圣人人格,常见的价值如圣、智、仁、义、巧、利都是不管用的。这些东西对于道家的理想人格来说是成事不足,败事有余。因为常见的圣智、仁义、巧利这"三者"全是起装饰作用("为文")而没有实际价值的东西,不足以治心治天下。如将它们抛弃,可以让人们得到百倍的好处,恢复其孝慈的天性,甚至使天下太平。因此要无忧无虑,无烦无恼,使"民复孝慈","盗贼无有",天下太平,就要改弦易辙,"绝圣弃智","绝仁弃义",甚至"绝学",即抛弃过去人们孜孜以求的那些学问乃至"圣学"。

怎样"绝",怎样"弃"呢?首先要"虚其心"②。所谓"虚其心",就是让心回复到原始的"虚极"、"静笃"的状态,其上清清净净,无一丝牵挂和污染。要使心虚极静笃就要将心知在人生存过程中、人的生理运行中的作用消解掉,不能把刺激、鼓噪、算计、智谋加给欲望。要不为欲所累,从欲中解脱出来。要如此,就要不停地与欲望作斗争,每天都使之下降、减少,直到最后达到"无为"这一与道合一的境界。此正所谓:"为道日损,损之又损,以至于无为。"③怎样寡欲、损欲、去欲呢?关键在于看清欲及其对象的虚无本质,真正做到"归根",即归于"一",归于"道",归于"玄德",果能如此,便能静。此即"归根曰静,静曰复命"④。另外,人要做到彻底无欲,必须做到"无身",因为身是欲的根源。所谓无身就是无我,即不执有我,不把我看作中心,使自己与万物、与道融为一体。老子说:"吾所以有大患者,为吾有身。及吾无身,吾有何患?"⑤要去欲,还要让心"明",保持"玄鉴",保持"愚人之心""沌沌兮""我独若昏"。而要如此,就要努力消解心知的是否判断作用,经常对万物作平等不二、玄同的观照。

在老子看来,要成为理想的得道之人,还必须有正确的人生态度,善于与他人、社会乃至自然事物和睦相处。而要如此,就要放弃过去的以"强大"、"刚毅"、"高高在上"为价值的价值观,真正认识到"卑下"、"柔弱"的价值,对人对事都心存谦卑、柔弱、不争之心。老子以江海在下而能接纳百川为例说明了这里的道理:

---

① 老子,第十九章。(此章通行本与郭店简本有较大差异。郭店简本为:"绝智弃谝,民利百倍。绝巧弃利,盗贼亡又。绝伪弃诈,民复季子。"谝:同"辩"。亡:无。又:有。伪:伪。季子:犹孝慈。可见,郭店简本上的这一章对儒家的圣学和仁义学说并未展开直接的攻击。其本来面目究竟是什么,有待进一步考证、研究。这里引文仍据通行本。)

② 老子,第三章

③ 老子,第四十八章

④ 老子,第三章

⑤ 老子,第十三章

"江海之所以能为百谷王者,以其善下之。"①做人也是如此,人要想被人承认、尊重、接纳,就应"善下之"。江海如在百川之上,是不可能有水流进来的。其次要不争、柔弱。因为"夫唯不争,故天下莫能与之争"。有道是:"曲则全,枉则直。""不自见,故明;不自是,故彰;不自伐,故有功;不自矜,故能长。"②意思是说,只有不争,天下的人才没有人和他争。事实也是如此,在现实生活中,只有那些爱争的人才最终一无所获,而且容易为他人算计,也容易为他人牢牢控制住。相反,只有那些不争的人,才没有人能与之相争,才没有人能奈何他得。所谓"曲则全,枉则直",意为:委曲反能保全,屈就反能伸展。在表现、承认等问题上也有相同的道理,例如:不自我张扬,反能显明;不自以为是,反能彰显自己;不自己夸耀,反能见功;不自我矜持,反能长久。人在做人时为什么要柔弱呢?有两点足以为诫:一是死去的人总是强硬的,二是草木枯槁就会死。因此老子说:"圣人不积,既以为人己愈有,既以与人己愈多。天之道,利而不害;人之道,为而不争。"③意思是说:圣人是不会积攒什么的,总是尽量替别人着想,其结果是更加充实;总是尽量给予别人,而自己反倒更加富足。因此自然的法则是利物而不害,人世间的规则是施为而又不争夺。

老子贵柔弱、贵不争的价值观还有很多表达,其中蕴涵的道理值得世人回味与思索:"人之生也柔弱,其死也坚强。草木之生也柔脆,其死也枯槁。故坚强者死之徒,柔弱者生之徒。是以兵强则灭,木强则折。强大处下,柔弱处上。"④"天下莫柔弱于水,而攻坚强者莫之能胜……弱之胜强,柔之胜刚。"⑤

要生活得好,要成为圣人,心一定要知足。老子说:"故知足不辱,知止不殆,可以长久。"意谓:知足的人不会蒙受屈辱,知道适可而止的人不会陷入凶险,这样就可以长此以往。因为"甚爱必大费,多藏必厚亡"⑥。意即:过分的爱名必定要付出重大的代价,富足的藏货必定会招致惨重的损失。"祸莫大于不知足,咎莫大于欲得。故知足之足,常足矣。"⑦可以说,人生最大的祸患就是不知足,最大的罪过就是贪得无厌,因此知道满足、适可而止的人永远是满足的。既然如此,做人就要尽量做到:"塞其兑,闭其门,终身不勤。"⑧即尽量减少欲望,从根本上截断它,如此下去,一生便不会有什么烦扰,反之就"终身不救",即无可救药。

---

① 老子,第六十六章
② 老子,第二十二章
③ 老子,第八十一章
④ 老子,第七十六章
⑤ 老子,第七十八章
⑥ 老子,第四十四章
⑦ 老子,第四十六章
⑧ 老子,第五十二章

Mind and Life

老子深刻地认识到,人果能做到知足,便能无为,进而便能顺利进入人生的圣境。问题是,怎样才能知足、无为呢?一个太看重有形有色的物质之价值的人是绝不可能知足的,相反他永远不会满足,永远处在追逐的状态。只有有了相应的财富观、苦乐观的人,才有可能真正知足常乐。老子认为,作为其基础的观点和态度应该是:把安稳之心看做是最高快乐,而不是追求声色口服之乐。在老子看来,后一类快乐不是真正的快乐。因为"五色令人目盲,五音令人耳聋,五味令人口爽,驰骋畋猎令人心发狂,难得之货令人行妨。是以圣人为腹不为目,故去彼取此"①。这就是说,人们所追求的那些由声、色、财物所引起的快乐不仅不是快乐,而且对人极为有害,例如炫目的、五彩缤纷的颜色使人眼花缭乱,纷杂的音调使人听觉失聪,各种美味佳肴使舌不知味道,纵情狩猎使心放荡,稀有珍贵的财物会使人行为不轨。因此圣人只求安饱而不求声色口腹之乐,有明显、果断的取舍。

值得特别一提的是,老子在议论做人时,有超前的慧眼与见识,甚至很有后现代的意味。这主要表现为:老子讨厌"宏大叙事",强调从小事、易事做起,从现在做起。他说:"图难于其易,为大于其细。天下难事,必作于易,天下大事,必作于细。是以圣人终不为大,故能成其大。"②这些论断极富辩证法精神,也很有实际的指导意义。他告诉人们:要解决困难棘手的问题,要由简易的问题、事情入手;要想成就大的事业,必须从小事一点一滴做起。因此真正的圣人始终不会停留在宏大的"叙事"、空洞无物的说教、虚无缥缈的理想之上,而永远会一点一滴去做,最终成就圣人之修齐治平之伟业。为什么要从小事、细事、易事做起呢?因为"九层之台,起于累土;千里之行,始于足下"③。很显然,成就圣人伟业与筑九层高台、行千里路的道理是一样的,必须一点一点地做,一步一步地走。不一点一滴积累,再好的理想都会是梦幻泡影。

做人,最重要的是要调整好自己的心态。而要这样,首先要知道什么样的心态是最佳的。因为人可能碰到的心态千变万化。老子认为,最好的心态是"复归于婴儿",因此他的心态说可称做"童心说"。其基本观点是:在面对一切问题时,最好是保持童心,努力回归人的自然本性,返璞归真。他说:"为天下溪,常德不离,复归于婴儿。……为天下式,常德不忒,复归于无极。……常德乃足,复归于朴。朴散则为器,圣人用之则为官长,故大制不割。"④意谓:能成为天下的溪涧,不逞强,就能使常德不失,进而回复到婴儿的状态。……能作为天下的川谷,常德才可以充足,而回复到真朴的状态。真朴的道分散成为万,圣人用之便能像百官

---

① 老子,第十二章
② 老子,第六十三章
③ 老子,第六十四章
④ 老子,第二十八章

的长官。因此完善的政治是与此不分割的。王守仁的学生——16世纪著名思想家李贽对此解释说:"夫童心者,真心也。……夫童心者,绝假纯真,最初一念之本心也。若失去童心,便失却真心;若失却真心,便失却真人。"①童心失的原因在于后天所受的教育以及环境。要保童心,就得要净化环境,甚至"焚书"。

总之,人要过上幸福美满的生活,长生久视,一是要知道。二是要守道。三是要不假外求,克制欲望,否则就会迷失自我。四是在除去私欲、妄见之遮蔽的基础上,返观本身的智慧,发明这智慧,进而以其光观照万物,把握宇宙人生的真谛。五是要调整好心态,让心之用合理地发挥,尤其是要在任何变动中保持心态的自然无为、虚静守一。这不仅是人生之道,而且也是治国之道。按照老子的政治价值观,理想的国家或太平治世的标志应是天下百姓自化、自正、自富、自朴,总之自然而然。要实现这一目标,统治者必须自己做到"无为"、"好静"、"无事"、"无欲"。因为"我无为,而民自化,我好静,而民自正,我无事,而民自富,我无欲,而民自朴"②。真正贤明的君主,应是圣人,有道之人。所谓圣人之治,其标志是"虚其心,实其腹,弱其志,强其骨。"③

最后,老子还具体阐述了由凡成圣的具体的调心、养心、治心的方法。正由于有这方面的思想,因此老子也被看做是中华气功、养生文化以及道教的开山鼻祖之一。老子说:"载营魄抱一,能无离乎?专气致柔,能如婴儿乎?涤除玄鉴,能无疵乎?爱民治国,能无为乎?天门开阖,能为雌乎?明白四达,能无知乎?'生之畜之,生而不有,为而不恃,长而不宰,是谓玄德。'"④这里的句式尽管是疑问句,但它其实是以反问的形式表达了肯定的内容。他告诫我们:道的本质与作用在于能生长和养育万物,但是它又有高贵的品格,如生长而不占有,养育而不依恃,道引而不主宰,此即高深莫测之德。修养身心就是要去体悟道的这种实质与作用,努力做到"抱一",即抱道,与之合一,使精神与形体不相分离,一心一意使精气处于柔和的状态,清除杂念而深入观照,尽可能没有瑕疵,用无为精神爱民治国,在用感官与外界打交道时也尽可能做到守静,遍知一切,而又不动心机。

2 庄子:独与天地精神往来

庄子对老子的思想既有继承又有发展。庄子像以前的思想家一样首先肯定了人的形体的存在,不仅如此,他同样把情欲归于形体,认为人之所以有情有性,

---

① 焚书·童心说
② 老子,第五十七章
③ 老子,第三章
④ 老子,第十章

那均根源于形体。不过,他的独特之处在于强调:人既可以是有情的,进而为情所缚,生活于痛苦烦恼之中,但人也可以做到"无情"。如果是这样,人便不会受情所扰,受其伤害。怎样做到"无情"呢?那就是遇事不加分别,不生好恶,任其自然。庄子说:"吾所谓无情者,言人之不以好恶内伤其身,常因自然而不益生也。"①在论述心及其与身的关系时,庄子的视角也是人生哲学方面的。

在心的探索中,庄子的最大特点是第一次提出了"精神"的概念。前此,把"精"与"神"两词分开使用极为常见,但合在一起作为一个范畴则是庄子的首创。他所理解的"精"是微妙不可见的、与道相通的东西,而"神"则是它的妙用。他说:"夫精者小之微也……可以言论者,物之粗也;可以意致者,物之精也。"②由这一规定所决定,精神可以是人心之规定性,也可以是天地的规定性。也就是说,精神既可以是言心的,也可以是属于天地的,如他说"独与天地精神往来"。就人而言,庄子所说的精神指的是应该成就的、本然的一种状态,人的心应该发挥出来的妙用,那就是自由。这也是人生最美好的状态。因为所谓自由,指的是自己决定自己、自己主宰自主、不由他物支配、限制的一种状态。要进入这种状态,关键在"忘"、在"化"。所谓"忘",就是要"忘乎物,忘乎天",做到了这一点,也就是"忘己",如能忘己,便可"谓入于天"③,从而使生道合一。所谓"化"包括"观化"和"化己"。所谓观化就是观察外物时不随波逐流,仍能保持不动心之状态。所谓"化己"即是随物变化,这有点类似于佛教所说的"随缘行",碰到任何东西都不执著。

庄子既大谈特谈精神、灵魂,又对圣之类的人格价值乐此不疲。因此可以肯定,庄子既有自己的"心灵哲学",又有自己的圣学。不过,两者不是相互外在的,而是密切联系在一起的,甚至可以说是统一的,前者是后者的基础和核心,因为他也是从心灵深处挖掘、探讨圣人的根据和成圣的机理和途径的。什么是他心目中的圣人呢?

一、圣人:其鬼不祟,其魂不疲

庄子在《大宗师》中也对他心目中的理想人格作了描述。他用了很多词来表述自己的理想人格,如圣人、神人、至人、真人等。在明确揭示了圣人的本质规定性的基础上,他又用浪漫主义手法,描述了他那洒脱自如的形象和特点:高迈凌越、舒坦自得、自由自在、超凡脱俗、胸襟开阔、气度磅礴,"独与天地精神往来"。

圣人之所以为圣人,从体上来说,圣人已摆脱了凡俗之心,而建构出了道心。

---

① 庄子·德充符
② 庄子·秋水
③ 庄子·天地

他说:"圣人之心静乎!天地之鉴也,万物之镜也。夫虚静恬淡寂寞无为者,天地之平而道德之至也,故帝王圣人休焉。"①在庄子看来,天道的本质在于无为,万物的本质也不例外:"夫虚静恬淡寂寞无为者,万物之本也。"做人之道即成圣之道也是如此,如能做到心静无为——"休焉",即安心于此平静不动的境界,那么就进到了做人的最高境界,即为圣人。不过,圣人的"心静"不是为静而静,不是因为静有好处才去求,更不是处静时还有求。这种静不是真正的静,即使到了这样的静,也还算不上圣人。因为真正的圣人之静是"昧然无不静",是无为之静,静前、静中、静后皆"昧然",皆无为。

　　心有此体,与道合一,将有无穷的妙用,将把人带入最美妙的境界。而这些都是圣心之体在用上的标志和特征。

　　第一,"休则虚,虚则实,实则伦矣。"②意谓:安心于静便能清虚如镜,映照万物,进而人便会充实,处处合道合理。可见,圣人是充实而合道之人。如成为圣人,将真有孔子所描述的那种结果发生:随心所欲而不逾矩。

　　第二,圣人"俞俞者,忧患不能处,年寿长矣"。意思是,圣人总是悠然自得,不会受忧患的缠绕,且能长命百岁。

　　第三,圣人在任何时候都能心想事成,与人相处,能上敬下效。"明此以南乡,尧之为君也;明此以北面,舜之为臣也。以此处上,帝王天子之德也;以此处下,玄圣素王之道也。以此退居而闲游,江海山林之士服;以此进为而抚世,则功大名显而天下一也。"

　　第四,由于得道,因此能做到"与人和","与天和",而"与人和者,谓之人乐;与天和者,谓之天乐。"简言之,圣人在与人、天打交道的过程中都能做到其乐无穷。

　　第五,圣人"无天怨,无人非,无物累,无鬼责","其鬼不祟,其魂不疲"。圣人没有人我是非,没有烦心事,连鬼都不会为难他,其精神永远处在昂扬、振奋、不疲惫的状态。庄子说:"圣人者,原天地之美而达万物之理。是故至人无为,大圣不作,观于天地之谓也。"③意谓:圣人是这样的人,他以效法天地的功德为根本,而与万物的自然本性相通达。因此至人无为,圣人不作,向天地之道看齐。

　　第六,从情感和死亡观上看,圣人超越常人的情感,游乎四海之外,甚至面对死亡也坦坦然然。庄子说:"至人神矣!大泽焚而不能热,河汉冱而不能寒,疾雷破山、飘风振海而不能惊。若然者,乘云气,骑日月,而游乎四海之外,死生无变于

---

① 庄子·天道
② 庄子·天道
③ 庄子·知北游

己,而况利害之端乎!"①至人真是神奇啊!大草泽的焚烧不会使其感觉到热,黄河汉水即使冻结了,他也不觉得冷,疾雷摧毁了山脉,飓风掀翻了大海,他都不会感到惊恐。正因为如此,至人洒脱地生活于世,生死面前也无动于衷。在《大宗师》这一篇中,庄子比较系统地表达了他的生死观:"古之真人,不知说生,不知恶死。其出不䜣,其入不距,翛然而往,翛然而来而已矣。不忘其所始,不求其所终。受而喜之,忘而复之。是之谓不以心捐道。"古代的圣人不以生为乐,也不以死为可怕,不因为有生而欣喜,视死如归。翛然而生,翛然而死。是生是死都无所求,且高兴地领受。如死了,便复归于天道。能做到这些就没有把自己的主观作用加于天道,因而无损于天道。"死生,命也;其有夜旦之常,天也。""与其誉尧而非桀也,不如两忘而化其道。"②意思是说,生与死像日与夜一样,是由自然的规律决定的。因此生也乐,死也应乐,得也乐,失也应乐,誉也乐,毁也应乐,这才是顺天道而生。可见,死亡尽管不能从生理方面加以超越和战胜,但完全可从心理上超越和战胜。再则,死亡本身并不可怕,并不会给人带来多大的肉体上的痛苦,可怕的恰恰是怕死的心理。因此能否战胜和超越死亡,怎样战胜和超越,这些都是一些心理学和心灵哲学的问题。应该说,庄子的上述论述较好地解决了这个问题。其观点非常明确,那就是:首先要充分认识到死亡的必然性,顺天道而生,顺天道而死;其次是要培养"翛然"的人生态度、无所求的心态以及无所始无所终的观念。

第七,圣人能正确对待成功与失败。"不逆寡,不雄成,不谟士。若然者,过而弗悔,当而不自得也。若然者,登高不栗,入水不濡,入火不热,是知之能登假于道者也若此。"③也就是说,解脱之人不以失败为不顺利,不以成功逞能,对任何事情不作判断。有这种心态,站在再高的地方也不会害怕,到水里、火里都无妨。"其寝不梦,其觉无忧,其食不甘,其息深深。"④

第八,圣人大智若愚。庄子说:"众人役役,圣人愚芚,参万岁而一成纯。"⑤意谓:众人忙忙碌碌,而圣人则表现得很愚钝,与万古不变的大道相糅合而整个地变得混混沌沌。

第九,圣人无烦无恼。之所以无烦恼,是因为圣人所看到的都是"一",常人所看到的是是与非、好与坏的界限。而这些在圣人面前都消失了,因为"道通为一"。从道的观点看世界,世界万物没有彼此、是非、邪正之分,都是一,是等同的。因为"其分也,成也;其成也,毁也。凡物无成与毁,复通为一"⑥。意思是说,分离

---

① 庄子·齐物论
② 庄子·大宗师
③ 庄子·大宗师
④ 庄子·大宗师
⑤ 庄子·齐物论
⑥ 庄子·齐物论

意味着新的组合，而新的组合又意味着有所毁坏，其实无所谓组合与毁坏，一切事物最终都是一样的。

圣人不仅没有上述分别与界限，甚至也没有大与小、我与他、我与非我、我与世界的分别与界限。庄子说："天地莫大于秋豪（毫）之末……天地与我并生而万物与我为一。"①所谓秋豪（毫）即是动物在秋天换出的新毛，它本来就小，其"末"当然更小。天地看起来大，在圣人看来，其实并不比"秋豪（毫）之末"大。天地万物与我一样同生于无，因此同为一体。

最后，圣人的精神是绝对的善或自由，而自由是最高的价值之一。"泽雉十步一啄，百步一饮，不蕲畜乎樊中。神虽王，不善也。"②养在笼中的鸟尽管神气十足，兴兴旺旺，但是不值得羡慕，因为它不"善"，即不自由，不好。真正的善、真正的好是能与天地精神自由自在地往来，能超越物质、形体，甚至超越肉体的小我，像鲲鹏一样，展翅、遨游于"无何有之乡"。

二、"蓬之心"：成圣之障

既然人及其心像万物一样，其本质是自然无为的，与道本来是合一的，而道与物为春，因此"若处子"；道一切无待，故何必五谷；道无所不在，因此游乎四海之外，主宰万物，尧舜也为其所陶铸；道与物同一，因此无所谓溺，无所谓热；道自然无为，因此不会以天下事为事。既然如此，人的生活中为什么还有关于我、有为的计较与执著，人们为什么总是不择手段地追逐功名利禄而又总是事与愿违、无乐可得呢？

庄子承认，现实生活中的人是背道而驰的，因此大多都生活在凄惨、困窘、苦不堪言的状态之中。其表现之一是：愚痴无比，例如事物本有的用看不到，而其不存在的用或没有用的用又拼命求取，其结果不外是一场辛苦一场空。像惠施这样的所谓智者也不例外，有"大树"而不知其用，于是"立之涂"，即丢在大路上，连木匠都不屑一顾。惠施还曾得一大葫芦，也觉得它没有什么用，于是把它击碎了。庄子说："夫子固拙于用大矣。"③意思是说，惠施没有看到其用，不善于发挥其用。

生活在背道、窘困的状态之中的另一表现是："大知闲闲，小知间间。大言炎炎，小言詹詹。其寐也魂交，其觉也形开。与接为构，日以心斗。……其杀若秋冬。"④意谓：那些似乎有大学问的人自以为是，目空一切，而那些小智小慧的人又在芝麻小事上与人计较不休。善于辩论的人气势夺人，不善辞令的人则啰啰嗦

---

① 庄子·齐物论
② 庄子·养生主
③ 庄子·逍遥游
④ 庄子·齐物论

嗦。所有这些人都日夜紧张得不得了,睡着了也处在心烦意乱之中,醒着更是四体如坠针毡。整天你来我往,是是非非,勾心斗角……这种状况对心的摧残就像秋冬的天气对生物的摧残一样。

第三个表现是:"与物相刃相靡,其行尽如驰而莫之能止,不亦悲乎!终身役役而不见其成功,苶然疲役而不知其所归,可不哀邪!……其形化,其心与之然,可不谓大哀乎?人之生也,固若是芒乎?"①人为了自己的所谓利益,与人、与物相互争奇,刀刃相见,其行为没有停止的时候,这难道还不悲哀吗?终生忙忙碌碌,但又一无所获,耗尽心机,疲于劳役,而总是找不到自己的真正归宿,凄凄然如丧家之犬,真是太悲哀了!人从生到死,形体不断向衰老变化,其心也随之变化,这不更值得悲哀吗?人这样活一生,岂不是太愚痴了吗?

人生的现状为什么是这个样子?世代哲人智者都在思考这个问题,因而自然有许多不同的解答。有的认为是由于"非彼无我,非我无所取",另外还有各家的说法。庄子认为,这些看法都"不知其所为使",即不知道其后面的真正原因、真正的决定力量。在庄子看来,众人之所以生活在"大哀"、"芒"(愚痴)的状态之中,其根本原因就是迷失了每个人本有的真实或真君或自然无为的大道。"若有真宰,而特不得其朕。"②意思是,如果让真君出场,行使其主宰作用,那就不会有那些令人悲哀的迹象、表现出现在自己的生活之中。人为什么有真君而又像没有真君,让其迷失了呢?

庄子通过对心身的形成的分析,深刻地揭示了其中的道理和原因。庄子说:"一受其成形,不亡以待尽。……其形化,其心与之然。……夫随其成心而师之,谁独且无师乎?……未成乎心而有是非,是今日适越而昔至也。"③在庄子看来,人的形体是禀受天道或真君而形成的,形成后有一个由生长、壮大到衰老的过程。人心也不例外,也是这样形成和变化的。心、形本是因道而成,但在"成"的过程中,心在与外界打交道的过程中形成了自己的"师",即世界观、价值观、是非观、幸福观、财富观等。只要是人,都有自己的"师",智者、愚者无有例外。有此心有此师之时,就是真君迷失之日,就是人的忧悲苦恼的生活开始之日。如果没有这个心,没有这个"师",就不会有是是非非,就像今天要到越国去昨天就到了不可能一样。

庄子还用比喻的手法说明了这样形成的心的特点和危害。首先,庄子认为,这种心是"蓬之心"④,即各种成见、主观偏见充塞之心,这些见、师像蓬草一样遮

---

① 庄子·齐物论
② 庄子·齐物论
③ 庄子·齐物论
④ 庄子·齐物论

蔽、阻塞了本真的道或真实的显现，使其处在压抑、遮蔽状态。其次，庄子还用"籁"说明了人的这种"成心"的特点。籁即是箫，是由竹管制成的乐器。每个人的心就是一个独特的竹箫，它由许多管并排合成，管上又有许多孔。每一管有自己的声音，每一孔有自己的声音，而合在一起又独成其声。因为"吹万不同"，即风吹千万个窍穴而声音不同，但合在一起又组成了自己的独特的声音。人心也是这样，每个人的心在不同时间和地点会有自己的独特表现，但总归是"使其自己"，即自己决定自己的、不同于他人的心。每个人之所以有自己的心，自己的"师"，又是因为有自己的"怒者"，即产生情感、认知、意志和外部言行反应的心，就像让竹箫之孔发出声音的"怒吼者"一样。这个怒者其实就是每个人视为真实的"我"。但在庄子看来，这是假我，不是真正的"萌"，即真正的产生万物的缔造者或真君，是"吾"要"丧"的"我"。一般的人尤其是那些自命不凡的人所认识到的人，所体会到的心和我，都不是事物的本质、规律，不是真正的"萌"，故说他们"莫知其所萌"①。

三、"庖丁解牛"：成圣在于心"依理而行"

如前上述，一般的人之所以生活在悲惨的生存状态中而不能自拔，根源在于"心之蓬"，即心受到了错误的思想、观念的污染和蒙蔽。因此能否摆脱这种状态而至圣道，能否完成养生的任务，关键就是看能否去心之蓬。庄子对此的回答是肯定的。因为一方面，心之蓬完全是人为的或说心为的，就像竹箫所发的声音取决于"怒者"一样。在心选择什么"师"的过程中，心是有很大的自由度的。之所以如此，是因为自由是心的本质。另一方面，古已有尧舜这样的圣人出现，说明去心之蓬有事实的可能性。

怎样成圣呢？庄子的基本观点是：要抓住根本，而不能在枝叶上费周折。果能如此，便能收到纲举目张、一本万利的效果。《养生主》这一篇集中论述了这一点。从标题上就可以看出，要养生保生，颐养天年，关键是找到"主"，即主宰人的喜怒哀乐、祸福吉凶、生老病死的根本原则。是否抓住了根本，不是以自己的宣称为转移的，而有客观的检验标准。例如，从人行善为恶时心里所想的就可判断出来。如果做好事是为了名声，不做坏事是怕触犯刑法，那么就不能认为这个人得道了。反之，"为善无近名，为恶无近刑，缘督以为经，可以保身，可以全生，可以养亲，可以尽年。"这里的"督"指人体中的督脉，贯穿人体上下。"经"是指纲纪。此句意为：做事做人要抓住纲纪，以根本原则为指导，因其自然。如果为善不是为了名声，不做坏事不是因为害怕受到刑法惩罚，只是随顺自然之道，将其作为生活的

---

① 庄子·齐物论

准则,那么便既可保身,又可全生,还可护持真君即大道,进而颐养天年。

庄子通过一则故事说明了应怎样去体悟"养生"之"主"。从前有一个庖丁,他用他的刀为梁惠王解牛。解完后,讲了自己为什么那么快就将牛分解完,而又使其刀刃完好无损。梁惠王听后感叹道:"善哉!吾闻庖丁之言,得养生焉。"意谓从他关于解牛的言论中悟到了养生的真谛。这是为什么呢?要明白这一点,我们就要弄清庖丁是怎样解牛的。他用的刀也是平常的刀,只是比较薄。但是,他在将牛迅速而准确地分解完后,不仅不损坏刀刃,而且用完后还"若新发于硎",即像刚磨过的。其秘诀何在呢?很简单,那就是:"依乎天理,批大郤,导大窾,因其固然。"①意谓他之所以能迅捷解好牛而不损伤刀刃,最根本的是他认识了牛的基本结构和根本之所在,然后能"依乎天理","因其固然",从筋骨间的空隙(大郤)处下刀,在骨节间的窍穴处行刀。因此"以无厚入有间,恢恢乎其于游刃必有余地矣"。庖丁总结说:他之所以能如此,是因为"臣之所好者道也,进乎技矣"②。意谓:这是由于他"好道",依道而行,而不是得益于技术。因为"好道"是超乎(进乎)技术之上的。可见,养生之主、养生之根本在于"缘督以为经","依乎天理","因其固然"。这"天理",这"固然"就是道,就是虚静无为。因此做圣人的关键在于按万物的本然的寂静无为之理,去行无为之事。

既然成圣之关键在于依理而行,而行的方式多种多样,因此要成圣又必须在人的一切行持中将理贯彻落实到位。为此,庄子从不同的角度和侧面对之作了描述和说明。

第一,要从自己做起。庄子说:"古之至人,先存诸己而后存诸人。所存于己者未定,何暇至于暴人之所行!"③用今日时髦的话翻译即是,要正人必须先正己,道德修养在自身没有确立起来,怎么可能去教化他人呢?更不用说教化暴逆之徒。

第二,要从心上做起,因为养生关键在于养神而非养形。正如薪火,燃烧的东西烧掉了,火还可以传下。养生也是如此,只要真君在,精神自由,形体有残缺都无所谓。这正是:"指穷于为薪,火传也,不知其尽也。"④能不能保身、全生,关键不在于身体的状态,不在于身做了什么,而在于心是否合道,是否顺其自然。例如做了坏事,如果不是有意的,不是故意去触犯刑律,那也没有关系。反过来,如果做了好事,其目的是为了某种功利,如图好名声,那也不一定就是好事。正所谓:"为善无近名,为恶无近刑,缘督以为经,可以保身,可以全生,可以养亲,可以尽

---

① 庄子·养生主
② 庄子·养生主
③ 庄子·人间世
④ 庄子·养生主

年。"①做人关键在于"缘督以为经",即以身上贯穿上下的督脉为纲纪,意思是一言一行要与道合,要"因其固然","依乎天理",不要带着人为的动机,更不要违背自然去行事。其基本观点是:人的生存状态取决于心的状态。而心的状态不外乎两种。一是"外于心知"②。所谓"外于心知",即是让心往外驰骋,将心的"知"的功用发挥出来,逐物生起分别心,形成这样那样的见识,亦即"其心之出,有物采之"③。这在表面上看是不可避免的,也是人不可缺少的。因为通过心的知,人们可以得到知识。但在庄子看来,这样做既会扰乱自己,与解脱之道背道而驰,而且也会扰乱社会,酿成社会大乱。他说:"故天下每每大乱,罪在于好知。"④

心的另一种状态是"虚静"。他说:"唯道集虚,虚者,心斋也。"⑤在庄子的人生价值观中,这是人心从而也是人生最佳的状态,也是心本来所在的状态。他说:"圣人之心静乎!天地之鉴也,万物之镜也。夫虚静恬淡寂寞无为者,天地之平而道德之至也,故帝王圣人休焉。"⑥这里有点接近于佛教所推崇的"大圆镜智"。因为庄子也是倡导:要进入虚静的心态,就要让心像镜子一样,照物不动,逐镜不乱,永保寂寞无为之状态。

其实,人获得这种状态是不难的,因为虚静本来就是心原有的状态。只是由于人不适当地发挥了自心的作用,逐物生知,使自己迷失了本心。因此致虚其实是人心返回本来属于自己的精神家园。

第三,要转变价值观。世人总是用自己的狭隘的功利观来判断事物之用。根据这种观点,能使感官立即愉悦,能满足某种需要就是有用,否则就是无用。例如惠施说有一棵大树,臃肿而不端正,小枝卷曲,放在大路边都不会有人要。甚至庄子的言论也是如此,"大而无用",众人都不屑一顾。庄子认为,如果用这种观点看问题,永远都不会让心灵平静下来,从而不可能进入人生之美满境界。其实,每一事物,只要存在,都有其道理,都有其用处,大有大的用处,小有小的用处。例如,如果将上面所说的大树"树之于无何有之乡,广莫之野……逍遥乎寝卧其下"⑦,那么它不是有其大用吗?总之,如能顺其自然,随其所用,不计较、不分别,就能在任何时候保持好的心态。

第四,要在心中做到无待与无己。如前所述,最美妙的精神境界是自由自在、无拘无束的精神境界。而这是一般常人所不可企及的。之所以如此,是因为他们

---

① 庄子·养生主
② 庄子·人间世
③ 庄子·天地
④ 庄子·胠箧
⑤ 庄子·人间世
⑥ 庄子·天道
⑦ 庄子·逍遥游

有包袱,有依赖,有对人与非人、人与物的区分和对待,即"有待"。"有待"之人,即使能得到幸福,也只能是很有限的、不彻底的幸福。要得到真正的自由和幸福,要成为一个"游无穷者",要能"乘天地之正,而御六气之辩",就必须做到"无待",即没有人我的对立和对待,无所牵挂,无所依赖。因为有依赖就算不上真正的自由。而要如此,又必须做到"无己"、"无功"、"无名"。因为没有自我的分别和牵挂,连自我都不放在心上,去我顺物,不求有功,不求名气,还有什么理由不逍遥的呢?自由之境界不就自然来到眼前了吗?因此要成为至人、圣人,关键是要"无己"。"故曰:至人无己,神人无功,圣人无名。"①

与上述相应的是要在心中、在行动中真正去知去名:"德荡乎名,知出乎争。名也者,相轧也;知也者,争之器也。二者凶器,非所以尽行也。"②意思是说,道德之所以沦丧,荡然无存,是因为求名之心在作怪。由于争夺,后又产生了智慧。名誉是相互倾轧的原因,知智也是争斗的工具。两者都是凶器。因此知识和名誉是不可能让人的行为纯正的。

在庄子看来,人们所知的,或人心中充塞的,最重要的、处于支配地位的东西是仁义礼智之类说教,因此庄子强调,要去知,最重要的是抛弃仁义、礼智这类说教。因为:"夫尧既已黥汝以仁义,而劓汝以是非矣,汝将何以游夫遥荡恣睢转徙之涂乎?"③意谓:人受了仁义礼智的毒害还怎么可能游荡在逍遥的道路之上,怎么可能成就道业呢?

要成圣,还要处理好与欲望的关系。庄子认为,情欲不利于德、性的存在和发挥。他说:"悲乐者,德之邪也;喜怒者,道之过也;好恶者,德之失也。"④"将盈耆欲,长好恶,则性命之情病矣。"⑤

最后,庄子还具体探讨了依理而行的心理操作方法。庄子借用孔子之口,表达了自己调心、治心的一个基本方法:心斋。所谓"心斋"之"斋"不是祭祀之斋,而是在自心中实施的斋戒,其目的是要涤除心中的欲念,最终使心灵进入灵明虚静的状态。因此所谓心斋实即静其心、虚其心,让心静下来,停下来。怎样操作呢?庄子强调,心斋即是调心的方法,也是生活的原则,处世之道。因为心之静不仅要在独居时去做,而且更重要的是将它贯彻到生活的一切方面和过程中。例如在用耳与外界打交道时,也可进行心斋的操作:"若一志,无听之以耳而听之以心,无听之以心而听之以气。听止于耳,心止于符。气也者,虚而待物者也,唯道集

---

① 庄子·逍遥游
② 庄子·人间世
③ 庄子·大宗师
④ 庄子·刻意
⑤ 庄子·徐无鬼

虚。虚者,心斋也。"①意谓:要使心专一不移,耳与声音接触时,人有听,在听时,耳听到了,不要再进一步分别,心在这里也应到此为止。"符"即接合之意,听觉与外物相交感。心听到后要做到不动心,对境莫任心,对心莫认境。这就是虚静之道,也是心斋之法。在看物时,也应如此。"瞻彼阕者,虚室生白,吉祥止止。"②意谓:眼看那空虚的境界,就会使淡漠的心室中出现纯白的观念,人们张开眼睛就会看到万物纷纭,怎能有个空虚的境界呢?奥秘就在于:能做到视而不见,就不会在心中产生什么映象,心灵就会清静下来。在为人处世时,也可用心斋之法。如:"是以夫事其亲者,不择地而安之,孝之至也;夫事其君者,不择事而安之,忠之盛也;自事其心者,哀乐不易施乎前,知其不可奈何而安之若命,德之至也。"③做任何事情如尽孝、忠君,如能做到"不择",不分别,一心一意去做,那就既尽了己之责,又修养了自己的心身。在处理自己的心念时也应如此,即使是碰到了哀乐,也不为其所动,安之若命,那就是最高的德。

　　心斋的方法很多,坐忘就是其中之一。庄子强调:"坐忘"的方法可帮助提升功夫以进入虚静的与道合一的境界。什么是"坐忘"呢?所谓"坐忘",就是在静坐的过程中,逐渐让心中的一切观念、欲念乃至关于心的意识静下来,甚至不复存在。其操作方法很多。在《齐物论》中,庄子说:要坐忘,就要"隐机而坐,仰天而嘘,嗒焉似丧其耦"。在《大宗师》中强调得更具体:要"堕肢体",即将肢体观想为不存在,"黜聪明",即把聪明才智都抛弃掉,"离形去知,同于大通",最后将自己的形体心智都彻底地在观念中抛弃掉,这便与道相合了。在《庚桑楚》中,庄子对坐忘的实质说得更明白,那就是:心如死灰。这当然可看做是庄子所发明的调养身心的"养生"方法,即气功。后来的道教以及气功学都肯定、吸纳了这一方法。还应注意的是,在庄子的圣学之中,这不仅是一种调心的"气功"方法,更为重要的是,他还把它论证成了一种为人处世的原则、方法,甚至基本的人生态度。这颇类似于佛教所倡导的基本人生态度:在一切时间处所,都要破"我执",放下自我,泯灭我他之分别。果能这样,便能获得一种崭新的生命体验。在那里再也不会有烦恼发生。在《养生主》中,庄子从具体的层面说明了这种人生态度的具体实施途径,那就是:"适来,夫子时也;适去,夫子顺也。安时而处顺,哀乐不能入也,古者谓是帝之县解。"④意思是,如果能随遇而安,逆来顺受,哀乐不能动,那么就得到了高悬的解悟和彻底的解脱。

---

① 庄子·人间世
② 庄子·人间世
③ 庄子·人间世
④ 庄子·养生主

古典儒学的心理哲学

Gudianruxue De Xinli Zhexue

> 尊德乐义，则可以嚣嚣矣。故士穷不失义，达不离道。穷不失义，故士得己焉；达不离道，故民不失望焉。古之人，得志，泽加于民；不得志，修身见于世。穷则独善其身，达则兼济天下。
>
> ——孟子
>
> 血气刚强，则柔之以调和；知虑渐深，则一之以易良；勇毅猛戾，则辅之以道顺；齐给便利，则节之以动止；狭隘褊小，则廓之以广大……凡治气、养心之术，莫径由礼，莫要得师，莫神一好。
>
> ——荀子
>
> 仁之法在爱人，不在爱我。义之法在正我，不在正人。我不自正，虽能正人，弗予为义。人不被其爱，虽厚自爱，不予为仁。
>
> ——董仲舒

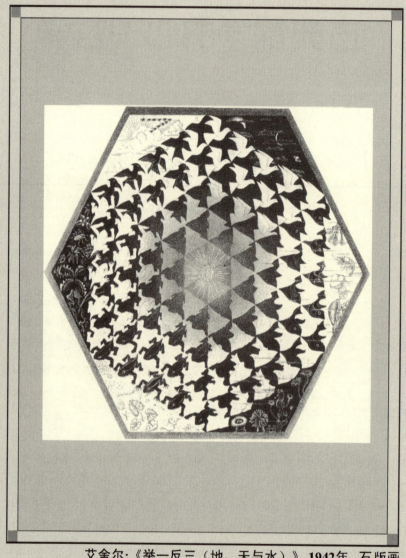

艾舍尔:《举一反三(地、天与水)》,1942年,石版画

孟子:"万物皆备于我,反身而诚,乐莫大焉。"

十 古典儒学的心理哲学

儒学是由孔子所创立、后得到许多大儒发挥、弘扬的学说的总称,其内容博大精深,涉及政治、经济、哲学、伦理等广泛领域。在两千多年的中国历史中,一直是居于主导地位的思想体系。之所以如此受统治者青睐,主要是因为它所包含的圣学或大学能"助人君","明教化","以道得民"。在我们看来,圣学的基础以及主要内容是其独特的关于心性的哲学思想。细心地去挖掘、去体悟它,还是有其不过时的价值和魅力的,这对于我们建构新的心灵哲学尤为如此。由于儒学及其圣学博大精深,且又绵延数千年,因此在本章中,我们不可能面面俱到,只能选取一些比较典型的个案进行探讨。这里我们重点分析先秦和汉初的几位大儒的圣学思想。在后几章再讨论宋明的新儒学。

1 孟子:性善论与成圣心理学

在概述孟子哲学的特点时,徐复观先生说过这样一段话:"心字很早便出现,并且很早便流行。但在孟子以前所说的心,却指的是感情、认识、意欲的心,亦却是所谓'情识'之心。人的道德意识出现得很早。但在自己心的活动中找道德的根据,恐怕到了孟子才明有此自觉。"①如果是这样,那么可以肯定:孟子的这种在心灵探讨上的转向与康德的伟大的"哥白尼革命"工程有异曲同工之妙。不仅如此,如果说康德是伟大的,那么在某种意义上可以说,孟子更加伟大。因为孟子先于康德两千多年就对人的善行、德行的先天根据作出了探讨。其次,孟子在探寻心灵天生就有的价值资源时,尽管很少或没有涉及认识、审美的先天形式,但他也有康德所望尘莫及的地方。我们知道,孟子所处的文化背景是康德所不能共享的。孟子是在中国春秋战国时期"百家"纷纷探讨"修齐治平",热衷于"至圣之学"这样的大背景之下切入他的探讨的。因此在从人类心灵中挖掘其本有的先天资源和根据时,孟子关心的问题就不仅仅是人的德行的先天根据,而是包含这一子问题的更大的问题,即圣人是如何可能的,用孟子自己的话说:"人可以为尧舜乎?"很显然,这一问题不仅包含着道德的先天根据问题,而且还包含幸福、快乐尤其是终极的幸福、快乐是如何可能的,高尚的理想的人格是如何可能的,人的通天理、知天命的大智大慧是如何可能的等问题。

孟子的哲学就是典型的至圣之学,其基础则是他独特的"心学"。这种心学的主要任务不是解答心灵的结构、本质之类的科学和本体论问题,而重在弄清心之理。根据孟子的解释,这里的"理"是"端倪"、"纹路"、"纹理"的意思。一提到"纹路"我们自然会想到约两千年后德国的莱布尼茨所说的"大理石花纹"。两人

---

① 徐复观. 中国人性论史(先秦卷). 上海:三联书店,2001.150

所说的"纹"尽管在后天的作用范围上有所不同,一个是要解释圣人,一个是要解释真理,但在其他方面则几乎是不谋而合的,例如,首先,两人都承认它们是先天的,其次,还认为这先天的东西只是一种可能的、潜在的倾向或禀赋,再次,都强调它们是后天相应的现实的根据和基础,当然变成现实需要条件。

孟子的心学不仅是他的圣学的基础,而且也是其主要内容。因为在孟子那里,圣学的一系列问题,如什么是圣人,其标志、特点何在,如何成为圣人,凡夫变成圣人的机理、根据、条件、方法和途径是什么等等,都必须到人类心灵中去寻找答案,都离不开对心之理的揭示和扩充。而这样的任务只能由他的心学来完成。事实也是如此,他的心学正好就是到人心中去寻找圣人的标志,成圣的可能性根据、资源,以及成圣的心理条件、方法和途径。首先,他从内在心理和外在行为表现两方面对圣人的标志、特征作了说明,认为尧舜就是典型的圣人,接着提出了他的"总问题":"人可以为尧舜乎?"这一问题用康德式的语言重新表述即是:"圣人"(或"大人"或"君子")是可能的吗?孟子用大量的事例说明:人都可以为善行善,而且过去事实上已有许多圣人诞生,因此足以证明成圣是一个事实。接着他过渡到了这样一个康德式的问题:成圣是如何可能的?

一、孟子的理想人格模式

如前所述,孟子所追求的理想人格是圣人,他有时也称做"君子"或"士"或"大人"。圣人不仅是理想的人格,而且也是可以变成现实的,因为历史上已真实地诞生了尧舜这样的圣人。什么是圣人?有何独特标志?与小人有何区别?对此,孟子主要从心理方面对之做了回答。

圣人的心理标志,第一是尚志。人是否成为圣人,不是看他的地位、官职,而是看他是否胸怀大志,是否自觉地建立自己的宏大道德人格之志。有人问孟子"士何事",孟子回答说"尚志",即让自己的志行高尚。怎样使之高尚呢?就是行"仁义而已"。"居仁由义,大人之事备矣。"[1]即使不再干别的劳务,仍有理由吃国家人民给他的饭菜。孟子还说:"君子所以异于人者,以其存心也。君子以仁存心,以礼存心。"[2]

第二,能思之心居于主导地位。《孟子·告子》章说:"养其小者为小人,养其大者为大人。"所谓"大人"即圣人,所谓"小者"即人的感官、身体的欲望,而"大者"则是指能思之心。五官之类和能思之心都能决定人的行为。如果人耽于声色口腹之乐,听凭"耳目之官"的决定,便是小人。如果一切由"心之官"来决定,那便是大人。根据这一规定,至圣之途也一清二楚,那就是养护"大者",让其在

---

[1] 孟子·尽心上
[2] 孟子·离娄下

人的生活中居于绝对的统治地位。

第三，尽管凡圣的"心性"没有区别，在凡不减，在圣不增，"虽大行不加焉，虽穷居不损焉"①，但是这种性只是一种可能性。是凡是圣，完全取决于其是否变成现实。如果实现了，表现落实于一言一行、一举一动之中，那么便是圣人、君子。"君子所性，仁义礼智根于心。其生色也，睟然见于面，盎于背，施于四体，四体不言而喻。"②这里的"生色"就是心性之仁义礼智四端表现于外所产生的不凡的威仪与气象。

第四，圣人由于其心量至大无外，"万物皆备于我"，与天地万物一体，与天地合其德，与日月合其明，与四时合其德，与鬼神合其凶吉，因此无忧无虑，快乐至极。孟子说："万物皆备于我。反身而诚，乐莫大焉。"③意谓：一切价值都存在于我自身之内。因此一当内求，反观到自己是忠诚踏实的，那就会得到莫大的快乐。圣人正是如此。

第五，君子对利与善的态度与小人判然有别。"鸡鸣而起，孳孳为善者，舜之徒也；鸡鸣而起，孳孳为利者，跖之徒也。欲知舜与跖之分，无他，利与善之间也。"④"跖"指的是大盗。圣人与凡夫的区别在于对利、善的不同态度。圣人之所以为圣人，不在于他忙碌的身影，而在于他忙碌背后的追求，他不是为利而"鸡鸣而起"，而是为善而奔波的，因此他是舜之徒。小人的追求恰恰相反。

第六，心为身之主，有什么样的心，必有相应的外在标志和表现。圣人也不例外，就外在美而言，孟子说："形色，天性也；惟圣人然后可以践形。"⑤人的身体容貌是天生的，它是由内在的性所决定的，只有圣人才能得到它，但外在的美要靠内在的美来予以充实，而只有圣人才能做到，才配享有这种真正的外在美。圣人还有独特的影响力、感召力。孟子说："圣人，百世之师也，伯夷、柳下惠是也。故闻伯夷之风者，顽夫廉，懦夫有立志；闻柳下惠之风者，薄夫敦，鄙夫宽。"⑥意思说，圣人是千秋万代的风范。坏人、道德低下的人、懦弱的人听了、闻了都会肃然起敬，受到感染，从而发生转变。此外，孟子说明了高尚人格成就之后"天爵"与"人爵"的体用、辩证关系。所谓"人爵"即指人世间的社会地位，泛指常人所敬重、追求的那些价值，如富贵寿考、功名利禄等。而"天爵"指人心所达到的境界、地位。只要人们践行仁义忠信，"乐善不倦"，使潜在的"心性"变为现实的品行，那么人便可得到"天爵"，即自然而然的爵位和尊贵，意即成就了圣人人格。而这一人格

---

① 孟子·尽心上
② 孟子·尽心上
③ 孟子·尽心上
④ 孟子·尽心上
⑤ 孟子·尽心上
⑥ 孟子·尽心上

一经形成,其他的社会地位、尊贵富足便随之而来,此即"人爵从之"。反过来,如果弃本逐末,体用颠倒,求末、求用,不求体、不求本,如只追求社会爵位,或用追求自然爵位作为追求社会爵位的手段,目的达到,便弃之不顾,那么不仅会事与愿违,而且还不会有好的结果,例如所得到的社会爵位会昙花一现。

第七,在教育方式上,圣人善言、善道。"言近而指远者,善言也;守约而施博者,善道也。君子之言也,不下带而道存焉。君子之守,修其身而天下平。"①所谓"善言",就是能用浅显的言语说明深远的意义。所谓"善道"就是:所操守的简单,但其效果、作用却广大。君子的言语,讲的是平常的事情,但"道"在其中;君子的操守,修养的是自身,但能影响别人,使天下太平。不仅如此,"贤者以其昭昭使人昭昭,今以其昏昏使人昭昭。"②意谓:贤人在教育人时首先使自己弄明白,然后才去使别人明白,而今天有些人自己还模模糊糊,却用这些模模糊糊的东西去让别人明白。

二、成圣的心理操作

如前所述,人之所以为圣人,根源在于他有一颗特殊的圣心。而圣心的种子普遍存在于一切人身上,有的人之所以没有成圣,根源在于这种子还处在潜在状态,换言之,这"大体"在心上没有确立起来,心这块阵地为"小体"即声色口腹之乐占据了。因此人要由小人转变为大人,没有别的办法,就只有从心上做起。正是看到了这一点,孟子开出的治心的药方,都不离心,诸如"求放心"、"尽心"、"扩充心"、"养心"等等。

先来看"知求放心"。孟子说:如果"放其心不知求",那多悲哀呀!所谓"放心"指的是:由于自身和外界的原因,本有的心、性迷失了,遮蔽了。要知求,就要学问。而"学问之道无他,求其放心而已矣"③。学问的道路没有别的,就是把那没有显现出来的或由于物欲遮蔽而丧失了的心性找回来。

第二,要意识到"知求"的重要性,就要转变价值观,即要"贵其心"。孟子针对常见的价值观,批评说:指头不能伸直,知道去医治,但心性没有发挥出来,不如别人,却不知其过失和危害,这多可惜呀!"心不若人,则不知恶,此之谓不知类也。"④"不知类"即不知这种错误的轻重。因此,要使心性发挥出来,很重要的一点就是要意识到心性的重要性,尤其是当心性的发挥不及别人时。在孟子那里,转变价值观还有一重意义,那就是意识到人自身潜藏着一切价值。他承认,追求

---

① 孟子·尽心上
② 孟子·尽心下
③ 孟子·告子上
④ 孟子·告子上

尊贵、外在的价值是人人都有的心理。但除了外在的价值之外,人心本身也是价值的一个源泉。孟子说:"欲贵者,人之同心也。人人有贵于己者,弗思耳。"①这就是说,每个人都希求尊贵之类的外在价值,这是每个人都有的心理。但"贵"、"价值"其实在自心中也有,只是人们没有思考它、认识到它而已。孟子的著名命题"万物皆备于我"也足以说明这一点。既然万物都在我自己身上,一切价值我都有,因此有必要到外面去求吗?答案只能是:"求在我者也。"②

第三,要善养其心。在孟子那里,"养"极为重要。是圣人还是小人,取决于是否养,养什么。如果养的是"小心",即眼耳鼻舌身这样的"贱体",那么只能是小人一个。如果能养大心,则走上了至圣之途。什么是养心呢?所谓"养心"就是要努力保护作为端倪的善心,让其发扬光大。怎样养心呢?孟子的回答简单而干脆:"养心莫善于寡欲。"③如果能在上述途径的基础上还能做到"扩而充之",则可成为内圣外王之圣人。孟子说:"凡有四端于我者,知皆扩而充之矣,若火之始然,泉之始达。苟能充之,足以保四海;苟不充之,不足以事父母。"④扩充到了极致便为圣。孟子还说:"可欲之谓善,有诸己之谓信,充实之谓美,充实而有光辉之谓大,大而化之之谓圣,圣而不可知之之谓神。"⑤如果圣凡各有程度或量上的差别,那也是根源于心之"扩充"的程度。心之善端如得到了极大的扩充,以至尽心,那么便可知自己的性。孟子说:"尽其心者,知其性也。知其性,则知天矣。存其心,养其性,所以事天也。夭寿不贰,修身以俟之,所以立命也。"⑥这也就是说,养心、扩充心,实即尽心。所谓尽心,就是让潜在的性能、资源充分发挥出来。果能如此,便能知自"性"。而知道了性就等于知天命,懂得天理、天道、规律。然后好好地保护自己的本性,不让其覆没,并予培养、充实、扩展、发扬光大。这就是对待天命的态度和方法。不管是短命,还是长寿,我们都一心一意地修身养性,这样就可以真正做到安身立命。

怎样尽心呢?孟子说:"尊德乐义,则可以嚣嚣矣。故士穷不失义,达不离道。穷不失义,故士得己焉;达不离道,故民不失望焉。古之人,得志,泽加于民;不得志,修身见于世。穷则独善其身,达则兼善天下。"⑦意谓:崇尚德,喜爱义,就可以自得其乐,因此士人再穷困也不丢失义,再得意也不背离道。得意时,普惠老百姓;不得意,修养自己的品德。穷困时独善其身,飞黄腾达时则兼济天下。

---

① 孟子·告子上
② 孟子·告子上
③ 孟子·尽心下
④ 孟子·公孙丑上
⑤ 孟子·尽心下
⑥ 孟子·尽心上
⑦ 孟子·尽心上

第四,做人的理想是成为"大人"或圣人或君子,而不堕入小人。而要成为大人,避免成为小人,必须知道成为大人、小人的途径和机制。成为小人的途径及原因在于:顺从感官,不知道还有更有价值的东西可以追求。而顺从感官必为"物"所"蔽"。一当与物打交道,加上人有会思考的本性,便被引入歧途。要成为大人,首先要在心中"立乎其大者",即意识到大体的重要性和价值,这样其小者便"不能夺"。怎样"立乎大者"? 就是要发挥心的功能。而心的功能在于思("心之官则思")。只要思考,就会发现自身潜藏的善的种子,就会使之发扬光大,最终得到其受用。而"不思则不得"。正如孔子所说:"操则存,舍则亡。"①

最后,不管是身处顺境还是逆境,都能矢志不移,永远做到"居天下之广居,立天下之正位,行天下之大道。得志,与民由之;不得志,独行其道。富贵不能淫,贫贱不能移,威武不能屈,此之谓大丈夫。"②意谓:大丈夫即圣人以仁为天下之广宅而安位,以礼为自己应站立的位置,以义为自己应行之天下大道。得志时,与老百姓同甘共苦,一道前进;不得志时,仍走自己的路,不为贫贱、富贵、威武而动心。

三、成圣的心理根据

从孟子对圣人的规定来看,圣人是道德、真理和幸福的统一。这也就是说,圣人并不意味着只是奉献、行德、牺牲,因而只是"吃亏"、当傻瓜,而同时也有幸福感、快乐感伴随始终,因此这么好的事,有谁不求呢? 现在的问题是,现实的人离圣人标准相去十万八千里,因此圣人是否只是一种做人的纯粹理想? 正像孟子的同时代人曹交所质问的:"人皆可以为尧舜,有诸?"③尧舜是远古的圣人,难道有这样的好事,人人都可以成为圣人吗? 孟子的回答是肯定的。其根据是什么呢? 其根据很简单,那就是他对人心的认识。

孟子继承孔子"性相近"的命题,同时又作了自己的发挥:一方面,指出这相近的性是天生之我心的重要组成部分,尽管只是一种可能的价值资源,却是成圣之根;另一方面,对这性的具体形式、内涵作了阐发。孟子像孔子一样强调,人不是完全由后天环境、教育塑造出来的,现实的人身上的内容、性格、特点等不是完全由后天所决定的。因为人有天生之性。就外在而言,孟子也承认形色、身体及其性能、欲望有先天的一面;就内在而言,人还有先天的心性。就"性"的本来含义来说,"性"就是天生之心。不仅如此,孟子还认识到,人的这种性还有共通性。孟子说:"口之于味也,有同嗜焉;耳之于声也,有同听焉;目之于色也,有同美焉。

---

① 孟子·告子上
② 孟子·滕文公下
③ 孟子·告子下

至于心独无所同然乎？心之所同然者何也，谓理也，义也。"①意思是，既然人的味觉、听觉、视觉有共同性，人的心当然也是如此。这种共同性主要就表现在每个人心中都潜在存有相同的理与义。

这天生的理义是什么呢？具体表现形式如何？孟子认为，它们首先表现为"良知良能"。他说："人之所不学而能者，其良能也；所不虑而知者，其良知也。孩提之童无不知爱其亲者，及其长也，无不知敬其兄也。亲亲，仁也；敬长，义也。"②再具体一点，所谓良知良能实际上就表现为仁义礼智四端。他说："乃若其情，则可以为善矣，乃所谓善也。若夫为不善，非才之罪也。恻隐之心，人皆有之；羞恶之心，人皆有之；恭敬之心，人皆有之；是非之心，人皆有之。恻隐之心，仁也；羞恶之心，义也；恭敬之心，礼也；是非之心，智也。仁义礼智非由外铄我也，我固有之也。弗思耳矣。故曰：'求则得之，舍则失之。'或相倍蓰而无算者，不能尽其才者也。"③这里的"情"、"才"，指天生的资质、资源。从天生的资质看，人是可以为善的。如果做了不善的事，那不是由情所使然。人能为善，说明他身上有其先天根据，那就是仁义礼智四端。人之所以善的程度不一样，那是因为性的实现、发挥不尽相同。如"尽其才"，充分地实现了，那么就是圣人。质言之，圣人与小人同有的、先天的"性"只是一种可能性，一种"端倪"或潜在的种子、倾向，而不是现实的存在，因此由于各人的条件、环境、教育、践行之不同，它们在现实的人身上的具体显现就不尽相同，这就造成了"人上一百，五颜六色"这一现实的出现。

孟子的上述观点当然会碰到这样的反例：既然人性相同，圣人小人无有例外，现实生活中为什么大多数人只是小人，不仅如此，为什么还有无恶不作之人？孟子的解释是："虽存乎人者，岂无仁义之心哉？其所以放其良心者，亦犹斧斤之于木也，旦旦而伐之，可以为美乎？"④这意思是说：仁义礼智这样的性本来存在于人心之中，但有的人不仅没有保护和发扬它们，反而经常压制、摧毁、消灭它们，因此这些人就变成了坏人。"其旦昼之所为，有梏亡之矣。梏之反复，则其夜气不足以存；夜气不足以存，则其违禽兽不远矣。"⑤但这不等于他们没有善性，正像美丽茂密的山林，天天去砍伐它，当然就会变成秃山一样。

2　荀子：性恶论与圣人可求论

荀子（约前313—前238）是战国末年著名的思想家和教育家。政治上主张礼

---

① 孟子·告子上
② 孟子·尽心上
③ 孟子·告子上
④ 孟子·告子上
⑤ 孟子·告子上

法兼治,王霸并用。哲学上继承和发展古代朴素的唯物主义思想,反对天命、鬼神迷信之类的学说,提出了"明于天人之分"的命题,肯定自然运行及其规律具有客观性,提出了"制天命而用之"的人定胜天思想。在他的哲学视野中,人、心、圣也是他经常思考的课题。尽管他的学说在圣人的标准、可求性以及从心入手探究圣理等问题上与孔孟有一致之处,但由于其人学和心理哲学的基础是著名的性恶论,因此其圣心理哲学自有其独特的、异于儒家正统的特点。

一、荀子对心理概念的语言分析

一提到语言分析,我们首先会不由自主地想到现代西方的语言哲学、分析哲学。在这类哲学看来,哲学的任务不是产生新的理论,而是通过语言或语法分析澄清混乱,最终铲除因语言误用而产生的形而上学问题。在较温和的分析哲学看来,语言分析不是解决哲学问题的唯一途径,但正确予以理解和运用,仍不失为解决哲学问题的一种有效的方式和途径,至少是一个重要的准备或条件。就心灵哲学的发展来说,多元主义恐怕是其不可或缺的条件,因此语言分析无疑也是其必不可少的方法和手段。当代大多数心灵哲学不仅持有这一共识,而且历史上许多有识之士也有这样的先见之明。例如两千多年的荀子就是如此,他在《正名篇》中对有关心理语言进行了在现代以前堪称"创举"的"正名"或分析。

为什么要有语言分析或正名?从肯定的方面来说,通过正名,让名实相符,就可做到"名定而实辨,道行而志通",即名称确定有利于看清事实,进而有利于原则的实行和人际的沟通。从否定的方面看,正名有利于消除"名守慢,奇辞起,名实乱"(放松对约定名称的遵守,奇怪的言论泛滥,名实相违,进而混乱)的情形。荀子认为,他以前以及他的时代的许多争论之所以陷入困境,其中一个重要根源就是在语言或名实关系上陷入了混乱。其表现有三:一是"用名以乱名",即用名称扰乱了名称,如"见侮不辱"之争。二是"用实以乱名",即用实物扰乱名称,如"山与泽一样平"之争。三是"用名以乱实",最典型的是"白马非马"之争。怎样消除混乱呢?荀子认为,首先要弄清名称的本质和起源。名称是一种符号,是由人"随而命之",或由人制定的。在制定的过程中,制定者有一定的任意性,因此"名无固实,约之以命实,约定俗成,谓之实名"。从起源上说,刑法的名称源自商朝,爵位的名称仿照周朝,常用的语言、"散名"则沿袭中原地区的约定。其次,制定名称尽管有任意性,既可以创造这样的符号,又可以制造那样的符号,但制名不能无中生有,空穴来风,它总是在有什么东西要表达的前提下创制出来的,总有实与之相对,或一定有相同或不相同的东西需要区分开来,"故知者为之分别,制名以指实。"再次,名称确定了,为大家所认可了,约定俗成了,使用的人就必须予以遵守。如果不遵守,轻则陷入混乱,导致无谓的争论,重则导致天下大乱。如果严格遵守,则有利于国家的安定。"迹长功成,治之极也,是谨于守名约之功也。"

就"性"、"情"、"欲"、"心"等心理语言来说,荀子认为,它们是有实指的,因此人们诚实地予以运用,如用来描述自己的内部状态时,与之对应的,肯定有某状态真的发生了。这一点应该是毋庸置疑的,我们在上面已作了肯定的论述。当然,问题并不就此完结了,恰恰相反,麻烦就在于接下来对心理语言之"所指"的理解。二元论、唯物论、唯心论的分歧恰恰就是在这里产生的。如果把它们理解为非物质世界的变化、状态、过程,那就陷入了二元论、唯心论;如果把它们理解为物质现象、自然现象,就是唯物论的看法。荀子在名实关系上的看法是正确的,在对"实"的理解上基本上是唯物论,但没有摆脱二元论和民间心理学的阴影。

人为一实,名之便曰"人"。之所以不说他是水火、草木、禽兽,关键在于他身上既有这些东西所共有的东西,又有其独特的方面。荀子说:"水火有气而无生,草木有生而无知,禽兽有知而无义,人有气,有生,有知,亦且有义,故最为天下贵也。"①很显然,就拿人与禽兽相比,人在气、生命、形、知这些方面,与禽兽没有区别,人之所以为人,根源在于人有义。而有义又根源于人有特殊的心。这心就其外形来说,与其他动物的心也许无别,如都居于胸膛中部,能调节感官肢体,但是除此之外,人心还有其独特的地方,例如此心之中还有心。这个心是"形之君也,而神明之主也……自禁也,自使也,自夺也,自取也,自行也,自止也"②。其次,人心由复杂的因素构成,如有性、情、欲、意、知、思等。

我们先来看荀子对性、情、欲的说明。"性者,天之就也;情者,性之质也;欲者,情之应也。以所欲为可得而求之,情之所必不免也;以为可而道之,知所必出也。"③也就是说,"性"是人独有的、生来就有的自然资源、条件、本性,情与欲都是它的自然倾向,一遇相宜的内外条件,就会显露出来,得到心理的表现。可见在荀子那里,性、情、欲是同一本质的不同表现方式,或不同言说方式。性是人生而就有的、不需学习的本性,其本质表现则是情,而欲又是情的表现,如目好色、耳好声、口好味、心好利等。

再来看喜、怒、虑、知等心理概念。荀子说:"生之所以然者谓之性。……性之好、恶、喜、怒、哀、乐谓之情。情然而心为之择谓之虑。心虑而能为之动谓之伪(为)。……正利而为谓之事。正义而为谓之行(德行)。所以知之在人者谓之知,知有所合谓之智。所以能之在人者谓之能。能有所合谓之能。"④由上可知,如果性是人的天生的、自然的、物质的资源、本性,那么后面其他心理语言所指的

---

① 荀子·王制
② 荀子·解蔽篇
③ 荀子·正名篇
④ 荀子·正名篇

心理现象也是如此,只是它们依赖更多的因素,是在社会、文化关系中发生的,从等级上说,更复杂、更高级一些,但无论如何没有超自然的特性。这里最关键的一个概念是"心"。这里的"心"是今日所说的心脏。它除了有泵血的生理功能之外,还有情、意、虑、知等心理功能。这些看法无疑是唯物的,但同时又是朴素的、常识性的,因而是前科学的。

在同一篇《正名》中,荀子还对"认知"方面的心理语词如视觉、嗅觉、听觉、触觉、味觉和征知作了分析,认为"感知觉"这类名称指的是身体的官能或功能。他把这些官能称为"天官"。而"征知"则是心的功能,但心要产生"知",离不开天官提供的材料。

总之,荀子对心理语言的分析在现代到来之前,可以说是空前绝后、功不可没的。它说明了心理语言有真实所指,因此不能取消或抛弃。但由于科学和历史条件的限制,荀子对这些所指的理解与说明尽管与二元论有别,但仍是错误的,其表现是:它没有摆脱民间心理学对心的拟人论的、小人式的、隐喻式的理解和说明模式。

二、欲、道、静与心身整饬

在对心理语言作出分析因而明确了其所实指的前提下,荀子讨论了诸心理状态与养身的关系。他把心身的调养称作"治"。要治,以进入人生最美好、最幸福的状态,首先必须正确对待欲。而要如此,又必须认清其本性。荀子说:"有欲无欲,异类也,生死也,非治乱也。欲之多寡,异类也,情之数也,非治乱也。……受乎心也。……受乎天也。"①这就是说,有欲无欲是不同的,由人的本性所使然。欲之多少既有天然的一面,又与情感有关。它们与整治内心的烦恼、骚乱没有关系。因为没有欲望的人就不一定没有烦恼,欲望多的人就不一定烦恼多。"欲过之而动不及,心止之也。心之所可中理,则欲虽多,奚伤于治?"②这就是说,欲望虽多,但只要合乎道理,对身心健康是没有影响的。反之,如果欲望少,但"失理",那么不仅不能防止内乱,反倒可能导致混乱。因此心身的调整不在有无欲望,欲望之多少,而在于怎样处理与欲望的关系。

要处理好与欲望的关系,关键是人要知道、得道。荀子认识到,欲望不可以彻底除去,但可调节,如"近尽"、"节求"。"欲虽不可去,求可节也。所欲虽不可尽,求者犹近尽;欲虽不可去,所求不得,虑者欲节求也。"③怎样"近尽",怎样"节

---

① 荀子·正名篇
② 荀子·正名篇
③ 荀子·正名篇

求"？别无他法,要靠道、靠理。"道者进则近尽,退则节求,天下莫之若也。"①意思是,有道之人做到极致,可以近尽,至少也能做到节求,因此其生存质量天下没有人能与之相比。

道为什么有这种作用呢？首先,"可道而从之,奚以损之而乱？不可道而离之,奚以益之而治？故知者论道而已矣,小家珍说之所愿者皆衰矣。"②意思是说:认可道,并加以奉行,就不会有内乱发生,背离道则有害无益。因此明智的人只是论道、修道、守道,而小人、凡夫以及各种奇谈怪论所追求的实无足挂齿。其次,从对人的利益来说,行道可收到事半功倍的效果。"从道而出,犹以一易两也,奚丧？离道而内自择,是犹以两易一也,奚得？"③依道而行,就像做生意用一个东西换得了两个东西,有什么损失？反之,离道而精于计较之人则总是事倍功半,虽得犹失。

荀子还认识到,人的幸福、快乐与否,不在于物质财富的多少,而在于人与物的关系,在于人在享用物质财富时的心态。如果有万贯家财,但心态不好,且"为物役使",那么无乐可言。"心忧恐则口衔刍豢而不知其味,耳听钟鼓而不知其声……故向万物之美而不能嗛也。假而得间而嗛之则不能离也,故向万物之美而盛忧,兼万物之利而盛害,如此者其求物也,养生也？粥寿也？……乘轩戴絻,其与无足无以异,夫是之谓以己为物役矣。"④意思是说,如果心态不好,充满恐忧,为物所役,那么纵然吃好的也不知其味,纵然在享受,也不知是在养生还是在折寿,纵然乘坐高贵的车骑,与受酷刑之人却无异。反之,如果心态好,心宁神静,那么纵使物质上很匮乏,也会生活得很美满。"心平愉,则色不及佣而可以养目,声不及佣而可以养耳,蔬食菜羹而可以养口,粗布之衣、粗紃之履而可以养体。……故虽无万物之美而可以养乐,无埶列之位而可以养名。如是而加天下焉,其为天下多,其私乐少矣。夫是之谓重己役物。"⑤心态好的人不仅可以在物质条件极差的情况下生活得好,而且能担当治国平天下的大任。之所以如此,又是根源于他的独特的价值观、财富观:重己役物。

荀子不仅探讨了修身养性方面的道理,还论述了具体的方法。例如他认为,治气、养心的原则在于针对不同情况使用不同的方法:"血气刚强,则柔之以调和；知虑渐深,则一之以易良；勇毅猛戾,则辅之以道顺；齐给便利,则节之以动止；狭隘褊小,则廓之以广大……凡治气、养心之术,莫径由礼,莫要得师,莫神一好。"⑥

---

① 荀子·正名篇
② 荀子·正名篇
③ 荀子·正名篇
④ 荀子·正名篇
⑤ 荀子·正名篇
⑥ 荀子·修身篇

意思是:性情刚烈、血气旺盛的人,就用心平气和的方法来调节;思想深沉不明的人,就需要用坦诚忠正来予以纠正;凶暴乖张之人,有必要用训导的方法来予以开导;心胸狭小之人,有必要用宽宏大量之类的原则来予以引导;意志消沉、思想迟钝、爱占小便宜的人,应用远大的志向来鼓励……一般调养气息、怡养心神的方法,没有比遵守礼仪更便捷的了,没有比老师更重要的了,没有比心神专一不移更好的了。

三、性恶与成圣

荀子人生哲学关心的一个核心问题是:"圣可积而致"①吗?换言之,"涂之人可以为禹"吗?禹是典型的圣人,而涂之人是路途中的人,即普通人。荀子的回答是肯定的,即人人都可以为尧舜,凡夫、小人可成为圣人,当然圣人也可转化成凡人,这就是荀子所说的"小人、圣人可以相为也"②,即可相互转化。当然,荀子要探讨的是小人如何可能转化为圣人。对他来说,甚至对很多人来说,这是荀子难以回答的问题,因为他反对孟子的性善论,而坚持性恶论。我们先来看他理想中的圣人。他说:"君子贫穷而志广,富贵而体恭,安燕而血气不惰,劳倦而容貌不枯,怒不过夺,喜不过予。……君子之能以公义胜私欲也。"③意谓君子在任何条件下都能保持自己志广、体恭、血气不惰、容貌不枯、心神不动的品质,之所以如此,又是因为他以公义战胜了私欲。第二,从心境上说,君子"荡荡乎,其有以殊于世也"④。意即君子心胸开阔,坦坦荡荡,因此不同于世人。第三,治心时能做到"诚心守仁"。他说:"君子养心莫善于诚,致诚则无它事矣。唯仁之为守,唯义之为行。诚心守仁则形,形则神,神则能化矣。"⑤君子修养身心的特点是诚。以致诚为目标,坚守仁义。君子坚守仁义,一定会表现于言行中;表现于言行中,一定能达到完美境界;品德完美了,一定能产生奇迹、变化。第四,在处理与"物",尤其是物质利益、财富的关系时,君子小人的态度恰恰相反:"君子役物,小人役于物。"⑥意即:君子不在于彻底摆脱物欲,完全生活在无物的虚幻之中,而在于用物而又超越于其上,能转物,而小人则为物所转,拜倒其下,成了物的奴隶。第五,"好法而行,士也;笃志而体,君子也;齐明而竭,圣人也。"⑦意思是说,依法度而行的人,可称做士;意志坚定,亲自去实践,是君子;思虑敏捷而明智,可谓圣人。

---

① 荀子·性恶篇
② 荀子·性恶篇
③ 荀子·修身篇
④ 荀子·不苟篇
⑤ 荀子·不苟篇
⑥ 荀子·修身篇
⑦ 荀子·修身篇

再来看荀子的性恶论。在《正名篇》中,荀子对"性"有明确的界定,即指人生来具有的、无须后天作为的、由人所独有的资源、本性。《性恶篇》中又反复突出了这一点,如说:"凡性者天之就也,不可学,不可事。"又说:"不可学,不可事,而在天者,谓之性。"它与后天由人的行为、努力而成的东西泾渭分明:"可学而能,可事而成之在人者,谓之伪,是性伪之分也。"这里的"伪"是与性根本有别的、后天所成的作为、性质。

从人性的价值属性来说,人性是邪恶的,而不是善良的,因为让它实现、发挥出来,必然给他人、给社会带来危害。"今人之性,生而有好利焉,顺是,故争夺生而辞让亡焉;生而有疾恶焉,顺是,故残贼生而忠信亡焉;生而有耳目之欲,有好声色焉,顺是,故淫乱生而礼义文理亡焉。然则从人之性,顺人之情,必出于争夺,合于犯分乱理而归于暴。"①

从人性的内容来说,人性主要包括好利疾恶、贪求声色口腹之乐等本性和倾向。上面所引的《性恶篇》中的话足以说明这一点,在《荣辱篇》中也有相同的论述:"凡人有所一同:饥而欲食,寒而欲暖,劳而欲息,好利而恶害,是人之所生而有也,是无待而然者也,是禹、桀之所同也。"

人性为什么是恶的?荀子从多方面作了论述。首先,人追求成圣就说明人的本性是恶的。因为如果人生而性善,人就不会想善,就不会求圣。正是没有善,所以才追求善。就像没有高位的人才会去求高位一样,如果有,他就不会求。因此"凡人之欲为善者,为性恶也"②。还有,人一生下来就趋利避害,好逸恶劳,如此等等,这些都说明人性本恶。现在的问题是:如果是这样,以善良、美丽、崇高、伟大著称的圣人又是如何可能的呢?之所以有这个问题,是因为荀子承认普通人可以为禹,圣人可积而致。

荀子首先肯定,从人的最初的本性上看,小人君子是没有区别的:"凡人之性者,尧、舜之与桀、跖,其性一也;君子之于小人,其性一也。"③也就是说,世上即使有君子、圣人,他们开始也是小人一个。那么,为什么小人能成为君子呢?荀子认为,这是因为人有许多先天的资质和条件,其中有些是生理的、本能的,有些是心理的。而关键在后者。因此,要解决上述问题,就必须返回到人心之中。成圣成凡的全部奥秘都隐藏于心灵之中。第一,圣人之所以可致,根源在于人心有特殊的"质"和"具"。荀子说:"然则仁义法正有可知可能之理,然而涂之人也,皆有可以能仁义法正之质。"④有此质、具,则共"可以为禹"。这种质、具,显然是一种先

---

① 荀子·性恶篇
② 荀子·性恶篇
③ 荀子·性恶篇
④ 荀子·性恶篇

天的心理条件,即能学习、能知道、能判断是非、接受仁义法正的条件,一种能够实践它的心理能力。荀子用事实说明了这一点,例如涂之人尽管按其性不知父子之义、君臣之正,但经过教化,则可知可行这些礼义,因此"可以知之质,可以能之具,其在涂之人明矣"①。这就是说,小人之所以能转化为圣人,根源在于人心具有能知之质和具,具有可教化性,具有可接纳外来的知识、道理的可能性。

其次,人的天然的资质中还有能分辨的能力。荀子说:"人之所以为人者,何已也?曰:以其有辨也……故人之所以为人者,非特以其二足而无毛也,以其有辨也。"②因为有这种能力,人就能对所接触、所学、所行的东西作出分辨,抛弃不好的,接受好的。

再次,尽管小人、君子的性是恶的,能力是一样的,但所求的"道"是不一样的。由于所求的道不同,因此才有小人和君子的差别。换言之,有的人由于敬仁义礼智之道,并孜孜以求,因此他便由小人转化成了君子。"材性知能,君子、小人一也。好荣恶辱,好利恶害,是君子、小人所同也,若其所以求之之道则异矣。"③资质、本性、知识、智慧、才能,君子、小人是一样的,同时都趋义避害,所不同的是求取荣誉、利益的办法不同,更重要的是,他们对大道的态度不同。有的人之所以成为圣人,关键在于他敬道。努力去求道,并有求道的方法,如虚壹以静,最后便知道、得道。因此"治之要在于知道"④。"人何以知道?曰:心。心何以知?曰:虚壹而静。心未尝不藏也,然而有所谓虚;心未尝不两也,然而有所谓壹;心未尝不动也,然而有所谓静。人生而有知,知而有志。志也者,藏也;然而有所谓虚。"⑤大意是说,人之所以能知道、体道、行道,直到成圣,这是由心的先天能力和本性所决定的。一方面,心有记忆、充塞的一面,有不平静、动荡的一面;另一方面,它也有虚空的一面,因而能学习、接纳新的好的东西,有专心一致的能力,有平静的能力,因此能在静的状态中体悟道的奥秘,并一心一意行道。因此"虚壹而静,谓之大清明"。"君子壹于道而以赞稽物。"意谓君子专心于道,并用它来考察事物。为什么心静才能知道?因为心就像一盆水一样,"导之以理,养之以清,物莫之倾,则足以定是非,决嫌疑矣。"⑥让心静下来,不让外物干扰它,不使偏斜,就能判断是非。

综上所述,做人的奥秘全在人心之中,而荀子所说的心是一个既包含潜在资源、可能性的东西,又是具有知情意等现实活动能力的主体,既有价值论的属性,

---

① 荀子·性恶篇
② 荀子·非相篇
③ 荀子·荣辱篇
④ 荀子·解蔽篇
⑤ 荀子·解蔽篇
⑥ 荀子·解蔽篇

又有认识论、本体论的意义。从范围上说,它包括现代心理学所说的各种心理现象,从层次上说,它是一个由各种欲望、认知、德性、智性、"天君"所构成的等级系统。从潜在性上来说,它既天生具有各种邪恶之性,但又同时具有知仁义法正之质、行仁义法正之具以及判断是非之辨别力,最后还有能治五官之"天君"或狭义的"居中虚"的"心"(实即心智)。从现实的心来说,它是以知、情、意、欲等活动、过程、状态和事件表现出来的。总之,荀子所说的心是以心脏为基质的广义的心,其中又有"居中虚"的能治五官的、狭义的、神明的心。性是广义的人心中潜在的品质,在后天任其表现和发展,不受教化和节制,就会使人心成为凡心,人有凡心就为凡人。反之,如果充分利用心之本有的"质"、"具"、"能",辅之以教化,那么,即使人性本恶,但仍能塑造出圣心。有圣心,圣人随之而成。这也就是说,人的本性尽管是恶的,但皆可以成为禹尧之类的圣人。原因在于人可以行仁义法正。之所以如此,原因在于人有心,而心既有能知仁义法正之能力,又有践行仁义法正之品质。更为重要的是,在心、情、性、欲的相互关系中,心居于天君地位。荀子说:"心居中虚,以治五官,夫是之谓天君。"①心之所以能如此,这又是由心的本质和作用所决定的。他所理解的心位于"中虚",是形体所具有的能动作用,因为"天职既立,天功既成,形具而神生"②,正像眼耳等形与外物"相接"可以产生看听的功能一样,心也天生有能知、能判断,甚至能"使"、能"止"欲的作用。"欲过之而动不及,心止之也。……欲不及而动过之,心使之也。"③他还说:"心者形之君也,而神明之主也,出令而无所受令。自禁也,自使也,自夺也,自取也,自行也,自止也。"④更重要的是,心还有一重要的功能,即知"道",即认识、把握天地万物运行的命或道。"人何以知道?曰:心。"⑤

最后,小人之所以转化为圣人,还离不开外在的教化。这是成圣的外在条件。一方面,古代的圣人为教化众生制定了礼制法度。"古者圣王以人之性恶……是以为之起礼义制法度以矫饰人之情性而正之,以扰化人之情性而导之也。使皆出于治,合于道者也。"⑥另一方面,通过教化,通过人的学习、训练、修身,人便可由凡转圣。"今人之化师法,积文学,道礼义者,为君子。"⑦

总之,"圣人之所以同于众其不异于众者,性也。所以异而过众者,伪也。"⑧

---

① 荀子·天论篇
② 荀子·天论篇
③ 荀子·正名篇
④ 荀子·解蔽篇
⑤ 荀子·解蔽篇
⑥ 荀子·性恶篇
⑦ 荀子·性恶篇
⑧ 荀子·性恶篇

这就是说,圣人与小人在性上无别,在能力、资质、可能性上也一样,外在的环境也大同小异,所唯一不同的是他的作为。圣人之所以为圣人,关键就在他通过自己的修养、努力"化性起伪",把礼义法度变成自己的行为准则,贯穿于生活实践之中。正是看到了这一点,荀子在《性恶篇》中对"可以"(可能)与"必然"这两个模态范畴作了严格的区分。他强调,可能不等于必然,人可以成圣,不等于必然成圣。可能转化为必然离不开中间环节和一些必要条件。"小人、君子者,未尝不可以相为也。然而不相为者,可以而不可使也。故涂之人可以为禹,则然;涂之人能为禹,则未必然也。虽不能为禹,无害可以为禹。"①要使可以成为必然,唯一的办法就是充分利用内外条件,"起伪",即"伏术为学,专心一(致)志,思索孰察,加日县久,积善而不息,则通于神明,参与天地矣。故圣人者,人之所积而致矣。"②

荀子还认识到,圣人不是一蹴而就的,需要长期艰苦的奋斗过程。他将形成完美人格的过程区分为三个阶段。出发点是凡夫,人要想成为圣人,首先要成为士。《劝学篇》说:"学恶乎始?恶乎终?曰:其数,则始乎诵经,终乎读礼;其义,则始乎为士,终乎为圣人。"在荀子看来,一个有志之人,其"底线"志向应是成为士。《儒效篇》说:"言志意之求,不下于士。"在成为士的基础上,进一步求索,便进至第二个阶段,即成为君子。再进一步努力,向更高人格前进,便可达到做人的最高境界,那便是"终乎为圣人"。

3 《大学》与董仲舒的心身修养论

在本章最后一节,我们再将《大学》和董仲舒的心身修养论作为古典儒学的个案来加以剖析。之所以如此,主要是基于这样的考虑:第一,《大学》对古典儒学的圣学或大人之学作了全面而简要的概括,因此如果知其内容,我们便可以以此一斑而窥整个古典儒家圣学之全豹。第二,董仲舒在探讨成圣之途径时所提出的心身修养说很有个性,且也很有现实的理论价值,加以挖掘,对于"继往圣之绝学"以及在今天有效深入探讨正义、义利问题有难以估量的意义。

一、《大学》的三纲八目

《大学》由何人所作,成书于何时,这是一个颇有争论的问题。不过,可以断定,它是《荀子》等书之后、在西汉之前由某位大儒所作。由之也可以肯定,它是先秦儒家思想的一个综合。如前所述,先秦儒学的核心思想是圣学,而圣学又不出心与意。《大学》以简要的文字恰好体现了这一主旨和理路。其名称本身就说

---

① 荀子·性恶篇
② 荀子·性恶篇

明了这一点。所谓"大学",实即大人之学,而大人又即圣人。这门学问的主旨就是说明圣人之心以及成就圣人之心的心理机制和途径。

在论述心时,它的特点正如徐复观先生所概括的,它"不言天道、天命,也不言性,而只言心;更如后所说,更从心落实一步而提出一个'意'来"。"诚意"是《大学》所提出的新观念。不仅如此,它还"把道德与知识,组成一个系统。这便完成了孟荀两人的综合。把道德、知识及天下国家与身,以心与意为中心,组成一个系统,这便把先秦儒家整个思想,完成了合内外之道的完整建构。亦即是把先秦儒家的整个思想,统摄于心与意之中,使儒家的人性论,到此而具备了一个完整的形态。"他还说:"因为正心、诚意,是极于治国平天下,于是道德的无限性,亦即是由孔子所提出的'仁'的无限性,可以不上伸向天命,而直接向外扩展于客观世界之中。"①

在《大学》看来,人能否修身、齐家、治国、平天下,皆取决于心所达到的状态。如果格物致知,进而有"诚意","正心",那么就具备了修身、齐家、治国、平天下的内在条件。前面的状态不仅是后面所说的活动及其成功的时间上的在先条件,而且更重要的是,前与后有因果上的产生与被产生的关系。《大学》的首段有明确的表述与说明:

> 大学之道,在明明德,在亲民,在止于至善。知止而后有定,定而后能静,静而后能安,安而后能虑,虑而后能得。物有本末,事有终始,知所先后,则近道矣。古之欲明明德于天下者,先治其国。欲治其国者,先齐其家。欲齐其家者,先修其身。欲修其身者,先正其心。欲正其心者,先诚其意。欲诚其意者,先致其知。致知在格物。

反过来,修养的顺序就更明白了:

> 物格而后知至,知至而后意诚,意诚而后心正,心正而后身修,身修而后家齐,家齐而后国治,国治而后天下平②。

大意是说,大人之学的主旨、根本在于使人的美德更明显,在于使民众的生活不断提高,在于使人进入最美好、最理想的境界。知道要达到的境界,便有了坚定的方向,有了这方向,人的心便能平静下来,进而心便可至安定。心安之后才能正确发挥思虑的作用,有此作用就会有相应的收获,进而离得道便不远了。古代想要实现此大学理想的人,一定有治国平天下的抱负,而要如此,必须从最基本的东西做起,那就是要格物致知。因此从格物致知到治国平天下是一个因果过程。由果溯因,追到的是人心上的功夫,此心功不到位,便没有后面的一系列果。有心上

---

① 徐复观. 中国人性论史(先秦卷). 上海:三联书店,2001.232
② 礼记注疏,卷六十

的因,后面的果便接踵而至。因此大人之学的根本在心之理。心之理到位,大人可成,大学之价值便尽显。按《大学》的指引,成圣的起点是格物,接下来的程序是:致知、诚意、正心、修身、齐家、治国、平天下。这就是所谓的成圣八目。

由上不难看出,人心有无穷的妙用,只要把心处理好了,就可以成就大丈夫的事业,真是"心主宰乎一身,以通于家、国、天下。"①总之,关键在于"正心",而正心的关键又在于"诚意",所谓诚意指的是儒家倡导的道德修养方法。根据这一方法,道德的修养要落实到心之上,亦即要让心将诚、实这些本性发挥出来,做到于善而无自欺。因为这里的意是指"心之所发",即在心与事物接触时所表现出来的、所欲求的东西,而"诚"强调"所发"的应是"诚",应是"真实不虚",是大体。按明王守仁的解释,所谓"诚意"就是要"随意所在某事而格之,去其人欲而归于天理,则良知之在此事者无蔽而得致矣,此便是诚意功夫"②。只要有诚意,便有直接功用"正心"的显发,所谓"正心"就是让心安于它本应安的大体之上,即去人欲成天理,而不让它为小体所奇。

二、董仲舒的"性三品"说与心身修养论

性三品说的基本观点是:人有三等,即圣人、斗筲之人和中民,前两者无性可言,因为圣人是天生的善者,而不是只有其可能性。他们"循三纲五纪,通八端之理,忠信而博爱,敦厚而好礼"③。斗筲之人也无性,因为他们天生是恶人。由于无性,因此也不可教化。只有中民才有性。他说:"名性者,中民之性。"④他们"有善质而未能善"⑤。人能否成为善者,取决于两个因素,一是先天有无善质或成善的可能性,二是有无教化。"无其质则王教不能化,无其王教则质朴不能善。"⑥简言之,如何做人这一问题并不是所有的人都会面对的问题。例如对圣人、斗筲之人就没有必要,且也不可能提出这一问题。只有中民才有必要,也才有可能。怎样通过教化使中民去凡成圣呢?

董仲舒在《春秋繁露·身之养重于义》中,把养生区分为两个方面,一是养体、养身,二是养心。两者都重要,缺一不可。但有轻重之别,即养心以人来说远重于养身。因为"体贵莫于心"。再则,有的人虽然身陷囹圄,"虽贫与贱",但"尚荣其行以自好,而乐生",简言之,"虽贫能自乐"。而有的人不注重养心,虽然身体养得好,但痛苦不堪,活得不自在,死得快,且死得不容易。这种人,"虽甚富,则

---

① 徐复观.中国人性论史(先秦卷).上海:三联书店,2001.243
② 王守仁.传习录,下
③ 春秋繁露·深察名号
④ 春秋繁露·实性
⑤ 春秋繁露·深察名号
⑥ 春秋繁露·实性

羞辱大恶。恶深,祸患重,非立死其罪者,即旋伤殃忧尔,莫能以乐生而终其身,刑戮夭折之民是也。"更重要的是,善于养心、治心的人,不仅能生活得好,过上幸福、美满、智慧的生活,而且能行王者之道,成就轰轰烈烈的事业。"圣人天地动,四时化者,非有他也,其见义大故能动,动故能化,化故能大行,化大行故法不犯,法不犯故刑不用,刑不用则尧舜之功德。此大治之道也。"意思是说,圣人之所以能感天动地,呼风唤雨,没别的原因,仅仅在于他治心之义伟大。基于此,才能感天动地,才能变化四季;能变化,因此能有大的作为;有大的作为又不触犯法律,不触犯法律所以不用刑罚,不用刑罚就能成就尧舜一样的功德。这是天下大治之道。

怎样养生呢?由于人有身心,而身心各有不同的性能和特点,因此滋养它们的营养、管治它们的方法也不尽相同。董仲舒在《身之养重于义》中说:"天之生人也,使人生义与利。利以养其体,义以养其心。心不得义不能乐,体不得利不能安。义者心之养也,利者体之养也。"从人自身治理的角度来说,义是"内治"的准则。

如前所说,养心、治心比养体更为重要,因为"体莫贵于心,故养莫重于义,义之养生人大于利"。怎样以义养心治心呢?他在《仁义法》中阐述了这一问题。他认为,仁和义是两种不同的准则,它们各有不同的适用对象,用对了,可以收到修齐治平的最佳效果,用错了,则既害己又害人,甚至祸国殃民。具体而言之,仁在治人,在于调整人与人之间的关系,而义则是管治自我的原则。"仁之法在爱人,不在爱我。义之法在正我,不在正人。我不自正,虽能正人,弗予为义。人不被其爱,虽厚自爱,不予为仁。"董仲舒的这番话极其深刻,颇值得我们今天思考和借鉴。正义、爱人,这类准则也是我们今天盛行的道德的组成部分,许多人常挂在嘴边。但值得注意和令人不安的是,许多人在运用它们的时候,正是用错了对象,即口里喊要爱人,要仁慈,其实是在爱自己,口里喊正义,其实是在以此要求别人,尤其是当自己得到了自己不该得的,做了自己不该做的事情时,常不是用正义原则衡量和自责自己,而是用"爱"和"仁"来善待自己。有时即使也将正义原则用于自身,那恐怕是在自己吃了一点小亏时才如此,才用正义的原则为自己鸣冤叫屈。这种现象可能是人类的一种通病,因此董仲舒反复强调:"义云者,非谓正人,谓正我。"即是说,正确加以理解,义只能用来正我,不能用来正人。什么是他所理解的义呢?他回答说:"义者,谓宜在我者。宜在我者,而后可以称义。故言义者,合我与宜以为一言。以此操之,义之为言我也。……是故内治反理以正身,据礼以劝福。……先其事,后其食,谓治身也。"这段话有这样几个要点:第一,义这一原则强调的是人应认清自己该做的、"宜"做的事情,并把它做好。只有如此做了,才可以谈论义,才可以称之为义。第二,义就是我,"我"与"义"即该做的事情,就是一个词。因为"义"一词无论是在指称上还是在读音上,都是与"我"同一

的,此即"义之为言我也"。在古代,"义"与"我"两词音同而义近。第三,要将内心、自我治理好,关键是"反理以正身,据礼以劝福",即必须心中有道,据理而行,以此匡正自身,并辅之以礼。第四,要先做事,后谈论吃喝享受之类的事情。这是管治自身的原则。如果以义内治,那么就可塑造出一个内圣而外王的人物,因此可以说"义造我",正像"仁造人"一样。

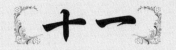

《管子》论人、心与成圣

> 执一不失,能君万物。君子使物,不为物使。
>
> ——管子
>
> 圣人裁物,不为物使,心安是国安也,心治是国治也。……治心在于中,治言出于口,治事加于民,故功作而民从,则百始治矣。……圣人之道若存若亡,援而用之,殁世不亡。与时变而不化,应物而不移,日用之而不化。
>
> ——管子
>
> 思索生知,慢易生忧,暴傲生怨,忧郁生疾,疾困乃死。思之而不舍,内困外薄,不蚤为图,生将巽舍。
>
> ——管子
>
> 大心而敢,宽气而广,其形安而不移,能守一而弃万苛,见利不诱,见害不惧,宽舒而仁,独乐其身。
>
> ——管子

艾舍尔：《涟漪》，1950年，油布版画

管子："洁其宫，开其门，去私毋言，神明若存。"

《管子》一书是中国春秋时期齐国政治家、思想家管仲（？—前645）及其门人、传人的著述集，大约成书于战国时代。托名管仲所作，其实大部分出自战国时齐国稷下学者之手，另还有汉代附益的部分。一般认为，有些部分如《牧民》等记述了管仲的遗说，有些部分如《立政》等记述了管仲的言行，而《心术》上下、《白心》《内业》等篇可视为管仲学派、齐国法家对管仲思想的发挥。总的来看，《管子》一书是出自不同时代许多人之手的汇集了政治、经济、天文、历数、哲学、伦理道德等各方面理论、思想的百科全书式的著作，而从思想的性质来说，则是一部糅合了儒、道、法等诸家学说的综合性著作。在心理哲学与做人之类的问题上，上述特点尤为突出。

1 心身学说

　　《管子》一书有多篇涉及到人心及其构成问题，如《心术》上下、《白心》和《内业》等。用今日心理学、心灵哲学的眼光看，可以说它们包含了丰富的心理学、心灵哲学思想。从阐述这些思想的动机来看，作者的主要目的可能是要表达他们关于如何做人、做一个什么样的人的看法。而做人实际上是一个类似于治理国家的事情，亦即做人实际上是要"治"人，而治人又必须治心或修身。这一思路及逻辑在《内业》、《心术》等篇的标题中已得到了较好的体现。根据管仲学派对人的看法，心为人身之主，因此要做好人，把自己治理好，必须把内部的事务治理好。质言之，做人实际上是一项内在的事业、工程。《心术》讨论的是心的作用、功能及其调节方法，而《白心》讲的就是怎样通过净化内心来实现提高自身的生活质量和道德境界直至成圣这一做人理想。

　　既然做人在于治心、修心，而要治和修，又必须先认识要治、要修的对象。由于心与身及其器官是混合、联系在一起的，心既主宰情、欲、身，又受其影响和钳制，因此要认识心及其治理的规律与方法，必须先认识心自身的结构、功能以及它与其他部分的关系，简言之，得先有一个关于人的认识。

　　人尽管是万物之灵，有其独特本质和规定性，但从构成上说，人与其他事物又有一致性，那就是：人由精气构成，服从道的制约。因此我们有必要先了解一下他们的朴素唯物主义的精气说、道气说。其基本观点是：包括人在内的万物都由精气所构成，而精气是"气之精者也"，即是一种精细的气。当然光有气还不会有物生，还必须有道的作用。所谓道是一种存在于万事万物包括我们人身上的、"虚而无形"的但又具有"化育万物"的规则、力量[1]。从其存在的处所来说，万事万物都

---

[1] 管子·心术上

与它须臾不离,真可谓"道不远","与人并处"。从其存在形态来说,"虚而无形"。从其本质来说,虚静无为,故可以说:"天曰虚,地曰静,乃不忒。"①意思是:天之道为虚,地之道为静,故没有过错。从与人的认识的关系来说,它超越于感知觉之上,"难极","难得"②。但从作用上说,它又有生化、主宰万物的作用,可以说它有"化育万物"之德。当然光有道,还不足以产生万物,它必须与气结合在一起才能如此,因此它只是万物生灭、运行的一种决定力量。除此之外,还必须有气的作用。具体而言之,由于道与气的结合,才有万事万物的生灭和运行。人也没有丝毫例外,他是气道合和而产生的,天出其精,地出其形,合此便有人生,不合和便无生。一旦有生,便有感觉、思想的发生。

《管子》不仅一般地说明了人的起源、形成过程,而且从个体发生学的角度描述了个体及其各部分的具体发生过程,各种部分的功能及其发生过程。如《水地》中有这样的描述:"人,水也。男女精气合,而水流形。三月如咀。咀者何?曰五味。五味者何?曰五藏(通脏)。酸主脾。……五藏(脏)已具,而后生肉。脾生膈,肺生骨,肾生脑,肝生革,心生肉。五内已具,而后发为九窍:脾发为鼻,肝发为目,肾发为耳,肺发为窍,心发为下窍。五月而成,十月而生。生而目视,耳听心虑。"意思说,人不过是水的派生物。男女精气合在一起,由水流变成人形。胎儿到了三个月时便能尝味道。尝哪些味?尝五味。而五味又是生成五脏的。如酸产生脾脏。……五脏产生后,便产生五体。如脾生膈膜,肺生骨骼……五体一形成,然后发而为九窍。如脾发而为鼻,肝发而为目。……到五个月时,胎儿成形,十月出生,婴儿生来目就能看,耳就能听,心就能思虑。

从人的具体构成来说,人是一个由心和其他部分所组成的统一体,整个人是一个整体,由心和九窍及内部其他器官所构成。《心术上》说:"心之在体,君之位也;九窍之有职,官之分也。"九窍指的是人的外部器官,如两眼、两耳、两鼻孔、口、前阴、后阴,内部器官有心以外的其他器官如胃、脾、肾等。人身上的九窍有自己的规则和功能,就像朝廷百官各有自己的职责和分工一样。例如眼睛的职责是看或视,如此等等。

这里值得我们关注的是《管子》对心的构成、作用以及它与身体其他部位的关系的论述。《管子》所说的心有两种,一是肉体之心,一是精神,即像君主一样处在至高无上的统治地位的心。《内业》云:"心以藏心,心之中又有心焉。"第一个心实即我们今天所说的心脏,但它又是人的高级心智活动的主体或基质。因此可以说心中还有心。后一个心是精神性的、有认知思虑作用的心。这也就是说,管仲学派是持心脏为思维器官这一观点的。《心术上》说得更明白:"心也者,智

---

① 管子·心术上
② 管子·心术上

之舍也。"而智的作用主要表现在"思虑"和"知"之上。这里的知不是感官之知,而是高级的理智的知,如把握形而上的对象,认识事物内在的结构和本质,体悟"道","照知万物"、"得一之理"等①。

　　管仲学派还承认,人除了有思、知之类的智性作用之外,还有欲、情、志、视觉、听觉、触觉、嗅觉、味觉等心理作用。不过,他们的独特之处在于:他们既不把它们归之于纯粹的肉体作用,更不把它们看做是纯粹的精神作用。例如就视觉之类的感性认识来说,他们首先认识到了人能得到关于外物的认识,如形成感知、获得关于事物本质和规律的认识这样的事实。在此基础上,他们还试图作出解释。他们认为,人的感性认识主要是由感官获得的,但也离不开心的作用。"耳目者,视听之官也。"②耳目是视听的器官,要获得知觉,还得靠心的作用。例如如果心为情欲所充满,那么就会"目不见色,耳不闻声"。反过来,如果要获得关于"彼"(对象)的正确认识,那么就必须修"此"(心),而修此"莫能虚矣;虚者,无藏也"③,即让心无求、虚静、没有成见。

　　在欲、情、志等心理问题上,管仲学派一方面承认了它们的客观存在,另一方面又强调它们离不开心、身的共同作用。例如就欲求来说,他们首先对之作了分类。从涉及的范围看,他们把欲求分为生理和社会需求两大类;从具体对象上又分为四类:贫贱—富贵、危坠—存安、忧劳—佚乐,灭绝—生育。其次,他们说明了欲求与情感的关系,认为情感根源于欲求的满足与否以及满足的状况:"凡人之情,得所欲则乐,逢所恶则忧。"④反过来,情感对欲求又有反作用。例如欲望没有满足会引起不满的情感,而此情感有时会使欲望更加强烈,以致以特殊的方式爆发,导致破坏的行为。在这种情况下,最好的办法就是疏导人的情感。因为"闭祸在除怨"⑤。

　　在上述分析的基础上,他们还试图揭示心理与行为的合规律性关系,尤其是探讨了统治者所期望的行为模式及其所出自的心理状态。统治者所希望看到的行为模式是忠诚、效力、善良、爱国、仁慈的行为,不愿看到或设法防止的是暴乱、邪恶的行为。要使期望的行为模式发生,就得找到每种行为的特定的心理根源。《管子》对此作了一些探讨,丰富了民间心理学的内容。例如它认识到,被统治者的暴乱的心理往往与他们的怨恨心理、不满意的心理有关,"官无常,下怨上"⑥,

---

① 管子·内业
② 管子·心术上
③ 管子·心术上
④ 管子·禁藏
⑤ 管子·版法
⑥ 管子·权修

"赏罚不信,则民无取……外不可以应敌,内不可以固守。"①反之,"百姓皆悦为善,则暴乱之行无由至矣"②。这就是说,如果被统治者觉得统治者无信,朝令夕改,就会产生怨恨心理,在此基础上就会导致可怕的行为后果。反之,如果人们满意度高,心生喜悦,那么就不会发生暴乱行为。

2 圣人之心

通过对人、心体、"心术"(即心之作用)的研究,管仲学派认识到了修心、治心、安心的可能的方向,尤其是心可能达到的理想状态。这种状态既能使自己有"一事能变"之智,恰到好处地应对万物,齐家治国平天下,同时又能使自己心态"恬愉",尽享人生快乐,因此它是一种圣人的境界。根据他们对心的体认以及对圣人的理解,圣人实即有特定心理的人。

在《心术下》中,管仲学派从内在方面描绘了圣人品质、标志和特征。从内在的方面看,圣人有独特的"内德"或"内聚"。所谓内德是指:圣人因与道合一,彻底把握了万事万物的本质及变化规律,达到了心的真正"内治",因此必有各种"用"即德表现出来。这些用或德对于人来说,是宝贵的价值源泉,由此可以派生出无穷无尽的外在的用,因此是"内聚"。按《管子·心术下》的描绘,内德主要有这样一些方面。

第一,从心态上来说,心达到了"正静"、"精"的境界。它"专于意,一于心"。这也就是说,心在任何时候,甚至在不利的环境下能保持不变,不为利害得失所动,"无以物乱官",即外物不能扰乱感官,从而无动于衷。但是心专并不等于把自己完全与世隔绝开来。这是不可能的。因此精或专一的实质在于面对外物能专一不乱,适逢变化而应对自如。

第二,有独特的智慧。圣人的智慧不是凡夫的小智巧慧,而是大智大慧。它是体道的必然体现,因此与道合一,其特点是"一事能变",即专一其事而又能变通,以不变应万变,因此"一事能变曰智"。

第三,从认知上说,圣人之心能摆脱感知、情感的影响,以静心体察万物,因此能获得关于世界的彻底、全面、深刻的认识。它"翼然自来,神莫知其极,昭知天下,通于四极"。意即:这种知的境界犹如飞鸟翩翩而来,神灵都不知其秘密。这种认识清楚明白地把握了天下一切事物,在完善性上达于极致。

第四,圣人之心是全心,即完善、健康的心,完美无缺。"全心在中",即健康之心内于其中。"全心之形,明于日月,察于父母。"尽管内隐不显,但像日月一样

---

① 管子·权修
② 管子·权修

明显,就像父母能清楚地知道自己的子女那样。

《心术上》还从心与欲念、情感、事态的关系上说明了圣人之心的特点。

从欲求上说,圣人能做到寡欲、去欲。"世人之所职者精也,去欲则宣,宣则静矣。静则精,精则独立矣。独则明,明则神矣。"①这里所说的职即志,亦即念,或"心之所之",大意是,在面对心所向往的东西时,若能做到去欲,则能让心静下来,进而有利于人处在最佳的精神状态,如独立、明朗直至神明。更为重要的是,由于圣人超越于物欲,不为物使,因此能做到既不恶死,又不好利。既然如此,威逼利诱之类的手段对于君子来说就是无用的。因为"君子不怵乎好,不迫乎恶,恬愉无为,去智与故"。可见从心理状态上来说,君子的特点在于静心无为,丢弃并超越于智慧与巧诈之上。由于这种心境,因此在待人接物时能做到:"其应也,非所设也;其动也,非所取也。"也就是说,君子面对人和事用不着处心积虑,做事行动用不着劳神费力、盘算计较。尽管无为,但他无不为。之所以如此,根源于他的"静因之道"。

做圣人,一个很重要的问题是处理好与感官、情感的关系。而感知、情感是由身体负责的,在这个问题上,心应做到无欲,或者说无为。有欲有为,感官就不能正常发挥自己的作用。因此让心无欲,是管理好自己的情感、感知的最好办法,或叫"心术"。《管子·心术上》云:"心术者,无为而制窍者也。"意谓:心的作用正在于通过虚静无为来管制自己身上的九窍。同一篇《心术》还说:"洁其宫,开其门,去私毋言,神明若存。"这就是说,只要让心室清净起来,排除私心杂念,便能让神明出现于心,存在于心。当然,圣人也有自己的"好"和"恶",与凡人的不同在于:"恶不失其理,欲不过其情。"亦即既不违理,又不逆常情,循理而好恶,这才叫君子。

做人、合道,关键在于调心,而调心就是要让心静下来,一念心静,便无事不办:"纷乎其若乱,静之而自治。"

在名实关系上,圣人的特点在于"名当"、"不与万物异理"。《心术上》云:"物固有形,形固有名,名当谓之圣人。……殊形异执,不与万物异理,故可以为天下始。"意思是,事物都有自己的形体,有形必有自己的名称,而圣人的特点在于能做到名实相符,"以形务名,督言正名",对不同的事物采取不同的态度,同时不违背事物的规律。圣人虚静以待,故可以看作天下始祖。

有其体必有其用,有其内必有其外,有其心必有其行。因为"全心在中不可匿,外见于形容,可知于颜色"②。也就是说,圣人之心必然通过自己的形体、言语、行为、对事对人、治家治国的活动表现出来。质言之,由于圣人有其特定的心

---

① 管子·心术上
② 管子·心术下

理,因此必然在修齐治平方面有特定的外在表现。对此,《心术下》作了具体的分析。首先,就身体的表现来说:"人能正静者,筋韧而骨强;能戴大圆者,体乎大方;镜大清者,视乎大明。"这就是说,圣人有虚静正直的心境,因此一定身体健壮,能顶天的人就能体察大地,能像明镜那样照物的人就能看问题像日月一样清楚。其次,从认识上说,圣人"能毋卜筮而知吉凶","能毋问于人而自得之于己"。再次,在处理事务时,"慕选而不乱,极变而不烦。执一之君子,执一而不失,能君万物,日月与之同光,天地与之同理。"这就是说,圣人能做到广加辨识而不乱,善于应变而不烦,坚持专一又不迷失,因此能主宰万物,使日月与之同光,天地与之同理。第四,能担当治国大任。"圣人裁物,不为物使,心安是国安也,心治是国治也。……治心在于中,治言出于口,治事加于民,故功作而民从,则百始治矣。……圣人之道若存若亡,援而用之,殁世不亡。与时变而不化,应物而不移,日用之而不化。"一句话,由于圣人实现了心治,因此能治国平天下。

3 成圣的心理机制及途径

《管子》中的《内业》篇在分析人的构成因素、形成过程及生命的运作原理的基础上,从独特的视角,开创性地论述了凡圣在心理上的根本差别及成圣成凡的心理机制。

《内业》云:"凡人之生也,天出其精,地出其形,合此以为人。"意思是,人由精气和形体两部分构成。形包括人的肢体和五脏六腑,其中最重要的部分是心。此心即是现今所说的心脏。之所以说它最重要,是因为它是人的生命的主宰,是人的生存状态、生活质量的决定因素。它之所以能发挥如此重要的作用,又在于它之内还有心,即精气。"心以藏心,心之中又有心焉。""凡物之精,此则为生。"每一事物之所以产生,是因为它禀得了天地的精气,五谷、星辰、鬼神、圣凡,莫不如此。精气在物,为其主宰,在人则为心中之心。在此意义上说,人人都是平等的,因为每个人都禀气而生,依心而为人。

既然如此,现实的人为什么有凡圣之别呢?这个问题中也隐含着康德式的问题:人有成圣的可能吗?如果有,是如何可能的?《管子》的答复清楚明白:人人都可成圣。因为人人都藏有天所赐予的"精气"。它"藏于胸中,谓之圣人"。也就是说,只要是禀天地而成的人都藏有圣人,用今天的话来说,有成圣的可能性,有圣人的种子。这"种子"在没有变成现实之前,尽管是潜在的,但也有它的存在形体,那就是以精气的形式存在的。"是故民气,杲乎如登于天,杳乎如入于渊,淖乎如在于海,卒乎如在于己。"也就是说,这气高远、幽婉、广阔,同时又切近。尽管有此种子,但现实生活中并非每个人都能成为圣人。原因何在呢?原因不在形体,而在心理。

接着,《内业》对此作了具体的阐述:"凡心之刑,自充自盈,自生自成。"这里的"刑"通"形",全句意思是说:心的形体、本性本来是自我充盈、自生自成的。但是一经生成之后,心所面对的环境,所受的来自于主体的待遇是不同的,尤其是它的心理环境和待遇是各不相同的。如果一天到晚总是烦扰它,捣乱它,让它不停地往来于喜怒哀乐的状态,让利欲来熏染它,使之跟随五官的变化而川流不息,随物而转,那么它就违反了它的宁静的本性,背道而驰。如果是这样,这种心体、心态就会让相应的用伴随出现,如得到小智巧慧,小恩小惠,生活在人我是非之中,为鸡毛蒜皮的事、蝇头小利争来斗去,生活在喜怒哀乐、起伏不定的状态之中,想得到的得不到,终生碌碌无为,干不了大事。

相反,有一种人合道而行,按心的本性安心,依气的规律运行气,因此能让此心、此气由潜在的圣人变成现实的圣人。因为此气"不可止以力,而可安以德;不可呼以声,而可迎以意。敬守忽失,是谓成德。德成而智出"。这句话的大意是说,成圣之种子或气,用强力是留不住的,只能顺其本性,用德来安顿它。靠声音是没法让它停在身舍之内的,但能用心意来安抚它,恭敬地守着它,不让其跑掉、失却,这就叫"成德"。德一成,便有智出,有德有智便为圣。质言之,为这种心提供它所必需的、与其本性一致的居住环境,那就是静、专一的环境,成圣的种子就会结出圣果来。千万不能提供纷扰、杂乱的环境,因为后一环境是成凡的条件。《内业》总结说:"凡道无所,善心安爱,心静气理,道乃可止。""修心静意,道乃可得。"意谓:只要用坚持不懈的精神去修养心意,让它安定下来,使之成为静心、定心、治心,而不让它流转于各种知觉和情绪状态之中,那么就有了道气生存的合适的条件,就有了成就圣人的条件。一言以蔽之,潜在圣人变成现实的圣人,凡夫转为圣人的秘密和机制"在于心安"。因为"中不静,心不治",如果中静心治,定心得到了,"执一不失",那么便水到渠成,圣人翩然而至。圣人一成,便无事不成,如"执一不失,能君万物。君子使物,不为物使"。"是故圣人与时变而不化,从物而不移。……定心在中,耳目聪明,四肢坚固。……气,道乃生,生乃思,思乃知,知乃止矣。"意思是说,圣人专一而不失,因此能主宰万事万物。也就是说,君子能役使万物,而不会为其所役使。因此圣人能随时而变,又不为其所化,顺应事物之变迁,而不会为其所迁移。……因为定心在中,因此耳聪目明,四肢坚固。……气,通过充盈而产生生命,有生命便有思想,有思想便有知识,有知识就进入了至善的境界。总之,心一静,道以之为舍,人便进入了臻于至善的人生境界。

既然圣人的标志、特征从体上来说都不离心,因此要由凡转圣当然要从内努力,使内在的条件得到满足。后者满足了,成圣便水到渠成。而满足内在条件的过程和方法可以用两个字来概括,那就是"治心",即修治凡夫的心,使之成为圣

人的心,使凡夫心得到"大治"。怎样治心呢?

治心,可以从正反两方面来分析和阐述。一是从反面分析凡夫之心的表现及其根源。凡夫之心之所以是凡夫之心,关键在于它失去了平正,即不能在任何环境中保持专一和虚静,总处在上下起伏、波动不安之中,纷纷攘攘,乱成一团。"所以失之者,必以喜乐哀怒。"也就是说,凡夫心之所以不能平正,原因在于不能自己做主,总受制于感知觉的左右,受喜怒哀乐的影响。既然如此,就应从这里入手开始对治。其方法是节制喜怒哀乐,怎样节制呢?"节怒莫若乐,节乐莫若礼,守礼莫若敬。外敬而内静者,必反其性。"这就是说,节怒止恶,关键是靠音乐。而要防止陷入享乐,重要的是要守礼,而要守礼就要做到笃敬。如果能外守笃敬,内修虚静,那么就能返回自己虚静灵明的本性。

总之,调整心态最重要的就是要让心静下来,让它处在它应处的"位"之上。这个位就是静。之所以要静,是由心的阴性所决定的,性阴故静,违静而动,"动则失位"。如果守住自己的阴、静之位,便能控制阳,就能制动。故可以说:"静乃自得。"如果得静,便能使心专一,心专一,便能超然独立,而独立便能明察秋毫。这便进到了神明的境界。

圣人也是得道之人。这里的道是虚道,其大无外,其小无内,遍满一切。"遍流万物而不变。"因此,它就是宇宙万物的本质。圣人之所以为圣人,就在于圣人是得道之人,彻底认识了道,并与它彻底同一。因此能顺应它,不偏不颇。

从认知的角度说,圣人当然要获得关于对象(彼)的认识,但圣人的独特之处在于:从修认识主体(即心、此)入手。"其所知,彼也;其所以知,此也。不修此,焉能知彼?"怎样修此呢?别无他法,就是清洁其心,让其虚静无藏。"修之此,莫能虚矣;虚者,无藏也。"因为有藏就是有求、有先入之见。而有藏,有情感因素在起作用。有这些东西,就不可能有正确的认识。这些论述用现代的观点来解读,似乎隐约可见现象学的思想萌芽。管仲学派,或其中的某些人显然已认识到:心(此主体)中有藏,即有先入之见。而有藏,即有情感、观念、意愿等在那里起作用,人就不可能获得关于对象,尤其是关于道的纯客观的认识与把握。因此通向真理的途径,与道合一的途径在于"虚静无藏",在于清洁其心,将已有的东西"悬置"起来。因此"无藏"既是至真之途,又是至圣之途。进一步可以说,《管子》一书在这里所表达的思想有双重意义,一方面是认识论、现象学方面的意义,一方面是圣学的意义。

从正面,把圣人的存在作为客观的事实,去追溯他成圣的条件与方法,也能得到与上面分析同样的结论。

管仲学派认识到,要立志成圣,并真心实意地把做人的重点从外转向内,真正去实践治心的办法,最关键的是要转变价值观。因为圣人之所以为圣人就在于他有独特的价值观,而一般人受常识价值观的迷惑而不能自拔,以为只有外面的东西才有价值,获得了这些东西,人就幸福了,就解放了。与此相连的是,一般人在看待心态的价值的问题上,总是以为心之快乐、喜欢、愉悦是最好的,因此拼命用各种物质的方式、情感的方式、肉欲满足的方式让这些心态出现。而《管子·内业》表达的思想与这种常识价值观大异其趣,它认为:静心以外的所有心态都不值得贪求,都是有害的。即使是喜、乐也不例外。因为它们对人都是有害的,并不能给人以真正的快乐,同时也不是幸福的、高质量的生活的组成要件。例如:"思索生知,慢易生忧,暴傲生怨,忧郁生疾,疾困乃死。思之而不舍,内困外薄,不蚤为图,生将巽舍。"意为:思索可以形成智慧,懈怠疏忽产生忧患,暴躁傲慢产生怨恨,忧郁导致病患,而病到一定的时候必死。总是挖空心思,将陷入内外交困。若不想办法改弦易辙,生命之气将离身舍而去。《内业》还说:"忿(愤)怒之失度,乃为之图。"意思是说,忿(愤)怒过头了,就要想办法调治。"凡人之生也,必以平正。所以失之,必以喜怒忧患。"人之有生命,有生气,一定是依赖于心之平正,有的人所以失却了,根源在于喜与怒,因而背离平正原则。因此要有高质量的生活,必须"节其五欲,去其二凶,不喜不怒,平正擅匈"。"大心而敢,宽气而广,其形安而不移,能守一而弃万苛,见利不诱,见害不惧,宽舒而仁,独乐其身。"这两段话清楚说明了治心从而让心恢复平正的具体方法,那就是:节制五官的欲望,杀掉喜怒这两个有害心灵健康的元凶,真正做到不喜不怒,进而平和中正的心态就会占领心灵这片土地。所谓"大心",即是超越个人狭隘的欲求、喜乐、为己之心的心,包容万物的宽心。有这样的大心就能无畏无惧,有宽广的胸怀、气概就能使形体安康而德性不移。如能心性专一,便能抛弃各种烦恼、毛病,见利不受诱惑,见害不生畏惧,最终进入一种心宽气和、自得其乐的美好境界。

怎样修身治心呢?管子的回答很简单,那就是要"白心"。为了说明这一点,《管子》一书专辟"白心"一章加以集中阐述。所谓白心,就是要通过一定的方法将心灵调适到清白、虚静、明朗、中正的状态。因为只有处在这样的心态,才能得福,才能"形性相葆"即形全心顺,以至于长命百岁。怎样白心呢?首先,既要知道心之中正为最高价值,为最理想的状态,但又不能执意求取。因为一执意,便违背了中正。因此正确的动机和态度是"不中有中","有成"同时又"贵其无成"。所谓不中有中,意即不刻意求取中正,反而可保持中正,在创造成就的过程中,心抛开有成无成的计较,反而能取得真正的成就。在知识、智慧、德行、名利面前都保持这种态度,守中守正,"持而待之,空然勿两之,淑然自清",意为保持中正的心态,以之接人待物,虚静自心,而忘人我是非,便能使神志洁然、清净,便能得到真正的知识、智慧和德行。如果走向任一极端,便贻害无穷。因为"思索精者明益衰,德行修者王道狭。卧名利者写生危,知周于六合之内者,吾知生之有为阻也"。

意谓:思考愈精细的人,愈是不明智,而德性上修养越高的人,其王道越狭窄。计较名利的人,其危险一定多,知识丰富、无所不知的人,一定伤神过度,而且会到处碰壁。因为矜持自满,必带来很多凶险。

综上所述,修身贵在白心,而白心贵在心处中正,"淑然自清"。怎样才能做到中正呢?方法、道路远在天边,近在眼前。那就是要"知道"、"得道"。要"知道",首先要转变价值观,真正认识到道是最高的价值。"道者,一人用之,不闻有余;天下行之,不闻不足。……小取焉则小得福,大取焉则大得福,尽行之而天下福。"人人都可知道,绝不会因用、行的人多而不够用。只要行道,随着行道程度的加深会得到不同的福祉,甚至得到延年益寿的效用。这正所谓:小行得小福,大行得大福,进一步,天下人皆得福。因为"今夫来者,必道其道,无迁无衍"。意谓:道的来到,有其固有的道路和规律,不改变,不拖延。怎样才能知道得道呢?答案是:"和以反中,形性相葆,一以无二,是谓知道"。所谓"知道",就是认识到这样的道理,即心性平和,直至返归中正,进而使形体健全,性命和顺,相谐统一,永远做到心意专一而不分散。所谓得道就是:"责其往来,莫知其时,索之于天,与之为期,不失其期,乃能得之。"意思是说,要得道,就要设法探求道的往来,知其时间,索之于天,专一等待,不失其期,进而持之以恒,便能得道。

在养生问题上,《管子》不仅对心理方法作了探索,而且对物理方法如饥食法也有论及。"凡食之道:大充,伤而形不臧;大摄,骨枯而血沍。充摄之间,此谓和成。……饥饱之失度,乃为之图。饱则疾动,饥则广思,老则长虑。饱不疾动,气不通于四末;饥不广思,饱而不废;老不长虑,困乃速竭。"[①]简言之,饮食之道的关键在于把握适度,既不过饱,又不过饥,这样才能使精气有所寄托,神智得以滋长。如果吃饱了,要加强活动,太饱了还要放宽心思。

---

① 管子·内业

程朱理学的心理哲学

Chengzhulixue De Xinli Zhexue

> 颜子"一箪食，一瓢饮，在陋巷，人不堪其忧，而不改其乐"。夫富贵，人所爱也。颜子不爱不求，而乐乎贫者，独何心哉？……见其大则心泰，心泰则无不足。无不足，则富贵贫贱处之一也，处之一，则能化而齐。
>
> ——周敦颐
>
> 所谓立志者，至诚一心，以道自任，以圣人之训为可必信，先王之志为可必行，不狃滞于近规，不迁怒于众口，必期至天下如三代之世也。
>
> ——程颐
>
> 要存得此心，不为私欲所胜，遇事每每著精神照管，不可随物流去，须要紧紧守着。若常存得此心，应事接物，虽不中不远。思虑纷扰于中，都是不能存此心。此心不存，合视处也不知视，合听处也不知听。
>
> ——朱熹

艾舍尔:《树》,1920年,墨水画

朱熹:"大抵圣人之学,本以心穷理。"

十二 程朱理学的心理哲学

理学有广义和狭义之分。广义的理学泛指宋元明时期以理气、心性、天道性命等为研究中心的哲学学派。狭义的理学主要指周敦颐、张载、二程（程颢、程颐）和朱熹等宋儒的理学思想。我们这里述及的主要是二程和朱熹关于心性、心理的思想，兼及周敦颐和张载的有关思想。理学家常自称自己的学说为道理或理学，严格说是性道之学或性理之学，即心性义理之学，究其实质或就其主旨、主要内容而言，是"圣学"或"圣人之学"，即希圣希天的学问。如牟宗三所说："人的德行完成之教。"①从渊源上说，它是先秦儒家成德之教的复兴和昭彰，如张载所说是"为去圣继绝学"。因此这种理学又可称做"新儒学"。从其主要内容来说，它关心和回答的是圣人是否可至、可能，如何可能，可能的根据条件是什么等等之类的康德式的问题。无独有偶，这些问题的解决路径与康德也有不谋而合之处。因为无论是理学家还是康德都意识到：他们的问题都必须在人类心灵之中才能找到答案。例如康德试图通过对人类心灵的批判，找到科学知识所以可能，善行、道德规范、审美判断得以成立的先天根据，而理学家也清醒地认识到，必须到人心中去寻找成圣的可能性根据、先天根源、条件和方法途径。如周敦颐说："圣人之道，入乎耳，存乎心。"②程颢说："然学之道，必先明诸心。"③朱熹说："大抵圣人之学，本以心穷理，而顺理以应物。"④

理学家之所以要为去圣继绝学，原因是多方面的，而其中最重要的一点是他们看到了两汉以来道德沦丧、人无廉耻、只随物欲、不讲做人和人格这一现实，并力求予以改变。就此而言，在今天重新思考和审视理学应该具有重要的现实借鉴意义。

由篇幅所限，加之由本书的主题所决定，笔者在论述程朱理学的心性哲学时尽管会涉及到周敦颐、张载、程颢、程颐和理学之集大成者朱熹的思想，但我们既不考察他们各自思想的共时态和历时态结构，也不探讨他们思想承先启后的关系，更不着墨于他们在具体问题上观点分歧之比较，而只关注他们在一系列圣学和心性学问题上带有共性的看法。

1 心身学说与心性论转向

理学家对心及其与身的关系的论述很多，因而可以肯定他们有自己内容丰富、自成一体的心身学说。用我们今天的眼光和规范来看，这一广义的"心学"中

---

① 牟宗三.宗明儒学的问题.上海：华东师范大学出版社，2004.6
② 通书·陋第三十四
③ 朱熹、吕祖谦编.近思录，卷四
④ 观心率.见：朱文公文集，卷六七

既有"求真性认识",又有"价值性认识"。所谓"求真性认识",如前所述,指的是从科学的、存在论的角度对对象本身的结构、性质、功能的认识,其目的是要查明对象是什么,由什么要素所构成,其结构、本质、性质、功能作用是什么。与真求性认识相对的是"价值性认识"。在对心灵的认识中,关于心灵的价值性认识,是指对心灵在做人、在提高生活质量、提高人的境界直至成为圣人的过程中有什么作用的探讨。这一探讨尽管不能完全撇开求真性认识,但由于其侧重点在于挖掘和昭示心灵里面所蕴涵的、可供人在人生实际生活过程中利用的价值资源,简言之,其主旨是要挖掘心体之价值,以及该价值对做人的"用",因此这一探讨是名副其实的价值性认识。在致力于心灵之价值资源的探讨的人看来,心灵里面不是什么也没有,不是白板或白纸,而总是有点什么。不过,所先天拥有的这些东西又不是现成或现实的东西,而只是一种可能的根据或条件,是"种子"或倾向之类的东西。用西方哲学家如莱布尼茨的话说是"纹路",而用中国理学家的话说是理或"纹理"。众所周知,"心"是宋代理学家谈论最多的话题。在我们今天看来,他们对它的研究既有求真性的方面,又有价值性的方面。前者是铺垫,后者是落脚点和主旨。因为理学家的主要使命是"为去圣继绝学",即重建已几近废弃的圣学。而在他们的圣学中,圣不是神,而是人。其圣学的任务就是要揭示人变为圣的可能性根据、条件、方法和途径。而要如此,又要首先弄清一般的人的构成、本性及特点。在他们看来,人是宇宙万物中的一员,因此也是理气的具体化。人有形、心、性几方面。而形、心都是气的具体化或样态,性是理的表现,简言之,性就是理。这是宋代理学家的共同观点,当然也有不同。例如尽管都说性即理,但二程所说的性即理,重在发挥孟子的性善说,而且其范围侧重于人类社会。而朱熹所说的,则推广到整个宇宙界。因为在他看来,此性同时也是万理之总名,普遍存在于宇宙万物之中,人在生成之时,禀得来,便为人所有,随即成为人之性。另外,既然朱熹在理气论中强调理气合一,那么在论及人时,便自然强调性气不离。当然,他又承认理气可以分言,因此在这里又强调性气不杂。总之,根据他的理气论,他的心性论一清二楚。一方面,心性一体,性必附于心之上,性是心之所有之理,心是理之所会之地。另一方面,心与性各自又有自己的存在方式、特征和作用。性无形迹,清净空虚,无情意、无计度、无造作,但蕴藏着各种潜在的可能性。而心有形体,禀气而成,有情意,有造作。从与理的关系来说,心是理的"着处"。若无心,人身上便没有理的"着处"。从功能上来说,心能觉知,虚灵神明。正因为虚灵不昧,神明觉知,因此心才能具众理而应万事。正是心具众理,因此有心的人才有成圣的根据。总之,心是人的根本之所在,是主宰,是"性情之主",因为性是心之理,而情是性之动,性动处即是情,其主宰则是心。

讲到人的性气必然要讲到人的形神及其关系。关于形神的产生过程,朱熹指出:"人生初间,是先有气,既成形,是魄在先,形既生矣,神发知矣。既有形,后方有精神知觉。"①气是从哪里来的呢?朱子回答说:气是源于"理",而理是太极,是道,是万物的本原和规律。万物的产生顺序是理—气—万物。"理与气合,故能成形。"②宋代理学创始人周濂溪在《太极图说》中说得更明白:"无极而太极,太极动而生阳,动极而静,静而生阴。静极复动,一动一静,互为其根。……阳动阴静而生水火木金土,五气分布,四时行焉。五行一阴阳也……二气交感,化生万物,万物生而变化无穷焉。唯人也,得其秀而最灵,形既生矣,神民知矣。"朱子尽管承认形先神后,但他又认为,形神是可以分离的,尤其是在人死亡之时。他说:"人将死时,热气上出,所谓魄升也,下体渐冷,所谓魄降也。"③朱熹承认,人活着的时候,魂魄或心身是不可分离的,并且可以相互作用。他说:"人生时魂魄相交,死则离而各散去。魂为阳而散上,魄为阴而降下。"④人活着时其魂魄不仅不能相离,而且有些作用的发挥还得靠两者的配合。如:"凡能记忆,皆魄之所藏受也,至于运用发出来是魂……能知觉底是魄,然知觉发出来底又是魂。虽各自分属阴阳,然阴阳中又各有阴阳也。或曰:大率魄属形体,魂属精神。"⑤

就心自身的存在、结构、本质与功能来说,可从不同的角度去描述和理解。程颐说:"心一也。有指体而言者,有指用而言者,唯观其所见何如耳。"⑥首先,他们所说的心既可从形而下去理解,又可从形而上去理解。从形而上来理解,心是虚灵之心,或说:"虚灵处是心之本体。"从形而下来解理,"像如肺肝五脏之心,却是实有一物。若今学者所论操舍存亡之心,则自是神明不测。……心比性,则微有迹;比气,则自然有灵。"⑦

其次,心有天心与人心之别。朱熹说:"在天地则块然生物之心,在人则温然爱人利物之心,包四德而贯四端者也。""天地以生物为心者也,而人物之生,又各得夫天地之心以为心。""人之为心,其德亦有四,曰仁义礼智,而仁无不包,其发用焉则为爱恭宜别之情,而恻隐之心无所不贯。……论人心之妙者,则曰'仁,人心也',则四德之体用遍举而该。盖之为道,乃天地生物之心即物而在,情之未发而此体已具,情之既发而其用不穷,诚能体而存之,则众善之源,百行之本,莫不在是。"⑧

---

① 朱子语类,卷三
② 朱子文集,卷四十六
③ 朱子语类,卷五
④ 朱子语类,卷八十七
⑤ 朱子语类,卷八十七
⑥ 近思录,卷一
⑦ 朱子语类,卷五
⑧ 仁说.见:朱文公文集,卷六十七

从心对做人的价值来说,有道心和人心之别。中国心灵哲学带有强烈的道德心理学的意味,也就是说它重在揭示不同道德属性的心理根源、机制、作用过程。例如朱熹在论述心、性、情、知的关系时指出,性、情、知都是心的作用。这种作用如何发挥,或者说在发挥时,它们所处的关系直接决定了人的道德性状。他认为,情与认知过程密切相关,而知有对天道的体认和对情感的控制作用。当人在知觉时,可能发生情感活动,但进到了知的阶段,人则可体认到天道,将情感恰到好处地控制起来,让其适度地发挥出来。而情的表现则与一个人的道德情操密切相关。关于人心与道心及其区别,后来的王夫之说得更明白:"人心统性,道心藏于性,性抑必有其情也,故曰道心统情。"①从具体内容看,"喜、怒、哀、乐,人心也。恻隐、羞恶、是非,道心也。"②

从时空属性上来说,心有广袤无边之心和流变之心。朱熹说:"心兼广大流行底意看,又须兼生意看。"③即是说既要从广大,又要从生生不已去理解。当然从广袤上去理解,并不是说世界上存在着这样一个广袤无比的实有之心,而是就心之用来说,心可以超越自己的肉体和眼见、耳闻,达到至大无外、心外无物的境界。而流变之心则类似于现今所说的意识流,意味着心总处在流动变化之中,念念相续。

从体用上来说,即有作为体的心,又有作为用的心。而这可从多方面来描述。例如他们有时说:寂然不动是心之体,而"感而遂通天下"为其用④。有时又把心性看做体,而把性之发用或动即情看做用。这在后面再作分析。从静态结构看,心由不动的心之体即性加上它发生作用时的情所构成。而这里的情除了喜怒哀乐等狭义的情感情绪之外,还包括意、志、知、信、愿、欲等。由此可以看出,理学家对心理现象之范围的认识已接近西方现代心理学和心灵哲学的认识。

不仅如此,他们的论述中还充满着一定的科学精神,即试图从本体论角度证明心理在自然界的存在地位,揭示它们起作用的机制和运行的原理。例如,关于知觉,他们认为,它是"知之端",是耳闻和目见的结果。从内在的机理来说,知觉之存在和完成都离不开理和气。因为首先要有相应的形体出现。朱熹说:"不专是气,是先有知觉之理,理未知觉气聚成形,理与气合,便能知觉。"⑤知觉与理是不可分的。"理不离知觉,知觉不离理。"⑥思与虑也是如此。思虑是心的官能,是获得关于外物认识的高级认识环节。它之所以有这种作用,之所以能克服感觉的

---

① 尚书引义·大禹谟一
② 尚书引义·大禹谟一
③ 近思录,卷五
④ 伊川文集·与吕大临论中书
⑤ 朱子语类,卷五
⑥ 朱子语类,卷五

局限性、遮蔽性,之所以能做到"物不能蔽",关键在于它"得其理",尽其职。他说:"心则能思,而以思为职。凡事物之来,心得其职,则得其理,而物不能蔽。失其职,则不得其理,而物来蔽之。此三者,皆天之所以与我者,而心为大。"①

最后,他们的思想中有时候还有背离其二元论本质的方面,如强调:思虑、言语、意动是身的功能。如朱熹明确指出:"凡人之能言语动作,思虑营为,皆气也。"②

在中国哲学对心的研究中,一开始就有科学和伦理学两种致思取向,一开始就有求真性认识与价值认识两种把握方式。例如对形神各自如何产生、是否相离、神可灭还是不可灭、怎样灭亡等之类问题的探讨就属于科学层面、本体论意义上的探讨。但在儒家、道家对心灵问题的探讨中,一开始又有强烈的人生哲学和价值论色彩。也就是说,人们在探讨心身问题时,一直在反思这样的问题:人为什么有凡圣之别?人的形体尽管都是物质的,但为什么心态、喜怒哀乐、生活的质量各不相同?许多人认识到,对这些问题,只能从心灵中寻找答案。人做得如何,活得怎样主要取决于心所在的内在状态。人能否成圣,人能否过上高质量的生活,也只能到心中寻找答案。

到了宋代,尤其是在程朱理学中,在佛教的影响下,后一倾向一跃而成为主流,甚至可以说是后来心身认识的主体内容,称其为"心性论转向"或价值论转向大概也不为过。因为一方面,从汉至唐末,中国心灵哲学中居主导地位的倾向是对心的求真性认识,而圣学以及与之相应的对心的价值性认识则显式微,甚或"不传"。到了宋代,随着儒学的复兴,其中圣学以及相应的心学在新的基础上重新进入新儒家的视野,大有"否定之否定"之势。因此相对汉唐来说,宋代的圣学和心学可看做是一种认识上的转向。相对于后来在宋元明清以显学而著称于世的心学来说,宋代理学对价值性心灵哲学的强调,更可以说是一个良好的开端。另一方面,就宋代的心灵哲学自身来说,尽管它也有求真性认识的方向和内容,但由其新儒学的整体性质和宗旨所决定,其价值性认识始终是居主导地位的方面。这一点的表现是多方面的,兹略述一二。

第一,从范畴上说,"形"、"神"、"身"等范畴尽管经常出现,但不再是居中心地位的范畴,而"心"、"性"、"命"、"诚"则成了中心范畴。

第二,在对心的研究中,心之"性"以及万物之性成了主要话题。在程朱理学中,"性"就是"理"。两者的差别主要表现在所适用的对象不同。用来泛指天地万物的道理、本质、规律,便称做"理",而体现在人身上的理则被称做"性"。如朱熹的学生陈淳在其疏释理学概念的带有工具书性质的《北溪字义》一书中说:"这

---

① 孟子集注,卷十一
② 朱子语类,卷四

道理受于天而为我所有,故谓之性。"从性的内容来说,就是包含了人心中的理。从来源上说,这理得之于天然。但是心中之性、心中之理又不是以现成的形态存在的,而有一个从潜在向现实的转向过程。因此人最初的性只是一种禀赋、潜能或倾向。但这性具体包括什么内容,怎样实现,与圣凡是什么关系,与理想的心理境界是什么关系,便成了心性论的主要问题。

第三,在程朱关于心身关系的讨论之中,心不再是原来形神之辩中的像附薪之火、附刀之刃的那种"副现象",而本身有自己的本体论地位,既有自己的存在,又有自己的作用,而且还是一身之主宰,因此成了自体、本体。例如它有自己的贮藏物,有自己的用。因此是体与用的统一。这种体用可从不同方面予以揭示。它具众理,因此是体,同时它又能应对万事,此为它的用。从相状上说,它寂然不动,此是它的体。同时它面对万物万事能变化,此是它的用。

第四,在程朱理学那里,心有形而上和形而下两方面的构成,例如神明不测的妙用、灵运,所包藏的各种"善端"以及它能发挥的认知思维作用,这些都是它的形而上的方面,而心同时也是万物本体的具体化,有自身的物质载体,如离不开五脏六腑,因此有物质的禀赋和性质。

2 圣学的总问题与圣人的心理标志

宋代的理学家几乎都异口同声地提出过这样的问题:圣人是可能的吗? 如周敦颐问:"圣可学乎?"①程颢问:"圣人可学而至欤?"②而程颐的问题与佛教的"一阐提有无佛性"有异曲同工之妙:下愚即自暴自弃之人能否化而入圣③? 面对这类问题,古今中外不外这样几种态度或回答。一是视圣人一文不值,因而不屑一顾,甚或报之以嘲笑,嗤之以鼻。另一类人尽管看到了圣人对己、对社会的价值,但又认为,圣人具有天纵之质,可望而不可即,一般的人通过努力,沾点皮毛、得点圣人的好处就不错了。但也有这样一类人,通过对人性的研究则认为,圣人可学而至。理学家就是如此,他们不仅提出了做人这样一个根本性的、极其重要的问题,而且都做出了肯定的回答。既然如此,接下来就有这样一系列的问题:什么是圣人? 圣人有哪些标志和条件? 人如何可能成圣? 或人由凡转圣有无先天的心理根据? 如果有,是什么?

成圣是理学家最高的做人理想,或理想的人格模式,在他们心目中具有最高的价值和最神圣的地位。这既是他们著书立说的立足点,也是他们人生理论和实

---

① 通书·圣学第二十
② 近思录,卷二
③ 近思录,卷一

践的最高追求。例如张载不仅提出了"为天地立心,为生民立道,为去圣继绝学,为万世开太平"这样振聋发聩的口号,而且将之付诸自己的人生实践:他一生勤奋好学,至晚年仍孜孜不倦。终日危坐一室,左右简编,俯而读,仰而思,有得则识之。或深夜起坐,取烛以书。其志道精思,未尝须臾而息。气质刚毅,德盛貌严。王阳明从小就确立了去凡成圣、做第一等人的理想,而且终身践行不止。这些与今日许多人以有形的东西、肉体的享受为价值目标形成了鲜明的对此,当然也值得那些只说不做、对自己讲利、对别人讲义的人思考。那么理学家心目中的圣人形象是什么样的呢?

首先,从立志上说,圣人是胸怀大志之人,这大志就是"希天",以天地之志为志或"继天地之志,达天地之事"。所谓志即是天地运行的规律、原理或道理。圣人就是为此道理而出现于世的。其使命就是发现它,"裁成天地之道",继而宣扬、传播它,让它深入人心,变成人们的行动指南。更难能可贵的是,亲自实践它,维护它。总之,要成为圣人就要修道立教,以辅相天地之道,继而传道治国。因此圣人上合天德,法乎天地之大仁至神而参赞宇宙之造化。

其次,圣人尽管也像任何人一样有"人心",但他的心已不是一己私心,即局限于眼耳鼻舌身所知范围内的、为物所役的、有限的、只为自己得安乐的心,而是"大其心"。所谓"大其心",按朱熹所说就是:由于"圣人尽性",因此其心"不以见闻梏其心。其心视天下无一物非我。……以此,天大无外。"①这也就是说,圣人的心由于超越于有限感官的限制,摆脱了肉体的限制,超越于感性认识之上,彻底把握了宇宙万物的本性,其范围与天地齐。而在实践上,超越于小我,将整个天地万物视为我之组成部分,它们的痛痒吉凶全都是我的痛痒吉凶,我的命运与宇宙的命运浑然一致。因此天大无外,心外无物。张载说:"大其心则能体天下之物。物有未体,则心为有外。世人之心止于闻见之狭,圣人尽性,不以见闻梏其心。"②意谓:世人之心由于受见闻知觉的限制,心外有物,人我分别,因此是小心。而圣人穷理尽性,超越见闻,因此是大心。朱熹也说:君子当终日"对越在天"也③。所谓"对越在天",意即让自己的德行与上天的德行相符合。之所以如此,其根源在于有大心,在于"得仁之体"。由此,便有"博施济众"之功用,"己欲立而立人,己欲达而达人。能近取譬。""仁者以天地万物为一体,莫非己也,认得为己,何所不至。"④这很有点接近于佛家的"无缘大慈、同体大悲"的味道。一个只顾自己利益、一切以自我为转移的人是与圣人背道而驰的,因此不配谈圣论道。

---

① 近思录,卷二
② 正蒙·大心篇. 见:张载集. 北京:中华书局,1978.24
③ 近思录,卷一
④ 近思录,卷一

这种大心,从其内容上说,可称做道心。如此说开去,圣人的心全然成了道心,而一般人的心,尽管其中也有道心,但由于没有觉悟,没有变成现实,因此只有道心的萌芽或部分显现,占主导地位的仍是人心。所谓人心,不外是饥寒痛痒、感知思维、饮食男女之心。它也有觉,但主要是"觉于欲",而不是"觉于理"、"觉于道"。尽管人心与成圣无关,但它是人的生存的必要条件或基础。因为有这种心,人便有了生命,有了常能见到的人的生活和活动,有了知情意之类的心理现象发生。而道心则不同,它是仁义礼智之心,这四端不仅作为端倪存在于心之中,而且在一切行为中现实地表现出来,成了人的言行以及心理活动的主宰。因此道心不同于人心的特点在于:它觉于理,是"义理之心,可以为人心之主宰"。但它又杂出于人心之间,只是微而难见,故可以说"道心唯微"。既然如此,对之就必须精之一之,而后中可执。应注意的是,朱熹区分开道心、人心并不等于他认为人有两种心。毋宁说,道心、人心其实是一体的,只是从它所达到的境界上才把它区分开来。如果只是觉于欲,理、道在其中居于潜在或次要的地位,那么此人之心便是人心。如果同一此心能觉于理,那么便可叫做道心、圣人的心,或说其心"浑然是道心",尽管它也有知觉、思维、欲望、情感和意志,但都是在道的主宰下运行的,都不离理,因此进到了人与天合、心与理合的境界。

第三,从体上来说,圣人有一颗寂然不动而又能巧应万变、微妙幽隐的心灵。周敦颐说:"寂然不动者,诚也;感而遂通者,神也;动而未形,有无之间者,几也。诚精故明,神应故妙,几微故幽。诚、神、几,曰圣人。"①意谓:圣人的根本标志或特征在于诚、神、几。所谓"诚",有真实不虚之意。这里指人的本性、本来面目。在周敦颐看来,人的本性就是寂然不动,没有任何扰动,没有任何是非、分别。从价值属性上看,它"纯粹至善"。一般的人尽管也平等地享有这一本性,但是由于没有自觉,没有让它变成现实,因而只能是凡夫俗子一个。圣人之所以是圣人,关键在于他让它变成了现实。因此之故,圣人在面对一切有利不利的环境、事物时都能做到寂然不动。因此诚是"圣人之本"②,是圣人的"五常之本、百行之源"③。有此现实的诚,圣人在一切行中都能做到"一",即做到无私欲、无杂念,从而无分别,"虚静动直"。由于能做到虚静,便能做到"明",有"明"便有"通"。由于"动直",因而能做到"公",有"公"便有"薄"④。按周敦颐的看法,圣人除了有心体上的标志之外,还有用上的标志,那就是"神"和"几"。所谓"神"是指人心在与外物打交道时、在有思虑活动时表现出来的特点。由于圣人之心寂然不动,因此其思

---

① 通书·圣第四
② 通书·诚上第一
③ 通书·诚下第二
④ 通书·圣学第二十

虑觉知必然有"神明"的特点,亦即,其心在与外物打交道,在感知外物时能做到通达,没有任何阻滞,天地人、万事万物无不贯通,因此妙用无穷。所谓"几",指人心未动与动、未发与发、无与有之间的状态。人的行为之所以表现出善恶,人之所以有好人与坏人之分别,就是由这一时刻的选择所决定的。圣人之所以为圣人,关键就在于他"几微",在于他慎重选择和检查,只为善,不为恶。由于他找到了因而拥有可靠的安身立命之本,因此动也好,静也好,他都能稳坐钓鱼台,以不变应万变。

第四,从圣人自身的内在构成和特征来说,圣人的聪明才智完美至极,博学多闻,"晓事"、"通变",且"收拾心身",合用合乎道理。朱熹说:"性者,万物之一源,非有我之得私也。唯大人为能尽其道。是故立必俱立,知必周知,爱必兼备,成不独成。"①意谓:圣人俱立、周知、兼爱、不独成,而其根源又在于:让平等所具有的性"尽其道",充分地"发"出来了。

第五,从外在的方面来说,圣人"出应天下事","范围天地","曲成万物",修道立教,使人模范匡郭,不使过中道,成就轰轰烈烈的事业,"直有阖辟乾坤之功"。这些标准当然是很高的。正是看到了这一点,朱子等人的理学尽管也可称做"希圣希天之学",但他们反对圣人易为说,而持圣人难为论。

第六,从过程上来说,圣人是由潜在四德向现实四德转化的过程,换言之,圣人的四德变成了现实。朱熹赞成前儒的看法,承认四德是成圣的可能性根据,但也有自己的创发性理解。那就是他认为:四德实即一德,即仁德。因为其他三德是仁德在表现过程中的具体形式。既然如此,如果一个人把仁德完满彻底地体现出来,那么就成了仁者,而仁者也就是圣人。从体上来说,仁者实现了由小我向大我的转化,也就是说圣人的我包括天地万物,因此浑然与物同体。从动态上来说,仁者是觉者、醒者,亦即是说,他的仁不是处在潜伏状态,而在向现实转化,或已向现实转化,他的仁处在觉醒、能动状态。因此宇宙随处,只要有不幸、痛苦、灾难发生,都与他痛痒相关,他都会起恻隐之心。就此而言,理学的仁与佛家所说的慈悲精神(无缘大慈、同体大悲)有相通之处。从关系上来说,恻隐之心是此心的动处、醒处,而心中之理则是它的根源和基础,或者说心之体是理,而其发用便有爱和不忍之心、怜悯之心、同情之心。再进一步,当此恻隐之心面对不同的环境和对象时便有其他三心、三德的显现,如遇须辞让的对象便有辞让之心发生,遇须羞恶、是非的环境,便相应地有羞恶之心、是非之心发生。

最后,圣人把利他与利己、道德与幸福统一起来了,在利他、替天行道、克己吃苦的过程中同时享受着生活的无穷乐趣,同时过着幸福美满的生活。以颜子为

---

① 近思录,卷一

例,他还未到圣位,充其量只是亚圣,但他在希圣的过程中,尽享了圣人的快乐与幸福。周敦颐说:"颜子'一箪食,一瓢饮,在陋巷,人不堪其忧,而不改其乐'。夫富贵,人所爱也。颜子不爱不求,而乐乎贫者,独何心哉?……见其大则心泰,心泰则无不足。无不足,则富贵贫贱处之一也,处之一,则能化而齐。"①这就是说,圣人、亚圣由于有大心,因此即使处在人"不堪其忧"的环境中,仍能心泰体安,于贫富贱贵中处之一如。长此以往,便能转化,直至齐圣。这些说明,至乐、至福的方式不只是声色口腹享受这一类途径,而是多种多样的。圣人有圣人的方式,那就是:"君子以道充为贵,身安为富。"②或者说有道即富贵,心安是大乐。这是一般人难以理解,更难以享有的,但确实是真正的快乐。正像不会读书的人不知道书中自有黄金屋、读书自有无穷快乐一样。

3 心性与圣人可求论

由上可知,成就圣人,无论是对己还是对他人、对社会都有不可估量的价值,但是其标准太高,一般的人无疑会产生这样的疑问:成圣可能吗?理学家们也自觉地涉及了这个问题,并认为,这是一个事实问题,即如果现实生活中真的产生了圣人,那么答案就是肯定的,否则就是否定的。他们一致认为,圣人在历史上比比皆是,如尧、舜、禹、周文王、孔、孟等。因此接下来就是要探讨其可能性的根据与条件。他们像康德寻找先天综合判断的可能性根据一样,到人心中去探寻。因为成圣的根据不在外部世界,而就在人的心灵之中,具体而言,就根源于人心中的"性"。那么什么是性?其根据为什么是性?

"性"或"心性"范畴是中国心灵哲学独有的范畴,因此相对于西方心灵哲学来说,是中国心灵哲学在研究对象与范围方面多出的部分。无论是古代西方的心灵哲学,还是现当代的西方心灵哲学都没有涉及这一课题。尽管西方的心灵哲学一直在关注和探讨心灵的种系与个体发生,但在这种研究中以及在其他的心灵研究中,所着眼的始终是现实的心灵。即使是带有生物学倾向的心灵哲学家涉及了心灵的遗传和天赋方面,但都未触及到中国心灵哲学乐此不疲的"心之性"或"心之端"。当然,如果把视角推向心灵哲学之外的其他西方哲学领域,那么还是能找到关注心性问题的表现的。不过,这种关注超出了心灵哲学的范围,主要是发生在认识论领域,到了康德那里,才延伸到了伦理学和美学领域。最典型的是莱布尼茨的大理石花纹说。在他看来,人心不像洛克所主张的那样,其上面什么也没有,但也不像柏拉图和笛卡儿所说的那样,心灵天生就有现成的真理性知识,而是

---

① 通书·颜子第二十三
② 通书·富贵第三十三

像有花纹的大理石。这些"花纹"代表的是心灵中天赋的可能性、禀赋或倾向,不是现成的知识,但它们在相应的条件下又会变成现实的知识。因此,"花纹"尽管只是可能性,但它们决定了后天获得知识的可能和不可能的范围、程度。既然如此,可以确切地将这些天赋的"花纹"称为真理的"种子"或"内在原则"。十分有趣的是,莱布尼茨所说的"花纹"除了范围局限于认识论这一点不同于中国心性论之外,在形式方面与后者几乎没有什么差别。例如理学家在强调"性即理"时,这里的"理"也有"纹理"的意思,指的是天授之于人的潜在种子、理路、理性或圣性。这也意味着,人一生下来,心上面不是什么都没有,而是"有点什么",但这生来就有的东西又不是现实的东西,而只是一种禀赋、倾向或可能性。尽管只是一种可能性,但它又决定了人在现实生活中所能成为的人的可能与不可能的范围。

在理学家看来,所谓性就是"天授之于人心之中的道理"①。简言之,性便是许多道理,即"得之于天而具于心者"。他还说:"性者,人之所得于天之理也。"②万物都有理,因此万物都有性。当然,理在人与在事的表现形式有一定的差别,因此他们强调:"性即理也,在心唤作性,在事唤作理。"③性尽管是理,有些还只是禀赋或可能性,但性有其内容。朱熹对性的内容作了具体的说明。他像张载一样将性区分为天地之性和气质之性。所谓天地之性又称天命之性、义理之性,是"专指理言",即天赋于人的仁义礼智等先天之禀赋。人正是有此义理之性,才有成仁成善甚至成圣的可能性,才有别于万物,才有资格成为万物之灵。"此人之性所以无不善,而为万物之灵也。"④朱熹说:"性则有一个根苗,生出君臣之义,父子之仁,性虽虚,都是实理。"⑤

所谓气质之性是理与气混合在一起相互作用而成的性,即:"以理与气杂而言之。"⑥由这种性有理的成分,因此它有善的可能性。但由于气有浊清、昏明、厚薄之分,因此有善恶两重性。此外,从具体表现形式看,气质之性主要表现为人的知觉、运动之类的心理生理现象。就气的角度来说,人是能知觉运动的存在,这与外物没有什么区别。这正所谓:"以气言之,则知觉运动,人与物若不异也。"⑦就气质之性与天命之性的关系来说,它们就像浊水与清水的关系,天命之性像清水,而气质之性像浊水,后者不同于前者的地方在于:它里面被撒了盐或别的东西,例如气质之性除了有先天的理之外,还杂有清浊、明昏之气。

---

① 朱子语类,卷九十八
② 孟子集注,卷十一
③ 朱子语类,卷五
④ 孟子集注,卷十一
⑤ 朱子语类,卷五
⑥ 朱子语类,卷四
⑦ 孟子集注,卷十一

朱熹等人强调,两种性尽管各不相同,但又是不分离、相互作用的。他说:"有气质之性,无天命之性,亦做人不得;有天命之性,无气质之性,亦做人不得。"①

基于上述对人性的看法,理学家对现实的人作了解释。他们认为:有的人之所以为圣为贤,一方面,是他有天地之性,另一方面,在人形成之时,所"禀之气清者,如宝珠在清冷水中"②。加上后天的相应的教育,他便成了圣人。朱熹说:"在人,仁义礼智,性也。然四者有何形状,亦只是有如此道理。有如此道理,便做得许多事出来,所以能恻隐、羞恶、辞逊、是非也。"③这就像药的性寒性热之类,人服用了会产生冷热的作用。反之,愚昧不肖的俗人之所以为愚为俗,根源在于所禀之气为浊,加上后天的不良教育,气习染污,因此故成。

4 心之未发与已发

"未发"和"已发"两范畴反映的是理学家从历时性结构对心的状态、变化和发展所获得的认识。在他们看来,凡圣、善恶就是在心态的变化过程中分化形成的,因此凡圣、善恶都不离心。所谓"未发",最一般地来理解是指心的潜在状态,其特点是:心尚未与物感通,没有思虑、知觉作用掺杂进来,因此心处在不动的状态,其性、情都处在潜伏状态。程颐说:"喜怒哀乐之未发,谓之中。中也者,言寂然不动者也,故曰天下之大本。"④朱熹说:"思虑未萌、事物未至之时为喜怒哀乐之未发。"⑤所谓"已发",是指心与外界相交感,有思考、知觉作用发生及其以后所出现的心理过程。具体细分包括两个阶段,一是发际,二是发后。所谓发际即是指心开始现实地发生作用的当下。朱熹说:"心的发用也是知觉。"⑥有知觉生起,便有情的现实的运转。理学家所说的情的范围比现在所说的情的范围要大得多,既包括狭义的情感情绪,又包括认知、意志等心理过程。只要是心所表现出来的现实的作用都可理解为情。朱熹说:"性才发,便是情。"⑦朱熹还说:"心有体用,未发之前是心之体,已发之际乃心之用。"⑧再从产生上来说,情是因感物而得,即在与外界打交道过程中产生的。从表现形式上说,情是动的,而不像性那样是静的。他说:"本体是性,动是情。"⑨具体又以四端、四情、七情等形式表现出来。

---

① 朱子语类,卷四
② 答郑子上.见:朱子文集
③ 朱子语类,卷四
④ 近思录,卷一
⑤ 已发未发说.见:朱文公文集,卷六十七
⑥ 朱子语类,卷五
⑦ 朱子语类,卷五
⑧ 朱子语类,卷五
⑨ 朱子语类,卷一○一

因为情是性、心的发用。他说:"喜怒哀乐,情也;其未发,性也。"①"心之为物,实主于身,其体则有仁义礼智之性,其用则有恻隐、羞恶、恭敬、是非之情。"②情感作为心之用,既有心内的感受,又有外在的表情表现。如人的快乐便是喜悦这一情感的表现。"说在心,乐主发散在外,说是中心自喜悦,乐便是说之发于外者。"③

所谓"发后",指心现实地产生作用之后的过程。广义地说,其实包括上面所说的发际和之后的"应物","行事"。狭义地讲,只指发际之后的、心处理心所面对的心理物理事物的过程。朱熹说:"存之于中谓理,得之于心谓德,发见于行事为百行。"④理即性,存之于中,即是未发,得之于心便是德,也即是发或发际,而发见于行事是人应对事物的行为,亦是已发。

在理学家看来,未发与已发是为了叙述、分析的方便而对心理过程所作的划分,其实这种划分不能把未发和已发理解为绝对分明的两个阶段,尤其是不能把未发理解为心绝对死寂、没有任何觉省的过程。朱熹说:"心无间于已发未发。彻头彻尾都是,哪处截做已发未发!"又说:"未发不是漠然全不省,亦常醒在这里。"⑤

对于未发已发还可从体用、性情、善恶等方面加以理解和说明。从体用上来说,未发是体,已发是用,因此两者是体用关系。朱熹说:"心有体用,未发之前是心之体,已发之际乃心之用。"⑥未发之心之所以是体,是因为,它里面包摄的是"寂然不动"而又有潜在大用之"性"。朱熹说:"情之未发者性也,是乃所谓中也,天下之大本也。"⑦从动静的角度说,未发是静,已发是动。从内容上说,未发心理状态的内容全是性,而已发状态的内容则是情。朱熹认为,心统性情,"性情一物,其所以分,只有未发已发之不同耳"⑧。朱熹说:"心本善,发于思虑,则有善有不善。若既发,则可谓之情,不可谓之心。"⑨从道德属性上说,性是全善,而情则有善有恶。他说:"性即理也。天下之理,原其所自,未有不善。喜怒哀乐未发,何尝不善? 发而中节,则无往而不善。发不中节,然后为不善。"⑩所谓"中节"是指和谐适度,既不过,又无不及。可见人之为恶,人之为凡人,其根源在于发,在于发时背离了人的本性,没有做到"中节"。朱熹说:"此只当以人品贤愚清浊论。有合

---

① 中庸章句. 见:四书集注
② 朱子四书或问;大学或问,卷二
③ 朱子语类,卷二十
④ 朱子语类,卷六
⑤ 朱子语类,卷五
⑥ 朱子语类,卷五
⑦ 太极说. 见:朱文公文集,卷六十七
⑧ 答何叔京十八. 见:朱文公文集,卷四十
⑨ 近思录,卷一
⑩ 近思录,卷一

下发得善底,也有合下发得不善底,也有发得善而为物欲所夺,流入不善底。"①"合下"指发的当下。其意思是说,在性发而表现为情或人的具体心理状态、言行举止时,有的是善,有的是恶,而有的原为善,后为物欲所改变而变成了不善。为什么有这种区别呢?对这个问题的研究很重要,因为成圣成凡的秘密和机理就在这里。

首先,人是行善还是作恶,是完全由心所决定的,尤其是由心发时的状态决定的。同样,人是成圣还是成凡,也在一念心之间,因此成圣,不能求诸外,而应"反求诸己",尤其是要从心处着手。朱熹说:"然学之道,必先明诸心,知所往,然后力行以求至。"②从心上用功,除了要有诚心、存心、敬心、信心等之外,还应知道"诸心"的利害及其所发的原因与机制。一方面,喜怒哀惧爱恶欲七情是心之所发。它们发时发后有两种状态,一是中,一是不中。前者是至圣之道,后者是悖圣之道。怎样才能使它们发之守中而不偏不倚呢?这就要在发时"正其心,养其性",不能纵其情,梏其性,而应节制情欲。这也就是说,圣人也有七情,所不同的是,圣人之情是因公而发,不是因私而发,因此"不系于心",而"系于物",即由天由道所决定,因此他所喜所恶的,也一定是天道所喜所恶的。这无疑是"因公而发"。这种发既不过,也无不及,因此是中和、中节。另一方面,要让仁义、忠信"不离乎心",造次匆忙必于是,颠沛穷困必于是,语默动静必于是,时时处处不使丧失,这一来,邪僻之心就不可能生起,人的善端就会显露、扩充,进而成为生活内容本身。

心发之后,人会有各种各样的、有善有恶的心态和行为,这就要针对具体情况用不同的方法加以调养和对治。这些在下一部分再予阐释。

另外,理学家对心之未发已发的论述还具有重要的修养方法论意义。由于心有不同的状态、阶段和过程,因此涵养心身应是全方位、全过程的。再则,不同阶段、状态中的心有不同的特点,因此涵养、对治的方法也有不同。就未发状态来说,其涵养的功夫应是主敬,"只恁混沌养将去"。朱熹说:"'仁'字是虚,'心'字是实。……学者须当于此心未发之时加涵养之功,则所谓恻隐、羞恶、辞逊、是非发而必中。方其未发,此心之体寂然不动,无可分别,且只恁混沌养将去。吾必察其所谓四者之端,则既思便是已发。"③

怎样在发际用功呢?如前所述,性必然表现于情。只要性动,只要它变成现实,就一定表现为情,"其中动而七情出"。因此情之作用表现出来是必然的、不可抗拒的。凡圣都不能例外。凡圣的区别不是在发与不发,而是在怎样发。圣人是觉者,因此性之发的相状、特点是:"约其情使合于中,正其心,养其性。"简言

---

① 朱子语类,卷四
② 近思录,卷二
③ 朱子语类,卷六

之,圣人在此问题上的特点是"性其情"。而愚者凡夫在发时的特点是:"不知制之,纵其情而至于邪僻,梏其性而亡之,故曰情其性。"①

5 至圣之道

如前所述,圣人之所以为圣人,其根本不在于他有特定的肉体构成,而在于他有特定的心理要件及结构。因此要成圣,必须从心上努力,一点一点去建构。而此建构的过程,实际上就是让人心转化为道心,或让潜在的性转化为现实的道心的过程。

要成为圣人,首先要有信心,即相信圣可学而至。而要形成和坚定这一信念,关键又是要认识到:尽管圣心超凡脱俗,仿佛高不可攀,但可积学而至,其可能性根据在于人人都有成圣的种子,即性。因为人莫不有形气,故虽上智之人不能无人心,同理,人的形气莫不是禀理而生,莫不有性,因此虽下愚之人不能无道心。只是在人处在凡位时,道心微而不显。因此修道成圣的关键就在于:让此微者显现出来,守其本心之正而不离,从事于斯,无少间断,使道心常为一身之主。长此以往,人心之危便安,道心之微便著,最终圣人不期而至。

其次,要成圣,就要立成圣之大志。理学家一致认为,立志为成圣之本。如程颐说:"当世之务,所尤先者有三:一曰立志,二曰责任,三曰求贤。"而"三者之中,复以立志为本"②。为什么?从正面事例看,圣人之所以走向成圣之路,并终成圣人,而没有走到别的道路上去,根本原因是圣人一开始便有圣人之志,"志是心之深处"。从反面的事例来看,许多人碌碌无为,终其一生,首要原因是没有志向。而有些人尽管有志,但不高远,因此只能做个好人,识得些道理。可见,志向的大小决定了所取得的成就的大小,以及做人乃至境界的高低。"若不立志,终不得力。"要去凡成圣,就必须以圣贤为标准,直做到圣贤的地步,如能这样,功夫则自然勇猛。怎样立志呢?程颐说:"所谓立志者,至诚一心,以道自任,以圣人之训为可必信,先王之志为可必行,不狃滞于近规,不迁怒于众口,必期至天下如三代之世也。"③

第三,要存心、正心。所谓存心,就是要让道心的种子保存下来,并使其不断扩充,发扬光大。之所以要存此心,是因为操此心则存,舍之则亡。朱熹说:"且要存得此心,不为私欲所胜,遇事每每著精神照管,不可随物流去,须要紧紧守着。若常存得此心,应事接物,虽不中不远。思虑纷扰于中,都是不能存此心。此心不

---

① 程氏文集,卷八
② 近思录,卷八
③ 近思录,卷八

存,合视处也不知视,合听处也不知听。"①大意是:如果能存养这颗仁义之心,那么即使没有完全达到目标,但也差不太远。如果不能存养此心,那么该听的听不到,该看的也看不到。所谓"正心"或"正其心",就是要时时盯住自己的心,使之"进退合道"②。而要正其心,又得先清洁净化心灵。因为现实的人尽管其性本善,有仁义礼智四端,但出生后由于自然文化环境和不正确的教育的影响,污秽不堪的东西充斥心灵,使善端无以表现。朱熹强调:"必然去此,然后能正其心。"怎样正其心呢?要正其心,就要设法让变动不居、摇摆不定的心静下来。因为人的心像水一样,尽管体本澄湛,但由于风和其他因素的影响,总是波涛起伏、动荡不宁。因此要让心之善端变成现实,成就圣人之心,就必须设法让风浪停下来,恢复心之体静。

第四,要诚其意。周敦颐说:"诚者,圣人之本。"换言之,"圣,诚而已矣"③。可见,诚对于成圣该是多么重要啊!程颢说:"道之浩浩,何处下手?唯立诚才有可居之处。有可居之处,才可以修业也。"④什么叫"诚其意"呢?所谓意即人的意向、意识,而诚就是真,就是无欺诈,就是让心意与实理相合。因为实理的本质就是诚。周敦颐说:"大哉乾元,万物资始,诚之源也。乾道变化,各正性命,诚斯立焉。"⑤只有各正性命,让人的精神意向、境界与天之诚相合,那么人之诚方成立。由于"诚"有不同的形式和层次,因此"诚意"有不同的形式和过程。要意诚,第一步要"知",因为只有知理,知道门径,知善之为好、恶之为恶,才能诚意。第二步,要"实用其力",不能"自欺","欲其必自慊而无自欺",树立"求之必得"的信心。同时要注意在相续的念虑之间审察,看自己有无自欺的痕迹,以存诚而去伪。第三步,从心动处、心发处着手、下工夫。因为人为善为恶,根源于人的起心动念,有为恶的动心,便有恶,反之便有善。第四步,"诚心恳恻,弗之措也。"所谓"弗之措",意为不放弃,坚持不懈。"诚心"不是一时一事的事情,而是一个长期努力的过程。"其自任之重也,宁学圣人而未至,不欲以一善而成名;宁以一物不被泽为己病,不欲以一时之利为己功。"⑥

第五,要有"敬心"。"敬"是理学独有的修养方法,它既不同于道家的"屏去闻见知思"、"绝圣弃智",又不同于佛家的坐禅入定。但同时又确实是一种调整心态的方法。理学之所以反对释老的方法,是因为他们认识到,既然是心,就一定像镜子一样,"万物毕照",这是"鉴之常",同理,"人心不能不交感万物",也"难

---

① 朱子语类,卷六
② 近思录,卷八
③ 通书·诚上
④ 近思录,卷二
⑤ 通书·诚上
⑥ 近思录,卷十四

为使之不思虑"。这种批评对道教道家也许是适用的,但对佛家是不适用的。因为佛家追求的"大圆镜智"也反对把人与外界隔绝起来(而绝对的隔绝也是不可能的),但同时又倡导要照物不起分别、不动心,"于相离相","于念离念",像佛那样,整日吃饭,未吃一粒米,整日说法,未说一个字,这是多么洒脱、高级、快慰、充满智慧的人生境界!

　　理学家之所以重"敬",原因在于他们认为,敬是"圣门第一关"。什么是敬?怎样奉行?根据二程和朱熹的说法,不外有这样几方面:第一,敬就是敬畏,有所畏谨不敢放纵,即让心整齐纯一,不使放纵。第二,收敛心身,使心中不容一物。心可处在有事和无事两种状态,如遇有事,便专心于那事,如遇无事便专心在此无事上。第三,让心既有主又无主。如果主是指理,就应让心有主,如此,心便踏实虚明。如主是指私欲,就应让心无主。第四,敬是常惺惺之法,所谓惺惺就是不昏昧,时时将心唤醒。朱熹说:敬就是"常唤醒此心"①。总之,所谓敬,就是要"主一",即让心专心一事,不让其他的进入。只有这样,心才有主。而"有主则虚,虚谓邪不能入;无主则实,实谓物来夺之"②。当然,应该承认,人果能进入这样的心态,当然是幸福快慰的,但相对于佛家的"大圆镜智"和最高境界来说,仍是权宜方便之法,远不究竟,因为即使进到了理学家的这般境界,仍还在凡位上打转转,离圣还有十万八千里距离。

　　第六,要静心。宋儒在修持、至圣的途径问题上有不同于传统儒学的地方,这主要表现在:孔孟从未说过静、静坐之类的话,而理学家们则像释老一样主静,并真的进行了一番实践,有的人还颇有心得和成就,甚至有的人如程颐还能教人静坐。为什么要静?因为只有在心静的状态下,中、仁、理这些价值才会爆发。怎样入静呢?他们不愿重复释老的原则与方法,而试图另辟新径,如强调:首先要无欲,无一毫之累。其次要以中正仁义而主静,直到万理明彻,然后湛然纯一。再次,自作主宰,静定其心。最后,心要尽可能做到无为、无事。"伊川先生曰:圣人不记事,所以常记得;今人忘事,以其记事,不能记得。"意思是:圣人之所以记忆好,是因为不刻意去记事、惹事;而现今的人之所以记性不好,是因记事太多。他还强调不能起计度之心。因为起心便会事与愿违,因此他以此"戒学者:心不可有一事"③。无事不是不要做任何事情,而是强调做事时要不分别计较,不这山望到那山高。正确的心态是:做一事,心止于其上。否则,"人不止于事,只是揽他事,不能使物各付物"。揽事就不能一件事一件事地按其事理把它们做好。因此"物

---

① 朱子语类,卷六
② 近思录,卷四
③ 近思录,卷四

各付物"就是能"役物",反之就是"役于物"或为物所役①。在理学家看来,心中无事,也就是心亨通,而亨通则可以临危不乱,逢凶化吉。"外虽积险,苟处之心亨不疑,则虽难必济,而往有功也。"②这意思是说,如果心中无事、亨通,那么便能做到脱然无事,即使遇险也可以出险,其行可以尚而上之。

第七,要成就圣人,就要处理好天理与人欲的关系,让天理一步步战胜人欲,从有欲到寡欲,最终做到无欲。有的人问周敦颐:"成圣有要乎?"他答道:有,那就是"无欲"③。理学家承认:天理与人欲都是人心中的客观存在。不管你愿意不愿意,不管你心中是否私欲充满、物欲横流,天理总是存在于其中的;同样,不管你心中的天理占有多重要的位置,甚至只有天理,但人欲还是不可能彻底泯灭的。因为人欲总隐伏在天理之中,或者说人欲中自有天理。要理解这一点,首先要知道朱熹赋予"人欲"的特定内涵。人欲并不等于需要。客观的需要本身就是天理。例如他说:"饮食者,天理也。"饥来想吃,渴来想喝,这是天然之理,是人之共同的本性。但是如果在客观需要中掺杂进了个人主观私念和欲求,那么需要就成了人欲。例如要求美味,就是某些人个人的欲求。因为并非所有的人生来就要求美味。其次,无论是在需要还是在私欲中,都有天理贯穿其中,即是说欲有其规律和道理。正是因为有这种关系,人才有可能通过存天理而去人欲。再次,即使是就人欲而言,并非所有欲都是恶的。朱熹说:"心如水,性犹水之静,情则水之流,欲则水之波澜。但波澜有好底有不好底。欲之好底,如我欲仁之类;不好底,则一向奔驰出去,若波涛翻浪,大段不好底欲,则灭却天理,如水之壅决,无所不害。"④要灭除的就是这不好的人欲。一旦它们全部灭除,人变成无欲,那么就会道心充满,圣人在前。而成了圣人,欲人欲圣之类的欲望也不复存在了。因此无欲既是至圣之途,又是最高圣人境界的标志。怎样才能做到这一点呢?朱熹的基本观点是:要在日常生活中讨取,平平恁地做工夫,尤其是要从心念生起、发动处着手,即要在心里、用心理的方法去实实在在地下工夫。而要如此,首先不能强制性地压制、克制私欲,而要用道理来化解私欲。如果能做到从这个道理发见处当下认取,簇合零星,渐成片段,那么私欲便会自然消靡退散。其次,要注意"充长善端"。因为仁义礼智四端越是现实化,在心中所占的地位越大、越高,私欲的地位就会越小。这种去私欲的办法比强压要好得多。因为强压只会一时奏效,过后又会复作。再次,要存天理去人欲,必须树立长期作战、持之以恒的信念。因为,从心理上说,人欲自胜不过天理,但从事上来说,则事事要去人欲、存天理,这一功夫不可

---

① 近思录,卷四
② 近思录,卷十
③ 近思录,卷四
④ 朱子语类,卷五

能一蹴而就,一下即成。

第八,要成圣,必须有圣人的知识和智慧,而要如此,必须"格物"、穷理,最终获得超越见闻觉知的大智慧,简言之"大心"。格物致知之说,最先由程颐提出。他认为,要有圣人的知识和智慧,就要用特定的方法去获取。这就是要"格物"。所谓"格",即穷,所谓"物",即理,格物即是穷理,一当穷理便获得了圣人必备的良知。朱熹说:"大抵圣人之学,本以心穷理。"①即所谓:"格,尽也。须是穷尽事物之理。若是穷得三、两分,便未是格物,须是穷尽得十分,方是格物。"而"物,谓事物"②。格物不是存心于一草木器用之间而忽然悬悟,而是"穷天理,明人伦,讲圣言,通世故"③。即所谓:"致,推极也;知,犹识也。推极吾之知识,欲其所知无不尽也。"④得到了这种知识,就是有了圣人的"大心"。大心的特点,一是超越于见闻觉知之上,尽性知心知天,二是心与天齐,天大无外。对此,张载概括得很清楚:"大其心则能体天下之物,物有未体,则心为有外。世人之心,止于见闻之狭。圣人尽性,不以见闻梏其心,其视天下无一物非我。孟子谓尽心则知性知天以此。天大无外,故有外之心不足以合天心。见闻之知,乃物交而知,非德性所知,不萌于见闻。"⑤

第九,要成圣,还要自省于身,自修其德。意思是说,要成圣,不仅要尽心尽力去修、去行,而且要经常回过头来反省自己。"君子之遇艰阻,必思自省于身:有失而至之乎?有所未善则改之,无歉(缺少)于信则加勉,乃自修其德也。"⑥意思是说,君子遇到麻烦、不顺利的事情,要从自身找原因,反思自己的思想、言行:有无做得不好的地方。有则改之,无则加勉。果能如此,便是自修其德。

第十,在修齐治平的过程中,要始终保持平和的心态。圣人之所以为圣人,不仅要修身修心成圣,而且要顺理化物,齐家,治国,平天下。而在此过程中,必然有穷、富、贱、贵、达、不达的状况发生。理学家认为,圣人不一定永远是顺心如愿的。圣人之所以为圣人,关键是他能面对各种有利不利的环境不改其心。朱熹的《近思录》第六、七两卷汇集了理学家在这方面的观点。其核心是强调:人在成圣的过程中要学会正确对待各种环境,要锻炼好自己的心态,如做到:"穷则独善其身,达则兼济天下。""君子之需时,安静自守。""恬然若将终身焉。"意谓君子在没有被取用、在等待之时,应安静自守,不能动其大志。不管是在得志时还是在不得志时,都不存"欲贵之心",而应"安履其素,其处也乐"。"大人于否之时,守其正节,不杂乱于小人之群类,身虽否而道之亨也。"简言之,在不达时,应独善其身。

---

① 观念说.见:朱文公文集,卷六七
② 朱子语类,卷十五
③ 答陈齐仲.见:朱文公文集,卷三十九
④ 大学章句,经一章
⑤ 正蒙·大心篇,第七
⑥ 近思录,卷二

陆王心学

Luwangxinxue

> 人心有病，须是剥落。剥落得一番，即一番清明，后随起来，又剥落，又清明，须是剥落得净尽方是。
>
> ——陆九渊
>
> 后世不知作圣之本是纯乎天理，却专去知识才能上求圣人，以为圣人无所不知，无所不能。……徒弊精竭力。从册子上钻研，名物上考察，形迹上比拟，知识愈广而人欲愈滋，才力愈多而天理愈蔽。
>
> ——王守仁
>
> 人但得好善如好好色，恶恶如恶恶臭，便是圣人。……既去恶念，便是善念，便复心之本体矣。譬如日光被云来遮蔽，云去光已复矣。
>
> ——王守仁

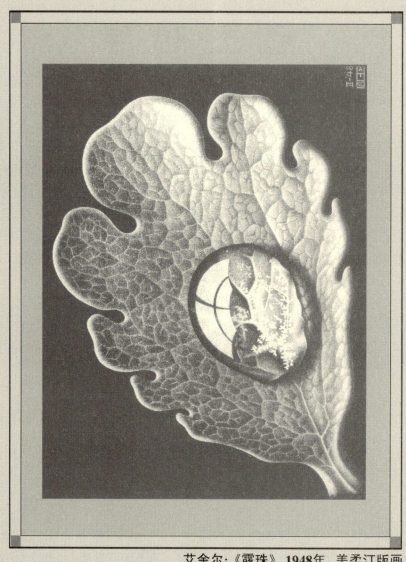

艾舍尔:《露珠》,1948年,美柔汀版画

陆九渊:"若能涵养此心,便是圣贤。"

十三 陆王心学

陆王心学是宋明时期流行的、曾一度跃为显学地位的、极具丰富心灵哲学内涵的哲学学派。其创始人为南宋时期的陆九渊（1139—1193，因在江西贵溪象山讲学，故又称象山先生），集大成者是明代中期的王阳明（1472—1529，名守仁，字伯安）。

陆王心学是名副其实的具有中国特色的心灵哲学。它既有西方心灵哲学的意趣，如王阳明曾将自己的学说称为"心身之学"，又有自己极为独特的个性，那就是从心理角度探讨为人之道，探讨如何由凡人转化为集真、善、美、乐于一身的圣人的可能性根据、心理机制及途径。因此这种心灵哲学既可称为圣学，又可叫做大人之学或良知之学。之所以叫圣学，是因为这种心学尽管从始至终不离心，但最终的归宿、最高的理想是落实于圣人。之所以被称为大人之学，是因为在王阳明等人看来，圣人就是有包容宇宙万物的大心的人，故圣学又可叫"大学"。圣人的大心从体上来说不外是良知，有此良知即为圣人。凡人如发明了自心的良知，便转化为圣人。因此圣学、心学又实即良知之学。总之，不管被称做什么学，都不出做人的学问，从出发点、立足点、落脚处来说又不外是心学。

在本章，我们将主要以王阳明的心学为阐释对象，辅之以陆九渊的心学思想。王阳明的心学继承了陆九渊的思想，当然又有自己的独创。用他自己的话说，这一方面"赖天之灵，偶有见于良知之学"①，另一方面又是他"真修实证"的产物，因为他被贬贵州龙场三年，因祸得福，始有机缘和条件实践他的学说，处闲养静，终于一夜"大悟格物致知之旨""圣人之道"②。从外在的方面来说，王阳明的心学是中国儒家圣学内在逻辑发展的必然。因为孔孟之后，"圣学晦而邪说横"。后来的世之大儒见此"慨然悲伤"，力图将圣学"宣畅光复于世"，但圣学过去已远，人们难以看到"圣学之门墙"，于是便产生了训诂之学。后来，记诵之学、词章之学又相继出世。"纷纷藉藉，群起角立于天下。"而世之学者，"如入百戏之场，欢谑跳踉，骋奇斗巧，献笑争研者，四面而竞出，前瞻后盼，应接不遑"。不仅如此，到王阳明时代，由于"圣人之学日远日晦，而功利之习愈趋愈下"，"功利之毒沦浃于人之心髓"，霸学猖獗，末学支离，世风日下，流弊丛生，以至于人们纷纷大呼"圣人之学为无所用"。在这种背景之下，王阳明抱着拯救圣学的决心，经过自己的努力，终于创立了自己所谓的"拔本塞源之论"③。

1　圣人的内在"气象"

如前所述，圣学实即为人之学，而要探讨为人、做人之道，首先当然要明确做

---

① 传习录·答聂文蔚
② 王守仁年谱
③ 传习录·答顾东桥书

人的理想。因此无论是哪家哪派的圣学,都要阐述自己的圣人理想。陆王心学也表达了自己关于圣人特征或标志的思想。

陆王在阐发自己的理想人格模式时,不是直接宣布他们的结论,不是没头没脑地讲"应该是什么",而是从探讨圣人标志的出发点、根据、依据出发,在找到了这些依据的基础上,再分析、演绎圣人应具有哪些特征和标志。这是颇具合理性的。因为不找到依据、根基而直接宣布"应该如何",这一方面犯了独断论的错误,另一方面无助于问题的解决。因为每个人都可根据自己的需要、利益、观点宣布圣人"应"具备什么特征,应是什么样子。

从陆王的具体分析看,他们演绎圣人特征的出发点、根由、判据主要有如下三方面:首先,强调理想的人、达到最高境界的人必然是快乐的人、对自己有利的人,亦即将自己解放出来的人。如果没有这个维度,谁那么傻去追求成圣呢?基于这一考察,王阳明强调圣人是为己之人,圣学是"为己之学"①。当然这里的"为己"不是一般人所理解的为己,而被赋予了多方面的含义。第一,要成圣必然反求诸己,不假外求,因为圣人的一切价值不在外,而就在自心之中,能否修养成功,全是自家私事,因此要成圣必须从当下的自我做起。第二,成圣是一个忘私的过程,而此私心杂念正是我自己的私心杂念。第三,成圣是一个艰难曲折的过程,离不开脱胎换骨的功夫,而这功夫也是自家的功夫。第四,如果成圣了,将会无怨、无悔、无尤,而这些"无"也都是"自家"事。万物皆备于心,实即备于我自己的心。第五,圣人所进入的境界有快乐、幸福感相随,而此乐是其他快乐无法相比的"真乐"、"大乐",同时,这乐也只有自家才能体贴到。基于这些考虑,陆王心学在规定圣人的标志、特点时,自然会考虑到这些特征能为求圣的人带来什么。

其次,建立圣人的理想人格模式,除了上述内在的根据之外,还有外在的根据,那就是圣人必须是利益他人、利益社会甚至利益宇宙的人。基于这一考虑,他们才明确强调圣人必须是"大人"。所谓大人就是有这样的心的人:"以天地万物为一体","其视天下之人,无外内远近,凡有血气,皆其昆弟赤子之亲"②。大学因此而为大人之学,圣学也就是大人之学。这也就是说,圣人视"天地万物本吾一体"。其具体表现是:"生民之困苦荼毒",件件都是他的切肤之痛,看到别人做好事,就如同自己在做好事一样,看到别人为非作歹,就像自己干的一样。"视民之饥溺,犹己之饥溺,而一夫不获,若己推而纳诸沟中者。"圣人就是以这种天下一体的心治理天下的,"何其简且易哉"③。

再次,揭示圣人的特征、标志还应有事实的根据。陆王与其他热衷于圣学建

---

① 传习录·钱德洪录
② 传习录·答顾东桥书
③ 传习录·答聂文蔚

构的人一样,明确主张:圣人对于现实的个人来说是做人的理想,但就事实而言,圣人的存在是一个客观的事实,因为历史上产生了许许多多有名有姓的、得到了大多数派别公认的圣人,如尧舜等。既然如此,就可通过分析解剖这些圣人的人格结构、心理结构来说明圣人的标志与特征。事实也是这样,在后面我们将清楚地看到,陆王对圣人特征的说明,许多是依据对事实上存在的所谓"千古圣贤"①、"古之君子"②的分析而作出的。甚至他们所建立的整个圣学都是从圣人身上总结出来的。

概而言之,陆王心学建构理想人格模式的判据、参照系是利己、利他及事实三个方面。由此出发,他们对圣人的标准、特点作了具体的描述。

第一,"千古圣贤只是办一件事,无两件事。"③那就是主于道,以道为主宰。换言之,"乐循理,谓之君子。"④他们承认,历史上出现的圣贤千千万万,各有其个性,各有各的"气象",但又有共性,有共同的气象,尤其是内在的气象。那就是致良知、循天理。陆九渊说:"使尧、舜、禹、汤、文、武、周公、孔子,七八圣人合堂同席而居,其气象岂能尽同?我这里也说气象,但这不是就外面说。"意谓:圣人都有自己的个性。但如果拘泥于他们的细枝末节方面的差异,就不可能发现他们的共性,例如:"晦翁但在气象上理会,此其所以锱铢圣人之言,往往皆不可得而同也。"⑤意思是说,圣人客观上有自己的共性,而晦翁即朱熹停留于圣人言语的细节,因此难窥其豹。

王阳明也承认圣人有圣人的气象。问题在于:它是什么?怎样识别?他的回答是:"圣人气象自是圣人的。"要认识,别无他途,那就是"就自己良知上真切体认",因为"自己良知原与圣人一般,若体认得自己良知明白,即圣人气象不在圣人而在我矣"⑥。很显然,他所理解的"圣人气象"就是"良知明白"。他还说:"所以谓之圣,只论'精一',不论多寡。只要此心纯乎天理处同,便同谓之圣。"如明白了这一点,就会避免后儒的错误。"后儒不明圣学,不知就自己心地良知良能上体认扩充,却去求知其所不知,求能其所不能,一味只是希高慕大。"⑦

从心的角度来说,圣人自始至终所做的事情就是让心恢复其本来明净的状态。而圣人成就之后,其心态是既没有物欲蒙蔽,又没有善恶愿望的状态。如果一心想为善去恶,有心为道,这还不是本心的自然流露,因为这时的心仍是有为之

---

① 象山语录·周清叟所记语录
② 象山语录·包扬所记语录
③ 象山语录·周清叟所记语录
④ 象山语录·包扬所记语录
⑤ 象山语录·严松所记语录
⑥ 传习录·答周道通书
⑦ 传习录·薛侃录

心,当然是求善之心,而本心是本然纯寂、没有一丝杂念的状态。从外在行为上来说,圣人一言一行都与道不违。就像孔子形容自己的那样,从心所欲不逾矩。"'六十而耳顺',知见到矣;'七十而从心所欲不逾矩',践行到矣。"①耳顺是认识了道的境界的表现,从心所欲而不逾矩是实践上达到了道的境界的表现。用《尚书》中的话说,圣人是这样的人:"儆戒无虞,罔失法度,罔游于逸,罔淫于乐。"《尚书·大禹谟》中的这几句话深得陆九渊的赞赏,其意是:圣人在警戒安逸无忧时,不会丢弃法度,不会放纵游玩,不会追求声色享乐②。

第二,圣人是"无事"的人,因此"只似一个全无知、无能底人。及事至方出来,又却似个无所不知、无所不能之人"③。陆九渊还说:"'万物皆备于我',有何欠阙?当恻隐时自然恻隐,当羞恶之时自然羞恶,当宽裕温柔时自然宽裕温柔,当发强刚毅时自然发强刚毅。"④"无思无为,寂然不动,感而遂通天下之故。"⑤这意思是说:心态寂然,但又能根据阴阳相感之道而会通万物之理。

第三,圣人之为圣人,不在于才学方面,而在心态方面。例如伯夷和孔子在才学上确有不同,但都可称为圣人。其原因在于,陆王对圣人有特定的规定:"圣人之所以为圣,只是其心纯乎天理,而无人欲之杂。……人到纯乎天理方是圣。……然圣人之才力,亦有大小不同。"⑥意思很清楚,圣人之所以为圣人,不在于才力,因为才力是用不是体,而在于圣人有一颗纯乎天理、没有杂念的心,或者说"止于至善"的心。这里所说的"止于至善"用的是《大学》中的广为人知的命题,但到了王阳明嘴上则被赋予了特有的意义。那就是:"至善者,性也。性元无一毫之恶,故曰至善。止之,是复其本然而已。"⑦也就是说,性就是至善,就是没有一丝一毫的恶,而止则是回复到或停留于至善之上,让本然的性、善显现出来。既然如此,至圣的途径便清楚了,那就是:"学者学圣人,不过是去人欲而存天理耳。"⑧王阳明强调,不能从学问知识上去学圣人。"后世不知作圣之本是纯乎天理,却专去知识才能上求圣人,以为圣人无所不知,无所不能。……徒弊精竭力。从册子上钻研,名物上考察,形迹上比拟,知识愈广而人欲愈滋,才力愈多而天理愈蔽。"⑨总之,"见得透时便是圣人"⑩,能把良知彻底看清的人便是圣人。

---

① 象山语录·黄元吉所记《荆州日录》
② 象山语录·包扬所记语录
③ 象山语录·包扬所记语录
④ 象山语录·包扬所记语录
⑤ 象山语录·包扬所记语录
⑥ 传习录·薛侃录
⑦ 传习录·陆澄录
⑧ 传习录·薛侃录
⑨ 传习录·薛侃录
⑩ 传习录·黄以方录

第四，从认识、能力上看，圣人是有知与无知，有才与无才的统一。一方面，用世人的功利和精于算计的心智看，圣人一无所知，愚钝无比，这已如前所述。另一方面，圣人又不是完全无知无能的。因为既然圣人有纯乎天理的心体，就必然有其相应的用，而这用在认知和能力上就表现为知天命、随心所欲而不逾矩。王阳明也承认这一点，他说："'知天地之化育'，'质诸鬼神而无疑，知天也'。此唯圣人而后能然。故曰此生知安行，圣人之事也。"①进而必然"立言"、"立功"、"立德"、"立名"。在特定的意义上，也可以说"圣人无所不知"、"无所不能"②。只是他知的是天理，能的亦是天理，事事知天理所在，进而尽天理。其他的细节，礼乐名物，他不一定知道，也没有必要全知。在特定的意义上，还可以说，圣人"生而知之"。王阳明说："夫圣人之所以为圣者，以其生而知之也。"不过，这里的知是"专指义理而言，而不以礼乐名物之类"。也就是说，"礼乐名物之类无关于作圣之功矣"。就学而知之、困而知之的人来说也是如此："学而知之者，亦惟当学知此义理而已。"由此我们不难看出，要想成就圣人，就一定要有圣人的知识，而要得到圣人的知识，一定要学"圣人之所能知者"，即义理，不能学他不知道的东西，如具体的、细节方面的知识。如果硬要学圣人不知道的东西，"无乃失其所以希圣之方欤"③？意谓：这不就迷失了希望成为圣人的方向吗？

第五，圣人待人接物的心像明镜一样。王守仁在论述圣人的心灵境界时，一定程度上借鉴了佛教的"大圆镜"说、"无所住而生其心"说。例如他说："圣人致知之功，至诚无息，其良知之体，白敩如明镜，略无纤翳。妍媸之来，随物见形，而明镜曾无留染。……'无所住而生其心'，佛氏曾有是言，未为非也。……妍者妍，媸者媸，一过而不留，即是'无所住'处。"④就是说，圣人之心不可能绝对不与外界打交道，绝对不应对外物。而要应对外物，便要生其心，这与一般人无别。不同之处在于，圣心在接触、应对外界时，不起分别心，不住于任何东西之上，不起爱憎、贪舍之心，一过而不留，因此能永远保持平静、平常之态。这就像镜子一样，可以照万物，而一物不留存于其内。

第六，从德性上说，圣人善恶分明。王阳明说："人但得好善如好好色，恶恶如恶恶臭，便是圣人。"⑤一个人如果对于善像对于好的颜色一样喜好、追求，对于恶像对于恶臭一样讨厌、愤恨，那么便是圣人。为什么？因为："既去恶念，便是善念，便复心之本体矣。譬如日光被云来遮蔽，云去光已复矣。"⑥有了这种善恶之

---

① 传习录·答顾东桥书
② 传习录·黄直录
③ 传习录·答顾东桥书
④ 传习录·答陆原静书
⑤ 传习录·黄直录
⑥ 传习录·黄修易录

心、是非之心,就是有了圣人之心。这是圣人与凡人的根本区别之所在。王阳明之所以认为他关于圣人的学说是"拔本塞源之论",理由主要在于:它揭示了圣人之为圣人的根本,那就是昭示了"圣人之心"。什么是圣人之心呢?那就是,圣心"以天地万物为一体。其视天下之人,无外内远近,凡有血气,皆其昆弟赤子之亲,莫不欲安全而教养之,以遂其万物一体之念"①。

第七,圣人不仅真、诚、善、美,而且无烦无恼,快乐无比。更有甚者,圣人之乐不是常见的七情之乐,而是真乐、大乐。王阳明说:"乐是心之本体,虽不同于七情之乐,而亦不外于七情之乐。虽则圣贤别有真乐,而亦常人之所同有,但常人有之而不自知,反自求许多忧苦,自加迷弃。虽在忧苦迷弃之中,而此乐又未尝不存。但一念开明,反身而诚,则即此而在矣。"②就是说,喜怒哀乐等七情中的乐是乐的一种,它根源于人的私欲的满足。除此之外,还有一种"真乐",它在七情之上,但又可在七情之中,同时无论是凡还是圣,都潜在地有这种乐,因为它是心之本体的属性。但是凡人不自知,常自加迷失。怎样才能得到这种乐呢?只要一念豁然开朗,返求自身,感到诚意,就能体会到这种快乐。有人针对上述观点提出疑问说:人在伤心痛苦时,还有这种乐吗?王阳明回答说:"虽哭,此心安处即是乐也。本体未尝有动。"③即使是哭,只要心灵安稳,保持心之不动,仍可认为他处在快乐之中。还有这种情况,即使是圣人在修齐治平的过程中,也有不如意的时候,如退隐于世,处于边缘地位,或被贬被囚,这时他能快乐吗?处在这种状况的人,我们还能说他是圣人吗?王阳明等人认为,圣人之为圣人不在于他的贵贱、贫富、尊卑,甚至也不在于他的知识的多寡、才能的高下,而在于他是否有大心,是否致良知。如果有大心,就可认定他是圣人,如果是圣人,即使处在不利的生活环境之中仍会充满快乐,"无入而不自得"④。"无入"指的是"无论处在什么环境、条件之下",其意是:君子、圣人在任何环境之下都能悠然自得,且合天地之道。圣人之所以能做到这一点,根源在于圣人得道了,并安心于道。王阳明说:圣人"'发愤忘食',是圣人之志如此。真无有已时。'乐以忘忧',是圣人之道如此,真无有戚时"⑤。这也就是说:由于有圣人之志,因此他发愤不已。由于有圣人之道,因此他乐以忘忧,甚至没有悲伤的时候。

最后,圣人悟至一,守至安。陆九渊说:"唯天下之至一,为能处天下之至变,唯天下之至安,为能处天下之至危。"⑥意谓:只有体认了天下不变的大一,才能应

---

① 传习录·答顾东桥书
② 传习录·答陆原静书
③ 传习录·钱德洪录
④ 传习录·答聂文蔚
⑤ 传习录·黄直录
⑥ 象山语录·周清叟所记语录

对天下各种各样的重大变化;只有得天下最大的安定,才能处理天下最大的危难。圣人正是如此,悟得至一,因此能应对千变万化的事变,由于得至安,因此能临危不惧,自如地战胜各种各样的艰难险阻。不仅如此,"君子遇穷困,则德益进,道益通。……君子不以道徇人,故曰'居其所';而博施济众,无有不及,故曰'迁'"①。意谓:君子遇到穷困,会使其道德更加精进,使他对道理更加通达。……君子不会让道屈从于人的情欲,因此说他处在自己该处的位置,永不动心。不仅如此,君子还能普施恩泽,救济众生,而不会有任何遗漏,因此可以说君子"灵活应变,普施恩泽"。王阳明从良知的本性与功能上说明了其中的道理与机制。他认为,人一当体认了良知,便有巨大的作用显现。因为:"良知是造化的精灵。这些精灵,生天生地,成鬼成帝,皆从此出,真是与物无对。"良知明白,无论在静处还是在动处,都能自在无忧。良知一到,便无内外、上下、左右、好坏的分别,宇宙万物便融为一体,自己的感受、命运与万物休戚相关。"认得良知……自会透彻,到此便是内外两忘,又如何心事不合一?"他还说:"良知是你的明师。""良知原是知昼知夜的。""通乎昼夜之道而知。"②

2 人类心灵与成圣的心理根据

如果人们都能认识到做圣人既有必要,又不"吃亏",因为圣人能得大乐至乐,那么人们就不会对圣人嗤之以鼻,而会刮目相看,油然生起求圣之心。现在的问题是,根据陆王对圣人的界定,圣人似乎已不是现实世界中的人了,因为他纯乎存天理,无一丝人欲私意,因此高不可攀,甚至一般的人根本不可企及。是这样吗?陆王的回答是否定的。

我们先来看陆九渊的看法。在他看来,圣人并不处在绝对的彼岸,人人都有成圣的可能性。一方面,事实上已有人成了圣人,例如历史上的尧舜汤禹孔孟等。另一方面,现实的人尽管有这样那样的污秽、不美满之处,甚至满肚子的坏水,但其内心潜藏着非常美好的东西,那就是"性",就是"理"。这正好是人成圣的可能性根据、基础,只要为其提供相应的条件,好好护持、培养,在其上就可让圣人变成现实。陆九渊在《贵溪学记》中说:"尧舜之道,不过如此,此亦非有甚高难行之事。""吾之道,真所谓'夫妇之愚,可以与知'。"③意思是:至圣之道不过就是这样的道理,并不是什么高深难行的事情。他陆九渊讲的道,其实就是《礼记·中庸》中所说的即使是愚昧的凡夫凡妇都能知道的道理。他赞成先儒们的"共识":"人

---

① 象山语录·严松所记语录
② 传习录·钱德洪录
③ 象山语录·傅子云所记语录

皆可以为尧舜。"因为他看到："此性此理，与尧舜元不异，若其才有不同。学者当量力度德。"①意思是，每个人身上的性与道，与尧舜这些历史上的圣人毫无二致，只是才能有差别罢了。因此求道之人在学习时应根据自己的力量和德性有条件地进行。他还说："道塞满天下，无些小空阙。四端万善，皆天之所予，不劳人妆点。但是人自有病，与他隔绝了。"②这意思是说，道无时不有，无处不在，遍满整个宇宙。仁义礼智四端及各种善良的品性都是天生而有的，用不着人装饰点缀。但是人由于后天的毛病、私欲作怪，因此与各种善端隔离开来了。既然每个人天生就有善端即成圣的种子，因此每个人应敢于承当。人不仅有成圣的种子、根据，而且还有使这些种子变成现实的"才"，即成圣之"才"。他说："不知天之予我者，其未尝不同。如'未尝有才焉'之类，皆以谓才乃圣贤所有，我之所无，不敢承当着。"③在陆九渊看来，每个人出生时，从天所禀的心性、可能性、才都是一样的，没有凡圣之别。因此每个人既有成圣的可能性，又有成圣的能力与条件，既然如此，便没有理由不当下承当。在现实生活中，有的人之所以邪恶，像禽兽，不是因为他没有圣才，而是"为斧斤所害，所以沦胥为禽兽"。既然人人都有才，因此"若能涵养此心，便是圣贤"④。

王阳明关于人成圣之可能性及其根据的论述就更多了。例如："是盖性分之所固有，而非有假于外者，则人亦孰不能之乎？"⑤意思是说，心体本大本通，是人天性中固有之物，不是从外面假借来的，因此成圣之事谁做不到呢？再如："尔胸中原是圣人。""众人皆有之。"⑥"良知良能，愚夫愚妇与圣人同。"但是为什么只有圣人成了圣人，而一般的人仍是凡夫，而没有成圣呢？根本原因在于：凡夫的良知良能未"致"，而圣人已"致"良知，即达到了良知良能，使自己的良知良能显现出来了，变成了他的生活准则，甚至与他的生活融为一体。质言之："唯圣人能致其良知，而愚夫愚妇不能致，此圣愚之所由分也。"⑦可见愚凡与圣人的根本差别在于"未致"与"已致"。

圣人所致的良知、所穷的天理不是具体的知识，而是一般而普遍有用的知识。圣人之所谓学的特点正在于："随事随物精察此心之天理，以致其本然之良知。"⑧尽管这种知识不是具体的，但对具体事变有无穷的作用。正如规矩对于度量方

---

① 象山语录·包扬所记语录
② 象山语录·包扬所记语录
③ 象山语录·李伯敏所记语录
④ 象山语录·李伯敏所记语录
⑤ 传习录·答顾东桥书
⑥ 传习录·陈九川录
⑦ 传习录·答顾东桥书
⑧ 传习录·答顾东桥书

圆、尺度对于度量长短一样。天下的方圆、长短不计其数,一个一个去认知,永远也不知其详,不知其奥秘,如果懂得了规矩、尺度,就可用之于任一特定的方圆和长短。同样的道理,一旦致了良知,穷尽了道与理,那么,"良知致诚,则不可欺以节目时变,则天下之节目时变不可胜应矣"①。就是说:一旦致了良知,具体事物的变化就昭然自揭了,天下的变化便能应付自如了。

陆王关于人人都能成圣的断言是有其逻辑基础的,尽管用今天的眼光看,可能有猜测、哲学推论因而有不够科学的弊端,但绝对有其"博大精深"的理论作为基础,那就是他们的心学或身心之学或心性学。因此他们的圣学是建立在他们的心学之上的。

陆王心学所关注的心是有多重意义的心。它既具有心理学的意义,又具有形而上学的意义;既具有认识论的意义,又具有本体论的意义;既具有道德哲学的意义,又具有人生哲学的意义;既具有科学的意义,又具有价值论的意义。陆王建立心学的主旨在于:通过对心灵的探讨、分析,从中挖掘出它对于人生的价值论意义,例如它对于人做一个高尚的、有道德的人的价值,对于人们获得人生幸福快乐乃至彻底解放的价值。在关于心有潜在价值资源这一点上,陆王与莱布尼茨和康德有共同的看法,那就是他们都认识到,人类心灵绝不是一张待写字的白纸,上面什么都没有,而是有点什么,例如有"文"有"理"。正像莱布尼茨所比喻的那样,心不像白板,而像有花纹的大理石。这些文理,是心灵天生固有的,而同时对人类获得真理性知识有不可或缺的作用。陆王不仅看到了这一点,还强调先天的可能之性对人幸福美满地、成功地生活于世具有极其重要的价值,是人雕琢、塑造自己的重要价值资源,是人为自己规定自己的本质的重要前提。总之,人的天生的"理"尽管只是一种倾向,但为人之未来的可能和不可能发展提供了决定性的根据。

尽管心灵之中的性或理具有那么重要的作用,但它毕竟是潜在的,绝不会自动、自发地转化为现实,而必须经过后天的"雕琢"、"发掘"、"扩充"才能如此。要在人心中去发掘和扩充,又必须对人心的结构、性能、活动和作用及其发挥、运转的过程与机理、机制有哲学和科学心理学的认识。陆王也意识到了这一点,并作了大量的探索,因此其心学中也包含了这两方面的论述。接下来,我们将从这两方面对陆王心学作出尽可能客观的"重构"。

在解读陆王心学时,我们不能不注意到他们从语言方面对有关哲学范畴和心理语词本质的哲学分析。我们认为,这是我们把握、判断陆王心学实质的关键。

在语言文字问题上,王阳明有近似于禅宗的看法,既强调要不立文字,又强调

---

① 传习录·答顾东桥书

要不舍文字。在这里,最关键的是搞清古人创立文字以及圣人著书立说的主旨。他说:"圣人述六经,只是要正人心,只是要存天理,去人欲。"①如果没有把握到这一点,文字就成了杀人的利器,就变成了导致天下不治的渊薮。"天下所以不治,只因文盛实衰。人出己见,新奇相高,以眩俗取誉,徒以乱天下之聪明,涂天下之耳目,使天下靡然争务修饰文词,以求知于世,而不复知有敦本尚实、反朴还淳之行。"②大意是:天下之所以大乱,是因为人们太看重文饰,而不注意实际。人们各自畅述自己的看法,以至新论迭出,竞相争妍,哗众取宠。其实,这混淆了人们的视听,误导人们追逐文饰,以此沽名钓誉。其结果是使人们忘记了本然和实际。在他看来,像程颐这样的人也"未得圣人作经之意",即没有弄清圣人作经、立文字的本意。孔子在世时就知道或预料到了这一点,因此只是根据人们的问题、特定的对象及素质发表自己的看法。他不肯多说话,甚至有时说:"予欲无言。"即不想说话。原因是怕人们执著于文字。孟子也说:"尽信书则不如无书。"在王阳明看来,当务之急是厘清文与实、文本与意义的关系。根据他对圣人经典的理解,"圣人作经,固无非是此意,然又不必泥着文句"③。意思是说,圣人设立文字,创作经典的本意是要让人们返归自心,发明自心,因为所有一切真正的价值都在那里。为宣说这一主旨,便针对不同情况用了不同的文字表述,因此圣人又总是不拘泥于文字。

陆王意识到,要消除"文盛实衰"、"靡然争务"而离实愈来愈远的弊端,首先必须弄清圣人作经、立文字的本意。在天、帝、命、人、性、心等问题上,自古至今的人立了不计其数的文字,在心的问题上,也有各种各样的心理语言。过去,人们由于不知在语言、实在、思想之间作出区分,而常常把它们混淆起来,以至于把"天"、"帝"、"性"、"心"、"命"等当做是不同的实在,更有糊涂者,去进一步讨论它们之间的主次或决定被决定、产生被产生的关系。究竟该怎样把握它们呢?陆王,尤其是后者的基本观点是:宇宙森罗万象,不过一实,而一实用语言指谓、描述则可达于无穷。这也就是说,从宇宙、人生的本体、本来面目上说,只有一实,但用语言描述、解释则可以多种多样。王阳明说:"性一而已,自其形体也谓之天,主宰也谓之帝,流行也谓之命,赋予人也谓之性,主于身也谓之心。……名至于无穷,只一性而已。"④意思很清楚,所谓的实只有一个,它是宇宙的本体或未来面目,但从不同的角度去把握并用语言表达出来,则有多途,甚至"无穷"。如就其形体来说,可称之为"天";就其作用为主宰万物运行来说,可称做"帝";就其流转运行或

---

① 传习录·徐爱录
② 传习录·徐爱录
③ 传习录·徐爱录
④ 传习录·陆澄录

发生作用的方式来说,可称之为"命";就其体现于人之中来说,可称做"性";就其对身有主宰作用来说,可称之为"心"。

再如同一本体,我们既可曰"理",又可曰"文"、"礼"。他说:"'理'之发见,可见者谓之'文','文'之隐微不可见者谓之'理',只是一物。"①这就是说,"理"其实就是"礼"。因为理与礼是体用关系,即理之发见必然表现为礼,如孝敬父母、尊君、忠信不移等。因此本来是一,但从不同角度述说,便有异名。可见,如果不从语言上看问题,就会自然而然地把文、理看做两个东西。其他有关名称也是如此,都是同一对象的不同述说方式,而不是不同的存在。换言之,世界只是一理,从不同的角度观察、描述,便表现为"理"、"礼"、"心"、"物"、"知"、"意"等。王阳明说得很明白:"理一而已。以其理之凝聚而言,则谓之性;以其凝聚之主宰而言,则谓之心;以其主宰之发动而言,则谓之意;以其发动之明觉而言,则谓之知;以其明觉之感应而言,则谓之物。"②这里特别值得注意的是,王阳明把"物"也看做与"心"一样的、指谓同一理的方式。如果这样理解,物与心、身与心就不是两种实在,而就是一种实在。由于人们看问题的角度、述说的方式不同,它才有两个名称。这里隐含着一个革命性的、在今天仍然是新奇的结论:心物、心身同是一个东西,用语不同,才有两类描述方式。换言之,人身上并不存在心、身这样两个东西,把人划为心物两个世界是错误的。说人有心有身,其实说的是同一个人。同一个人,从一方面描述是心,从另一方面描述则是身。他说:"耳、目、口、鼻、四肢,身也,非心安能视、听、言、动?心欲视、听、言、动,无耳、目、口、鼻、四肢亦不能。故无心则无身,无身则无心。但指其充塞处言之谓之身,指其主宰处言之谓之心,指心之发动处谓之意,指意之灵明处谓之知,指意之涉着处谓之物,只是一件。意未有悬空的,必着事物。"③心、身、知、意、物是统一的,或者说就是一个东西,从不同的角度去说,便有不同的称谓。例如意和事物就不能强分为二,因为没有悬空的意,意必须附着于一定的物之上。物也是如此,只有被意识到了,才能被称做物。从上面的简要分析可以看出,王阳明在研究心灵的过程中,创造性地运用了一种在当时是全新的、在今天看来依然新颖如初的方法。因为时至今日,仍有许多研究心灵的人尚不知道这一方法,更不知道其价值,以至于仍陷在由语言造成的混乱之中而不能自拔。我们知道,在哲学的"语言学转向"出现之前,人们总是从实在论的立场看待心身问题,即不经过思索地把心看做是实在的、存在的,要么是作为实体,要么是作为属性或机能,以为人身上客观上有心,然后在认识到了它以后才有安立名称的活动,最后有"心"一词。随着"语言学转向"在心灵哲

---

① 传习录·徐爱录
② 传习录·答罗整庵少宰书
③ 传习录·陈九川录

学中的推广,人们开始把这一认识顺序颠倒过来,即先把心是否存在这一问题悬置起来,而一开始就把"心"作为语词看待,通过分析其用法揭示其意义。王阳明的上述论述其实隐含了这一精神。在他看来,"心"只是一个名称,只是无限的述说、指谓方式中的一种。用这样的方式看问题,"心"的本质便清楚了,过去围绕心身问题而产生的困惑也在一定程度上得到了克服或减少。

由于新方法的运用,王阳明在自己的心学中也提出了许多前无古人、甚至当时和后来许多世纪的人都不知其意义和价值的"未来哲学原理"①。我们认为,不能把陆王心学归结为主观或客观唯心主义,而应理解为一种多重语言论或一实多名论或视角主义。它非常接近于赖尔等人的"双重语言论"(详见本书第一章),与戴维森的解释主义②也有异曲同工之妙。当然其中也隐含有实在论和工具主义的倾向。为说明这一点,我们有必要对他的一些具体范畴作进一步的分析。

首先来看他对理、道、心、性、良知等范畴的论述。关于性,王阳明说:"性无定体,论亦无定体。有自本体上说者,有自发用上说者,有自源头上说者,有自流弊处说者。……性之本体原是无善无恶的,发用上也原是可以为善,可以为不善的。……孟子说性,直从源头上说来,亦是说个大概如此。荀子性恶之说,是从流弊上说来,也未可尽说他不是,只是见得未精耳。"③众所周知,在心性问题上,先秦爆发了著名的性善说与性恶说的争论。儒家正统一般站在孟子一边,对荀子则多持批判态度。王阳明尽管仍遵循儒家的基本路线,但由于采用了新的语言分析的方法,因此对这一争论作了恰到好处的抉择。在他看来,性可从不同角度用不同方式来述说,至少可从体、用、源、流四个角度加以描述。这样来看,孟、荀就不存在根本的冲突。因为孟子的性善论是从源头上说的,且只说了个"大概",而荀子的性恶论是从"流弊"上说的,因此也不能完全抹杀它的合理性。

再看心、理、仁。心虽是一身之主,而实管乎天下之理,理虽寓于万事万物之中,而实不外乎一人之心。因此"心一而已,以其全体恻怛而言谓之仁,以其得宜而言谓之义,以其条理而言谓之理。……求理于吾心,此圣门知行合一之教。"④很显然,心、理、仁、义等概念指的不是不同的实在,而是从不同角度对同一实在的指谓。人就是一心,就其全体、恻怛而言,可称做"仁";就其言行"得其宜",可以说其有"义";就其天生的、潜在的结构、禀赋来说,可谓之"理"。他们经常所说的

---

① 这里借用的是19世纪德国唯物主义者费尔巴哈的概念。他认为,他的思想太新奇了,以至同时代和后几世的人可能难窥其奥,只好寄希望于更远的未来的人来理解它。故名。笔者认为,王阳明的许多心灵哲学思想是名副其实的"未来哲学原理"。
② 关于"解释主义",可参阅高新民,殷筱.戴维森的解释主义及其心灵哲学意蕴.见:哲学研究,2005(6)
③ 传习录·钱德洪录
④ 传习录·答顾东桥书

"心即理"也要这样来理解,正如陆九渊所说:"万物森然于方寸之间,满心而发,充塞宇宙,无非此理。"①意谓:万事万物存在于心之中,它们充满心间又显现于世界之中。充满于世界之内的东西,没有不是这个理的表现,因此"心"、"理"、"物"是同体而异名。

关于"道"也应如是来理解。陆九渊说:"语大,天下莫能载焉。""语小,天下莫能破焉。"一事一物,纤悉微末,未尝与道相离。"自形而上者言之谓之道,自形而下者言之谓之器。天地亦是器,其生覆形载必有理。"②意思是说:若说道大,天下没有什么能承载它,因为道至大无外;若说其小,天下没有什么能攻进去。任何事物,不管多么微小,都不能与道相分离。天下的道是同一的,且只有一个,从形而上来说就是道,但从形而下言,则是具体事物。天地也是器物,其生成、包容、承载万物都有其内在的理。因此"道"与"理"、"物"、"心"也是同体而异名。

再看"良知"。王阳明说:"盖良知之在人心,亘万古、塞宇宙而无不同。'不虑而知','恒易以知险','不学而能','恒简以知阻'。'先天而天不违,天且不违,而况于人乎?况于鬼神乎?'"③意即:良知本来就在人心之中,贯通万古,充塞宇宙,在一切时空皆是如此。因此不思考便能知道,总是能应变,也知道艰难险阻,不学也能做到,永远寂静而知晓艰难,先于天道而又不相违。如果正确加以理解,"良知"也就是"本心",就是"道"。王阳明说:"夫良知即是道,良知之在人心,不但圣贤,虽常人亦无不如此。若无有物欲牵蔽,但循着良知发用流行将去,即无不是道。"④

再看"气"与"性"。王阳明说:"'生之谓性','生'字即是'气'字,犹言气即是性也。……孟子性善,是从本原上说。然性善之端须在气上始见得,若无气亦无可见矣。恻隐、羞恶、辞让、是非即是气。程子谓'论性不论气,不备;论气不论性,不明',亦是为学者各认一边,只得如此说。若见得自性明白时,气即是性,性即是气,原无性气之可分也。"⑤可见,"性"与"气"二词所指的东西也没有根本的差别。当发明、返回了自性时,性与气其实是同一个东西。其本原可呼之为"性",而其善端的载体则是"气"。因此两概念是从不同层面对同一实在的不同描述方式。在《黄修易录》中,这一观点表述得更明白:"孟子亦曰:'形色,天性也。'这也是指气说。""然良知亦只是这口说,这身行,岂能外得气,别有个去行去说?……气亦性也,性亦气也。"

根据上述性气论,怎样看待仙家所说的元气、元神、元精?王阳明说:"只是一

---

① 象山语录·严松所记语录
② 象山语录·黄元吉所记《荆州日录》
③ 传习录·答欧阳崇一
④ 传习录·答陆原静书
⑤ 传习录·答周道通书

件,流行为气,凝聚为精,妙用为神。"①怎样看待心与身及其关系呢?王阳明通过形象的比喻说明了这一点。心与身的关系就像国君与六卿的关系,国君端身拱手,清静肃穆,六卿各司其职,天下就能得到治理。"心统五官,亦要如此。"②这里说的好像有把心身分开来的意思,但在说明人的认知作用时则不如此。例如知觉的产生离不开心身的共同作用,因为"今眼要视时,心便逐在色上",进而便有色觉。再如"志之所至,气亦至焉"。他赞成这样的观点:"身之主为心,心之灵明是知,知之发动是意,意之所着为物。"③可见,心、身、物、知、意等概念表示的并不是不同的实在或属性,而是从不同的角度、层面对同一实在的不同述说方式。

怎样理解知、心、性呢?王阳明说:"知是理之灵处,就其主宰处说,便谓之心,就其禀赋处说,便谓之性。"④从上面的分析可以看出,有两种意义的心:一是作为一团血肉的心。除此之外,还有作为性、作为理的心。"所谓汝心,亦不专是那一团血肉。若是那一团血肉,如今已死的人,那一团血肉还在,缘何不能视、听、言、动?所谓汝心,却是那能视、听、言、动的,这个便是性,便是天理。有这个性,才能生这性之生理,便谓之仁。这性之生理,发在目便会视……以其主宰一身,故谓之心。这心之本体,原只是个天理,原无非礼,这个便是汝之真己,这个真己是躯壳的主宰。"⑤

怎样理解性、质、情、私欲呢?王阳明说:"性一而已,仁、义、礼、知,性之性也;聪、明、睿、知,性之质也;喜、怒、哀、乐,性之情也;私欲、客气,性之蔽也。质有清浊,故情有过、不及,而蔽有浅深也。私欲、客气,一病两痛,非二物也。"⑥根据这一说明,以前通常对立起来的性与情、性与私欲,也可获得统一的理解。因为同一个性,它既有体,又有用,还有许多不同的侧面。例如仁等善端是同一个性的性,而聪明睿智则是其质,喜等情感则是性之情或发,私欲也不离性,因为它们是性之遮蔽物,是覆盖在性上的尘垢。

陆九渊对性、情、心、才的分析也说明了上述道理。他说:"且如情、性、心、才,都只是一般物事,言偶不同耳。"⑦即都是同一个东西,只是说法偶尔有不同罢了。因此没有必要说:在天曰性,在人叫心。"圣贤急于教人,故以情、以性、以心、以才说与人,如何泥得?"⑧也就是说,"性"、"心"、"才"、"情"等说法是圣人为方便而

---

① 传习录·陆澄录
② 传习录·陆澄录
③ 传习录·陆澄录
④ 传习录·薛侃录
⑤ 传习录·薛侃录
⑥ 传习录·答陆原静书
⑦ 象山语录·李伯敏所论语录
⑧ 象山语录·李伯敏所论语录

说,怎么能够拘泥不化呢?

　　这里有一个问题,即根据前面的说明,表示心身等的各种不同的语言在所指对象上没有差别,只是"偶有不同",但另一方面,陆王又都承认性有善有恶,如可以说人有善心、恶心、非善非恶之心。这样一来,对心、性的两种描述,即"善"、"恶"描述如何能统一起来呢? 他们辩解说,非善非恶之心就是心体,就是理,就是天地万物之一体。"无善无恶是心之体,有善有恶是意之动,知善知恶是良知,为善去恶是格物。"①可见,这里也没有一点矛盾,不仅如此,它们与"良知"、"格物"也能统一起来。因为心之本体无善无恶,一旦有动,便有善有恶。如果对心之动有判断、抉择,那便是良知,如果能为善去恶,便是格物。王阳明还说:"无善无恶理之静,有善有恶气之动,不动于气,即无善无恶,是为至善。"善恶"只在汝心,循理便是善,动气便是恶"②。

　　再就人心道心来说,陆王认为,客观上并不存在人心和道心两种心,只有一心,但从不同的角度看才有两心。陆九渊说:"心一也,人安有二心? 自人而言,则曰惟危;自道而言,则曰惟微。"③意思是说:心只有一个,怎么能说人有两个心呢? 就人而言,心是危险的,可怕的;就道而言,心是微妙隐伏的。王阳明也说:"'率性之谓道',便是道心,但着些人的意思在,便是人心。道心本是无声无臭,故曰'微',依着人心行去,便有许多不安稳处,故曰'惟危'。"④这里的"率性之谓道"一语源自《中庸》,意思是:天命之谓性,即天授之于人的东西是性,而性即是道,道也就是道心。如果加上了个人的后天的成分,就成了人心。道心原本是无声无味的,因此可以说"惟微",按照人的想法运行,便躁动不安,就成了人心,因此才说人心"惟危"。可见道心与人心实即一心。从其本来的面目看是道心,微妙难明,隐而不显;当它现实地起作用,受环境、个人特征的影响,便是人心,其特点是"惟危"。

　　可见,陆王在这个问题上的观点不同于程朱理学。因为后者认为,人心即人欲,道心即天理,在两者中,天理为主,人欲听命于天理。陆王则认为,人并不存在两个心,只有一个心。此即"心一也"。人心、道心由于是一心,因此可相互转化,如果道心失其正,杂染了私欲,便成了人心,如果人心"得其正",便成了道心⑤。既然如此,人心道心也无主次之分。

　　最后,从大的方面来说,对整个世界可用"心"、"物"两种语言描述。在陆王看来,它们其实是同一东西的两种不同的描述方式。王阳明说:"人心是天渊,心

---

① 传习录·钱德洪录
② 传习录·薛侃录
③ 象山语录·傅子云所记语录
④ 传习录·黄省曾录
⑤ 传习录·徐爱录

之本体无所不该,原是一个天。只为私欲障碍,则天之本体失了。心之理无穷尽,原是一个渊,只为私欲窒塞,则渊之本体失了。"①这里的"该"意为"具备",引申义为"包括"。全句意思是:人心是天是渊,其本体无所不包,原本就是一个天。由于私欲覆盖,则其本体消失不见了。心之理无穷尽,原本就是无底的渊,由于私欲的作用,渊的本体消失不见了。再看本心,陆九渊说:"天之所以予我者,至大、至刚、至直、至平、至公。"要做圣人,"须是放教此心,公平正直,'无偏无觉,王道荡荡;无觉无偏,王道平平;无反无侧,正道正直。'"②"心只是一个人,某之心,吾友之心,上而千百载圣贤之心,下而千百载复有一圣贤,其心亦只如此。心之体甚大,若能尽我之心,便与天同。为学只是理会此。"③这里的心指人心的一种设想、投射、放大作用,类似于钱穆先生所说的"会通之心",亦类似于西方人所说的意向之心。它尽力放大或向外投射、发生意指作用时,可以在时间上往前想到最初,往后想到未来的尽头;从空间上,可以设想与天地万物同体;从微观上,可以想到它的最后的构成单元。因此在心量上可与宇宙齐一。不仅如此,此心是一切时空中的人共有的心,凡圣无有例外。

再来看物。根据陆王的一实多名论,物不过是心,而不是心外的什么东西。以花为例。"你未看此花时,此花与汝心同归于寂。你来看此花时,则此花颜色一时明白起来。便知此花不在你的心外。"④王阳明还说:"目无体,以万物之色为体;耳无体,以万物之声为体……心无本体,以天地万物感应之是非为体。"⑤

再就本心与物或天地的关系看,两者是同一的,或是同一个事物。陆九渊说:"天之所以命我者,不殊乎天,须是放教规模广大。"⑥这一句话是他对《中庸》中"天命之谓性"的创发性解释。在他看来,所谓"天命之谓性"实即天命落实在我们人身上就是性,或者说,上天赋予我的本心,与上天没有什么差别,只是放在我这里,其规模扩大了而已。

与"心"、"物"有关的还有"精"、"气"、"神"。对后三个范畴,王阳明先将它们放在与"良知"的关系中加以说明:"夫良知一也,以其妙用而言谓之神,以其流行而言谓之气,以其凝聚而言谓之精,安可以形象方所求哉?真阴之精,即真阳之气之母。真阳之气,即真阴之精之父。"⑦神、气、精是过去哲学中常见的范畴,人们通常认为,它们分别表示不同的存在或性质。但在陆王的视野之中,它们是从

---

① 传习录·黄直录
② 象山语录·李伯敏所记语录
③ 象山语录·李伯敏所记语录
④ 传习录·钱德洪录
⑤ 传习录·钱德洪录
⑥ 象山语录·李伯敏所记语录
⑦ 传习录·答陆原静书

不同侧面对同一存在的不同描述,实一而名异。良知即理即道即心即性,是宇宙的本体、本来面目,就其妙用言,谓之神,就其流变言,谓之气,就其凝聚在一起言,则谓之精。

把"良知"换成"理"更好理解。王阳明说:"'精一'之'精'以理言,'精神'之'精'以气言。理者,气之条理;气者,理之运用。无条理则不能运用,无运用则亦无以见其所谓条理者矣。精则精,精则明,精则一,精则神,精则诚。……原非二事也。"①简言之,用名有异,而实无异。

该怎样归纳和理解陆王心学及其实质呢?能否把它概括为主观唯心论或别的什么"论"呢?假如这里有一大家所熟悉的更好的范畴或标签,能将陆王心学涵摄于其下,那么只要套上去,就能如愿。问题是,已有的各种源自中西方哲学的标签能胜任这一要求吗?假如待理解的陆王心学是脚,而已有的各种标签是要给它穿的鞋,如果它符合于穿某一种鞋就好办了。现在的问题时,恐怕没有这样的鞋。对于它来说,已有的鞋要么是大了,要么是小了。因此如果硬要让它穿上,那么就会犯削足适履的错误。解决这个问题的明智的办法是,按陆王心学的本来面目去理解和概括,而不削足适履地为它贴标签。因为它有自己不同于西方哲学的独特的目的、任务、问题、方法、内容和体系结构。在我们看来,把它放在客观唯心论、主观唯心论、唯物论等之下都是不适宜的。因为它所界定的心既不能等同于客观唯心论所说的客观精神,也不能与贝克莱式的主观精神相提并论,因为贝克莱式的主观唯心论所说的主观精神是世界万物的实体、支撑体,尽管它没有广延,但能支撑作为属性的万物。当然,更没有理由把陆王心学置于唯物主义的范式之下。

全面地审视陆王对心的规定可以发现,它所说的心与西方哲学各家各派所说的心在主要的、根本的方面找不到共同点。因为陆王心学所说的心是多维视野下的、具有更丰富内涵和规定性的心,它有丰富多彩的意义,如既有科学层面的、本体论、形而上学的意义,更重要的是又有价值论、道德哲学、人生哲学的意义,当然还有前科学的、隐喻的、拟人论的意义。归纳起来,可这样来概述:

第一,从名与实的关系来说,各种心理语言如"心"、"意"、"知"、"情"等只是描述唯一实在的多种可能方式中的几种。在他们看来,宇宙全体只有一实,但描述的方式不计其数,亦即"名至于无穷"。这里的名从种类上说有宇宙论、自然观方面的,如"物"、"身"、"气"、"形"、"天"等;有宗教或准宗教意义上的,如"帝"、"命"等;有形而上学的术语,如"理"、"道"等;还有价值论方面的,如"善"、"不善"、"礼",最后当然是心理学的一系列术语。

① 传习录·答陆原静书

第二,就各种心理语言来说,尽管它们都有自己的所指和意义,但仍不能认为它们各有自己所代表的独立的实在,甚至即使把各心理语言作为一大类看,也不能认为它们指称了一个特殊的不同于物理实在所组成的世界。因为陆王心学的基本观点是,世界只有一个,只有一实。从描述上说,既可以说它是"天"、"物",又可以说它是"理"、"性"、"心"。他们的不厌其烦的表达式如"心即理"、"心即性"、"性即气"、"气即性"等足以说明这一点。同样的道理,个别的心理语词就更不可能有自己所指称的独立的实体或实在。毋宁说,它们是对同一实在(其他类型语言也适用)从不同角度、侧面所作的指称或描述。如同一实在可称做理、礼、文、物,用心理语词指谓又可分别称做性、心、意、知,如说"以其凝聚之主宰而言谓之心;以其主宰之发动而言谓之意……"如此类推,也可以从特定的角度把这一实描述为情、性、才等。它们描述的都是同一"物事",只是"言偶不同耳"。

第三,就人这一个别的存在来说,陆王心学并没有像二元论、唯心论那样把人劈成两半或两个世界。尽管他们也在从俗的意义上说人有心有身,但务必注意的是,它们也是从不同的意义上对统一的人的两种描述、述说方式,如有的是从体上说的,有的是从发用上说的,有的是从源头上说的,有的是从流弊处上说的,有的是从全体恻怛上说的,有的是从得宜上说的,有的是从作用方式、过程、阶段上说的,等等。在前面,他们曾强调:"指其充塞处言谓之身,指其主宰处言谓之心,指心之发动处谓之意,指意之灵明处谓之知……只是一件。"其他的表达式如"性即气"、"气即性"、"形即性"、"性即形"都足以说明这一点。另外,人也可以说有形、气、精、神,但也是从不同角度对同一的人的述谓,如他们说:"只是一件,流行为气,凝聚为精,妙用为神。"

第四,陆王常讲:心外无物,心体甚大,尽之,则与天同,心无本体,以天地万物感应之是非为体。这些似乎可作论证心学为主观唯心论的判据。其实不然。理由之一是,他们并未承认有独立的、与自然、物质截然分开的心灵或精神实体,因为他们的基本立场是前述的"一实多名"论或"多重语言论"。其次,他们所说的至大无外的本心不是宇宙万物的本原,恰恰相反,它也是循理而生的,因为它本身就是理,是"天命我者",因此"不殊乎天",可见不是由什么客观或主观精神创造的,而是合规律地、自然地发生的。产生之后,与自然没有区别,因为人与自然万物都有同样的理或道或心,在体性上都是寂然不动的。其三,说心外无物,可以与天同,并不等于说人身上客观上有这样一个万能的心;说人主动将小心调整为大心,也不意味着真的让万物变成了像肢体一样的组成部分,真的同呼吸、共命运、同痛痒。这些说法都是从心的用上来说的,指心有将心外的东西内化为心内的对象来把握、理解的能力。套用西方的哲学语言,这里所说的心的那些作用实即心的意向性或关于性(aboutness)功能。这也就是说,他们所说的心大无外,实即心的关于性、指向性功能。这最好是从认识论上来理解,而不应从本体论上来理解。

第五,从价值论上说,人心潜伏着成圣之本,是人类最高价值之根、之源。具体而言之,这根、这本就是人心的寂然不动、本自澄明的体性,非善非恶,"是为至善"。之所以非善非恶是因为心之静,理之静。它无声无息无形,纯而又纯,能成为人之有道的根基,因此也可叫做道心。但它又不离人心,或者说它本身就是人心,因为人无二心。不仅如此,道心也不是气、物、形体之外的东西,而本身也是气、物、形体的体性、规范。如过渡到了这个意义,心及其体性就是万物之理了。

3 成圣的心理机制与途径

要揭示成圣的心理机制,首先要知道人之为凡为愚的心理机制。人之所以沦为凡愚,其心理根源在于:人心本具的清净寂然的心体、心理由于落入气、形体之中,受其"气拘形弊"的作用,加之气及形体本具的私欲、物欲占据上风,因此人的本心便一直处于潜在状态,而没有向现实转化的机会。要实现这种转化,就要除去私欲之类的遮蔽。一当除去了,心之本来面目就会显现,如时时勤加操存、护持,那么便步入圣道,圣位将在前面虚位以待。王阳明用了一个十分贴切的比喻说明了这里的道理。

人之本心就像太阳一样,私欲就像乌云一样。本心没有变成现实是由于私欲的遮蔽,正像阳光为乌云所笼罩一样。尽管被笼罩了,阳光无一刻不存在,心之本性也是这样。另外,一当驱散乌云,阳光就会普照大地。同样,心上的私意扫净了,其本来面目便会自然显前,圣人自然成就。基于这样的看法,成圣的心理途径便也一目了然了,那就是:要想自己由凡愚转化为圣人,只有一条路,用他们的话说,只有"一事"可做。当然,这"一事"可用不同的语言来表述。陆九渊的表述是:"专欲管归一路",即只须管归心①。王阳明也常说:成圣只有一事,即复人"心之本体"②。"诸君要实见此道,须从自己心上体认,不假外求始得。"③怎样从自己心上体认呢?首先要认识到:"天下之人心,其始亦非有异于圣人也,特其间于有我之私,隔于物欲之蔽,大者以小,通者以塞。"④换言之,人心最初与圣人之心无异,都有良知良能,都有大公之心,至大无外之心,都是通达之心。之所以没变成现实的圣心,主要根源在于受到了自我私心的迷惑,受到了物欲的蒙蔽间隔。如

---

① 象山语录·傅子云所记语录
② 传习录·薛侃录
③ 传习录·陆澄录
④ 传习录·答顾东桥书

果能"克其私,去其蔽"①,便能"复其心体之同然"②。在他们看来,圣学、圣教传播的秘诀就是"道心惟微",要这样,就要让它纯精纯一,最终便能执守中庸之道。除此大端之外,成圣还有具体的操作节目,那就是舜授予契的五种规则:"父子有亲,君臣有义,夫妇有别,长幼有序,朋友有信。"如果没有"闻见之杂,记诵之烦,辞章之靡滥,功利之驰逐"③,只一心一意去践行,那么便可使自心与圣人"同然"。

王阳明借对孔孟等人的一些命题的解释,阐述了如何从心上下工夫,实现成圣大志,他说:"性是心之体,天是性之原,尽心即是尽性。'唯天下至诚,为能尽其性,知天地之化育。''存心'者,心有未尽也。'知天'……是自己分上事,己与天为一。'事天',如子之事父……须是恭敬奉承,然后能无失……。至于夭寿不贰其心,乃是教学者一心为善,不可以穷通夭寿之故,便把为善的心变动了,只去修身以俟命。见得穷通夭寿有个命在,我亦不必以此动心。"④在追求成圣的过程中,一开始就要知道,圣、至善、理不离自心,甚至知天也是如此,因为天是性之原。既然如此,尽心、知天都是自己心上事。因此学者的下手处就是当下的心。在有了一定的觉悟、发明之后,仍要守住此心不动摇,不因夭寿、害利的变化而动心。这里讲的无疑也是其他宗教和哲学的一个基本观点。如佛教教人要不动心,"八风吹不动",而古希腊的怀疑主义大师皮浪教人要"保留判断"。

这里要注意的是,成圣尽管只有一事,但绝不意味着成圣是一件易如反掌的事,也不意味着成圣的方法途径是唯一的。恰恰相反,从共时态上讲,方法途径多种各样;从历时态上讲,至圣是一个漫长艰苦的过程。王阳明在修了许多"加行"之后,又经整整三年的专修,最后才在"龙场悟道",就足以说明这一点。至圣的过程包括许多环节和阶段。陆王在这一问题上的看法与佛教有相似之处。佛教禅宗说:归元无二路,方便有多门。陆王也深谙这一点。王阳明说:"若论万殊,礼仪三百,威仪三千,又何止两?"⑤陆九渊强调,成圣有一个从立志到成圣的漫长过程,中间要经过博学、审问、慎思、明辨等环节,"始条理也……到力行处,则无说矣,如玉振然,纯而已。知至知终,皆必由学,然后能至之终之。"⑥他们论述的具体方法很多,我们这里略述一二。

从程序上说,陆九渊借鉴和改造《周易》的思想,论述了成圣的九个步骤。他说:"九卦之列,君子修之要,其序如此,缺一不可也。"这九卦分别是:履、谦、复、恒、损、益、困、井、巽,它们分别代表了九种方法,一是要人言行和顺,二是要人谦

---

① 传习录·答顾东桥书
② 传习录·答顾东桥书
③ 传习录·答顾东桥书
④ 传习录·徐爱录
⑤ 传习录·薛侃录
⑥ 象山语录·黄元吉所记《荆州日录》

虚,三是自觉,四是纯一守德,五是远离祸害,如愤怒、私欲,六是广兴福利,七是于困难时反省自己,无怨无悔,八是辨义济物,九是要依理权变①。

王阳明也强调指出:初学时,"且教之静坐息思虑"。因为这时的学人心猿意马,拴缚不定。"久之……须教他省察克治。省察克治之功,则无时而可间。……才有一念萌动,即与克去。斩钉截铁,不可姑容与他方便,不可窝藏,不可放他出路,方是真实用功,方能扫除廓清。"②例如,王阳明的弟子陆澄接家信,知儿病危。王阳明对他说:"此时正宜用功,若放过此时,闲时讲学何用?"③

从成圣方法论的横向结构看,成圣是一项系统工程,由许多方法、途径有机构成。兹略述如下:

第一,切己自反,直指本心。王阳明说:"笃信固亦是,然不如反求之切。"④笃信即笃信圣人,这当然重要,但更为迫切、关键的是要反求诸己,不能外求,也无须外求。一方面,一切都得靠自己,另一方面,一切美好的价值都内在于自己。陆九渊通过对一系列成对范畴的分析说明了这一道理。拿人的真诚无欺来说,表面上可以由他人造成,但其实不然,道也是如此。因此可以说:"诚者自成也,而道者自道也。"他还说:"人之有是四端,而自谓不能者,自贼者也。"暴谓"自暴",弃谓"自弃",侮谓"自侮",反谓"自反",得谓"自得","祸福无自不自己求之者。"⑤意思是说:人本有仁义礼智四种善端,如果自认为不能表现出来,那无异于自作盗贼,将其盗走了,同理,残害不过是自己残害自己,抛弃是自己抛弃自己,侮辱是自己侮辱自己,反省是自己反省自己,得到是自得,祸福都是自己找来的。

第二,功夫要在起心动念处用,亦即在理之发处、在心念露头、显现处用。陆九渊说:"精神全要在内,不要在外,若在外,一生无是处。"⑥王阳明说:"心即理也。天下又有心外之事、心外之理乎?"⑦例如孝、忠、信都不用到事中去求,因为都"只在此心,心即理也。此心无私欲之蔽,即是天理,不须外面添一分。以此纯乎天理之心,发之事父,便是孝;发之事君,便是忠;发之交友、治民,便是信与仁。只在此心去人欲、存天理便是。"⑧他还说:"要此心纯是天理,须就'理'之发见处用功。如发见于事亲时,就在事亲上学存此天理……发见于处富贵、贫贱时,就在处富贵、贫贱上学存此天理……至于作止、语默,无处不然,随他发见处,即就那上

---

① 象山语录·严松所记语录
② 传习录·陆澄录
③ 传习录·陆澄录
④ 传习录·徐爱录
⑤ 象山语录·严松所记语录
⑥ 象山语录·包扬所记语录
⑦ 传习录·徐爱录
⑧ 传习录·徐爱录

面学个存天理。"①总之,要在起心动念处用工夫。这与禅宗的要求有相同之处,只是用来止心、安心的方法有别而已。王阳明强调的是在起心动念时,要让它符合天理。这在佛教看来,仍是有为法,是有漏、不究竟的。

怎样向内用功呢?这里关键是要转变价值观,即从世人喜欢的价值转向君子之道。君子之道是另一种价值,一般的人讨厌它。而陆九渊则强调:"学者要知所喜。此道甚淡,人多不知好之。……'君子之道,淡而不厌。'"②尽管平淡,但值得好之。怎样才能让自己对这平淡的道起喜好之心呢?首先要不断革除"渐习"。所谓渐习主要指:烦恼习气,见识低下,奔名逐利,仓促造次。要予除去,就要"尽欢",即快快乐乐求道,然后乐在其中,咏归自得③。其次,要明白:"君子之道"在内。如果引人向外,便背道而驰。最后,要用一定的方法去发明它、靠近它、体认它,以至融进去,与之合而为一。这样的方法很多,如"诚"、"尽"、"敬"、"静坐"等。稍后再予阐述。

第三,要成圣,必须立成圣之志。因为"志小不可以语大人事"④。"人唯患无志,有志无有不成志。"⑤王阳明也很重视立志。在他看来,只有有志才有前进的目标、方向和动力。而且人的成就的大小、高低也与志向的大小成比例。但王阳明对立志的内容、方法有自己的独特理解和规定。他说:"只念念要存天理,即是立志。能不忘乎此,久则自然心中凝聚,犹道家所谓'结圣胎'也。此天理之念常存,驯至于美、大、圣、神,亦只从此一念扩充去耳。"⑥这就是说,立志就是设法让天理常存心中,充盈于心,不使有失,念兹在兹,一味去存养扩充。可见,立志既是端正动机,确立方向和目标,同时也是手段和过程本身。如果这样去做了,就会使心专注于天理,直至融为一体。到了此境界,就有了入圣的基础。再进一步就会见到美(内心充实)、大(充实而有光辉)、圣(大而化之、大心)、神(圣而不可知之)等境界。

第四,要成圣,必须从本质上、从纲上用功。因为纲举才能目张。王阳明指出:学圣希圣至少有两条途径,一是从外在的方面、从用、从枝节上去模仿、效法,这是吃力不讨好的途径。二是从根上、从本和"大端"上努力的途径。这是"至易至简、易知易从,学易能而才易成"的途径。其所以如此,是因为"它正以大端唯在复心体之同然"。体上到位了,功效、作用和受用自然会水到渠成,例如知识技能、身体血气都会有相应的变化。他认为,如果能"复心体之同然",那么就会有

---

① 传习录·徐爱录
② 象山语录·包扬所记语录
③ 象山语录·包扬所记语录
④ 象山语录·周清叟所记语录
⑤ 象山语录·包扬所记语录
⑥ 传习录·陆澄录

这样的效验,即:"元气充周,血脉牒畅,是以痒呵呼吸,感触神应,有不言而喻之妙。"①他还说:"为学须有本原,须从本原上用力,渐渐盈科而进。"如果用功抓住了根本,就会收到功到自然成、水满自然流的效果。就像树种一样,其干、枝叶都潜在其中。如一开始想得枝繁叶茂,育其枝叶,这是万万不可能的事情。如果只管培植其根,"只管灌溉,勿作枝想……"②,那么其目的随着功夫的成熟便自然实现。

第五,体上用功固是根本,但日用处用功也是不可缺少的。因为体是通过用表现出来的,在体上用功必须落实到日常事用之上。陆九渊说:"圣人教人,只是就人日用处开端。如孟子言,'徐行后长,可为尧舜。'不成在长者后行,便是尧舜? 怎生做得尧舜样事? 须是就上面着工夫。……谁能出不由户? 直截是如此。"③意谓:圣人教人,要从日常事用入手。孟子说,在长者后面跟着慢慢走,就可成尧舜。难道在长者后面走就能成尧舜? 怎样才能做尧舜那样的事? 孟子的意思是说,应像长者那样,从走路这样的小事上下工夫。……有谁出行不经过门的? 为学就是这样简单。当然,这里仍有方法论问题,抓住了要领,再简单也不过,反之,则无功而返。怎样才能抓住要领呢? 陆九渊说:"能知天之所以予我者至贵至厚,自然远非僻,唯正是守。且要知我之所以固有。"要"唯正是守",见知本心,首先不能采取强制措施,如生硬制止错误言行,而必须"从头理会",不为别人的闲言所惑。其次,要抢先占领心灵这块阵地,"先入者为主",即抢在私欲进驻心灵之前去发明本心。这就"如一器皿,虚则能受物,若垢污先入,后虽欲加以好水亦费力"④。其三,在求长进的过程中,不能太刻意,太执著,不能有"胜心"。所谓"胜心"即是与他人争强弱、争高下之心。陆九渊说:"不恁地理会,泛然求长进,不过欲以己先人,此是胜心。"⑤这种心本身是违背本心的,因此应荡涤干净。其四,格物也是下手处。"古之欲明明德于天下者,先治其国;欲治其国者,先齐其家;欲齐其家者,先修其身;欲修其身者,先正其心;欲正其心者,先诚其意;欲诚其意者,先致其知;致知在格物。"⑥如何格物呢? 要格物就要"研究物理"。怎样研究物理? 就是研究心理,因为"万物皆备于我",只要明此理,即是格物,简言之,格物实即格心。总之,在陆九渊那里,成圣的下手处在于格物格心。他说:许多学者为求道疲于奔命,担子不知有多重,但仍不得其门,如果听从他的话,"到某这

---

① 传习录·答顾东桥书
② 传习录·陆澄录
③ 象山语录·周清叟所记语录
④ 象山语录·李伯敏所记语录
⑤ 象山语录·李伯敏所记语录
⑥ 象山语录·李伯敏所记语录

里",他则"只是与他减担,只此便是格物"①。只要做到这一点,便能致知,进而诚其意,正其心,修其身,齐其家,治其国,最终成就圣人。

第六,要成圣人,先要成为豪杰,因为是豪杰而不是圣人的人有,但没有是圣人而不是豪杰的人。怎样成为豪杰呢?关键是要自立。而要自立,就不能胸襟狭小、谨小慎微、"小廉曲谨",不能为流俗所转②。豪杰除了胸襟开阔、特立独行之外,还有坚忍不拔、永不懈怠的意志。陆九渊说:"别是不管,只理会我","此便是学问根源也。若能无懈怠,暗室屋漏亦如此,'造次必于是,颠沛必于是',何患不成?……在我者既尽,亦不能自掩"。只要从我自己身上做起,不管在什么条件下都不放松,一心一意去格物致知,发明本心,一当在己身上的德性昭明了,那么它们将像"鼓钟于宫,声闻其外"③,存之于己,而昭然于外,远播天下。

第七,"剥落"病患,祛除私欲。陆九渊说:"人心有病,须是剥落。剥落得一番,即一番清明,后随起来,又剥落,又清明,须是剥落得净尽方是。"④所谓"剥落",就是剔除、灭掉。心中有病,有私欲杂念,且很顽固,往往除了又长,因此要不停地用功剥落。因为他说:"这里是刀锯鼎镬底学问。"⑤意思是说:我这里的学问是用刀锯般的手段除去人之私欲。王阳明说:"学是学存天理。"而存天理就是去人欲。"如此则只须克去私意便是,又愁甚理欲不明?"怎样去人欲呢?"只是要为善之心真切。此心真切,见善即迁,有过即改,方是真切工夫。如此,即人欲日消,天理日明。"见善即迁,意为见善就生向往之心。"吾辈用力,只求日减,不求日增。减得一分人欲,便是复得一分天理,何等轻快洒脱,何等简易!"⑥这是因为,圣人之所以为圣人,其心态的标志是"纯乎天理,而无一毫人欲之私"。因此去人欲,以致干净彻底,是"作圣之功"。怎样做好这一功夫呢?一是要"防于未萌之先",二是要"克于方萌之际",三是要"随物而格"。王守仁特别强调,心体本来是宁静、寂然不动的,如果再生出"求宁静"、"养生"、"欲无生"之心,便是有欲念生,这都是要除去的。"良知之体本自宁静,今却又添一个求宁静;本自生生,今却又添一个欲无生……只是一念良知,彻头彻尾,无始无终,即是前念不灭,后念不生。"⑦

第八,让精神离事、无事,做到心无一累。陆九渊说:"心不可泊一事,只自立心。人心本来无事,胡乱被事物牵将去,若是有精神,即时便出便好。若一向去,

---

① 象山语录·李伯敏所记语录
② 象山语录·李伯敏所记语录
③ 象山语录·李伯敏所记语录
④ 象山语录·包扬所记语录
⑤ 象山语录·包扬所记语录
⑥ 传习录·薛侃录
⑦ 传习录·答陆原静书

便坏了。"①意谓：人的精神若陷到事情中去了，便违背了心的本来状态，便会有病有麻烦，若一出来，便好了。"不逐物，即随清明，才一逐物，便昏眩了。"②意思是说，不追求外物，心就清静明亮了，一追逐外物，就会陷入昏暗和迷乱。同样的道理陆九渊说了很多，如："内无所累，外无所累，自然自在，才有一些子意便沉着了，彻界彻髓，见得超然，于一身自然轻清、自然灵。""只要有一点牵累，人便不自在了，必须彻底摆脱牵累，才能自然轻清。"③

最后，要成圣离不开这样一些心上功夫，即格物致知、知行合一、诚意、明心、穷理、集义、止于至善等。这里我们之所以将它们放在一起讨论，是因为陆王心学既把它们看做分开独立的操作方法，又把它们看做是统一的方法。在他们看来，如果把握了它们的实质和"头脑"或要害，随便选一法用之，就足够了，并可同时收到"用一法即用万法"的奇妙效果。例如王阳明说："若语其要，则'修身'二字亦足矣。何必又言'正心'？'正心'二字亦足矣，何必又言'诚意'？'诚意'二字亦足矣，何必又言'致知'，又言'格物'？唯其工夫之详密，而要之只是一事。"④这也就是说，只要抓住"头脑"或"关键"，做一事就够了，要么集义，要么致良知，要么格物，等等，用不着"兼搭"别的什么方法。有的人之所以认为用一法如集义，还要兼搭致良知，那是因为"集义之功尚未彻也"。同样，如果认为致良知还要兼搭别的什么功夫，那也是对致良知没有彻了的缘故。这些功夫都是"自然无不吻合贯通"的⑤。这里颇有点佛教所说的一法具万法的意思。王阳明对尽心、知性、知天等相互关系的论述也有这方面的内容。如认为：对于尽心、知性、知天的人，"不必说存心、养性、事天，不必说'夭寿不二，修身以俟'，而存心、养性与'修身以俟'之功已在其中矣"⑥。尽管如此，但每种方法各有自己的角度、对治效果和优势，因此仍有必要分开来叙述。首先我们来看格物致知。

格物的原则、道理、方法是王阳明在龙场三年中"悟道"的主要内容。他说：通过这三年，"颇见得此意思，乃知天下之物本无可格者。其格物之功，只在身心上做。决然以圣人为人人可到，便自有担当了"⑦。从他的具体论述来看，他对格物致知的确赋予了全新的含义。这既表现在他对"格"与"物"有新的规定，同时还表现在他不再把格物致知看做两个分立的阶段。他说："格者，正也，正其不正，

---

① 象山语录·包扬所记语录
② 象山语录·包扬所记语录
③ 象山语录·包扬所记语录
④ 传习录·答罗整庵少宰书
⑤ 传习录·答聂文蔚第二书
⑥ 传习录·答聂文蔚第二书
⑦ 传习录·黄以方录

以归于正。"①"物"是指心中的私欲。"天理人欲,其精微必时时用力省察克治,方日渐有见。如今一说话之间,虽只讲天理,不知心中倏然之间已有多少私欲。……今只管讲天理来顿放着不循,讲人欲来顿放着不去,岂格物致知之学?"②从这里可以看出,所谓格物,一是用力省察克治,荡平私欲,让心复归于正。二是依天理而循。从时间上说,格物要贯穿于心行的全过程。心在运行时不外两种状态,即动与静。在这两种状态中,都要格物。王阳明说:"格物无间动静,静亦物也。"③在特定的意义上,格物也就是"诚意"。他说:"工夫难处,全在格物致知上。此即诚意之事。意既诚,大段心亦正,身亦自修。"④"大段"即大体上,意即只要意诚,心便大体上能端正,身也得到修正。有时他还认为,格物就是要"专求本心"。即使有的好古者探求古人之学,其实也不离自心之理。故可说他们"敏求此心之理耳"。因为"心即理也,学者,学此心也;求者,求此心也"。这正如孟子所说:"学问之道无他,求其放心(丢失了的本心)而已矣。"正如德性,它"岂可以外求"?再如"舜之'好问好察'",也不离自心,他实是"以用中而致其精一于道心耳。道心者,良知之谓也"。总之,致良知,实即"致其本心之良知"⑤。

怎样才能格物致知呢?他说:"果能随事随物精察此心之天理,以致其本然之良知,则虽愚必明,虽柔必强。大本立而达道行,九经之属可一以贯之而无遗矣。"⑥良知、天理就在自心之中,因为"心者,身之主也,而心之虚灵明觉,即所谓本然之良知也"。在另一处,王守仁说得更明白:"良知良能,愚父愚妇与圣人同。"但又应明白,良知良能是潜在的,是体,必须有一定的条件才能实现其用,这条件是意。他说:"其虚灵明觉之良知应感而动者,谓之意。有知而后有意,无知则无意矣。知非意之体乎?意之所用,必有其物,物即事也。如意用于事亲,即事亲为一物;意用于治民,即治民为一物。"⑦这也就是说,良知、天理本在心之中。而有知必然表现出来,即显现为用,此用即是意。相对于意来说,知是体,意是用。而有意,必有相应的物,如意用之于孝敬父母,这件事就是意的物。在此过程中细察其理,便能使本具的良知、天理显现出来。

怎样随事随物而穷理呢?在王守仁看来,"穷理"至关重要。"是其用功之要全在一'穷'字,用力之地全在一'理'字也。"怎样穷理呢?首先要认识到,"穷理

---

① 传习录·陆澄录
② 传习录·陆澄录
③ 传习录·陆澄录
④ 传习录·陆澄录
⑤ 传习录·答顾东桥书
⑥ 传习录·答顾东桥书
⑦ 传习录·答顾东桥书

者,兼格、致、诚、正而为功也"①。意即穷理兼有格物、致知、诚意、正心诸功夫在内。"言格物则必兼举致知、诚意、正心,而后其功始备而密。"②意思是说:说格物,必须再举出致知、诚意、正心,然后格物的功夫才会完备而严密。这也就是说,格物是一个复杂的过程,它既包括致良知、穷天理,同时也包括人的行动在内,如诚意、使不正之心归于正。如把格物简单地理解为把握外物,进而获得知识,有知识后再据此行动,那便是把格物致知、把知与行分割开来了。这种"支离决裂",又是使"圣学益以残晦"(残缺晦暗)的祸根③。如果像他那样把格物、穷理、致知、诚意、正心统一起来,把知与行统一起来,那么就恢复了圣学的本来面目。

王守仁还结合侍奉孝敬父母这一具体事例说明了他在格物、致知、诚意上的独特观点。冬暖夏凉,事奉父母,可叫做"物"。如果对于这事,完全按良知所知道的怎样才能做到冬暖夏凉、事奉父母的方法去做,无一丝闪失,便是"格物"。而知道怎样做到冬暖夏凉、孝敬父母,懂得了有关的知识,且又切实实施了,便可称做"致知"。可见,王守仁的"致知"有特定的含义,不仅包括知道了一般的原理、规律,而且更重要的是包括将它们落实于行动,用来指导行动。"以是而言,可以知致知之必在于行,而不行不可以为致知也。"④有了让父母舒适之意,并真切落实到行动中,即既让父母满意,又使自己满意,才能叫"诚意"。

"致良知"还可看做是与格物分离开的独立的方法。在王阳明看来,致良知是圣人不同于一般人的特征。圣人在聪明睿智上与一般人并没有什么差别,差别只在于:"圣人只是一能之尔,能处正是良知。众人不能,只是个不致知。"⑤他还说:"故致良知是学问大头脑,是圣人教人第一义。"⑥意谓:致良知是关键,是圣人教人的第一要义。良知不可能通过广见博闻取得或达到,如"专求之见闻之末,则是失却头脑,而已落在第二义矣"⑦。"凡多闻多见,莫非致良知之功。盖日用之间,见闻酬酢,虽千头万绪,莫非良知之发用流行。除却见闻酬酢,亦无良知可致矣。"⑧要知道致良知的方法,必须弄清良知与见闻的关系,他说:"良知不由见闻而有,而见闻莫非良知之用。故良知不滞于见闻,而亦不离于见闻。""良知之外,别无良知矣。"⑨也就是说,良知是体,见闻是良知所发之用。因此要致良知,就要到见闻中去致良知。这也就是前面所说的:"除却见闻酬酢,亦无良知可致矣。"

---

① 传习录·答顾东桥书
② 传习录·答顾东桥书
③ 传习录·答顾东桥书
④ 传习录·答顾东桥书
⑤ 传习录·钱德洪录
⑥ 传习录·答欧阳崇一
⑦ 传习录·答欧阳崇一
⑧ 传习录·答欧阳崇一
⑨ 传习录·答欧阳崇一

另外,致良知要从体上用功,要在本原上求,不能"在支(枝)节上求"。所谓在支(枝)节上求,例如要求辅佐君王的良知,便从事奉父母的良知上去扩充。所谓从本原上去求就是从自心中自然明觉处去求,只要求得了此体,它的一切用便自然具足。因为"良知只是一个,随他发见流行处,当下具足,更无去来,不须假借"①。有此良知,用于处理与父母的关系便是孝,用于兄弟关系便是悌,用于君臣关系便是忠,用于同事关系便有信。

王阳明在上述分析的基础上一针见血地指出了"致良知"的"真诀":"尔那一点良知,是尔自家的准则。尔意念着处,他是便知是,非便知非,更瞒他一些不得。尔只不要欺他,实实落落依着他做去,善便存,恶便去,他这里何等稳当快乐。此便是格物的真诀,致知的实功。"②格物致知的真诀、实功在于:用你自己的良知准则,在你意念附着处,对就知道对,错便知道错,丝毫不能隐瞒。只要不欺骗良知,实实在在依良知而行,善就存养,恶便去掉,如此去做,便能当下致良知,并得快乐。王阳明还说:"人若知这良知诀窍,随他多少邪思枉念,这里一觉,都自消融。真个是灵丹一粒,点铁成金。"③

要致良知,还要靠思考。但思考有两种,一是自私性的、出于欲求的思。这种"自私用智",不仅不能致良知,反倒会"丧失良知"。二是作为"良知发用之思"。既然其思为良知本体之用,而所思又"莫非天理",那么这种思便是致良知之途。因为"良知是天理之昭明灵觉处,故良知即是天理,思是良知之发用"。而"良知发用之思,自然明白简易,良知亦自能知得"④。

再来看知行合一。它有两种,一是为私欲隔断的知行。这种人由于私欲遮蔽,因此知与行相分离,知道应尽孝,但没有行动。另一种知行是从本体上看的知行。如看到"知行的本体",那么"未有知而不行者。知而不行,只是未知。圣贤教人知行,正是要复那本体,不是着你只恁地便罢。……就如称某人知孝、某人知弟,必是其人已曾行孝、行弟,方可称他知孝、弟。不成只是晓得说些孝弟的话,便可称为知孝弟。又如知痛,必已自痛了方知痛……知行如何分得开? 此便是知行的本体,不曾有私意隔断的。圣人教人必要是如此,方可谓之知。不然,只是不曾知"⑤。如果强调知行有因果关系,如认为知是行之始,行是知之成,那么这是"失了古人宗旨也"。"若会得时,只说一个知,已自有行在;只说一个行,已自有知在。""若见得这个意时,即一言即足。"为什么要强调这种从体上言的知行合一?其动机就是防止有的人"终身不行",有的人"终身不知"。"今说个知行合一,正

---

① 传习录·答聂文蔚第二书
② 传习录·陈九川录
③ 传习录·陈九川录
④ 传习录·答欧阳崇一
⑤ 传习录·徐爱录

是对病的药。"①他还说:"知者行之始,行者知之成。圣学只一个工夫,知行不可分作两事。"②

要理解这一点,首先要明白:王阳明所说的知与行都有特定的含义。知与行都是指的真知真行。他说:"知之真切笃实处即是行,行之明觉精察处即是知。知行工夫本不可离。"因此它们"交养互发,内外本末一以贯之"。"真知即所以为行,不行不足谓之知。"③因为真知是心体之知,因此必然包含行。同理,真行是心体之行,必然蕴涵着知。后世学者之所以将它们分作两截,原因在于,他们所说的知行是常识意义上的、与日常知见有关的、与日常事务有关的知行。"只为后世学者分作两截用功,失却知行本体,故有合一并进之说。"④

为什么知与行是合一的呢?因为"知是心之本体,心自然会知。见父自然知孝,见兄自然知弟,见孺子入井自然知恻隐。此便是'良知',不假外求"⑤。这里有许多反例,那就是许多人见父非但不行孝,反视之如仇敌,这是为什么?王阳明的回答是:不是由于这些人没有良知,而是在良知发用时,受到了"私意"或"私欲"的"障碍"。正是有此障碍,才有如何通过磨炼、克己而成圣的问题,不然人一生下来就是圣人。也正是因为这个缘故,才有格物致知之说。他说:"然在常人不能无私欲障碍,所以须用'致知'、'格物'之功,胜私复理,即心之良知更无障碍。"⑥简言之,由于人有私欲,因此要格物。一当通过格物战胜了私欲,理便现前,良知便现实显现。

王阳明有时说:成圣"必有一事",那就是"集义"。"必有事焉者,只是时时去'集义'。……此其工夫何等明白简易!何等洒脱自在!"⑦什么是"集义"呢?所谓"集义",语出孟子,意为积善,聚集正义,使事事都合于义。王守仁在借用时作了新的解释:"义者,宜也,心得其宜之谓义。""心得其宜"就是致良知,因此集义也是致良知。怎样使心得其宜呢?具体而言之,就是要在与外界打交道的过程当中,当行则行,当止则止,当生则生,当死则死,斟酌调停,"思不出其位"⑧。如是理解"集义",它便同时包含了其他一切至圣之法的精髓和要诀,甚至同时就是格物、致知、穷理三法,是"复心之本然"的方法。因为让心不动的方法至少有两种,一是"硬把捉着此心,要他不动"。这不是王阳明所提倡的。二是"自然不动心"。

---

① 传习录·徐爱录
② 传习录·陆澄录
③ 传习录·答顾东桥书
④ 传习录·答顾东桥书
⑤ 传习录·徐爱录
⑥ 传习录·徐爱录
⑦ 传习录·答聂文蔚第二书
⑧ 传习录·答欧阳崇一

它是恢复心的本来面目的真正方法。心原本是不动的,因为心是性、是理,而性、理都是不动的。怎样实现这种不动心呢? 就是通过"集义"。王阳明说:"集义是复其心之本体。"①

陆王心学也承认传统圣学所倡导的方法如修身、诚意、尽性、尽心、正心等的必要性和合理性,但对它们的实质、内容以及它们与前述方法的关系作了全新的阐释。其基本观点仍是主张:一法同时是其他一切法,因此随用一法,同时也用了他法。例如用修身或正心之法,同时也等于运用了格物、致知、穷理、集义、诚意、尽心等法。王阳明说:"心者身之主宰。目虽视,而所以视者心也;耳虽听,而所以听者心也……故修身在于体当自家心体,常令廓然大公,无有些子不正处。主宰一正,则发窍于目,自无非礼之视;发窍于耳,自无非礼之听……此便是修身在正其心。"②正心之功也就是诚意之功,因为心之本体是至善,因此要正心,"必就心之发动处才可着力也。心之发动不能无不善,故须就此处着力,便是在诚意"③。如意发为善,便一心一意为善,如发为恶,便尽力改正。"故欲正其心在诚意。工夫到诚意,始有着落处。"但"诚意之本,又在于致知也"。因为要行善,得知善,而要知善,就要明白和得到良知。因此"致知者,意诚之本也"。然而要致知,又要格物,所谓格物,就是让不正归于正,让"良知无私欲蔽",只有这样才能"致其极"。因此,"诚意工夫实在下手处格物也。若如此格物,人人便做得。'人皆可以为尧舜',正在此也"④。

---

① 传习录·陆澄录
② 传习录·黄以方录
③ 传习录·黄以方录
④ 传习录·黄以方录

十四

智者大师论人心与人生

Zhizhedashi Lun Renxin Yu Rensheng

> 近不见其细陋，远但挹其高风，口无择言，身无择行，意无择法，名行相称，真实大人，内合如来三业，随智慧行，称机施化，名称普闻，德周法界，极果既成，必遍三土。
>
> ——智者
>
> 道当清净，秽浊非道；道当一心，多想非道；道当知足，多欲非道；道当恭敬，骄慢非道；道当检意，放逸非道；道当显曜，自隐非道；道当连属，无行非道；道当觉悟，愚惑非道；道当教化，悭吝非道；道近善友，习恶非道。
>
> ——智者
>
> 三界无别法，唯是一心作，心能地狱，心能天堂，心能凡夫，心能圣贤。
>
> ——智者

艾舍尔:《水洼》,1952年,木版画

智者:"一念三千",上天入地,成凡成圣皆系一念。

十四 智者大师论人心与人生

佛教是世界上一切宗教中最宽容、最圆满的宗教。它包容一切宗教的思想而又超越于其上。众所周知，佛教产生于两千多年前的古印度，后在公元前后传入中国。在与中国本土文化的互动和交涉中，相互融会，形成了具有中国特色的中国佛教。

中国佛教像印度佛教一样，在本质上也是一种生命关怀的理论和实践体系。它不仅关心人的解放，也试图让其他生命形态翻身得解放，当然更希望整个世界和谐共生、协调发展。因为这是其中任一生命形式获得解脱的基础和前提条件。不过，在佛教看来，尽管一切生命都应该、都有权利过上美好的生活，但从内在根性上说，只有人才具备了最为优越的可能性条件。这是因为，不仅人身上潜在拥有一切价值资源，包括最美好、最崇高、最高级、最真实的潜价值，而且它内部还有使这种潜价值转化为现实的最可靠的根据、机理和条件。

这一结论是建立在佛教特有的人学，尤其是其心理学、心灵哲学的基础之上的。因此毋庸置疑的是，无论是从逻辑上还是从事实上说，佛教肯定包含有极为丰富和发达的心理哲学思想。这里限于篇幅，只拟选取中国化佛教中一个较典型的个案即南北朝时期天台宗的实际创始人智顗大师（通称为智者，538—597 年）的有关思想作为剖析对象，并以之作为了解佛教心理哲学的一个窗口。

1 极圣内心十德具足

佛教追求的终极、究竟人生理想是进入涅槃境界，而入涅槃也就是成佛。证得了究竟涅槃境界的人也就是潜在的佛性转变为现实的佛性，因佛性变成果佛性的人，简言之就是佛。而入涅槃、成佛的过程就是做好人、做完人或完满人格的过程，就是按照既定的理想人格模式塑造自己的过程，因此涅槃、成佛、完满人格是一致的，是同一过程、同一极果的不同说法，三而一、一而三。对此，中国现代佛学大师太虚作了精辟的说明："仰止唯佛陀，完成在人格，人成佛亦成，是名真现实。"很明显，做一个完美的人，拥有完美的人格与成佛作祖是一回事。但是理想的人格模式是什么呢？佛是人还是神？如果是人，他是什么样的人？人应该做什么样的人呢？

这是一个古老而常新、平常而又非同寻常的问题。古今中外的平常百姓、哲人圣贤都无法回避这一问题，因为他们都要做人，都有选择人格模式的阶段。在一般人心目中，理想完美的人、自己想成为的人，不外是拥有万贯家财、有权有势、有地位、受人尊敬的人或出人头地的人。而哲人圣贤的理想人格除了有必要的物的因素外，往往还包含较多的精神、气节方面的因素，有的甚至只有精神的因素。在他们那里，理想人格、完满的人实际上是有理想的心理结构、完善的精神生活的人,因而带有超然物外、超凡脱俗的特点。

智者作为根植于中华民族文化土壤的佛学大师,在阐发自己关于做什么样的人、如何做好人的问题的答案时,一方面不离佛教经典,另一方面又博采各家人格学说之长,融会贯通,从而形成了自己别具一格的理想人格学说。

一、始从凡夫,终至极圣

智者明确主张,学佛、修行乃至出家、禅定、止观等的终极目的不外是得解脱、入涅槃,而得解脱也就是成佛或作佛,而作佛也就是做一个人格完美的人,做一个完成了的人。其起点是现实的人即凡夫,终点是极圣。用智者的话说就是:"始从凡夫,终至极圣。"①"极圣"就是佛,就是智者追求的、想成为的人,也就是他一生极力鼓励、教化众生去追寻成就的人格模式。这与佛的教理完全一致。因为佛陀的教就是"诠理化物",而"化物"就是"转",即转迷成悟、转恶成善、转识成智、转凡成圣。前三转完成了,后一转也就完成了,即成圣。对于"极圣"这一圆满的人、理想的人格,智者在不同的地方用了不同的名称加以表述,如"尊妙人"、"圣者"、"长者"、"圆人"②。那么究竟什么是"极圣"呢?这是一个平常而又极其复杂的问题,智者在不同情境,根据不同的对象,从不同的方面深入浅出地阐述了自己的观点。

二、名行相称,十德具足

首先,智者从世俗之人对长者、至圣的追求和理解出发,改造、升华这一理解,建构出了一种源于众生的追求又高于众生的追求,并有利于众生去追求的理想人格模式。一般人所崇敬、追求的长者形象及其特征不外表现在三个方面:一是从名上来说,长者"名厚"、"名远"。二是从人格结构的体上说,具有"姓贵"、"位高"、"富足"等要素或德性。三是从用上来说,长者福德广博,因此自己享受福报,受人尊敬赞叹,同时又利益他人。智者认为:佛教所追求的理想人格或至圣形象也有这三个方面。

第一,佛教所追求的长者也有"名远"的特征或标志,不仅名扬海内外,而且"名行遍此三处"即实报土、有余土和同居土。不仅如此,长者还"名行相称",即名远行高,有与名相一致的言行、智德、高风亮节,如称机施化,利乐有情。正因为如此,他才成为名副其实的"真实大人",得到"极果"。智者说:"近不见其细陋,远但挹其高风,口无择言,身无择行,意无择法,名行相称,真实大人,内合如来三

---

① 释禅波罗蜜次第法门.见:大正藏,第 46 卷.475
② 《释禅波罗蜜次第法门》、《四念处》和《法华文句》中经常使用的概念,可参阅。

业,随智慧行,称机施化,名称普闻,德周法界,极果既成,必遍三土。"①

第二,从"正标位号"即人格结构的具体构件、标志上说,佛教的长者像世俗所谓长者一样也具有"十德":(1)姓贵。所谓姓贵,指有辉煌的家族史,出自名门望族。世间之人要成为长者,首先必备姓贵这一条,如三皇五帝之裔,左貂右插之家。出世之人所追求的长者、佛教的理想圣人也须具"姓贵"这一德,即经历了过去无数劫的修行,功德圆满。如"佛从三世真如实际中生",不是从今生一朝一夕的修行中来,因而有悠久、光辉的历史。(2)位高。世间之人要成为人们爱戴的长者,应有崇高的地位,如"辅弼丞相,监梅阿衡"。佛教所崇尚的圣人的位高则表现在"功成道著,十号无极"。(3)大富。世人所崇拜的长者应是富有的,如"铜陵金谷,丰饶侈靡"。佛教所崇尚的圣人的"富"则表现在"万德悉皆具足",如各种福德、智德应有尽有。广行善事,福德无量,智慧超凡至极,对宇宙人生有洞彻的把握。(4)威猛。世人所崇拜的长者必具威猛这一条,即"严霜隆重,不肃而成",威望极高。佛教所崇尚的圣人的威猛则表现在"十力雄猛,降魔制外"。(5)智深。世人所崇拜的长者具有智深的特点,即"胸如武库,用之则行,舍之则藏"。智者所推崇的圣人也必须有"智深"的特点,这表现在"一心三智",即一心具足道种智、一切智、一切种智,对宇宙人生的实相"无不通达","周赡大度",博学多闻,内心丰足无比。(6)年耆。要成为人们心目中的长者,受人尊敬,必须有一定的年龄,"苍苍棱棱,物仪所伏"。智者所推崇的至圣也具有"年耆"这一特征。这里所谓"年耆"主要指"早成正觉,久远若斯"。(7)行净。要成为世人心目中的长者必须有净行,即去恶行善,言行一致,"所行如言",人品清白无垢。智者的理想人格也有"行净"这一标志,主要表现在身口意三业或三种行为不轻率,而是根据智慧所作出的,或从自性中自然流露出来的,因而万无一失,至善至美,动机与效果完全统一。此即"三业随智,运动无失"。(8)礼备。世间之人要成为长者,必须有"礼备"这一德性,即"节度痒序,世所式瞻"。智者的理想人格在"礼备"方面的表现则是"具佛威仪,心大如海",言行举止符合礼仪轨则,因而堪称楷模,此即"礼节训人一路"。(9)上叹。要成为人世间的圣人、长者,不仅应受到下层平民百姓的尊敬,而且还应受到万人之上的君臣的赞叹、佩服,甚至为"夫子一人所敬"。孔子之所以被公认为万世至圣,他就具有这一特征。智者的理想的圣人也是如此,即"为十方正觉所共称誉""上人所敬"。(10)下皈。要成为世人心目中的长者,必须受到人们发自内心的拥戴,"为四海所皈"。智者的理想人格,不仅受"上人所敬",而且为普天下人所归。要这样,必须福智双全。总之,"十德具足,乃名长者"②。只有在言行举止、衣食住行中贯彻了这十德,内智广心宽,外仪

---

① 法华文句。见:妙法莲华经(经疏记合一本).上海:上海古籍出版社,1990.142
② 法华文句。见:妙法莲华经(经疏记合一本).上海:上海古籍出版社,1990.142~143

态稳重庄严,举手投足堪称表率,为人敬仰,言行在效果上自利利他、自觉觉他、觉行圆满,才是佛,才是真正进入了涅槃的人,才是理想的人格,才是完美的人。

至圣不仅仪态相貌、言行举止、内心世界等应具十德,而且每一刹那的一心也应具十德。只有这样,才能谈得上人格上十德的完美,因为一粒微尘映现整个宇宙,一言一行、一心一念折射着整个人格。只有把每一念头处理好了,川流不息的完满心念才会构成完美的圣人的内心世界。一心十德分别为:(1)观一念能观心智从实相出,生在不思议境种姓之家。(2)于一念中缘理发誓,三惑不起,虽未发真,但是著如来衣、称寂灭忍,此是观心位高。(3)一念中三谛含藏,一切功德巧安称理,此为心大富。(4)于一念正观之德降伏爱见,除三谛惑。这就是心威猛。(5)一念中道双照,权实并明,无塞不通,此即心智深。(6)一念中久积善根,这可谓心年耆。(7)一念观中能观心性,此即观心行净。(8)一念依真之位,历缘对境,威仪无失,这就是心礼备。(9)一念深信,诸佛欢喜,这就是观心上敬。(10)一念中不生法爱,致威下供,心灵的纯洁受四海敬仰称颂①。

怎样才能完满自己的人格,成为至圣呢?智者认为:"莫不须修于观,方成果德,今须于目前行心中观此十德,修于十乘。不离凡夫所见,成等正觉。"②即是说,完成自己的人格在时间上不要等将来,而应从现在做起,从当下的一言一行甚至当下的念头修起,向十德方向努力。从行动的主体上说,圣人不是凡夫之外的人,而就是凡夫俗子中的一员,区别只在于,圣人"成等正觉",而凡夫还在痴迷中。因此做圣人、完成自己的人格应从自我做起,从自我当下所拥有的见识开始,不断将其转化、升华,即立即着手进行转识成智、转迷为悟、转凡成圣的工作。

第三,从用上来说,长者不仅自己得福报之果,内有智断二德,外有"货财",而且还利益众生,使人无不生敬,赞叹其德业。长者的内德表现在:智德无比,能如实地把握宇宙人生实相,同时根志纯熟具有"断德",即有能断除烦恼、斩断生死之流的功能性质。须陀洹断,同是无生德忍。因此"内有智断二德"。外德表现在:外有万德,福慧田能养命。"禅定以福田资般若命","实境为佛智所托","以禅定田,栖实境宅,资养般若身命也"。佛福德无量,"无行而不修",因为其田极多;"智慧无境而不照",因为"宅则甚众"③。总之,佛有最上的福报,因此就有最优越的条件(宅、田)修一切行,有最好的土壤(宅、田)资养智慧和身命,从而得最上智、成等正觉,无境而不照,成就无量知见,力无所畏,有大力神及智慧力,具足方便智慧波罗蜜,加上大慈大悲、常无懈倦、恒求善事,因此长者不仅有大慈大悲之心,而且有能力、力量化度众生,利益一切。为了度众生,长者教理共用,应病

---

① 法华文句.见:妙法莲华经(经疏记合一本).上海:上海古籍出版社,1990.143~144
② 法华文句.见:妙法莲华经(经疏记合一本).上海:上海古籍出版社,1990.143
③ 法华文句.见:妙法莲华经(经疏记合一本).上海:上海古籍出版社,1990.143~144

予药,以智慧方便,于三界火宅,拔济众生,从而使有情同沾法益①。

三、至圣是大丈夫事

在《法华经·譬喻品第三》中,舍利弗听佛陀说到:"我当作佛、众生都可作佛"时,疑惑不解。而当佛陀说明了佛的含意、成佛之道后,便"疑悔永已尽,安住实智中"②。所谓成佛之道就是至圣之道,就是大丈夫所行之道。因为佛也就是至圣,就是大丈夫,就是"大士"。所谓士就是凡夫,作为凡夫一员的至圣不同于一般凡夫的地方就在于他的"大",即想大丈夫之所想,行大丈夫之所行。因此大士也就是进到了"无上"境界或具有"无上"品格、素质、特征的人。

对于"无上",智者根据龙树菩萨的《十住毗婆沙论》和《菩萨璎珞经》作了解释。在解释中阐发了极圣所应具有的品格。在智者看来,"无上"就是致极、尽善尽美,表现于因和果两方面,而因无上和果无上又各有七种。

从因上来说,无上之圣者首先应具有身无上的特征,即相好庄严,有福德、威德,猛威有号召力、凝聚力,使人肃然起敬。例如堪称人间楷模的至圣佛陀就有三十二相,八十种好。所谓三十二相就是身体外部的32种明显的特征。对此,《法华文句》解释说:"相名有所表发,览而可别名之为相。"即是区别贤与非贤的外在标志。"如来应化之体现此三十二相,以表法身众德圆极,使见者爱敬知有胜德可崇,人天中尊,众圣中主。"例如:"一、足下安平如奁底;二、足下千辐轮相;三、手足指长胜余人……十一、身纵广等;十二、一一毛孔生青色柔……十五、身光面各一丈……十九、上身如狮子;二十、身端直;二十一、肩圆好;二十二、四十齿具足;二十三、齿白净……二十八、梵音深远如迦陵频伽声;二十九、眼色如金精……三十一、眉间白毫相如兜罗绵;三十二、顶肉髻成。"③

所谓八十种好,智者的解释是:"佛具之以生尊敬"的、表现于身体各部位的细微特征。如果说超越凡夫的显著之点是三十二相的话,那么其微细隐秘难见之处就是八十种好,即容貌的80种细微特征,表现于头、面、鼻、口、眼、耳、手足等。如第一好是指甲狭长薄润、光洁明净;第二十八好是唇色红润光泽,上下相净;第三十三好是鼻梁修长,不见鼻孔;第四十二好是耳轮阔大,成轮睡形;第七十三好是以一音说法,有情之类各得其解;第八十种好是手足及胸皆有吉祥喜施之相(即卍)④。

因无上的第二种表现是受持无上,即能做到自利利他。不仅自己得大利益,

---

① 法华文句.见:妙法莲华经(经疏记合一本).上海:上海古籍出版社,1990.158~161
② 法华文句.见:妙法莲华经(经疏记合一本).上海:上海古籍出版社,1990.134~135
③ 法华文句.见:妙法莲华经(经疏记合一本).上海:上海古籍出版社,1990.133
④ 法华文句.见:妙法莲华经(经疏记合一本).上海:上海古籍出版社,1990.133~134

得解脱,而且也同时使别的一切众生得解脱。不仅如此,在别的众生没有解脱前,自己就不入涅槃,此即所谓大悲故不住涅槃,也就是马克思主义者常说的只有解放了全人类才最后解放自己。

第三因无上就是:具足无上,即命见戒,持戒清净,忍辱负重。

第四种因无上就是智德无上,具体表现就是具有四无碍智或四无碍辩、四无碍解。所谓无碍就是无挂无滞、通达自在,自在涉入而无碍,自在融通而为一体,就像灯光互相涉入,完全融合,无有滞碍一样。"四无碍"指的是佛菩萨说法化度众生的才智、见解、辩才的四种无滞无碍。当这种才能表现于意业上就是四智无碍,表现在口业上就是辩才无碍。(1)法无碍:能诠之教法名为法,于教法无滞名为法无碍。(2)义无碍:知教法所诠之义理而无滞。(3)辞无碍:于诸方言通达自在。(4)乐说无碍:以前三种之智,为众生乐说自在。

第五种因无上就是不思议无上,即广行六波罗蜜。所谓波罗蜜就是度达彼岸。佛教中的圣人具有六种帮助自己、他人克服烦恼缺陷进而度到彼岸的方法,如:持戒度毁犯、布施度悭贪、忍辱度嗔恨、精进度懈怠、禅定度散乱、智慧度愚痴。这就是六度或六波罗蜜。

第六是解脱无上,即断除烦恼、所知二障,心灵进至空明宁静、安详快乐的境界,无系无缚,自在超脱。

第七种因无上是圣梵二行。所谓梵就是清净的意思,断淫欲、得清净的行持就是梵行,圣行就是佛菩萨的行法。因此圣梵二行也就是自利利他,同登极乐的行持①。

与七种因无上相对应的分别是七种果无上。第一,身无上,所谓身无上,就是做"大丈夫"②,有大丈夫宽广无边的胸怀,有无可比拟的胆识才智,气宇轩昂、言行一致。第二,受持无上,即大慈大悲。第三,具足无上,即到彼岸世界。第四,智无上,也就是具有认识宇宙人生实相的真智实慧。第五,不思议无上,即得到了阿罗汉果,这是尽断三界见修二惑所达到的果位,已至修学的顶端。有三义:(1)杀贼,意谓杀尽一切烦恼之贼。(2)应供:即应受天人的供养。(3)不生或无生:即永远进入涅槃,不再生死轮回。第六种果无上就是解脱无上,即得到了大涅槃。第七种果无上就是行无上,即三藐三佛陀③。所谓三藐三佛陀,是佛十号之三,旧译"正遍知""等正觉",新译为"正等觉"。"三藐"意为"正","三"意为"遍","佛陀"名"知",意为正遍知一切法。之所以称"等觉",因为相对于外道之邪觉,称罗汉为正觉;相对于罗汉之偏觉,称菩萨为等觉;相对于菩萨之分觉,称佛为正等觉。

---

① 法华文句.见:妙法莲华经(经疏记合一本).上海:上海古籍出版社,1990.135
② 法华文句.见:妙法莲华经(经疏记合一本).上海:上海古籍出版社,1990.135
③ 法华文句.见:妙法莲华经(经疏记合一本).上海:上海古籍出版社,1990.135

智者认为,通向极圣的道路就是无上佛道。这些道既是至圣之道,而每一道实质上又是圣人的标志或品质本身。它们分别是:道当清净,秽浊非道;道当一心,多想非道;道当知足,多欲非道;道当恭敬,骄慢非道;道当检意,放逸非道;道当显曜,自隐非道;道当连属,无行非道;道当觉悟,愚惑非道;道当教化,悭吝非道;道近善友,习恶非道①。所有这些道,归根结底就是一道,即圆妙实相之道。而圆妙实相也就是无上道。行此无上道就是极圣,或者说通达此圆妙实相就是极圣。

四、三身、三法、四德

释迦牟尼佛是从凡至圣的典范。智者不仅从理论上对理想人格的标志、特点作了分析,而且还通过对释迦牟尼佛以及其他十方诸佛的人格结构及其德性的分析,生动具体地描绘、再现了最高的圣人形象。

所谓三身就是法身、报身、应身。智者在《法华文句》中认为:毗卢遮那就是法身②。所谓毗卢遮那,可意译为"光明遍照","照一切处",所谓法即可轨,诸佛轨之而得成佛,以法为身,故名法身。智者认为:毗卢遮那由于真如平等,性相常然、身土无碍,因而遍一切处,无处不在,无时不有。与法身契合的卢舍那是报身。报身卢舍那如来,修因感果,名之为报。而报有自报和他报之分,前者即理智如如不二,他报即相好无尽。"卢舍那"意思是净满,诸惑尽净,众德悉圆,光明遍照,内以智光照真如法界,外以身光照应大机。功德如法身应现成道之释迦如来就是应身佛。智与体冥,能起大用,随机普现,说法利生,故名应身。释迦牟尼意即能仁寂默,寂默故,不住生死,能仁故,不住涅槃。

智者在《光明玄义》中对三身还有另一种解释。所谓"身"即聚集,聚集诸法而成身,即佛之身,即是佛的人格。法身即理法聚,即是说如来之聚集,包摄宇宙人生的一切理、一切本质与规律。报身就是智法之聚集,意思是说佛之身储藏的是关于宇宙人生的大智大慧。佛之应身就是功德法之聚集。简言之,聚集一切功德之法,起用化他,随机应现而成就的就是佛。法报应三身也就是理智悲三身,即是说佛之所以是佛,之所以是极圣,就在于他有理、智、大慈大悲的品德。他的身躯是理、智、悲的聚集、化身。因此要成为佛、成为极圣,就应与宇宙万法之理合,穷尽这个理,掌握这个理,就应有大智大慧,就应以大智大慧、大慈大悲、大神通力利乐有情,为整个人类及其所依存的宇宙环境谋福利。三身与智者常说的三谛也有联系。法身是中谛之德,报身是空谛之德,应身即假谛之德。如果三谛圆融相即,那么三身也相即无碍,三即一、一即三,不一不异。

---

① 法华文句.见:妙法莲华经(经疏记合一本).上海:上海古籍出版社,1990.135
② 法华文句.见:妙法莲华经(经疏记合一本).上海:上海古籍出版社,1990.362~367,397

智者不仅用理、智、悲三种品格概括佛的理想人格,而且还用法身、般若、解脱三法说明佛之人格的理想合成。所谓法身就是与众生共有的本性、体性。此体性在凡不减,在圣不增。所谓般若就是佛究竟始觉之智,能了知一切诸法的本性。所谓解脱就是无系无缚、自在解脱,永离一切业累之缚,得大自在。从其潜在形式而言,这三种法也是众生具有的,至少具有其可能性、其种子。佛之所以是佛,之所以是至圣,不仅表现在他将它们现实化了,而且使其同时具有常乐我净四种德性。所谓德就是性质的完全显现,因此说三法有四德,也就是说佛及其每一人格因素都充分展示、凸现了常乐我净的性质。所谓常就是在否定众生执著的常、二乘追求的无常的基础上的中道之常,超越常与无常的常。此常作为佛的人格结构的德性不是指佛的肉身不灭,而是表明佛的精神、人格超越了生与不生、死与不死、常与无常。所谓乐同样是一种中道之乐。它不是感受之乐,而是超越苦受与乐受之上的大乐、无漏之乐。因为感受之乐无常败坏,毕竟苦。这表明佛是一个绝对幸福快乐的人,因为他的乐不是建立在财、色、名、食、睡等可感的有形事物之上的,不是感性欲望满足后所得到的快乐,而是超感性的、超功利的、不由任何东西引起的绝对的乐。所谓"我"也不是众生所执著的小我、假我,更不是二乘的无我,而是超越两者之上的自他不二、依正不二的大我,具有实、真、主、依、性不变等德性,是绝对的自由、自主、自在。所谓净则是佛的心灵纯净无污染、无执著、道德高尚的品格。由于佛的心灵"实法不颠倒,念想观已除,言语法皆灭,无量众罪除,清净心常一"①,因此像大圆镜一样,对任何境、任何物、任何刺激能保持如如不动的状态,像清澈透明的泉水一样平静纯洁,不起波浪。同时又能以慈无量心、悲无量心、喜无量心、舍无量心对待一切,诸恶不作,众善奉行,时时事事处处体现出高尚、完美无缺的道德情操。总之具足上述中道四德就是进入了大涅槃,就是成佛,就具有理想完满的人格,就是做人的完成。

2 成佛的心理可能性根据

既然佛、极圣常乐我净,人格圆满,福智双全,断除生死烦恼,受人尊敬,那么认清这一点之后,许多人也许会生起成佛至圣的愿望,乐意做一个像佛、像极圣一样的人。但是问题在于:凡夫俗子,特别是沉迷于声色口腹之乐的人,甚至业障极重、罪恶滔天的人能不能成佛呢?如果能成佛,是在今世还是在来世?应具备什么条件、通过什么途径才能实现这一崇高的人生理想?这些问题都涉及到佛教中常说的佛性问题。而佛性问题既涉及到哲学和日常生活中常常碰到的人性问题,

---

① 四念处,卷第一.见:大正藏,第46卷.555~562

又与宇宙万物本原、共性等问题有关联。对佛性问题的研究，不仅是人生解脱论必不可少的，而且对许多重要哲学问题的解决都有不可估量的意义。

一般地说，所谓佛性就是佛之本性、佛之为佛的根本属性。佛在未成佛之前也是芸芸众生中的一员，之所以成佛，主要是由其内在的本质属性即内在的清净本性、觉悟本性、真如实性所决定的，这种内在的本质属性、内在的成佛的根据或可能性就是佛性，或更准确地说，就是因佛性，当它由可能变成了现实，就成了现实的佛性或果佛性，就是佛的显现的、不同于其他存在的根本规定性，具有这种佛性的人就是佛，就进入了涅槃妙境，在这个意义上也可以说佛性就是涅槃。因此没有佛性这种成佛的可能性，就谈不上成佛至圣。在人生哲学中，我们关心的主要是我们人类这种众生能不能成佛至圣这一问题，因此我们关注的就不是一般的佛性或作为一切事物的普遍本质的法性，而是作为人的本质属性的人性问题。只有认清人性的内在结构、认清此结构中有无成佛的内在根据，我们才会有成佛至圣的方向。

一、众说纷纭的佛性

在智者之前和智者的时代，佛性问题已是佛学研究中一争论颇为激烈、看法各异其趣的问题。在印度小乘佛教发展的初期，佛性问题没有明确地被提出来，因而也没有什么佛性说。正是看到了这一点，智者才说："大小乘通有十二部，但有佛性、无佛性之异耳。"[①]即是说大小乘有共同的地方，即都有共通的十二部，但也有不同，其中主要表现在小乘不主张有佛性。当然到了小乘佛教后期，各部派在将佛陀的教义理论化、系统化的过程中逐渐注意到了佛性问题，并提出了不同的看法。例如分别部认为，佛性就是万法的空的本性，认识到此本性，与之相契就是佛，就是涅槃。说一切有部则认为，众生并不是都有佛性，也就是说并不是每一众生都能成佛作祖。因为有三种情况：第一，犯重禁的人永无佛性，即没有成佛的可能性。第二，不定有无，即有些众生可能有、可能无佛性，修时即得。第三，声闻、缘觉、菩萨肯定有佛性，具备了一定条件，他们就能成佛。

到了印度大乘佛教时期，对此问题的认识逐渐深化，并在许多问题上趋于统一。例如瑜伽行派以种子和转依来说明如来藏、佛性以及众生能否成佛、如何成佛的问题。由于他们主张有五种种性（种子），其中有的本有，有的熏习而成，因此主张有的众生有佛性，有的没有。对如何成佛的问题，唯识学提出了"转依"的思想，即认为依据一定的种子和条件可转识成智、转染成净、转凡入圣，即由凡夫转变为圣人。到世亲著成《佛性论》时，就开始形成了一种基本上公认的看法，即

[①] 法华玄义.见：大正藏，第33卷.803

一切众生皆有佛性。

大乘佛教传入中国后,尽管人们广泛接受了一切众生皆有佛性的思想,但是对于什么是佛性、成佛在今世还是来世、成佛是不是少数人的事等问题仍存有激烈的争论,真可谓"纷纭争论","莫有匠决"。例如华严宗和禅宗认为,真常心是佛性,而法相唯识宗认为,无漏种子是佛性。南朝时许多人认为,成佛只是少数人的事,而竺道生则主张:一切众生都有佛性,都可成佛,甚至没有信仰,只知道作恶的人即所谓的阐提也能成佛。

智者的老师慧思明确提倡并论证了"真如缘起论",这对智者形成自己的理论起了积极的推动作用。慧思说:"一一众生心体,一一诸佛心体,本具(染净)二性,而无差别之相,一味平等,古今不坏。但以染业熏染性故,即生死之相显矣;净业熏净性故,即涅槃之用显矣。"① 也就是说,十界众生包括地狱、饿鬼和菩萨佛的心体、本性都是相同的,不变不易,都有净染二性。现实地表现为染还是净,这取决于业,如果染业熏染性,即在作恶、不修善、不发菩提心、不修道这样的条件下,染性为染业所熏,即表现为现实的染性,具有这种染性的众生就在三恶道中生死轮回。相反,如果作净业,乃至敬信三宝,勤修戒定慧三学,则净性转化成现实的真如性质,有此真如现起的众生就成为人天,乃至入涅槃、成佛至圣。

二、人性的实性即佛性

人像其他事物一样,不仅有外在的、可见可触的、相互在直观上区别开来的相状,而且有内在的性质即"如是性"。对于"性",智者从三个方面作了规定:第一,性有不可改变、不动不易的特点,是事物本身所固有的。作为人的"性"也是如此,不会有时有、有时无,也不会因人而异,因此可以说,在圣不增,在凡不减,是人普遍具有的。第二,从种类上说,不可改的"性","种类之义分分不同"。也就是说,内在之性在不同的具体事物中有不同的表现形式,十法界众生有十种形式各不相同的"如是性"。第三,"性是实性,实性即理性"。也就是说,性是实在的、是事物的本来面目,也就是内在的"理体"或"理性",由于它"极实无过",因此可以说是"佛性异名"②。也就是说,存在于众生内部的"实性"、"实相"、"法性"就是佛性。不过佛性不是人的独特本性,而是一切众生(包括有情、无情)的普遍性质。这倒不是说人类没有其区别于其他众生的独特标志。相反,人之所以为人,是由于他有独有的相、性、体、用、因、缘、果、报等。但它们都不是最本质的。人的最根本的内在性质就是佛性。那么,什么是佛性呢?

"佛性"是梵文"Buddhata"的梵汉并译,可意译为觉性、如来性,即佛陀的本

---

① 大乘止观法门,卷一. 见:大正藏,第46卷.646
② 摩诃止观. 见:大正藏,第46卷.53

性,成佛的因性。从义理上说是佛陀所证得的中道第一义谛,即一切事物即空、即假、即中的普遍而共同的本性,无生无灭,无来无去,不一不异,不断不常,本来寂静、觉悟。从观念形态来说,佛性可理解为佛的教义或理论,是对第一义谛的真实认识,或观智、智慧,两者完全一致,毫无差别。就佛性自身的特征来说,佛性具有常、净、实、善、当见、真、可证得七种品格。从佛性对于人的解脱的作用来说,众生特别是人身上的佛性是他们得解脱、成佛至圣的"菩提种子"或可能性根据。

智者对佛性的看法基本上坚持了上述原则,但有独到之处。首先,智者认为,佛性是实相。所谓实相就是包括众生在内的万事万物所共有的本质、本来面目,也就是"妙有",即既有又无,既不是幻有,又不是顽空,而是空假中之统一。它"空理湛然,非一非异"①,因此是如如不动、永恒常一的真实。它本身寂灭,因此也就是潜在的涅槃。谁体悟证得了这一寂灭之理,谁就在事实上进入了涅槃。它本身无相,但又无不相,即无不表现为相,无不表现于一切事物之中。表现于众生,表现于人身上就是他们的本来面目,也是他们得解脱、成佛的内在根据或种子。

其次,作为成佛的菩提种子的佛性"多所含受",因此也就是"如来藏",即一切众生本来藏有的如来法身。世间一切众生都为如来之本性所摄,即是说如来的本来觉悟遍在一切众生之中。它不是由什么缘由产生的,它本身就是成佛的因,因而是本具的。"通亘本当",即本有、当有,"非适今也"②。但是由于无始以来的无明作业,众生的这一本性、本来面目为诸烦恼业障所隐覆,众生看不到,正是在此意义上说"藏",即众生的本来面目隐藏起来了③。尽管如此,众生本来就具有的觉悟之本性并不会因此而永远沉没,永远不显现。相反,在相应的条件下,它也会像在如来身上一样得到完全的实现。

第三,从因果上说,佛性通因果、亦本亦始。这是智者对佛教思想史上佛性是本有还是始有这一聚讼纷纭的问题的一种回答。其基本观点是,佛性既是因,又是果。就它作为成佛的可能性、内在根据来说是因性,而非果,是本有,而非始有。智者说:"一切众生正因不灭,不敢轻慢;于诸过去佛现在若灭后,若有闻一句,皆得成佛道,即了因不变;低头举手,皆成佛道,即缘因不灭也。一切众生,无不具此三德。"④也就是说,正因、了因、缘因这"三因佛性"是众生本具的,或者说众生在"天性"上具此三因佛性(详后)。当修行人经过修习,完全透彻地明了自己的清净本觉的佛性时,他就成佛作祖了,他此时的佛性就是果佛性,就是从觉悟的那一

---

① 法华玄义.见:大正藏,第33卷.783
② 法华文句.见:大正藏,第34卷.140
③ 法华玄义.见:大正藏,第33卷.783
④ 法华玄义.见:大正藏,第33卷.757

刹那所始有的,由各种原因而生出的结果。这种果佛性也就是涅槃。因此智者说:"佛性通于因果,别则因名佛性,果名涅槃。"①"是因非果名为佛性者,此据性德缘了皆名为因。""是果非因名为佛性,此据修德缘了皆满。""了转名般若,缘转名解脱,亦名菩提果,亦名大涅槃果,皆称为果也。佛性通于因果,不纵不横,修德时三因不纵不横,果满时名三德。"②

第四,从动态上来说,佛性表现为由潜在变为现实、由因转化为果的过程。作为成佛之因、之内在根据的可能性佛性,就是因佛性,它潜在地存在于众生之内,为无明烦恼所覆蔽,因而众生在没有必要的智慧的情况下对它毫无意识。但它客观存在,本自具足,并在适当的条件下可转变为现实。对此,智者用不同的例子作了形象生动的说明。在《摩诃止观》中,他认为,此佛性就像"竹中火性"一样,不可见,但不能说无,因为它本存在于其中,而且一有相应的条件,就燃烧起来③。因此它是燃烧得以可能的根据,众生的佛性也是如此。智者还经常用莲华比喻佛性。因为莲在成熟之前,尽管"莲不可见",但是莲客观地存在于莲华之中,莲之所以成熟,根源就在于有其内在的种子或可能性。另外,智者还常用"乳譬"说明佛性。乳可被提炼出来制成酪、生酥、醍醐等成品,但在没有被提炼出来之前,是与血混杂在一起的。尽管如此,经过一定的程序,在一定条件下变成乳制品是绝对无疑的。之所以如此,就是因为血乳中有这种可能性。众生中的佛性也是如此,乳是佛性,血是无明烦恼。无明等烦恼覆蔽本有的佛性,使众生不能得见。当去掉无明等,了了见佛性,就成佛了,就像从血乳中把乳提炼出来做成酪、生酥、醍醐一样④。

潜在佛性的实现就是果佛性。也就是说,当用智慧观照等手段、通过修行等过程,具备了相应的条件,潜在佛性上所覆盖的无明烦恼被捅破,被抛弃,本有的寂灭、清净、觉悟、常乐我净的性质便完全显现出来,众生就具有了现实的佛性。再细分的话,潜在佛性的实现可以区分出六个阶次,此即"六即佛性"。所谓"即",意思是相融无隔,有"是"之义。"六即"就是六个阶次在本质上是连贯的,相融相通,前后不二。一是理即佛性,即从理上说众生都具有成佛的可能性。二是名字即佛性,即通过听闻佛法或仅闻佛之名字而于名字中通达、了解一切皆为佛法,从而使佛性在理解的层面上显现出来。三是观行即佛性,在闻名字、理解的基础上依教修行,心观明了,理慧相应,从而使佛性在修证中显露出来。四是相似即佛性,进一步修证,仿佛现证佛理而与真解同,得六根清净。五是分证即佛性,

---

① 法华玄义.见:大正藏,第 33 卷.714
② 观音玄义.见:大正藏,第 34 卷.880
③ 摩诃止观.见:大正藏,第 46 卷.50~54
④ 法华玄义.见:大正藏,第 33 卷.739

依相似之观力而发真智,始断一分无明而见佛性、开宝藏、显真如。六是究竟即佛性,破无明、发究竟圆满之觉智,觉道之究竟,使佛性圆满彻底显现出来,入究竟涅槃,得道成佛。当完成了这种从可能向现实的转化时,证得了佛性的人就达到了成佛至圣的终极目的,进入了人生最理想的境界,也就是入涅槃了。在此意义上,涅槃也就是实现了的佛性,是佛性潜在形式的开发、实现和完成。众生藏有的潜在佛性则是涅槃展现的内在根据。因此果佛性与因佛性、涅槃与佛性种子就像燃烧之对于火性,莲子体之对于莲种、莲华,乳酪之对于血乳一样。由于涅槃不是佛性种子之外的另一个事物,现实的佛性不是潜在佛性之外的另一种存在,两者是同一种本体从可能向现实的转化。因此求涅槃、见佛性就没有必要到众生之外、到当下的心理状态之外去求去证,只需在当下的苦道、烦恼业行中去努力。智者说:"苦道是生死变生死身即法身;烦恼是阇法转无明为明。业行是缚法变缚成解脱。即三道是三德性,得因时不纵不横,名三佛性。修得果时不纵不横。"①

　　第五,从佛性的静态结构和表现形式的角度,智者阐述了"三因佛性",即正因、了因和缘因佛性。对这三种佛性,智者在不同的时间地点作了不同的规定。所谓正因佛性,智者有时认为指的是真性轨,有的场合说是"识等七支",有时认为指的是法性、实相、中道理体或"通十二因缘真如实现"②。各种说法尽管有差别,但实质并无不同,指的不过是法性、实性,或众生的本来清净、寂灭、无污无染、常乐我净的真性、觉性。对于了因佛性,智者有时认为指的是读诵经典,有时认为指的是观十二因缘智慧、一切智愿,或观应轨。不过一般指的是"般若观照"③。而缘因佛性指的是资成轨、誓愿、修行、修福等资发般若智慧的功德。当三种佛性都以潜在形式存在,各不相关时,众生就处在一种不自觉的、为无明烦恼所控制的迷失状态,而当此三因佛性各发挥其德性,并通过动的交涉、相互作用而结合为一体时,那么潜在的佛性就会变为现实的佛性。因为当众生发大誓愿用低头举手这样的修行、"观十二因缘心具足诸行"④、听闻佛法(缘因佛性)去资养般若智慧(了因佛性),用般若智慧观照十二因缘、观照诸法实相,当彻悟了此实相,认识到自己本具的清净不灭的真性、觉性(正因佛性),那么三因佛性在一个整体中便找到了自己恰如其分的位置,并有机地结合为一个圆满的整体,其中"缘因为相,了因为性,正因为体"⑤,三者相即相融、无挂无碍。这样,潜在的佛性就转化为现实的佛性,因佛性就转化为果佛性了。事实也是如此,佛菩萨之所以是佛菩萨,就在于三种佛性完满地实现了其德性,并有机地圆融统一在一起了。"缘因为佛相"

---

① 摩诃止观.见:大正藏,第46卷.126
② 摩诃止观.见:大正藏,第46卷.126
③ 法华玄义.见:大正藏,第33卷.802
④ 摩诃止观.见:大正藏,第46卷.126
⑤ 摩诃止观.见:大正藏,第46卷.34

即缘众生,广行六度万行,大慈大悲,度一切众生,这就是佛的形相,而其内在的性则是般若智慧,相、性的体则是"自然清净心",因此三者圆满的表现、圆满的融合就是佛菩萨。

三、佛性之善恶净染

现实的人的现实的特性、相状、体、用、因、缘、果报等,无不是由其固有的可能性决定的。如果一个人没有成为数学家或音乐家的潜在素质,无论怎样努力,怎样培养,他绝不能成为数学家或音乐家。如果一个人的本性完全至纯至善、至净至美,那么他绝不会为恶的,而一个完全没有去恶从善可能性的人,他也绝不会成为至善的人。同样,一个人如果没有成佛的可能性,那么他也绝不会成佛作祖。问题的复杂性在于,一个看似极恶的人,有时也会发点善心,而一个善良纯正的人往往也做一些坏事。在众生的六道轮回中,地狱、饿鬼、畜生三恶道上的众生也有轮回于人天道的,相反,人天道的众生死了也有变牛变马甚至堕地狱的。更为不好解释的是,极恶之人也有放下屠刀而立地成佛的。即使是佛有时也用一些恶的手段去实现自己的目的。对于这些事实,我们无疑应到决定它们的内在本性即人性或佛性中去寻找其根源。很显然,用以前只承认佛性具善性的佛性论是不能很好地解释这些事实的。理论与事实的这种矛盾正是智者创立新的佛性论的内在逻辑根源。智者认为,之所以有这些复杂的事实出现,关键在于作为其可能性基础的人性或佛性并不是至纯至净、尽善尽美的,而是包含多样的可能性因素,即同时共具善恶染净等可能性属性。这就是佛教史上极富个性特征而又有振聋发聩效应的"性具善恶论"。

所谓性具也就是理具、体具。就佛性之体本身,撇开性能来说,佛性是真如、是法身,非一非异、非常非断、非来非去、非染非净、非圣非凡、非静非动,圆融平等,不可名目。说它是什么,不是什么,有什么,没有什么,都是错。那里是绝对离名相、离文字的,即言语道断。但佛性之体有功用,有性能。从性能上说,它则有各种性和用,就像竹之火性本身不是火,或什么也不是一样,在相应的条件下,它则有燃烧的现实性或用。佛性也是这样:"虽不可见但不得言无,从智眼观,具一切性。"[①]也就是说,佛性具足十界千如或世界上一切事物所具有的一切性质。因此所谓"性具"的第一层意思是说佛性具一切性。依此类推,其他任一性质也同时具足该性质以外的其他一切性质。作为人的最本质的实性的佛性也是如此,也具有人以外的九界所具有的一切性质,也就是说既有畜生、饿鬼等的愚痴、贪婪、野蛮、残忍、攻击的性质,又具有佛菩萨智慧、善良等德性。从可能性来说,人可以

---

① 摩诃止观.见:大正藏,第46卷.50~54

成为十界中的任何一种生命形态,只要有相应的、所需的条件。这就是人为什么在六道中轮回、甚至超出六道成为菩萨、佛等至圣的内在根据。因此人的发展的可能性空间是无限的。人的未来的前途和命运就在自己手中,想成为什么,作出相应的行动最终就能如愿以偿。因此讲"互具",其意义是健康而积极的。

所谓"性具",从十界的现实的存在形态来说,意思是佛之佛性或觉性具足菩萨界以下九界恶法及佛界善法,总具十界三千善恶诸法。十界的差别从佛性上来说表现为佛性显现的程度各不相同。从理上来说,十界每一界众生都有不多不少的佛性。但是三恶趣的众生之所以表现为那样的相性,主要是因为他们的佛性中的善性虽没有断除,但又没有变为现实,只是作为可能性而存在着,而恶染各性则充分体现出来了,因此"定恶聚为性,摧折色心为体,登刀入镬为力,起十不善为作,有漏恶业为因,爱取等为缘,恶行果为果,本末皆痴为究竟等"①。佛菩萨之所以为佛菩萨,就是因为他们的正因佛性即真如实相完全显露出来了,其智慧德性、善性完全变成了现实。"缘因为相,了因为性,正因为体,四弘为力,六度万行为作,智慧庄严为因,福德庄严为缘,三菩提为果,大涅槃为报。"②似乎佛菩萨身上全是至善之性,无一丝之恶,因而诸恶不作,但应注意,染恶性在他们身上还在,不过仍是作为可能性而存在的。总之,十界众生乃至十界的每一法、每一心都同时具足其他一切性、一切法。对此智者说得很明白:"一心是一切法,一切法是一心。"③这也就是智者所常说的一法具一切法,一心具一切心,一行具万行。既然如此,人的心灵、人的现实本性中也包含了其他一切性质和相状,只是有些是现实的,有些仍是潜在的、可能的。正因为如此,人的发展没有终止,何去何从,仍有无限广阔的可能性空间。

从佛性所具有的性质的德性看,佛性不仅具足净善之性,而且具足染恶之性。也就是说十界众生的佛性具有善恶两种性质。这就是著名的"性具善恶说"。由于只是天台一家独倡此论,因而天台宗有时被称为性具宗。根据这种理论,十界有情,都无一例外地具有善恶二性。例如阐提(意为不具信、极恶之人)恶性具足,但又不乏善性,并未断除善根。再邪恶的有情,不再行善,只是为非作歹、无恶不作,亦即染逆之极,但它们的善性仍然本具,没有消灭、改变。由于性善不能断灭,因此在轮回时,不管堕入哪一道(如做人、做鬼、做畜生),总还是有善根的。佛慈悲为怀,诸恶不作,众善奉行,净顺之极,但性恶仍在。因为只要法性在,三千善恶在佛与阐提身上丝毫不少不差。正因为阐提没有完全消灭性善,即其法性仍具善的一面,因此随缘善发。同样,诸佛没有抛弃性恶的一面,因此由慈力所熏,

---

① 摩诃止观.见:大正藏,第46卷.54
② 摩诃止观.见:大正藏,第46卷.54
③ 摩诃止观.见:大正藏,第46卷.54

入阿鼻(极恶之人所堕的最苦的地狱)或起恶,即做出一些恶事。例如在很久很久以前,佛常随机应化,示现于阎浮提入淫女舍,或示现于阎净提入于诸酒会、博弈之处,示受种种胜负斗诤。还有一次,佛听说婆罗门诽谤大乘经典,便断其命根,据说一次杀了五百婆罗门①。当然应该认识到,佛起恶不是出自私利,不是纵欲,不是贪图享受,而是为了化度众生。佛虽身在染污的环境,虽起用恶法,但出污泥而不染,此即智者所说:"终日用之,终日不染。"②总之,佛与阐提在具有善恶二性这一点上是没有不同的。差别只在于,佛虽然起于恶,但不染碍,通达恶际即是实际,能以五逆相而得解脱。再则,诸佛不缚不脱,行于非道,通达佛道。而阐提则不同,由于染碍,因此不能懂得这种道理。另外,他以邪痴断于修善,不能达至性善本空。佛以空慧而断绝了修善,了达性恶本来清净。以达恶故,于恶自在,不为修恶所染,因此修恶不得起,诸佛永远不会修恶。不仅如此,诸佛还能以大自在暂起权恶,广用诸恶法门,化度众生。

"性具善恶说"是智者大师的一个前无古人、惊天动地的理论,自然会引起人们的猜疑乃至批评。特别是主张佛不断性恶并起用恶法更是使人难以理解。因此智者对它成立的根据特别重视,作了广泛、深入的论述。

首先,智者说:"佛不断性恶而能达于恶。以达于恶,故于恶自在……广用诸恶法门化度众生。"③也就是说,佛具性恶的一面既是由其本性所决定的,又是变化众生所必需的。因为如果不具性恶,不善巧方便使用恶法,佛菩萨怎么可能教化、度脱众生呢?因为教化的一个前提就是"应机",而要应机,就要达恶,就要知不同众生的心理倾向、性格特点和行为,包括极恶之人及其恶法恶门,特别是要知众生的性恶的一面。而要这样,只具性善的一面是不可能做到的。

其次,智者的性具善恶说与他所倡导的以"圆融"为特征的天台宗教理是一脉相承的。因为他的三谛圆融、一念三千、一法具一切法等理论都以圆为特征,揭示了一切事物相融相即、无挂无碍、圆融无碍的本质。在他看来,每一心、每一念、每一法、乃至一色一香都是其他一切相性的镜子,同时含摄映现着其他一切。每一刹那的心念同时具足三千法界之一切性相,每一微尘、每一事物同时具足宇宙中其他一切微尘、事物的性相、状态。人是法,人的心是法,因而必然具足其他一切事物及其性质,包括畜生、魔鬼的愚痴恶性和佛菩萨的善性。同样佛菩萨也是法,必然具足其他一切性质,包括邪恶之性和法。

智者的弟子灌顶对此的论述也很用力,其表述更加明确。有人问:"生死众生,有佛界十如……但佛是出生死人,何得复有六道法界十如邪?"他回答说:"斯

---

① 大涅槃经.见:大正藏,第12卷.389~434
② 观音玄义.见:大正藏,第30卷.882
③ 观音玄义.见:大正藏,第30卷.882

义微隐……然既有凡夫之肉眼,岂无凡人六根!……斯则夫既具五眼,则有十法界百如明矣。"①

四、善恶即法门,贪欲就是道

如上所述,智者认为,一切众生都有佛性,"一切有心皆当作佛"②,而事实上,智者以后的一千多年中真正成佛作祖的寥寥无几,用严格的标准来说,婆婆世界像释迦牟尼那样作佛的只有他一人,就是真正开悟的也是修行人中的少数。这是为什么呢?

道理其实很简单,上面已经分析过。智者说一切众生皆有佛性,有心,都能成佛,是从可能性上说的,即是说众生都具有这样的内在可能性或内在根据、内在原因。就此而言,众生与佛是绝对平等的,丝毫不差。不仅如此,其他许多因性也像佛一样,如:"众生有平等大慧为因,感佛说,一破一切破,获胜果及通经论,于经论具是对治。众生佛智眼为因,感佛说,一究竟一切究竟,得说皆归寂灭,于经论俱是第一义也。"③尽管如此,但可能性、因性毕竟不是现实性,不是结果,由此到彼有漫长而艰难的中间过程,需要具备许许多多的条件。再则,人性中有恶的本性,要根除它从而成为像佛菩萨一样的至善至美的人,更离不开修行等艰苦的过程。如果没有这样的条件,可能性永远只是可能性,而没有实现的可能性实质上也等于无。在这个意义上来说,智者特别强调修行的重要性,认为没有修行、实证,就不可能感佛果,不可能有佛性的现实显现。

问题又在于,佛、菩萨、至圣是大智大慧、诸恶不作、众善会聚之人,而作为众生之本性的佛性则有善恶两种属性,因此修行能把人性中的恶性去掉而只显发善的本性吗?简言之,人有弃恶从善的可能性吗?人有贪嗔痴三毒或三种根本烦恼,它们真的是解脱之道吗?

智者认为,人的恶性是可以铲除的,因为诸佛与众生平等无二,佛也有善恶两性,而诸佛通过修道最后断尽烦恼、业障,终至进入清净解脱、常乐我净的涅槃境界。既然如此,众生也有这个可能。佛之所以尽善,就是因为诸佛断尽修恶,修善满足,"众恶已除"。凡夫之所以浸于恶,是因为修恶满足。只要断尽修恶,一样可以成佛。另外从理论上说,善恶就是法门,烦恼即菩提、即涅槃,贪嗔痴即是道,"一切烦恼皆是佛种",只要发大慈悲心、菩提心,烦恼也好,痛苦也好,恶法也好,都是通向解脱的康庄大道。智者常说:"菩萨行于非道,是为通达佛道,一色一香无非中道。"简言之,包括烦恼、恶法在内的任何事物、住处、念头、观念、言行都是

---

① 观心论疏.见:大正藏,第46卷.601
② 法华玄义.见:大正藏,第33卷.757
③ 摩诃止观.见:大正藏,第46卷.5

入道口,由此可以通向解脱。正像"条条大路通罗马"一样,善法恶法都是通向解脱之道。

为什么说善恶是法门呢?首先我们要理解什么是"法门"。所谓"门"即通道,是让修行人进至真实实相之理的入口处①,而"法"则是轨则,依此轨则而至悟解。故法门也就是通向悟解的门。由此进去就得解脱,背道而驰,则在痛苦烦恼的深渊越陷越深。善恶之所以也被当做法门,就是因为由此可通向解脱,背此则背离解脱。佛向门而入,只满足于修善,诸恶不作,众善奉行,亦即断尽修恶。阐提背门而行,则只满足于作恶,不去行善。人有进有出,因此有的人得解脱,有的人堕恶道。

为什么说贪嗔痴即是道呢?一方面,贪嗔痴就是我们的生活、我们的现实存在的组成部分,众生不可能没有这些状态、过程。佛教的解脱之道不在众生、世间之外,不在生活之外,时时处处都是入道口,因为"一色一香,无非中道"。只要有心,在哪里都可以入道。另一方面,贪嗔痴本身也是法、是行。根据智者的观点,一法具一切法,包括佛法,一行具一切行,包括佛菩萨行,因此贪嗔痴等烦恼内在地包含佛法,包含佛菩萨行。捅破外层的贪嗔痴,内面就是本来清净、觉悟、寂灭的极乐世界。另外,智者强调贪嗔痴即是道,也是为了应机摄化众生,是一种善巧方便。因为众生根机不同,所处的状况、善恶境况不同,有的人身处恶道,有的人身处善道。对于恶贯满盈的人来说,讲贪欲、五逆、嗔痴是道,无疑是为他指明了一条行得通、看得见的解脱之道。对这些人,大师常说:"虽行众蔽而得成圣","以恶中有道故"。所谓蔽即恶行染法,因为其中一切道、一切法应有尽有,因此此处就是至圣之路。同样王公贵族、贪官污吏,也能入佛道,因为"带妻挟子,官方俗务皆能得道"②。

怎样弃恶修善、建构像佛一样的完满人格呢?首先,要明白诸佛之所以为佛,就在于诸佛通过修持,最后"众善普会"、众恶除尽③。其次,诸佛之所以为佛,主要是因为诸佛"朗然大悟,觉知世间出世间一切诸法"④。因此要解脱成佛,就要修善。而要修善,做到众善普会,就要"翻恶"即除恶。智者说:"翻于诸恶,即善资成。"⑤即是说善事是翻恶而成的。就本性而言,善恶本来非一非异,有恶性也就是有善性。但是有善性并不等于具修善,并不等于就是善行,因为理具非事具。竹有火性,有燃烧的可能性,但不等于就是燃烧,就是火。同样,人有善性,并不等于他在行善,在做善事。要资成善事,还得翻恶。要翻恶就得于恶法上修行,就像

---

① 四教义。见:大正藏,第46卷.730
② 摩诃止观。见:大正藏,第46卷.17
③ 摩诃止观。见:大正藏,第46卷.117~131
④ 法华玄义。见:大正藏,第33卷.766
⑤ 法华玄义。见:大正藏,第33卷.743~744

要修明性,得从无明处入手一样,因为"若断无明,一切善法则无生处……岂可断无明性更修明性"①。另外,要"朗然大悟"知一切法,要治无明糠,显法性米,必须止观并重,定慧双修。智者大师从不同的方面,灵活善巧地开示了不同的行持方法,如六妙法门、四念处、四种三昧等。

五、性具说的积极意义

智者的性具说不仅可以解决许多理论上的难题,如极恶之人为什么能行善,佛菩萨为什么能够"达恶"并教化诸极恶之人,而且具有重要的修行和解脱方面的积极意义。

首先,这一理论可以帮助许多人澄清认识上的困惑,解除精神上的不必要的沉重负担,使之轻装上阵、踏上完善人生直至成佛至圣的征程。例如有些人做了许多坏事,甚至为非作歹、无恶不作,但是遇到相应的机缘,对佛教产生了好感,心想学佛,想弃恶从善,以免遭恶报。在产生了这样的要求之后,心里必定不安宁:像我这样恶贯满盈的人也能修得正果吗?西方极乐世界也会接收我吗?性具善恶说正好可以打消这些人的疑虑。因为该论告诉这些人:你们尽管如此,但并没有断善之性德,善是你们所本具的,你们心灵中也有一个美好的、善良的方面,有弃恶从善进而至善至圣的可能性,有像莲子一样纯洁、出污泥而不染的正因、了因和缘因佛性,常乐我净这些最美好、崇高的品德于你们心中本自具足。这是你们能弃恶从善,由不断的修善去完善自己,并进到一个幸福、美满,没有惩罚、恶报的新世界的重要依据。阐提那样没有信心、断善根、无恶不作、邪恶到了极点的人都能成佛,你们一样有这个权利和可能性。智者说:"阐提不断心,犹有反复,作佛何难?"②另外,即便是作恶的人,只要修善,也会达到不受恶报、终至得解脱的境界。佛经当中这样的事例不胜枚举。例如,杀死了自己父亲的阿阇世王"本贪图,逆杀父王,贪狂心作,云何得罪"。即他修善因而并未得罪。"如人酒醉,逆害其母,既醒痛已,心生悔恨,当知是业,亦不得报。"③

其次,这一学说对许多正在发心修行的凡夫也是极为有用的。修行的目的,无论如何摆脱不了自我解脱的方面,因此在求解脱的征程中,人们时常会关心这样的问题:像我等这样的根性,能修得像佛一样的极果吗?像我等这样的凡夫能一跃而成为诸佛那样证得大解脱、大涅槃的完美无缺的极圣吗?性具善恶说可以以其他宗派所不能具有的说服力告诉他们:众生、此心、诸佛三者无差别,凡圣平等,因为佛性都是一样的,诸佛能成佛,我等只要像他们那样发菩提心、勇猛精进、

---

① 摩诃止观.见:大正藏,第46卷.47
② 法华玄义.见:大正藏,第33卷.757
③ 大涅槃经.见:大正藏,第12卷.484

见道修道,也必然会像他们那样证道,进入自利利他、自觉觉他、觉行圆满的大涅槃境界。

再次,性具说也有助于矫正某些人的骄狂、自傲的心理。有这样一些人,他们根据佛经、智者的著作中到处所包含的众生皆有佛性、当能作佛的言论,往往错误地得出无须修行、或我已得解脱成佛的结论。其实不然,根据性具善恶论,善恶是人的两种潜在本能,恶的本性在相应的条件下就会表现为恶行,造成无法挽回的后果。因此,尽管人人有佛性、善性,但如果不做出相应的努力,如果只跟着欲望走,造诸恶业,不仅不能成为众善会聚、福智圆满的佛菩萨,反倒会成为邪恶之人,因为人人都有作恶、堕恶道的可能性。事实正是如此,无数劫以来,众生由于无明,一直自觉或不自觉地在这个过程中生活,使业力、恶障越积越深重,与佛境界、与善、与圣越离越远。不悬崖勒马,猛醒回头,殷勤修行,积善积德,将永无解脱之期,只会在六道中轮回,或堕三恶趣受重罪报应。另一方面,佛性中善、觉、智的方面,只是可能性,没有修行、观心、布施、持戒、精进、禅定等条件,此可能性永远是可能性,与佛果、圣境永远有天壤之隔。因此要解脱,要作佛,就要正确理解性具论,克服骄狂、自傲心理,并为成佛得解脱付出代价,为其准备相应的条件。

3 一念三千与价值之源

在前面考察中国心性论的各章中,我们不难发现,它们与佛教的佛性论有相通之处,那就是都承认凡愚可转化为圣人,而这种转化的内在根据则是每个人心中本具的"性"。当然,它们对圣人的标志、特点的理解各有不同。除这一差别之外,还有一非常重要的区别,那就是佛教以外的心性论都没有进一步深入到心性的内部,去进一步探讨众生的心灵为什么有这种性,除了这种性之外,其内部还有无别的性,还有无其他价值资源,如果有,它们是什么。佛教尤其是智者的心灵哲学自觉涉及到了这一问题,并建立了完备的理论,那就是智者著名的"一念三千"说。

对智者大师的"一念三千"说的探讨不仅有上述理论意义,还有重要的实践价值。因为我们知道:追求幸福快乐是每个人的天赋特权,也是每个人行为活动的目的。现实生活中没有人放弃和停止过对它的追求。但是幸福是什么?幸福的基础和源泉在哪里?这并不是每个孜孜以求得到幸福的人都清楚的问题。而不清楚这一点,其目的是不可能实现的,其结果只能像采蜜蜂一样:"人生好比采蜜蜂,采南采北采西东,采得百花成蜜后,一场辛苦一场空。"之所以如此,根本原因于不懂得宇宙万物的本质,在错误的本体论基础上理解幸福的基础和源泉。

一、常识本体论与金钱拜物教

在一般人看来,人的生存以及人的幸福与快乐的获得根源于金钱财富之类的有形物质。快乐之多寡,持续之长短,幸福之高低、圆缺,完全取决于物质数量的多少、质量的优劣、占有时间的长短。因此在幸福与相应的作为其基础的对象之间常常被等号连接起来了,什么"有钱就是幸福"、"有权就是幸福"、"有汽车洋房就是幸福"、"有美味佳肴山珍海味吃就是幸福"、"有漂亮的妻子、情人,有艳福就是幸福",如此等等,不一而足。既然如此,一些人为了得到快乐和幸福只向外驰求,把自己的全部精力乃至生命系于那些可带来幸福的对象、刺激之上。为了视感的感性满足和相应的心灵愉悦,专拣赏心悦目的东西看,如:"男女形貌端严、修目长眉、朱唇素齿及世间宝物……种种妙色。"①同样,为了得到耳、口舌、味觉、肤体等感官感性上的满足与愉悦,也是到外界去寻找相应的物质对象;为了满足自己的权力、名利等贪欲也是到外面去投机钻营、巴结权贵。有些人鉴于有关物质对象对人的幸福的所谓不可或缺性以及唯一的决定作用,鉴于有物质财富就有幸福,失去或没有这些东西就陷入痛苦深渊的所谓事实,便拼命地、不择手段地谋取物质财富,聚敛物质财富,哪怕是远远超出了自己和家人的需要,家里已无地可容,还要贪婪地追求、占有。近年来在反腐过程中挖出的犯罪分子中很多就属这类人,家里的高级烟酒、滋补品堆积如山,许多已腐烂变质,仍利用职权让人给他送东西,似乎东西越多越幸福,哪怕是没有实际被自己的肉体消费。还有的人以为自己占有的东西越值钱,自己就变得越幸福,因而吃穿用的物品都选用价格最昂贵的。例如深圳的一个被挖出枪毙的银行行长,连裤腰带都要选用值钱的,以为用了这样一根相当于平民百姓半辈子或一辈子生活费的裤腰带就是幸福。

在商品交换原则全面渗透到各个生活领域的当今社会,由于房子、汽车、美味佳肴乃至权力地位、名利、职称等都可通过金钱而得到,因此金钱的力量被夸大到了无以复加的地步。许多人纷纷拜倒于其下,对其日思夜梦,五体投地。于是,"有钱能使鬼推磨"、"一切向钱看"、"有了钱就有了一切"等变成了至理名言,堂而皇之地占据着人们的心灵,作为价值标准、行为准则支配着人们的价值选择和日常活动。金钱、货币这类由纸或普通金属制成的交换媒介一时间戏剧性地变成了全部价值的总根源、总寄托,成了许多人心目中最高的价值目标,最神圣、最伟大的偶像。相应地,这些人有意或无意地、自觉或不自觉地成了金钱拜物教的虔诚信徒。一种由人类创造出的普通物质——金钱货币——反过来成了统治支配人的超自然的力量,成了人们顶礼膜拜的偶像。这也就是许多西方哲学家所说的

---

① 李安.童蒙止观校释.北京:中华书局,1988.10

作为人类不幸命运之标志的异化现象之一。

　　从哲学根源上说,对那些能满足欲望、带来感性愉悦的对象以及金钱的崇拜,是建立在一定的本体论基础上的。尽管每个人不一定自觉地进行哲学思考,也不一定有意识地去形成对宇宙人生的本体论理论,但他们的言论、思想、信念和行动毫无例外地受制于自己对事物的性质、相状、本来面目或本体的或清晰或朦胧的一般猜想或看法,而这些看法涉及到了哲学上的本体论问题,因而可视之为常识本体论。一般人,尤其是那些金钱拜物教的信徒所持的常识本体论不外是这样一些看法的堆积,即相信人的幸福快乐由外在的物质资料所决定。有金钱、财富之类的能满足欲望的物质,有名利、权力地位之类的客观存在就是有幸福快乐,反之则无幸福无快乐,后者的质和量也是由前者所决定的。甚至人的最终解放、人的真正的自由也是由物质财富及其数量所决定的。既然物质生活资料、名利权力之类的存在事实上确实产生过幸福快乐,因此常识本体论绝对相信它们的真实存在,即相信它们常住不变,没有成住坏空,并有自性、有实性,不是虚无缥缈的,因而有引起幸福快乐的功能。在智者看来,这种常识本体论就是一种颠倒妄想,或曰"四倒风暴",即对本没有常性、自性或实体性(我性),不可乐想,污秽不净的东西,颠倒黑白地执著为有常、乐、我、净的真实存在。这"四倒"就像暴风一样把本来愚痴的众生吹得神魂颠倒,以致一个个变成了金钱拜物教的信徒。

　　智者是怎样看待包括金钱财富在内的一切事物的本质的呢?要理解这一点,我们得好好地分析一下他在继承其前辈的一心三观、三谛实相说的基础上发展提炼而成的"三谛圆融说"和"一念三千说"。

二、实相与三谛圆融

　　尽管智者否认常识本体论所执著的那类事物的真实存在,否认一切有为法、一切因缘和合而生的现象的真实存在,但不意味着智者走向了虚无主义,陷入了执著顽空的另一个极端。因为他承认世界上有真实的存在,那就是"实相"。所谓"实相",就是指色声香味触、受想行识等一切现象的本质,一切法或事物本来的、真实不虚的体相。理极真实,以实为相,由其不可破坏、真实无欺、永远如常如一而得名。具体地从不同角度看,它有不同的含义。从起源上说,实相无始无终,本来有之,当来不变不灭。智者说:"实相之境,非佛、天、人所作,本自有之,非适今也。"[①]就其是宇宙万物的本来面目而言,它是世界的本质、本体或者说万法固有之理,即我们常说的客观真理、道理。就其是诸佛历经千万劫、千辛万苦的所证而言,可以说实相是佛教的真理,是契合固有之理的理。就其不是片面的、绝对

---

① 法华玄义.见:大正藏,第33卷.698

的、形而上学的顽空而言,实相可被称为妙有。就其没有实体、没有可感的自性而言,实相又是毕竟空,即既非有,又非无,不是既有又无,更不是非有非无。智者说:实相是"空有不二,不异不尽"①。实相无所不包摄,真谛、俗谛以及统二者的中谛都融合于其中,亦即圆融了三谛,而三谛则分别从特定的方面展示了实相的特定本质。

什么是三谛呢?"谛"的本来意义是"实",即真实不虚,指一切现象、事物的真实相状,事物本身的理,也就是客观真理。所谓三谛就是事物的真实相状或实相有三个方面,亦即有三谛。第一谛是空谛或真谛,指因缘所和合而生的法或事物体性空寂的道理或本质。第二谛是假谛或俗谛,说的是诸法体性虽空但假相、名字存有的道理,意即因缘所生的事物尽管本质上毕竟空寂,但既然产生出来了,并呈现出假有的相状,它们就可使人把它们当做物来理解,并可安立名字,即可用名字呼出、称呼。因此毕竟空寂的事物不是绝对的空、绝对的无,而是具有空的本性的妙有。第三谛是中谛,也就是中道第一义谛,它说的是空假二性不一不异的道理。因为一切事物既然有空的实相、本性,因而就不是常人所理解的那种实有。但事物不是绝对的无,即有"有"的一面,因而事物的实相就不是顽空。既然诸法实相既是空谛又是假谛,是假有、实空,因此根据中谛,事物的本质是亦假有、亦实空,或统一空假的中。从这个角度理解,三谛不一不异。不难看出,空谛泯一切法,假谛立一切法,而中谛统一切法。三谛同时是一切事物真实不虚的本质或本来面目或实相。这就是智者从慧文慧思二位老师那里继承而来的三谛实相说。

智者在实相问题上的独特建树就是在继承上述思想的基础上对三谛的内在关系作了精辟的、创造性的阐发,建立了作为天台宗在理论上的独特标帜的"三谛圆融"说。在智者看来,实相之体,真假中三谛都包含了,三谛圆融,无挂无碍。从初浅的层次看,三谛的每一谛在圆融其余两谛内涵的同时,又分别从不同的方面显现了实相的体用差别,从特定的方面诠现真理的一定方面。真谛所显的就是佛菩萨在空观中所顿见的万物毕竟空寂、了不可得的自性。因为任何事物都由因缘和合而生,因缘聚则有物生,因缘尽,该物就不复存在,没有一成不变的实体。假谛所反映的妙有或假有是佛菩萨以道种智所观照到的诸法的非空而有的体性。因为尽管事物毕竟空,但真空不碍妙有,当人对境时总是有相呈现出来,可安立名字,可轨生物解,因此是妙有,但它又是假借众缘而成,即由于因缘和合才有。而赖因缘则假,因此妙有又是假有。中谛所显现的则是佛菩萨以一切种智所观照到的万物空有不二、真空不碍妙有、妙有不碍真空的中道之理、中道之实相,也就是

---

① 法华玄义.见:大正藏,第33卷.682

万物诸法非断非常、非来非去、离生离灭、离一离异的本质。

由上可见,三谛实质上是宇宙万物实相的三个方面。但应特别注意,这样说并不意味着宇宙的本体、实相是一个东西,可分解为这三个部分,或有可直观到的三个方面。正确的理解是:实相是即空即假即中,而三谛中的空谛假谛中谛也不是孤立地、片面地表示一个方面的体性,而是每一谛同时兼有其余两谛的体性。也就是说,三谛一一皆圆融相即。所谓"圆融"就是圆满、融洽之意。第一,圆满就是圆足,意即任一法中条然具足其他一切法,一谛同时具足其他两谛。质言之,三谛的每一谛本身是空假中具足,而且三者辩证统一在一起。所谓融洽或圆融就是指一法中具足的一切法无挂无碍,一如一体,一谛具足的三谛无挂无碍、一如一体、相即相融,没有任何绝对的界限和冲突。因此智者说三谛圆融,就是指三谛的每一谛圆满具足其他两谛的圆融圆满关系,以及三谛之间的圆融无碍、一如一体的关系。具体地说就是,实相的空的体性不离假中,同样,假的体性不离空中二谛,中的体性不离空假二谛。三谛实一谛,一谛即三谛。三一无碍,相融相即,三而一,一而三。第二,三谛之圆融不是观的作用、心的作用使然,也不是人们主观任意想象或强加于事物的结果,而是诸法天然法尔自然具足的圆融,也就是说三谛是一切事物及其宇宙整体天然的三德性,圆融是三谛本自具足的如一如体的关系,在此意义上可以说:三谛圆融是宇宙万物的客观真理。第三,三谛相互包容、含摄,也就是说,每一谛在从特定的方面表现宇宙之客观真理的同时也包含了其他两谛所表现的真理。真理只有一个,即万物的本来面目就是真空与妙有的中道统一。一切都是即空即假即中。说空三谛皆空,说假三谛皆假,说中三谛皆中,中真、中机、中实,故俱中。虽三而一,虽一而三,不相妨碍。或者说,空谛以空为名,同时又具假中,悟空即假中;假谛以假为名,同时具空中;中谛以中为名,同时具空假[1]。第四,三谛没有先后次第的分别。在这个意义上可以说,圆融三谛是不次第三谛。这是相对于别教的次第三谛而言的。所谓次第三谛就是主张:三谛有从空谛到假谛、再从假谛到中谛的顺序,在修观时,也是按从空观到假观、再从假观到中观的次第进行的。在智者看来,次第三谛是隔历三谛,即把三者本来具有的圆融关系人为地分割隔离开来了。智者所倡导的是非隔离即圆融三谛,也就是不次第三谛。它否认三谛之间有先后顺序的关系,而主张三即一、一即三,一谛同时具足其余两谛,因此观一谛也就是同时观三谛。第五,三谛非纵非横。纵即前后差别,横即彼此区分。第六,从三谛的认识、证得的角度看,它们不是凡夫的情感体验和逻辑思维所能把握的。因为世俗智慧是有限的,而万事万物之实相超越时空和名言,即是无限的。诸相宛然,相即相融,绝对不可思议。只能由般若智慧才

---

[1] 摩诃止观.见:大正藏,第46卷.7~9

能证得,只能当修持止观到一定的境界才能彻悟。智者认为:止观所要成就的任何法都具有"三轨",即三种轨范或三个条件,一是真性(实相),二是观照,三是资成。这三者与三谛相应,真性是中道义,观照对空,资成对假。在止观中,当观照处于空寂状态,借(资成)佛所说的义理(假),就能彻悟诸法之真性或中道实相。只有三个条件同时具备,才能把握到圆融的三谛。最后,圆融三谛,也就是一境三谛,即随拈一法,随对一境都可通圆融三谛。因为彻妙庄严之佛身,呵责叫唤之狱足,无非法相三谛之妙相。日月星辰、树木花草、金钱草纸、别墅蚁穴、美食粪土、轿车黄包车、美女丑八怪等都是即空即假即中,既不是有,也不是无,也不是亦有亦无,更不是非有非无。因此一境一法莫不显三谛之真理,莫不是圆融之三谛。既然如此,对好的、有利的东西如金钱美女等的执著贪爱不是显得太愚蠢了吗?同样,为自己没有或失去这些东西而忧愁、烦恼甚或痛不欲生不也是太可笑了吗?既然一切东西都是即空即假即中,我们对世界、人生应采取什么态度,应抱什么样的价值观、苦乐观、财富金钱观、恋爱择偶观不是一清二楚了吗?如果认识到万物圆融三谛的本质、实相,在实践上也相应地贯彻这一原则,采取无为、中道的立场和态度,人还有痛苦烦恼吗?人不就当下彻底卸下了一切包袱,彻底轻松、彻底解脱了吗?

为了充分揭示宇宙人生三谛圆融之本质实相,智者在说明三谛各谛自身及三者的内在圆融关系的基础上,还把三谛放在与三智、三观的关系中加以论述。所谓观是指能观之心或认识主体的观照活动。相对于观而言,谛则是观照的境或对象。所谓三观就是空观、假观、中观。三观有内外三观之别。内三观指一心同时具足三观,即空假中三观并非三种心识的活动,也不是分别在三种心态下进行的三种观照,而是在一心中顿得空假中三观。外三观指观诸法具足三观。也就是说,随观一境或一法,同时具足空假中三观,即同时看到对象的空、假、中这样的本质实相。如观法之空,同时观假中皆空,其他两观可如此类推。三观为能观心,三谛为所观境。能所交融,主体和客体冥合,不可分割。谛和观在名称上有别,而实质上并无区别,谛是万物空假中的真理,观是对这种空有不二的真理的把握。如果能把握境假有空无这种中道义,做到境观双忘,不堕边见,不走极端,不把空有形而上学地对立起来,按中道行事,即"性即中",那么我们断除烦恼、了生脱死、得彻底解脱就有了本体论、认识论上的可靠基础。

就三谛与三智的关系来说,三谛是人的智慧的客观基础,而三智是能观心观照三谛的凭借,同时也是观照三谛、与三谛冥合后精神升华的结晶。三智分别是前述的、可于一心中顿得的一切智、道种智、一切种智。如果以能观心去观照三谛,即用空观观空谛、假观观假谛、中观观中谛,进而在一心中观一谛同时通达明了其余两端,即三观同时突现于一心,万法之三谛圆融的本质同时显现于观照前,那么一心中就同时具足了三种智,或者得一智同时得其余两智。对三谛、三观、三智三者的关系以及它们对于解脱的意义,智者用下述语言作了清楚明白、精辟透彻的表达:"所照为三谛,所发为三观,观成为三智,教他呼为三语,归宗呼为三趣,得斯意类,一切皆成法门,种种味勿嫌烦云云。"①也就是说,通达三谛而得三智以及表达所用的三语、归宗所呼的三趣,都是同一实相的不同方面。如果明白了诸法即空即假即中、圆融无碍的本质,证得万物真如实相得三种智,那么一切时间、地点的一切法就都成了解脱法门,随时随地都可通向美妙极乐的境界。在自己神妙的心灵中更是如此,它具一切法,具足观照的对象,具足得三种智的条件,从而也就具足通向解脱的法门。当一心同时具足三观,通达三谛,圆满观成,"三智一心中五眼具足圆照,名为了了见佛性"②。所谓了了就是"照实","五眼"就是肉眼、天眼、法眼、慧眼和佛眼。意即到三谛观成、一心具三智时,五眼神通妙力顿即现前,便可彻见佛性,及时解脱。

三、性具实相与一念三千

由上可知,智者对宇宙万有的看法是根本上超越于常识本体论之上的,但又不是绝对的虚无主义,当然又没有滑向实在论这另一极端。因为他既承认诸法毕竟空寂、了不可得的本质,同时又不否认它们"有"或"存在"、可轨生物解的一面,因而坚持的是一种超越于片面绝对的有无、空假之二边或二极端的中道观。这也正是真谛泯一切法,俗谛立一切法,而中谛统一切法。既然智者在俗谛的意义上并没有否认法之存在,而是立一切法,那么这些法是怎样生起的呢?与我们的心念是什么关系呢?法与法之间是什么关系呢?这些是智者的性具实相说、一念三千说所要解决的问题。

与三千诸法相对的心主要是指人们认识、觉知、思虑、抉择之主体,也指六根(眼耳鼻舌身意)与六尘(色声香味触法)相对、相关联而产生的六种认识,以及人对所谓的自我的执著与认识(自我意识)和储藏业力种子、名言种子的阿赖耶识(藏识)。念就是主体自己可以在心内体验、内省到的川流不息、稍纵即逝的观念、想法、念头、意念等,如有时内观可以看到自己还有某一想法或念头,接着又想到要做什么事,要得到某东西,然后支配身体做出相应的动作以及在对动作的意识的基础上对动作作出调节,这是一个连续的心路历程,由纷至沓来的心念所组成。因此心并不是什么实体,而是一串观念或由一系列念头组成的川流不息的意识流。而每一心念则是构成意识或心的基本元素。不仅如此,心念也是宇宙万法中的一分子。从终极本质上来说,它也同其他一切法一样是即空即假即中,亦即

---

① 摩诃止观.见:大正藏,第46卷.55
② 摩诃止观.见:大正藏,第46卷.95

三谛圆融。因为当去看它时,可以发现它"过去已灭,现在不住,未来未至,三际穷之,了不可得"[①]。也就是说,它生灭变化,毕竟空寂,没有不变的自相、自性,不是不灭不朽的实体。随因缘而生,随因缘分解而灭。

这样说,绝不意味着智者主张心与外物是产生和被产生、原因和结果的关系。在智者看来,外物及其实相与心是相互渗透、彼此完满融合的。包括心在内的任何事物、任何法都是法性具足、完满圆成、自然存的。也就是说每一法都自给自足地具足自己的即空即假即中的法性或实相。日常语言所说的、一般人所看到的物的产生、显现,在智者看来,实际上是眼耳鼻舌身意六根与色声香味触法一一对应、彼此关联,心性中本具的种子由潜在转变为现实,由隐而显。例如当我们在前边看到了一座秀丽的山峰,我们就以为那里有山峰存在,并意识到心中有关于山的认识。而在智者看来,山峰以及对山峰的认识作为种子本来就存在于人的八识心田中,当眼根与外部刺激对应,内在的种子就显现为关于山的观念,与此同时眼前就有了山峰的形像。其他各种观念、认识都是这样产生的,与识相对应的对象也是这样出现在相应的根或认识器官面前的。因此,色声香味触法以及由它们复合而成的所谓万事万物乃至整个宇宙并不是常识观点所说的真实的、独立自在的、有自性的、脱离心而独立的存在,也不是由我们的心识主观产生的,而就是本来存在于我们的心识、心念中的,在没有现实地表现为栩栩如生的形像之前是作为种子存在于心中的,在实际地出现于感官前时则是潜在的种子的显现。这一思想可以用一个词恰到好处地表达出来,那就是著名的"一念三千"。

这里所说的"念"当然是指前面已说过的、心中刹那生灭的念头或观念,而"三千"则泛指心念外千差万别的一切事物及其性相体用。智者认为,宇宙万物不外是以众生为中心、其他的一切为其生存空间的有机整体。或者从果报的角度看,众生及其所生活的世界不过是众生过去的共业和别业所感招的果报,其中众生自己是过去业力的正报,他们所依止的一切环境、事物都是依报,因此整个宇宙实际上是依正不二的和合体。在此和合体中具体地加以区分,可以说包含有三千种法或世间。为什么这样说呢?智者解释说:"夫一心具十法界,一法界又具十法界、百法界。一界具三十种世间,百法界即具三千种世间。若无心而已,介尔有心,即具三千,亦不言一心在前,亦不言一切法在前、一心在后。"[②]要明白这段话和"一念三千"的真实含义,我们得从十法界说起。在智者看来,有情众生即有情识的生命体从真谛的角度看,在本质上是毕竟空寂。但从俗谛的角度看,又有"存在"或"妙有"的一面,各有其特定的性相体用,这正是他们能相互区别开来的标志。根据各自所具有的别相、性德、清净解脱的程度可以区分为十类即十种法界,

---

① 李安.童蒙止观校释.北京:中华书局,1988.30
② 摩诃止观.见:大正藏,第46卷.54

它们分别是:地狱、饿鬼、畜生、阿修罗、人、天、声闻、缘觉、菩萨和佛。前六类是凡夫俗子,故称六凡;后四类则去凡入圣,得大智慧、大觉悟,故称为四圣。

为什么说十法界具三千种世间呢?智者认为,十法界中的每一法界都具有其余九法界的德性。也就是说,每一法界在有自身的别相的同时,又具有其余九法界的性相,例如人作为人有不同于其他九界的特殊性,但同时又有畜生、天、佛菩萨的性质,即既有动物性,又有佛性。正因为如此,人下一辈子就有可能转化为动物,同样也有可能成佛。其他每一界也一样具有它以外的九界的性德。这就是所谓的"十界互具"。既然一法界具十法界,那么十个十法界就是一百法界。百法界的每一法界又各具"十如是"。所谓"十如是"就是实相的十种别相或具体表现形式,也是把一切事物相互区别看来的十种别相或特殊标志。如前所说,万事万物的实相就是它们即空即假即中的真如本性,而这真如本性虽无相,但又无不相,即必然要通过特定的相体现出来。具体地说,就是通过事物特定的如是相、如是性、如是体、如是力、如是因、如是缘、如是果、如是报、如是本末究竟体现出来。

由于百法界的每一法界有上述十如是,这样,百法界与十如是相合就有一千种法,此即智者常说的百界千如。又由于十法界众生所生活的空间或所依存的环境有三种形式,即有三种世间。一是五阴世间,就是色受想行识五阴或五蕴(即构成众生的五种基本元素)所组成的世间。由于十界各自所由以构成的五阴互不相同,故名五阴世间。二是众生世间,指的是四圣六凡十类,他们五阴和合,众共而生,假立名字,各不相同,故说众生世间。三是国土世间,指的是众生所依存的条件、自然社会环境。由于十法界各自所依的国土各不相同,故名国土世间。既然有三种世间,而每一法界的三种世间各不相同,因此十法界就有三十种世间,百法界就有三千种世间。百界千如,三千世间或三千诸法等概念一方面表明众生及其所具有的相性、所依存的事物、将有的发展趋势的多样性和复杂性,另一方面又可泛指宇宙万有或一切事物(法),泛指心以外的千变万化、无穷无尽的对象。它们与我们的心意识或心念是什么关系呢?

它们之间的关系非常简单,即心念具足三千的关系,简言之,"一念三千"。虽然百界千如各不相同,纷繁复杂,但它们是每一刹那生灭的心念所本自具足的,亦即是存在于生灭变化的心念中的。或者说,无间相续的任何一刹那生出的心念奥妙无穷,本来就具足它以外的一切事物、一切法界及其相性体用及所依存的一切事物。法不离心,心不离法,没有先后、纵横关系,只是具足的关系。为什么说没有先后关系?因为所谓先后关系就是一个在前、一个在后,后由前所引出、所产生的关系。而心念与诸法没有这种关系,因为在智者看来,心念从始至终都具足一切,哪怕是"介尔"有心,即一点点心,也是如此。为什么说没有纵横关系?智者说:"若从心生一切法者,此则是纵;若一心一时含一切法者,此即是横。纵亦不可,横亦不可。心是一切法,一切法是心。故非纵非横,非一非异,玄妙深绝,非识所识,非言所言,所以称为不可思议境,意在于此。"①也就是说,一念具足三千不能理解为一念产生或包含三千,只能理解为一念就是三千,三千就是一念。即使是一极微小、极短暂的念头也是三千具足。同样,世界万法中的任何一法也是如此,都毫无例外地具足其他一切法。这也就是智者在论述一念三千说的基础上常说的:一心具一切心一切法,一法具一切法,一行具一切行,一粒微尘含摄整个宇宙。这些听起来神妙难解,但像三谛圆融一样,也是宇宙万法的本来面目或实相,真实不虚。当然这些道理是离言绝相的,不可思议的,只能由般若智慧所证悟到。

从理与事的角度看,一念三千又有"立理具三千"和"事造三千"之别。从理、从实相上说,一切法不是人、天所作所造,一念具三千也不是佛,更不是人天所使然,而是本自具足,是宇宙本具的实相、实理。因为世界上没有造物主、救世主,佛也只是众生中的一员,不可能任意决定世界的规律和运行。一念具三千、性具实相是法之自给自足,是法性中所有物,任运恒具,其体融妙无量无边。这就是立理具三千。从事相上说,当一念心本具的三千遇缘现起时,诸相宛然而立,百界千如即成现实,如一念贪欲心起,即落在地狱法界,一念愚痴心起即落在畜生法界。其他法界之现起可如此类推。不仅如此,此十法界界界互具,圆融相摄,与十如是一起,成百界千如。因此一念心起,百界千如、三千法界即起。这可称之为事造三千。这样的事与前述的立理具三千,同是一个具足三千。此事与理圆融相即,是一非二,因此理具无外,全指事造,事造无外,全指理具。简言之,一念具三千就是实相,就是法性,是法性所使然,或性所具之实相。智者说:"观念念心,无非法性、实相。"②因此根据智者的看法,宇宙万物的发生不是造物主的创造(根本就没有造物主),也不像地论师所说的那样依法性或真心而生起,也不像摄论师所主张的那样依持阿赖耶识而生起,而是心念本具的。当根尘相对,一念心起,本具的各种事物及性相差别便宛然现前,在我们心中有识生起的同时,我们面前也就有了事物及其千差万别。因此一般常人所追求、执著的在心之外的先于或后于心的、绝对的外物是不存在的。一念心具足一切,因此到心外去寻找幸福解脱,或以为地狱、畜生恶报在己心之外、与己无干是愚蠢的。这就可以合乎逻辑地得出这样的结论,即是圣是凡,是人地狱、升天堂或成佛作祖皆系于一念心。

四、幸福在哪里?

智者的上述理论鲜明地体现了天台宗作为圆顿教的"圆"的特点。它们通篇表达的是一种圆理,即一法圆满具足一切法,共存于一体的诸法如一如体、相融相

---

① 摩诃止观.见:大正藏,第46卷.54
② 摩诃止观.见:大正藏,第46卷.94~101

即、无挂无碍。这一圆理既为智者的其他理论奠定了基础,同时又具有重要的解脱论和修持方法论上的实践意义。

第一,根据这一理论,一切都是即空即假即中,没有什么可得到的,也没有什么不能得到的,因此把金钱财富、名利地位当做是绝对真实的东西,以为它们游离于成住坏空、生住异灭的规律之外,并视之为幸福快乐的源泉和基础,对之穷追不舍,对自己贪爱的东西执著不放,必然是"了不可得"、自寻烦恼。同样,认为没有什么可得到的,世上没有幸福快乐可言也是大错特错的。因为圆融三谛是万物天然之性德。

第二,根据上述理论,我们也很容易找到幸福快乐乃至解脱涅槃等价值的源泉和基础。这些价值肯定是有的,但它们不是来自于外部世界,不是金钱财富的功用。真正的价值就在我们每一个人自身,甚至在人的一念心识中。因为它虽然微小,但世界上的一切它无不含摄,其中包括人世间的一切价值。十法界中的四圣就是最高和最美好价值的体现,尤其是佛,他是一切最宝贵、最高级的价值的集大成者。而所有这些价值都在人的一念心识中。在圣不增,在凡不减。一般凡夫不明白这一点,因而是智者所说的十足的大富盲儿:本来有万贯家财,还到外面到处求财。由此我们不难看出:要寻求什么,即使是能带来幸福快乐的东西,即使是最美妙的极乐世界、涅槃境界、佛境界,都用不着到自己以外,甚至用不着到当下一念心识之外去寻求。因为一法具一切法,一心具一切心,一念具三千法界。自己身上、自己心中应有尽有,西方极乐世界、佛境界也在其中,这与六祖慧能所开示的"自性法门"有不谋而合之处。六祖反复告诉门人:万法在诸人性中,佛向性中作,莫向身外求,三身佛、三宝、三德、四智、佛之知见等均在自性中。因此是去往西方极乐世界,成佛至圣,还是轮回六道,在己一念心中就可实现。要得幸福解脱,没有这样的价值观,只能是竹篮打水一场空。

第三,根据智者的上述理论,人们也很容易找到解脱的法门。既然一法具万法,一行具万行,因此任一法门必然同时具足其他一切法门及其妙旨,每一法门都可通向佛境,"诸法一味,寂灭者归真"。

第四,在依所选法门修持时,要想立竿见影,必须从一念心识入手,处理好当下一念。当一念心起,用般若智慧加以观照,观一心,见一切心,得一切法。一切皆于影现,非内非外,不一不异。无自性,无他性,无共性。观心无心,罪福无主,看到一念心就是一切,通体圆融无碍,无一无二,不一不异。这也就是一心三观,随观一念一法,同时看到其空假中三谛圆融无碍,果能如此,便当下破三惑、证三智、成三德,般若智慧、法身、解脱以及富贵、大乐、自由等价值同时具足。只要心有道、无为,便会"有道即富贵,无为是大乐"。反之,如果念念执迷不悟,必然轮回六道,甚至做牛做马、下地狱成饿鬼。

第五,得解脱离不开相应的福德和智慧,即必须福智双具。而根据上述理论可以推知,一福一智同时具足其他一切福、一切智,因此修福修智当然就应从当下的一言一行修起。

第六,众生都有烦恼,都有根除烦恼的愿望。根据一念三千说,也很容易找到断除烦恼的方法,这就是从当下的每一烦恼断起,如果能彻断一烦恼,那么一切烦恼皆断,断一惑断一切惑,这就是不断之断。最后,通达了三谛圆融、一念三千之理,必然通达行圆、断圆、位圆、因圆和果圆。因为一念具足三千,一行具万行,修一行也就是一切行之修行,断一惑则圆断一切惑,从而在证位上初发心即成正觉,发心与究竟之圆果无二无别,一法圆满一切法圆满,一念之开悟,顿疾极足佛位。因此在理圆、智圆、行圆、断圆的基础上,必然有位圆(即一位具诸位之功德)、因圆(观照三谛自然流入果地),进而最终有果圆,即得妙觉不可思议的法身、般若、解脱、常乐我净之极果,亦即入大涅槃得彻底解脱。

4 心身学说与生死关怀

我们人类要得解脱,离苦得乐,除了对宇宙实相要有清醒的认识、证悟以外,还必须对我们自身的静态结构、迁流变化的动态过程及其本质有足够的认识。没有这样的认识,离苦得乐、彻底翻身得解放将是空话。因为首先,人的本来面目被纷繁复杂的外观掩盖起来了,在人身上我们所能见到的只是衣食住行、行住坐卧、生生死死等现象的"纷驰"、"奔进",在这些表面现象的基础上,是无论如何也找不到解脱的可能性根源和途径的,因此,必须通过现象"迴泝其始觉驰流"①,观其果,把握其原因和本质。其次,我们的心身是我们存在的基础,同时又是"观慧之初"②,是我们观察世界和人生的智慧的凭借之地,是我们为证道得道、为求真理而进行智慧观照活动的入口处、始发点。因此对世界的如实把握没有理由撇开心身。再次,心身及其活动本身就是通向解脱的法门,即由此开始努力,步步深入,可达涅槃彼岸。智者说:"低头举手,积土弄砂,皆成佛道。"③"一切阴入即是菩提,离是无菩提,一色一香,无非中道,离是无别中道。眼耳鼻舌皆是寂静门,离此无别寂静门。"④也就是说,我们身躯的每一构成部分,我们的一言一行、一举一动都是寂静门亦即解脱门,由此长驱直入,可至涅槃境界。心理世界的一心一念、一受一识都是如此。因此,智者说:"智者应观身,不贪染世乐,无畏无所欲,是名真

---

① 摩诃止观.见:大正藏,第46卷.50
② 摩诃止观.见:大正藏,第46卷.51
③ 法华玄义.见:大正藏,第33卷.716
④ 法华玄义.见:大正藏,第33卷.688

涅槃。"①

一、心身之慧观

智者对心身的慧观是从阴入界即从人与其他众生共有的最基本的构成元素入手的。为什么要这样呢？因为认识所能接触到的境或对象就是"阴入",同时"阴入"也是人从始至终的、普遍的、共同的因素,是众生所背的沉重的负担。因此智者说:"受身之始,无不有身。""行人受身谁不阴入,重担现前是故初观。"②另外,众生的"阴入"染上了严重的病患,亟待救治,此病患就是各种各样、难以计数的、可名状和不可名状的烦恼痛苦、内忧外患。智者说:"阴界入即病本,烦恼见慢等是烦恼病。"③因此要治病救人,得从其本即阴入入手。

那么什么是阴入界呢？所谓阴就是构成众生心身的基本元素。从因上说,它们掩盖着善法,因而是遮盖物或"阴覆"。从果上说,它们又是一些因素的"积聚","生死重沓",是"蕴"。可见阴有"阴覆"和"阴积"二义。因此按佛教的通常说法,智者也把这些东西称之为阴④。阴共有五种,即色、受、想、行、识。所谓色主要指众生的物质性躯体,它像其他事物一样有不可入性即质碍性、可变坏性和可见可触的形象特征。

色身包括己身他身。从生成原因来说都根源于前世不净业。智者认为,身从生至灭最基本的特征就是不净。有五种不净:处不净、种子不净（受身之初,种子不净,出自遗体,识随母气息)、相不净(从头至足纯是秽物,犹如死狗)、性不净（既然身体居于秽物中,本身也是秽物,居于其中的性当然也不净)、究竟不净(业尽报终,被遗弃于荒野坟间)⑤。

第二种阴是"受"。受就是对内外的刺激、对自身状态的感受。智者说:"受"意即领纳,亦即领取、接纳有关刺激作用于相应躯体而产生的苦乐。从形式上说,有内、外、内外三种受。缘内名内受,其他的依此类推。另外,也可以说意根的领纳为内受,其余五根的受为外受,六根受为内外受。从人的感觉体验来说,受有顺、违、不违不顺三种。境与意合,便生乐即顺受或乐受,反之为违受或苦受,没有苦乐的为不苦不乐受或不违不顺受。每一根都可得到这三种受,因此人的六根共有十八受。根尘、能所和合就有三十六受,三世加在一起有一百零八受。从终极本质上看,诸受皆苦,乐受是坏苦(交织着苦,最终会转化为苦),苦受是苦苦,不

---

① 童蒙止观校释.北京:中华书局,1988.11
② 摩诃止观.见:大正藏,第46卷.49
③ 摩诃止观.见:大正藏,第46卷.50
④ 摩诃止观.见:大正藏,第46卷.51
⑤ 四念处.见:大正藏,第46卷.555～562

乐不苦受是行苦。总之,"诸受粗细无不是苦"①。

第三和第四种阴分别是想、行。所谓想就是指人对境或事物所生起的想象、联想以及对概念、观念、印象的思虑、寻思等思维活动。所谓行就是指不同于思想的一种选择自己行为方式的意志活动。一般众生不明想和行的本质,妄以为这两种活动依赖于一个不变的、有自性的、有同一性的主体,即"我"。在智者看来,想和行这些心理活动迁流变化、生灭无常、念念相续,其背后根本就没有什么自性不变的实体我。

第五种阴是识。所谓识就是指众生的觉了、分别的认识活动,也指外物刺激人引起这些活动所形成的结果即各种认识。

智者人为,众生的本来面目实际上是空无所有,毕竟空寂,而众生由于无明愚痴不能认识到这一点,特别是不知道人心的本质,妄加联想、推寻,以至于错误地认为人身上有不变的自性,有主宰这些心理现象的不变我。为了消除人们对心的迷惑,智者根据佛教的一般观点,根据心的四种不同作用将心区分为受想行识四方面,以便更具体细致地揭示它们虚幻不实、没有自性、由因缘和合而生的本来面目。在智者看来,受想行识并非永恒不变、如一如常的存在,而是一定的因缘和合即人的认识器官与外界事物相对应、关联而产生的现象。因缘条件不存在,受想行识也不存在,因此从终极本质来说,受即浮泡,想如野马,行如色蕉,识为幻法②。既然如此,就更谈不上在它们之后有不变的精神实体、自我的存在。有的人不仅"迷心",而且"迷色",即对色的本质迷惑不解,因而智者按照一般惯例对色心作了进一步的分析,即把它们区分为十二个方面即"十二入"。

所谓"入"就是涉入、输入的意思。也就是说,六根和六尘这十二种因素中的一个与另一个可以相互关涉,可以涉入,如事物的颜色属性(尘)可以涉入眼睛(根),从而产生见识。六根主要是指眼耳鼻舌身五种肉体器官或感官加意识的生理基础共六种产生认识的处所,它们是构成人的躯体的六个方面。众生与佛在这一点上是没有区别的。不仅如此,这六根的功能在众生与佛身上也是相同的,如佛的眼根有肉眼(分辨可见形象,为父母所生)、天眼(能彻见内外弥楼山)、慧眼(洞见诸色,无染着)、法眼(见色无错误,未得无漏,但眼根清净)和佛眼(一眼具诸眼功用,了了彻见一切法之本质)等五种功能。众生之眼根也有这些功能,肉眼就是佛眼。不仅眼根如此,其他诸根以及心王在众生与佛身上也没有差别。不同只是在于:佛的各根的功能不为世俗的分别智所污染,而为无分别智所统摄,不为根尘所转,而能转诸根,因此它们能为佛提供关于诸法实相的认识。而众生由于无明愚痴,不能认识到自己也有同佛一样的六根,不能像佛那样使用自己的

---

① 四念处.见:大正藏,第46卷.555~562
② 增一阿含经,卷第二十七

六根。

所谓六尘就是六根所对的六种对象、六种境,具体地说就是色声香味触法。它们分别是眼耳鼻舌身意六种官能的"适宜刺激"或对象,二者相对即会产生相应的识。相对于个体的人来说,六尘尽管不是人的内在的构成因素,但从人的存在及其条件来说,它们确实是人活着、存在着的一个不可缺少的因素。因为人如果没有与对象的交涉,也就没有人的活动,而没有活动的人则只是形式上的人,只是僵尸,而不是现实生存着的人。在这个意义上,智者在分析人的构成与本质时分析人的对象,把它们作为人的存在的构成因素,是不无道理的。

如果人对色心的本质"具迷",那么为了解此迷,则可把众生的构成因素分为十八界。界即界别、类别。六根加六尘,以及两者一一对应而产生的六识即眼识(视觉)、耳识(听觉)、鼻识(嗅觉)、舌识(味觉)、身识(肤觉)和意识(对前五识的总受摄、总觉了),一共是十八种因素,这就是所谓的十八界,即构成众生的十八种基本的元素。

从上面的分析不难看出,对众生的十二入和十八界的分析实质上是对五阴的展开说明。因此在了解智者对构成众生的因素的相互关系的看法时,我们重点考察一下智者对五阴关系及其本质的分析就够了。第一,从静态结构看(数人),人的五阴同时也就是现实地存在着的个体,是五阴同时并存,缺一不可。其中识是心王,其他四阴为扶,心王和其他四阴相扶同时而起。第二,从纵向生成看(论人),即从发生学上看,五阴"次第相生",即"识先了别,次受领纳,想取相貌,行起违从,色由行感"。也就是说,人的一期生命的起点是识,然后有受有想有行,最后才有肉身即色。识与其他阴是能生与所生的关系,从识到色是由细到粗的过程。这一看法与常识的看法相反,具体的论证留待分析生命的流转过程时再交代。第三,从修行上看,从粗到细看,色在先,然后依次是行、想、受、识。因为修行离不开能观心对所观境的观照,而人本身就是最好的所观境。在把自己作为境观察时,我们遵循的就是从色到行、想、受、识即从粗到细的过程。我们对人自身的自我认识也是按此逻辑进行的。第四,若论四念处,则识或心王在中。也就是说,当我们按照教理在精神专注的状态中以智观察思虑五阴时,则心王或识王在中。即先观身不净,受是苦,中间观心无常,最后观法(想行)无我。从五阴的地位来说,识最重要,是心的主体或本体,不仅有认识或了别事物的作用,而且可派生其他作用如受想行。因此心常被称为心王,受想行被称为心所法,即心所拥有、所派生出来的现象或作用。色身对心的依赖、依附就更明显了。第五,从五阴的具体表现形式看,有九种五阴,也就是五阴可按九种不同的形式和合,从而产生九种不同的五阴或众生:(1)一期色心,名果报五阴;(2)平平想受无记五阴;(3)起见污秽五阴;(4)起爱污秽五阴;(5)动身口业善五阴;(6)动身口业恶五阴;(7)变化示现工巧五阴;(8) 五善根人方便五阴;(9) 证四果者无漏五阴。这是去凡入圣位以及其上的极圣的五阴,也就是得解脱入涅槃的众生。特定的五阴表现出六道中的哪一类众生取决于心,即"源从心出"。就像画师画黑青赤黄白等六彩一样。画师就是心王,六色就是五种众生。黑色譬地狱阴,青色譬鬼,赤色譬畜生,黄色譬阿修罗,白色譬人,白白就是天。你要成为哪一种五阴或众生,完全由你自己的心意识所决定。你想成为人、天这样的众生,而且又打算作出相应的行动,那么你将会如愿以偿,反之就堕三恶途。出世间圣贤也是如此,都是由心王所决定的,只要有心愿、有行动就能去凡入圣。总之,人的形象、人格甚至地位、命运都是由自己的心塑造的。正如偈所云:"心如工画师,画种种五阴,界内界外一切世间中,莫不从心造。"①

最后,从实相、本质上说,五阴非空非有,非前非后,非同时、非异色,"皆如炎幻响化,悉不可得"。如果这样看待五阴,就是没有为五阴的表面现象所迷惑而把握了其本质,从而也就为得解脱奠定了坚实的人身观基础。反之,如果把色、受、想、行、识当成真实的实在,进而执著其背后的"我",一切从我及其五阴出发,一切为了它们,围着它们转,就永无出期。从认识论根源来说,人们之所以执五阴为真实,"心是惑本"。要"伐其根",彻底断除偏见妄想,就得如实观察心的本质,看到心本身也是毕竟空寂②。

如前所述,在智者看来,宇宙中的有生命的存在或众生不外十类(即十法界):地狱、饿鬼、畜生、阿修罗、人、天六道加声闻、缘觉二乘和菩萨、佛。前六种是六凡,后四类是四圣。尽管有圣凡之别,但从构成上来说都离不开上面所说的阴界入,因此十种众生可称之为十种阴界入,智者也常如是说,如说:"揽五阴通称众生。"③不过之所以称为十,而不称为一,是因为每一类又有不同于其他九类的特点。从大的方面来说,十种众生从苦乐、觉迷的程度来说有五类:(1) 地狱、饿鬼、畜生三途是有漏恶阴界入——"罪苦众生"。(2) 阿修罗、人、天是有漏善阴界入——受乐众生。(3) 二乘是无漏阴界入——真圣众生。(4) 菩萨是亦漏亦无漏阴界入——大士众生。(5) 佛是非有漏非无漏阴界入——尊极众生。

另外,从众生的十种相状、性质等方面看,每一种也都有自身的独特之处。例如人之所以为人,第一,从相上看,即从外在的特征、相状、相互区别的标志上看,"人面外具一切相","心亦如是,具一切相",但又有其独特的标志,这就是"表乐为相"④。第二,从内在的、不可改变的实性上看,人定善聚为性。第三,主质是

---

① 摩诃止观.见:大正藏,第46卷.51～52
② 摩诃止观.见:大正藏,第46卷.51～52
③ 摩诃止观.见:大正藏,第46卷.52
④ 摩诃止观.见:大正藏,第46卷.53

体,都用心色为体,人是"升出色心为体"。第四,从力、力用、技能上看,人"乐受为力"。第五,从作、建立、运动、行做、造作上看,人的特点是能起五戒十善。第六,从因即从业、从能招果的方面看,人"白业为因",亦即善业为因。第七,从缘即缘由、助业上看,人以"善爱、取为缘"。第八,从果即因之结果上看,人"善习果为果"。第九,从报即酬因、从牵后世报上看,人的报应是"人天有"。第十,从本末究竟等看,人初后、始终的本质是"假名初后相在",即从始至终人有其独特的相,有其独特的名。总之,人作为一种阴界入的终极本质就是:他的阴界入都"不可得",没有自性。同时又一法具三千法,但"当知第一义中,一法不可得,况三千法"①。用三谛三观看人的阴界入,那么人的本质就是即空即假即中。其他九种众生也可从上述十方面相互区别开来,都有其十方面(十如是)的独特标志。这里就不一一赘述了。

五阴、十二入、十八界实质上是从不同的角度对众生的透视。就人来说,这些范畴分别从特定的方面揭示了人的构成。"五阴"是从众生产生四倒(即于苦、空、无常、无我而生常、乐、我、净)的认识根源的角度对人的构成因素的描述,即众生由于不明人的本质,常于色、受、想、行、识五方面生起四种颠倒。而十二入、十八界则是从人的认识所依赖的器官、对象以及两者结合而产生的结果的角度对人的构成的描述。这些不同的描述在本质上是一致的,即都提示了人在现象上离不开心和身两种基本的构成因素。也就是说,五阴也好,十二入也好,十八界也好,都从更深更细的层面上说明了人的心身这两个方面的构成与特点。

所谓身就是色身,细分则有眼耳等六根和作用于六根的六尘,所谓心则包括受想行识四阴,其中识是心王。而识又有八种,即眼识、耳识、鼻识、舌识、身识、意识、末那识(自我意识,对我的执著、恒审思量)和阿赖耶识(即藏识,储藏各种名言种子、业力种子的心田)。因此众生是心身统一体。不过,这是在俗谛的意义上讲的。在智者看来,心身作为法同其他法或事物一样,有可轨持的一面,即可轨生物解,可安立名字,因为心身毕竟不是顽空,不是空无所有,而有"有"的一面。觉知到后按一定的规则可把其当做物、当做存在看待,可用名言说出来。但从真谛的角度看,心身又是毕竟空寂,了不可得,因为当我们"以慧观之"时,从"头支节"到内部的思想、心念"一一谛观",是看不到有自性的、常一不变的精神和物质实体的,"了不见我",一切都是"空聚",从众因缘生,无有主宰,"如宿空亭,二鬼争尸"②。总之,没有实体性的心身。当然从中道第一义谛的角度看,心身既非有,又非无,也不是既有又无,又非有非无,而是即空即假即中。但是一般众生由于无

---

① 摩诃止观.见:大正藏,第46卷.54～55
② 摩诃止观.见:大正藏,第46卷.94

明愚痴看不到这一点,不仅把心身当做实在,片面地加以执著,而且妄计有一个不变的、主宰性的我,完全背离了自己的本来面目,迷失了自己的本质或本心。在智者看来,众生执著的、现象性的心身掩藏、覆盖的其实就是自己的本来面目即本心、心体或真如。众生之所以陷入无穷无尽的痛苦烦恼,生死流转,根本原因就在于丢失了或没有认识到自己的本来面目,离开自己的本来清净、寂灭、常乐我净的真心、极乐世界,向外驰求,去追求本来不存的、虚幻的东西。那么什么是本心,本心与现象性的心身是什么关系呢?

首先应该明确,此本心并不是人的想受行识这些可感的现象性的心理过程、状态、事件之外的又一种存在,而就在其内,就是其本身。就像清水与污水的关系一样,清水、污水就是水,清水并不是污水之外的水。但清水又不能等同于污水。把污水的污染清除掉就是清水。同样,本心不在可感的心理之外,而就是其本质、实相。捅破无明烦恼,掀去现象性的心理,当下即是人的本心或真心或真如妙体。它既无形色,又无处所,不系之在境,也没有上下,有时若宽若急,若沉若浮,但它不可思议,具一切因缘所生法甚至具足常乐我净等最高的价值①。既不能说有,又不能说无,不能以有无思度。智者说:"心如幻焰,但有名字,名之为心。适言其有,不见色质;适言其无,复起虑想,不可以有无思度故,故名心为妙。妙心可轨,称之为法。心非因非果。"②此本心听起来似乎神秘,其实不然,它与人的一念心无二无异,或就是一念心,不过不是一般人所理解的一念心,而是从中道第一义谛角度看的一念心。智者说:"色心两者,其实只一念。"③当根尘相对,一念心起,即空即假即中。之所以说空,是因为它由因缘生,因而无主,无主即空。无主而生亦是假。之所以为中,是因为它不出法性并皆即中。总之,一念就是毕竟空、如来藏,就是实相。

如果这样说还不能理解本心与现象性心理、真心与妄心的关系,那么《楞严经》中的说明也许能帮我们的忙。该经告诉我们:两者的关系就像店主与顾客的关系,后者暂住即去,而店主则"都无所去"。同样,各种纷至沓来的心念都会离去,而那本然、空寂、灵明清净的真心则永远如此,当然它的存在又离不开川流不息的心念,它不是心念,但又无不表现于具体的心念中,没有后者就没有前者。同样,没有客人,主人也就失去了意义。

从认识论的角度来说,本心与心身是见精与所见的关系。从本体论上说,本心与心身都是色尘空性,是即不是,不是即是,不存在是什么、不是什么的问题,无上妙明的观见与那些种种空幻器物六尘境象,本来都是妙明无上智慧的本真心

---

① 释禅波罗蜜次第法门.见:大正藏,第46卷.492
② 法华玄义.见:大正藏,第33卷.685
③ 四念处.见:大正藏,第46卷.573~580

体,不存在是什么、不是什么的区别二相。就像文殊,不能问这是文殊呢,或不是文殊。"见与见缘并所想相,如虚空体,本无所有。此见及缘元是菩提妙净明体。"①

总之,一般世人所认识的、所说的身心,实际上是人的真心的显现物。身实质上是"空晦暗中"即对结暗所成的色加以妄想执著而成的,而心不过是"聚缘内摇",是各种识所聚集而成的东西,人们不知道这一真实的过程及内在机制,误把这心当做人自己的本心、真心,就产生了上面所说的颠倒。

二、生死之智照

佛教中常说的一句话是:"生死事大。"它表明佛教对生死问题的重视和关注。智者也是如此,在他的大量开示、讲演和论著中对生与死发表了许多极有价值的看法。智者的生死关怀和立论,目的在于揭示生死现象后的根本,指明超越生死、由生死苦海此岸度达涅槃彼岸的航向。具体地说,就是要说明现实人生的虚幻性,并透过此虚幻人生揭示其真正的本质与根源,阐明人生的意义、生命的价值,说明死亡的过程、形式及其本质,指明超越死亡的可能性和途径,消除人们对死亡的莫名其妙的恐惧心理。

在一般人看来,人的生命只有一次,而且是极其短暂的,相对于无限发展的宇宙来说,简直是"弹指一挥间"。短暂而一次性的生命与渴望长寿乃至永生的心理之间形成了尖锐的矛盾。它经常萦绕在人们的心际,不时地产生剧烈的碰撞,搅得人不得安宁。正因为如此,历史上赞叹生命美好、哀叹生命短暂的名篇、佳句、绝唱不绝于耳。尽管如此,死亡绝不会对任何人发慈悲,绝不会开半点后门。如果说世上到处有不公平的话,那么死亡则有点例外。正如智者所说:"死至无富贫","无贵亦无贱","无祈请可救","亦无欺诳处"。只要人们一天不放弃世俗的生命观、生死观,死亡所产生的巨大威胁和揪心裂肺的恐惧就不会从人们心中消失。如果人们像智者那样看待生命和生死,那么就将跃入一个崭新的、没有烦恼和忧虑的宽广境界。

在智者看来,人的生命并不是一次性的,而是由一期又一期的生命阶段构成的连续的过程。不错,人的肉身有产生、发展、衰老、坏死,贵贱无欺。即使是有权有势的国王也是如此。正如《楞严经》卷二中所出现的那位波斯匿王所说:"我昔孩孺,肤腠润泽,年至长成,血气充满,而今颓龄迫于衰耄,形色枯悴,精神皆昧,发白面皱。"人的变衰老的过程"刹那刹那,念念之间,不得停住",由此可推知"身终从变灭"。这一过程用几个专门术语说就是一个从"生有"到"本有"、"死有"、

---

① 楞严经,卷第二

"中有"的过程。所谓"有"就是由一定因缘所产生、决定的人的存在,此存在会造各种业。业有当果之意,即会在未来或来世招感一定的果报。所谓"生有"就是一期生命结束(死亡)与新一期生命开始的中间阶段,或死转为生的过程。人死后到一定时间,当无明意志活动在六道中选择决定投向哪一道的一刹那,如果想成为人,就进入了人道,投生到一母体中坐胎,这就是生有。"本有"是"生有"和"死有"之间的余位,即从受胎到本期生命结束的生命阶段。"死有"是一生命形态的最后一刹那,临死时的存在状态。"中有"是从死到转生的过渡阶段,其身体、诸感官与心识由微细四大构成,人肉眼看不到。对"中有"的时间跨度说法不一,有的说七天,有的说四十九天,有的则说不定。综上所述,肉体与心识和合的生命有坏灭,但是应注意,这不是绝对的死亡或消灭、消失,而只是生命形态的改变。因为智者所理解的死不是一般人所说的死,它还有"有"的一面,本身也是一种存在状态,同时又是一个过渡阶段,即由人的"本有"过渡到"中有"的中间环节。进到"中有",生命没有消失,还是有。而且此有还会或定当转化成新的生命形态,即在此之后有一个"当有"(未来或来世当有之心身)。当然"中有"的"有"肉眼是看不到的,尽管如此,经过一定的时间,它又会转化为与自己原先所造业相适应的生命形态,或者是人,或者是猪牛马鹿,或者是地狱饿鬼。可见生命不会彻底灭亡。如果人对自己的一期生命把握得好,如多行善事乃至敬信三宝,下一期生命仍可能采取人的形式,甚至采取天神、菩萨的形式。因此人没有必要、没有理由为自己一期生命的短暂而唉声叹气、忧心忡忡,更不必为此惶惶不可终日、谈死色变。不仅如此,在智者看来,"病不与身合,年不与心合"。即是说身体什么也没有,包括没有疾病,本来清净寂灭。人的心没有年限,生命有永恒性,一期又一期的生命形态川流不息,直至永远。生命是永恒的,但自己究竟在世间采取哪一种生命形态,是享天福的天,还是有乐受的人,还是整日受煎受熬的地狱,还是愚痴可怜的畜生,还是常乐我净的佛菩萨,这完全取决于拥有生命的人。

在阐明了生命的本质的基础上,智者还根据"十二因缘说"等理论说明了生死流转的具体过程及其本质。从种系来说,人的生命有一开端。在此开端之前,人类的生命采取的是天的形态。根据《世记经》、《起世纪》等的说法,地球形成之后的最初人类是从色界第六天的光音天而来的,由于他们天福享尽,必须要来地上随业受报,于是有了人类及地球上的其他生命。一旦在地球上的业报受完,又将往生他方世界中去。也就是说,人类的业报受完之后,其生命将不再采取人类的形态,而会是他方世界中的生命形态。

从个体的生命来说,如前所述,个体的人的一期生命开始于选择脱人胎的那一刹那或说那一心念。在"中有"阶段的后期,如果一念心起,要成为人,那么此

识就投入到一母体中,进而在那母体中与精血合根,从而人的又一生命阶段就开始了。对于个体的这一生命阶段开始的具体过程,智者作了具体生动的描述。他认为:初受胎身中阴之识,而自思维此识,不应无因缘,忆想分别有法名,世性非五情所知。极细微故,于世性冥初生觉,觉即中阴识。从觉生我。从我生五尘,谓色声香味触。从声尘生空大,从声触生风大,从色触生火大,从色声触味生水大,从色声触味香生地大。从空生耳根,从风生身根,从火生眼根,从水生舌根,从地生鼻根。如是渐渐从细至粗,最后在母体中就形成了由水土风火四大或色受想行识五阴构成的有眼耳鼻舌身意六根的活灵活现的人身①。

由上可知,一期生命或者说人的生命中最关键的因素就是心识,它的生起不仅决定了又一生命阶段的开始,而且决定了生命采取什么形态。如果心识在生起时决定投胎为人,诸阴即结合在一起,生命就采取人的形态。决定为畜生就是畜生。当然这种决定又是由过去的业力等因缘所牵引的。因此"识起名生",反之"识灭名死"。也就是说,没有根尘相对或认识器官与对象相结合而产生的各种识的生起,藏识阿赖耶识中有识储藏但没有现起,这意味着一期肉体生命的结束。从此色身、受、想、行、识五阴不再作为一个整体发生作用,而逐渐分化瓦解,直至完全分离、退没。

从生命体自己的情感和感受来说,所谓死亡或"死法名永离恩爱之处,一切有生之所恶,虽知可恶,甚无得免者",在这一点上六道众生的死都是一样的,当然也有不同,即牛羊见死虽然也跳腾哮吼,但不自觉。而死亡对于人来说,则可能是觉悟的最好时机②。这大概也就是人们常说的只有在死亡的时候人才能真正领悟到生的本质意义与价值。人的不同之处还在于,在生死时,常能思考死的形式,有时还能选择。一般的觉者、圣者更是如此。他们从因果论出发,认为死也是由一定的因缘决定的,因此为了得到没有痛苦的、超越于六道轮回的死亡形式,便在一期生命、二期生命或多劫或无数劫的生存中,采取一定的修持方法,如积善积德、福慧双修或一定的念法(如念佛)、观想法(如无常想、苦想、无我想等)。根据《十二品经》,死共有十二种形式,它们分别是:(1)无余死:即阿罗汉之死。(2)度于死:阿那含度欲界之人天。(3)有余死:斯陀含往还于欲界之人天。(4)学度死:须陀含之见道谛。(5)无数死:八忍八智之人之死。(6)欢喜死:学禅一心之人、念佛一心之人的死亡形式。(7)数数死:恶戒之人的死。(8)悔死:凡夫的死,死时不情愿,总想到自己有很多大事未尽,悔恨交加。(9)横死:孤独穷苦之人的死。(10)缚苦死:即畜生之死。(11)烧烂死:地狱之死。(12)饥饿死:饿鬼之死。前六种是比较理想的、有福德的人的死亡形式,有些还能自利利他,而后六种

---

① 四念处.见:大正藏,第46卷.555～562
② 释禅波罗蜜次第法门.见:大正藏,第46卷.535～536

则是可怕的、令人恐惧的死亡形式。

如果把生死连在一起考察,并且考虑到生死之主体的解脱层次、人格境界,那么生死又可分为不同的形式。智者在其论著中讲得较多的是分段和变易两种生死。所谓分段生死是指轮回在六道中的凡夫的生死相状。分即分限、期限,指寿命有期限。段即段别,指色形或形体的分别。受这种生死的人有寿命的长短、色形的区别,始起为生,终谢为死,然后从死中再生,循环往复,无有停歇,其形体发生或为人身、或为畜生的变化。造成寿期长短、形体变化的原因在诸有漏业。这些业力经烦恼障之助缘就产生了上述果报。如果善业多、力量大,那么寿命就长一些,死的形式好一些,将来变出的形体好看一些,至少不会呈畜生相。更好一点的将有福德、威猛、富贵之相。因此在智者看来,人的寿命、人的形体相状是什么样子,其主动权就在自己手上。要想未来活得更长一点,长得更好看一点,成为大富大贵之人,今生就要诸恶莫作、众善奉行,有条件的多积点般若智慧,做到福智双修。这样将来就不再会为自己的寿命和形相而发愁了。所谓变易生死是断见思惑的阿罗汉之上的圣者所感得的生死。所谓变易是指迷想、觉悟的变化、迁移,即迷想渐灭、证悟渐增而没有色形之胜劣、寿期之长短。因为圣者的身、命已由其无漏善业及其力量、由其悲愿力改转了,无分段、无定期,而生在四土(同居土、方便土、实报土和寂光土)中的方便土中。此土是欲界、色界、无色界三界之上的净土,居住的是二乘以上的圣贤。他们断尽了三界见思惑,但又有尘沙无明未尽,有不同于众生的特点,如:(1)不可思议,即妙用难测。(2)意成身,即随意愿成就己身。(3)变化身,即无漏定力决定其化为何种身形。总之,圣者的变易生死不是凡夫的寿命、色形的变迁,而是迷悟的迁移,即迷惑的不断消失、觉悟的不断增长的生命过程。它又有两种形式:(1)无漏业所得之法身,神化无碍,能变能易。(2)真证之法身,隐显自在,能变能易,变易非死,但此法身未出生死,犹为无常死法,所随变易身上有其生死,此只限于大乘。变易生死不是生死的最高形式。最高形式是对生死的完全超越。如居住在四土中的寂光土上的佛,就完全断尽了无明,永离分段、变易两种生死,有常(法身)寂(解脱)光(般若)三德。这是生死的解脱,也是我们前面所述的人生的最理想、最美妙的境界。

智者不仅说明了生和死的本质及具体形式,而且还根据十二因缘说论述了生死流转的过程。在智者看来,生死是无限生命过程采取的两种形式,它们相互交替、生生死死、死死生生、轮环往复、川流不息、没有穷尽,构成了生命的无限演变的过程。智者从"有"这一作为在前原因之果报和后续果报之原因的生存形式开始,追溯了它的因果系列。智者说:"有由于取,取又由于爱,爱由于受,受又由于

触,触由于名色,名色由初识三事,三事由业而来受身,业由无明致生死,乃至老死。"①所谓"三事"就是十二因缘链中的开始三支即无明、行和识。所谓无明就是指愚痴无知,不懂四谛和因缘学说,于人生本来的苦、空、无常、无乐的事实起颠倒之想法。在此无明的支配下必然就有"行"即选择自己行动的意志活动。行作为牵引力,就产生投胎的心识,并使其在相应的地方投生。接着"识缘名色",即有了此心识后,相应的名色即心身就在母体中开始生成。这就是智者所说的"名色由初识三事,三事由业而来受身"的意思。人的当下一期生命阶段之所以开始,就是"由迷色心而入色心",即贪著色心,一念心起就入胎为人。其实这不过是"入三界生死之门"②。进而"名色缘六根",即在胚胎的心身上逐渐发育出眼耳鼻舌身意六根或六种器官。六根又缘起触,即婴儿出生后,六根与外界六尘相接触而产生触觉。触又缘受,或说"受又由于触",即在六根与六尘接触时,人能够领受外界的作用,得到相应的苦、乐、不苦不乐的感受。受又缘爱,或说"爱由于受",有了受必然产生对能产生乐受的东西的贪爱,对相反的东西的厌弃。爱缘取,或说"取由于爱",有了贪爱必定想取得,因而有追求执著,心向外驰骋,逐物拜金。取缘有,也就是说"有由于取",有取就有各种行为、造作,这一方面作为先前业力的果报构成人的现实活动与存在方式,而另一方面,此存在方式在作业时又将业力熏习在自己的藏识中,构成后来或来世感招相应果报的原因。正因为如此,有又缘生,即今生的有及其各种善恶业力必然导致来世以一定方式的再生。有生必然有老死。这就是生缘老死,或者说由于无明、业力等"致生死,乃至老死"。

由上可知,十二因缘也就是生死流转过程中的十二个因素或阶段,每一个都是在前的因素的结果,而又作为原因引起后来的结果。其中无明是生死的最根本的、本源性的原因,五阴与欲暴流(五欲)、有暴流(色界、无色界之贪嗔痴)、见暴流(偏邪见解)、无明暴流(与痴相应之烦恼)等四类烦恼相结合,使众生漂流在三界生死之中。而此无明愚痴中最大的愚痴就是对于本来没有实体性的、自性的我的人,错误地产生了有我的意识,因而去为这个本来不存在的我劳神费力,乃至铤而走险、牺牲性命。由此本原就有后面接续而来的十一支。它们的相互作用、迁流变化,就构成了人的不断的三世轮回,用图表示即是:

---

① 摩诃止观.见:大正藏,第46卷.126
② 法华文句.见:妙法莲华经(经疏记合一本).上海:上海古籍出版社,1990.163

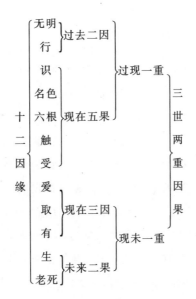

　　我们作为人中的凡夫俗子研究生死,其根本目的是要通过研究生死之本质和根源寻求摆脱生死特别是死亡带给我们的种种烦恼,进而彻底超越死亡。在智者看来,要战胜和超越死亡,最根本的是要有智慧,即要有对宇宙、人生的实相的如实把握,搞清生命、生死流转的过程及其本质。超越死亡及其恐惧的方式方法不是回避现实生活、自行了断,而是积极入世,投入到现实生活中,在生死流变的过程中实现超越。智者常告诫人们要"动法性山,入生死海",因为烦恼即菩提,生死即涅槃。也就是说,觉悟、解脱之道就在烦恼之中,离烦恼没有道,而"有道即尊贵",人应"安贫养道"。同样,涅槃也不在生死之外,而就在川流不息的生死过程中。为了帮助不明生死真谛的人克服、消除对生死的畏怖和实现精神上的超越,智者还阐述了一些行之有效的观想法门,如"八念",即一念佛、二念法、三念憎、四念戒、五念舍、六念天、七念入出息、八念死。所谓"念死"就是想两种死:自死、他因缘死。在观想时,始终想到:这两种死常随化身,若他不杀,世会自死。把此心念时时刻刻、事事处处一无例外地保持下去,即永远都保持这种"念"的心态,念念不忘不失。果能如此,那么"何足生怖?譬如勇士入阵以死往遮则心安无懼。如是一心念死,怖畏即除"。因为如此念下去,到一定程度就会"悟无常四谛",就会有精神境界的升华和心态的平静、寂然。另外"十想"法门也有此作用。十想分别是:无常想、苦想、无我想、食不净想、一切世间不可乐想、死想、不净想、断想、离想、尽想。观想其中一种或多种,或连续不断地依次观想,到了一定的时候,也将出现心灵的净化、境界的升华,在一定程度上实现对死亡及其恐惧的超越①。

---

① 释禅波罗蜜次第法门.见:大正藏,第46卷.538

三、"顺生死"与"逆生死"

生命非一次性而具永恒性这一观点自然会唤醒人的责任意识，即我们不仅对此时此刻的我、家人、有关的他人、祖国和环境等负有不可推卸的责任，而且对下一期生命形态及其所依存的环境肩负着光荣而神圣的责任。一方面从佛教的因果学说来说，人的一言一行、一举一动、一心一念都是造作、作业，都是行为或行动，因为佛教所理解的行动包括身、口、意三种器官的作为，或者说有言语、身体动作和心理活动三种形式。这些行为、作业会熏习在我们的心田中作为业力种子储存起来，以后一有合适的条件和机会就会发生作用，产生出一定的结果。俗话说：种瓜得瓜、种豆得豆；要想人不知，除非己莫为。自己做了任何事情，不管是手脚头等肢体做的，还是嘴说的，甚至没有言语、身体表现的心理活动，其痕迹、其影响力是抹不掉的，就一定会留下来，一定会以这样或那样的形式产生正面的或负面的效应。在有的情况下，自己做的，别人不一定能知道，如自己心里的某种计划、想法以及憎恨、嫉妒、诅咒别人的心念可为我们的机体和言语掩盖起来，但是只要做了、想了，它们就存在于这个世界上，就抹杀不掉。而且由于心念对身和口的行为有一定的制约作用，因此心念的作为更为重要，正是在此意义上，智者常说："成圣成凡皆系一念。"即使自己想抹掉，自己的八识心田也不干，因为只要行为发生了，它们就在八识心田中熏习成了种子。这大概正应了人们常说的这样一句口头禅："骗得了别人骗不了自己。"既然行为有业力，业力必然产生相应的结果，它们的合力决定了我们下一期生命的寿期之长短、色形之相状，并且从根本上决定了我们能否超越生死或了生脱死。因此我们就要认真地对待现在一期的生命，也就是要珍惜此生稀有难得的人生，为未来的生存形式、更美好的生活创造前提条件。

不仅如此，根据佛教的一个基本原则，也是智者大师反复阐述过的一个命题，即"依正不二"，我们也应增强责任意识。所谓"正"指正报，即我们现在的生命体是过去业力的正报。"依"即依持，是我们生命得以存在的各种外在条件，如水、土、森林、空气、家庭等环境因素。"依正不二"的意思是说，依和正都是过去业力的果报，两者是统一的、相互依存的，不一不异。因此我们的行为不仅对我们未来的生命有决定性影响，而且对环境也有不可推卸的责任。在智者看来，我们此生要肩负起并很好履行我们对于未来依正二报的责任，要想未来有理想的生命形式、美好的生活、美好的环境，直至要了生脱死，获得解脱，我们就应"逆生死而行"，重新塑造自我。"逆生死"是相对于"顺生死"而言的，所谓顺生死就是没有获得对生命的自觉，随波逐流，跟着习见、欲望走，因此"以漏业为因，爱取等为缘"，这样表面上是在抗拒命运，不满命运的摆布，实际上是受着生死之流、六道轮回的牵制，从而在这股强大的暗流中漂泊。如此下去，无有生死的出期。而逆生死的众生则不同,他们根据因果法则,根据佛祖为我们描绘的最美好的人生蓝图、最佳的理想人格结构,积极主动地塑造自己未来的形象,选择自己未来生命的、超出生死流转的航程,以无漏正慧为因,即以没有缺憾的大智大慧为因,以六度万行为缘,诸恶莫作,众善奉行,福智双修。这样未来的生命必将超越生死流转、六道轮回,而进入美好的境地。

我们此生的人生不仅有重要的历史责任,而且也储存有取之不尽的价值宝藏。正是这些资源使我们有可能去履行责任。在《摩诃止观》、《法华玄义》等著作中,智者常讲这样一个故事:我们凡夫俗子就像某一大富之家的盲儿一样,生在宝藏之中不仅一无所知,反而常为这些宝藏撞头碰脚,不仅没有从中获大益,反而为其所伤①。也就是说,尽管我们的四大和合之身不净、污秽,充满烦恼,头顶长疮,脚底流脓,到处充斥着污物,四大就像四蛇一样。但此身并非一无是处,因为第一,我们人"相表清升,性是白(即善)法,体是安乐色心,力是堪任善器,作是造止行二善,因是白业,缘是善我我所所有具度,果是任运酬善心生,报是自然受乐,等者如前说云云"②。第二,即使现有的人身很不完善,众苦充满,烦恼无尽,但也极为难得、珍贵。因为一失人身,万劫难复,堕于饿鬼、畜生、地狱,其苦况更百倍、千倍。既得人身,就应珍惜。第三,六道中人的价值最高。因为他是六道中成佛条件最好的根器。智者说:"六情根完具,智鉴亦明利,而不求道法,唐受身智慧。"也就是说,如果看不到自身的优势、内在的价值,不利用和开发这些价值,去问道、求道、证道,那么就等于枉受此身,枉具同如来一样的智慧德性。最后,最高的、终极的价值——果佛性、般若、涅槃——就在我们己身之中,就在我们生生死死之中,也就是说实相、真如、善良、正义、常乐我净等价值就储藏在我们身上,与我们的生命同在,我们的人生就是其依托。而且只有像我们这样的生命形式才具备了开发、证得这些价值的最好条件,才拥有占用、享受、消费这些价值的得天独厚的条件。一言以蔽之,我们的现实人生拥有证得终极价值的价值,人没有理由怨天尤人、自暴自弃!

5 最佳心态与善巧安心

智者大师对心性问题的重要性,各种心态的相状、结构及优劣,心的本质以及如何调心、安心直至进入最佳心态等问题所阐发的思想,不仅与禅宗有相通之处,而且具有学理和方法论上的普遍意义,值得深入探讨。

---

① 摩诃止观.见:大正藏,第46卷.8
② 法华玄义.见:大正藏,第33卷.694

一、解铃还须系铃人

《红楼梦》第九十四回中有这样两句话:"心病终须心药治,解铃还须系铃人。"放在此处,十分恰当。面对世界错综复杂、色彩斑驳的相状和显现出的纷然杂陈的意义,我们每个人无不感到眼花缭乱、六神无主,世界的本来面目、真正意义好像从我们的视野中消失得无影无踪。社会、人生更是如此。面对物质文明的飞速发展,逐物拜金的狂澜,人欲横流和理性泯灭的现实以及精神世界中的失落和空虚,每个人无不感到茫然和困惑。一代又一代的人试图通过改天换地、增加物质财富而求解脱、过上自由幸福生活的愿望,似乎从来没有真正实现过,反倒是离得越来越遥远。要解开这些谜,得从其源头——心性问题——入手,因为正如"解铃还须系铃人"一样,世界的意义是心赋予的,社会、人生中不令人满意的现象根源于人心的"策划"和身体的所为,人们的空虚、失落、烦恼、痛苦都是心的状态,欲求解脱而不达也是由于人心没有找到正确的解脱法门,从而未能让心进入相应的状态。因此一切思考、求索、探究最后都将聚焦于心灵之上。

正是看到了这一点,智者发表了大量以心为中心的讲演、论著,如《观心诵》、《六妙法门》、《四念处》等等,天台三大部中的《法华玄义》、《摩诃止观》两书谈心的篇幅也相当大。正如《观心论》中所说:要想"得实法",闻思修"无上道",要想修三昧、得禅定、得真实乐、忏悔灭罪、离烦恼、利益众生、弘扬佛法,就得问、听、思、研究、修习观心。因此,大师讲:"为是因缘故,须造观心论。"①

在智者看来,心既是体,宗又是用。因为心是一切现象的本体、基础,"一切万法由心而起"②,"三界无别法,唯是一心作,心如工画师,能造种种色。"③也就是说,世界的相状、色彩等属性乃至向人显示出的各种各样相互对立的意义都是心赋予的,心的本质就是万事万物的本质。心是一切价值乃至涅槃、般若、佛性等最高价值的载体,同时又是获得这些价值的价值主体。八万四千解脱法门,门门不离心,因为"己心具一切佛法",或者说:"一切恒沙佛法,皆从心生,不是从其他处来。"即佛说的一切法皆含藏于一念心中。因此,"若能问观心,破一微尘中,出大千经卷,受持读诵此,闻持无遗忘,心开得解脱"④。佛针对八万四千种根器、烦恼所说的八万四千法门不仅源出于心,而且在本质上就是一种法门即观心法门,因为解脱只能从心得。正如《维摩诘经》所说:"观身实相,观佛亦然,诸佛解脱,当于众生心行中求。"不明此理的凡夫向外求解脱,其结果是到处碰壁。智者说:

---

① 观心论.见:大正藏,第46卷.584~585
② 六妙法门.见:大正藏,第46卷.553
③ 摩诃止观.见:大正藏,第46卷.8
④ 摩诃止观.见:大正藏,第46卷.8~9

"凡夫不知觉,如大富盲儿,坐宝藏中都无所见,动转挂碍,为宝所伤。"①心不仅是体,而且还是宗,因为有心就可得菩提,得无上正等正觉,得妙觉妙慧。简言之,有心就有得解脱的条件②。

智者还认为,心同时还是用。因为上天入地、成凡至圣皆系一念。也就是说,是入天道享福,在人道做人,还是下地狱受苦,是做凡夫受缚受苦,流转生死,还是成为佛菩萨、做极圣,都由心的状态所决定。这也就是智者常说的"心能凡夫、心能圣贤"的意思。如果从一念心入手,观察能观心和所观境,一往无前地观察下去,直至心眼开,入清凉池,看到"一念心起,能生所生,无不即空,妄谓心起,起无自性,无他性,无共性,无无因性,起时不从自他共离来,去时不向东西南北去。此心不内外两中间,亦不常自有,但有名字,名之为心。是之不住,不可得故,生即无生,亦无无生,有无俱寂"③。观心无心,罪福无主,法不住法,无明转化为明,就像融冰成水,不是远隔之物,而就是水本身,一念心普皆具足,或者说一念心就是一切,通体圆融无碍,无一无二,不一不异。至此境界即是佛境界。智者还说:"今行者观一心,见一切心及一切法。观一法,见一切法及一切心。观菩提,见一切烦恼生死。观烦恼生死,见一切菩提涅槃。观一佛,见一切众生及诸佛。观一众生,见一切佛及一切众生。一切皆于影现,非内非外,不一不异。""能于一微尘中,能达一切十方世界诸佛凡圣色心数量法门。"如果这样,行者"行佛行处,住佛住处,入如来室,著如来衣,坐如来座,即于此身,必定当得六根清净,开佛知见,普现色身,成等正觉"④。有这样的圆摄一切于一心的心就是佛,就是至圣。如果心念念贪着,永远无法满足,那么与饿鬼无异。即使此生不是饿鬼,来世也必定如此。如果愚痴无明,把假当真,视无为有,对正知正见无动于衷,或妄加诽谤,那么与畜生无异。即使此生不是畜生,来世做猪做狗的结局也会向他招手。因此智者用《释论》中的话说:"三界无别法,唯是一心作,心能地狱,心能天堂,心能凡夫,心能圣贤。"⑤总之,心有无穷的妙用,只要我们收心敛性,"制心一处",让心永远处于一种平和、安详、如如不动的"直心"状态,我们就能"无事不办",哪怕是成佛至圣也在所不难。因此圣凡的差别就在于心的状态不同,如果能时时刻刻、事事处处都保持"平常心"或"常行直心是",那么就超越于凡夫而迈进了圣贤的行列。怎样做到这一点呢?说起来非常简单,就是从一开始即从发心至圣或生出求解脱的动机时起,认真处理好当下一念以及接踵而至的每一心念,直至穿衣吃饭、挑柴担水、坐禅诵经、语默动静,让这种平静、常一的心态不动不失,直至永远。

---

① 摩诃止观.见:大正藏,第46卷.8
② 法华玄义.见:大正藏,第33卷.685
③ 摩诃止观.见:大正藏,第46卷.7~8
④ 六妙法门.见:大正藏,第46卷.554
⑤ 法华玄义.见:大正藏,第33卷.685

二、解脱之道与真发菩提心

所谓道,就是能至或能通,能因至果,能果酬因,即通向某种目的、结果的途径,或者说是所至所趣之处。不同的人对解脱的理解不同,其所求、所走的道也就各异。通向最理想的涅槃境界的道路就是菩提道,或无漏道。通向人天界的是人生道,亦即有漏善道。此外还有通向饿鬼、畜生的道,亦即有漏恶道。稍有觉悟的人当然想脱离三界火宅,得大解脱。但是抱什么样的心态或动机去求解脱与我们实际上进入哪一条道有非常直接的关系。动机、发心不同,入道各别,结果当然是大异其趣。大致地说来,常人的发心有十类,与此相应,也就有十种道。它们分别是:(1)为利养而求解脱,即带着较强的功利动机踏上修学佛法的征途。有这种动机的心必然念念于贪嗔痴,摄之不还,拨之不出,时间一长就起上品十恶。因此这种发心带着功利动机求解脱实际上是发地狱心,将生火途道。(2)为眷属安乐利益而求解脱。这种人的心念念欲多眷属,如海吞流,如火焚薪,就起中品十恶,实际上是发畜生心,行血途道。(3)为名闻称欢而学修佛法,其心念念欲得名闻,贪求四远八方称扬称咏,内无实德,虚比贤圣。这样的发心会起下品十恶,实质上是发鬼神心,行刀途道。(4)动机是嫉妒胜他,其心念念常欲胜彼,轻他珍己,表面上行、称颂仁义礼智信。这起的是下品善心,行的阿修罗道。(5)动机是避恶道苦报,其心念念欣世间乐,安其色身,悦其痴心,这起的是中品善心,行的是人道。(6)为善心安乐而求道,其心念念知三恶多苦,人间苦乐相间,天上纯乐,认识到天上乐的根源在于六要不涉,六尘不入,此上品善心,将行于天道。(7)为得势力自在而求道,其心念念欲威势。为得威势,身口意才有所作,一切弭从,此发欲界心,行魔罗道。(8)为得利智捷疾而求道,其心念念欲得利智辩聪,高才勇哲,鉴达六合,十方顒顒,此发世智心,将行于外道,可得离三界系缚。(9)为生梵天外而求道,其心念念五尘六欲外乐,盖微三禅乐,如石泉其乐内重,此属发梵心,将行于色、无色道。(10)为度老病死苦疾,得涅槃而求道,其心念念知善恶轮环,凡夫耽湎,贤圣所呵,破恶由净慧,净慧由净禅,净禅由净戒,崇尚、尊重、执行这三法,如饥似渴。这发的是无漏心,将行于二乘解脱之道①。

这些发心或动机的共同特点是有对某种自以为好的东西的执著,无大悲正观,都想尽快脱离痛苦烦恼,得自己欣欢的快乐。尽管有动机比没有动机好,有些愿望在一定程度也能实现,特别是后面几种动机对于个人自身的解脱来说确有好处,但从根本上来说,带有动机、心愿和要求,不可能真正度达彻底解脱的彼岸。因为仅仅是企盼"舍三途",欣"五戒十善"、"相心修福"还不够,原因在于这不能

---

① 释禅波罗蜜次第法门.见:大正藏,第 46 卷.476;摩诃止观.见:大正藏,第 46 卷.4~9,55~56

从根本上超越、根除痛苦,弄不好只不过是"市易博换",即丢了这份苦来了那般苦,"翻更益罪",还将会在痛苦的泥潭中继续陷下去,正好像"鱼入笱口、蛾赴灯口"、"渴更饮咸"、"愈迷愈远"。这是由于"盲入棘林、溺堕洄澓"的缘故。而盲入棘林的根源又在于没有"真正发菩提心",而只是虚假地、错误地,即非真正地发菩提心。非真正发菩提心的表现是以片面的、"边见"的、执著于相的观点发菩提心。我们知道发菩提心就是发心上求佛道,下化众生,具体地说就是四句偈所表达的"众生无边誓愿度,烦恼无尽誓愿断,法门无量誓愿学,佛道无上誓愿成"。智者大师同一般的理解一样,不否认发菩提心具体表现于这四个方面。他反对的是片面地以空观或假观这两种对立的态度去发菩提心,即要么从排除假观和中观的顽空立场发菩提心,这样就会不见众生,不见烦恼,不见法门,不见佛道,如果这样上求下化,那么横超苦海,从根本上摆脱烦恼,度达涅槃彼岸的愿望就将化为泡影。或者相反,从排除空观和中观的纯粹假观的立场,即片面执著于有,而看不到有本身包含着空、中的方面,如偏见众生、烦恼、法门、佛道,以为它们都是实实在在的东西,如果这样,在求解脱的征程上就总是带着妄念。因为有法门、佛道的意识在心中,就是有念头,这念头也是妄念,只不过他们是轻妄念,而不是贪嗔、为非作歹之类的粗妄念,但只要有妄念,从根本上摆脱痛苦、彻底解脱就遥遥无期。因为不管什么念,起心动念都是错,有念就是错,就是执著,就是乖道。有执著、贪念就不会有解脱。

在智者大师看来,真正发菩提心就是以中道的观点、心态发菩提心,虽知众生如虚空(没有执著于假有),要誓度如空之众生;虽知众生数甚多(没有执著于顽空),而去度甚多之众生;虽知烦恼无所有(与假有对立),誓断无所有之烦恼;虽知烦恼无边底(即与顽空对立),誓断无边底之烦恼。对法门、佛道也应抱这种不着边见,既承认其空无所有,又承认其妙有的中观立场、心态,或者说抱着无住、无念、无相、无着、无为的心态去体知法门,去成佛道,这样才能真正进入法门,真正成就佛道。简言之,真求解脱道,真正发菩提心,就是"无缘无念,普覆一切,任运拔苦,自然与乐,不同毒害,不同俱爱,不同爱见"。即无发而发,无随而随,过一切破,过一切随,双照双破。推一法即洞法界达边到底,究竟横竖事理具足,上求下化,备在其中①。事实上,如果在发菩提心时,我们真的贯彻了智者大师的想法,不执著于空有,不带任何念头,不抱任何追求与执著,不存任何心相,以无为心、无念心、无相心、无住心去对待一切,包括对待发菩提心,无发而发,任运自然,那么不仅当下保持了一种正确的心态,当下解脱,而且为后来的一切努力及其最高目的的实现奠定了坚实的心理基础。

---

① 摩诃止观.见:大正藏,第46卷.55~56

三、最佳心态

在任何时间、地点、任何活动中,人的心总是处在一定的状态之中,人总是带着一定的心态生活着。因此,心态构成人的生活的核心,决定着生活的质量,因而是区分生活质量优劣的第一标准。因为:第一,心理的、精神的生活是人的生活的重要内容。第二,精神生活永远伴随着其他形式的生活,如家庭生活、团体生活、学校生活、旅行生活等等,而其他形式的生活绝不能永远伴随精神生活。第三,心理状态是决定其他活动状态的最直接的原因,尽管它也受环境影响,受其他状态的反作用,但它的内在因素、结构、品质无疑直接决定着其他活动的成败,从而决定着其他生活的质量。即使用世俗的眼光看待幸福,一般人所追求的幸福、快乐也无不和相应的心态有关,因为快乐、幸福总有精神的表现,即体现为一定的心理状态。正因为如此,有健康心态的人在同样的条件下比心理素质差的人更容易得到快乐和幸福,有时在不利的、违情的境遇下,他们也能保持乐观的心态。正是基于此,才有人说:"有健康的心态比拥有万贯家财更珍贵。"智者强调处理好当下一念,叫人要"制心一处"(当然是最值得我们将心放于其中的"一处"),无疑也是基于这样的考虑。如前所述,他正是基于这类因缘,才造观心论。所谓"制心一处",从某种意义上说,就是要将心调到最佳状态,保持不放,永远带着这种心态去生活:待人接物,挑柴担水,插秧种麦,操纵机器,吃饭穿衣。打一个不恰当的比喻,当我们收看艺术方面的电视节目的时候,就有调谐的问题,即有必要把音强、亮度、色、对比度等调试到最佳状态,使之看起来舒服,听起来悦耳。同样,心也有调整的问题。当其调整到最佳心态,人就能在各种好坏、顺违、适意不适意的环境、条件下得大安乐,没有烦恼忧愁。那么什么是最佳的心态呢?

智者说:应"明心有四种心"①。这种对心的区分主要是根据人们在禅定过程中的心理表现作出的,因而是禅定修行中出现的心态。如果从广义的意义上理解禅定,把禅定理解为生活本身,因为行亦禅、坐亦禅,语默动静体安然,禅定可以融入到一切生活方式中,那么智者所说的四种心态就具有了普遍的意义,可看做是普遍存在于人类身上的四种心态。

第一,有漏心。这是凡夫外道心,即未到圣贤果位的一般凡夫俗子的心态,具有三漏。所谓漏即有烦恼。生活在欲界、色界、无色界的众生最富有的东西就是烦恼。而烦恼或漏大致说来有三种:一是欲漏,即欲界中无明以外的一切烦恼,如嗔恚、慢、疑惑、恶见、贪欲及其没有满足后的失望、恼怒,以及欲望满足后对失去的担忧和乐极生悲;二是有漏,有即苦果,是色界无色界受苦报的一切烦恼;三是

---

① 释禅波罗蜜次第法门.见:大正藏,第46卷.481

无明漏,即三界中的无明愚痴烦恼。由于凡夫断不了烦恼,心灵中常伴随着烦恼,因此是一种不平静的、骚动的、烦躁不安的心态,是质量最低劣的心态。在修禅时具体表现为:(1)在欲修禅时,不能厌患世间,只是想得到禅定中的乐和果报。(2)在修禅时,不能返照观察,生见著心。(3)证禅时,即计为实,不知虚诳,于地地中见著心生。(4)从禅定起时,对众境还生结业。即在定中离苦得乐,一出定就对境造业,心生烦恼①。

第二,无漏心。这主要是二乘人修习禅定时的心态。(1)初发心时,厌患世间乐、禅乐及果报,只为调心,因而漏心微薄不起。(2)修行时,随所修禅,悉知虚假,能降低见著,不生结业。(3)于定中发真空慧断诸烦恼,三漏永尽。(4)从禅定起时,随所对境,不生见著,不造诸业。

第三,亦有漏亦无漏心。(1)发心时,惶不定,或者厌离世间乐、禅乐,或者生见著。(2)修行时,也是摇摆不定。(3)证时,有漏无漏兼而有之,未得无生智故名有漏,得尽智故名无漏。(4)从禅定起时,对境有时不生见著而断惑,有时又生见著。

第四,非有漏非无漏心②。这是佛菩萨的心态,是最佳的心态,当然也绝非一般凡夫所不可企及的心态。这种心态证得时是离言绝相的,是不可言说与思议的。因为一当思说就不是极境,不是最佳。但又不能不说。因为不表现于言语就不能传道,不能使更多的人进入此境界。只要把言语当做证悟此境界的媒介,当做到彼岸的"船筏",一到即丢,言语道断,心行处灭,即拥有了那最佳的心态。为了进一步明确这一点,有必要从三方面再作分析。

从历时性结构看。(1)这种心态在发心时的表现是,不为生死,不为涅槃,不带求解脱的念头,从而不堕二边,因为有"为"、有"求"就是有心念,有心念也就是有妄念,有妄念就背离了这种心态。那么这是否意味着应生不求解脱之心呢?也不是,这走向了另一极端。若谓有解脱是邪见,若说无则是妄语。正确的态度是中道解脱观。即不以心知,不以言辩,众生于此不思议,"不缚法中而思想作缚,于无脱法中,而求于脱"③。应持非缚非脱的态度,即无为心。如果把心调整到这种状态,那么就是发心的最佳状态。(2)修习时,为福德故,不住无为,因为要有最佳的心态必须有一定的福德作基础。而要有福德,就不能无为,而必须有为,诸恶莫作,众善奉行。但为智慧故,又要不住有为,即要保持无为心,无念无作,使心如如不动。(3)于禅中发无生忍慧,心与法性相应,不著生死,不染涅槃,无相、无念。(4)从禅起时,随对众境心一如常,不依有无二边。也就是说,在禅定以外的

---

① 释禅波罗蜜次第法门.见:大正藏,第46卷.481
② 释禅波罗蜜次第法门.见:大正藏,第46卷.482
③ 摩诃止观.见:大正藏,第46卷.8~9

一切时间、处所,一切活动中,把禅定的精神延续下去,无住、无念、无相。这倒不是说不去接触任何东西,彻底把自己封闭在真空、虚空中,与世隔绝、孤往逃世。这是人所无法做到的,也没有必要如此,发了菩提心的人也不应如此,因为他们肩负有入世关怀、解救众生的重任。所谓"对众境心常",就是对任何境不分别,一视同仁,都视为"我"本身,自他不二、依正不二,同体大悲,永远把心灵保持在无为、中观、寂静、纯净、无散乱、无染着、慈悯的状态,如如不动,常一不变。如果是这样,就不会有对违情的东西的厌弃、憎恨,不会有对顺情的东西的执著、穷追不舍,当然也就不会有求不得的问题及其烦恼,更不会有失去时的痛苦和乐极生悲。有这种永远如一如常的心态,就会做到"八风吹不动,端坐紫金莲",即在苦乐、利衰、毁誉、称讥等八风或各种违顺、适意不适意的环境下,永远保持其常乐我净、大智大慧之心。

从共时性结构看,这种心态并不是八识之外另有其体的什么心,它仍然有八识作为其体,只不过它是无漏的,而不是凡夫的有漏八识。它是由凡夫低层次的有漏八识而升华成的无漏智。如有漏的第八识在这里已转化成了这样的心:即离我、离我执及一切能取、所取的分别,于一切境、一切相,不愚不妄,性相清净,为一切纯净圆满色心现行功德所依,任持一切种子功德,不会再熏习执藏有漏的名言、业种子,也不会有这些种子的现起。第七识末那识(实即自我意识)转化成了这样的心:即无我痴、我见、我慢、我执,把一切诸法看做是平等不二的存在,因此原先的小我已升华为包容了自他、依正乃至全部宇宙的大我。有这等心境、胸怀还会有不平静、烦恼吗?有漏第六识即意识转化成了妙观察智,眼耳鼻舌身五识转化成了示现种种无数不可思议的变化三业,成就本愿力所应作之事的成所作智。总之,最佳的心态就是大慈悲心、无为心、平等心、无染着心、无杂乱心、无见取心,简言之,就是三观、三谛、三智、三千圆摄于一体的圆融无碍之心。

从这种最佳的心态与对立的心态,如痴迷、染着、分别、见取、有漏、有为、我执、我慢、散乱等心态的关系看,它不在它们之外,而就在它们之中,与它们不一不异,因为前者是从后者转化而来的,即是转迷为悟、转识成智、转有漏为无漏、转散乱为不散乱、转无常为常的结果。正是在这个意义上,智者反复强调:烦恼即菩提,生死即涅槃,贪嗔痴慢疑是道①。

怎样让心有这样的安顿,或怎样把心调谐到这样的状态中呢?智者指出:要善巧安心。

---

① 摩诃止观.见:大正藏,第46卷.6~11

四、善巧安心①

善巧安心的基本前提是要有信(即信仰三宝,并相信有"非有漏非无漏"这样的最佳心态及其证得的可能性、现实性)、有誓愿、有行动。在此基础上搞清安心的种种善巧方法。所谓安心就是安心于法性。所谓法性就是真如,就是实相,就是万事万物本身,也就是我们的心本身。当痴迷时,这颗心、这法性就表现为妄心、无明,当觉起时,它就表现为真如、真心。法性与无明、真心与妄心并不是两颗心,而是同一个东西,不一不异,两者的出现取决于是觉还是迷,就像冰和水的关系一样,寒时,水表现为冰,寒冷消逝后就是水,两者不一不异。

心与法性同,或者说安心于法性就是解脱,是妙乐,没有痛苦烦烦,反之就是苦。要想摆脱无明烦恼,安于法性,就得靠止观。所谓止就是以法性系法性,以法性念法性,常是法性,无不法性,不得妄想,亦不得法性,还源返本,法界具寂,一切流转、心念、意识流皆止。所谓观就是观察无明之心,上等于法性,本来皆空,下等于一切妄想善恶皆如虚空,无二无别,介尔念起,所念念者无不即空,空亦不可得,"法界洞朗,咸皆大明"。如果观心如是,安于心灵的灵明空寂,如如不动,以不动智照于心灵或法性,那么就是安,就是乐,也就是止安。而止安就是不动于法性相应,亦即是观空。

止观有无穷的妙用,无限的功能作用。概括而言之,这种作用就是"止心一处,无事不办","意若一者,何事不办"。如果止心一处,与整个世界的实相、法性融为一体,圆融无碍,那么便不再生死轮回,当然也就不会堕入恶道。

止心一处、安住于法性为什么具有如此功能?根本原因就在于:"止是法界平正良田,何法不备,止舍攀缘即是檀,止体非恶即是戒,止体不动即是忍,止无间杂即是精进,止则决定则是禅,止法亦无无止者亦无即是慧,因此会非止非不止便是方便,一止一切止即是愿,止止爱止止见即是力,此止如佛止无二无别即是智,止具一切法即是秘藏,但安于止,何用别修诸法。"也就是说,佛对不同众生所说的八万四千种法门,以及戒定慧三学、显密二种修法、三十七助道品等一切成佛的要件,达于解脱彼岸的法门等等无不包摄于这一止法中。

那么怎样具体地正确地去修止观呢?智者大师在《摩诃止观》和《童蒙止观》等论著中从不同的方面对不同的人讲述了止观的不同修法。受篇幅所限,这里只谈谈安心中所用的止观方法。

从对象上说,修止观的人大致有两类,一是信行人,即因闻入的人,二是法行人,即因思入的人。

---

① 以下关于安心方法的引证均出自:摩诃止观.见:大正藏,第46卷.56~59

首先对信行的人,智者大师说了四种以止安心的方法和四种以观安心的方法。如第一种是"随乐欲以止安心",意即针对人们有乐欲这一事实,教人们怎样得到真正的快乐。这就是要息心达本、以一其意,只有这样才可"无事不办",无上的快乐当然包括在此"办理"之中。第二是"随便宜以止安心"。这种方法就是告诫学人要针对人心常散逸的特点,"闲林一意,内不出,外不入,静云兴也,发诸禅定……眼智明觉信忍顺无生寂灭,乃至无上菩提悉皆克获"。第三种"对治以止安心",就是针对散心不止,教人应"睫近霄远,俱皆不见","空色朗然",让一切"皆了",让大定静狂逸,止破散,直至虚妄灭尽。第四种是"随第一义以止安心",即当心处定时,进一步去认识世间生灭法相、出世间不生不灭法相,穷本溯源,彻见宇宙实相,得一切种智,直至止安。

四种以观安心的方法分别是:第一,"随乐欲以观安心"。此法就是教人从求乐出发,进而以善攻恶乐,求取最乐、甘露乐,如道非道,直至安住于法性。第二,"随便宜以观安心"。人们在生活中有许多事情要做,行住坐卧,衣食住行等。在从事这些活动时,通过行无观智,观一切毕竟空寂,直至心安于法性。第三,"对治以观安心"。就是用智慧照破无明,对治一切妄念,观诸法皆空,直达心安。第四,"第一义以观安心"。就是用智慧眼观诸法实相,以达心安。

对法行人说的四种以止安心和四种以观安心的方法在名称上与前述对信行人说的方法是一样的,在内容上也没太大差别,无非是告诫人们怎样用般若智慧将散乱的心停下来,制心一处,不内寻、不外求,在此基础上,观所观境、能观心毕竟空寂,以进入一种平和、安宁、清净的心灵状态。

最后,智者大师还进一步从止观、三谛与安心的关系说明了安心的实质。在大师看来,所谓安心,就是用止观将心安于圆融的三谛,让心不执著于顽空、假有,而定于空谛、假谛、中谛三者的完美统一,让心灵处于无挂无碍、圆融自在的境地。他说:"若离三谛,无安心处;若离止观,无安心法;若心安于谛,一句具足。"也就是说三谛是心的最佳的所观境,是心的最理想的寄生、依托之地。使心与三谛相契合,就是让心安于法性,也就是让心灵处在最佳的状态。而使心进入此状态,安心于三谛,最便捷的方法就是止观。因此善巧安心也就是以止观安心于三谛。

十五

生存问题的心灵哲学研究

Shengcun Wenti De Xinlingzhexue Yanjiu

> 圣人之道,入乎耳,存乎心,蕴之为德行,行之为事业。
> ——周敦颐
>
> 我一向看事物总爱看乐观的一面,而不爱看悲观的一面。我想一个人有了这样的心境,比生活在每年有万镑收入的家庭里,还要幸福。
> ——休谟
>
> 圣人的人格就是内圣外王的人格,照中国哲学的传统,哲学是使人有这种人格的学问,所以哲学家讲的就是中国哲学家所谓的内圣外王之道。在中国哲学中,无论哪家哪派,都自以为是讲"内圣外王"之道。
> ——冯友兰

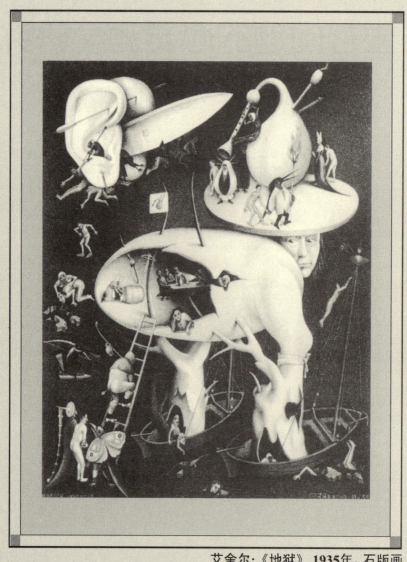

艾舍尔:《地狱》,1935年,石版画

天堂、地狱不离心。

时至今日,以潜心的关切、开放的视野大力开展生存哲学的研究既是我国哲学进一步发展的内在必然,又是人类生存发展所面临的种种问题所提出的客观要求。可喜的是,顺应这一要求,这一研究在我国已有一个良好的开端。但是,在研究往前推进的过程中,一定不能忽视心灵哲学的视角或维度。所谓心灵哲学,是一个有漫长历史的、专门以心灵的表现形式、内在结构、运动学、动力学以及以心与身、心与物的关系为研究对象的哲学分支。英美哲学主要侧重于对其体的研究,而欧洲大陆有人本主义倾向的哲学家则关心心灵状态与存在的关系问题。我国有悠久的心灵哲学传统,如源远流长的心学思想,其特点是从道德哲学、人生哲学的角度探讨心体之妙用,揭示心态调适、心灵建构在去凡成圣、塑造完美人格、获得最高人生幸福中的作用。本部分拟在借鉴前人优秀成果的基础上对从心灵哲学角度研究生存哲学的必要性、基本方法和初步构想等问题作一些思考。

1 "天堂""地狱"不离心

哲学的功能作用尽管在学术界颇有争议,但有一点似乎是一个例外,即古今中外的哲人智者都不否认哲学对于人生的作用。例如在否定哲学功能时走得最远的逻辑实证主义,即使否认了哲学的认识世界和指导科学研究的作用,但对哲学的上述功能仍给予了充分的肯定。形象地说,哲学不能烤面包,但能给人以不朽。在笔者看来,人类所面临的生存危机有心理的表现和构成,人类的烦恼、恐惧、绝望并未随着物质财富和科技文明的发展而减退和消失,反倒有愈演愈烈之势。可见,仅仅靠增加物质财富的方式而不从心灵层面着手进行探讨是行不通的。有道是:心病还须心药治。同理,人的彻底解脱与自由,除了离不开相应的社会和物质条件以外,还依赖于特定的心态结构与感受结构。而探明这类结构应是什么样子,有哪些要素,内在关系如何,应怎样进入等,除了需要有关学科的通力合作以外,自然少不了哲学的奉献。因此哲学在人类的自我拯救和解放中承担着不可替代的作用。而这个作用当然应由心灵哲学来完成。

从心灵哲学的一般观点来看,人并非纯物理的存在,除了他外在的物理世界、自身的肉身世界之外,他还有一个可为他自己最有权威地意识和体验到的内在的精神世界。由此所决定,他的存在包括他的存在现实和他的理想的存在中一定有其精神的构成因素。这是人的存在不同于其他存在的重要一维。因此在探讨人的生存哲学的过程中必须有心理分析的维度。不仅如此,在解决具体的生存问题如幸福观、价值观、理想人格模式等时,更应如此。古今中外的许多哲学家在这方面留下了大量可资借鉴的思想资源,我们可以结合现实作一些分析和论述。

中国古代的心学理论都一致把心视作体用不二的本体。唯物主义哲学家尽管不承认它是独立于物、器、形的本原,但仍像一般心学理论一样认为,它是智慧的主体,尤其是道德本体、道德之源,是去凡成圣、进入最高人生境界、获得美满幸福生活的可能性基础和前提。在中国心学中,心作为体,首先它是思之官、"智之舍"①、"神之主"②、"气之君"③。也就是说,心是能思之主体、生命之中枢、五脏之君、身之主宰。从道德哲学的角度看,它既是人的仁义礼智信等道德属性的可能性根源,又是其现实的基础。正如孟子所说:"君子所性,仁义礼智根于心。"④而仁义礼智是圣人或理想人格模式的标志,因此心也是人去凡成圣、实现理想人格的基础。周敦颐说:"圣人之道,入乎耳,存乎心,蕴之为德行,行之为事业。"⑤从人生哲学的角度看,心也是人生幸福、快乐的基础,是人自身的价值的源泉。周敦颐以颜子这一亚圣为例说明了这一点,颜子"一箪食,一瓢饮,在陋巷,人不堪其忧,而不改其乐,对富贵不爱不求,乐乎贫"。尽管如此,他却得到了远胜于世俗以肉体享乐为特征的快乐的"大乐"。为什么会是这样呢?因为他"心泰",而"心泰"则无不足⑥。从用上来说,心是我们人做得如何、活得怎样、幸福与否、快乐与否、有无意义——简言之,即我们的生存状态如何——的关键与枢纽。因为根据孟子的观点,人内有心官和感官之别,前者是大体,后者是小体,"从其大体为大人,从其小体为小人"⑦。被誉为两朝国师的智者(538—597)对人心与人生的关系作了更为全面深入的概括。在他看来,心既是体、宗,又是用。因为,首先,宇宙、社会、人生的意义都是人赋予的,心的本质既是人的本质,又是外在世界的本质。其次,心是一切价值包括最高的最美好的东西如般若智慧、解脱自在、自由无缚的载体,同时又是获得这些价值的主体。再次,人生活得怎样,质量之高低,是幸福还是痛苦烦恼,人做得怎样,是圣人还小人,是成功还是失败,都取决于心。正所谓"心能凡夫,心能圣贤;心能天堂,心能地狱"。最后,人的解脱法门成千上万,但门门不离自心。要得解脱入涅槃,就得处理好当下一念心。

这些思想尽管有夸大心灵作用的方面,但无疑揭示了心灵与人的存在状态的内在联系,有值得重视的可借鉴之处。然而,在历史的长河中,长期以来,这些宝贵的东西是墙内开花墙外香,国人对之冷漠,而西方许多学者视之为瑰宝。现代存在主义的许多大师的成长都曾得益于佛道儒的智慧乳汁。他们的基本范式也来源于东方智慧,如把人类生存状况归结为人的心灵状况,把人的生存危机当做

---

① 管子·心术
② 鬼谷子·捭阖
③ 春秋繁露·循天之道
④ 孟子·尽心上
⑤ 通书·陋,卷三十四
⑥ 通书·颜子,第二十三章
⑦ 孟子·告子上

十五 生存问题的心灵哲学研究

是人的心灵的经验,如烦、畏、焦虑、绝望等。有的哲学家还顺着佛教的思路到人心中去寻找摆脱生存危机的出路。

在现代西方哲学中,最先倡导对人的生存问题进行"心理学实验"和研究的是克尔凯郭尔和雅斯贝尔斯等人。前者所说的"实验"实即对个体具有的某种心境的可能性之尝试,在此基础上,对人的生存的心理层面展开研究。因为在他们看来,人的存在实即人的精神的存在,人生存得如何,尽管有外在物质的表现,如占有物质财富的多寡、是贵是贱,但如果人没有相应的心理结构、感受结构,即没有判断生活好坏、生存质量高低的"前态度"、"前结构",人就无所谓幸福、快乐。克尔凯郭尔通过对人生现状的考察,认为,人的生存方式不外乎感性的或审美的、伦理的、宗教的三种。现实的、大多数人的生存状态属于第一种。其特点是:过着这种生活的人跟着感性欲望走,一切活动的目的都是为了满足感性欲望,不择手段地占有,视感性的满足为幸福快乐。问题在于,如果人们的感性欲望被满足了,占有了想占有的一切,是不是就获得了理想的生存方式呢?不错,从其外在的方面来说,一当满足了时,人会满足、高兴、快乐甚至欣喜若狂、欢呼、庆贺。但是过后又怎样呢?每个人在有这些外在的方面同时或之后,只要反省、反观内在的世界,就会发现真正的存在状态:不幸意识、忧郁、焦虑、烦、绝望等。"每一个都在其内心宁静中秘密地抱着这样的想法:他是人群中最不幸的人。"①同时伴随着撕心裂肺的忧郁,而忧郁正是人的内在生活的内容和特质。正是在这个意义上,存在主义把忧郁、烦、焦虑等当做是人的现实的生存状态的必然方面。

以上所陈述的观点无疑带有这样那样的片面性,但无疑也有其值得借鉴的方面,例如,它们较好地论述了人心与人生的关系,心态的无穷妙用,心理结构、感受结构、价值观、幸福观乃至世界观等前心理态度对人生境界、人格模式、生存质量等的制约作用,另外,强调研究生存问题必须有心学的视角也有其合理性。因为从理论上说,人的生存本身有心的维度,评价更是如此。例如对我们每一个人的生存状态的评价,尽管有"第三人称"即他人的所谓的外在的客观的评价,但真正的最有权威的评价还是"第一人称"即我自己的评价。因为有的人从外在的方面看,荣华富贵或富贵寿考等条件都具备了,但他仍有可能活得很痛苦,仍充满着前述的"忧郁"、"焦虑",甚至"绝望"。人类历史上存在的许多"大富大贵"的人选择自杀的道路就足以说明这一点。另一方面,有些人占有的物质财富很少,但他仍有可能活得很幸福、很潇洒。殊不知:幸福的种类、形式多种多样,幸福并不与物质财富成正比,有的幸福甚至与之没有关系,如读书、思维、求道过程中伴随的幸福感,正所谓:有道即富贵,无为是大乐。另外,当我们把眼光投向几千年人类

---

① 克尔凯郭尔.非此即彼.第1卷.197.转引自杨大春.沉沦与拯救.北京:人民出版社,1995.137

的文明史和生活史时,更容易印证这一结论。今日人类享有的物质文明、科技文明是古人做梦都想不到的,但是我们能说我们就比古人更幸福吗?即使能这样说,但我们能说我们的烦恼、忧郁、焦虑比古人更少吗?可以断言:一个人的生存状态之好坏并不与他占有的物质财富成正比。之所以如此,根本原因在于:人的生存状态是多种因素的函数,而其中最重要的因素是人的心灵或精神状态。

2 建构价值性心灵哲学的初步构想

由上不难看出,强调从心灵哲学角度展开对生存问题的研究,或者说倡导价值性心灵哲学之建构,倡导"为往圣继绝学",不是笔者的首创。笔者倡导的至多只是挖掘、借鉴、改造和升华。由之所决定,在按这一思路开展这一研究工作时,首先要做的当然是挖掘整理古今中外哲学中值得借鉴的成果,在此基础上作出创发性的、契理契机的阐释。古人的文本所针对的对象是过去的人类生存状况,其意义是在特定的心理背景和写作环境下表达的。现在时过境迁,读者对象完全变了,因此在阐释、利用时必须有创发性。但在创发时又必须既契理,即符合文本原有之根本义理,又契机,即适应今日人类的特点,并由此出发作出新的乃至比作者更好的解释。其次,要重视个案研究。人同此心,情同此理。解剖典型的个体的生存状态及其内外机制,有助于揭示一般的规律与原理。这种解剖不外乎选择正反两方面的例子,如好的前心理态度与高质量生存状态的关系,低劣的心态与生存状态的关系。在这方面,前人已作过成功的尝试,如前述的周敦颐对亚圣颜子的个案分析;另外,陈献章对后一类例子也有成功的解剖。例如有些人耽于声色之乐,"贫贱而思富贵,富贵而贪权势"。但真的得到后又怎样呢?因为他们没有"此心此理",因此"老死而后已,则命之曰'禽兽'"①。另外,要加强对心理结构中的各种因素如认知、世界观、价值观、心态、感受性、情感结构、意志结构等的分门别类的研究,揭示每一种因素的具体的作用。再者,要重视克尔凯廓尔所说的"心理学实验",当然要加以改造。因为幸福等价值都有体验的方面,因此要对各种心态如喜、怒、哀、乐、动、躁、静、无为、平常心等与生存质量的关系进行心理学的实验,观察、记录有关数据、材料,为比较、分析提供条件。最后是心灵哲学层面的理论探讨。这在第三节再予以论述。

生存问题的心灵哲学研究有一定的逻辑程序。首先要弄清中外哲学史上在从用上研究人类心灵的一切积极成果,尤其是要加强对儒家、佛教、道家的心灵哲学和陆王心学等的研究,对存在主义尤其是雅斯贝尔斯的哲学心理学也应引起足

---

① 陈献章集,卷一

够的重视。其次,应注意总结概括现当代西方心灵哲学对心灵从本体论、语义学、现象学角度进行研究所取得的成果,尤其是对心理语词的细致入微的分析,对意向性、意识、反省和感受性质等的研究成果。再次,把人的生存状况及其内在心理构成作为分析的切入点。在分析中,特别要注意对所用心理语言的分析,以明确所指的具体的现象。在透视现象的形成过程、原因、结构和本质的基础上,运用描述心理学和现象学方法,对它们的内在构成方面即人的精神生活的处境、状态以及经常伴随人的各种负面心理如烦、忧郁等作出描述和分析。然后通过比较,揭示各种心理状态各自的形成原因、品质、感受性质与现象学性质以及对主体的利害关系,寻找建构积极健康的心态、克服消极有害的负面心态的原理与方法。最后在心灵哲学的基础上对道德哲学、人生哲学中的一系列问题如幸福、意义、人生价值、境界、理想人格等作出新的回答,重构存在论、价值观、幸福观、解脱论。

从心灵哲学的视角、以心灵哲学的原理和方法为基础的生存哲学研究和建构,在当前主要有下述工作要做:

(1)现代人类生存状况考察。即全面考察现代人类的生活处境,揭示人类生活质量伴随社会进步、科技和物质文明发展所出现的进步及其表现,研究人类生活中原有的问题和步入现代以后伴随物质文明发展而碰到的新的问题,尤其是当前的所谓的生存危机及其表现,如生态失衡、环境污染、战争、贫困、道德滑坡、精神苦闷、困惑彷徨等。

(2)存在的心灵哲学分析。人的存在是开放的,既是自在之在,又是为他之在;既能为自己感受并作出价值判断,又能成为他人的认知和价值评判对象。对于存在者自己来说,不管是自在的还是自为的,只要他具有感受性质,他就不是物体那样的由原子分子堆积而成的东西,而是由复杂因素构成的、由感受和意识贯通起来的有机的、活生生的统一体。这是真正意义上的"在",因为只有具有这种属性的存在才能判断自己在与不在,在得怎样。人之在既有有形的构成要素,如衣食住行,又有无形的结构要素,如任何特定的存在中的特定的观念、情感、信念、心态等,还有对在的状态的感受与价值判断。总之,任何清醒的、被在者意识到的存在都有心理和感受的构成与层面。这是人的存在的特殊性。

(3)心灵状态对存在状态、生活质量的作用研究。这可以从三方面进行:一是事实研究,主要是搜集古往今来人们的体验资料尤其是哲人智者在这个问题上的经验之谈,以及长期为人们所传道的劝世度人的格言、警句。它们是人们的经验的总结,将其付诸实践的确有益于人生。如:"心能凡夫,心能圣贤";"有道即富贵,无为是大乐。"休谟在其自传中也表达了同样的意思:"我一向看事物总爱看乐观的一面,而不爱看悲观的一面。我想一个人有了这样的心境,比生活在每年有万镑收入的家里,还要幸福。"他所说的心境还包括:和平而能自制,坦白而又和蔼,愉快而善与人亲昵,最不易发生仇恨,而且一切感情都是十分中和的①。另外像康德之类的哲学家的人生实践、长寿老人关于自身心理生活的回忆等都值得考察和研究。二是从理论上对心态的作用过程与机制以及在人的生存体验中的作用展开研究。三是借助黑箱方法、模型方法建构有关的模型。从因果关系上来说,人的生存质量、状态都是一种结果,一种在有关内外环境刺激下的反应。这里的刺激—反应不是机械对应的。因为不是有荣华富贵的人就一定有快乐感,百万富翁并不一定就是生活质量高的人,捉襟见肘的人不一定就是活得不好的人。同样的生活环境,可能有不同的生存感受,而不同的物质环境则又可产生相同的生存感受。之所以如此,就是因为在刺激与反应中间有一个中间环节,即人的心态结构。用图式表示即是:刺激—心态结构—反应。可见人生活得怎样,与人的心态结构、品质是有密不可分的关系的。

（4）心态结构及其生存价值研究。即对各种与生存感受有关的心理现象及其体验作全面的现象学考察,像描述性心理学所倡导的那样对人的各种心理过程、状态作身临其境的描述。可从三方面开展工作:一是借鉴佛教心灵哲学"五位百法"对人的心理现象的描述和分类的成果,二是利用研究者自己的人生心理体验,三是搜集挖掘带有意识流性质的、各类典型的历史人物传记中的资料。在此基础上,对人类心理现象从生存价值的角度即从它们对于主体的利害、优劣、好坏、价值判断的角度进行分类和分析,以确定每种心理对于人的生存质量、幸福快乐与否的作用。一般说来,主体能体验到的、对其有某种利害关系的心理现象可以分为三类:一是健康的、积极的心理过程与状态,如高尚而坚定的信念,意志果断和坚强,能经常反省反思过去,思过扬善,对真善美的向往、憧憬之心,欲念适中,心行平直、轻安,有生存智慧,于违情不利的环境中能尽可能无嗔无恼、无忧无虑,有较高的情商,即善于认识和管理自己的情绪。二是有害的、消极的心理过程与状态,如贪欲重、嗔怒、烦恼、焦虑、畏惧、愚昧、绝望、犹疑、掉举、昏沉、放逸、没有信念追求、嫉妒心重、散乱、骄慢等。这类心理不仅给人以难受的感受性质,而且有害于身体健康,如传统的养生术所说的:怒伤肝、忧伤肾、恼伤肺、悲伤脾胃、过喜伤心。三是中性的无利害的心理,如没有情绪伴随的较纯的认知思维活动,再如贯穿在一切时间地点的有意识心理过程中的心理,如意识、注意、警觉、感受及其现象学特质等。在全面考察和分析各种有自下而上价值属性的心理现象的基础上,对作为从环境刺激到生存状态的中间环节的心态结构进行研究。其中至少有这样的因素,如价值观、幸福观、财富观、生存智慧、感受性质、情商等。

（5）心态优劣及其生成研究。心态优劣是生存质量高低的重要条件和标志。

---

① 休谟著,吕大吉译.人类理智研究.北京:商务印书馆,1999.4～8

获得高质量的生存是任何人都求之不得的事情,而要如此,一个必不可少的条件就是有相应的心态和感受结构,削弱、摆脱乃至消除负面的心态。要这样,又必须弄清不同价值属性的心态的生成过程及机理。心态的生成固然与外在的环境有一定的联系,就此而言,造就优良的物质环境,发展物质文明是无可非议的,但心态的生成也有其自身固有的内在原因和规律,例如在不改变外在条件的情况下,单纯通过自我的心理调节,改造价值观、幸福观等,也能达到改变心态结构的目的。因此怎样在任何既定的条件或者在不改变外在条件的情况下,单纯通过心态调适、心理与感受结构重构以提高生存质量,就是一个重要的有广阔前途的研究领域。

（6）奠立于心灵哲学基础上的幸福观、价值观、境界论和理想人格论之重构。通常的价值观、幸福观往往把幸福等同于占有金钱或物质财富。从心灵哲学的角度看,这是错误的。因为幸福与否总有相应的感受性质,只要心态调节适当,让心灵寄托在高尚的对象、有价值的事业追求以及"道"上,在财富很少甚至困窘的情况下,人一样有幸福感。因此,首先从心灵哲学的角度研究幸福的本质、构成、条件、表现和标准便大有可为。其次,对于理想人格的研究,应在考察各种人格学说的基础上,探讨理想人格的构成因素尤其是内在的心理构成因素以及如何培养和建构。再次,对于人生价值与意义的研究,应着重于探讨人生对于自己和社会的价值及其心理源泉,以及开发的原理和途径,研究人的高质量生存所需的价值形态（外在尤其是内在的精神价值,如智慧、豁达、平常心、超脱、坦荡等）及其获得方式,考察对于人生有意义或无意义的意识与判断的心理原因及建构有意义的人生价值判断的心理条件。最后,还可开展人生境界与人生态度的研究,即探讨不同人生境界对人的生活质量的不同影响,研究理想人生境界的构成、特征和建构方式,研究人生态度的种类和作用,揭示建构最佳人生境界的构成、特征和建构方式,研究人生态度的种类和作用,揭示建构最佳人生态度的心理机制和方法。

（7）人性、人的本质与人的最终解放研究。主要从心灵哲学角度探讨人性的含义、形成过程和心理基础,研究人弃恶扬善的可能性和心理条件,研究人的本质的具体内容的可发展性,能力、气质的可塑性,人性、心理结构的可建构性及其机制和方法,揭示人类进入未来理想社会的必然性和内在的心理条件（改造人性,建构相应的幸福观、心理结构等）,研究人的彻底解放的心理条件。

3 理想人格及其塑造

理想人格的问题实即做人的问题,即怎样做人、做什么样的人的问题。对此,中国现代佛学巨擘关于如何成佛、如何做人的格言在这里颇有启发意义:"仰止唯

佛陀,完成在人格,人成佛亦成,是名真现实。"学佛的最高目标是成佛,而成佛的过程实即做人的过程,完满人格的过程。我们一般人何尝不是这样呢?我们每个人都要做人,而人做得怎样完全在于人格,做好人的过程就是完满人格的过程,其极致就是人格的完满。这是每个人不可回避的问题,当然也是哲学的主题。冯友兰先生在《新原道·绪论》中说:"圣人的人格就是内圣外王的人格,照中国哲学的传统,哲学是使人有这种人格的学问,所以哲学家讲的就是中国哲学家所谓的内圣外王之道。在中国哲学中,无论哪家哪派,都自以为是讲'内圣外王'之道。"

但是,究竟什么是人格呢?怎样理解"人格"呢?这是我们重建理想人格模式首先必须澄清的问题。翻开中文辞典,几乎没有关于人格的现成的科学定义,有些词典,甚至像《辞海》这样较权威的大部头辞典都没有收入"人格"一词。从其渊源来说,"人格"是一个外来词,译自英文"personality"。19世纪以前的中文文献中查无此词。在西文中,"personality"源于拉丁词"persona",原意指古希腊罗马戏剧舞台上演员带的假面具,代表的是剧中人物的身份。后来心理学借用此词,用以表示一个人在人生舞台上扮演的角色,这个角色是人自觉或不自觉、有意识或无意识地向公众、他人"公开的自身",如人的穿着样式、行为举止、用言语表露的心迹,所有这些久而久之就在他人心中内化为关于这个人是一个什么样的人的印象,即人格形象。当然心理学所理解的人格有特定的涵意,侧重人的心理的方面,指的是人在日常生活中表现出来的相对稳定的个性心理特征和心理倾向的总和,如性格、气质、能力、需要、理想、信念等,简言之指的是人的个性心理。

"人格"一词进入中文后,很快便成为使用频率最高的词之一,在使用中,人们又根据不同的语境赋予它以不同的意义。因此,要理解该词,我们必须到它的实际运用中去分析,因为语言的意义在某种意义上可以说就在它的实际运用之中。有时,人们在描述一个人的反复无常、捉摸不定时常说:"这个人有双重或多重人格。"这里的"人格"指的是人的个性、性格或气质。我们还常说"要尊重人格",这里的"人格"是法律学意义上的人格,意即人作为权利、义务之主体的资格。而"有损人格"中的"人格"指的则是人的应有的地位、尊严。最后,当我们说"提升人格"、"完满人格"、"人格高尚或卑劣"时,这里的人格是道德学意义上的人格,意指人的品质、品德。上述几种意义的人格都还不是"内圣外王之道"、人格模式之建构中所涉及的人格。因为这一意义上的人格含义更加广泛,包含了上述几种定义的部分内容,但又有新的内容。我们不妨把它称为哲学意义上的"人格"。从哲学讨论人格问题时对该词的各种运用中,我们不难看出,哲学中所说的"人格"指的是人内在的精神境界、心态品质、思想观念、才智、世界观、价值观所达到的高度,以及外在的言行举止所表现出的样式、特点和价值。因此像智商、情商一样是衡量人的一种指标,所不同的是,人格这种标尺带有更大的总和性,是反映人的内外状态的一种综合指标体系。

哲学关心的人格问题主要包括这样几方面的问题:理想人格模式建构之根据,理想人格模式的具体内容或要件,理想人格实现之可能性根据以及具体实施过程。

如果"问题"可以分为"事实问题"和"应该问题"两大类的话,那么理想人格模式之建构或做什么样的人的问题像伦理学、法律学问题一样,显然属于"应该"问题。既然是"应该"问题,那么要解决这个问题首先就要弄清其根据或依据。不然的话,每个人都可根据自己的需要、按自己的观点想当然地建立一种模式,因为每个人都有确定"应该"如何的权利。事实也是如此。有的人认为:我想成就的人应该是一个有权有势的人,因为有权就有一切;有的认为:理想的人应该是一个有钱人,因为有钱能使鬼推磨;还有人认为:理想的人应该是一个八面玲珑、善于交际和投机的人;当然也有人觉得:自己应成为的人应该是一个有成就、能造福于自己和他人的人。如此等等,不一而足。

理想人格模式之建构根据,首先当然是作为个体的人的需要,即是说自己想成就的那种人应能满足自己的某种需要,对自己有某种根本的、最高的利益,具有自利的功能。不然就没有人愿意进入这种境界、成就这样的人。当然这里的需要固然包含低层次的生理需要,因为人首先得生存,满足了基本的生存需要,然后才能向更高的境界迈进,"衣食足而后知荣辱",但是主要应根据高层次的需要,如追求自身价值的实现、至真至善至美的需要等。不然就不成其为人生奋斗的目标和理想。因此,理想人格模式根源于人的需要,同时又升华了人的需要,肯定、放大了人性中真善美的方面。此外,还要考虑到理想的人格模式有无自利的功能,即实现了这种模式的人能否得到自利、离苦得乐的感受。当然这里的利不是蝇头小利,而是个人彻底解脱、自由自在、无烦无恼、无忧无虑这样的根本利益,这里的乐不是感性欲望暂时满足之后的小乐,而是认识了世界、人生的本来面目"得道"之后的彻底通达、圆融无碍的究竟绝对、无条件、永恒的大乐,因为"有道即富贵,无为是大乐"①。

其次,理想的人格模式建立的第二个根据是人类的共同的、高级的需要,如人类的内在自由和外在自由、富足舒适的物质生活、自由而全面的发展、和平、平等、文明、繁荣等,在人类饱受生态危机之苦的当今还应包括大自然、宇宙、人类可持续发展的需要。由之所决定,理想的人格还具有利他的功能,即能利益全人类、大自然。也就是说,人们想成就的人一定是对他人、对社会、对自然有利的人,有利于社会发展、历史前进的人。由人的本性所决定,人绝不会选择损害自己根本利

---

① 慧度(本书作者高新民的笔名).智者的人生哲学.台北:牧村图书有限公司,1997.95~114

益的理想人格模式。在某种意义上可以说,理想人格模式中的具体要求就是人类的根本利益意识、需要、可持续发展的观念的投射。

第三,应根据理想与现实相统一的原则。理想人格模式当然有超越、超前、超凡脱俗的一面,不然就不理想,就陷入悖论,但又不能是空中楼阁,完全不可企及,一定要具有可实现性、可操作性。而要能够实现,就必须立足于人性,符合人性。因此应从对人性的科学考察出发,建立人们既向往又能实现、既可望又可即的人格模式。理想的人格不是对人性的压制、摧残,而是对人性的尊重和提升,是对人性中的真善美的可能性种子的呵护、培育和发挥光大。

不同时代的哲人智者基于特定的人性观,根据特定时代及其个体的需要,建构出了各种极有价值、可供我们借鉴的理想人格模式。这些宝贵的资源为我们重构当代理想人格模式提供了方法论启示和思想素材。

古今中外的人格理论林林总总,五花八门,但有一共性,即把理想的人、想成就的人、值得崇拜、模仿、学习的人称为"圣人",把成就人格的过程看做是"去凡成圣"或"转凡成圣"的过程。区别在于对"圣人"的内涵作出了不同的规定。

古希腊柏拉图的理想人格模式就是理性、意志、情欲三者处在一种最理想的关系状态中,亦即三者各司其职,把各自的德性,如理性之智慧、意志之勇敢、情欲之节制完美地表现出来。具体地说,就是让理性在心理生活中居于绝对的统治地位,使人体现出智慧的品格,并让理性支配意志和情欲,真正做到意志在服从理性时体现出勇敢的德性,情欲表现出节制的德性。如果一个人做到了这一步,那么在表现出"正义"这一美德的同时也就成了一个完美的人。斯宾诺莎理想的人就是至善、至真、最幸福的人。至善和幸福又要源于至真,即一个人如果取得了与自然一致的真理,那么也就是最幸福、最美满、至善至圣的人。现代西方哲学中的人格主义把人格的地位突出到无以复加的地步,认为人格是世界的本原,是社会历史的根本决定因素,社会进步发展或倒退、陷入危机均根源于人格,现代社会的种种问题就是由人格的不健全造成的,因此解决社会问题的关键就是促使人格的完满、"道德之再生"、"精神的自我修养"。

理想的人格更是中国古今思想家乐思不疲的问题。儒家把内圣外王即内有知识智慧、外有福德势力或外施王者之政当做理想人格的两个标准。这两方面细分又包含三纲八目这样的子内容。三纲即明明德、亲民、止于至善,八目包括:格物、致知、诚意、正心、修身、齐家、治国、平天下。要成为圣人,人就应乐天知命,不忧不惧,至大至刚,刚健有为,与人同,与物同,达至"会者浑然与物同"的境界。而老庄道家内圣外王之道则把成为外生死、超利害、齐物我的神人、真人、至人作为理想人格加以追求,为了成为这样的人,便采取一种任性逍遥、自然无力、虚静、坐忘、鄙视功名利禄、不服从于权贵、维护自己的精神自由的人生态度。

佛教的理想人格模式包含前述模式，但又远迈其上。天台四祖智者作为根植于中华民族文化土壤的佛学大师，在阐发自己关于做什么样的人、如何做好人的问题的答案时，一方面不离佛教经典，另一方面又博采各家人格学说之长，融会贯通，形成了自己别具一格的理想人格学说。前已有较详细的分析，这里不拟赘述。

尽管用挑剔、苛刻的眼光看，传统的人格学说也都有其合理性，有的甚至可以拿来作为行为的准则，依之做人是可以取得良好的效果的。事实上，很多英雄、大师、模范人物就是在传统美德包括传统的人格学说的熏陶下成长起来的。尽管如此，仍有理想人格模式之现代重构的必要性。一方面，历史在前进，社会、人生尤其是人的需要、人的处境、心身状况发生了很大的变化。另一方面，由于市场经济不可避免的负面效应，加之宣传教育引导不力，致使一些人物欲膨胀，见利忘义，忽视人格修养，导致人格畸形发展，进而导致社会风气的急剧恶化。如果不重视人格教育，改革开放的成果迟早会葬送。再则，就现实生活中的个体来说，许多人尽管物质上很充裕，名利、地位都有了，但生活质量并未得到显著提高，烦恼、精神危机并未见减少。因此可以断言：生活质量的高低、幸福与否，固然离不开一定量的物质财富，但更重要的是内在的心理素质、感受结构、心态、价值观。而这些正是理想人格模式建构所要探讨的问题。这说明人格问题不仅是一个社会问题，同时也是一个与个人生活质量高低密切相关的私人问题。要使生活有意义，要提高生活质量，必须关心人格模式之建构，因为人格完美的人是自利利他的人，他在奉献人生、造福社会的同时，也在造福自己、安乐自己，就像孔夫子在著书立说、劳碌奔波中也享受人生，甚至不知"老之将至"。

依据我们前面所述的建立理想人格模式之根据，借鉴传统人格学说中的积极内容，基于我们对人心、人性、人生的认识，我们认为，理想的人格模式是由复杂的要素构成的大系统。可以从不同的方面、角度，用不同的语言加以描述。

从静态的构成要素来说，人应成为的人应该是一个高尚的人，幸福乐观的人，有智有识的人，理智、情欲、意志之间的关系协调、心态平静的人，自利利他、自觉觉他的人，自由自在的人，自我实现的人。从动态过程看，理想的人格是一个不断从可能的德性向现实的德性的转化过程，或者说是人性中美好的方面实现、外化的过程。人来到这个世界，既是一个完成的东西，又是一个没有完成的东西。说他完成，是他由可能的人变成了现实的人；说他没有完成，是因为他到处充满着可能性、潜在性，是一可能性之合成体，从内到外，彻头彻尾，莫如是。他要说点什么或做点什么，并非只有一种选择，而有多种可能选择，最后说了什么或做了什么只是其中一种可能性变成了现实性。内在的心理结构、智能结构、思维结构乃至人性结构也不例外。人并非天生的圣贤或恶魔，人最初不过是可用来雕塑形象的泥巴，最后究竟成为一个什么样的人，既决定于他先天的可能性，因为它们决定了他的可能和不可能的范围,同时又取决于后天的各种条件以及自身的抉择活动与实践。撇开程度不说,人性中既有成圣的可能性,又有成为凡夫乃至恶魔的可能性。因此圣人、理想的人格、高尚完美的人就是人性中潜在的美好德性如仁、义、礼、智、信、常、乐、我、净等的现实化。

从体用的角度看,理想的人格是体与用的统一。体又有多重维度:(1)心态结构维度:包括开阔的胸襟,宽容、豁达;高尚的精神境界,与天地比寿,与日月齐辉;自他不二,自我与自然合一,有强烈的环境、生态意识;有健康的心理、平和的心态,理智、情欲、意志等各种心理要素协调发展,让理智在心理生活中居支配地位,恬淡少欲,意志坚强,勇敢无畏。(2)理想动机维度:有远大崇高的理想,生命不息,奋斗不止,在各种需要中,自我实现的需要居于主导地位,有强烈的成就感、事业心,只要自身的价值能够实现,只要能干出一番事业,只要能造福他人、为社会作出自己的奉献,其他皆可舍弃,甚至能忍辱负重、丧失名利地位。(3)观念维度:有正确的世界观、人生观、价值观,了知宇宙、人生的本来面,彻悟财富的本质与作用限度,有正确的价值标准,对生命、幸福有科学的理解,热爱生命、正视生命,在观念上超越生死。(4)法律道德维度:有很强的法律、道德意识,有社会良心,尊重和维护正义、公正、自由、民主、法制等社会价值,解决了幸福与道德的"二律背反",把两者有机统一起来,能从奉献中体验到快乐与幸福。(5)才智维度:有智慧、才能,有广博、丰富、扎实的知识和技能,且结构合理,具有开放性、可更新性、变通性。(6)心身维度:心灵平和,身体轻松、安稳、健康,心身协调。(7)关系维度:人际关系和谐,尊重他人,且受他人尊重、爱戴,与大自然打成一片,在热爱自然中得到美的享受。从用的方面看,理想的人格时时处处能像金子一样闪闪发光,像太阳一样温暖人心。走到哪里就把真、善、美、福、乐带到哪里。在利己、不使自己成为地球的负担、累赘的同时,积极地利他,为人类谋福利,在自己觉悟、全面发展的同时,积极教化他人、觉悟他人,以实现全人类的全面自由的发展。在正确理解自由与必然的关系的基础上,实现内在自由与外在自由的统一。

明确了理想人格模式的内容、目标,就有了去凡成圣的目标。当然要真正使自身潜在的成圣的可能性变成现实性,还得靠自己的艰苦不懈的、百折不挠的努力。在这里,最要紧的就是从自我做起,从当下一念心做起。如果只是挂在口头上,或指望别人去做,那么于己不利,也不可能收到理想的教育效果,因为自己做不到,不能身体力行,别人当然会觉得可望而不可即,缺乏现实的根据,自然也就不会付诸行动。其次,必须从当下做起,不能往后推。因为人是有惰性的,今天往明天推,明天还可能往后天推,以致无止境地拖延下去。怎样从当下的自我做起呢?切入点何在呢?答案很简单,切入点就在自我的当下一念心中或当下的任一念头、观念、想法中。塑造理想人格,成为完善的人,由凡转圣的奥秘就在心灵之中。因为人的心灵（实即社会化、文化的人脑）既是许多心理属性、状态、功能之体，其本身又是用，而且对于人生具有无穷的妙用。有道是："心能凡夫，心能圣贤，心能天堂，心能地狱。"意思是说，人究竟是凡夫还是圣贤，是天使还是魔鬼，生活的质量究竟是高还是低，是在"天堂"享福，还是在"地狱"受罪，完全是由自己的心理（世界观、价值观、心态、心理结构、感受性等）决定的。铸就健康积极的心态，建构出良好的心理结构，形成正确的世界观、价值观，得到高级的生存智慧和科学智慧，拥有丰富的知识和合理的知识结构，就是圣人，就是完美的人。即使他生活环境充满着坎坷和艰辛，也会如同生活在"天堂"中一样。反之，即使拥有万贯家财，吃的是山珍海味，穿的是绫罗绸缎，洋房、豪华轿车应有尽有，但与生活在"地狱"中无异。简言之，人格的升华过程就是心态、精神境界、智识的提升过程，离心求圣，无异于水中捞月。这是否意味着道德实践及行为、社会环境不重要呢？当然重要，但是人的心理与行为是统一的，后者是由前者所决定的，因为人的实践、行为是由人的意志选择的。而环境尽管对人的心理活动、行为之选择有这样那样的影响，例如有些人走上犯罪道路有环境的影响，但是人的行为最终还是自己做出来的。两个银行职员同样面对着窃犯的枪口，但行为并不一定是一样的，一个人可能乖乖交出箱子里的钱，一个人可能宁死不屈。另外，社会环境的构成因素中当然包括个体及其行为，如果每个人思善向善，注重人格修养和升华，那么必然营造出一个良好的道德环境。反过来，这种环境又为人格的进一步提升创造了条件。因此当今的人格建设乃至整个道德重建的出发点应是每个人当下的一念心念，是好的心念让它更好，不好的心念让它熄灭。不仅是做好事、说好话，更重要的是存好心。